2017

中国渔业年鉴

China Fisheries Yearbook

农业部渔业渔政管理局 主编

中国农业出版社

中国渔业年鉴理事单位

山东省海洋与渔业厅	（2017-2019）
广东省海洋与渔业厅	（2017-2019）
广西壮族自治区水产畜牧兽医局	（2015-2017）
上海市农业委员会	（2015-2017）
威海市海洋与渔业局	（2015-2017）
中国水产科学研究院	（2017-2019）
上海市长江口中华鲟自然保护区管理处	（2016-2018）
大连海洋大学	（2016-2018）
上海海洋大学	（2017-2019）
中国渔业互保协会	（2015-2017）
福州宏东远洋渔业有限公司	（2016-2018）
中水集团远洋股份有限公司	（2015-2017）
山东宝来利来生物工程股份有限公司	（2016-2018）
蓬莱京鲁渔业有限公司	（2015-2017）
大连远洋渔业金枪鱼钓有限公司	（2016-2018）
大连壹桥海参股份有限公司	（2016-2018）
通威股份有限公司	（2017-2019）
山东东方海洋科技股份有限公司	（2017-2019）

中国渔业年鉴编辑部

通讯地址　北京市朝阳区农展馆北路2号18号楼

邮政编码　100125

电　　话　(010) 59194981

　　　　　65074693

传　　真　(010) 65005665

电子信箱　yynjcn@ccap.com.cn

中国渔业年鉴编辑委员会

中国渔业年鉴编辑部

2016年3月29日，全国渔业渔政工作会议在北京召开。中共中央政治局委员、国务院副总理汪洋作出重要批示，强调要大力推进渔业供给侧结构性改革，全面加强渔业资源和水域生态环境保护，加快一二三产业融合发展，走出一条产出高效、产品安全、资源节约、环境友好的中国特色渔业现代化道路。农业部部长韩长赋出席会议并讲话，副部长于康震主持会议。

2016年11月18日下午，农业部和上海市人民政府在长江口共同举办了“拯救国宝中华鲟 共促长江大保护”2016年长江口珍稀水生生物增殖放流活动。农业部部长韩长赋、上海市市长杨雄出席活动。

2016年8月29日，农业部在江苏南通召开全国渔业转方式调结构工作现场会，贯彻落实全国渔业渔政工作会议和全国农业结构调整座谈会精神，总结交流各地做法，成效和经验，部署下阶段渔业转方式调结构工作。农业部副部长于康震出席会议并讲话，渔业渔政管理局局长张显良主持会议。

2016年2月26日，农业部召开全国渔业安全生产工作视频会议，部署“十三五”时期渔业安全生产总体谋划和2016年重点任务。农业部副部长于康震出席会议并讲话。

2016年6月上旬，农业部副部长于康震赴江苏省扬中市、盱眙县、泗洪县等地调研渔业转方式调结构相关情况。

2016年8月6~8日，农业部渔业渔政管理局局长张显良带队赴江苏省就渔业抗灾复产和转方式调结构情况进行调研。

2016年11月21~23日，农业部渔业渔政管理局局长张显良带队赴辽宁省就渔业转方式调结构情况进行调研。

2016年10月31日至11月1日，农业部在北京举办了国内渔业油价补贴政策调整培训班。农业部渔业渔政管理局副局长李书民参加培训活动并作总结讲话。

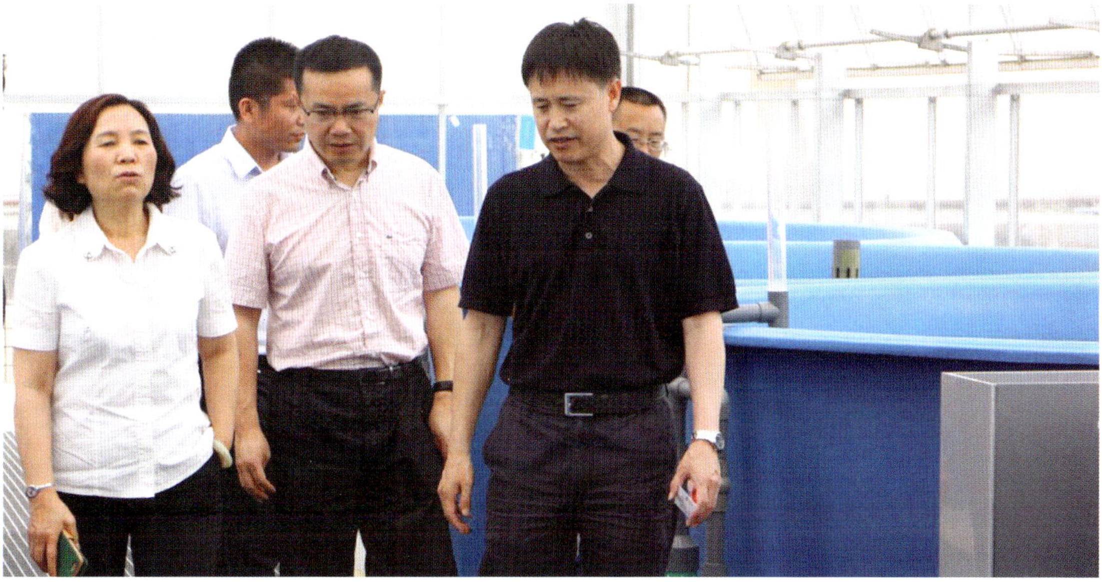

2016年6月22~24日，农业部渔业渔政管理局副局长刘新中率队到四川省调研水产工作。

2016年12月8~9日，农业部渔业渔政管理局副巡视员丁晓明主持湖南省汉寿县农业部渔业健康养殖示范县验收。

2016年10月10日，农业部长江流域渔政监督管理办公室主任李彦亮在长江办中心组学习（扩大）会上讲党课。

2016年9月26日，中国水产科学院院长崔利锋率团到澳大利亚塔斯马尼亚大学开展学术交流。

2016年9月，农业部渔业船舶检验局局长李昌健赴辽宁省丹东市，督导检查渔船检验监督管理工作情况、涉渔“三无”船舶清理整顿情况。

2016年10月18日，全国水产技术推广总站站长肖放参加由全国水产技术推广总站、上海海洋大学共同发起的中国稻田综合种养产业技术创新战略联盟成立大会。

山东省海洋与渔业厅

农业部船检局局长李昌健与厅长王守信为北海审图中心揭牌

农业部及船检局领导到船检体制改革试点船厂黄海船厂调研

召开全省渔船检验工作大会，部局、省厅领导参加会议

水生野生动物科普宣传月

整齐的海上列队

农业部副部长于康震视察我省海洋牧场建设 11月1日，农业部副部长于康震，农业部渔业渔政管理局局长张显良一行来我省视察海洋牧场建设。期间，考察了青岛鲁海丰休闲渔村建设，并登船实地考察鲁海丰海洋牧场建设现状。于康震副部长对山东近年来发展海洋牧场取得的成就和经验给予充分肯定，提出要着力抓好渔业资源修复保护，加强海洋牧场建设，加快推进渔业产业转型升级，努力提高渔业发展的质量和效益。

"海上粮仓"建设规划出台 2016年，我厅按照省委、省政府有关工作部署，深入推进"海上粮仓"建设，整合省财政渔业资源修复行动计划、平安渔业工程、远洋渔业等渔业发展类专项资金，发起设立"海上粮仓"建设发展资金，全年安排资金2.3亿元；根据财政涉农资金改革要求，整合现代农业生产发展、渔业标准化养殖、农业科技发展等资金建立现代渔业发展平台，全年安排资金1.2亿元。8月，我厅会同省发改委正式印发《山东省"海上粮仓"建设规划（2015—2020年）》，我省"海上粮仓"建设深入推进。

"一张图"平台建设完成，信息化建设进入新阶段 在全国海洋与渔业系统率先完成"一张图"数据和应用集成平台开发、测试，分别在互联网和专网部署运行，并通过了专家验收。建立了统一的数据资源目录，实现数据资源自动汇交、动态更新、数据共享和服务发布；统一身份认证、统一门户办公，实现相关应用系统界面、数据和业务的整合集成和互联互通，为领导决策提供辅助支持，实现我厅信息化建设的标志性转折。

渔业全产业链多元融合发展 休闲渔业逆势强劲增长，2016年产值突破200亿元。把延伸产业链、提升价值链作为渔业转型升级主攻方向，积极推进渔业一二三产业融合和上下游跨界发展。"渔夫垂钓"与"好客山东""仙境海岸"等旅游品牌高度融合，国内知名旅游企业景域集团与我厅达成战略合作，共同打造"渔夫垂钓"品牌项目和产品。沿海地区15处省级休闲海钓示范基地和内陆10处休闲渔业公园，分别实行"投礁、放鱼、钓船、岸线、服务"和"资源、环境、设施、文化、服务"五配套原则，进一步丰富了我省全域旅游的渔业内涵。我省从休闲海钓船管理办法的出台，到海钓船研发与建造基地的认定、休闲海钓船型的标准化以及专管机构的设立，逐步破解了休闲海钓船管理难题瓶颈。在全省17地市举办了贯彻国务院《中国水生生物资源养护行动纲要》颁布十周年系列活动，积极打造6月6日"放鱼节"品牌，全省初步形成了"陆地植树造林、水域放鱼养水"的生态文明建设新格局。

我省启动船检体制改革试点工作 6月14日，农业部船检局批复同意我省组织开展渔业船舶检验管理改革试点方案，试点期限2年，在石岛分局辖区开展以渔船设计图纸"审""批"分离、大型渔船建造监理、渔船技术状况第三方检测为主要内容的改革试点，培植第三方技术支撑机构，探索推进渔船技术服务社会化、市场化的有效路径。北海审图中心获批"农业部渔业船舶检验局审图中心（山东）"，承担部局委托的图纸审查及相关业务，农业部船检局局长李昌健和省海洋与渔业厅厅长王守信亲自为审图中心揭牌。

我省举办全国放鱼日同步活动 为纪念国务院颁布《中国水生生物资源养护行动纲要》十周年，打造6月6日全国放鱼日品牌，6月6日，我厅联合各地市，同步举办各种形式的放鱼活动，主要有系列活动之济南篇、泰安篇、淄博篇、枣庄篇、烟台篇、东营篇、滨州篇、潍坊篇等。政府、媒体及各界群众参与度越来越高，节俭、高效的放鱼节已成为我省很多城市广受群众欢迎的节日。渔业行政管理的社会影响度、放鱼养水的生态效能越来越受到社会各界的认可。2016年全省投入增殖放流资金1.6亿元，放流各类水产苗种44亿单位。

渔业科技精准对接在黄河三角洲首次全面展开 "海生·河口"渔业科技精准对接于7月27日启动，省海洋与渔业厅厅长王守信及东营市、河口区相关领导出席启动会，河口区通过政府预算投资4 825万元建设河口生态渔业区路桥工程，投资4 080万元高标准规划建设9 000平方米的海洋生物研发中心，并计划每年提供300万元作为科研经费。"海生·滨州"渔业科技精准对接于8月26日启动，虾蟹类、贝类、刺参产业创新团队分别与滨州市各区县企业进行了对接并开展了相关研究。

走出国门推介"海上粮仓" 2016年3月和9月，省海洋与渔业厅先后两次组织赴东亚和美洲国家开展优质出口水产品市场推介活动，并首次在日本、秘鲁、美国成功举行了三场"海上粮仓"建设及山东省特色出口水产品推介和经贸洽谈活动。我省"海上粮仓"推介活动迈出国门，引起当地媒体极大关注并产生积极反响，这对进一步提升我省优质出口水产品品牌在国际市场的美誉度和认知度具有重要意义。

省总队成立维权支队暨海上执法船队 10月28日，经省编制委员会批复，省海洋与渔业厅在原山东省海洋与渔业监督监察总队第五支队基础上组建"山东省海洋与渔业监督监察总队维权支队"，主要职能是海洋维权巡航执法、海上综合执法、执法船舶及执法船员管理，办公地点设在烟台市莱山区。

"渔夫垂钓"网站正式开通 经过近半年完善和试运行，4月28日，省海洋与渔业厅"渔夫垂钓"官方网站（www.yfcd.cn）正式开通。该网站包含了渔夫垂钓、休闲海钓、海钓基地、渔业公园、钓场介绍、钓坛赛事、新闻动态、钓友之家等8个专栏，旨在宣传"渔夫垂钓"品牌，推介我省海钓基地和渔业公园，提供钓友交流平台。

全省水产品质量追溯信息化管理和服务平台首次搭建 2016年初以来，围绕产地准出、质量追溯、贝类产品卫生监测和养殖区域划型、品牌建设等水产品质量监管中心工作，通过利用信息化和大数据等手段，初步建成山东省水产品质量信息网，搭建了全省水产品质量追溯信息化管理和服务平台。在威海荣成市选取海参开展"一市一县一品"追溯试点，将胶东刺参质量保障联盟企业纳入平台监管。该平台具有实现产品质量追溯、双随机抽检及执法、监管数据共享、监管信息发布等功能，对提升全省水产品质量科学化管理水平，确保水产品舌尖上的安全具有重要意义。

广东省海洋与渔业厅

农业部工作组在湛江调研指导渔业冰冻灾害救灾工作

全国渔业信息化工作现场会

2016年广东省水生野生动物保护科普宣传月启动仪式现场

全省水产品质量安全宣传活动

2016年，广东省优化渔业产业结构，保护渔业生态环境，改善渔民民生，增加渔民收入，提升现代渔业发展水平，推动现代渔业强省建设。全省渔业经济产值达2 863.09亿元，同比增长12.96%；水产养殖产量708.93万吨，同比增长2.78%，水产品产量873.79万吨，同比增长1.81%；渔民人均收入达到1.38万元，同比增长5.65%，渔业各项经济指标继续居全国前列。

加快渔业养殖转型升级 全省建成国家健康养殖示范场190家、省级以上渔业龙头企业114家。加快发展特色生态养殖，韶关市通过"公司+合作社+基地"模式大力发展生态养殖、瘦身鱼养殖。佛山市建设生态健康养殖示范区3个和生态水循环养殖示范点2个。茂名函仔鱼成为我省渔业首个获得国家农产品地理标志登记保护产品。珠海市成立休闲渔业协会，建成国家级休闲渔业基地1家、省级休闲渔业基地2家。梅州市建成国家级休闲渔业示范基地3家。

推进捕捞转方式调结构 率先在全省试行省管权限海洋捕捞渔船更新改造"先建后拆"，新建大中型渔船301艘。加快发展远洋渔业，成立广东远洋渔业协会，制订加快远洋渔业发展的意见和远洋渔业发展规划。省级统筹安排8亿元扶持远洋渔业发展。现有远洋渔业企业19家、在外生产渔船189艘。

加快海洋渔业信息化建设 通过系统间的互联互通、数据共享，初步实现了渔港渔船可视化、渔业管理扁平化、渔民服务便捷化，促进了广东渔业管理能力与服务质量的双提升。建成省市县3级跨层级行政审批事项审核系统，初步形成一张网联审的服务模式，网上办事大厅建设工作继续走在全省前列。农业部在广东召开全国渔业信息化工作现场会。

加强渔船安全生产监管 广东省人民政府出台《广东省渔业船舶安全生产管理办法》，为全省加强渔船安全生产管理提供有力的法律依据。茂名市建立渔船安全生产联席会议制度。广州市制定渔船渔港安全监管执法工作规范和监管巡查量化指标。

强化水产品质量安全监管 联合省食安办、农业厅、食药监局制定《广东省2016年水产品质量安全专项整治工作方案》，联合省农业厅、食药监局印发《关于加强我省农产品质量安全全程监管的意见》。联合食药等部门开展水产品质量安全专项执法。组织开展水产品"三鱼两药"专项整治行动、"渔资下乡"行动和"一月一行动"等，并在佛山、清远、阳江、湛江等地区通过"双随机"抽查方式，开展"三鱼两药"精准整治行动。2016年，全省共出动执法人员1.3万人次，共检查生产经营企业7 566家，立案52宗，移送司法机关案件3件。与司法部门建立水产品质量安全"两法衔接"机制，打击水产品质量安全违法行为更有震慑力。全省水产品产地抽检合格率97.8%，苗种抽检合格率超过97.1%。

加大渔业专项执法检查 组织开展清理整治涉渔"三无"船舶和"绝户网"等违规渔具专项行动，共没收涉渔"三无"船舶933艘、清理违规网具6 509张。组织开展"护渔2016"执法，查处渔业违法案件9 960宗，移送涉渔犯罪案件160宗，刑拘183人。

广东省渔业船舶安全生产管理办法宣传活动

现代渔业养殖基地

闸坡渔港

广西壮族自治区水产畜牧兽医局

广西近海万亩对虾养殖

三江县高山稻渔综合种养获丰收

广西海上大型渔业基地俯瞰

广西沿海珍珠养殖田

空中俯瞰广西钦州市龙门七十二泾大蚝浮筏生态养殖示范区的蚝排景象

2016年，在自治区党委、政府的正确领导下，广西水产畜牧兽医系统深入贯彻落实中央和自治区相关指示精神和决策部署，实施供给侧结构性改革，大力发展现代生态养殖，实现了全区渔业经济稳中有进的良好局面。

一、全区渔业发展情况

据统计，2016 年全区水产品总产量363万吨，同比增长5.03%，渔业产值463亿元，同比增长4.30%。

全区水产品总产量排全国第8位；水产品出口额3.82亿美元，居全区农产品出口首位；渔民人均纯收入20 432元，在西部省区排名第1位，排全国第5位；全区对虾、罗非鱼、牡蛎、龟鳖的产量分别达到21.10万吨、31.63万吨、54.20万吨、2.86万吨，全国排名分别为第2位、第3位、第4位、第6位；水产品加工总量72.50万吨，全国排名第8位，水产品加工总产值51.03亿元、全国排名第10位；全区休闲渔业基地有2 500多家，其中自治区级休闲渔业示范基地10家。

全区共有渔船23 657艘，总吨位554 278吨，总功率895 248千瓦。全区共有海洋渔政船15艘（其中：1000吨级3艘）。共有海洋渔政艇40艘。现有内陆渔政船17艘,内陆渔政艇146艘。

二、主要工作开展情况

现代渔业生态养殖有序推进 有益微生物在水产养殖得到广泛应用,沿海地区对虾养殖使用微生物制剂的面积已超过95%，淡水养殖使用微生物制剂也在逐年增加。稻渔生态综合种养模式得到进一步推广，预计2017年上半年，全区发展稻渔生态综合种养面积达5万多公顷，产量达4万多吨。

推动千亿元渔业产业发展 指导开展养殖水域滩涂规划修订完善工作。落实补助资金2 180万元，支持建设20个水产良种场或苗种场，支持开展水产良种保种、选育与繁育。落实补助资金4 155万元支持设施渔业建设，在全区支持建设3个工厂化养殖示范基地、建设与改造水产生态养殖池240公顷、渔业生态养殖示范园区12个、建设与改造内陆生态养殖网箱18.5万平方米。

渔业科技不断进步 全区颁布渔业技术规范27项；获得省、部级以上渔业科技成果奖励16项；选育出凡纳滨对虾“桂海1号”高产抗病新品种；建成自治区级水生动物疫病预防控制中心1个、市级水产病害监测中心3个、县级水生动物防治站41个；获评农业部水产健康养殖示范场169家、自治区级水产健康养殖示范场35家。

对外交流合作深入实施 加强与斯里兰卡、文莱等国家和地区考察交流。加快实施“一带一路”国家战略，切实加强与缅甸、文莱等国家渔牧业合作；推动企业“走出去”实现突破，文莱金鲳鱼设施化养殖、斯里兰卡和毛里塔尼亚远洋渔业、东盟国家动物疫病防控人员培训等项目进展顺利。

行业融资难瓶颈取得突破 与中国邮储银行广西分行合作开展“畜（渔）蓄八桂行”专项活动，从2016年8月12日到年底，累计为行业企业融资6.6亿元。截至目前，邮储银行已向区内水产畜牧行业新发放贷款6 500笔，共计15亿元。

依法治渔取得成效 组织实施新的伏季休渔制度和珠江禁渔期制度，休（禁）渔秩序总体良好。切实落实好渔业安全生产责任，上半年累计检查渔船1.9万艘，发现安全隐患830余项，已完成整改700项。

推进精准脱贫任务 积极动员龙头企业参与精准扶贫，引导和扶持建立“龙头企业+专业合作社+基地+贫困户”等运营模式。

上海市农业委员会水产办公室

（上海市水产办公室）

2016年是“十三五”开局之年。上海水产工作深入贯彻落实新发展理念，紧紧围绕渔业发展“十三五”规划和年初确定的工作目标，加快渔业转方式调结构，着力推进渔业供给侧结构性改革和补短板，克服渔业资源不佳、生产资料价格上涨、极端灾害性天气多发等不利因素影响，较好地完成了预定的各项工作任务，实现了新常态下“十三五”上海都市现代渔业发展良好开局。

2017年是实施“十三五”规划的重要一年，也是供给侧结构性改革的深化之年。上海水产将深入贯彻落实中央和市委一系列会议、文件精神，按照全国渔业渔政工作会议和上海市农村工作会议的部署，坚持稳中求进、进中求好的工作总基调，更加自觉践行新发展理念，深化渔业供给侧结构性改革，进一步推进渔业创新、协调、绿色、开放、共享发展，确保水产品安全有效供给和渔（农）民持续增收，加快上海都市现代渔业转型升级步伐。

1月15日，农业部渔业渔政管理局副巡视员刘新中一行到上海渔港监督局（上海渔船检验局）调研信息化工作

3月24日，市委农办、市农委主任孙雷、副主任邵林初、秘书长邵启良、总经济师王国忠一行到上海市长江口中华鲟自然保护区基地考察

4月22日，农业部长江流域渔政监督管理办公室主任李彦亮、副主任韩旭、副巡视员董金和带领单位干部职工，到上海市长江口中华鲟自然保护区基地调研，并开展“两学一做”学习交流活动

5月12日，全国水产技术推广总站副站长李可心等一行到上海市水产研究所（上海市水产技术推广站）就上海渔情状况进行专题调研

6月13日，农业部渔业船舶检验局副局长刘晴一行就渔船缺陷产品召回工作到上海进行调研

8月18日–19日，全国水产技术推广总站站长肖放一行来沪深入基层单位考察调研水产技术推广工作

9月7日，农业部渔业渔政管理局局长张显良在上海市农业委员会副主任邵林初、中国水产科学研究院副院长邓伟等陪同下，到上海市长江口中华鲟自然保护区基地调研

10月11日，农业部渔业船舶检验局总工程师唐金龙一行就建设“智慧船检”项目到上海渔港监督局调研

11月10日，市农委、青浦区人民政府在青浦区赵巷镇联合举办全市清理取缔涉渔“三无”船舶同步执法行动暨集中拆解销毁活动。市委农办、市农委秘书长邵启良出席活动

威海市海洋与渔业局

沙窝岛国家远洋渔业基地揭牌

海上休闲体验平台

水产品加工

海带收割

沙滩监测

2016年，威海市海洋与渔业局积极推进海洋渔业转型升级，加快体制机制创新，不断强化海洋综合管理，全年水产品产量增长3.1%，达到255.8万吨；渔业经济总产值增长10.3%，达到1 328亿元。渔业经济保持了持续、健康、高效发展势头。

海洋渔业加快转型升级 市政府出台《关于推进海洋渔业提质增效转型升级的实施意见》，全市海洋渔业转型升级不断向纵深进展。远洋渔业快速增长。沙窝岛获批北方唯一的国家级远洋渔业基地并开工建设，乌拉圭、加纳等境外远洋渔业综合基地推进顺利，专业远洋渔船发展到370艘，远洋捕捞实现产量37.1万吨、产值44.1亿元，分别同比增长32.3%、39.1%，回运量达到80%以上。休闲渔业突破发展。新增7处国家级休闲渔业示范基地，总数达到17处，举办国际钓鱼文化周和国际海洋文化周，休闲渔业品牌影响力不断扩大，实现产值50亿元。海水养殖业提质增效。新增2处国家级海洋牧场示范区和12个“海上粮仓”海洋牧场重点项目，海洋牧场发展到8万公顷，年产值超过10亿元的养殖品种达到6个，育苗量达600亿单位，实现养殖产量163万吨、产值227亿元。加工流通业持续提升。“海洋三品”集群发展不断壮大，2016年全市海产品加工业实现产值783亿元，同比增长11.9%。威海与荣成、乳山分获“中国海参之都”“中国海带之都”“中国牡蛎之乡”称号，“威海刺参”“乳山牡蛎”获“2016中国最具影响力水产品区域公用品牌”。科技支撑不断增强。国家浅海综合试验场初步具备海试能力，海洋碳汇与研发基地开展观测试验，海洋生物遗传育种中心开展牡蛎引种研究。

渔业生态得到有效保护 出台《海域使用规划》《无居民海岛保护与利用规划》，新增养殖用海全部采用市场化配置方式。出台《海岸带执法巡查工作规则》，严格落实岸段负责、定期巡查、跟踪监管等制度，确保第一时间发现和查处违法行为。完成市区海域资源本底调查，为科学用海提供依据。拆除市区禁养区5 200公顷养殖设施，解决了影响城市环境的“老大难”问题。逍遥港修复项目成功列入国家“蓝色海湾”行动计划，获中央扶持资金3亿元，累计实施41个整治修复项目，修复岸线超过70千米，大乳山海洋公园作为典型荣登巴黎全球气候大会。放流水产苗种15.1亿单位，促进了渔业资源的修复。积极开展海洋垃圾防治国际合作，连续第9年成功处置绿潮灾害，清理浒苔53万吨，其中50%以上实现资源化利用。

渔业安全秩序保持平稳 努力构建渔船管控和渔业安全管理长效机制，在全省首推“渔船包保责任制”，完善渔业安全监管网格；开展“渔港认定”，推行“依港管船”，发挥好渔港在渔业安全管理中的抓手作用；强化“技术防控”，提高渔业安全信息化水平；扎实推进“大快严”等专项行动，努力消除渔业安全隐患；实施全产业链“闭环管控”，加强“行刑衔接”，严厉打击违法违规行为，全市渔船管控秩序历年最好，渔业安全形势持续稳定。开展水产品质量安全追溯体系建设试点，推进“地毯式”检查和“拉网式”抽检，出动执法人员991人次，检查企业817家次，完成抽检任务934批次，合格率居全国全省前列。

远洋渔船开赴渔场

沙窝岛渔港

中国水产科学研究院

国家渔业科技创新联盟2016年度会议

联合青岛海洋科学与技术国家实验室推动深蓝渔业发展

“中国水产科学研究院 华大基因水生生物基因组研究中心”成立

执行“神舟十一”发射应急救援保障任务

中国水产科学研究院作为国家级水产科研机构，担负着全国渔业重大基础、应用研究和高新技术产业开发研究的任务。经过30余年的发展，已发展成为拥有13个独立科研机构及院部、5个共建科研机构，学科齐全、布局合理、在国内外具有广泛影响的国家级研究院，在解决渔业及渔业经济建设中基础性、方向性、全局性、关键性重大科技问题，以及科技兴渔、培养高层次科研人才、开展国内外渔业科技交流与合作等方面发挥着重要的作用。

全院现有在职职工2 833人，其中编制内科技人员1 916人，基本形成了由院士、国家级专家、部级专家、院首席科学家以及中青年优秀人才组成的层次结构较为合理的科研团队。全院拥有国家实验室1个、国家地方联合工程实验室1个、2个国际参考实验室、11个部级重点实验室、9个部级科学观测试验站、6个省级重点实验室、7个省级工程技术研究中心、14个院重点实验室、14个院工程技术研究中心、95个院功能实验室、7个部级水产品质量安全风险评估实验室、10个国家级和部级质量检测中心、6个国家水产品加工技术研发中心及分中心、2个国际水产技术培训中心、2艘1 000吨级海洋科学调查船和37个科研试验基地。研究重点为渔业资源保护与利用、渔业生态环境、水产生物技术、水产遗传育种、水产病害防治、水产养殖技术、水产加工与产物资源利用、水产品质量安全、渔业工程与装备、渔业信息与发展战略等十大研究领域。

建院以来，全院科技工作者攻克了渔业发展中的一系列基础性、关键性技术难题，取得了一大批对产业发展具有较大推动作用的成果。全院共取得各类科研成果3 800多项，有700多项成果获国家和省部级奖励，其中国家奖58项。全院以占全国水产科研单位20%左右的科技人员，取得占全国水产行业50%以上的国家级和省部级奖励。

2016年，全院新上科研项目861个，合同经费6.16亿元。获得科技成果奖励65项，其中省部级29项；获得2个水产新品种审定；申请专利 525项，其中发明专利318项，获得授权专利400项，其中发明专利179项；发表论文超过1 700篇，其中SCI和EI收录600余篇，在《自然-遗传》《分子生物学与进化》等国际知名期刊发表多篇重要研究论文。成功破译褐牙鲆、美丽硬仆骨舌鱼（金龙鱼）全基因组序列，从分子水平上揭示了雅罗鱼适应盐碱环境、黄鳝性逆转、乌鳢性别决定、斑节对虾卵巢发育调控等机制，突破了刀鲚全人工繁养关键技术，开发了哲罗鱼高效饲料，连续攻克了南极磷虾资源、捕捞、加工、渔情预报等方面一系列技术难关，成功研制“平战结合”新型航天器高海况海上打捞系统设备，在学术界和产业界都产生了广泛的影响。我院成功入选科技部创新人才培养示范基地，1人荣获“全国优秀科技工作者”，1人入选国家创新人才推进计划中青年科技创新领军人才,2人入选首届农业部“杰出青年农业科学家”。2艘3 000吨级渔业资源调查船完成建造合同签订，国家级海洋生物种质资源库项目获得批准立项，争取农业部重点实验室取得重要突破。

都市野战军 长江口生态卫士

中华鲟等珍稀水生生物增殖放流

管理有序 团结和谐 素质过硬 攻坚克难

上海市长江口中华鲟自然保护区于2002年成立，次年上海市人民政府批准成立上海市长江口中华鲟自然保护区管理处，负责上海市长江口中华鲟自然保护区的日常管理。保护区位于上海市的东北方，地处长江入海口，总面积约69 600公顷。2005年，上海市人民政府颁布实施《上海市长江口中华鲟自然保护区管理办法》。通过ISO9001管理体系认证，列入国际重要湿地名录，是世界上最大的河口湿地之一，也是我国为数不多和较为典型的咸淡水河口湿地。

上海市长江口中华鲟自然保护区管理处以保护中华鲟、江豚为代表的长江珍稀水生野生生物及其栖息环境为主要工作职责，从物种保护、资源环境保护、执法管理、科普宣传教育和综合管理等方面开展工作，取得了良好的生态效益和社会效益。

上海市长江口中华鲟自然保护区基地位于上海市崇明区，主要构筑中华鲟及其他长江珍稀水生动物抢救与增殖放流平台、河口区水生生物多样性保护和环境修复国际科研与交流平台、国际设施渔业科技成果示范平台和科普教育平台，加强对长江口生态多样性和生态系统的保护，是上海的一大生态地标。

中华鲟抢救

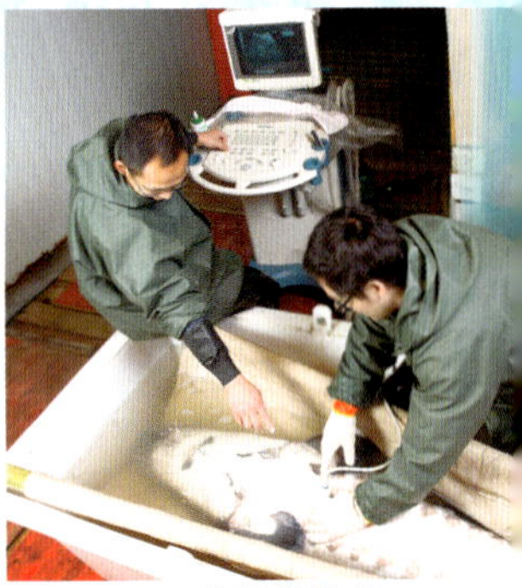
中华鲟诊疗

国家级海洋牧场示范区建设

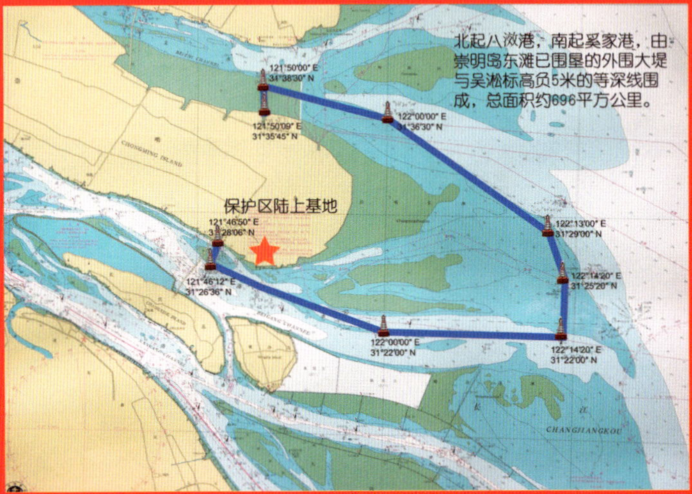

上海市长江口中华鲟自然保护区

上海市长江口中华鲟自然保护区管理处

SUPERINTENDENCY DEPARTMENT OF SHANGHAI YANGTZE ESTUARINE NATURE RESERVE FOR CHINESE STURGEON

大连海洋大学

大连海洋大学是我国北方地区唯一一所以海洋和水产学科为特色，农、工、理、管、文、法、经、艺等学科协调发展的多科性高等院校。学校创建于1952年，前身为东北水产技术学校。1978年，升格为大连水产学院。2010年，经教育部批准更名为大连海洋大学。2017年，入选“辽宁省一流大学重点建设高校”。

学校坐落于美丽的海滨城市大连。有黄海校区、渤海校区和瓦房店校区3个校区。学校现设有18个学院、1个教学部。有教职工1 266人，全日制在校生14 000余人。有一级学科硕士学位授权点12个、二级学科硕士学位授权点40个，有硕士专业学位授权领域11个，有48个本科专业。

学校学科体系完善，优势特色学科明显。有省部级重点学科4个。水产一级学科为辽宁省“双一流”建设学科，该学科在2012年教育部第三轮学科评估中名列第三。有辽宁省优势特色重点学科2个、农业部重点学科1个。拥有国家级多学科协同创新平台——大连海洋大学新农村发展研究院。

学校不断深化教育教学改革，积极承担质量工程项目和教研教改项目。曾获国家级优秀教学成果一等奖1项、二等奖1项。在近两届教学成果评选中，学校共获得省级优秀教学成果奖25项，其中一等奖5项。有1个国家级人才培养模式创新实验区，1个国家级实验教学示范中心，1个国家级大学生实践教育基地建设项目。获批1个国家级卓越农林人才教育培养计划改革试点项目，1个国家级地方高校本科专业综合改革试点专业，3个国家级特色专业。

学校有较为完备的教学科研平台。有农业部刺参遗传育种中心1个，国家海藻加工技术研发分中心1个，农业部重点开放实验室1个，教育部国别与区域研究中心1个，辽宁省协同创新中心1个，省高校重大科技平台2个，省级重点实验室9个，省级工程技术研究中心5个，省级科技服务中心1个，省高校重点实验室4个。

学校科技创新能力不断增强。“十二五”以来，学校承担了国家863计划、国家科技支撑、国家重点研发计划、国家自然科学基金、国家海洋公益专项等各级各类科研项目1 200余项。有46项科研成果获市级及以上奖励，其中国家级2项、省部级25项。另外，学校获批3个水产新品种：中间球海胆“大金”、菲律宾蛤仔“斑马蛤”和菲律宾蛤仔“白斑马蛤”。

学校拥有一支结构相对合理，学科领域覆盖较全的师资队伍，有专任教师788人，具有高级职称的377人。有“双聘院士”5人，国家杰出青年基金获得者1人，国务院水产学科评议组成员1人，863项目首席科学家1人，国家百千万人才工程人选2人，教育部新世纪优秀人才支持计划1人，农业部农业科研杰出人才3人、产业技术体系岗位专家5人，辽宁特聘教授4人，辽宁杰出科技工作者2人，享受政府特殊津贴51人，入选省“百千万人才工程”66人。有国家级教学团队1个，省级教学团队9个，有科技部重点领域创新团队1个，农业部农业科研创新团队3个，辽宁省农业科技创新团队4个，辽宁省高等学校创新团队3个。

学校拥有浓厚的蓝色育人氛围，形成了以“学贯江海、德润方厚”的校训精神和“兼容并蓄、追求卓越”的大海大精神为核心的蓝色大学文化特色。学校积极倡导“厚德博学、为人师表”的教风，不断培育“明德尚学、志存高远”的学风，精心打造文化品牌项目“蓝色讲坛”，拥有“海洋之声合唱团”等各类文体、科技学生社团，定期举办校园文化节，不断丰富第二课堂科技文化活动，学生的综合素质不断提高。

学校先后与世界13个国家（地区）的72所院校（机构）签订了友好协议，涉及亚洲、北美洲、欧洲、澳洲、南美洲五个大洲，学校的对外影响和国际声誉不断提升。学校大力开展国际教育，拥有新西兰奥塔哥理工学院“3+1”合作举办机械设计制造及其自动化专业本科教育项目以及多种校际交流项目。

上海海洋大学

加强党的建设，持续推进综合改革，实施规划引领　深入推进理论武装，积极创建学习型党组织，校党委中心组共开展9次专题集中学习，按照上级工作部署，扎实开展“两学一做”学习教育，巩固拓展党的群众路线教育实践活动和“三严三实”专题教育成果，全面加强党员思想作风建设。凝聚共识、统一思想，成功召开上海海洋大学第一次党代会。明确今后5年学校总体发展思路、建设目标和主要任务，选举产生新一届两委委员和校党委领导班子，为学校改革发展提供强有力的组织保障。形成《上海海洋大学面向2030未来战略》《上海海洋大学“十三五”事业发展规划》《上海海洋大学“十三五”事业发展规划执行方案》，完成学校“十三五”规划编制工作，成为学校未来发展的指导性文件。按照《上海海洋大学深化综合改革方案（2015-2020）》，对照学校分年度制定时间表、路线图、任务书和2016年各版块综改要点，重点推进六方面的年度综改任务。开展学科的行政依托学院和管理机构调整工作。制定《上海海洋大学章程落实工作方案》。组织开展三批廉政风险防控及内控制度建设交流评议和专项督导活动、党风廉政建设自查自纠专项工作。加强领导干部经济责任审计工作，开展19位领导干部经济责任审计。推进干部队伍建设，修订《上海海洋大学处级干部选拔任用管理实施办法》。启动和推进中层领导班子和中层干部换届工作，加强干部培训教育。

深化教育教学改革，加强学生综合素养培养　本科教学教师激励计划深入实施，协同推进实施基于“任务+绩效”二级学院拨款制度改革和人事分配制度改革，促进激励计划与学校现有分配方案的有效对接和并轨。立项建设校级重点课程54门、新增1门市级精品课程、2门市级全英语示范建设课程、3项市级重点教改项目。校内本科专业评估有序推进，完成年度评估计划，制定评估整改工作方案。建设教学实验室项目31个、投入经费1 521万元；新增实习基地24个，校外实习基地总数达202个。全面启动本科教学审核评估工作，召开第十二次本科教学工作会议；完成高等教育质量监测国家数据平台数据填报工作。水上运动项目上取得新成绩，在各项龙舟赛事中获得项目冠军2次、亚军2次、季军4次，在皮划艇名校赛中获得项目冠军、季军等6枚奖牌，在上海市学生运动会暨大学生游泳锦标赛中获得3枚金牌、5枚银牌、2枚铜牌和男子团体与女子团体总分第二名等佳绩。加强团学工作，召开上海海洋大学第二届学生代表大会，开展创先争优活动，获得国家级奖项3个、市级奖项4个。以赛事为抓手，促进学生创新创业能力培养，获得国家级创新项目50项、市级创新项目80项，获各级各类科技创新创业、科技作品等赛事奖项52个。深化大学生社会实践活动，立项团队25支、直接参与项目学生170余名、指导教师近30名，获得各类社会实践赛事奖项15个。组织各类志愿服务28次，参与人数2 063人次，开展科普类讲座累计20余次。依托品牌项目，加强校园文化建设，推进学生素质教育，开展各类艺术赛事和专场活动38场，在各类艺术类比赛中获得奖项10个。加强学生成长激励，营造良好的学习氛围，年内共评审各级各类奖学金30余项、获奖学生9 276人次。修订研究生培养方案，开设基础前沿课程40门，开设导师实验课16门。强化本科生学习发展能力，选拔三年级优秀本科学生50名进入一流学科实验室参与科学研究活动。开展全国第四轮学科评估工作，开展8个学位点自我评估工作。两个项目获2016年上海市科学道德和学风建设宣讲教育优秀项目奖。

提高科学研究水平，提升科技创新能力　年内，学校三个学科共获得竞争性拨款4 534万元，其中高峰学科水产学2 472万元、高原学科海洋科学和食品科学与工程学科分别获得1 242万元和820万元。启动新一轮7个校本高原高峰学科建设，资助经费380万元。开展各级各类重大科研项目攻关申报课题200余项，获得国家社科基金1项、教育部人文社科基金2项、国家自然科学基金32项、联盟计划1项、市农委科技兴农项目1项等。校科研专项基金、校博士启动基金、校青年基金和自然基金立项134项，资助金额522.02万元。科技人才项目喜获丰收，1人获中央“千人计划”创新长期人才项目、1人入选“国家‘万人计划’科技创新领军人才”计划、1人获全国优秀科技工作者称号、1人获国家自然科学基金优秀青年基金、2人获东方学者、3人获“浦江人才计划”、1人获“扬帆计划”、1人获“曙光计划”等。获批国家发改委立项的海洋工程装备检测试验技术国家工程实验室国家级平台，我校承担“海洋工程装备船舶压载水检测试验室”的建设任务；获批三个省部级平台。资助建设校内各类平台21个，投入经费总金额475万元。校万米级深渊科考母船“张謇号”建造完成并下水，圆满完成首航暨探访海上丝绸之路活动，并成功通过万米海试。《渔业学报》英文刊正式在线出版。成立上海海洋大学技术转移中心，筹建上海海洋大学技术转移中心有限公司，加强科技成果转移转化的管理和服务工作。组织“教授博士科技服务团”赴全国各省市开展科技服务，做好西藏亚东、陕西、贵州等教育对口支援与合作交流地区的科技服务工作。成功举办第十届蟹文化节暨2016年“王宝和杯”全国河蟹大赛，继续加强对台湾苗栗大闸蟹养殖的支持力度。

深化人事制度改革，加强师资队伍建设　建立和完善“任务+绩效”的二级学院人员经费拨款制度和“岗位+业绩”的机关、直属部门薪酬管理制度。年内进编录用教职工83人，师资博士后10人，人事派遣人员18人；与我校新签署聘用协议的高层次人才中，入选第十二批中央“千人计划”创新长期项目1人、国家杰出青年基金获得者1人、首次全职引进外籍专家1人、学科带头人1人；获批上海市海外名师1人、上海市育才奖5人、教委“三大人才计划”59人。开展“海洋学者、海鸥计划、海燕计划”二期入选者的后续培养工作。

推进国际交流合作，提高国际化办学水平　年内，学校与国（境）外的10所大学签署或续签合作协议，与24个国（境）外的87个学校或科研机构签署合作协议。举办72个国（境）外专家专题学术报告和讲座、5个国际学术会议，开设“前沿课程”16门。我校入选“亚洲校园”项目，成为正式实施阶段9个新增项目中唯一一个行业院校的合作项目。合作办学成效显著，与塔斯马尼亚大学签订第四轮合作协议，并通过教育部的审批。年内，学校开展23个项目、派送326名本科生和研究生赴国（境）外的大学、知名企业进行暑期学习和实习等游学活动。派往国外院校的交换学生204人，其中作为交换留学生的本科生和研究生41人、输送国（境）外友好院校留学学生163人。积极做好留学生招生、教育、管理和服务工作，年内共有来自31个国家的202名外国留学生在我校学习。

张謇号首航暨探访海上丝绸之路活动圆满结束

我校健儿参加首届全国大学生皮划艇锦标赛摘金夺银

海大学子首获“创青春”赛事国家级金奖

3号着陆器采集的马里亚纳海沟海底宏生物

中国渔业互保协会

全国渔业互助保险服务渔民会员经验交流暨荣誉会员表彰大会召开，提出把协会办成“会员之家”“渔民之家”

中国渔业互保协会和广西海洋投资集团合作成立的会员培训基地在北海揭牌成立

协会李健华理事长和上海海洋大学程裕东校长为“中国渔业互保协会会员培训基地（上海）”揭牌

中国渔业互保协会（原名“中国渔船船东互保协会”，以下简称协会）成立于1994年，是由全国范围内广大渔民以及其他从事渔业生产经营或为生产经营服务的单位和个人自愿组成、实行互助保险的非营利性社会团体，是我国第一家全国性农业互助合作保险组织。

2016年中央1号文件指出，要完善农业保险制度，把农业保险作为支持农业的重要手段，扩大农业保险覆盖面、增加保险品种、提高风险保障水平，积极开发适应新型农业经营主体需求的保险品种。支持地方发展特色优势农产品保险、渔业保险、设施农业保险。2016年10月27日，全国渔业互助保险服务渔民会员经验交流暨荣誉会员表彰大会在杭州召开，会议确定了新的服务理念和工作思路，即始终保持“互助保险”的初心不变，不断强化服务渔民会员的宗旨意识，充分展示渔业互助保险的本质和特色，把渔业互保协会办成真正意义上的“会员之家”“渔民之家”。

2016年，全国渔业互助保险系统共承保渔民80.89万人、渔船6.76万艘、养殖水面2.45万公顷、养殖网箱1 368口，提供风险保障总额达3 365亿元，同比增长2.46%；支付各类损失补偿金8.5亿元，同比增长26.30%。

全国渔业互保系统工作人员长训班在上海开班

中国渔业互保协会和全国水产技术推广总站签署共同推进水产养殖互助保险发展合作协议

2016年全系统渔业互助保险理赔业务研讨会召开，研讨提升理赔服务质量

宏东渔业股份有限公司

宏东远洋
走向世界
宋健
二〇一三年
三月十日

宏东渔业股份有限公司成立于1999年，位于福州马尾保税区内，注册资金20 000万元。公司有在境内外投资的远洋捕捞、水产加工、冷链物流等实体企业共计9家，已投产远洋船队170艘，作业船队分布于太平洋公海、东帝汶、毛里塔尼亚专属经济区，作业方式有单拖、双拖、延绳钓、流网、笼捕、围网等，是目前国内作业海区分布最广、捕捞方式最全、产品种类最丰富、产业链最完整的综合性远洋渔业企业之一。公司成立18年来，在国家、省、市各级主管部门和领导及金融业机构的大力支持下，逐步成长为“福建省海洋产业龙头企业”“福建省农业产业化龙头企业”“福建省重点上市后备企业”。

公司主要从事远洋捕捞、渔业基地运营、冷链物流、水产加工、海洋生物、水产品市场运营、进出口贸易等。公司积极响应国家“一带一路”和“走出去”发展战略，依托太平洋、印度洋、大西洋，开发西非、东非、南美洲和东南亚沿海国家近海渔场。

在国内，公司拥有约10 000平方米欧盟标准厂房、万吨级欧盟标准冷库。2010年6月，与毛里塔尼亚政府签署了为期50年的长期渔业合作协议，成立“宏东国际（毛塔）渔业发展有限公司”，获准派遣169艘渔船进入该国海域捕捞作业，年捕捞可达10万吨以上。渔业合作协议获得毛塔国的议会通过，得到了法律保障。至2016年底，公司在毛塔的项目投入近2亿美元，建成了以远洋捕捞船队、渔业专用码头、冷库、水产加工厂、修船厂、制冰厂、鱼粉厂、海水淡化厂、油库、物流广场等为一体的综合性远洋渔业基地。宏东毛塔远洋渔业基地为目前中国企业在海外建设规模最大的远洋渔业基地，也是毛塔国最大的远洋渔业企业。项目为当地创造了近2 000人的就业岗位，培训了数百名渔业技术人才，推动了当地的经济和渔业产业发展，获得毛塔总统、总理等国家政要和当地人民的高度评价。

公司与国家远洋渔业工程技术研究中心、上海海洋大学、中国水产科学研究院渔业机械仪器研究所、中国水产科学研究院东海水产研究所、福州大学药物生物技术与工程研究所、福建省农林大学食品学院等科研院所开展渔业捕捞、水产食品加工、海洋生物等领域以科学技术为核心的合作。公司产品获得欧盟、美国、巴西、俄罗斯等国家的注册认证，产品远销欧洲、东南亚、日本、澳大利亚、美国等国家和地区，深受广大消费者的青睐。

宏东渔业股份有限公司

宏东渔业毛里塔尼亚基地

地址：福州市马尾保税区8-1-2
网址：www.fzhongdong.com
邮箱：hdyy@fzhongdong.com
电话：0591-83999877
传真：0591-87676758

中水集团远洋股份有限公司

金枪鱼钓船

鱿鱼/秋刀鱼船

昌荣4号

中水集团远洋股份有限公司是由中国农业发展集团有限公司控股的主要从事远洋渔业和国际经贸合作开发的股份制上市企业。公司股票于1998年2月在深圳证券交易所A股市场挂牌交易（股票代码000798）。

公司主要从事远洋捕捞生产和经营,是我国较早开发太平洋、大西洋金枪鱼和南美鱿鱼资源的龙头企业之一，拥有各类远洋渔船近70艘,在大西洋、印度洋、太平洋从事捕捞生产。主要产品有阿根廷鱿鱼、秘鲁鱿鱼、秋刀鱼和金枪鱼及兼捕鱼种等海产品及加工制品。目前,公司在境内外设有12个分支机构，在北美、南美、南太平洋地区设有5家代表机构及控股公司。此外，公司还开展水产品贸易、船舶修理、渔船渔机和渔需物资进出口等业务。

公司依靠良好的资金保障、扎实的主业基础、强大的股东依托，资产规模位居我国远洋渔业企业前列，是目前国内最大的专业金枪鱼捕捞公司及我国三大远洋渔业上市企业之一。凭借良好的资源获取能力、突出的集约管理能力以及良好的经营管理团队和企业文化，公司致力于将自己打造成海洋渔业资源开发的现代化企业、我国境外远洋渔业基地管理运营创新的示范者以及水产品市场消费的引领者。

金枪鱼

中国水产（斐济）控股有限公司

中水北美公司

态行业的领航者
Micro-ecological Industry
★山东省级企业技术中心
★山东省农业产业化重点龙头企业
★山东名牌产品3个；山东省著名商标
★承担一项原国家经济贸易委员会“双高一优”项目
★承担一项工业和信息化部重点产业振兴和技术改造项目
★承担一项原国家发展计划委员会高新技术产业化推进项目
★承担一项国家发展和改革委员会绿色农用生物高技术产业化专项
★中国饲料工业协会“全国重承诺守信用”企业
★单宝龙董事长获中国水产业影响力人物
★单宝龙董事长获山东省十佳青年私营企业家称号
★2015年中国畜牧饲料行业最具投资价值企业
山东宝来利来生物工程股份有限公司
SHANDONG BAOLAI-LEELAI BIO-TECH. CO.,LTD
Add: No.28 ChuangYe Street Taian City Fax: +86-538-8068171
Tel: +86-538-8068669 538-8068197 Http://www.BLLL1996.com

蓬莱京鲁渔业有限公司

蓬莱京鲁渔业有限公司（以下称“京鲁渔业”）成立于1990年6月，经过多年发展，现已成为集远洋捕捞、水产品精深加工、海水养殖、育苗、船舶制造与维修等业务于一体的综合性集团公司。

近年来，公司抢抓山东半岛蓝色经济区建设机遇，积极响应省委、省政府“转调创”工作要求，调整发展思路，转变经营模式，力促产业升级，实现了从近海到远洋、从捕捞到加工、从用船到造船的不断转型。目前，公司拥有院士工作站、国家级企业技术中心，是中国渔业协会、中国水产流通与加工协会、中国船舶工业行业协会副会长单位，京鲁渔业被认定为国家农业产业化重点龙头企业，是全国农产品加工业示范基地、全国农产品加工出口示范企业、农产品加工企业技术创新机构，是国家标准化良好行为企业，是“海峡两岸（蓬莱）渔业合作交流示范基地”。

公司已顺利通过ISO9001/ISO14001/OHSAS18001质量/环境/安全职业健康管理体系认证。此外，在水产品加工方面还通过了HACCP、BRC、IFS认证，出口食品卫生注册、清真HALAL认证、无公害产品等体系认证。公司的“京鲁远洋”牌产品被认定为“中国名牌产品”，“京鲁远洋”商标被授予“中国驰名商标”。

公司以“追求客户满意、绩效最大化、训练有素、平安京鲁”为理念，以“勤、俭、敬、信”为做人原则，注重企业文化建设，把建立学习型组织作为企业长远发展目标，为打造百年企业不断追求和探索。

创新驱动　实现船舶工业逆势突围　蓬莱中柏京鲁船业有限公司（下称“京鲁船业”）成立于2006年4月，主营船舶制造与维修，现有员工3 000余人，占地面积100万平方米，舾装码头总长度约2 200米，拥有30万吨干船坞、5万吨船台、5 000吨举力浮船坞各1座，包括1 000吨和500吨造船门式起重机在内的造船专用设备设施齐全。

京鲁船业是第一批符合工信部“船舶行业规范条件”的企业之一，是国家高新技术企业、中国船舶工业行业协会副会长单位、战区级军民通用装备动员中心和山东省船舶制造与修理改装动员中心，被农业部渔业船舶检验局授予国内首个“远洋渔船建造与技术示范基地”。

公司主要产品有商船（82000/75200/64000/9800DWT散货船、21000DWT散装水泥运输船、1400TEU集装箱船、7000DWT化学品船等）、高端远洋渔船（77米秋刀鱼/鱿鱼钓船、1200GT金枪鱼围网船、59.6米超低温金枪鱼延绳钓船等）、公务执法船（1 000吨级海警船、300吨级渔政船、200吨级海监船等）、客（滚）船、科考船等。

公司已交付的各类船舶均得到船东的高度评价，并建立了长期合作关系。近日交付的21000DWT散装水泥运输船是目前世界最大的散装水泥运输船，其建造水平和进度得到船东的高度认可，授予我公司“质量上乘，诚信可靠”的锦旗和现金奖励；公司的远洋渔船研发项目荣获“山东工业突出贡献奖”，其中的77米秋刀鱼/鱿鱼钓船，各项指标均达到国际先进水平，关键技术填补国内空白，被工信部列为“高技术船舶科研项目”，获“省长杯”工业设计大赛银奖，被评为山东“名牌产品”，在市场上获得了巨大成功；公司先后中标的国家、省、市多个公务船项目，多次被船东授予锦旗以示表彰，特别是1 000吨级海警船，得到海警局高度评价，先后参与六国反恐演习、海警舰船首次出国访问等活动。

公司响应“军民融合”的号召积极“参军”，正在申请的军工建造资质，目前进展顺利，将努力争取军工产品订单，为国防事业做贡献。

京鲁船业秉承“勤、俭、敬、信”的做人原则，以“精心设计，精细管理，规范施工，顾客满意”为质量方针，坚持“多品种、小批量、短交期”经营路线，加快产品结构调整，实现转型升级，向国内外客户提供优质的产品和服务。

进军大洋　夯实远洋捕捞发展基础　远洋捕捞是公司的立身之本，是企业多元化健康发展的基石。近年来，随着海洋资源的过度开采和掠夺性捕捞，近海渔业资源日益枯竭，捕捞渔船产量与效益逐年下降。对此，京鲁渔业果断实施“走出去”战略，大力发展现代远洋渔业，捕捞作业区域由印度尼西亚等东南亚海域，逐渐向北太平洋和西南大西洋海域转移。目前，公司拥有鱿鱼钓船2艘、超低温金枪鱼延绳钓船3艘、77米秋刀鱼兼鱿鱼钓船13艘，拖网渔船4艘，1 200吨金枪鱼围网船2艘，装备水平在国内同行业中处于领先地

1 200吨美式金枪鱼围网船

77米秋刀鱼兼鱿鱼钓船

59.6米超低温金枪鱼延绳钓船

加工场景

养殖厂

位。特别是在我省发展蓝色经济、建设海上粮仓等方面，京鲁渔业充分发挥了自身优势，通过开发公海资源，增强渔船装备建造能力，提高渔船装备技术水平，作出了重大贡献。其中，远洋渔船更新改造项目表现突出，新建77米秋刀鱼兼鱿鱼钓船12艘，该船型投入使用后不负众望，创造了不俗业绩。2013年，首批投入使用的3艘渔船赴北太平洋作业，仅用4个月时间就捕获秋刀鱼7 900多吨，创我国远洋捕捞新纪录；2014年，9艘同型渔船再次赴北太平洋作业，捕获秋刀鱼2.8万余吨，占全国秋刀鱼捕捞量的36%，创我国大陆最高水平，填补国内空白。自2015年，全部秋刀鱼船建成并投入生产，产量连年位居国内首位。

为充分利用世界渔业资源，京鲁渔业与我国台湾省渔业企业合作，新建2艘1 200吨美式金枪鱼围网船，在巴布亚新几内亚海域捕捞金枪鱼并加工销售，这不仅将进一步开拓公司原料出口业务，提高企业的出口创汇及经济效益，而且有利于进一步提升远洋渔业高技术、高效益发展水平，使我省在世界海洋渔业资源开发中所占份额逐年增加；合作的船舶由京鲁船业建造，高达4 000多万美元的建造费由我国“台湾大众银行”提供融资，这是山东省内首家获得台湾省银行融资的项目。

为使远洋渔业实现高技术、高效益发展，京鲁渔业在秋刀鱼捕捞作业和金枪鱼围网船捕捞作业方面与我国台湾省企业开展全方位的合作，包括船员培训、船舶管理、作业技术、安全管理、渔场信息、油水补给、渔获物转载等方面，这将对京鲁渔业在远洋捕捞方面的综合实力和技术水平有很大的提升，并将对中国大陆的远洋渔业发展起到一定的促进作用。远洋渔业的发展，不仅为公司补充了大量的发展资金，而且所捕捞的鱿鱼等鱼类产品全部源于深海，鱼肥肉嫩，是绿色无污染的纯天然水产品，为公司水产加工业务提供了充足的原料保障。

品牌战略　领军国内水产加工行业　在水产品精深加工方面公司始终坚持品牌化经营理念，努力打造“京鲁远洋”品牌，不断提升企业核心竞争力。早在2000年，公司就率先推动水产品由来料粗加工到精深加工转型，依托丰富的产品种类和优良的产品质量，迅速打开国际市场，产品出口美国、欧盟、日本、韩国等多个国家和地区。最近几年，抓住扩大内需战略实施契机，公司及时调整发展策略，把重心由国外转向国内，大力开发以海洋食品尤其是深海食品为代表的绿色食品。公司在发展过程中，始终把产品创新作为品牌战略实施的关键，先后与中国水产科学院黄海水产研究所共同建设了“海洋食品高值化与质量安全控制研发中心”，与烟台大学海洋学院等多家研究机构合作创建了食品研发中心，开发了烧烤鲱鱼、鱿鱼仔、海鲜肠、秋刀鱼罐头等几十个新品种。“京鲁远洋”牌天妇罗虾、多宝鱼等系列产品在国内外多次获奖，“京鲁远洋”调理食品被授予“中国名牌”称号，“京鲁远洋”商标被授予“中国驰名商标”。目前，公司已经在31个省、自治区、直辖市设立了100多处办事处，并与肯德基、麦当劳、德克士等国际餐饮连锁企业长期合作，产品顺利进入批发、流通、配餐、快餐等多个领域。2016年初公司启动了电商网络销售渠道，陆续与天猫、唯品会、京东商城等全国10多家大型电子商务平台展开合作。着眼未来发展，公司将借鉴国内外先进经营管理模式，在冷链物流、海产品终端市场等领域打造大型中式快餐连锁店，以此引领中国水产加工行业快速发展。

耕海牧渔　建设生态环保资源　多年来，公司始终居安思危，面对国内传统对虾养殖方式的缺陷，如流行病大面积暴发、养殖环境极度恶化、种质退化等，积极探索，寻求养殖业可持续发展之路已成当务之急。2017年与中国民生投资有限公司合资成立了北海中民渔业有限公司，在广西北海市计划投资建设从母虾培育、虾苗繁育及成虾养殖为一体的中国最大的工厂化对虾养殖基地，基地占地面积超过400公顷，引进了国外专家带领的技术管理团队，采用世界上先进的分阶段工厂化养殖模式，既能解决传统养殖模式对环境污染的问题，也开创了新的集约型规模化养殖模式。

公司注重科技创新，拥有多个研发平台，各类专利190项。其中，“-60℃工质（氨）金枪鱼储存库研制项目”填补国内空白，“多功能远洋渔船制冷及总体设计技术研究”项目被工信部列为高技术船舶科研项目。

一帆风顺虾满仓

葱香芝士虾排

金丝流连虾

扇贝排

金丝流连蟹

大连远洋渔业金枪鱼钓有限公司

金枪鱼专业捕捞和主产品

大连远洋渔业金枪鱼钓有限公司成立于2000年4月，是专业从事超低温金枪鱼延绳钓的远洋渔业企业，是中国最早进入大洋超低温延绳钓的渔业公司，也是获得农业部远洋渔业资格较早的企业。

公司在近20年的发展进程中，规模由小到大，先后从日本、韩国引进了14艘超低温金枪鱼延绳钓渔船，委托国内大型造船厂建造了4艘，收购国内大型渔业公司的6艘，并购马尔代夫船籍印度洋海域作业的4艘，最近又收购了瓦努阿图籍中西太平洋海域作业的3艘超低温金枪鱼延绳钓渔船，形成了目前一支由31艘超低温金枪鱼延绳钓渔船组成的中国最大的超低温金枪鱼船队。捕捞作业覆盖太平洋等三大洋区，其中，太平洋20艘，大西洋7艘，印度洋4艘。

公司主要捕捞的鱼种为大目、黄鳍、剑旗、马林等高端金枪鱼，这些金枪鱼主要销往日本，用于制作高档生鱼片，渔获产品的质量一直获得日本企业和市场的广泛赞誉。

公司培养造就了一支拥有捕鱼经验丰富、技术精湛、勤劳勇敢、责任心强的船员队伍。其中，船长队伍是公司的骨干和主力，多数具有10年以上的专业深海延绳钓捕捞经验；公司还培养了一批具有航海、机修及捕鱼经验的优秀的职务船员和普通船员。此外，公司经过多年不断的探索，自身摸索出一套较科学、合理、高效、规范的作业流程和管理办法。我们始终坚信，科学、务实的管理是公司取得今天成绩的强有力的保障。

在公司的发展历史上，公司创造了中国远洋渔业的多项“第一”：

1. 1999年2月，公司“隆兴601”号超低温金枪鱼钓船开赴太平洋海域，填补了中国公海大洋性超低温金枪鱼钓的空白。

2. 公司目前是中国超低温金枪鱼延绳钓船队总吨数最大的远洋渔业企业；根据联合国粮农组织下的金枪鱼渔业促进组织（OPRT）统计全球登记在册的、合法经营的渔船数量来看，我们公司目前是中国船队规模最大的金枪鱼超低温延绳钓渔业公司；也是中国唯一一家超低温金枪鱼延绳钓作业覆盖了太平洋、大西洋及印度洋三大洋区的远洋渔业企业。

3. 公司是中国第一家获得国家开发银行给予政策性贷款扶持的民营远洋渔业企业，并得到国家的贷款贴息和造船补贴。

公司一直以来致力于科技创新，注重在渔具渔法、捕捞技术、渔业资源调查勘探等方面的投入，先后与日本、韩国以及国内（包括台湾省）的科研机构、水产院校进行合作，先后获得了多项科研成果。2008年，获得教育部颁发的“公海重要经济渔业资源开发研究-科学技术进步二等奖”、获得上海科学技术委员会颁发的“科学技术成果奖”；2009年，获得中国水产科学研究院颁发的“科技进步二等奖”；2010年，获得上海市人民政府颁发的“上海市科学技术三等奖”。

公司还重视在节能减排、环境保护、渔业资源可持续发展等方面的工作，积极地学习、汲取国际上先进的节能减排、环境保护的经验和做法，严格执行国际组织以及国家对远洋渔业资源可持续发展的规定和要求。公司一直秉承着绿色、环保、可持续发展的理念，坚持“取自海洋、回馈海洋”，出资创立了大连海洋环境保护公益基金，每年都组织开展“海洋增殖放流”等公益环保活动。

在未来的发展中，公司将重点加强在金枪鱼辅料方面的研发与利用，积极与日本和国内科研院所开展科技研发与合作，积极致力于生产和开发金枪鱼食品、保健品、化妆品等系列产品，提高金枪鱼的附加值，延伸产品的产业链；将继续扩大生产经营规模，提高企业的国际竞争力；将积极响应国家号召的“一带一路”倡议，大力发展远洋渔业，合理利用国际海洋资源，参与国际组织海洋资源开发合作，为提高国家海洋战略地位、为加强国家参与国际组织合作、为树立我国负责任渔业大国的良好形象做出积极的、应有的贡献。

地址：辽宁省大连市中山区长江路38号34层　邮编：116001
电话：0411-82808777　传真：0411-82782727
网址：http://www.chinatuna.com.cn/

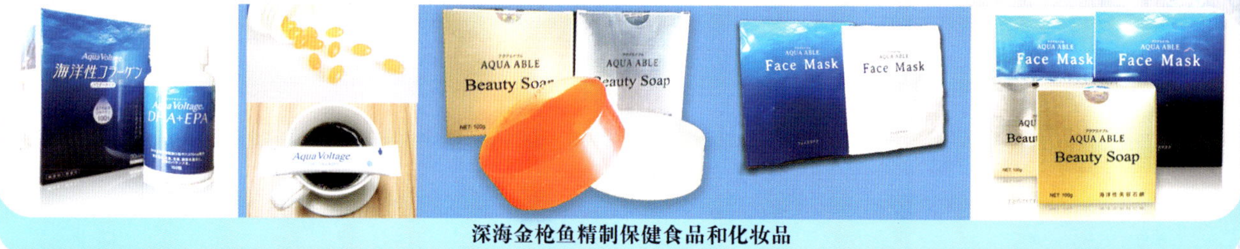

深海金枪鱼精制保健食品和化妆品

通威股份有限公司是由通威集团控股，以饲料工业为主，同时涉足水产研究、水产养殖、动物保健、
公司(股票代码：600438)，系农业产业化国家重点龙头企业。目前，公司拥有遍布全国各地及东南亚地
1 000万吨，是全球主要的水产饲料生产企业及我国重要的畜禽饲料生产企业，是我国农、林、牧、渔
水产饲料全国市场占有率已超过20%。目前，通威股份正瞄准“改善人类生活品质，成就世界水产品牌”
业，并积极延伸上下产业链条，全力打造全球健康安全食品供应商。

通威正坚定不移发展农业和新能源两大主业，其中农业主业以饲料工业为核心，全力延伸和完善水产
通威业已成为拥有从上游高纯晶硅生产、中游高效太阳能电池片生产、到终端光伏电站建设的垂直一体
光伏新能源产业链条，并成为中国乃至全球光伏新能源产业发展的核心参与者和主要推动力量。通威拥
屋顶光伏，并与现代渔业相结合，打造“渔光一体”模式。目前，通威已在全国各地建立起了商业或家
而清洁的光伏电力正源源不断地惠及千家万户。作为同时涉足农业和新能源光伏产业的龙头企业，真正
杰出的绿色农业和绿色能源供应商。

加工等相关领域的大型农业科技型上市
余家分、子公司，年饲料生产能力超过
售规模位居前列的农业上市公司之一，
大愿景，坚定不移地发展饲料及水产主
禽产业链条。同时，在新能源主业方面，
企业，已形成拥有自主知识产权的完整
分布式光伏的独特优势，大力发展家庭
伏发电及“渔光一体”示范电站，优质
业和光伏高效协同发展，最终成为全球
通威股份
TONGWEI CO., LTD.
通威全国服务热线 400-8080888
总部：成都市高新区天府大道中段588号
www.tongwei.com.cn

山东东方海洋科技股份有限公司

山东东方海洋科技股份有限公司（以下简称东方海洋）成立于2001年，于2006年11月在深交所上市。东方海洋主营业务为海洋牧场生态养殖、水产品加工出口及精深加工、大健康产业，保税物流、休闲渔业等。现为国家级高新技术企业、农业产业化国家重点龙头企业、国家级水产良种场、首批国家星火计划龙头企业创新中心等，公司拥有国家海藻与海参工程技术研究中心、海珍品良种选育与生态养殖国家地方联合工程实验室、农业部海藻遗传育种中心等多个国家级和省级的科研平台，科研设施和创新能力均达到国内甚至国际先进水平。

为进一步推动和加快东方海洋的快速发展，东方海洋实施产业化经营模式，构建海洋产业与大健康产业两大事业部管理体系，实现企业双轮驱动、创新可持续发展。其中在大健康产业方面，东方海洋投资20亿元建设精准医疗科技园，主要生产各类体外诊断试剂，包括白血病和艾滋病等的检测，覆盖领域：代谢性疾病诊断，激素类疾病诊断，遗传性疾病诊断，精准用药诊断等。园区建成使东方海洋发展成为集研发、生产、销售等于一体的IVD试剂及检测服务供应商，并以此为切入点纵深发展，成为具有核心竞争力的体外诊断、精准医疗领域细分行业龙头企业。届时东方海洋将成为山东省建设的首个精准医疗领域的科技园区，也是目前中国设计规模最大、技术前沿功能齐全的精准医疗科技园区之一。

车间

实验楼

办公楼

编辑说明

一、《中国渔业年鉴》由农业部主管，农业部渔业渔政管理局主持编撰，中国农业出版社渔业年鉴编辑部负责编辑、出版。

二、本年鉴是一部反映中国渔业年度基本情况的权威性资料工具书，每年出版一卷，以出版年份标序。

三、本年鉴所载资料全部截止到2016年年底。

四、年鉴文稿主要由全国渔业行政机构、企事业和科研单位、水产院校等部门的管理人员和专业技术人员撰写。全部文稿由中国渔业年鉴编辑部负责编辑修改或删节，由农业部渔业渔政管理局审定后发表。

五、各省、自治区、直辖市及计划单列市，按全国行政区划顺序排列。

六、各类资料数据均未包括台湾省和香港、澳门地区。

七、本年鉴在编撰过程中，得到全国各级渔业行政主管部门和有关单位的大力支持，在此表示衷心感谢。

目　录

发　展　综　述

渔　业　管　理

长江流域渔政管理

渔业科技与推广

各 地 渔 业

全国渔业重点事业单位

渔业社会团体

法律法规文献

渔业经济统计

领 导 讲 话

2016 年渔业大事记

索 引

发 展 综 述

全国渔业发展概况

【概况】 2016 年是"十三五"规划的第一年，也是加快推进渔业转方式调结构促转型的元年，渔业经济发展实现了稳中向好，质量和效益同步提高，渔民收入保持较快增长。全年水产品总产量 6 901.25 万吨，同比增长 3.01%；渔民人均纯收入 16 904.20 元，同比增长 8.40%。按当年价格计算，全社会渔业经济总产值 23 662.29亿元，其中渔业产值 12 002.91 亿元，渔业工业和建筑业产值 5 410.54 亿元，渔业流通和服务业产值 6 248.85 亿元。

1. 渔业生产稳定增长 2016 年渔业生产继续保持平稳增长，水产养殖产量 5 142.39 万吨，同比增长 4.14%，其中海水养殖产量 1 963.13 万吨，同比增长 4.67%，淡水养殖产量 3 179.26 万吨，同比增长 3.82%；国内捕捞产量 1 560.11 万吨，同比增长 1.14%，其中海洋捕捞产量 1 328.27 万吨，同比增长 1.03%，淡水捕捞产量 231.84 万吨，同比增长 1.79%；远洋渔业产量 198.75 万吨，同比下降 9.33%。水产品总产量中，海水产品产量 3 490.15 万吨，同比增长 2.36%，淡水产品产量 3 411.11 万吨，同比增长 3.68%。全国水产品人均占有量 49.91 千克，同比增长 2.40%。

2. 水产品市场健康运行 2016 年全国水产品批发市场交易量额、交易价格等指标均呈现稳中有升的态势，市场运行总体情况稳中向好。据监测，水产品批发市场成交量同比增长 1.05%，成交额同比增长 3.69%，综合平均价格同比上涨 5.30%，其中，海水产品价格同比上涨 7.36%，淡水产品价格同比上涨 2.70%。水产品进出口贸易平稳增长。据海关数据统计，2016 年我国水产品进出口总量 827.91 万吨，进出口总额 301.12 亿美元，同比分别增长 1.69% 和 2.72%。其中，出口量 423.76 万吨，出口额 207.38 亿美元，同比分别增长 4.37% 和 1.99%；进口量 404.15 万吨，进口额 93.74 亿美元，同比分别下降 0.97% 和增长 4.37%。贸易顺差 113.64 亿美元，同比增长 0.11%。

3. 渔业转方式调结构全面推进 3 月召开全国渔业渔政工作会议，对渔业转方式调结构促转型进行全面部署，会议提出实现资源利用方式、养殖生产方式、经营方式、管理方式的四转变，区域布局、产品结构、产业结构、要素配置的四调优，打好长江流域大保护、近海过剩产能疏导、水产品质量安全提升、渔业物质技术装备条件升级、捕捞渔民转产转业、远洋渔业规范有序发展等六场硬仗。5 月印发《农业部关于加快推进渔业转方式调结构的指导意见》，要求坚持提质增效、减量增收、绿色发展、富裕渔民，大力推进渔业供给侧结构性改革，以健康养殖、合理捕捞、保护资源、做强产业为方向，转变养殖发展方式，优化捕捞空间布局，调整产业结构，加强质量安全，保护资源环境，改善基础设施，提升信息装备，促进科技兴渔，强化依法治渔，加快形成产出高效、产品安全、资源节约、环境友好的现代渔业发展新格局。8 月召开全国渔业转方式调结构工作现场会，总结交流全国各地贯彻落实《农业部关于加快推进渔业转方式调结构的指导意见》的做法、成效和经验，部署进一步推进渔业转方式调结构的重点工作。11 月部署开展渔业转方式调结构阶段性总结和专题调研督查。全国渔业系统响应积极，23 个省（自治区、直辖市）和计划单列市党政领导作出批示、出台文件，15 个省份和计划单列市召开专题会议进行动员部署，转方式、调结构、促转型的热潮在全国掀起。

4. 强渔惠渔力度加大 中央财政落实渔业基本建设资金 16 亿元，渔业财政项目资金 11 亿元，下达国内和远洋渔业油补政策调整资金 79.98 亿元。首次启动实施稻渔综合种养工程，落实资金 4 800 万元，用于支持 9 个省（自治区）的 16 个稻渔工程项目。渔业油价补助政策调整稳步推进。继 2015 年财政部、农业部印发《关于调整国内渔业捕捞和养殖业油价补

贴政策 促进渔业持续健康发展的通知》之后，2016 年4 月，经国务院同意，财政部、交通部、农业部和国家林业局联合印发《关于调整农村客运出租车 远洋渔业林业等行业油价补贴政策的通知》。渔业油价补助政策调整之后，中央财政专项转移支付资金重点支持海洋捕捞渔民减船转产、渔船报废拆解、海洋捕捞渔船更新改造、人工鱼礁建设、渔港航标等公共基础设施建设、深水抗风浪养殖网箱、海洋渔船通导与安全装备建设；一般性转移支付资金，由省级统筹用于支持渔业生产成本补贴、减船转产、渔业资源养护、休禁渔补贴、渔业渔政信息化建设、渔港航标建设、池塘标准化和工厂化循环用水改造等水产养殖基础设施建设。渔业互助保险业务保持平稳发展态势，全行业共承保渔民80.95万人、渔船6.78 万艘、养殖水面2.45 万公顷、养殖网箱3 214口，提供风险保障3 372 亿元，同比增长2.68%，年内支付经济补偿金8.5 亿元，同比增长26.23%。

5.水产健康养殖全面推进 继续在全国范围组织开展水产健康养殖示范创建活动，新创建渔业健康养殖示范县12 个，水产健康养殖示范场731 个。修订发布了《〈养殖水域滩涂规划〉编制工作规范》和《〈养殖水域滩涂规划〉编制大纲》，提出禁止养殖区、限制养殖区和养殖区划定要求，优化养殖区域布局。加强现代种业建设，完成4 家国家级水产原良种场验收，完成18 家国家级水产原良种场复查，对5 家延期复查原良种场生产经营情况核查；推动品种创新，审定通过水产新品种14 个，对61 个水产原良种场、遗传育种中心和42 个苗种繁育重点县保种选育和亲本更新进行补助。组织实施2016 年国家水生动物疫病监测计划，在25 个省份开展8 种疫病的专项监测，完成4 199个样品的采样检测工作。组织30 个省份开展水生动植物病情测报工作，编撰并发布《2015 年中国水生动物卫生状况报告》。组织开展主要病原微生物耐药性普查，在12 个省份开展10 类养殖品种6 种病原菌的13 种抗生素类药物耐药性试验，各地共做药敏测试试验2万次以上，为科学用药提供依据。组织全国水生动物官方兽医师资培训班，培训官方兽医师资158 人。印发《洞庭湖区畜禽水产养殖污染治理试点工作方案》，启动洞庭湖畜禽水产养殖污染防控试点示范。

6.渔业科技支撑和信息化建设加强 推进现代农业产业技术体系渔业体系建设，在大宗淡水鱼、虾、贝类、特色淡水鱼、海水鱼产业技术体系的基础上，增加了藻类体系，覆盖产品由19 种增加到39 种，覆盖产量由70%增加到90%以上，主要养殖品种90%以上有了持续的科技支撑和保障。组建了对虾、大黄鱼等12个一条龙的国家渔业科技创新联盟。加强渔业标准体系建设，完成了67 项渔业国家和行业标准审定任务。举办了2016 年稻渔综合种养产业化配套关键技术集成与示范培训班，研究提出了稻渔综合种养项目绩效评价指标。开展渔船和养殖节能减排工作，在沿海省市进行渔船废气污染物状况实地调查，试对渔船分类型进行废气排放污染物实际测量，在辽宁、江苏、山东、广东、四川、青海、湖北、重庆等8 个省份开展养殖节能减排示范工作。首次召开全国渔业信息化工作会，出台了《农业部关于加快推进渔业信息化工作的意见》。开展渔船通导信息化项目建设工作，推进渔政管理指挥系统的升级改造，强化各类渔业信息系统的资源整合和信息共享。

7.水产品质量安全继续提升 组织开展2016 年国家产地水产品和水产苗种质量安全监督抽查、海水贝类卫生监测和风险隐患排查、渔用投入品隐患排查、水产品质量安全执法督查检查、“三鱼两药”专项整治。水产品产地监测合格率为99.8%，比上年提升0.2个百分点。农业部和国家食品药品监督管理总局联合发布了《关于有条件放开养殖红鳍东方鲀和暗纹东方鲀加工经营的通知》，明确养殖河鲀有条件放开市场经营，实现自20 世纪90 年代初开展河鲀养殖以来国家政策上的重大突破。全年未发生重大水产品质量安全事件。

8.渔业资源养护和环境保护持续推进 加强水生生物增殖保护力度，中央财政安排增殖放流资金4亿元，带动全国投入9.5 亿元，开展增殖放流活动2 205次，放流重要水生生物苗种和珍稀濒危物种389.57亿尾（只）。继续开展近海渔业资源和近岸产卵场调查，以及长江、珠江和黑龙江等重要内陆水域产卵场调查。伏季休渔和长江、珠江禁渔等休禁渔制度顺利实施。加强水生生物保护区建设和管理，新增国家级水产种质资源保护区31 个，总数达到523 个。创建国家级海洋牧场示范区22 个，总数达到42 个。强化水生野生动物保护，派员参加濒危野生动植物种国际贸易公约第66 届常委会和第17 届缔约国大会，针对加利福尼亚湾石首鱼、红珊瑚、欧洲鳗鲡、中华白海豚等重点物种制定针对性的管理措施，举办第七届全国水生野生动物保护宣传月。农业部和环境保护部联合发布了《中国渔业生态环境状况公报（2015）》。继续组织全国渔业生态环境监测网成员单位，对海洋和内陆重要天然渔业水域和养殖水域环境状况进行监测。

9.渔业安全生产形势平稳 深入开展“平安渔业”创建，组织开展“2016 全国渔业安全生产大检查”活动，及时处置渔船海上险情和涉外涉台事件，全力做好华南寒潮、长江中下游洪涝灾害抗灾复产工作，安全生产形势总体平稳。继续深入开展“平安渔业示范县”和“文明渔港”两个创建活动，评选公布了第四批6个“文明渔港”、第三批47个“平安渔业示范县”。坚持渔业24小时应急值班和领导带班制度，及时通报灾害性天气预警预报信息，协调配合专业力量进行海难救助，组织渔船自救互救。2016年全国共组织救助渔业海难事故(险情)1 066起，调度公务船244艘次、渔船1 532艘次，成功救起渔民7 553人、渔船1 298艘，实际投入救助费用约3 445万元，挽回经济损失7.74亿元。农业部专门安排1 863万元补助资金，用于支持和鼓励海难救助行为。

10.渔政执法和渔政队伍建设加强 继续深入开展“绝户网”和涉渔“三无”船舶清理整治行动，截止到2016年年底，沿海各地累计取缔2.1万艘涉渔“三无”船舶，全国共清理违规渔具近90万张(顶)。配合最高人民法院出台了《最高人民法院关于审理发生在我国管辖海域相关案件若干问题的规定(一)》和《最高人民法院关于审理发生在我国管辖海域相关案件若干问题的规定(二)》(以下简称涉渔司法解释)，为涉渔“三无”船舶清理取缔工作提供司法保障，大力开展宣传，系统梳理了涉渔司法解释对强化渔业行政执法工作的重要作用和意义，并组织举办了三期涉渔司法解释培训班。召开全国渔政工作座谈会，研究部署“十三五”全国渔政工作，提出要强化执法攻坚，强化执法效能建设，强化队伍建设等。全面推进渔业行政执法人员培训和资格管理，印发了《渔业行政执法人员执法资格考试大纲》，组织开展渔业行政执法人员资格统一考试试点。继续开展渔业文明执法窗口单位创建活动，完成25家候选单位前期审核和公示。

(农业部渔业渔政管理局 王 良 张 成)

渔 业 投 入

【概况】 2016年，中央财政对渔业的投入达到27.57亿元。其中，基本建设投入16.5亿元，主要用于渔业发展和管理的基础设施建设；财政专项投入(包括转移支付)11.07亿元，主要用于水生生物资源养护和水产健康养殖。

(农业部渔业渔政管理局 鲁 泉)

水产养殖业管理

【概况】

1.完善养殖水域滩涂规划制度 养殖水域滩涂规划是渔业管理的基本制度，是水产养殖业发展的布局依据，是推进产业转型升级的重要抓手。《中华人民共和国渔业法》规定国家对养殖水域利用进行统一规划。《中共中央 国务院关于加快推进生态文明建设的意见》提出，要科学合理布局和整治生产空间，控制发展水产养殖。《国务院关于印发水污染防治行动计划的通知》提出，推进生态健康养殖，在重点河湖及近岸海域划定限制养殖区。为进一步规范和指导各地养殖规划制修订工作，下发《农业部关于印发〈养殖水域滩涂规划编制工作规范〉和〈养殖水域滩涂规划编制大纲〉的通知》，要求各级渔业主管部门要高度重视，充分认识养殖水域滩涂规划编制工作的重要性，增强工作责任感和紧迫感，切实把规划编制工作作为当前和今后一个时期一项重点任务抓紧抓好。要科学规划，合理布局水产养殖生产，按照要求划定禁止养殖区、限制养殖区和养殖区，保护水域滩涂生态环境，设定发展底线，稳定基本养殖面积，保障渔民合法权益。要加快进度，尚未发布养殖水域滩涂规划的要尽快编制发布，已发布的要按照本通知要求抓紧修订完善，确保在2018年年底前全面完成规划编制工作。

2.推进水产健康养殖

(1)深入开展水产健康养殖示范创建活动。按照《关于开展2016年全国水产健康养殖示范创建活动的通知》等文件的有关要求，继续开展水产健康养殖示范创建活动。一是组织继续创建水产健康养殖示范场，并提高创建标准，明确提出不受理以超高密度池塘养殖、近海普通网箱养殖和水库投饵网箱养殖等为主要生产方式的企业申报健康养殖示范场，保障创建质量，新创建示范场731家，全国示范场总数达到6 218家。二是积极推进渔业健康养殖示范县创建活动。通过组织书面审查、实地考察、现场验收，河北、内蒙古等8省(自治区)的12个县(区)成为渔业健康养殖示范县，将健康养殖示范创建活动推向新阶段。三是组织对第六批水产健康养殖示范场开展复查，对(369家)不符合健康养殖标准的示范场不再授予资质，严格示范标准，巩固创建成果。

(2)积极开展水产养殖污染治理。启动洞庭湖畜禽水产养殖污染防控试点示范，积极与农业部畜牧业司畜牧处沟通协调，多次共同开展调研和研究，共同印发《洞庭湖区畜禽水产养殖污染治理试点工作方案》，召开洞庭湖区畜禽水产养殖污染治理现场会，选定湖南省津市市、赫山区、岳阳县和湖北省松滋市作为污染治理整县推进试点县，并选择四湖两水库作为集中整治区域，转变养殖生产方式，确保水质明显改善。依托有关单位成立了专家组，为污染治理试点工作提供技术支撑。利用现代农业生产发展资金、国内渔业油价补贴政策资金，为每个试点县配套资金，用于规模化养殖场开展池塘标准化改造和养殖废水处理设施设备配套。督促试点县编制完成养殖污染治理规划。

（3）完善养殖基础设施。池塘养殖是水产养殖的主要方式。督促各地利用现代农业生产发展资金、国内渔业油价补贴政策资金，积极开展老旧养殖池塘标准化改造，把标准化改造的主攻方向由原来的提高生产能力，向减少养殖排放转变，为养殖池塘配备必要的水质净化和水处理设施设备，有条件的地区，配备在线水质监测设备和增氧、投喂等智能控制设备。据统计，2016 年，各地投入资金 45.5 亿元开展池塘标准化改造，全国改造总面积达 20.9 万公顷。启动深水抗风浪养殖网箱建设项目，利用国内渔业油价补贴调整专项转移支付资金，在全国 11 个沿海省份每年支持推广深水抗风浪养殖网箱，提升外海养殖生产能力，调减近海过密普通网箱养殖，调整海水养殖结构。

3. 加强现代渔业种业建设

（1）继续加强渔业种业体系建设。水产原良种繁育体系是渔业种业的基础，研究提出提高种质保存、遗传育种、性能测试和扩繁生产四大能力为主体的种业提升工程规划，进一步优化投资方向。完成了 4 家国家级水产原良种场验收，全国已建成国家级水产原良种场 84 家，省级原良种场 883 家，完成 18 家国家级水产原良种场复查，对 5 家延期复查原良种场生产经营情况进行核查，努力提高原良种场管理水平。组织有关专家及种业企业集中研究北方南美白对虾种业平台建设思路，研究育繁推一体化种业体系构建方式，积极应对南美白对虾民族种业发展问题。

（2）积极推动品种创新和种质引进。品种创新是种业的制高点，随着养殖方式的逐步改变，市场对于适合集约化生产的生态型、多抗性、高价值、低消耗、低排放的养殖品种的需求日趋强烈，2016 年全国水产原种和良种审定委员会审定通过水产新品种 14 个，新品种总数量达到 182 个。为引进优质品种种质支持养殖生产，配合财政部修改“十三五”种子种源政策调整，多次与企业、海关、税务等部门沟通免税规定和具体办事办法，全年共办理水产苗种进出口审批 183 件，批准免税金额达 2 300 万元。

（3）开展中国水产养殖品种整理工作。中国是世界养殖品种最多的国家，众多的养殖品种带来了丰富的水产品市场供应，也为养殖管理带来很大难度。为了解目前水产养殖品种情况，制定了相关的品种整理计划，组织有关专家开展品种调查，目前已完成 496 个品种整理工作。开展水产养殖引进种管理研究，物种引进是水产养殖优良种质的重要来源，但清江鲟鱼逃逸事件也给引进种开发利用提出了警示，目前已统计汇总水产养殖引进种 85 种，为今后开展水产养殖引进种管理措施研究奠定基础。

4. 加强生物安全管理

（1）强化水生动物防疫工作。组织实施 2016 年国家水生动物疫病监测计划，在 25 个省份开展 8 种疫病的专项监测，完成 4 199 个样品的采样检测工作。组织 30 个省份开展水生动植物病情测报工作，编纂完成《2015 年中国水生动物卫生状况报告》。积极协调推动由江苏省渔业部门开展水产苗种产地检疫和官方兽医资格认定工作试点，组织开展全国县级水生动物防疫站建设运行督导调研。组织全国水生动物官方兽医师资培训班，培训官方兽医师资 158 人。组织水生动物防疫系统实验室检测能力测试，评估认可 88 家实验室相应疫病检测项目。与国家认证认可监督管理委员会联合开展蛙病毒（BIV）检测能力测试，31 家单位通过测试。及时应对新疆鲤春病毒血症（SVC）疫情，对内蒙古乌梁素海水域出现大量死鱼事件进行实地调查和技术指导。

（2）严格监管养殖用药。组织开展主要病原微生物耐药性普查，在 12 个省份开展 10 类养殖品种 6 种病原菌的 13 种抗生素类药物耐药性试验，各地共做药敏测试试验 2 万次以上，为科学用药提供依据。组织开展渔用抗生素使用情况调查，对主要养殖模式和主要养殖种类的主要病种与发病季节、使用抗生素的种类、使用方法、全年使用抗生素的总量与货值、抗生素货值在总渔药使用货值中占比情况等进行了解，为规范抗生素使用提供依据。组织开展水产养殖规范用药科普下乡活动，制定了《2016 年全国水产养殖规范用药科普下乡活动工作方案》，组织编印技术资料，开展技术培训，全国共举办各类针对渔民的技术培训班 4 000余次，接受相关技术培训与咨询的渔民达 25 万多人次，社会影响面进一步扩大。

（3）做好其他水产养殖相关安全工作。开展长江中下游地区水产养殖灾情及灾后复产情况调研，及时汇总反映灾情，做出池塘养殖是重灾区，河蟹养殖面临大面积减产，规模化养殖损失惨重等重要判断。韩长赋部长在报告上批示：同意报告所拟，渔业救灾，尤其台风、洪灾，应作为今后农业救灾的一个重点。

（农业部渔业渔政管理局　王　丹）

近 海 捕 捞

1. 近海海洋捕捞生产量减值增　据全国海洋捕捞动态采集网络监测数据分析，2016 年，我国海洋渔业呈小幅量减值增之势，产业运行基本稳定。拖网、流刺网、围网和张网渔业构成全年海洋渔业的主体；鲹类，鳀鱼，小黄鱼，鲐鱼，带鱼，沙丁鱼，二长棘鲷，马鲛鱼，青鳞鱼和鲣等资源种类是本年度我国海洋渔业的主要利用对象，但资源利用结构仍以当年和低龄鱼为主。分品种渔获量与2015年相比，鲹类、鲳鱼、带鱼、鲐鱼和马鲛鱼产量有明显增加，而鳀鱼、蛇鲻类、大眼鲷、沙丁鱼和金线鱼有明显下降，小黄鱼基本与上年持平。全年各渔港多数渔获种类的销售价格较上年继续有所下降，但经济鱼类比例较上年有所提高；渔业生产燃油成本较上年仍继续有所下降，但人力成本较上年有所增加。总体而言，捕捞渔民的整体收益好于2015年。

2. 近海主要作业类型生产特点

（1）单拖作业。黄渤海产量相对较高水域出现在辽东湾渔场、大沙渔场和沙外渔场。东海产量相对较高水域出现在台北渔场、闽中渔场和舟山渔场。南海产量相对较高水域出现在南沙中部渔场、南沙中西部渔场和北部湾南部及海南岛西南部渔场。全国单拖作业整体生产情况差于上一年度。

（2）双拖作业。黄渤海产量相对较高水域出现在莱州湾渔场、滦河口渔场和渤海湾渔场。东海产量相对较高水域出现在闽南渔场、鱼山渔场和闽中渔场。南海产量相对较高水域出现在东沙渔场、粤西及海南岛东北部渔场和珠江口渔场。全国双拖作业整体生产情况差于上一年度。

（3）桁杆拖虾作业。黄渤海产量相对较高水域出现在沙外渔场、吕四渔场和海洋岛渔场。东海产量相对较高水域出现在鱼山渔场、长江口渔场和舟山渔场。南海产量相对较高水域出现在北部湾南部及海南岛西南部渔场、粤西及海南岛东北部渔场和海南岛东南部渔场。全国桁杆拖虾作业整体生产情况差于上一年度。

（4）围网作业。黄渤海产量相对较高水域出现在沙外渔场、石东渔场和连东渔场。东海产量相对较高水域出现在台北渔场、闽中渔场和闽东渔场。南海产量相对较高水域出现在海南岛东南部渔场、东沙渔场和粤西及海南岛东北部渔场。全国围网作业整体生产情况继续好于上一年度。

（5）光诱敷网作业。黄渤海产量相对较高水域出现在滦河口渔场、连青石渔场和沙外渔场。东海产量相对较高水域出现在台北渔场、闽中渔场和闽东渔场。南海产量相对较高水域出现在粤东渔场、西沙西部渔场和南沙中北部渔场。全国光诱敷网作业整体生产情况差于上一年度。

（6）流刺网作业。黄渤海产量相对较高水域出现在连东渔场、大沙渔场和海州湾渔场。东海产量相对较高水域出现在鱼外渔场、舟山渔场和江外渔场。南海产量相对较高水域出现在粤东渔场、西中沙渔场和东沙渔场。全国流刺网作业整体生产情况好于上一年度。

（7）帆式张网作业。黄渤海产量相对较高水域出现在吕四渔场、大沙渔场和沙外渔场。东海产量相对较高水域出现在江外渔场、长江口渔场和舟外渔场。全国帆式张网作业整体生产情况差于上一年度。

（8）定置张网作业。黄渤海产量相对较高水域出现在吕四渔场、连青石渔场和渤海湾渔场。东海产量相对较高水域出现在鱼山渔场、闽中渔场和舟山渔场。南海产量相对较高水域出现在北部湾南部及海南岛西南部渔场、粤西及海南岛东北部渔场和北部湾北部渔场。全国定置张网作业整体生产情况差于上一年度。

（9）钓具作业。黄渤海2016年未出现集中生产。东海产量相对较高水域出现在闽南渔场。南海产量相对较高水域出现在南沙东部渔场、东沙渔场和台湾浅滩渔场。全国钓具作业整体生产情况好于上一年度。

（10）笼壶作业。黄渤海产量相对较高水域出现在大沙渔场、吕四渔场和石东渔场。东海产量相对较高水域出现在长江口渔场、舟山渔场和闽南渔场。南海产量相对较高水域出现在台湾浅滩渔场、南沙中北部渔场和南沙东部渔场。全国笼壶作业整体生产情况好于上一年度。

3. 近海主要经济渔业种类资源动态

（1）带鱼。全年主要汛期为8～12月。生产情况相对较好的水域分布在大沙渔场、舟山渔场和鱼外渔场。整体资源数量比2015年大幅增加。

（2）小黄鱼。全年主要汛期为8～11月。生产情况相对较好的水域分布在连东渔场、大沙渔场和沙外渔场。整体资源数量比2015年有小幅增加。

（3）鲳鱼。全年主要汛期为3月和9～10月。生产情况相对较好的水域分布在连东渔场、渤海湾渔场和沙外渔场。整体资源数量比2015年大幅增加。

（4）马鲛鱼。全年主要汛期为5和9～10月。生产情况相对较好的水域分布在青海渔场、海州湾渔场和石东渔场。整体资源数量比2015年增幅明显。

（5）鲐鱼。全年主要汛期为7～9月。生产情况相对较好的水域分布在舟山渔场、台北渔场和鱼山渔场。整体资源数量比 2015 年增幅明显。

(6)鲹类。全年主要汛期为 8～11 月。生产情况相对较好的水域分布在东沙渔场、珠江口渔场和闽东渔场。整体资源数量比 2015 年大幅增加。

(7)鳀鱼。全年主要汛期为 1 月和 9～12 月。生产情况相对较好的水域分布在滦河口渔场、东沙渔场和其他渔场。整体资源数量比 2015 年大幅减少。

(8)虾蟹类。全年主要汛期为 4～5 月和 8～12 月。虾类生产情况相对较好的水域分布在闽中渔场、鱼山渔场和吕四渔场。蟹类生产情况相对较好的水域分布在长江口渔场、闽中渔场和吕四渔场。整体资源数量比 2015 年增幅明显。

(9)头足类。全年主要汛期为 4 月和 8～11 月。生产情况相对较好的水域分布在连青石渔场、南沙东北部渔场和南沙中北部渔场。整体资源数量比 2015 年略有减少。

4. 近海渔业资源养护措施实施效果 休渔期结束后首月全国总产量可用作对比历年休渔效果的差别。据全国海洋捕捞动态采集网络监测数据结果，2016 年休渔期结束后 9 月全国海洋捕捞总产量相比上年同期减少 12.88%，可见 2016 年伏休期对海域整体资源的养护效果不及上一年度。其中，黄渤海区伏休前后产量差别最大，伏休后(9 月)产量比伏休前(5 月)增加 2.12 倍，略高于上年同期；其次为东海区，伏休后(9 月)产量比伏休前(5 月)增加1.22倍，明显低于上年同期；而南海差别最小，伏休后(8 月)产量比伏休前(4 月)增加 89.7%，略高于上年同期。

(全国海洋捕捞动态采集网络)

远 洋 渔 业

【概况】 据统计，2016 年全国获得农业部远洋渔业企业资格的企业共 161 家，比上年减少 6 家；经批准作业渔船 2 571 艘，其中新建投产渔船 88 艘，淘汰渔船 29 艘，比上年净增 59 艘；主机功率 240 万千瓦，总吨位 140 万总吨。受部分公海渔业资源剧烈波动尤其是鱿鱼大幅减产的影响，远洋渔业总产量和总产值同比均有下降，分别为 198.8 万吨、195.5 亿元，减少 9% 和 5%；远洋渔业企业运回自捕水产品 109.9 万吨，占总产量的 57%，同比减少 24%。远洋渔船作业海域分布在 42 个国家的专属经济区及太平洋、印度洋和大西洋公海及南极海域。外派船员近 4.9 万人，其中外籍船员 1.4 万人。

【规范有序发展远洋渔业】

1. 加强对远洋渔业发展有关问题的研究 对远洋渔业问题进行全面系统研究，在 2016 年 3 月 29 日召开的全国渔业渔政工作会议上进行专题研讨，于 7 月 7～8 日在北京召开远洋暨涉外渔业工作座谈会，深入研究新形势下我国远洋渔业的发展问题，并对远洋渔业规范有序发展做出专题部署。在此基础上，先后 2 次向中央领导报送了农业部关于促进远洋渔业规范有序发展的报告，提出了"十三五"期间远洋渔业发展的思路、目标、重点工作和保障措施等。11 月 25 日，在青岛市组织有关方面再次集中研究"十三五"远洋渔业发展事项，对"十三五"远洋渔业发展提出了要求。

2. 强化远洋渔业规范管理 2016 年年初，先后发生了"鲁烟远渔 010"船被阿根廷海警击沉、"华利 8"船被阿根廷通过国际刑警组织紫色通报并被印度尼西亚海军抓扣、3 家企业 4 艘渔船被南非无理抓扣、非政府组织反映福州东鑫龙远洋渔业有限公司所属渔船在印度洋违规使用流网等重大涉外事件。为此，农业部坚持以"零容忍"的高压态势严厉打击渔船违法违规行为，渔船违规越界作业行为明显得到遏制，远洋渔业规范管理取得了阶段性成效：一是严格企业从业条件。在年审时，根据《农业部办公厅关于进一步加强远洋渔业企业管理的通知》有关要求，对 2015 年 167 家远洋渔业企业进行严格审查，对 142 家符合条件的企业授予远洋渔业企业资格，对 25 家不符合从业条件或者涉嫌违规的企业暂缓授予远洋渔业企业资格。二是印发紧急通知。再次重申所有公海作业渔船必须与他国管辖海域界限保持 3 海里的安全距离，进一步加强渔船管控，防止事态扩大。三是妥善处置涉外违规事件。会同外交部、有关驻外使馆加大对外交涉力度，全力维护我国企业、渔民合法权益。截止到 2016 年年底，"鲁烟远渔 010"船事件已经处理完毕，被南非扣押的 4 艘渔船先后获释，"华利 8"船已于 11 月 4 日获释，远洋渔船海上作业秩序较好，总体形势趋于稳定。四是严厉打击违法违规行为。先后印发《农业部办公厅关于烟台海洋渔业有限公司所属"鲁烟远渔 010"船涉外事件及有关问题的通报》《农业部办公厅关于部分远洋渔业企业及渔船违法违规问题及处理意见的通报》，对有关违规企业、渔船和责任人员予以严厉处罚。其中，对违规越界渔船予以扣减补贴，对违规使用三角虎网或者擅自改变作业类型渔船责令予以整改。对 5 艘渔船船长予以吊销职务船员证书，对有关违规渔船船长分别予以 1 万～2 万元罚款并由有关地方渔政渔港监督管理机构按程序处理。五是进一步规范暂停资格企业的验收程序。10月9日，组织沿海重点省市渔业主管部门分管领导以及协会、企业代表对烟台海洋渔业有限公司整改落实情况进行验收。

3.继续推动妥善解决中国印度尼西亚渔业合作问题 经国务院批准，农业部副部长于康震于2016年5月8～12日率团赴印度尼西亚，参加了中国印度尼西亚高层经济对话会第二次会议，并分别与印度尼西亚海洋统筹部秘书长阿沙迪和印度尼西亚海洋渔业部部长苏西举行了会谈，召开了印度尼西亚渔业项目企业座谈会，就印度尼西亚渔业合作面临的困难和问题与印度尼西亚方交换了意见，阐明了我方立场。

4.加强多双边渔业合作 9月25日签署《中华人民共和国农业部与伊朗伊斯兰共和国农业圣战部关于渔业合作谅解备忘录》，将中国伊朗渔业合作纳入了两国部门间合作框架。5月26日，农业部副部长于康震赴毛里塔尼亚出席2016年中国毛里塔尼亚渔业混合委员会并签署纪要。此外，先后与阿根廷、秘鲁举行了双边渔业会谈，加深相互理解，建立双边合作机制，推进我国与上述国家渔业合作取得新进展。先后派员参加了南太平洋渔业委员会、印度洋金枪鱼委员会、美洲间热带金枪鱼委员会、南极海洋生物资源养护委员会、大西洋金枪鱼委员会年会和打击IUU渔业活动和跨国犯罪区域研讨会，阐明我国相关立场，全力维护和争取我国国际渔业利益。

5.查处非法南极犬牙鱼货物 根据南极海洋生物资源养护委员会秘书处的请求，农业部组织山东省海洋与渔业厅对非法转载南极犬牙鱼的柬埔寨籍运输船实施了港口检查，对转载的犬牙鱼货物予以扣押，货物达111吨，货值约1 500万元。为妥善处置这批货物，专门召集有关人员进行集中研究，拟定了工作计划并报请农业部领导同意。在南极35次年会上，向南极海洋生物资源养护委员会通报了对该船查处的最新进展，承诺将非法渔获拍卖所得全部捐给委员会，提出了加快处理该批货物的建议并获得委员会支持。

（农业部渔业渔政管理局　刘立明）

水产品加工业

【概况】 2016年，我国水产品加工产业紧紧围绕推进渔业转方式调结构和供给侧结构性改革的目标，积极加强水产品加工技术研发，大力增加适应居民需求的优质水产加工品供给，主动适应调整水产加工品贸易形势变化，推动水产品加工业格局调整优化，总体来看，水产品加工产业稳中向好，供给侧结构性改革稳步推进，实现了水产品加工业发展“十三五”良好开局。

1.水产品加工效益稳中向好 据国家统计局核算，2016年我国规模以上（年主营业务收入2 000万元以上）水产品加工企业2 242个，实现主营业务收入5 659.4亿元，同比增长6.9%，主营业务成本5 054.03万元，同比增长7.32%，实现利润总额320.9亿元，同比增长9.2%，在食物类农产品加工业中仅次于植物油加工业。亏损企业亏损额8.77亿元，同比增长0.17%。进一步细分，水产饲料、罐头制造和鱼油提取及制品利润增长较快，增幅分别达到42.8%、31.9%、10.2%。在渔业内部的三个产业形态中，加工业产值约为17.3%，同比基本持平。

2.水产品加工能力稳步提升 当年水产品加工企业数量9 694个，水产加工能力2 849.11万吨/年，同比增长1.38%，用于加工的水产品总量为2 635.8万吨，同比增长15.9%。水产加工品总量2 165.44万吨，同比增长3.50%，其中海水加工产品1 775.07万吨，同比增长3.30%，占水产加工品总量的81.97%，淡水加工产品390.37万吨，同比增长4.40%。当年水产品加工率为38.19%，同比提高4个百分点以上，海水产品加工率为59.21%，比2015年（50.22%）提高约9个百分点，淡水产品加工率为16.69%，基本持平。

3.水产品加工品供给结构持续优化 从供给产品结构来看，冷冻、冰鲜等初级水产加工产品占比下降近1个百分点，其次为鱼糜制品和干腌制品，占比为14.78%。受国内消费习惯影响，冷冻加工水产品仍是水产加工主要类型（占64.88%）。随着居民生活节奏加快、质量需求强烈和多元化、线上消费方式兴起等，罐制品、生物制药、功能型水产品等成为发展较快的领域，未来可能将保持快速增长态势，与其有关的技术研发和推广将得到进一步加强，特别是物流运输中的冷鲜技术备受关注。受水产加工品出口贸易形势严峻和用工、融资等成本上升影响，水产品加工业利润收窄，部分地区企业开工率不足，转型升级压力大，部分企业选择退出市场，水产品加工企业数量同比减少2.00%。

4.水产品加工增长布局发生变化 受对水产品加工产业原料、产品消费市场、加工技术等依赖性较高影响，我国形成了以沿海为主的水产品加工业区域发展格局。2016年沿海省份水产加工品总量占全国的89.71%，其中山东占比高达32.25%，其次为福建16.22%、辽宁11.28%、浙江9.96%、江苏7.41%。广东、广西、福建、江苏四省、自治区一直是对虾产品加工优势区，产业集聚效应明显。作为水产品加工传统大省，山东、福建、辽宁近年着力在提升产品档次与质量、培育水产加工品牌、调节产品结构上下工夫，引导产业转型升级。

随着渔业转方式调结构的持续推进，沿海水产加工品总量增速趋于放缓，而内陆省份的水产加工品总量增长普遍较快，其中安徽、四川、吉林、云南、内蒙古、重庆等省份同比增长均在10%以上（11%～32%）。湖北省仍是淡水加工产品主要提供省份，当水产加工品总量为103.75万吨，同比增长3.77%，是首个进入百万吨级水产加工品总量的内陆省份，加工品占内陆水产加工品总量的47.04%。江西、安徽等在淡水产品精深加工方面特色逐渐形成，特别是安徽，重点加强淡水鱼糜产品、水产饲料（鱼粉）加工技术研发与应用，两类水产品加工产量分别较2015年增长133.76%、120.10%。

5. 水产加工品贸易形势发生明显变化 水产品加工业促进了我国水产品对外贸易。据海关统计，2016年我国水产品出口量423.8万吨，出口额207.4亿美元，同比分别增长4.4%和2%。在我国水产品出口贸易中，水产加工品占比达95%以上。山东半岛、辽东半岛充分利用区域地理优势，形成了以来进料加工为特色的传统加工区域。总体来看，我国沿海，特别是福建、广东、广西、海南等重要水产品加工区域都具有明显的出口导向特征。

但是，随着国际水产品市场需求低迷、贸易保护主义抬头等，我国外向型水产品加工发展格局受到严峻挑战。我国水产品出口综合平均价自2014年达到顶点后，已经连续两年下降，其中当年同比下降2.3%。考虑到国内生产成本持续提高，出口企业效益将进一步下滑，来进料加工水产品出口受到的影响更加明显。当年出口量111.33万吨，出口额51.18亿美元，同比分别下降0.90%和2.10%。受生产要素价格上升引起的生产成本持续提高影响，来进料加工产品出口占出口总额比例再下滑1个百分点至24.7%。从更长时间周期来看，2016年来进料加工产品出口额在出口总额中的比例较2007年下降了约17个百分点。为追求利润空间，水产品加工出口企业逐渐调整出口方向，更加重视国内市场的开发，福建、广西在保持中国台湾市场优势基础上拓展东盟市场，同时利用博览会平台和农业品牌发展资金，在渔业品牌培育和市场开拓上做出很多有益尝试。

6. 水产品加工行业支撑力度有所加强 水产品加工品牌、营销、技术研发等工作有序开展，进一步增强了对行业发展的支撑力度。水产品加工与流通协会等相关协会积极争取有条件放开养殖河鲀加工市场，举办中国水产品品牌大会，组织实施优质水产品进学生营养餐推进计划，组织企业参加布鲁塞尔、波士顿、东京等国际水产品贸易展会以及中国国际食品和饮料展览会、国际农产品交易会、国际渔业博览会等国内大型展销活动，推动水产品加工企业与电商平台互动衔接，改善了我国水产加工品的营销环境。全国大宗淡水鱼加工技术与产业发展研讨会、水产资源高值化利用创新发展峰会、水产品加工与综合利用学术年会等活动的召开，推动水产品加工业转型升级。国家水产品加工技术研发体系在加强传统水产品加工技术研发的同时，重点围绕精深加工、副产物高级化利用、冷链保鲜等技术展开科学攻关，众多水产品加工新技术取得突破性进展和获得专利授权，诸多基于新技术开发的新产品进入市场。据不完全统计，2016年国家水产品加工研发体系内单位获得授权和新发明专利180余项，出版论文及专著752篇，获得各级奖励51项次，制定标准41项，开发新产品124个。其中，以企业为主体的水产品加工技术研发中心实现销售利润11.48亿元。

（农业部渔业渔政管理局　刘子飞　郭云峰）

水产品市场运行

【概况】 2016年，全国水产品批发市场交易量额、交易价格等指标均呈现稳中有升的态势，市场运行总体情况稳中向好。据对全国80家水产批发市场成交价格统计，2016年全国水产批发市场综合平均价格止跌反弹，同比上涨5.30%。其中，海水产品综合平均价格增幅较大，同比上涨7.36%，对拉动全年全国水产品价格上涨起到了主要的推动作用；此外，淡水产品价格也扭转了连续下跌的态势，同比上涨2.70%。

1. 市场交易量额实现双增，品种价格涨多跌少 2016年全国大部分地区出现寒潮、雨雪以及暴雨洪涝等极端天气，渔业生产受到一定影响，但各地水产市场备货充足，有效保障供给，特别是春节期间，市场供应稳定，交易活跃，价格整体走强，品种涨多跌少。市场监测的49个品种中，有29个品种价格上涨，涨幅超过10%的品种有8个；4个品种价格下跌，跌幅均未超过10%；16个品种价格基本持平（涨跌幅小于2%）。另据对可对比的52家水产品批发市场成交情况统计显示，2016年全国水产品交易量额双增，其中，成交量936.99万吨，同比上涨1.05%；成交额1 858.12亿元，同比增长3.69%。

2. 淡水产品价格止跌企稳，但淡水鱼类产品价格仍旧低迷 2016年全国淡水产品价格止跌反弹，同比上涨2.70%，其中，第1～4季度同比分别上涨0.63%、1.87%、5.61%和2.68%。另据监测的三大类淡水产品价格数据显示,2016 年淡水鱼类、淡水甲壳类和淡水其他类同比分别上涨 2.67%、3.53% 和 0.55%。

(1)淡水鱼类价格下行趋势渐缓,同比上涨 2.67%。2016 年初受大宗淡水鱼产地存塘量持续释放的影响,市场货源过剩,2015 年淡水鱼销售低迷的状态一直延续至 2016 年 1 季度,价格同比连续 11 个月下跌。据监测,1 季度淡水鱼类价格同比下降1.32%,2 季度开始价格有所回暖,同比上涨 2.27%,年中受南方暴雨洪灾影响,主产区淡水鱼供给偏紧,价格上涨幅度较大,3 季度同比上涨 6.50%,4 季度涨幅收窄,同比上涨 3.21%。分品种看,涨幅较大的有鲫鱼、鳊鲂、虹鳟、鳜鱼和黄鳝,分别上涨 12.89%、11.10%、7.95%、6.97% 和 4.27%,跌幅较大的有鲤鱼和乌鳢,分别下跌 3.82% 和 2.90%,其余品种涨跌幅基本持平。

(2)淡水甲壳类价格止跌反弹,同比上涨 3.53%。由于 2015 年蟹类产品价格低迷,水产养殖户积极性受挫,加之 2016 年遭受洪涝灾害影响,主产区减产损失较大,市场供应减少,蟹类价格因此走高,据监测,2016 年中华绒螯蟹(101.16 元/千克)较上年同期上涨 4.46%,是推动淡水甲壳类产品价格上涨的主要因素。另外,2016 年罗氏沼虾价格(69.20 元/千克)同比上涨 0.44%、青虾价格(110.96 元/千克)同比下跌 0.69%。

3. 海水产品价格整体走强 受国内渔业资源相对减少,以及国内海水产品供应越来越依赖进口产品的影响,2016 年海水产品价格上涨明显,同比上涨 7.36%,其中第 1~4 季度价格同比分别上涨 10.50%、6.19%、7.31% 和 5.44%。另据监测的四大类海水产品价格数据显示,1~12 月海水鱼类、海水甲壳类、海水贝类和海水头足类同比分别上涨 6.13%、9.43%、8.42% 和 4.41%。

(1)海水鱼类价格上扬,同比上涨 6.13%。受 2016 年初寒潮影响,部分地区海鱼生长受抑,供应量减少,海水鱼类产品价格上升。据统计,2016 年 1~12 月价格较上年同期上涨 6.13%,其中,重点监测的 10 种海水鱼类产品中有 6 种上涨,1 种下跌,3 种持平。分品种看,上涨幅度较大的有小黄鱼和马鲛鱼,分别上涨 12.54% 和 9.81%,其次为大黄鱼、银鲳、带鱼和马面鲀,分别上涨 8.34%、6.99%、4.09% 和 2.86%,鲐鱼下跌 3.70%,蓝圆鲹、海鳗和牙鲆价格基本持平,涨跌幅度维持在 2% 以内。

(2)海水甲壳类价格高企,同比上涨 9.43%。2016 年甲壳类海鲜货源偏紧,尤其是大规格甲壳类产品供应量不足,导致海水甲壳类价格大幅上扬,同比上涨 9.43%,其中,重点监测的 8 种海水甲壳类产品全部上涨。分品种看,除斑节对虾基本持平外,其余 7 个品种价格均上涨,其中,幅度较大的有梭子蟹和花蟹,分别上涨 24.72% 和 7.94%,其次为南美白对虾、青蟹、鹰爪虾、日本对虾和虾蛄,分别上涨 4.69%、4.24%、2.88%、2.49% 和 2.18%。

(3)海水贝类价格涨幅较大,同比上涨 8.42%。经历了 2013 年低迷的行情之后,部分海水贝类生产企业赔钱离场或缩小规模,养殖总量减少,加之贝类海鲜市场需求逐年增加,导致海水贝类价格走俏。据统计,2016 年 1~12 月价格较上年同期上涨 8.42%,其中,重点监测的 7 种海水贝类产品中有 6 种上涨,1 种持平。分品种看,上涨幅度较大的有贻贝、杂色蛤、蛤和鲍鱼,分别为 32.58%、12.66%、12.24% 和 11.99%,其次为牡蛎和蛏,分别为 8.51% 和 6.68%,扇贝基本持平。

(4)海水头足类价格涨幅较快,同比上涨 4.41%。2016 年,受厄尔尼诺现象影响,主产区海水升温,造成大量海洋生物死亡,特别是鱿鱼,由于缺乏食物而减产,粗略估计,世界范围内鱿鱼减产幅度超过 60%,大幅减产是鱿鱼价格大幅上涨的主要原因。据监测,2016 年 1~12 月主要海水头足类产品:鱿鱼(29.21 元/千克)、墨鱼(29.82 元/千克)和海蜇(32.79 元/千克)较上年同期分别上涨 6.42%、5.31% 和 1.86%。

4. 影响水产品价格的主要因素 自 2015 年 10 月开始,全国水产品综合平均价格已止跌企稳,连续 15 个月同比上涨。另据对监测的 80 家定点市场反映,2016 年市场价格普遍升高,涨多跌少。主要原因有五:一是受海洋资源持续衰退以及国家打击走私活动的双重影响,资源类水产品市场供给持续偏紧,推动了国内水产品价格上涨;二是 2016 年 6 月底以来,我国水产养殖的主产区湖北、湖南、安徽、江西、江苏等地遭受特大洪涝灾害侵袭,水产品损失较大,影响了水产品的上市量,导致价格走高;三是从消费方面看,2016 年,我国蔬菜和猪肉价格总体上涨,特别是猪肉价格涨幅较大,国家统计局数据显示,2016 年全国猪肉居民消费价格较 2015 年同期相比上涨 16.90%,居民对蛋白的需求在一定程度上对水产品消费起到了提振作用,助推了水产品价格的上升;四是从生产成本上看,燃油补贴的减少,雇佣工人工资的不断攀升,养殖和捕捞成本居高不下,以及生产企业不断的市场开拓和水产品电商平台的发展,都在一定程度上抬高了水产品价格;五是从市场价格周期规律来看,自 2012 年以来我国水产品市场价格整体持续低迷,水产品整个产业链经营者都出现不同程度的困难甚至亏损,因此客观上终端市场有作出回调上涨的要求。

（农业部渔业渔政管理局 陈述平 邱亢铖）

水产品进出口贸易

【概况】 据海关统计，2016 年我国水产品进出口总量 827.91 万吨，进出口总额 301.12 亿美元，同比分别增长 1.69% 和 2.72%。其中，出口量 423.76 万吨，出口额 207.38 亿美元，同比分别增长 4.37% 和1.99%；进口量 404.15 万吨，同比减少 0.98%，进口额 93.74 亿美元，同比增长 4.37%。贸易顺差 113.64 亿美元，同比基本持平。从占农林牧渔业的比例看，水产品贸易额占农产品贸易额的 16.3%，水产品出口额稳居大农业首位，占 28.4%；贸易顺差仅次于蔬菜，为减小农产品贸易逆差做出了重要贡献。但是，需要引起注意的是，我国水产品出口综合平均价自 2014 年达到顶点后，已经是连续第二年下降，下降幅度是 6.10%，其中 2016 年比 2015 年同比下降 2.28%。考虑到国内生产成本的持续提高，水产品加工出口企业的效益不容乐观。

【水产品贸易特点】

1. 一般贸易出口所占比例继续上升，来进料加工出口所占比例持续下降 2016 年水产品一般贸易出口量 302.11 万吨、出口额 154.37 亿美元，同比分别增长 7.96%、3.51%，占出口总量、额的 71.3%、74.4%。来进料加工水产品出口量 111.33 万吨，出口额 51.18 亿美元，同比分别下降 0.90% 和 2.10%。受生产要素价格上升引起的生产成本持续提高影响，我国来进料加工产品出口额在水产品出口总额中的比例下降至 24.7%，10 年间下降约 17 个百分点。其中进料加工出口量 91.22 万吨，出口额 39.27 亿美元，同比分别增长 1.59% 和 0.45%，比 2015 年度稍有好转；来料加工出口量 20.12 万吨，出口额 11.91 亿美元，同比大幅减少 10.81% 和 9.64%。

2. 主要出口市场总体稳定向好，但美国、香港市场继续下跌 受益于"一带一路"倡议持续推进、国务院陆续出台的促外贸稳增长政策落地，以及渔业转方式调结构的稳步落实，2016 年我国水产品对日本、东盟、欧盟、韩国以及中国台湾省等世界主要市场出口量额均扭转颓势，实现量额双升，特别是对欧盟、中国台湾省、韩国出口增幅强劲。受益于欧盟对我国双壳贝类进口解禁的积极影响，2016 年我国贝类对欧盟出口量、额同比大增 62.14%、156%，受此影响，我国对欧盟出口实现量、额同比分别增长 8.40% 和 4.79%。但受政治形势变化、产品同构竞争和质量安全因素影响，我国对美国、中国香港市场水产品出口继 2015 年后再次下挫且幅度明显。当年我国对美国水产品出口量、额同比分别下降 1.08% 和 4.79%，对中国香港市场水产品出口量、额同比分别下降 1.30% 和 4.81%，其中蟹类出口量、额同比分别下降 13.75% 和 28.05%。

表 1 我国对主要市场出口量额

数量：万吨；金额：亿美元

出口市场	数量	同比增减%	金额	同比增减%
日本	61.19	1.03	37.03	1.78
美国	54.49	-1.08	30.42	-4.79
东盟	62.81	11.58	28.1	1.22
欧盟	55.65	8.4	23.2	4.79
中国香港	21.69	-1.3	20.13	-4.81
中国台湾省	13.92	5.43	16.7	5.2
韩国	53.06	8.01	16.47	5.47

3. 大多数贸易品种出口改善，但目标市场单一品种和国内市场紧俏品种出口表现不佳 对虾、贝类、鳗鱼、罗非鱼、大黄鱼、海藻、蟹类、淡水小龙虾等养殖水产品种中，多数产品实现出口量额双增，特别是头足类和对虾出口强劲，出口量、额增幅分别为 5.89% 和 10.59%、12.08% 和 16.15%。但蟹类、淡水小龙虾等品种由于国内市场消费强劲、价格看好，加上 2016 年这些品种养殖成本上升较大（据养殖渔情监测数据，1～10 月份蟹类、淡水小龙虾出塘价同比分别上涨 22.60%、38.41%），出口比较优势减弱，整体出口意愿下降、表现不佳。蟹类出口量额降至近三年来最低点，同比分别下降 9.86% 和 12.57%。此外，受目标市场单一影响，主要依赖日本和美国市场的鳗鱼、罗非鱼出口额分别下降 7.42% 和 6.07%。

表 2 我国一般贸易主要出口品种

数量：万吨；金额：亿美元

出口品种	占一般贸易出口额比例%	2016 年		同比增减%	
		数量	金额	数量	金额
对虾	12.24	16.8	18.89	12.08	16.15

（续）

出口品种	占一般贸易出口额比例%	2016年		同比增减%	
		数量	金额	数量	金额
贝 类	11.22	30.63	17.33	10.52	1.58
罗非鱼	7.92	39.43	12.23	0.43	-6.07
鳗 鱼	5.92	4.26	9.13	-2.58	-7.42
蟹 类	5.62	6.23	8.67	-9.86	-12.57
海 藻	2.97	7.72	4.58	10.68	7.05
淡水小龙虾	1.72	2.35	2.66	16.83	-0.19
大黄鱼	1.62	3.93	2.51	6.75	2.3

4.福建、山东两省出口继续领跑全国，湖北、江西两省出口再度大幅下降 福建、山东、广东、辽宁等沿海省份仍是我国水产品主要出口省份，省际排名基本稳定，仅江苏省超过河北省上升一位，晋级前八，河北省则由第6位跌至第9位。福建省借助地域优势，在保持中国台湾市场优势基础上大力拓展东盟市场，如马来西亚和菲律宾，出口量额分别增长9.25%和6.56%；山东省作为来进料加工出口大省，出口量额同比分别增长3.39%和4.34%；两省水产品出口量额继续领跑全国，出口额之和占全国水产品出口总额之比首次超过50%且所占比例继续上升，显示贸易集中度有所提高。浙江、河北、辽宁出口量增额减，其中，河北省受蟹类出口额大幅下滑影响，出口额同比下降26.92%；广西、江苏水产品出口量额双降，广西罗非鱼出口量额分别下降22.08%和25.97%，是导致其量额下降的直接原因。内陆省份中，湖北、江西和吉林仍然位列前三，但是受烤鳗和蟹类、小龙虾出口下滑影响，湖北、江西继2015年之后水产品出口额再度大幅度下滑，其中湖北省水产品出口量额分别下降0.85%和13.54%、江西省水产品出口量额同比分别下降6.89%和23.34%。吉林省则主动发挥边境区位优势和成本优势，加工贸易出口稳步增长，全省水产品出口量额同比分别增长12.80%和20.03%。

表3 我国水产品主要出口省份

数量：万吨；金额：亿美元

沿海	数量	同比增减%	占出口总量%	金额	同比增减%	占出口总额%
福建	93.27	9.25	22.01	58.54	6.56	28.23

（续）

沿海	数量	同比增减%	占出口总量%	金额	同比增减%	占出口总额%
山东	111.38	3.39	26.28	46.85	4.34	22.59
广东	53.42	3.94	12.61	32.27	4.15	15.56
辽宁	73.4	0	17.32	27.18	-1.82	13.11
浙江	51.18	9.37	12.08	18.53	-1.4	8.93
海南	13.06	7.14	3.08	4.59	2.65	2.22
广西	7.21	-12.1	1.7	4.05	-1.51	1.95
江苏	5.06	-8.85	1.19	3.51	-1.11	1.69
河北	4.8	2.25	1.13	3.34	-26.92	1.61
内陆	数量	同比增减%	占出口总量%	金额	同比增减%	占出口总额%
湖北	2.15	-0.85	0.51	2.29	-13.54	1.1
江西	0.84	-6.89	0.2	2.08	-23.34	1
吉林	4.83	12.8	1.14	1.5	20.03	0.72

5.进口市场总体稳定，水产品进口综合平均价格上升明显 从主要进口市场看，我国从东盟、智利、新西兰、俄罗斯、加拿大进口增幅较大，进口额分别增长17.3%、17.1%、15.7%、15.2%和11.2%。受美国政治改选引起的不确定性影响，9月以后我国进口企业从美国进口水产品预期和意愿下降，导致全年我国从美国进口量额下降7.51和2.59；受其国内资源下降引起的饲料用鱼粉及鱿鱼进口下降影响，我国从秘鲁进口量额同比分别下降25.90%和28.42%。从进口方式看，一般贸易方式进口量减额增，来料加工进口量额双降，进料加工、边贸等方式进口量额双增，特别是边境贸易增幅明显，实现进口量108.98万吨、进口额20.51亿美元，同比分别增长2.34%和15.63%。以一般贸易方式进口主要供国内食用的水产品81.13万吨，同比减少2.30%，进口额34.41亿美元，同比增长10.63%。从价格看，受高档品种进口增加影响，我国水产品进口综合平均价连年上升，2016年比2015年同比上涨5.39%，10年间增长约80%。

表 4 我国水产品主要进口国家和地区

数量：万吨；金额：亿美元

国家和地区	占进口总额比例%	2015 年全年		同比增减%	
		数量	金额	数量	金额
俄罗斯	16.11	96.54	15.1	9.42	15.22
东盟	13.38	62.49	12.55	20.64	17.25
美国	13.24	49.18	12.41	-7.51	-2.59
秘鲁	8.94	50.17	8.38	-25.9	-28.42
加拿大	6.56	9.95	6.15	5.9	11.21
智利	5.45	16.37	5.11	5.48	17.07
新西兰	4.8	8.53	4.5	10.8	15.72
挪威	3.89	16.24	3.64	2.84	3.64

（农业部渔业渔政管理局 刘子飞 迂 阳 王 莎）

国际交流与合作

【概况】 2016 年，面对复杂多变的国际形势，在以习近平同志为核心的党中央坚强领导下，中国特色大国外交全方位推进，引领了全球治理体系变革，维护了周边稳定合作大局，保持了主要国家关系稳定，拓展了发展中国家朋友圈，共建"一带一路"倡议取得新的突破。渔业国际交流合作工作紧紧围绕国家政治外交大局和渔业转型升级需要，继续以维护我国渔业权益和周边稳定为重点，以促进渔业可持续发展为目标，积极深化渔业国际交流合作，大力推进双边交流，积极参与多边合作，取得了积极成效。

【周边渔业协定】 2016 年，中韩渔业纠纷不断，引起社会高度关注；中日、中越、中俄合作相对平稳。在有关部门支持下，我国继续组织开展周边渔业协定的研究、谈判和执行各项工作。一是组织协调召开有关双边渔委会，包括中韩渔委会第十六届年会、中日渔委会第十七届会议、中越北部湾渔委会第十三届年会和第 25 次中俄渔业混委会，协调参加有关渔业资源专家组会议和渔业执法会议。经过紧张激烈和有理有据的谈判，与外方就双边渔业安排、资源管理措施以及维护海上作业秩序等有关问题达成协议，签署了有关双边渔委会会议纪要，为下一年度我国渔船在有关协定水域作业奠定了基础。二是积极应对处置重大涉外渔业事件。5、6 月间发生了我国大批渔船进入朝韩敏感水域和汉江口水域作业事件，9 月以后连续发生了 9·29、10·7、11·1 等多起重大涉外事件。农业部会同有关部门妥为应对，通过多种方式向有关国家提出抗议和交涉，有关事件得到阶段性处置。同时，组织开展部门会商和专家研讨，及时部署涉韩渔船管理工作。三是指导中国渔业协会和中国远洋渔业协会，做好有关涉外渔业生产的组织、通报、发证等工作，组织协调有关省、自治区、直辖市渔业部门做好渔船渔民组织和管理工作，各区域渔业生产和管理情况基本稳定。

【双边渔业合作】 2016 年，双边渔业合作突发热点事件不断：中国与菲律宾渔业合作重启，得到各界高度肯定；我国与欧美澳等渔业大国建立起双边对话等工作机制，与其他亚非美大国家双边合作稳步发展，双边渔业合作交流得到进一步拓展和加强。一是中菲渔业合作重启。为落实习主席会见杜特尔特总统达成的共识，农业部工作组赴菲律宾访问，与菲高层就加强中菲水产养殖合作、建设现代渔业产业园区进行交流，受到菲方热烈欢迎，得到有关方面肯定。二是中美渔业多层次合作。为落实中美第七次战略与经济对话成果，正式建立中美渔业对话机制，4 月在宁波举办了第一次对话会议。参加中美第八次战略与经济对话、中美投资协定谈判和中美商贸联委会，就有关事项进行协调。三是中欧合作打击非法捕鱼。3 月，我国与欧盟正式建立中欧打击 IUU 工作组并召开第一次会议，就双方合作打击 IUU 活动进行交流。积极应对欧盟对我国输欧水产品合法性来源认证检查，继续维持我国海洋捕捞产品对欧出口。四是中澳建立合作机制，2017 年将举行第一次会议。此外，统筹做好我国与其他国家的合作，双边渔业合作交流得到进一步拓展和加强。

【多边渔业合作】

一是积极参与国际渔业管理规则谈判工作。参加联合国大会可持续渔业决议磋商、联合国粮农组织第 32 届渔委会、《养护大西洋金枪鱼国际公约》修约谈判、北极渔业协定磋商等，为全球及区域渔业可持续发展进行顶层设计。

二是积极参与有关涉渔国际组织会议。根据外交部要求，参加打击 IUU 及相关犯罪国际会议，派员参加第 34 届亚太渔委会，遏制有关方在南海制造事端的企图。派员参加亚太经合组织、国际食品法典委员会、国际电联等国际组织有关会议，充分阐述立场，积极维护利益，保障我国渔业可持续发展。

三是履行国际组织会费缴纳义务。根据国际惯例和我国参加的有关国际公约要求，为履行国际义务，保证我国在国际组织中的话语权，继续为我国参与的国际组织缴纳会费与捐款，参与有关组织的财务规则制修订谈判。经批准，全年总计缴纳会费和捐款800多万元。

【水产品贸易谈判和认证】

一是开展WTO渔业补贴问题研究和谈判工作。WTO渔业补贴谈判自2015年以来逐步重启，农业部会同商务部积极应对，组织开展渔业补贴研究，积极参与有关谈判，回应WTO成员对我国提出有关贸易措施的问题。

二是协调美有关水产品进口法案的制订。积极协调有关部门，先后通过行业协会、中美双边渔业对话、第八次中美战略与经济对话以及中美商贸联委会等渠道向美方表达了我方的严重关切和意见；致函外交部、商务部并向驻美大使馆发电，通过外交途径以及其他适当场合向美方提出交涉，维护我国水产品出口企业利益。

三是继续做好水产品国际认证工作。根据国际渔业管理组织以及有关国家或地区的规定，继续会同海关总署等部门，实施进出口水产品合法来源认证制度，对我国出口欧盟、智利的水产品，进口的特定金枪鱼类、南极犬牙鱼及俄罗斯水产品等进行认证，并协助配合有关国家和组织进行调查。2016年合计认证水产品约160万吨，为企业创造了大量效益，保障了我国渔业生产和水产品贸易健康发展。

（农业部渔业渔政管理局　孙海文）

渔　业　管　理

渔业法制建设

【概况】 2016年，各级渔业行政主管部门紧紧围绕转方式调结构，不断健全完善渔业法律法规体系、加大渔民权益维护力度，通过加强渔业行政执法、深入开展渔业普法，渔业法制建设得到进一步加强。

【渔业立法】

（1）进一步推进《渔业法》修订工作。2016年，《渔业法》修订继续列入国务院立法计划。农业部在扎实做好《渔业法（修订草案）》的起草、征求意见等工作的基础上，多次赴渔区开展立法调研，并通过座谈会等形式广泛吸取地方及行业内外专家对《渔业法》的修订意见，对修订草案不断修改完善。农业部积极加强与立法机关的汇报沟通，分别于2016年3月和5月，赴国务院法制办、全国人大财经委汇报渔业法修订情况，并根据立法机关提出的要求，集中力量，对草案有针对性地进行进一步的修改完善，组织对修法涉及的重大问题进行了系统研究并逐项进行了详细的背景说明。

（2）积极开展立法协调。在《海上交通安全法》《水污染防治法》《土壤污染防治法》《土地管理法》《海洋石油勘探开发环境保护管理条例》《农业专业合作社法》《自然保护区条例》以及湿地保护立法等重要涉渔法律、行政法规的制（修）订中，农业部积极协调，为全国渔业发展和管理工作创造良好的法制环境。

【渔业行政执法】 各级渔业行政主管部门及其所属的渔政渔港监督管理机构重点围绕渔业资源保护，依法开展渔业行政执法工作。继续深入开展“绝户网”和涉渔“三无”船舶清理整治行动，截止到2016年年底，沿海各地累计取缔2.1万艘涉渔“三无”船舶，全国共清理违规渔具近90万张（顶）。配合最高法出台《最高人民法院关于审理发生在我国管辖海域相关案件若干问题的规定（一）》和《最高人民法院关于审理发生在我国管辖海域相关案件若干问题的规定（二）》，为涉渔“三无”船舶清理取缔工作提供司法保障。通过推进渔业行政执法人员培训和资格管理，不断强化执法效能和队伍建设。

【渔业普法】 2016年，各级渔业行政主管部门组织广大干部职工，入村、进港、下船、进驻旅游区和市场，重点围绕保护渔业资源和生态环境，深入开展休渔等各类主题宣传报道，认真向涉渔单位和渔民开展政策宣传和普法工作。各地通过开办渔民和船员培训班、宣传非法捕捞典型案件等多种形式，提高渔民的法制和环境保护意识，渔民的守法意识和安全生产水平得到显著提升。

（农业部渔业渔政管理局　赵　明）

渔业标准化

【基础性工作】

（1）进一步完善渔业标准体系。根据现代渔业建设需要，适时提出了2016年渔业国家标准制定和修订计划建议，组织全国水产标准化技术委员会及各分技委开展了2017年农业行业标准制修订渔业指南项目征集、申报和审核工作。按照《国务院办公厅关于印发强制性标准整合精简工作方案的通知》要求，组织开展了渔业国家、行业标准清理整合工作，提出了标准清理整合建议。

（2）加强渔业标准化队伍建设。根据国家标准化管理委员会对全国水产标准化技术委员会淡水养殖等8个分技术委员会新一届委员会组成方案的批复，完成了全国水产标准化技术委员会淡水养殖、海水养殖、水产品加工、渔具与渔具材料、渔业机械仪器等5个分技术委员会第五届委员会成立工作；完成了观赏鱼、珍珠和渔业资源3个分技术委员会第二届委员会成立工作。审议通过了各分技委上一届工作总结和新一届工作计划建议、委员会章程和秘书处工作细则，开展了委员培训。

【水产标准制定修订】 加快标准制定和修订进度，提高标准起草与审查质量，完成了67项渔业国家和行业标准审定任务。《条斑紫菜 种藻》13项国家标准获国家标准化管理委员会批准实施，《养殖暗纹东方鲀鲜、冻品加工操作规范》等51项水产行业标准经农业部批准实施。

【技术性贸易措施官方评议】 2016年，对收到的130项通报及时进行初评，对其中15个重要通报进行了深入评议，对外提出27项评议意见，对内提出了34项预警建议。参与应对美国鲶鱼法案工作，取得积极进展。派员参加美国农业部来华就拟实施鲶鱼法案的情况说明会，根据说明会情况向美方提出要求确保我国鮰鱼出口平稳过渡的建议，为我鲶鱼出口渠道畅通提供了技术支撑。3月，派员参加了在瑞士召开的WTO/SPS委员会第65次例会，会前在广泛调研的基础上，提出了对美国鲶鱼法案的贸易关注建议。参会期间，积极与有关国家代表沟通，联合对美国鲶鱼法案提出贸易关注，增强了反对美国实施鲶鱼法案的呼声。

【国际交流合作】 积极参与国际标准化组织活动，加强了国际和国外渔业相关标准跟踪研究。积极参加中日韩共同承担的CAC亚洲区域紫菜产品标准制定工作，赴韩国就紫菜产品标准深入交换意见；对于对中国紫菜生产和出口有影响的关键指标，充分表达我方主张，协调解决分歧。渔业国际标准跟踪工作得到有关科研、教学、推广、协会和企业单位的重视和大力支持，建立了一支比较稳定的渔业国际标准化工作队伍，人员素质有所提高，参与国际标准化活动的能力有所增强。

【国家和行业标准目录】

2016年发布国家标准和行业标准目录

序号	标准编号	标准名称
		一、国家标准
1.	GB/T 32712—2016	条斑紫菜　种藻
2.	GB/T 32755—2016	大黄鱼
3.	GB/T 32756—2016	刺参　亲参和苗种
4.	GB/T 32757—2016	贝类染色体组型分析
5.	GB/T 32758—2016	海水鱼类鱼卵、苗种计数方法
6.	GB/T 32713—2016	刀鲚人工繁育技术规范
7.	GB/T 32780—2016	哲罗鱼
8.	GB/T 32781—2016	中华鲟
9.	GB/T 8834—2016	纤维绳索　有关物理和机械性能的测定
10.	GB/T 33108—2016	海参及其制品中海参皂苷的测定　高效液相色谱法
11.	GB/T 33109—2016	花鲈　亲鱼和苗种
12.	GB/T 33110—2016	斑节对虾　亲虾和苗种
13.	GB/T 33111—2016	达氏鲟
		二、行业标准
1.	SC/T 3033—2016	养殖暗纹东方鲀鲜、冻品加工操作规范
2.	SC/T 1121—2016	尼罗罗非鱼　亲鱼
3.	SC/T 1122—2016	黄鳝　亲鱼和苗种

（续）

序号	标准编号	标准名称
4.	SC/T 1125—2016	泥鳅　亲鱼和苗种
5.	SC/T 1126—2016	班鳢
6.	SC/T 1127—2016	刀鲚
7.	SC/T 2028—2016	紫贻贝
8.	SC/T 2069—2016	泥蚶
9.	SC/T 2073—2016	真鲷　亲鱼和苗种
10.	SC/T 4008—2016	刺网最小网目尺寸　银鲳
11.	SC/T 4025—2016	养殖网箱浮架　高密度聚乙烯管
12.	SC/T 4026—2016	刺网最小网目尺寸　小黄鱼
13.	SC/T 4027—2016	渔用聚乙烯编织线
14.	SC/T 4028—2016	渔网　网线直径和线密度的测定
15.	SC/T 4029—2016	东海区虾拖网网囊最小网目尺寸
16.	SC/T 4030—2016	高密度聚乙烯框架铜合金网衣网箱通用技术条件
17.	SC/T 5017—2016	聚丙系裂膜夹钢丝绳
18.	SC/T 5061—2016	金龙鱼
19.	SC/T 5704—2016	金鱼分级　蝶尾
20.	SC/T 5705—2016	金鱼分级　龙睛
21.	SC/T 8148—2016	渔业船舶气胀式救生筏存放筒技术条件
22.	SC/T 9424—2016	水生生物增殖流放技术规范　许氏平鲉
23.	SC/T 9425—2016	海水滩涂贝类增养殖环境特征污染物筛选技术规范
24.	SC/T 9426. 1—2016	重要渔业资源品种可捕规格第 1 部分:海洋经济鱼类
25.	SC/T 9427—2016	河流漂流性鱼卵仔鱼资源评估方法
26.	SC/T 9428—2016	水产种质资源保护区划定与评审规范
27.	SC/T 0006—2016	渔业统计调查规范
28.	SC/T 3205—2016	虾皮
29.	SC/T—3216—2016	盐制大黄鱼
30.	SC/T3220—2016	干制对虾
31.	SC/T3309—2016	调味烤酥鱼
32.	SC/T3502—2016	鱼油
33.	SC/T3602—2016	虾酱
34.	SC/T6091—2016	海洋渔船管理数据软件接口技术规范
35.	SC/T6092—2016	涌浪式增氧机
36.	SC/T7002. 2—2016	渔船用电子设备环境试验条件和方法　高温

（续）

序号	标准编号	标准名称
37.	SC/T7002.3—2016	渔船用电子设备环境试验条件和方法　低温
38.	SC/T7002.4—2016	渔船用电子设备环境试验条件和方法　交变湿热(Db)
39.	SC/T7002.5—2016	渔船用电子设备环境试验条件和方法　恒定湿热((Ca)
40.	SC/T7020—2016	水产养殖动植物疾病测报规范
41.	SC/T7221—2016	蛙病毒病检测方法
42.	SC/T8162—2016	渔业船舶用救生衣(100N)
43.	SC/T1027—2016	尼罗罗非鱼
44.	SC/T1042—2016	奥利亚罗非鱼
45.	SC/T1128—2016	黄尾鲴
46.	SC/T1129—2016	乌龟
47.	SC/T1131—2016	黄喉拟水龟　亲龟和苗种
48.	SC/T1132—2016	渔药使用规范
49.	SC/T1133—2016	细鳞鲑
50.	SC/T1134—2016	广东鲂　亲鱼和苗种
51.	SC/T2048—2016	大菱鲆　亲鱼和苗种

（农业部渔业渔政管理局　郭　薇）

水产品质量安全监管

1. 产地水产品监督抽查工作成效显著，监测合格率再创历史最好水平　2016 年各级渔业主管部门大力开展产地水产品监督抽查工作，全国共监测样品近 6 万个，江苏、天津、福建、北京等地开展了快速检测工作，其中江苏省快速检测样品达 2.6 万个。农业部安排 1 605 万元经费用于开展全国产地水产品质量安全监督抽查工作，加大了“三鱼两药”专项整治力度，共抽查样品 4 995 个，监测“三鱼”样品 500 多个，“两药”样品 6 000 多个。2016 年产地水产品监督抽查合格率达 99.8%，为历史最高水平，连续 12 年合格率在 96% 以上，没有出现重大水产品质量安全事件，2016 年“三鱼两药”中的孔雀石绿和硝基呋喃合格率分别比上年提高 0.2 和 0.1 个百分点，均为 99.9%，“三鱼”合格率为 100%，专项整治成效显著。各地始终坚持检打联动，对于非法使用禁用渔药及其他化合物的行为保持高压态势，坚决严惩重罚，露头就打。2016 年国家产地监督抽查检出的 23 个阳性样品全部追溯到生产主体并依法进行查处，阳性样品查处率达 100%。

2. 市场水产品质量安全水平持续提升，监测合格率再创新高　在农业部组织开展的农产品市场例行监测中，水产品监测合格率持续向好，2016 年达到 95.9%，为农业部开展例行监测以来的最好水平。其中大菱鲆合格率大幅上升，同比提高 10 个百分点，禁用药物检出次数总体也有所下降，“三鱼两药”专项整治工作成效明显，2016 年水产品监测合格率和市场监测合格率继续保持双提升的发展势头。

3. 水产品质量安全监管检测体系不断完善，能力建设不断提升　近年来，各地切实加大资金投入，保障了水产品质量安全监管工作顺利开展，2016 年中央财政用于产地水产品质量安全监管工作的资金为 3 775 万元，各省(自治区、直辖市)水产品质量安全监管工作经费达到 3.13 亿元。主要渔业大省的渔业主管部门都设立了专门负责水产品质量安全监管的处室，目前已有 23 个省(自治区、直辖市)建立了省、地、县、乡四级水产品质量安全监管体系，从事监管工作的人员达到 1.84 万人，全国一盘棋的水产品质量安全监管体系基本形成。在加强质检系统能力建设方面，委托中国水产科学院组织开展水产品质量安全检测技术培训班，对承担任务的质检中心开展核查并进行药物残留检测、贝类毒素和重金属检测的能力验证，确保监测结果的有效性和准确性。组织开展快检产品推荐筛选和验证工作，从近年的情况看，参加验证快检产品的技术日趋成熟，检测速度和灵敏度不断提高，个别产品的检出限已经达到了仪器法水平，为基层监管工作提供了有力支撑。

4. 异地产地水产品监督抽查　采用异地交叉互检的方式，对全国30个省（自治区、直辖市）产地水产品进行质量安全监督抽查，抽检样品涉及19种水产品，检测项目包括孔雀石绿、氯霉素和硝基呋喃类代谢物等6种禁用药物，共抽检样品3 020个。所有检出的阳性样品均追溯到养殖企业（户）并移交渔业执法部门对其依法进行处罚，阳性样品查处率达100%。

5. 本地产地水产品监督抽查　组织对全国31个省（自治区、直辖市）的产地水产品开展本地质量安全监督抽查，抽检样品涉及19种水产品，检测项目包括孔雀石绿、氯霉素和硝基呋喃类代谢物等6种禁用药物，共抽检样品1 975个，所有检出的阳性样品均追溯到养殖企业（户）并移交渔业执法部门对其依法进行处罚，阳性样品查处率达100%。

6. 水产苗种监督抽查　对27个省（自治区、直辖市）的水产苗种开展质量安全监督抽查，抽检样品涉及50种水产苗种，检测孔雀石绿、氯霉素和硝基呋喃类代谢物等3种禁用药物，共抽检样品400个，所有检出的阳性样品追溯到养殖企业（户），移交渔业执法部门对其依法进行处罚。

7. 海水贝类产品监测和生产区域划型　组织对11个省（自治区、直辖市）的牡蛎、蛤类、扇贝、缢蛏、贻贝、蚶类等贝类产品开展卫生监测，主要检测大肠杆菌、细菌总数、铅、镉、多氯联苯、腹泻性贝类毒素（DSP）、麻痹性贝类毒素（PSP）等7项卫生指标，共抽检样品3 027个。对7个省（自治区）开展贝类产品风险隐患排查，主要检测重金属、致病微生物、持久性有机污染物、石油污染物等9项指标，抽检样品700个。11个省（自治区、直辖市）的渔业主管部门负责开展贝类划型管理，通过对贝类卫生监测数据的汇总分析编制划型图，适时采取临时性关闭等管理措施。

8. 重点水产品质量安全风险监测　组织对黄渤海、南海区域的捕捞产品及沿海捕捞加工品、6个省的养殖河鲀、9个省的稻田水产品开展风险监测。主要监测重金属、河豚毒素、农药等24项指标，共抽检样品735个。

9. 渔用投入品风险隐患排查　组织对14个省（直辖市）的渔用投入品开展质量安全风险隐患排查，排查范围包括渔用化学药品、渔用中草药、渔用饲料和非药品类等4类渔用投入品，共抽检样品383个，其中渔用化学药品127个、渔用中草药61个、渔用饲料100个、非药品类的其他投入品95个，检测硝基呋喃类、孔雀石绿、氯霉素类、喹乙醇、磺胺类等15项指标。

10. 水产品质检机构检测能力验证工作　开展水产品质量安全监督抽查数据复核工作及检测人员技术培训，增强了各检测中心的能力和业务水平。组织开展了孔雀石绿和硝基呋喃类代谢物药残、重金属汞和麻痹性贝类毒素检测能力验证，其中96家中心参加了药残检测能力验证、32家中心参加了重金属汞检测能力验证、19家中心参加了麻痹性贝类毒素能力验证，合格或满意率分别为92.7%、96.9%和100%。组织开展水产品中禁用药物残留快速检测产品筛选验证工作，对15家企业生产的77种检测孔雀石绿和硝基呋喃类代谢物残留的快检产品进行现场验证，依据评价标准，共有8种孔雀石绿快检产品、48种硝基呋喃类代谢物快检产品符合要求。

11. 科技宣传示范等支撑性工作　一是开展示范创建工作，围绕提升水产品质量安全，在葫芦岛市、京山县等6个市（县、区）开展水产品质量安全可追溯试点，在荣成市、连江县等4个市（县）开展水产品质量安全示范县创建活动。二是完善水产养殖标准体系，加强对现有标准的清理整合，全年获批标准65项，截止到2016年年底，共有现行国家和行业标准893项，地方标准1 918项，为标准化生产提供技术规范。三是开展宣传与舆情应对工作，全年发布水产品质量安全舆情专报38期，及时把握舆论热点，开展调查核实，主动澄清真相，消除公众疑虑和恐慌。联合各地渔业部门积极有效应对了大菱鲆谣言、秦皇岛贝类中毒、小龙虾重金属超标、疑似小龙虾导致横纹肌溶解症、大闸蟹二噁英、北京超市活鱼下架以及天津小鱼塘养殖户不吃自养鱼等事件。成立了全国水产品质量安全专家工作组，就全面加强水产品质量安全正面宣传和舆情应对做出部署。

12. 水产品质量安全交叉督查　2016年农业部组织对7个省（自治区）开展全国水产品质量安全交叉督查检查，采取听取汇报、查阅资料、现场查看、召开座谈会等方式重点对各地开展专项整治情况、监督抽查情况、产地水产品和水产苗种监督抽查不合格样品的查处情况等进行督查。各地也开展了多种形式的执法检查和执法培训工作，有效提升了队伍整体素质和水平。据不完全统计，各地共开展各类水产品质量安全检测、执法培训4 400多次，培训人员22万余人次，发放培训教材91万多册。

13. 养殖河鲀有条件开放市场　经过30年的发展，河鲀养殖产业迅速发展，目前年产量约4万吨，产值近100亿元，直接从业人员达到20余万人。但养殖河鲀合法食用问题一直未能解决，为解决养殖河鲀放开市场合法食用问题,促进河鲀产业健康发展,经农业部渔业渔政管理局会同农业部农产品质量安全监管局与国家卫生和计划生育委员会、国家食品药品监督管理总局多次沟通,终于达成有条件开放养殖河鲀市场的一致意见。于3月24日下发《农业部办公厅关于开展养殖河鲀鱼源基地备案工作的通知》,9月7日下发《农业部办公厅 国家食品药品监督管理总局办公厅关于有条件放开养殖红鳍东方鲀和暗纹东方鲀加工经营的通知》。养殖河鲀终于合法走上中国老百姓的餐桌,这是自20世纪90年代初开展河鲀养殖以来国家政策上的一项重大突破。

(农业部渔业渔政管理局 刘莎莎)

渔业安全生产与渔港监督管理

2016年是"十三五"开局之年,农业部召开了全国渔业渔政工作会议,韩长赋部长到会作了重要讲话,对渔业安全生产工作提出了明确要求。农业部和各地各级渔业部门思想统一,行动迅速,扎实推进,取得了显著成效,为"十三五"开了个好头。

1.保持高压态势,安全生产形势总体稳定 2016年,农业部两次组织召开全国渔业安全生产工作视频会议,专题部署渔业安全生产工作,于康震副部长均出席并作了重要讲话,安监、交通、海警等部门派员参加。于康震副部长对"十三五"时期渔业安全生产工作进行了总体部署,要求始终绷紧安全生产这根弦,全面构建渔业安全生产长效机制,强化渔业安全生产管理职能,提升渔业安全生产能力和水平,不断提高应急处置和风险保障能力,进一步完善部门协作。同时,对2016年全国渔业安全生产重点工作做了安排。5月20日,针对5月份全国渔业安全事故频发的严峻形势,召开第二次全国渔业安全生产工作视频会议,传达中央和农业部关于加强渔业安全生产管理有关批示精神,部署了抓好重点领域、重点环节、重点工作的具体措施。于康震副部长在讲话中强调,安全生产必须警钟长鸣,常抓不懈,必须筑牢安全发展理念,进一步落实安全生产责任,夯实渔业安全生产基础,做好日常管理工作。同时,针对节假日和伏休、秋冬季等渔业安全生产重要时间节点,强化阶段性部署;针对商渔船碰撞事故多发、重发态势,加强与交通、安监、海警等部门的协调,两次组织联合督导调研。各地各级渔业部门积极响应,加大工作力度,采取有效措施,落实农业部有关要求,确保了全年渔业安全生产形势的总体平稳。

2.创新工作方法,"两个"责任得到进一步落实 首次将交叉互检和自查自检结合,组织开展了"2016全国渔业安全生产大检查"活动。各地渔业主管部门高度重视、积极响应,选派领导和业务骨干参加检查组。各检查组按照分工积极开展工作,系统上下密切配合,精心组织,认真实施,保证了大检查工作深入有效开展,强化了渔业行政主管部门监管责任和渔船企业、船东主体责任落实,实现了检查和工作两促进、双丰收。9月20日,开展2016全国渔业安全生产大检查集中汇报交流活动,于康震副部长出席并作了重要讲话。于康震副部长在讲话中,充分肯定了大检查的效果,赞扬了各地渔业安全生产工作取得的长足进步。同时,针对大检查中发现的问题,于康震副部长提出了下一阶段渔业安全生产工作的要求,要求各地要不断强化责任落实,做好防台抗台、秋冬季生产管理、渔港管理、船员教育培训等工作。强调要强化协调配合,防止和减少商渔船碰撞事故的发生。要坚持应急值守,加大督查力度,积极做好渔业应急事件处置协调与风险防范保障,扎实推进"平安渔业"建设。

3.加强示范带动,"双基"建设(基础建设、基层建设)得到进一步夯实 农业部继续联合国家安全生产监督管理总局组织开展第四批"文明渔港"创建工作,新增辽宁省"盘锦市盘山国家一级渔港"等6个国家级"文明渔港"。2009年以来,农业部会同国家安全监管总局组织开展了4批"文明渔港"和3批"平安渔业示范县"创建活动,共创建文明渔港53个,示范县133个,示范引领作用凸显。各地以"平安渔业"创建活动为契机,广泛开展平安渔业示范乡(镇)、村、船等各个层次创建活动,切实加强渔业安全生产基层基础工作,渔业安全生产监管长效机制基本形成。

4.坚持应急值守,突发事件得到及时妥善处置 农业部和各地各级渔业部门,坚持渔业24小时应急值班制度,全力做好华南寒潮、长江中下游洪涝灾害等自然灾害抗灾复产工作,全力防抗超强台风"尼伯特""莫兰蒂"等15个台风侵袭,及时处置渔船海上险情,加强遇险渔船救助,最大限度地减少渔民群众生命财产损失。据统计,2016年全国共组织救助渔业海难事故(险情)1 066起,调度公务船244艘次、渔船1 532艘次,成功救起渔民7 553人、渔船1 298艘,实际投入救助费用约3 445万元,挽回经济损失7.74亿元。农业部专门安排1 863万元补助资金,用于支持和鼓励海难救助行为。

5.加强部门协调联动,推进防灾减灾救灾能力建设 2016年农业部完善与气象、海洋等相关部门的信息共享机制,及时通报灾害天气和灾害信息。地方渔业部门通过手机短信、互联网、电视、广播等各种渠道,及时发布气象预警和避险信息,提高灾害检测预警能力。强化与安监、交通运输、海警等部门在水上安全管理、海上救助、事故统计、事故调查处理等方面的合作机制。加强与安监总局合作，指导地方配合做好渔业船舶水上事故统计直报工作。深化与交通运输部合作，要求地方联合开展水上交通安全宣传教育和执法检查，形成管理合力。研究推动《农业部渔业渔政管理局、中国海警局司令部渔业船舶海上安全事故调查处理合作备忘录》签署，加强渔业船舶水上事故调查处理工作的协调与合作。

全力做好灾前预防和灾后应急处置工作。积极应对寒潮、汛期、台风，开展防寒防冻、保苗保种工作，及时报告渔业灾情损失和救灾工作进展加强调度，加大对台风的关注力度，提前部署做好“尼伯特”“狮子山”“艾利”等台风的防抗工作，加强渔船管理，强化应急值守和物资储备。及时跟踪统计，申报救灾资金，指导开展灾后恢复生产，最大限度减少灾害天气对渔业生产及水产品供给的影响。

6. 强化渔民教育培训，妥善应对涉外事件 依据《渔业船员管理办法》，严格落实渔业船员培训、考试、发证和船员管理各项制度，加大渔业船员安全基础培训和宣传教育工作。开发建设渔业船员管理信息系统，组织编写渔业船员考试教材，加强渔业船员培训机构管理，开展船员持证情况检查，切实提高船员培训质量和持证上岗比例。充分利用伏季休渔有利时机，积极开展商渔船碰撞警示教育和海上应急救助演练活动，切实提高渔民安全生产意识和自救互救能力。针对涉外渔业事件多发态势，紧急发文部署，要求有关省（自治区、直辖市）渔业主管部门进一步强化渔民涉外宣传教育，切实减少和避免越界捕捞、违规作业等涉外渔业事件的发生。

（农业部渔业渔政管理局 陈振业）

渔业船舶水上安全事故及救助情况

【事故情况】 2016 年全国共发生渔业船舶（不含特殊船舶）水上安全事故 314 起、死亡（或失踪）349 人。其中：水上生产安全事故发生 258 起、死亡 201 人；水上交通事故 27 起（未按《统计规定》减半）、死亡 70 人；自然灾害事故发生 29 起、死亡 78 人。

1. 按事故分类划分

（1）生产安全事故。生产安全事故发生 258 起、死亡 201 人，分别占全年水上安全事故总数的 82.16% 和 57.59%，沉船 50 艘，同比事故起数增加 50 起，死亡人数增加 47 人。在生产安全事故中，触损 25 起、死亡 9 人；风损 8 起、死亡 2 人；火灾 29 起、死亡 2 人；机械损伤 45 起、死亡 35 人；急性工业中毒 6 起、死亡 7 人；溺水 87 起、死亡 94 人；自沉 21 起、死亡 26 人；其他 37 起、死亡 26 人。2016 年各类生产安全事故所占比例与 2015 年同期比较情况见图 1、2、3、4。

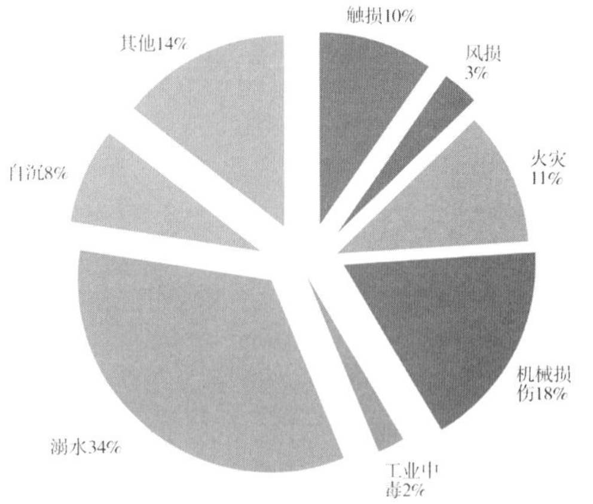

图 1 生产安全事故起数比例

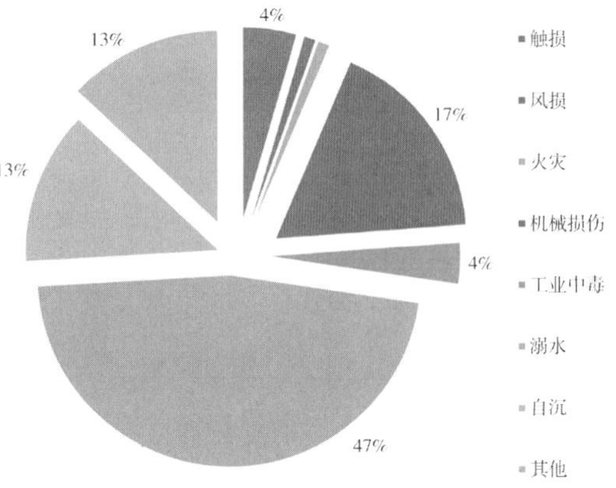

图 2 生产安全事故死亡人数比例

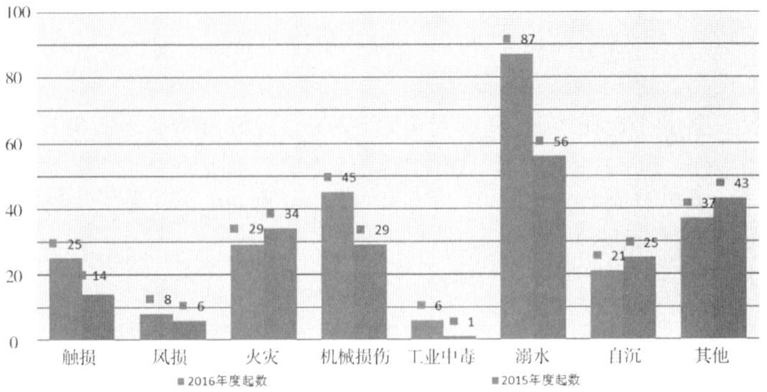

图 3 生产安全事故发生起数比较

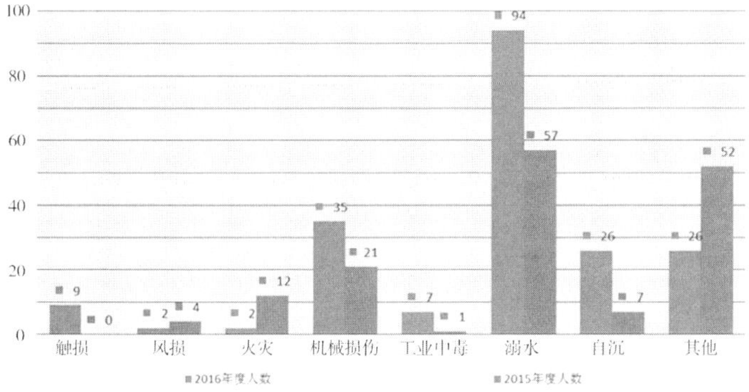

图4 生产安全事故死亡人数比较

(2)水上交通事故。水上交通事故发生27起、死亡70人,分别占水上安全事故的8.59%和20.05%,沉船13艘,同比事故减少1起、死亡减少24人。其中,渔船被外籍船舶碰撞事故8起,死亡32人;被国内船舶碰撞事故5起,死亡8人;被不明船舶碰撞事故14

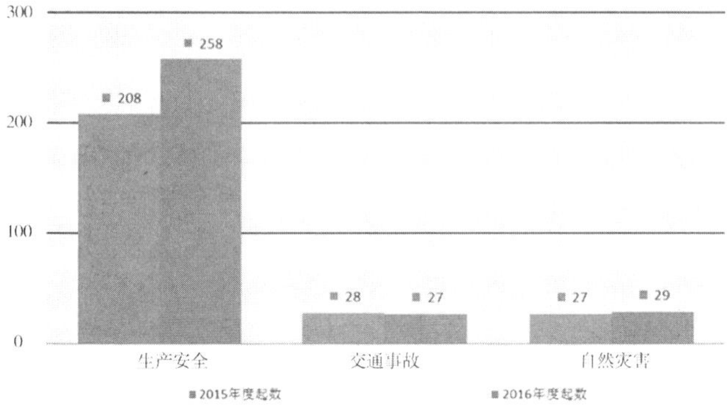

图5 事故发生起数比较

起,死亡30人;分别占水上交通事故的29.62%、45.71%,18.51%、11.42%,和51.85%、42.85%。

(3)自然灾害事故。自然灾害事故共发生29起、死亡78人,分别占水上安全事故的9.23%和22.34%,沉船21艘,同比事故增加2起、死亡增加21人。其

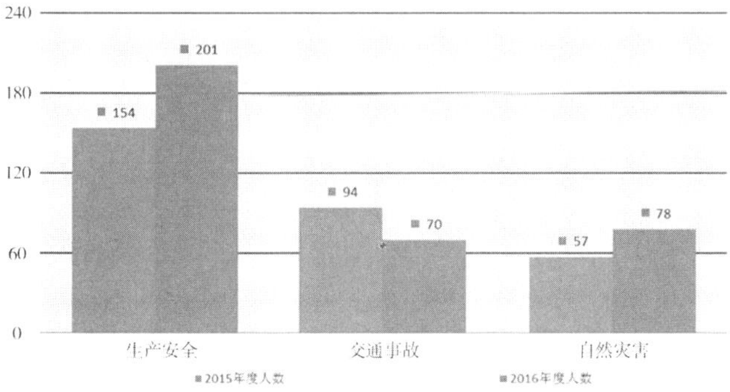

图6 事故死亡人数比较

中,大风造成事故13起、死亡61人;台风造成事故1起,未造成人员伤亡;风暴潮造成事故1起,未造成人员伤亡;雷暴造成事故1起,死亡7人;其他原因造成事故13起,死亡10人。分别占自然灾害事故的44.82%、78.21%,3.44%、0%,3.44%、0%,3.44%、8.97%,44.82%、12.82%。

2016年事故分类与2015年比较和所占比例情况见图5、6、7、8。

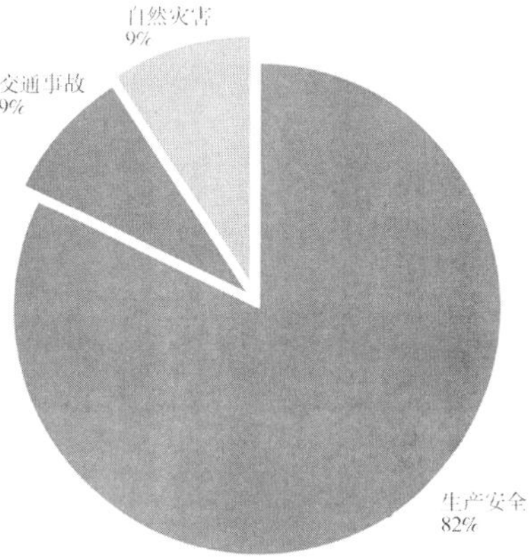

图7 事故分类起数比例

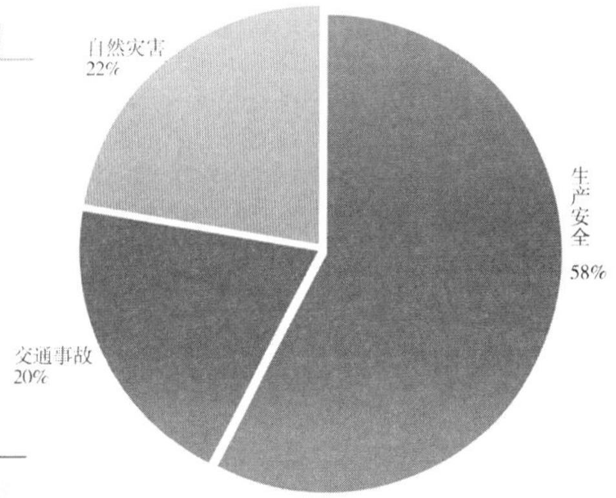

图8 事故分类死亡人数比例

2. 按事故等级划分

(1)一般事故。一般事故发生285起、死亡162人,分别占2016年事故总数的90.76%和46.41%,同比事故起数增加50起、死亡人数增加24人。

(2)较大事故。较大事故发生25起、死亡130人,分别占2016年事故总数的7.96%和37.25%,同比事故起数增加1起、死亡人数增加

15 人。

(3)重大事故。重大事故发生 4 起、死亡 57 人，分别占 2016 年事故总数的 1.27% 和 16.33%，同比事故起数持平、死亡人数增加 5 人。

(4)特别重大事故。无特别重大事故发生，与 2015 年持平。

2016 年事故等级与 2015 年比较和所占比例情况见图 9、10、11、12。

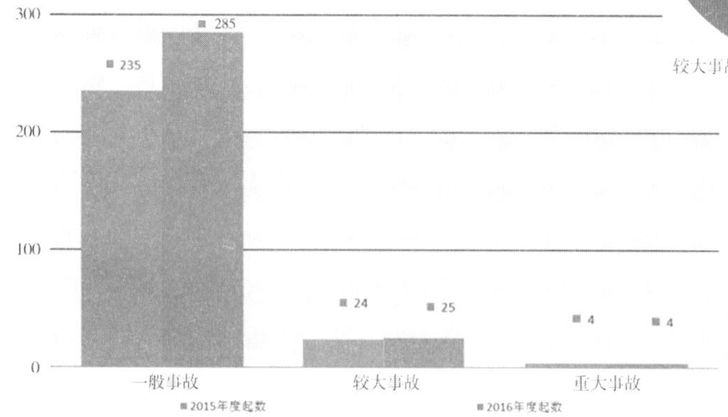

图 9　事故等级发生起数比较

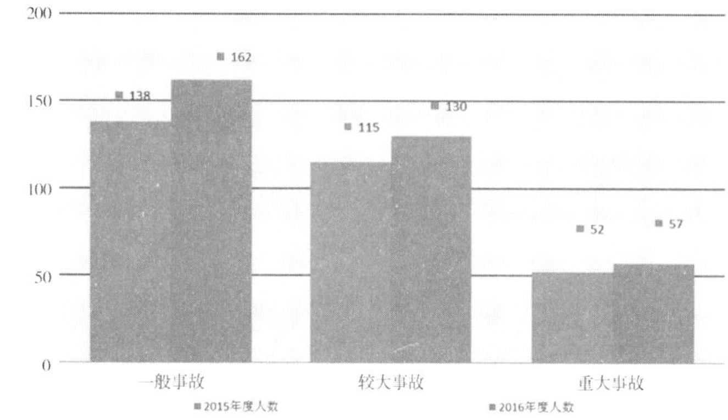

图 10　事故等级死亡人数比较

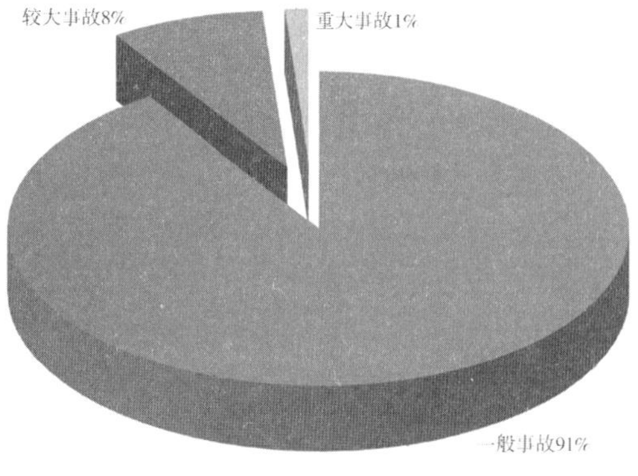

图 11　事故等级起数比例

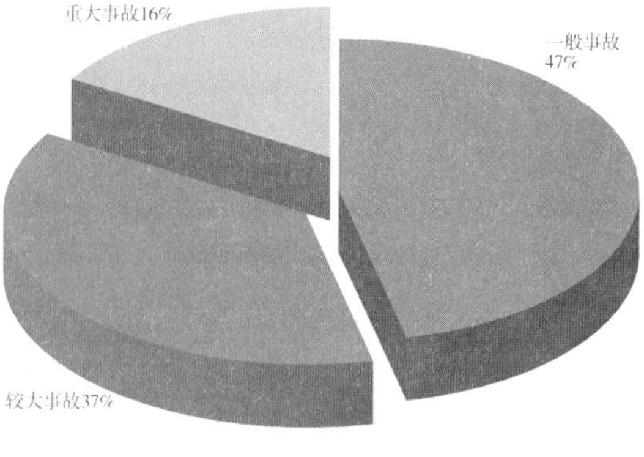

图 12　事故等级死亡人数比例

3. 按照事故发生省份划分　2016 年度各省渔业船舶水上安全事故发生情况见下页表格。

据统计，2016 年特殊船舶事故共发生 10 起，死亡 5 人，沉船 5 艘，同比事故起数减少一起，增加 3 人，沉船数量增加 2 艘。其中重庆巫山发生一起较大事故，死亡 4 人，沉船 1 艘；山东青岛发生一起三无养殖船一般等级事故，死亡 1 人；浙江舟山发生两起较大事故，沉船 1 艘，无人员伤亡；辽宁丹东发生 1 起三无捕捞船一般等级事故，无人员伤亡；河北秦皇岛共发生 3 起三无船自然灾害事故，沉船 3 艘，无人员伤亡；广西北海和浙江舟山各发生一起一般等级事故，无人员伤亡。

【事故特点与原因】

1. 按事故类型分析(图 13，图 14)

(1)生产安全事故最多。2016 年共发生 258 起，死亡 201 人，分别占事故总数的 82% 和死亡人数的 58%。安全生产意识淡薄是造成生产安全事故的最大隐患，另外，违反安全操作规程也是安全事故的重要原因之一。

(2)溺水事故多发。溺水事故共发生 87 起，死亡 94 人，分别占生产安全事故的 34% 和 47%，事故起数和死亡人数均位居生产安全事故之首。2016 年 10 月 18 日，河北省乐亭籍渔船“冀乐渔 02090”在东经 119°51′，北纬 38°05′进行拖网作业时，船上付学彬、孙小海不慎落水，经过救援付学彬被救起，但经抢救无效死亡，孙小海失踪。溺水事故多发主要与内陆劳务人员出海作业缺少专业培训，防范风险意识低，以及违章操作等因素有关。

(3)自然灾害事故伤亡严重。自然灾害事故发生 29 起，死亡 78 人，沉船 21 艘，平均每起事故导致 2.7

2016年度渔船水上安全事故汇总表

地区	生产安全事故		水上交通事故		自然灾害事故		合计	
	事故起数	死亡人数	事故起数	死亡人数	事故起数	死亡人数	事故起数	死亡人数
辽宁	56	85	46	39	5	10	5	36
河北	23	18	14	17	1	0	8	1
天津	0	0	0	0	0	0	0	0
山东	9	29	5	0	2	19	2	10
江苏	19	23	15	12	2	7	2	4
上海	5	0	4	0	1	0	0	0
浙江	115	134	104	98	8	23	3	13
福建	18	18	13	3	3	8	2	7
广东	13	16	9	15	1	0	3	1
广西	34	13	32	13	1	0	1	0
海南	21	13	15	4	3	3	3	6
安徽	1	0	1	0	0	0	0	0
合计	314	349	258	201	27	70	29	78

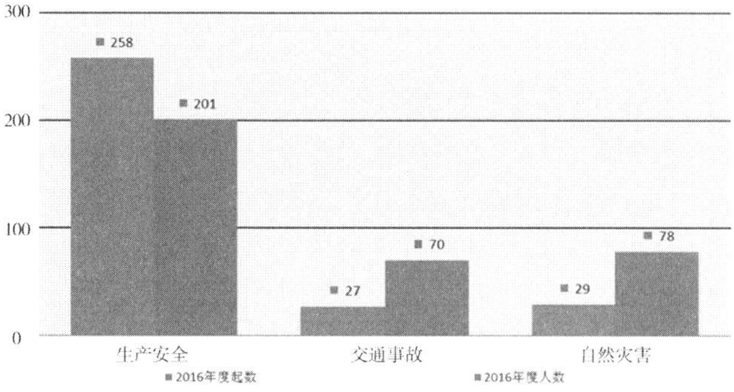

图13 2016年渔船安全事故直方图

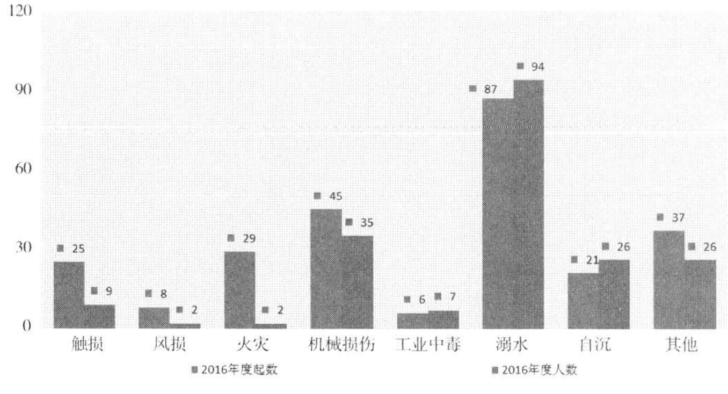

图14 水上生产安全事故分类直方图

人死亡，而且自然灾害事故导致的沉船率也比较高，其中由于大风导致的事故占将近一半。2016年4月10日下午，琼洋浦22060船在儋州市龙门角附近一带海域作业时突然被暴风袭击沉没，船上4名人员全部落水，1人获救，1人遇难，2人失联。自然灾害具有突发性和不可预测性，但自然灾害事故的伤亡和损失与船员的出海经验和航海技能等人员的综合素质也有一定的关系。

2.按事故发生时态分析 2016年渔业船舶水上安全事故时态图如图15所示，全年平均每月发生事故26.17起，死亡29.08人。10月份事故最多，发生40起，2月份事故最少，发生9起；5月份死亡人数最多，100人死亡，7月份死亡人数最少，7人死亡。上半年发生事故140起、死亡209人；下半年发生事故174起，死亡140人。下半年事故数量较上半年增加24.25%，死亡人数较上半年减少33.12%。

事故发生起数和死亡人数折线图走势基本吻合，其中5月份死亡人数较多，主要原因是发生两起重大水上交通事故，死亡36人。渔船生产安全事故和水上交通事故发生时态趋势与以上折线趋势也有相似之处，见图16。

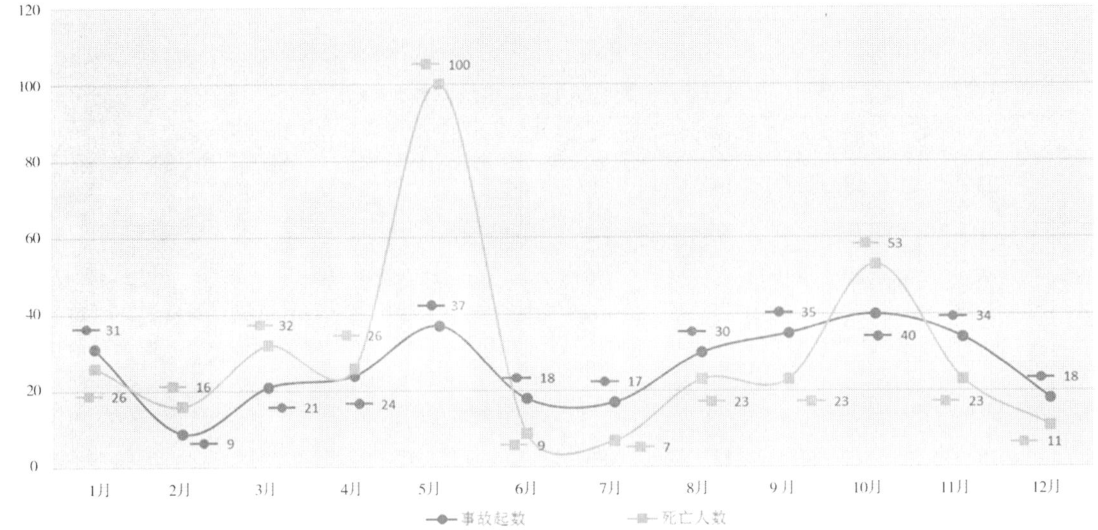

图 15 2016 年渔船水上安全事故时态图

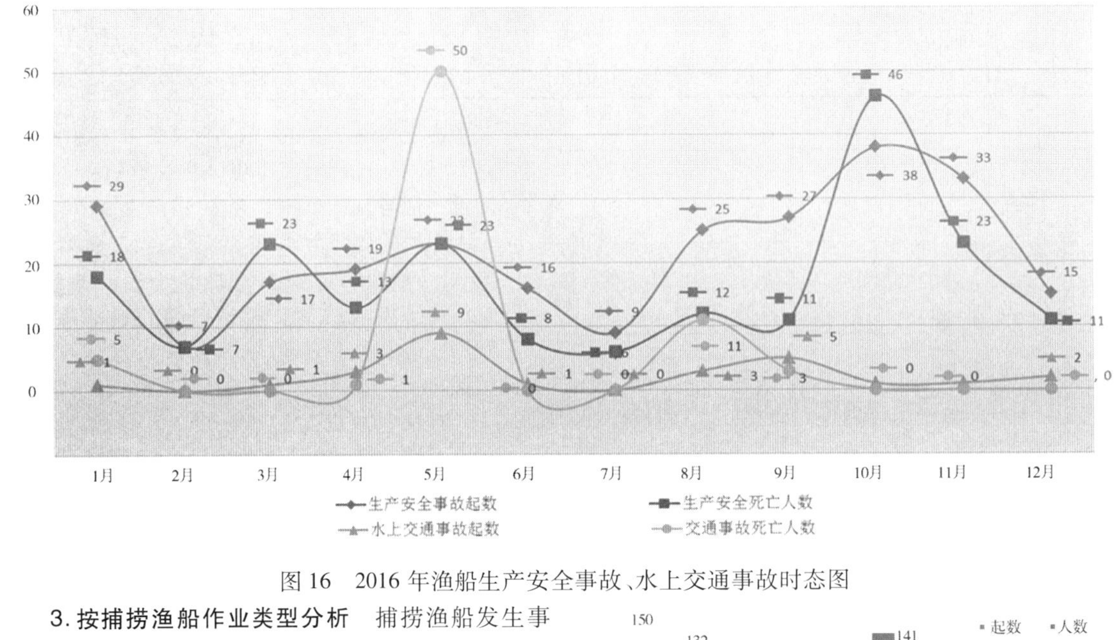

图 16 2016 年渔船生产安全事故、水上交通事故时态图

3. 按捕捞渔船作业类型分析 捕捞渔船发生事故 301 起、死亡 345 人，分别占 2016 年水上安全事故的 96% 和 99%。其中刺网渔船发生事故 116 起、死亡 132 人，拖网渔船发生事故 124 起、死亡 141 人。分别占捕捞渔船事故的 39%、38% 和 41%、41%。刺网渔船和拖网渔船是捕捞渔船事故中发生事故数量和死亡人数最多的两种渔船，这主要与两种渔船的数量较多，基数较大有关，见图 17。

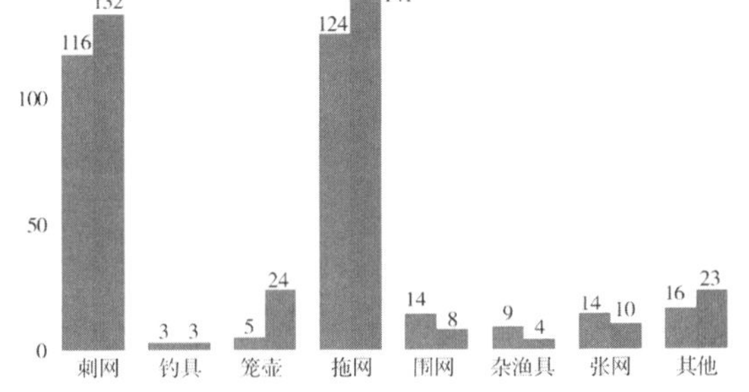

图 17 不同作业类型渔船事故起数及死亡人数

【救助情况】 2016 年，全国各级渔业行政主管部门及其渔政渔港监督管理机构共组织渔业救助 976 起；渔

2016 年渔业海难救助情况表

地区	救助起数（起）	救起渔民（人）	救起渔船（艘）	调度救助船舶（艘）		公务船	渔船
				投入救助费用（万元）	挽回经济损失（万元）		
河北	45	146	57	17	134	154.97	1 802.4
辽宁	57	227	47	56	162	344.26	4 654
山东	22	90	44	5	53	375.25	717.4
福建	89	978	85	4	146	209.84	23 560
上海	8	55	9	4	5	5.9	407
江苏	30	188	18	19	20	94.9	2 865
浙江	636	4 926	795	67	689	1 381.52	37 192.5
广东	21	69	32	24	33	254.35	757
广西	10	71	14	6	24	28.1	162
海南	55	271	76	28	142	131.92	200.4
安徽	2	4	2	0	2	1.4	13.6
全国总计	976	7 051	1 184	230	1 425	2 992.41	72 391.3

业行政执法船艇参与救助 230 艘/次，渔船参与 1 425 艘/次；救助渔船 1 184 艘，救助渔民 7 051 人；实际投入救助费用 2 992.41 万元，挽回经济损失 72 391.3 万元。2016 年渔业海难救助具体情况见上表。

（农业部渔业渔政管理局　徐丛政）

捕捞许可和渔船管理

1. 加强研究，制定海洋渔船管控制度　我国自 20 世纪 80 年代中期开始实施海洋渔船“双控”制度，对遏制捕捞强度盲目增长发挥了积极作用。但受现阶段经济社会发展环境影响，渔船管理还存在一些矛盾和问题，进一步调整完善海洋渔船“双控”制度，搞好顶层设计，是当前我国渔业管理面临的重大课题。为此，农业部加大了研究力度，在深入调研、广泛听取各地政府、有关部门和渔民群众意见的基础上，完成了《农业部关于“十三五”期间进一步加强渔船管理控制海洋捕捞强度的通知》起草工作，提出了改革、完善渔船管理和捕捞强度控制制度的政策措施。文件上报国务院后，根据国办意见，又将其与资源总量管理文件合并。经充分沟通协调，达成一致意见，适时印发各省（自治区、直辖市）人民政府和国务院有关部门贯彻实施。为科学确定“十三五”海洋捕捞渔船控制指标，组织各地开展渔船基本数据核查，提出了“船证不符”问题整治方案。

2. 重点突破，全面推动内陆渔船“三证合一”改革

根据中央推进简政放权、转变职能的有关精神，近年来，农业部积极推动内陆渔船管理制度改革，组织研发了内陆渔船动态管理系统，简化管理和发证程序，精简证书证件数量，将内陆渔业船舶检验证书、登记证书和捕捞许可证三证合并为一本，并在部分省（自治区、直辖市）开展试点。在总结试点工作经验的基础上，在全国全面推广应用，发布农业部公告，制订工作方案，对各地工作进行督导检查，帮助各地解决工作中的困难和问题。目前改革工作顺利推进，全国有近 30 万艘内陆渔船数据经清理后导入全国数据库，有 28 万艘渔船换发“三证合一”证书，分别占全国内陆渔船数量的 85% 和 80% 以上，超额完成年度绩效考核指标，实现了“一表申请、一窗受理、一本证书、一个印章、一套数据”改革目标，起到了规范渔船管理、提升管理水平、简化办事程序、方便渔民群众的作用，受到管理部门和渔民群众的好评。

3. 完善制度，扎实推进渔船规范化管理　开展配套规章规范性文件制（修）订工作，进一步完善渔船渔具管理制度。深入渔区开展调研，广泛听取基层管理部门、专家和渔民群众意见，组织开展《渔业捕捞许可管理规定》和《港澳流动渔船管理规定》修订工作。目前已完成修订草案起草工作，为完善制度、规范管理奠定了基础。同时，切实抓好渔船渔具管理现行规章制度的落实工作，组织研讨渔船管理各环节相互衔接操作规程，提出进一步明确和规范渔船管理的指导意见。加快推进南沙骨干船队建设，按时完成建设计划审核公布与实施工作。贯彻落实《渔船用柴油机型谱和标识管理办法》，组织开展渔船用柴油机型谱与标识专项督导核查工作，落实监管责任和渔船用柴油机制造企业及船东的生产、使用主体责任，保障涉及渔船主机功率有关政策的有效实施。

4. 健全机制，切实加强南沙渔业管理 为切实履行南沙渔业管理职责，积极推动在中国水产科学研究院南海水产研究所成立南海渔业中心。2016 年，农业部加强对南海中心工作指导，帮助其建立机构和工作制度，落实工作经费，指导其建设南沙渔船监控系统，开展相关业务工作。目前，南海渔业中心机构队伍和软硬件建设已到位，各项工作已顺利开展，在南沙渔船监控和管理、生产情况统计分析、柴油补贴资金审核、涉外事件应急处置和相关政策研究等方面发挥了积极作用。针对近期南海形势复杂、涉外事件增多的情况，农业部组织召开南沙渔业管理座谈会，于康震副部长到会并讲话，对相关工作进行部署。研究印发加强南沙生产渔船管理文件，组织编制南沙渔业培训教材，督促地方切实加强渔民宣传教育和渔船管控，保持南沙渔业生产稳定。组织编制南海渔业中长期发展规划和渔业资源开发利用规划，组织起草南沙专项柴油补贴资金管理办法，组织起草南沙渔船渔民政策性保险补助方案，积极争取南沙保险补助资金。为稳定南沙渔业生产，组织人员赴重点渔区指导督促渔船组织、渔民教育、编队生产和证书发放工作，切实维护国家海洋权益和渔民生命财产安全。

5. 规范透明，渔船许可审批公平公正 渔船许可审批是一项具体事务性工作，但由于时间紧、任务重、涉及面广、政策性强，既要认真审核，又要按时办结，既要严格把关、又要优质服务。2016 年，共受理审批船网工具指标审批和捕捞许可审批件 300 余件，审核签发渔船油污应急计划、渔船燃油保险证书 200 多份，制作各类证书和批件 1 500 多份。由于这些项目涉及面广、政策性强，涉及企业和渔民切身利益，既严格按法律法规及相关政策严格审核，所有涉及远洋渔船建造、购置、进口的船网工具指标审批项目事先一律经局长办公会集体研究形成意见，再按规定程序办理报批手续；同时充分考虑企业和渔民利益诉求，千方百计、加班加点，努力给地方管理部门、企业和渔民提供便捷、优良的服务，做好相关政策说明解释工作，得到地方、企业和渔民的理解和好评。

（农业部渔业渔政管理局 张信安）

渔具管理与限额捕捞试点

1. 渔具管理 2016 年，农业部渔业渔政管理局下发《农业部关于继续深入开展“绝户网”等违规渔具清理整治的通知》，截止到 6 月 30 日，沿海 11 个省（自治区、直辖市）已全部制定了 2016 年违规渔具清理整治工作方案，做到组织领导、行动方案、工作部署三到位，并结合伏季休渔组织实施。据不完全统计，2016 年沿海各省（自治区、直辖市）共开展执法行动 1.5 万余次，清理违规渔具近 15 万张（顶），使禁用渔具和“绝户网”蔓延态势得到一定程度遏制。制度建设方面，新的《海洋捕捞渔具网目尺寸标准》初稿修订完成。渔具鉴定单位名录已征求意见，下一步将组织专家进行评审。

2. 限额捕捞试点 2016 年，农业部决定在山东省和浙江省开展限额捕捞工作试点，两省海洋与渔业部门高度重视，均成立了限额捕捞试点工作领导小组，根据分工明确相应的任务职责，确定专人负责试点工作的落实。在前期资源调查等工作基础上，制定了本省的限额捕捞试点工作方案，准备依托现有渔业合作组织和渔民协会开展工作。同时，在渔村、渔民中开展宣传教育和培训，加强与技术支撑单位的联系，完善渔获信息采集、统计和分析，加强船位监控和渔政执法，制定突发事件应急预案，确保试点工作顺利完成。

（农业部渔业渔政管理局 徐 明）

渔业节能减排

2016 年，农业部渔业渔政管理局继续通过渔业节能减排项目，实施水产养殖节水减排技术示范，进行渔业节能减排情况调查，开展节能减排新技术应用交流和宣传，工作取得了一定进展和成效。

1. 水产养殖节能减排技术示范工作进一步推进 2016 年，在辽宁、江苏、山东、广东、湖北、重庆、四川、青海等 8 省（直辖市）实施了池塘、工厂化生态养殖减排技术、网箱养殖底排污技术和鱼菜共生技术等多模式养殖节能减排技术示范。

（1）辽宁省。开展自然海区网箱刺参苗种培育、池塘刺参生态育苗、工厂化刺参生态育苗和野生刺参自然繁殖地修复技术等四项技术示范。在全省设立核心示范点 45 个，设立示范推广区域（户）56 个，示范推广苗种生态繁育规模达到53.72万立方米；刺参自然繁育地修复达到400公顷。

(2)江苏省。一是开展池塘工业化生态养殖系统示范。在2.67公顷池塘内新建钢架流水槽3条，工程建设面积360平方米，其中养殖水槽300平方米，采用风机集中推水和底部曝光增氧，在水槽下游建设集污池，用吸污装置集中处理尾水。试验示范品种：草鱼、黄颡鱼2个品种。其中黄颡鱼分为8万尾、10万尾2种不同放养密度对比试验工作。1号槽产量17吨，草鱼平均规格2千克/尾，每平方米170千克；2号槽产量10.9吨，平均规格153克，每平方米109千克；3号槽产量13吨，平均规格148克，每平方米130千克。另外，外塘净化区不干塘，收获河蟹400千克，花白鲢产量11吨左右，达到预期指标。二是开展淡水池塘多品种立体养殖减排技术示范。示范养殖面积2公顷，分为3个0.67公顷的塘口。12月上旬，河蟹1 578千克/公顷，平均规格145克(其中150克以上规格达71.3%)；沙塘鳢18.5千克，规格16尾/千克；鲢、鳙鱼594千克/公顷，规格1.8千克/尾；5月15日，青虾468千克/公顷，规格300尾/千克。项目分别在3个0.67公顷的池塘，应用三种不同类型微孔增氧设备，开展效能对比试验。使用橡塑集成微孔曝气设施，安装费用合理、增氧效果好，与没有微孔增氧的塘口相比，水质明显改善，河蟹生长速度快、发病率低，产量提高15%以上。

(3)山东省。开展海水池塘多品种生态健康养殖技术示范。重点实施了“三疣梭子蟹—南美白对虾—缢蛏”“三疣梭子蟹—中国对虾”“三疣梭子蟹—日本对虾—菲律宾蛤仔”3种养殖模式，试验示范面积535.3公顷、推广规模5 467公顷。完善了池塘微生态制剂水质底质调控与微孔增氧等技术，举办了4期“海水池塘多品种生态健康养殖技术”培训班，培训300余人次。

(4)广东省。开展鱼虾混合生态养殖技术试验示范。通过培养基础饵料，投放虾苗(3天)后，放养经过标粗的褐斑蓝子鱼，褐斑蓝子鱼体长8厘米，密度15 000尾/公顷。投放虾苗30天后放卵形鲳鲹、黑鲷(因黄鳍鲷鱼苗季节已过，只能放黑鲷)鱼苗，卵形鲳鲹体长12厘米，密度600尾/公顷，黑鲷体长8厘米，密度3 000尾/公顷。蓝子鱼吃藻类及充分利用有机碎屑和对虾残饵，提高了虾池饵料利用率，净化了对虾养殖环境，促进了对虾健康生长。卵形鲳鲹、黑鲷鱼可以捕病弱死虾，防止对虾病害水平传播，保证健康养殖。经测评，南美白对虾、蓝子鱼、黑鲷的平均规格、平均产量、平均成活率均达到预期目标。

(5)湖北省。开展池塘鱼菜共生生态养殖技术示范。湖北省在6个县市(区)实施示范面积128.5公顷，辐射带动面积582公顷，设置生物浮床62 750平方米，示范区每公顷节水45.6%、节电40.8%、节鱼药32.5%、节饲料4.80%，每公顷平均节本增效24 120元。

(6)重庆市。开展鱼菜共生综合种养技术示范。示范点实现亩均节约水电等支出60%以上，通过蔬菜消纳利用氮、磷等废弃应用物质，总消纳氮、磷元素128.9吨，约相当于当量种植业570.7吨碳酸氢铵氮化肥量，亩减少废水排放1 000.5立方米，总减少废水排放约0.81亿立方米，节水率75%以上，节支间接增收约3 129元/公顷。通过技术攻关和试验示范，全面超额完成了年初任务指标。

(7)四川省。开展池塘网箱鱼体排泄物收集技术示范。在示范养殖场进行了粪便回收系统创新改进，鱼粪回收率80.71%，回收鱼粪利用率100%，鱼粪回收区养殖生物成活率达96%。饲料成本降低7.43%，生长周期缩短8.3%，综合养殖成本降低16%以上；开展现场观摩、技术讲座等形式培训养殖户300户以上。

(8)青海省。开展大水面网箱养殖底排污技术示范。首次引进通威公司“环保网箱鱼体排泄物收集系统”成果，应用在大水面网箱养殖鱼体排泄物收集系统。本系统通过机械抽提系统，将网箱养殖鱼体排泄物和残饵(总量80%)以上移出养殖水体，再经分离系统，将鱼体排泄物作为农作物的有机肥。通过试验示范总结经验推广应用。

2.开展渔业污染物排放及防治调研 根据国家防治大气、水等污染政策措施要求，2016年，开展了机动渔船尾气排放污染调查和污染物测量工作，首次采集了沿海(分北部、中部和南部地区)、内陆地区及远洋机动渔船柴油机尾气排放中氮氧化物、硫氧化物、一氧化碳、二氧化碳、颗粒物及燃油含硫量等6项指标、53艘实船、59个油样本等数据，同时调查了机动渔船运营状况，初步评估了我国渔船大气污染状况，分析了渔船柴油机排气污染物构成和成因，研究了国家相关防治大气污染法规、船舶防治污染国际公约和国内外相关标准要求，以及国内外防治大气污染相关措施，为进一步提出我国渔船防治大气污染的措施和建议提供了支撑。

2016年，开展了水产养殖污染防治现状调查工作，重点调查了池塘水产养殖环境污染及防治状况。调查结果显示了四大变化。一是水产养殖从业者的环保意识有了较大的提高。各地方渔业生产企业和渔民对控制渔业污染的重要性和必要性的认识有了很大的提高，一些生产企业已经采取措施进行污染防治。人工湿地、工厂化循环水养殖系统等环保措施得到普遍应用。二是水产养殖健康示范场快速增加。“十二五”期间，农业部深入开展健康养殖示范场活动，新创建水产健康养殖示范场约4 200家，占已创建的水产健康养殖示范场总数的70%以上，水产养殖示范面积达到45%。通过水产养殖健康示范场的创建，使一大批养殖企业改善了生产条件，规范了养殖流程，提高了管理水平，使养殖户增强了对健康养殖的认知程度和操作技能。三是养殖池塘改造工作稳步推进。针对我国池塘普遍存在老化失修、池底淤泥堆积、进排水渠道不畅通情况，各地大力推进养殖池塘标准化改造工作。截止到2015年年底，上海市共批复水产养殖场标准化改造项目310个，建设总面积达1.23万公顷，总投资达19.2亿元，目前已建成了1.05万公顷(265家)标准化水产养殖场，标准化水产养殖场水产品质量抽检合格率为100%。湖北省2011年下发了《关于实施全省精养鱼池标准化改造的意见》，全面开展精养池塘标准化改造，“十二五”期间，每年安排3 600万元“以奖代补”资金用于支持精养鱼池改造升级，5年完成了超过13万公顷的改造任务，为控制水产养殖污染奠定了基础。四是节电节水减排水产养殖模式得到广泛应用。目前，人工湿地、循环水利用、底排污、鱼菜共生和多营养层次综合养殖等一批节电节水减排养殖技术和模式在各地得到广泛应用。

调查表明，推进水产养殖污染防治工作中仍存在一些问题。如对水产养殖形成污染的认识不一致，管理规定不统一协调，造成池塘标准化建设推进困难；有的污染物控制的法规和标准滞后，亟待改进和完善；一些技术方法不够成熟，难以达到节能减排效果；基层水质监控薄弱，相当一部分养殖场自行检测水质，且多仅关注进水，很少关注排水；一些企业、个体养殖户，被动应对污染。有些养殖场多年清淤一次，清出的淤泥也做不到全部利用，易成为污染源。为此建议：一是应进一步完善相关法律法规和技术标准，加强有关部门沟通合作；二是积极规划水产养殖，建立有效的养殖功能区域；三是加大投入力度，鼓励开展节能环保型养殖技术研发和推广应用；四是激励与限制并举，促进水产养殖方式转向绿色发展。

3.渔业节能减排技术政策研究和宣传得到加强 2016年，通过编印《渔业节能减排通讯》和举办各类渔业节能减排交流培训活动、印发渔业节能减排宣传材料，宣传渔业节能减排政策措施和技术方法等，开展了形式多样的节能减排知识科普宣传、现场技术推广交流活动等40余次，累计发放宣传资料2 000余份，接待科普咨询5 000余次，科普效果显著。广大渔业管理者和从业者对目前节能减排发展状况和国家政策措施有了进一步的理解和认识，节能减排意识增强。

（农业部渔业渔政管理局 郭 薇）

水生生物资源养护与水域生态环境修复

2016年，农业部坚持新的发展理念，全面深入贯彻落实国家生态文明建设有关要求，加强宏观引导和制度建设，不断推进规范管理，扎实做好水生生物资源养护各项工作，为“十三五”渔业健康发展、渔民持续增收和生物多样性保护开好局、起好步提供有力支撑。

1.继续抓好增殖放流，积极修复水域生态 2016年，继续把水生生物增殖放流作为为渔民办的实事之一，抓紧、抓实、抓好。落实好中央财政增殖放流转移支付项目资金3.98亿元，带动全国共投入增殖放流资金9.5亿元；全国共开展水生生物增殖放流活动2 205次，放流重要水生生物苗种和珍稀濒危物种达389.57亿尾(只)，同比增长7.9%，有效促进了渔业资源恢复，实现了渔业增效、渔民增收。

(1)统筹谋划“十三五”增殖放流思路。在系统总结“十二五”增殖放流工作基础上，明确“十三五”增殖放流工作的重点由量转向质，更加注重监管，充分发挥放流的生态效益，并以农业部文件形式下发了《“十三五”水生生物增殖放流工作的指导意见》，指导地方科学谋划、合理布局“十三五”水生生物增殖放流工作。

(2)抓好重大活动组织实施。年初下发《关于报送2016年增殖放流活动计划的函》，组织各省(自治区、直辖市)填报放流计划，形成包括6月6日全国“放鱼日”活动、省部联办增殖放流活动计划等在内的《2016年水生生物增殖放流活动计划》。6月6日，农业部与江苏省人民政府联合举行2016年全国同步增殖放流(主会场)活动，活动期间全国所有省(自治区、直辖市)共设300多个放流点，同步增殖放流各类水生生物苗种共计超过20亿单位。7月5日，与河北省政府联合开展了白洋淀水生生物增殖放流活动，放流水生生物苗种2 000余万尾。于康震副部长出席了以上活动。11月，与农业部长江流域渔政监督管理办公室、上海市政府联合举办“拯救国宝中华鲟、共促长江大保护”增殖放流活动，韩长赋部长、于康震副部长出席。

（3）加强增殖放流规范管理。加强与国家宗教事务局沟通，联合印发《关于进一步规范宗教界水生生物放生（增殖放流）活动的通知》，切实发挥放生的正效应，减少对生态安全的负面影响。科学制定分配标准。根据财政部要求，根据各地区资源禀赋和资源养护工作开展情况，设计资金分配指标系数，确定各省（自治区、直辖市）2016年增殖放流转移支付资金分配方案，使增殖放流资金安排更加科学化。继续支持科研高校等单位在重要江河湖泊和海湾开展增殖放流效果评估，科学评判放流效果和放流行为，为指导放流行为的科学化、规范化提供研究支撑。

2.坚持并不断完善资源养护制度

（1）制定海洋渔业资源总量管理制度。组织开展专题调研，研究制订《海洋渔业资源总量管理制度方案》，先后三次征求沿海各省（自治区、直辖市）渔业主管部门意见，多次专题研究，并征求和充分吸收沿海各省（自治区、直辖市）人民政府以及相关部门意见。

（2）坚持并不断完善伏季休渔制度。年初发布《农业部办公厅关于做好2016年海洋伏季休渔工作的通知》，要求沿海各级渔业主管部门进一步加强领导、落实责任、精心组织、综合治理，坚决落实好伏季休渔制度。年中启动伏季休渔制度完善工作。以统一、延长为主要调整思路，不断修改伏季休渔制度方案，三次征求沿海各省份和香港特区以及国家海警局意见、召开专题座谈会，形成全国一统的伏季休渔方案向全社会征求意见，并派出专家组赴三个海区渔村进行调研。

3.积极推进人工鱼礁和海洋牧场建设 将海洋牧场作为渔业资源修复和休闲渔业发展相结合的重要抓手，作为渔业转方式、调结构的重要方向，从示范区创建、基础研究、规划制定、标准构建、法规支撑、资金支持等多个方面加以推进。

（1）加强海洋牧场的基础性研究和制度建设。组织开展了海洋牧场建设情况书面调研，全面了解沿海各省（自治区、直辖市）人工鱼礁和海洋牧场建设管理情况，包括取得的成效经验、存在的问题，以及下一步工作措施和建议。积极推进海洋牧场管理支撑，委托中国水产科学研究院资环中心编制海洋牧场建设规划。同时，积极推动海洋牧场标准体系建设。

（2）做好国家级海洋牧场示范区创建和资金管理。组织各地做好第二批国家级海洋牧场示范区申报，各地共报送示范区23个，经专家审查，新设立22个国家级海洋牧场示范区，并以农业部公告形式正式对外发布。做好渔业油价补贴政策调整后人工鱼礁建设专项的资金申报、管理培训和实施意见制定等工作。

4.积极推动国家级水产种质资源保护区划定工作

（1）做好第九批国家级水产种质资源保护区面积核实发布。与保护区管理机构进行多次沟通并委托中国水产科学研究院对部分第九批国家级水产种质资源保护区面积范围和功能分区进行实地核实，正式公布第九批国家级水产种质资源保护区面积范围和功能分区。

（2）继续做好水产种质资源保护区划定工作。继续组织申报第十批国家级水产种质资源保护区，7月中下旬在西藏举办保护区申报培训班。新设立国家级水产种质资源保护区31个，并以农业部公告形式正式对外发布。

5.加强渔业水域生态环境保护

（1）积极推动建立健全涉渔工程建设生态补偿机制。参与审查海洋工程环评报告，全年争取到5.31亿元渔业资源生态补偿资金纳入项目环保投资；组织专家对涉及国家级水生生物保护区的工程建设项目专题报告进行审查，要求落实渔业资源生态补偿资金3.96亿元。

（2）组织开展渔业生态环境监测。编制完成《中国渔业生态环境状况公报（2015）》，并以农业部、环境保护部联合发布的形式对外公布。制订2016年渔业生态环境监测方案，组织全国渔业生态环境监测网成员单位，对海洋和内陆重要天然渔业水域和养殖水域环境状况进行监测。

（农业部渔业渔政管理局　吴珊珊）

水生野生动植物保护与管理

1.做好法律修订及后续宣传贯彻工作 与国家林业局一道，配合全国人民代表大会环境与资源保护委员会做好《野生动物保护法》修订工作，积极参与立法评估、条文修改等工作。新的《野生动物保护法》将于2017年1月1日起正式实施，根据新法要求，共需制定12项配套法规、制度、规范。目前，已经组织重新修改或制定了《水生野生动物保护实施条例》《水生野生动物利用特许办法》等7项配套法规，并开始征求意见；剩余5项也将尽快启动研究工作。配合全国人大撰写了《野生动物保护法解读》《野生动物保护法常见问题》等宣传贯彻读物，以帮助社会各界更好地理解新法。

2.水生生物类自然保护区建设与管理

（1）参与组织国际生物多样性日暨中国自然保护区发展60周年大会。2016年是中国自然保护区发展60周年，环境保护部联合农业部等七部委组织召开了国际生物多样性日暨中国自然保护区发展60周年大会，全国政协副主席韩启德出席，会上对全国自然保护区先进集体和先进个人进行了通报表扬，水生方面有2个先进集体、5个先进个人受表彰。

（2）推动水生生物自然保护区创建。联合环境保护部致函广东省人民政府，敦促将湛江雷州湾中华白海豚自然保护区由市级升为省级；组织陕西省对陕西丹江武关河国家级自然保护区申报面积存在差异进行了说明，推动国务院新公布陕西丹江武关河和陕西黑河两个国家级水生生物自然保护区，使国家级水生生物自然保护区数量达到25个。

（3）组织水生生物自然保护区考核，提升保护区管护水平。组织开展2016年度水生生物自然保护区考核工作，对国家级自然保护区考核结果进行通报，督促各自然保护区切实提高管护水平。

（4）开展管理培训，加强保护区管理能力建设。举办水生生物自然保护区管理考核工作培训班，对2015年度保护区管理工作考核结果进行通报，对考核结果中各分项赋分数值和具体依据进行了解读，对管理考核工作中涉及的具有代表性的问题进行了辅导和解答，指导各保护区管理机构利用考核系统加强对保护区的保护管理。

3. 加强重点物种的保护和规范管理

（1）联手加强加利福尼亚湾石首鱼的保护。针对部分淘宝商户出售金钱鳘鱼胶、金钱肚等敏感制品的现象，与阿里巴巴进行沟通，要求其对有关情况进行调查整顿，将相关产品全部下架。在中美战略与经济对话、CITES等多个国际平台与美、墨双方进行多次交流，探讨合作空间。12月1日，与国家林业局濒危物种进出口管理办公室、国家工商行政管理总局市场司在广州联合举办加利福尼亚湾石首鱼培训，邀请有关专家针对鱼鳔鉴定技术等内容对渔政、工商、海关、海警等一线执法人员进行培训；美国鱼类与野生动物管理局、墨西哥联邦环境署以及中国香港特别行政区渔农自然护理署的代表到会分享有关情况，并就执法监管、出入境管理、信息分享等议题进行了广泛交流。

（2）进一步规范红珊瑚管理。针对目前国内红珊瑚管理工作存在的实际问题，组织召开红珊瑚管理工作座谈会，邀请海关总署、国家海警局、国家濒管办、北京市渔政和有关协会代表，就目前各领域内红珊瑚管理工作存在的实际问题进行交流，并研究确定下一步工作重点。

（3）研究启动中华白海豚保护行动计划。在厦门召开中华白海豚人工繁育技术研讨会，邀请有关专家、保护区和相关省（市）渔业主管部门对中华白海豚保护、繁育、救助及科研工作进行研讨交流。与环境保护部联合致函广东省人民政府，敦促尽快将湛江雷州湾中华白海豚保护区由市级升为省级，以强化中华白海豚栖息地的保护。组织编制了《中华白海豚保护行动计划（2017—2026年）》，并安排财政专项启动三年实施方案，已正式对外发布行动计划，以进一步加强对中华白海豚的保护。

（4）推动实施欧洲鳗鲡的溯源管理。联合国家濒管办、中国渔业协会鳗业工作委员会研究制定《欧洲鳗鲡溯源管理实施办法（试行）》，对欧鳗苗进口、养殖、加工及再出口等各环节实施严格的溯源管理措施。

（5）做好鲨鱼蝠鲼的应急处置和履约应对工作。针对2016年上半年先后有媒体报道海南三亚水产码头销售路氏双髻鲨和广西北海捕杀鲸鲨的消息，第一时间责成有关渔业主管部门进行调查处理。针对在CITES第17届缔约国大会上新通过的将4种鲨鱼和7种蝠鲼新列入附录II的决议，于12月初委托水产流通加工协会开展相关培训，并于明年开展相关产品库存核查。

（6）组织鲟鱼产业应对外部环境条件变化。积极应对美方拟将15种鲟鱼列入濒危物种法案一事，开展人工养殖鲟鱼子酱出口美国专题研讨会，并加强与美方的沟通协调，尽可能减少对我国鲟鱼产业的影响。对2015年委托中国野生动物保护协会水生野生动物保护分会开展的国内鲟鱼产业调研结果进行分析，研究确定下一步工作计划。

4. 加强履约及对外交流合作 派员参加CITES第66届常委会和第17届缔约国大会，负责鲨鱼和蝠鲼、加利福尼亚湾石首鱼保护、海上引进、苏眉鱼、鲟鳇鱼鱼子酱管理、淡水龟类等相关重点议题的对案制定和大会应对，通过主动沟通，加强交流，基本达到预期目的。将加利福尼亚湾石首鱼、海龟等重点议题列入中美战略与经济对话框架，加强中美就有关工作的合作。同时，为做好水生野生动物CITES履约管理和执法相关工作，加强CITES附录物种管理和保护，组织开展CITES履约执法培训班，邀请有关专家向渔政、海关、工商等基层执法人员培训各类CITES附录水生物种的快速鉴别方法，帮助他们更好地开展基层执法工作。针对IUCN2016年世界自然保护大会中鳗鲡、小头鼠海豚等与我国密切相关的重要议题提出我方意见。

5. 加强水生野生动物保护宣传 10～11月，农业部联合各地渔业行政主管部门举办了第七届全国水生野生动物保护宣传月活动。本次宣传月主题为“关爱水生动物,共建和谐家园"。各地水族馆、水生生物自然保护区、水生野生动物救护中心、海洋珍稀濒危野生动物救护网络和长江豚类保护网络成员共100余家单位承办了此次活动,世界自然基金会、野生救援、阿拉善SEE生态协会、可口可乐中国、北京绿水馨亭文化发展有限公司、武汉影像自然环保服务中心参与协办。宣传月期间,各地通过深入基层、走进"四区"(社区、学区、渔区和景区)等多种形式,广泛宣传水生野生动物保护知识及相关法律法规。

制作《南海保护水生物种宣传挂图》并组织宣传,完成纪录片《中华鲟》并组织播放。继续请水生野生动物保护形象大使濮存昕、刘国梁拍摄公益形象广告并进行发放,并通过微博、微信等自媒体开展水生野生动物保护公益宣传。

6.做好水生野生动植物行政审批和规范管理

(1)根据党中央、国务院和农业部关于精简行政审批的相关要求和部行政审批工作的部署,对有关行政审批事项(共7项)进行了全面梳理,进一步优化了审批环节、精简了申请材料,以切实提高行政审批效率和便民服务水平。

(2)认真开展行政审批,未发生违规审批和超期审批等问题。截止到11月11日,共办理水生野生动物及其产品行政审批事项714批次,其中经营利用类261批次、驯养繁殖类35批次、进出口审批417批次、捕捉审批1批次。

(3)做好水族馆规范管理工作。根据《关于进一步加强海洋馆和水族馆等场馆水生野生动物特许利用管理的通知》要求,组织专家对申报单位的材料及现场进行审查,截止到11月底,收到申报材料26份,通过评审17家。

7.组织水生野生动物相关培训

(1)举办全国水生野生动物保护宣传工作培训班。3月1日和9月20日,分别在北京、南京举办了全国水生野生动物保护宣传工作培训班,来自全国各省渔政主管单位、保护区、救治中心及水族馆等相关单位主管宣传工作的代表参加了培训。培训邀请《人民日报》社会版副主编熊建就"如何利用新媒体进行宣传策划"为题进行了讲座。培训还就2016年水生野生动物保护科普宣传月主题、内容、形式及相关问题等进行了广泛交流和深度探讨,代表提出了很多意见和建议。

(2)举办水生哺乳动物信息管理培训班。5月在山东青岛举办了《水生哺乳动物管理系统》培训班,共有来自60余家水族馆的100多人参加了培训。截止到12月底,管理系统共有103家水族馆进行了网上注册,其中55家完成了信息申报。

(3)举办水族馆标准培训班。5月18日在山东青岛举办了水族馆标准培训,培训班邀请标准编写专家张先锋、丁宏伟就《水生哺乳动物谱系记录规范》《水生哺乳动物饲养设施要求》《水族馆术语》《水族馆水生哺乳动物饲养水质》标准进行了详细解读;来自全国渔业行政主管部门和水族馆的代表100余人参加了培训。

(4)举办养殖大鲵及其产品标识管理系统培训班。5月、9月,先后在湖南张家界和陕西西安举办了两期《养殖大鲵及其产品标识管理系统培训班》,参加培训的包括全国范围内的渔业行政管理部门和大鲵养殖企业(养殖户),人数超过200人。

(5)举办水生野生动物分会通讯员培训班。7月18~21日,在银川举办第八届水生野生动物分会通讯员培训班,来自会员单位50余名通讯员参加了培训。分会邀请新华社高级记者张宝瑞、《长江日报》社高级记者高宝燕分别进行了新闻写作和摄影知识专题讲座,会上对评选出的9名优秀通讯员进行了表彰和奖励。

(6)举办鲟鱼养护培训班。9月8日,在海口举办了鲟鱼养护培训班。有关省级渔业主管部门和鲟鱼养殖加工企业代表共计70余人参与了培训活动。培训班对2015年全国鲟鱼驯养繁殖与利用调查情况、新的《野生动物保护法》、鲟鱼及其产品进出口管理及国际贸易规则、人工养殖鲟的疫病及其科学防控问题进行了专题讲座。

(7)举办鲟鳇鱼鱼子酱产品出口标识管理培训班。10月21日,在北京举办了鲟鳇鱼鱼子酱产品出口标识管理培训班。来自各有关省、直辖市渔业主管部门和鲟鱼养殖加工企业代表共计40余人参加了此次培训。国家濒危物种进出口管理办公室对CITES鲟鳇鱼鱼子酱出口标识的管理与运行作了专题讲座;系统设计开发单位上海峻鼎渔业科技有限公司相关技术人员也对标识打印软件功能及填报注意事项做了详细讲解,鲟鳇鱼子酱出口标识打印系统正式启用并实施。

(农业部渔业渔政管理局　吴珊珊)

周边渔业协定执行情况

【中日渔业协定】 2016年是《中日渔业协定》实施的第17年。经过中日双方共同努力,协定水域海上作业秩序稳定,协定执行情况总体良好。

根据2015年7月中日渔业联合委员会第十六次会议纪要的规定,2015年度日方许可我入渔渔船数量为拖网 240 艘(实际日方批准 238 艘)、鱿钓 55 艘(实际日方批准 44 艘),渔获配额分别为 5 200 吨、4 141 吨,作业时期为“2015 年 6 月 1 日至 2016 年 5 月 31 日”,中方底拖网船、鱿钓船实际入渔船数和捕捞产量均未达到批准数。2015 年我方许可日方入渔船数总计 298 艘,实际日方没有渔船入渔。在中日暂定措施水域,2014 年度中方在暂定措施水域作业的渔船数量和渔获量要控制在 175 00 艘、166.24 万吨之内,中方实际向日方通报船名号 16 176 艘。

根据双方商定,2016 年中日渔业执法工作会谈于 10 月 12 ~ 13 日在福建福州举行,双方就中日渔业协定水域执法情况回顾与评价、防止渔船违规作业以及其他问题进行了会谈。第 14 次中日海洋生物资源专家小组会谈在日本长崎举行,双方就中日暂定措施水域的渔业资源状况、带鱼和鲐鱼的资源状况,以及鲹类的资源动态等议题展开了双边交流,并就进一步加强带鱼和鲐鱼类等的研究、继续实施日本鲭种群共同研究达成共识。

2016 年 11 月 24 日,中日双方在福建厦门签署了中日第十七次渔业联合委员会会谈纪要。根据 2015 年的谈判结果,拖网作业规模保持两年不变,为此 2016 年 6 月 1 日至 2017 年 5 月 31 日我拖网渔船入渔规模仍为 240 艘、渔获配额 5 200 吨,1 月 1 日至 2 月 20 日为禁止作业期。鱿钓渔船 47 艘、辅助船 3 艘、渔获配额 3 520 吨,作业时间 2016 年 10 月 1 日至 12 月 31 日。在中日暂定措施水域,我国渔船数量和渔获量需分别控制在 17 307 艘、164.4 万吨以内。日本渔船控制在 800 艘、10.9 万吨以内。

【中韩渔业协定】 2016 年是《中韩渔业协定》实施的第 16 年。受朝鲜半岛复杂局势影响,中韩外交合作面临困难。为维护黄海作业秩序稳定,保障双方渔民合法入渔,中韩双方渔业主管部门共同努力,推动协定继续有效实施。

根据 2015 年 10 月 30 日中韩渔业联合委员会第十五届年会纪要的规定, 2016 年许可对方渔船到本国水域作业的渔船分别为 1 600 艘,捕捞配额分别为 6 万吨;中方一般渔获物运输船 58 艘,韩方 13 艘。为加强海上执法检查,根据渔委会的规定,中韩海上执法机关继续按计划开展暂定措施水域联合巡航(3 月 18 ~ 24 日、7 月 23 ~ 27 日、9 月 21 ~ 27 日),双方共同克服恶劣海况,加强沟通交流,密切协作配合,较好地完成了联合巡航任务。同时,继续开展执法公务员互换乘船交流活动(5 月 11 ~ 15 日),原定 10 月举行的第 2 次互换乘船交流活动因故取消。

2016 年 4 月,应韩方提议并经友好协商,中韩双方工作层就违规渔船担保金、模范船制度及运输船定点检查制度进行了磋商。经协商,2016 年度中韩渔业执法工作会谈于 2016 年 7 月在中国大连举行,双方就维护中韩渔业协定水域作业秩序、禁止安装妨碍登临检查设施、渔业执法交流合作、渔委会委托事项等进行讨论并签署了纪要。2016 年 6 月,第十三次中韩海洋生物资源专家组会谈在中国郑州召开,双方就编写并交换鲐鱼资源状况及动态分析报告书、渔获报告对象鱼种调整实施情况评估、鱿鱼配额管理制度扩大实施可行性、设定美鳐作业保护区、合法围网渔具认定等事项进行讨论并签署了纪要。

进入 2016 年第四季度后,由于发生了韩方海警暴力执法致我渔船失火后 3 名渔民死亡、韩方海警执法艇被撞沉没等重大涉外事件,韩方海上执法活动日趋严厉并开始使用班组武器。2016 年中韩渔委会谈判由此一波三折,一度中断。最终,在异常艰难的情况下,双方经过激烈谈判,在最后一刻方达成共识。2016 年 12 月 29 日,中韩双方在北京签署了中韩渔业联合委员会第十六届年会会议纪要。根据纪要,2017 年各自许可对方渔船到本国水域作业的渔船为 1 540 艘,捕捞配额为 5.775 万吨;中方一般渔获物运输船 58 艘,韩方 10 艘。

【中越北部湾渔业合作协定】 2016 年是《中越北部湾渔业合作协定》实施的第 13 年。经过中越双方共同努力,北部湾渔业生产秩序基本稳定,渔业生产稳步发展,协定执行情况总体良好。

根据 2015 年 9 月中越北部湾渔业联合委员会第十二届年会达成的共识,2015—2016 年度中越双方各自入渔规模均为渔船 1 393 艘,功率 140 318 千瓦。执行日期为 2015 年 12 月 1 日至 2016 年 11 月 30 日。协定执行过程中,双方作业渔船基本遵守协定有关规定,悬挂有效标志牌,凭捕捞许可证生产,渔业生产秩序良好。双方渔民实际申请进入共同渔区对方一侧水域船数和渔船总功率均未达到纪要限制数。

2016 年 4 月 19 ~ 23 日,中越北部湾共同渔区海上联合检查行动在双方共同努力下成功举行。本次行动由中国海警局牵头开展,越南海警司令部配合,由中国海警南海分局和越南海警一区具体实施。期间,双方共观察记录渔船 112 艘次,其中中方渔船 42 艘、越方渔船 70 艘,共同登临检查了中方、越方渔船各 1 艘,未发现违法违规作业行为。

2016 年 6 月 28 日至 7 月 1 日,中越北部湾渔业联合委员会渔业资源专家组第 17 次会议在越南河内举行。双方讨论确定了"中越北部湾共同渔区渔业资源联合调查第四阶段(2014—2016)总结报告"的编写方案,交换了联合调查航次的调查资料、交流了联合调查航次执行情况和结果。联合调查结果反映出北部湾共同渔区的渔业资源,不管是鱼类的数量和质量都在继续衰退。双方专家建议2016—2017年度继续降低捕捞强度,渔船总数应在2015—2016年的基础上减少10%,并采取伏季休渔等渔业资源养护措施,继续开展联合调查。经各自政府批准,双方资源专家组开展了北部湾共同渔区(2014—2016年)第四阶段资源调查。

2016年9月6~8日,中越北部湾渔业联合委员会第十三届年会及筹备会于在越南胡志明市举行。双方根据资源专家组的建议,就2016—2017年度北部湾共同渔区渔船作业指标进行了协商并达成一致,签署了会议纪要。根据纪要规定,2016—2017年允许进入北部湾共同渔区己方一侧水域的对方作业渔船数量和马力数分别为1 254艘和126 286千瓦。在共同渔区作业渔船功率数总体不变的前提下,授权资源专家组对单船作业功率范围从44.1~294.2千瓦调整到44.1~441.3千瓦这一方案的可行性进行研究评估,并向两国渔委会报告。根据评估结果,双方将在第十四届年会上讨论调整单船作业功率问题。越方起草并向主管部门报告在共同渔区越方一侧的休渔方案。

(*农业部渔业渔政管理局　孙海文*)

渔情统计监测与渔业信息化

【渔情统计监测】　渔情监测统计工作承担着客观描述渔业生产状况、及时监测渔业经济运行态势、准确揭示渔业发展规律的重要职责,是渔业管理的一项基础性、根本性工作。2016年是"十三五"规划的开局之年,全国各级渔业部门和广大渔情监测统计工作者紧紧围绕农业部关于加快渔业转方式调结构的决策部署,积极适应经济发展新常态、把握渔业发展的新动向,以提高数据质量为核心,创新方法制度,改革机制手段,锐意进取,各项工作取得明显成效。

1.渔情监测统计工作规范化建设取得新进展　2016年,农业部渔业渔政管理局制定出台《渔业统计技术规范》,推动渔业统计工作向规范化、标准化、精细化方向转变,为进一步提高统计数据质量奠定基础条件。适应渔业新产业、新业态、新模式发展变化和统计需求,开展休闲渔业发展监测指标体系研究,建立休闲渔业发展监测报表制度,为规范科学开展休闲渔业发展监测工作提供了重要支撑。启动了我国与联合国粮农组织(FAO)渔业统计指标体系比对研究,积极推动我国渔业统计工作与国际接轨。多数省(自治区、直辖市)渔业主管部门按照统计数据全过程质量控制要求,严格执行统计数据岗位责任制度、专家会商制度和数据联审制度,加大基础数据质量审核、评估力度,努力确保数据质量。

2.渔情监测统计调查能力实现新提升　渔民家庭收支调查首次正式使用发布抽样调查结果,真正做到了数出有源、数变有据。内陆捕捞抽样调查试点工作稳步推进,工作机制进一步完善。全国海洋捕捞抽样调查试点工作在浙江省海洋与渔业局的大力支持下正式启动,为实施全国海洋捕捞抽样调查积累经验。养殖渔情动态采集系统在全国200个定点县建立了747个采集点,及时跟踪收集养殖生产状况、成本及收益信息。海洋捕捞渔情动态采集系统在我国沿海11个省(自治区、直辖市)确立了251条信息渔船及数千艘面上调查渔船,实时了解捕捞生产和资源变化情况。这些动态采集系统的建立,拓展了渔情监测统计的信息采集范围,提升了数据分析服务功能,促进了渔情监测统计从单纯静态统计向静态收集和动态分析相结合方式转变。

3.渔情监测统计队伍素质能力得到新提高　全国各级专职和兼职渔业统计人员增加至8 219名,养殖渔情和海洋捕捞渔情动态信息采集人员达到700多名,初步形式了一支覆盖面广、布局合理的渔情监测统计队伍。为进一步提高队伍素质能力,全年共举办全国性基层渔情监测统计人员培训班5期,培训学员470人次,22个省级渔业主管部门举办了辖区内渔业统计人员培训班,既提升了监测统计人员的业务水平,又强化了做好渔情监测统计工作的法律意识与责任意识。

4.各地渔情监测统计工作取得新成绩　2016年,各省级渔业主管部门不断加强对渔情监测统计工作的组织领导,在人力、财力、物力保障方面给予积极支持,在实际工作中探索出很多好做法。全国水产技术推广总站、中国水产学会在组织渔情监测统计工作、构建现代渔业统计调查体系方面锐意进取、工作扎实、推动有力;江苏省海洋与渔业局、宁夏回族自治区农牧厅渔业渔政管理局等单位在渔业全面统计工作中表现突出;湖南省畜牧水产局、湖北省水产局等单位在推进内陆捕捞渔业统计抽样调查试点上工作成效明显;辽宁省水产技术推广总站、四川省水产技术推广总站等单位和浙江省海洋与渔业局等单位推进养殖渔情监测工作措施得力。全国水产技术推广总站、中国水产学会等

29 家单位受到通报表扬。

（农业部渔业渔政管理局 王 莎 赵文武）

【渔业信息化】 2016 年，渔业信息化工作紧紧围绕推进渔业转方式调结构和供给侧结构性改革的中心任务，运用系统、高效的信息化思维理念和技术手段，积极提高渔业信息化工作对现代渔业建设和产业发展需求的灵活性和适应性，加强顶层设计，创新改造传统渔业生产、经营、管理和服务方式、理念，拓宽信息服务领域，消除信息孤岛，增强服务能力，为实现现代渔业减量增收、提质增效、绿色发展、富裕渔民的发展目标发挥了重要作用。

1. 理清渔业信息化工作思路 2016 年初，农业部渔业渔政管理局向农业部领导呈报了《关于推进渔业信息化建设工作有关情况的报告》的请示，梳理了渔业信息化工作现状、存在问题，明确了渔业信息化推进原则和推进步骤，提出了重点工作方向。在发展方向上，报告明确提出，渔业公共管理领域信息化将以政府或部门为主导，加大财政资金扶持力度；生产经营领域信息化则充分发挥生产经营主体的积极性和创造性，政府在顶层设计、规划、标准规范等方面予以引导和服务。农业部领导高度肯定渔业信息化工作，并批示"渔业转型升级，信息化要先行，要充分利用油补机制和资金突破难题瓶颈；同时，要以渔业信息化带动现代化和国际化，抓好落实，出经验上水平"。

2. 加强渔业信息化顶层设计 按照"顶层设计、省部协同、资源整合、信息共享"的思路，以农业部文件形式印发《农业部关于加快推进渔业信息化建设的意见》，对"十三五"期间渔业信息化建设的工作原则、重点任务和保障措施等方面做出部署。在广州召开首次全国渔业信息化现场会，研究部署了加快推进渔业信息化建设，推动渔业转型升级发展各项工作。

3. 强化渔业信息资源共享机制 中国渔政管理指挥系统在功能上实现了渔船管理从中央到县级在同一平台办理业务，从建造申请到最终发证全过程在线完成。按照农业部的整体部署，2016 年系统开发完成数据接口，并顺利完成与农业部办公厅行政审批、最高人民法院、各省渔业主管部门的数据交换。

为规范各省渔船渔港动态监控管理系统建设，提高数据信息交互能力，在总结各地系统建设的基础上，组织相关技术单位制定《渔船渔港动态监控管理系统平台技术规范》，并选取部分省份搭建系统测试验证平台，进行对接实际验证，消除信息孤岛，推动资源共享。

对当前现有的渔业各类信息化系统进行了优化整合和资源共享，构建了国家渔业大数据平台的雏形，提升了信息化管理服务能力。

4. 推进海洋渔船渔港动态监控系统建设 国内渔业油价补贴政策调整将海洋渔船渔港动态监管系统建设纳入支持范围，为此，农业部渔业渔政管理局一方面将组织沿海各省渔业部门做好省级系统建设工作；另一方面，组织沿海各省渔业部门和有关单位，建立健全数据交换共享机制，加强资源整合和信息共享，发挥出"国家渔业数据中心"的作用，构建起业务综合、标准统一、上下贯通、开放高效的渔业渔政管理信息化综合平台。

沿海各省渔业主管部门结合本地区实际需求，围绕渔船渔港动态监控、渔船遇险预警、应急指挥协调和安全救助网络等业务建设了一批渔船监管系统与渔业综合信息化业务平台，初步实现了"船员网络化、渔船信息化、渔港现代化"的建设目标，有效地履行了渔业精细管理与安全监督应急方面的职能，为规范渔业生产秩序、确保渔民生命财产安全发挥了重要作用，为推动全国渔业管理业务精细化、规范化、流程化和科学化管理打下了坚实基础。

各地海洋渔船渔港信息化管理基础设施进一步完善。据统计，截止到 2016 年年底，全国建立了 14 座渔业短波岸台，78 座超短波岸台，15 座省级渔船船位监测中心，30 座渔业 AIS 基站，59 座渔港视频监控分中心；共有 6 万多艘海洋渔船配备了短波电台，17 万艘配备了超短波渔用对讲机，近 6 万艘配备北斗卫星船载终端设备，5.9 万艘配备 AIS 船载终端设备，12 万艘配备 CDMA 公众移动通信设备，为各地区海洋渔业安全生产和开展渔业信息化、精细化管理提供了基础设施保障。

5. 各地渔业信息化工作亮点纷呈 总的来看，当前各地渔业信息化建设既有利用信息技术提高管理效率、提升管理水平的功能，也有借力智能信息技术推动高效绿色水产养殖、促进市场营销的水产品电子商务方面的作用，还有监测渔业生产、经营运行及管理调度的"大渔情"。广东省的渔业综合信息管理平台、浙江省的大数据助推渔业安全生产管理平台、山东省海洋与渔业应用集成平台（特别是海洋牧场水下监控系统和水产品电商平台）、四川省的智能高效水产养殖系统、江苏省的渔业科技服务管理平台建设都取得明显进展。湖南省成立专门渔业信息化管理机构，打造了数字渔业信息平台，一张电子地图看遍全省水产养殖；辽宁省的兴城多宝鱼二维码，给活鱼发"身份证"，不仅可以查看生产信息，连运输车的车牌号码和司机姓名都记录在案；青海的三文鱼通过电商渠道，从龙洋峡出水到广州消费者的餐桌，全程不超过 24 小时，而从国外进口大概需要一周的时间，信息化技术手段既充分显现了竞争优势，又打开了产品销路、创立了品牌，为提高渔业生产经营效率和管理服务能力发挥了重要作用。

（农业部渔业渔政管理局 郭 毅）

渔 政 执 法

2016 年，农业部渔业渔政管理局坚决贯彻落实《中共中央关于全面推进依法全面治国若干重大问题的决定》《法治政府建设纲要（2015—2020 年）》等文件精神，紧紧围绕《农业部关于做好 2016 年农业农村经济工作的意见》《2016 年渔业渔政工作要点》中确定的重点工作，加强顶层设计，积极开拓进取，狠抓工作落实，组织开展全国渔政执法重大专项行动，狠抓渔业行政执法人员持证上岗和资格管理，统筹推动渔业行政执法队伍规范化建设，有力配合中央有关部门维护国家主权和海洋权益。

【涉渔“三无”船舶清理取缔】 2014 年以来，在中央有关部门的统一领导下，沿海省（自治区、直辖市）渔业渔政部门积极组织开展涉渔“三无”船舶清理取缔。2016 年，在清理取缔取得阶段性成绩的基础上，农业部渔业渔政管理局积极部署、完善措施、强化督导、促进行政司法衔接，持续推动清理取缔工作深入开展。截止到 2016 年底，累计取缔涉渔“三无”船舶 23 081 艘，营造了全面打击涉渔“三无”船舶的良好社会氛围，有效震慑了海洋涉渔违法犯罪分子，为进一步加强渔船管理、维护海上渔业生产秩序打下了坚实的基础。

1. 加强部门协调，细化工作部署 为了加大工作力度，协调中央有关部门向沿海地方党委、政府和有关部门发出通知，明确要求保持高压态势，继续深入推进清理取缔涉渔“三无”船舶工作，要求在巩固 2015 年工作成果的基础上，创新思路，强化措施，继续扎实深入实施涉渔“三无”船舶的清理取缔。为了深入开展清理取缔工作，以农业部电报形式及时向沿海渔业主管厅（局）细化工作部署，要求沿海各地渔业部门进一步提高认识、明确定位，在地方党委政府的统一领导下，继续深入推进涉渔“三无”船舶专项整治，抓好年度专项整治行动工作部署，制定完善相关配套政策措施，强化工作督导与考核，并积极做好宣传引导。

2. 强化责任落实，实地督查督导 根据农业部领导要求，派出工作组督导辽宁丹东涉渔“三无”船舶清理取缔工作情况，要求丹东市严格贯彻落实中央和农业部通知精神，逐条核查被抓扣的违法违规渔船，一旦认定为涉渔“三无”船舶，坚决清理取缔。根据年初工作总体部署，组织专项督察，要求沿海省级渔业行政主管厅局分管领导任督察组组长，厅局内设有关处室负责人和省级渔政监督管理机构相关负责人任督察组成员，通过座谈交流、查阅台账、实地走访等方式对辖区内至少 2 个沿海渔业重点地市，每个地市至少 2 各县区，每个县区至少两个乡镇清理取缔涉渔“三无”船舶情况进行实地督察，重点督察清理取缔行动的部署实施情况、配套政策措施的建立完善情况、督导考核工作的推动落实情况和取缔进展信息的公开上报情况。各督察组在督察结束后上报了督察报告和打分表。通过督察，掌握了清理取缔具体情况，对清理取缔起到了切实推动作用。

3. 注重依法行政，推动出台涉海司法解释 在沿海严厉打击涉渔“三无”船舶过程中，农业部渔业渔政管理局针对地方集中反映的有关涉渔“三无”船舶没收法律依据不足、不清，特别是操作性不强等问题，做了大量基础性调研工作。在 2015 年工作基础上，全力配合、协调和推动最高人民法院尽快出台涉海司法解释。积极配合最高法开展涉海司法解释发布前期准备工作，包括录制焦点访谈节目、提供发布会宣传材料等。该司法解释的出台填补了涉渔司法解释的空白，为涉渔“三无”船舶清理取缔工作提供了强有力的司法保障，极大促进了涉渔“三无”船舶清理取缔工作。涉渔司法解释出台后，第一时间在《农民日报》、农业部网站等发布《农业部有关负责人就涉海司法解释答记者问》，系统梳理了涉渔司法解释对强化渔业行政执法工作的重要作用和意义以及对涉渔“三无”船舶清理取缔等具体工作的极大推动作用。组织沿海渔业主管部门及其所属的渔政监督管理机构人员参加在贵州遵义、福建厦门、福建福州举办的三期涉渔司法解释培训班，专门邀请最高法的起草专家到场为学员详细讲解司法解释出台的背景、具体条款的含义以及其中蕴含的法学原理，地方对此反响热烈。

【黄河上游省际联合执法行动】 为加强渔业行政执法队伍规范化建设，充分发挥黄河上游渔业行政执法合力，坚持严格规范公正文明执法，组织青海、四川、甘肃三省在黄河青海、四川、甘肃段开展联合执法及交叉督察，严厉打击非法捕捞活动，共同保护母亲河。

1. 做好顶层设计，强化组织领导 6 月下旬，下发了《关于开展黄河青海、四川、甘肃段渔业行政联合执法及交叉督察工作的通知》，要求加强对联合执法工作的领导，主要领导亲自过问，分管领导直接负责，精心组织实施，确保取得实效；参加联合执法的一线执法队伍要坚持严格规范公正文明执法，积极开展交叉督察，相互学习、相互促进；加强执法监督，做到法定职责必须为、法无授权不可为。甘肃、青海、四川省渔业行政主管厅（局）按照要求，制定了工作实施方案，成立了领导小组，同时明确了行动的时间安排、执法重点、执法区域和工作要求。

2. 突出宣传效应，营造良好氛围 7月，农业部渔业渔政管理局和甘肃、青海、四川省渔业主管厅（局）在甘肃兰州黄河亲水平台共同举办了联合执法督察行动启动仪式。农业部派员出席启动仪式。三省110多名渔业行政执法人员参加了启动仪式。联合执法督察行动过程中，督察组沿途组织开展了10次大型宣传活动，悬挂横幅20条，散发宣传材料5 000余份。通过广泛的宣传报道，此次行动引起了社会各界的广泛高度关注，营造了依法治渔的良好社会氛围。

3. 强化执法检查，震慑非法行为 本次行动累计出动执法人员137人次、执法车船32台（艘）次，行程4 000余公里，途径三省7个市（州）和16个县（市、区），平均海拔超过3 200米。参加行动的渔业行政执法人员克服无路行、路难行、强烈高原反应等困难，对非法捕捞活动猖獗水域、共管水域、交叉水域及执法盲点水域进行了拉网式的执法检查，查处了多起非法捕捞案件，依法处理非法捕捞人员6名，没收大型非法捕捞网具13张，没收并放生了非法捕捞的珍惜保护鱼类，有力震慑了黄河上游非法捕捞行为。联合执法督察行动过程中，执法督察组与黄河上游相关渔业部门、农牧民群众召开座谈会10次，就探索建立健全黄河流域渔业资源保护联合执法长效机制、促进黄河流域渔业资源的可持续发展，广泛听取了各方面的意见建议。本次联合执法督察工作中，同时开展了增殖放流活动，向青海湖放流10～15厘米体长规格的青海湖裸鲤5 000尾。

4. 加大督察力度，规范执法行为 本次行动先后督察了10余家基层渔业行政执法单位。主要督察了渔业行政执法队伍建设情况、禁渔管理和渔业行政执法工作开展情况、黄河上游特有鱼类国家级水产种质资源保护区建设和管理情况。针对督察过程中发现的问题，联合执法督察组开展了一线执法人员执法技能培训，结合具体案件进行了适用法律法规、执法程序、案卷制作等方面的讲解，提升了基层渔业行政执法人员业务水平和执法能力。

【渔业行政执法人员培训和资格管理】 为贯彻落实中央对行政执法人员持证上岗和资格管理提出的明确要求，按照农业部2016年1号文件和2016年渔业渔政工作要点的总体部署，重点加强渔政执法人员资格管理，全面实行渔政人员持证上岗和资格管理制度。

1. 印发《渔业行政执法人员执法资格考试大纲》 为进一步规范各地执法资格考试工作，提高执法资格考试的严肃性、规范性和统一性，提升渔业行政执法人员的素质和能力水平，农业部渔业渔政管理局积极开展了《渔业行政执法人员执法资格考试大纲》研究制定工作，并于6月27日以农业部办公厅文正式发布，填补了渔业行政执法资格考试工作的空白。《大纲》对渔政人员执法资格考试有关内容进行了规定：一是明确了考试的性质。渔政人员执法资格考试是从事渔政执法工作的基本级考试，所有从事渔政执法工作的人员均须参加执法资格考试。二是明确了考试内容。考试内容包括法律基础知识、现行渔业相关法律规定和职业道德。三是明确规定了考试的组织形式。进一步提高了渔业行政执法人员执法资格考试的规范化程度。

2. 严格组织考试命题工作 一是牵头成立考试命题工作小组。命题工作小组成员包括北京大学、上海海洋大学等高校教授、有关省、市级渔业行政执法部门业务骨干、部属单位业务骨干等相关专家。二是详细部署命题工作。召开资格考试命题研讨会，就考试命题原则、考试重点、难易尺度、知识点考察形式、职责分工等事项进行了深入研讨，并就下步工作进行安排。三是研究形成2016年度试卷及备用试卷。工作小组成员依据《大纲》拟定了2016年渔业行政执法人员执法资格考试试题、参考答案和评分标准（共5套平行考题），农业部渔业渔政管理局组织考试命题工作小组专家对5套试题、参考答案和评分标准进行了修改审定，确定了2016年度试卷及备用试卷。四是加强出题保密工作。整个过程中，命题工作小组严格遵守有关保密规定，并与相关参与人签订了保密承诺书。

3. 组织开展渔业行政执法资格统一考试试点 一是在江苏、天津、吉林、广东和海南5省、直辖市开展全国第一轮统一考试试点。采用高考考场、全程录像、农业部派出巡视人员等一系列措施严格考务工作。10月下旬，农业部副部长于康震亲赴江苏南京考场宣布开考并指出，渔政人员执法资格统一考试是进一步提升渔业行政执法人员执法能力水平，实现严格规范公正文明执法的重要举措，是“中国渔政”近60年发展史上的具有重要影响力的大事，标志着“中国渔政”在队伍法治化、正规化、专业化建设上迈上了新台阶、开启了新篇章。二是在天津、吉林、广东和海南4省（直辖市)开展全国第二轮统一考试试点。农业部渔业渔政管理局下发通知,严密考务安排、严肃考试纪律。11月上旬,第二轮统一考试在4省市启动,农业部渔业渔政管理局派出4个巡视组进行考试巡视。巡视组、监考人员认真履行工作职责,严肃考场纪律,严肃处理作弊人员。三是严密组织阅卷及考试结果判定工作。借鉴执业医师考试、国家司法考试和执业兽医考试等资格考试的做法,采取控制考试通过比例的形式(即划定考试合格比例)和考试成绩相结合的方式判定是否通过考试。试卷委托第三方阅卷,最终确定了通过人员名单。

4. 部署开展首次全国渔业行政执法人员专项清理工作 贯彻落实中央提出的"严格实行行政执法人员持证上岗和资格管理制度""2016年年底前,各地区各部门对行政执法人员进行一次严格清理"的要求,农业部办公厅印发了《关于组织开展渔业行政执法人员清理工作的通知》,对清理范围、清理程序、有关要求等进行了专项部署。要求各地对照《渔业行政执法证管理办法》有关条款进行清理,同时统计上报审核通过的渔业行政执法人员名单、拟申领渔业行政执法证人员名单。据不完全统计,各地清理了2 700余张渔业行政执法证,上报了约8 000名拟申领渔业行政执法证人员。组织开展了全国渔业行政执法师资培训班。

【渔政队伍规范化建设】

1. 召开全国渔政工作座谈会 12月6日,会议在福建福州成功举办,会议全面总结2013年中央海上行政执法体制改革以来全国渔政工作,分析了当前渔政工作面临的新形势、新任务,研究部署"十三五"全国渔政工作。农业部副部长于康震出席会议并讲话。会议强调,渔政工作要以服务服从国家海洋强国战略和渔业转型升级为统领,以全面深化改革为动力,以解决突出问题为导向,以严格规范公正文明执法为要求,抓住重点、改革创新,全面开创工作新局面。福建、山东、浙江、重庆等4个省(直辖市)在会上了作了交流发言,中央外事工作领导小组办公室、公安部、中国海警局等有关部门派员参加了会议。

2. 开展渔业文明执法窗口单位创建活动 印发《农业部办公厅关于组织开展2016年度渔业文明执法窗口单位创建活动的通知》,以问题为导向,适度修改评选标准,进一步突出基层一线执法机构、执法制度建设、人员规范管理、执法条件保障。各地按照农业部的统一部署,积极开展渔业文明执法窗口单位创建活动,截至规定时限,推荐候选单位。中央有关单位、公安部、北京市中级人民法院、农业部属有关单位对候选单位进行集中书面评审。经合议,评出25家拟授予文明窗口荣誉称号的单位。经网上公示、领导审定等程序后,正式发文公布获奖单位并授予证书、牌匾。

3. 进一步加强渔业执法船舶执法资格管理 印发了《农业部办公厅关于进一步加强渔业行政执法船舶注册登记工作的通知》,要求各地提高认识、加强领导,按照《中华人民共和国渔业行政执法船舶管理办法》,对渔政船进行定期注册,按照程序申请注册。未按照要求办理渔政船注册登记、注册登记证书过期的,要在规定日期前申请注册登记,并将相关信息录入中国渔政管理指挥系统。同时,要求各地加强督察,严肃纪律,确保渔政船规范使用,违者将依法追究责任。根据《渔业行政执法船舶管理办法》,为帮助部属有关单位开展相关执法工作,为其所属渔业行政执法船舶进行了命名编号,并要求加强渔政船管理,确保所属水域渔业行政执法工作有序开展。根据山东、江西省级渔业部门申请,为其所属三艘渔船注销了执法资格。

4. 开展渔业行政执法队伍基础数据统计分析 为摸清底数,为进一步做好渔政队伍建设顶层设计提供决策参考,农业部渔业渔政管理局开展了队伍基础数据采集分析。组织开展渔业行政执法违法犯罪典型案例调查统计。梳理汇近年来渔业行政执法违法犯罪情况,分析典型案件的主要特点和产生的主要原因,提出有针对性的预防措施。开展渔业行政管理机构和人员统计分析。按照单位类型、业务类型统计了渔业行政管理机构情况,按照教育水平统计了人员情况和持有渔业行政执法证人数。

【维护海洋权益】 配合中央有关部门开展维护海洋权益相关工作。2016年,召开周边涉外渔业工作座谈会,沿海各省(自治区、直辖市)渔业主管部门负责同志参加了会议,中央有关部门、外交部、公安部、交通运输部、中国海警局有关同志参加会议并发言。会议分析研判当前周边涉外渔业形势,对进一步做好涉外渔业管理工作进行了再安排、再部署。

(农业部渔业渔政管理局渔政处 于沛民)

渔业政务信息与宣传

2016年,农业部渔业渔政管理局以渔业转方式调结构为主线、紧紧围绕中心工作,有序开展政务信息和宣传工作,取得显著成效。

1. 推行行政决策公开,增强行政透明度 推行行政决策公开。加强行政决策程序建设，健全重大行政决策规则和程序，逐步扩大行政决策公开的领域和范围，推进行政决策过程和结果公开。在制订、起草《农业部关于加快渔业转方式调结构指导意见》《全国渔业发展第十二个五年规划》等重要文件规划过程中广泛调研和征求意见，充分吸收各方面意见；在修订《渔业法》《远洋渔业管理规定》《渔业捕捞许可管理规定》《南沙渔船管理规定》和《港澳流动渔船管理规定》等法律规章过程中，严格遵守《规章制定程序规定》《农业部立法工作规定》等法律法规，履行公开征求意见等法定程序。尤其是伏季休渔政策调整的过程中，先后三次征求地方渔业主管部门和专家意见；召开专题座谈会，邀请渔政执法、渔业管理、海警、香港渔农署的代表和资源保护专家一起讨论；派专家组赴三个海区实地调研；实行为期一个月的网上公开征求意见，并根据意见反馈情况再次召开专题会议进行研究讨论。此次伏休政策调整成为农业部历次调整民众参与度最高、利益诉求表达最充分的一次，充分体现了决策公开、行政透明。

2. 加大行政审批公开力度，让权力主动接受社会监督 按照农业部政务公开领导小组统一部署，切实把行政审批信息作为政务公开的重要内容，按规定将每项行政许可的法律依据、办事条件、办理程序、承诺时限、收费标准和审批进程等通过农业部网站予以公开，并及时将审批内容、审批条件等制度要求变化情况书面告知农业部办公厅综合办，杜绝网上信息与实际办理脱节，所有审批项目的相关信息均做到规范公开。制定完善行政审批综合办公办事指南，按照统一部署，对已纳入行政审批综合办公的行政许可项目，本着方便申请人的原则，对办事指南进行修正和完善，进一步明确了审批内容，优化审批流程，压缩审批时限。

3. 认真做好依申请公开，保障公众知情权 认真、及时回复每次有关依申请公开，所有的公开申请都按时答复办结，没发生不满意或投诉情况。认真答复媒体采访要求，就远洋渔业、南海渔业、与朝鲜渔业合作等问题先后回答国内外媒体采访。特别是在答复《纽约时报》等境外媒体时，严格遵守程序、认真研究答复口径，既保证媒体认可农业部渔业渔政管理局工作态度、维护农业部对外形象，又确保内容准确可靠、尽量不被媒体曲解或恶意炒作。回应社会各界关注，最高人民法院公布《最高人民法院关于审理发生在我国管辖海域相关案件若干问题的规定（一）》和《最高人民法院关于审理发生在我国管辖海域相关案件若干问题的规定（二）》司法解释后，经农业部办公厅同意，有关负责人接受记者采访，回答记者提问。

4. 主动开展宣传，营造良好舆论环境 结合全国渔业渔政工作会、《农业部关于加快渔业转方式调结构指导意见》、资源养护、水产健康养殖、“绝户网”和涉渔三无船舶清理整治行动等，大力宣传渔业转方式调结构工作情况。

针对全国渔业生产形势、市场行情、国际贸易等方面动态发展情况，分析原因、影响，预测未来走向，并形成季度、半年形势分析报告，及时对外宣传。做好重大政策解读，《农业部关于加快渔业转方式调结构指导意见》发布后，组织发布农业部领导署名文章进行解读；农业部渔业渔政管理局主要负责同志参加农业部转方式调结构新闻发布会，回答记者提问，就渔业转方式调结构有关背景、总体思路和重要政策措施作详细解读。积极稳妥应对做好渔业突发事件舆论应对，针对媒体关注热点，提早研判，及时回应，引导社会舆论，避免出现公众误读。有关媒体发布大菱鲆致癌的错误报道后，在了解真实情况基础上，及时组织行业专家和养殖户辟谣，避免消费恐慌，保护行业健康发展。针对渔民被枪击致死等涉韩渔业事件、我远洋渔船被阿根廷军方击沉事件等，加强涉渔舆情收集和研判工作，及时发布权威信息，塑造正面行业形象。

（农业部渔业渔政管理局　徐乐俊）

长江流域渔政管理

2016 年，长江流域渔政监督管理办公室（以下简称“长江办”）认真贯彻落实党中央、国务院关于加强生态文明建设和共抓长江大保护的重大战略部署，按照农业部党组确定的任务目标，认真履职尽责，强化保障措施，狠抓工作落实，各项工作取得积极进展。

【长江大保护政策创设】 根据 2016 年 3 月 25 日中央政治局会议精神和《长江经济带发展规划纲要》有关要求，按照农业部常务会的部署，长江办在深入调研、广泛论证的基础上，研究提出了《关于加强长江水生生物保护工作的意见》和《长江退出捕捞和渔民转产实施方案》等政策建议，并积极开展沟通协调，力争以国务院办公厅名义发布实施。组织编制了《长江珍稀水生生物保护工程建设规划（2016—2030 年）》，部分内容已经纳入到环境保护部牵头编制的《长江经济带生态环境保护规划》和农业部编制的《绿色发展规划》中。整合规范资源调查渠道和指标体系，建立了《长江流域渔业生态公报》定期发布制度，成为农业部评估长江流域资源状况和指导资源养护工作的重要抓手。发挥好长江与珠江两个流域渔业管理委员会的议事协调作用，强化多部门合作，调整完善资源养护政策措施，推动形成“共抓大保护”工作格局。

【渔政执法管理】

1. 禁渔期管理 开展长江禁渔期管理。农业部发布了《农业部关于调整长江流域禁渔期制度的通告》，将长江流域禁渔期的时间统一调整为 3 月 1 日至 6 月 30 日，并在淮河干流施行禁渔期制度。长江办于 3 月 1 日在湖北省宜昌市启动长江禁渔期同步执法行动，组织渔政执法船艇对重点水域开展巡航执法检查。开展淮河禁渔期管理。3 月 1 日，长江办在安徽省蚌埠市组织淮河干流河段禁渔期同步执法行动，安徽、江苏、河南、山东省渔业行政主管部门共同参加，并开展执法督查。开展珠江禁渔期管理。长江办于 4 月 1 日在广东省广州市启动了珠江禁渔期同步执法活动。

2. 清理整治“绝户网”和非法捕捞 组织辖区渔业行政主管部门开展清理整治“绝户网”和取缔涉渔“三无”船舶工作，并安排长江办直属渔政船在长江流域开展了 4 个航次 82 天的禁渔期巡航执法督查。据统计，所辖水域渔政部门共开展执法行动 62 879 次，出动执法人员 28.9 万人次，出动执法船（艇）6.9 万船次，取缔涉渔“三无”船舶 6 466 艘，清理取缔“绝户网”22.7 万张，没收禁用渔网具 17.1 万张，渔政执法立案 1.8 万起，行政处罚人数 1.8 万人，罚没款 3 838 万元。联合江西省、湖南省政府在鄱阳湖区、洞庭湖区开展了为期 3 个月的“清湖行动”。

【相关制度研究】

1. 开展行刑衔接工作 为解决非法捕捞清理整治工作中存在的执法震慑力不足的问题，长江办在 2015 年与长江航运公安局签署《农业部长江办和交通运输部长江航道公安执法合作协议》的基础上，与全国水上治安工作协调办公室联合制定了《关于内陆水域生态违法犯罪案件移送暂行规定》，进一步完善了行刑衔接工作机制，建立了联合执法、案情会商制、联席会议制度等联勤联动工作机制，在长江全流域形成了打击破坏水生生物资源的执法工作合力。据统计，各地渔政部门在禁渔期间移交公安机构的案件和刑事处罚人数均较上年有大幅增加，共刑事处罚 1 191 人，同比增长 264%。公安部门自发开展专项执法行动，立案查处涉渔刑事案件 885 起，刑事处罚近 500 人，跟往年相比更是大幅提升。

2. 开展群防群治试点工作 为探索新型渔政管理模式，结合一线管理实际，长江办选取江苏省作为“渔政执法 + 群防群治”试点省份。江苏省总队结合年度工作，对“渔政执法 + 群防群治”工作进行了全面部署和安排，要求全省各地积极探索，大胆创新，勇于实践，不断加大群防群治工作力度，吸收和引导社会各界参与渔政管理，积极营造全社会关注渔政执法的良好氛围，并形成试点报告。长江办将根据江苏省取得的有益经验进一步加以推广。

【重要物种保护】

1. 实施珍稀濒危物种拯救行动计划 针对中华鲟自然产卵中断的严峻形势，按照中央领导和农业部领导的批示精神，组织编制了《长江珍稀水生生物保护工程建设规划（2016—2030年）》和《中华鲟拯救行动计划2015—2030年》，推动成立了中华鲟保护联盟，组织开展中华鲟人工接力繁育驯养基地体系建设，力争在人工环境下接力完成中华鲟生活史，探索中华鲟种群恢复的可能性。据检测，2016年中华鲟已发现自然产卵，《中华鲟拯救行动计划》取得初步成效。针对长江江豚就地保护难以取得有效成果的现状，继2015年迁入8头江豚至湖北何王庙之后，2016年又组织开展长江江豚迁地保护行动，将8头江豚迁入安徽西江，建立了人工种群，掀起了长江江豚迁地保护的新高潮。同时，《江豚拯救行动计划》于12月18日发布。积极推动珠江流域珍稀水生野生物种鼋的保护工作，计划将鼋加入广东省水生野生动物救护网络，进一步强化对国家一级水生野生保护动物鼋的保护。

2. 组织编制长江水生生物保护指导性意见 3月26日，农业部常务会专题研究部署了长江珍稀水生生物保护工作。鉴于长江水生生物保护的紧迫形势，为加强长江流域保护制度建设，组织起草了《关于加强长江水生生物保护工作的意见》，正尽快争取以国务院办公厅名义发布实施。《意见》确定了开展抢救性保护、推进长江流域捕捞渔民转产转业、开展栖息地保护和生态修复以及推行水域生态考核等重要保护机制，为长江大保护指明了方向。

【水域生态修复】

1. 涉渔工程环评 2016年共计评审58个涉渔工程专题影响评价报告，3个保护区调整报告，涉及11个省（直辖市），工程类型包括河道整治、道路、桥梁、水厂、取水口等。争取生态补偿资金约2.9亿元，用于修复长江水域生态环境，减缓对水生态系统的不利影响。

2. 开展水域生态修复工程 一是组织实施了湖北宜昌和上海长江口中华鲟增殖放流活动。二是开展增殖放流效果评估工作。通过委托科研单位设置调查样站，定期采集渔业资源数据，结合渔民电话访谈、实地走访等方式，对下游水环境状况、渔业群落结构进行了调查，重点调查分析了刀凤鲚的资源和捕捞状况，初步分析了增殖放流产生的效益。三是组织实施了三峡水库生态调度，进行了四大家鱼自然繁殖生态调度试验，开展了三峡水库生态调度期间荆州市江段四大家鱼自然繁殖效果监测与生态调度评价工作。调查显示，近三年四大家鱼繁殖规模逐步上升，说明近年的生态调度开始逐步发挥积极作用。

与交通运输部长江航务管理局签署了《共同开展长江大保护合作框架协议》，发挥双方优势，充分整合资源，积极开展全方位共赢合作，共同加强长江大保护。利用与三峡公司的合作经费1亿元，通过项目公开征集遴选、专家论证、招投标等方式，已将22个关于中华鲟、长江江豚等的生态保护项目落实到位，项目的实施将有效遏制长江水生生物多样性衰退的趋势。

3. 加强渔业资源与环境监测 一是整合长江上游保护区监测、三峡渔业资源与环境监测、长江禁渔期监测、专项捕捞品种监测和流域常规性监测，建立了较为完整的长江流域环境和生态监测网络；二是发布《2015年长江流域渔业生态公报（试行）》，对公众了解长江流域渔业资源与生态现状，推进长江流域生态保护具有积极意义；三是开展自汛期气体过饱和专项监测，对“溪洛渡坝上”断面至“长江上游珍稀、特有鱼类国家级自然保护区”巴南段进行监测，掌握了溪洛渡弃水造成下游过饱和区域及程度，溪洛渡弃水过饱和水体移动规律；四是对三峡坝下重点江段开展四大家鱼卵苗发生量监测，掌握了四大家鱼种群资源数量，调查了鄱阳湖和洞庭湖两大湖区的鱼类产卵场规模和渔获物组成；五是开展了中华鲟产卵场专项调查，发现中华鲟野外自然繁殖行为。

【渔民转产转业工作】 根据中央领导同志有关批示指示精神，农业部在赤水河流域开展渔民转产转业试点，迁出渔民335户445人，为长江全面禁捕和渔民转产转业探索经验。在组织有关省份渔业主管部门和专家深入研究论证的基础上，起草了《长江退出捕捞和渔民转产实施方案建议（征求意见稿）》，并广泛征求了沿江各省人民政府、各省渔业主管部门及农业部内各司局意见，拟按要求会同有关部门上报国务院办公厅，将长江一级支流赤水河作为渔民转产转业的试点水域。农业部副部长于康震对此予以了充分肯定，认为“这是一项开创性工作，为实施长江流域禁捕作了有益尝试，意义重大，实属不易。要将成果维护并扩大，防止反弹；要宣传推广好经验好做法，推动长江全面禁捕”。

【渔业污染事故处理】 2016年7月，清江流域泄洪致使养殖鲟鱼逃逸进入长江，引起社会和有关部门的高度关注。接报后，立即组织地方有关渔业部门采取紧急应对措施，最大限度减少养殖渔民经济损失，成立专题调查组开展逃逸情况调查，紧急通知沿江各地加强逃逸鲟鱼捕捞鉴定工作，降低外来鲟鱼逃逸对长江生态的损害。成立了专家组评估生态影响，制定了生态修复方案，推动建立健全外来物种生态风险防控机制，减少因自然灾害、管理不善而造成的长江外来物种生态安全风险。

【国际交流与合作】 一是进一步深化中美绿色合作伙伴关系。5月，长江办副巡视员董金和一行3人赴加拿大、美国参加了“长江－密西西比河”绿色合作伙伴交流活动，系统总结了大河伙伴项目2015/2016年度工作，探索讨论了“长江－密西西比河”绿色合作伙伴项目2016/2017年度创新合作方式机制体制，为寻求更好的流域可持续管理决策的方案，改善水环境、实现渔业资源以及流域经济的可持续发展打下了坚实的基础。二是进一步深化国际合作交流。7月，长江办主任李彦亮一行4人赴瑞士、意大利就长江生物资源养护工作进行交流和合作，得到了联合国粮食及农业组织(FAO)等6个相关国际组织积极响应和大力支持。三是探索建立跨境河流联合保护机制。配合和支持国家“一带一路”战略的实施，在澜沧江－湄公河国家合作机制下，探索建立水生生物保护合作机制，保护共同的水域生态，树立我国良好国际形象。长江办提出的合作计划得到了外交部的高度认可，已纳入到45个早期收获中。2016年首次与老挝启动了渔业联合执法，并与柬埔寨、老挝等国家渔业主管部门就合作内容和形式进行了深入交流和协商，达成了很多共识。

（农业部长江流域渔政监督管理办公室　曹剑峰）

渔业科技与推广

“十二五”国家科技支撑计划项目

【淡水养殖品种选育及规模化繁育技术研究与示范项目】

1. 项目目标 针对淡水主养品种种质资源混杂、人工选育的良种少、选育效率低等产业关键技术问题，开展重要水产种质资源群体构建与评价研究，建立种质资源高效、快速评价与鉴别技术，形成主要水产生物的种质资源库和信息平台；将传统育种与生物技术相结合，建立现代育种技术体系，选育出优质、高产、抗逆性强的淡水养殖新品种，创制育种新材料；突破名优特色养殖品种的苗种规模化繁育技术瓶颈，并进行产业化应用示范。培养和造就一支科技创新能力强、学术水平高的淡水遗传育种研究队伍，完善一批设施完备、功能齐全、运行高效的育种研究基地，奠定我国淡水主要养殖品种育种研究可持续发展基础。

2. 项目取得的成果及创新性

(1)项目获得了淡水主养种类的新品种、新品系和育种新材料系列成果，提高了其良种覆盖率，解决了淡水主养品种种质资源混杂、人工选育良种少的问题。

项目针对淡水主养品种种质资源混杂、人工选育的良种少的问题，开展了新品种培育的研究，产生了系列重要成果。培育出淡水鱼、虾蟹品种 9 个(通过审定)，分别是鲤鱼“易捕鲤”、鲫鱼“长丰鲫”、团头鲂“华海 1 号”、罗非鱼“中威 1 号”“广福 1 号”、斑点叉尾鮰“江丰 1 号”、乌斑杂交鳢、中华绒螯蟹“长江 1 号”“长江 2 号”。其中，大宗淡水主养品种 3 个，淡水经济鱼类新品种 4 个，淡水贝类 1 个，蟹类 2 个。平均产量提高 20%，部分品种兼具抗逆和品质佳的特性，包括耐盐碱罗非鱼“广福 1 号”，具备抗寒特性的易捕鲤和乌斑杂交鳢，品质提高的“长丰鲫”和“申紫 1 号”。同时形成具备优良性状的新品系 12 类，包括异育银鲫“中科 3 号”四倍体类型新品系、优质鲤 F5、耐低氧团头鲂 F3、福瑞鲤新品系 F2、耐盐碱尼罗罗非鱼新品系、摄食人工配合饲料大口黑鲈品系、虹鳟系列新品系、青虾新品系、罗氏沼虾新品系，这些新品系经过后续的进一步筛选，也可在 1 ~ 2 代内形成新品种。培育育种新材料 8 类，分别为：草鱼杂交群体、金草鱼群体、红色团头鲂突变体、团头鲂(♀)×翘嘴鲌(♂)杂交材料、草鱼抗病育种材料、长江水系草鱼家系、虹鳟伪雄鱼及全雌群体、乌鳢和斑鳢性逆转材料。这些材料具备育种价值，经过后续选育可形成新品系。项目组对获得的新品种和新品系开展了大规模的推广，累计生产苗种约 28 亿尾，推广面积约 4.67 万公顷，覆盖了我国广东、广西、湖南、湖北、浙江、江苏、江西、安徽、天津、河北、北京、新疆、黑龙江、辽宁、吉林等 20 个省、自治区和直辖市。该成果大幅度提高了我国淡水主养品种的良种覆盖率，据统计，目前良种覆盖率约 70%，有效解决了我国淡水主养品种种质资源混杂、人工选育良种少的问题。而且项目成果形成了新品种、新品系和新育种材料的层次，新品系和新育种材料后续可成为新品种，形成成果的放大效应，扩大项目成果的影响。

(2)项目建立了淡水主养和名特优品种育、繁、推技术体系，打通了各环节的壁垒，实现了育、繁、推一体化，为淡水水产种业的快速发展奠定了基础。

项目针对淡水主养品种种质评价、遗传育种和苗种规模化繁育等关键问题，建立了系统的技术体系。重要水产种质资源群体构建与评价方面，建立了种质收集与保存技术、生产性状测定技术，经济性状相关分子标记开发技术、遗传鉴定技术和良种保持技术，形成了种质资源高效、快速评价与鉴别技术体系；新品种选育方面，进一步优化及熟化了传统的家系选育、群体选育和杂交育种技术。在此基础上，融入基因组选择技术、分子标记辅助选育技术、分子聚合育种技术以及雌核发育、性逆转等技术，形成了新育种技术体系，该技术体系克服了传统育种技术选择的盲目性，缩短了育种周期，为加快新品种选育做出了重要贡献；名优特色养殖品种的苗种规模化繁育方面，突破了长江刀鲚、细鳞鲑、黄颡鱼"全雄1号"、鲟鱼及似刺鳊鮈的苗种规模化繁育关键技术，实现年繁育"全雄1号"黄颡鱼等的苗种规模达到2.5亿尾以上，为我国名优特色养殖品种的苗种规模化繁育提供了技术保障。项目形成22个重要水产种质资源评价、新品种选育和特色种类苗种规模化繁育的关键技术，制定技术标准和规范38项，获得国家授权专利110项，其中授权发明专利69项，发表论文246篇，其中，SCI/EI收录119篇，编著专著19本。以上技术成果获得国家科技进步二等1项，省部级科技奖励8项。以上技术体系涉及淡水主养品种育种、繁育及推广的各个环节，该技术体系打通了各环节的壁垒，实现了育、繁、推一体化。

(3)项目整合及培养了一批我国淡水水产种业的优秀人才队伍，建立了淡水种业育、繁、推研发平台，为淡水水产种业的可持续发展提供了人才和平台保障。

项目形成一支拥有112名以上高级研究人员、71名中级研究人员、132名中级以下的淡水育种产业科研开发创新队伍，培养博士、硕士研究生184名，培养中青年学科带头人20名，培养企业高级科技人员30名以上，培训技术人员6 000人次以上。建立鱼、虾、蟹、贝类新品种选育技术创新、特色品种规模化繁育技术研发平台10个。形成特色品种苗种繁育企业24个，带动形成龙头企业8家，拥有试验基地、中试线、示范点94个。项目整合了我国淡水水产种业各环节的人才，并建立了系统的研发平台，为我国淡水种业的可持续发展提供了人才和平台保障。

【海洋重要生物资源养护与环境修复技术研究与示范项目】

1.项目目标 针对我国近海渔业亟待解决的资源养护与开发利用的突出矛盾，重点突破近海典型水域生态承载力和渔业增殖潜力评价等关键技术，集成近海渔业典型生境修复、重要渔业种类增殖和近海资源养护型捕捞等近海水生生物养护与环境修复新模式，构建近海渔业技术创新平台，为近海渔业可持续发展提供技术支撑。

2.项目取得的成果及创新性

(1)近海衰退渔业种群增殖关键技术取得重大进展。

①集成创新了渔业资源增殖关键技术。以黄海和南海的典型水域为研究区域，基于海上调查和历史资料，构建了2个增殖潜力评估模型，评估了典型水域主要增殖种类的增殖潜力；建立了1套增殖种类筛选指标体系，筛选了适宜于黄海和南海增殖的重要渔业种类21种，确定了其合理的放流模式、放流数量及多种类放流的最佳配比；研发了增殖种类分子标志放流技术、增殖种类搭配技术、增殖容量评估技术、增殖放流风险评估技术、增殖效果评估技术等6项增殖关键技术；同时，项目将上述技术进行创新集成，形成了近海衰退渔业种群增殖关键技术体系，在黄海和南海的典型水域进行示范推广，并形成相关的技术规范和标准3项。

②研究成果对近海渔业资源养护提供了技术支撑。该成果研发了近海资源增殖放流中存在关键技术，一定程度上解决了我国大规模增殖放流背后基础研究和技术研发滞后的问题，推动了增殖放流向科学化、规范化发展，为我国近海渔业资源的养护和可持续利用提供了技术支撑。

③研究成果的应用前景广阔。在黄海和南海建成了两个增殖示范区，面积共86.7公顷。大连市长海县獐子岛海域建立虾夷扇贝增殖示范区1个，面积33.3公顷，示范区生物量及经济效益均增加30%以上。如底播增殖虾夷扇贝苗种(>3厘米)275万枚，2016年采捕平均每公顷产675千克，单价4.4万元/吨，总产量22.50吨，总产值99万元。南海西沙海域建立热带海参增殖示范区1个，面积53.3公顷，示范区共放流热带海参糙刺参11万头，成活率30%以上，糙刺参数量比放流前增加了3倍以上，推广应用前景广阔。

(2)近海重要渔业水域环境修复技术取得重大突破。

①集成创新了渔业水域环境修复技术。项目研发了1种环保型人工鱼礁材料，优化设计了8种人工鱼礁类型及2套组合模式；研发了2种人工藻场营造方法和5种筏式立体增殖生境造成技术；研制了底栖生境造成装置3种、近海典型渔业生境自动化监测设备8套；集成创新了上述关键技术，形成了渔业水域环境修复技术体系，并在黄海和渤海典型水域进行示范，并形成相关的技术标准和规范3项。

②研究成果对近海渔业生境修复提供了技术支撑。该成果设计的8种礁体具有透水性强、稳定性高、阴影面积大等优点，框架笼装结构有利于鱼类在其周边和内部游动；同时，系统开展了人工鱼礁生境造成技术、大型海藻(草)场生境造成技术研究，推动了我国人工鱼礁牧场生境营造、大型海藻资源修复和生境营造等海洋牧场关键技术的研发，为近海渔业生境修复提供了技术支撑。

③研究成果被广泛应用推广。在南海巽寮湾-鹅公湾建立渔业水域环境修复示范区1个，面积433.3公顷；其中，巽寮湾建成人工鱼礁牧场及大型海藻场生境修复示范区1个，面积80公顷，已投放礁体3.7万空

方;建成浮筏立体式增殖生境修复示范区1个,面积100公顷;鹅公湾建成人工鱼礁牧场生境修复示范区1个,面积253.3公顷,已投放礁体5.5万空方。在黄海獐子岛海域建立渔业水域环境修复示范区1个,面积540公顷,其中,獐子岛海域建成人工鱼礁生境修复示范区1个、面积400公顷,已投放礁体2万空方,渔业资源生物量提高了86%,经济效益提高53%;建成人工藻礁生境修复示范区1个、面积140公顷,已投放藻礁礁体2.2万空方。目前,该环境修复示范区已经通过专家现场验收。

(3)突破了热带海参的人工繁育技术,并实现了其功能基因的深层次挖掘。

①突破了糙刺参的人工繁育技术。在国内外首次进行了糙刺参驯化繁殖、育苗和增殖放流,确定了糙刺参的产卵规律、胚胎发育、幼体发育和稚参生长的规律,结合前期获得的花刺参人工繁殖、育苗和养殖成功的相关技术,在国际上首次建立了热带刺参的人工催产、繁殖、育苗和增养殖关键技术。

②实现了热带海参基因的深层次挖掘。首次从花刺参克隆了铁蛋白基因(Ferritin),翻译控制的肿瘤蛋白基因(TCTP)、γ-干扰素诱导的溶酶体巯基还原酶基因(GILT)、钙调蛋白基因(Camodulin)、Poly-U结合因子基因(PUF60)、前蛋白转化酶枯草溶菌素9基因(PCSK)和混合型丝氨酸蛋白酶抑制剂基因(AW-SPI)和从黑海参中克隆了α2-巨球蛋白基因(HaA2M)等一系列热带海参免疫相关基因,阐明了在环境适应中的先天免疫特点及生物学机制。

③研究成果为热带渔业种类的增殖和养护提供了技术支撑。研究成果突破了热带海参的人工育苗,为其增殖养护提供了苗种保障和技术支撑,同时,热带海参免疫抗病和环境适应性调控基因的深层次挖掘,从分子水平为热带海参提高抗病能力提供了基础依据。

④研究成果已经示范推广。热带海参免疫抗病和环境适应性调控技术的研究已经用于海参育苗阶段提高免疫力的实验。西沙海域建立热带海参增殖示范区1个,面积53.3公顷,示范区共放流热带海参糙刺参11万头,成活率30%以上,糙刺参数量比放流前增加了3倍以上。

高技术船舶科研项目“渔业船舶标准体系顶层研究”项目

【国际渔船安全公约符合性研究】

1. 研究目标 主要研究对象为我国渔船标准及《实施〈1977年托雷莫利诺斯国际渔船安全公约1993年托雷莫利诺斯议定书〉规定的2012年开普敦协定》。

主要开展标准符合性研究,围绕《国际渔船安全公约》中渔船的构造、水密完整性、稳性和适航性、轮机和电气设备、消防、船员保护、救生设备、无线电通讯、航行等方面对渔船的要求,并结合我国现行的“渔业法定检验规则”,与我国现行的渔船标准进行对比分析,对可以转换为标准的内容开展符合性研究,全面、系统、科学地分析,形成国际渔船安全公约符合性研究报告。

技术路线:通过对国际公约条款要求与我国现有渔船技术标准现状进行对比分析,摸清我国现有渔船设计、建造存在的问题;分析产生的关键因素,结合国情提出我国相应的制定、修订渔船技术标准的对策建议。

2. 研究内容完成情况

(1)《国际渔船安全公约》内容分析。对国际渔船安全公约制修订背景及其技术要求和技术条款分别进行了分析。

①《国际渔船安全公约》制修订背景及最新动态分析。国际海事组织(IMO)自成立以来就非常重视海上安全问题,但由于渔船的实际建造和营运管理与商船存在巨大的差异,渔船安全问题一直无法被纳入《1974年国际海上人命安全公约》(SOLAS公约)和《1966年国际船舶载重线公约》(LL公约)的调整范围。为了规范渔船的设计建造标准、保障渔船的航行安全,国际海事组织分别于1977年,1993年及2012年制定并通过了《1977年托雷莫利诺斯国际渔船安全公约》《1977年托雷莫利诺斯国际渔船安全公约1993年托雷莫利诺斯议定书》和《2012年实施1977年托雷莫里诺斯国际渔船安全公约1993年议定书开普敦协定》。

2012年开普敦协定规定的生效日期为不少于22个国家总计不少于3 600艘船长大于24米的公海作业渔船承诺接受协定的约束之日后的12个月。截止到2015年年底,共有刚果、丹麦、冰岛、荷兰、挪威5个国家签署了协定。

②《国际渔船安全公约》技术要求及技术条款分析。从公约对检验机构的要求、对设备安全的要求、消防和救生的要求、人员防护的要求、无线电通信的要求等方面对公约的技术要求进行了分析。

从构造、水密完整性和设备,机电设备和定期无人机舱,船舶消防,船员的保护以及救生设备,无线电报与无线电话,船上航行设备等方面对公约的技术条款进行了分析。

(2)我国渔船技术状况与《国际渔船安全公约》的差距。主要参照2011年农业部渔业船舶检验局对我国渔船的技术状况进行的调查，对我国渔船技术状况与《国际渔船安全公约》要求的差距进行分析。分别从船体结构、船舶设备、船舶稳性三个方面进行具体分析。其中船舶设备方面包括机械设备、电气设备、消防设备、航行及信号设备、救生设备、无线电通信设备等方面进行了具体分析。

(3)《国际渔船安全公约》符合性分析。

①《国际渔船安全公约》与技术法规的符合性分析。对《国际渔船安全公约》与技术法规的符合性、《国际渔船安全公约》与渔船标准的符合性进行分析。其中技术法规为现行的《渔业船舶法定检验规则2000》及《渔业船舶法定检验规则(远洋渔船2015)》。经过分析，《渔业船舶法定检验规则2000》涵盖了公约的所有规定，与公约要求基本完全符合。《渔业船舶法定检验规则(远洋渔船2015)》方面，公约全部158项技术要求中：在船体构造和舾装方面，规则覆盖了公约15条技术要求中的7条要求；机电设备和定期无人机舱方面，规则覆盖了公约24条技术的全部内容；在船舶消防方面，规则覆盖了公约正文的全部44项技术要求，但公约在该部分引用的1993年国际渔船安全会议建议案及部分IMO大会决议未被规则覆盖；船员保护和救生设备方面，规则覆盖了公约36条技术要求中的28条要求；在应急程序、集合与演习方面，公约的4条技术要求都没有被规则覆盖；在无线电通信方面，规则覆盖了公约16条技术要求中的13条要求；在航行设备方面，规则覆盖了公约的全部6条技术要求，但该部分引用了大量IMO大会决议，并未被规则覆盖。

②《国际渔船安全公约》与标准的符合性分析。从船体结构和水密完整性，船舶消防，救生设备，应急程序、集合与演习，无线电通信，船载航行设备等方面分析我国渔船标准与公约的符合性。结合公约与技术法规的符合性分析结果，对公约的技术要求与标准的技术要求进行了对比分析，从不同方面得出了对现有标准的制(修)订意见：在船体结构和设备方面，有1条标准需要制定，2条标准需要修订；在船舶消防方面，有4条标准需要制定，1条标准需要修订；在救生设备方面，有5条标准需要制定，1条标准需要修订；在应急程序、集合与演习方面，有1条标准需要制定；在无线电通信方面，有2条标准需要制定，2条标准需要修订；在船载航行设备方面，有1条标准需要制定。

(4)渔船相关其他国际公约分析。对渔船相关的其他公约中涉及渔船的条款进行分析，主要包括《1995年国际渔船船员培训、发证和值班标准公约》《2007年国际渔业劳工公约》《1972年国际海上避碰规则公约》《1973年国际防止船舶造成污染公约》《2001年国际燃油污染损害民事责任公约》《2001年国际控制船舶有害防污底系统公约》《2004年国际船舶压载水和沉积物控制与管理公约》等。

【国际标准与国外先进标准分析研究和渔船标准体系深化研究】

1．研究目标

(1)国际国外渔船标准引进及翻译，便于相关技术人员了解渔船标准技术要求及技术细节，以及更好地开展标准分析研究工作。

(2)根据目标责任书要求，开展国际标准与国外先进标准分析研究，理清国际国外渔船标准的总体情况，明确我国与国际国外渔船标准技术要求方面的差异，提出相关建议和需求。

(3)根据目标责任书要求，开展渔船标准体系深化研究，构建渔船标准体系框架，形成渔船标准项目明细表。

2．研究内容完成情况

(1)国际标准与国外先进标准分析研究。

①国际国外渔船标准引进及翻译。与中国标准化研究院、各省市标准化研究院、日本、韩国等相关机构建立联系，全面引进渔船相关国际标准与国外先进标准64项(其中34项非采标；30项采标)，重点对ISO、IEC国际标准，日韩及欧美标准等23项进行翻译及校对工作。

为保证翻译质量，依据技术方案，划分为翻译和校对两个阶段。翻译阶段，选取翻译公司对少量内容进行试翻译，将试翻译文本给专业技术人员审阅校对，选取翻译质量较好的公司开展标准规范全文翻译，从源头上在一定程度保证了翻译质量。校对阶段，选取专业技术人员对初翻文本进行校对译审，保证了标准规范翻译文本的准确性、专业性等，确保了翻译质量。完成了23项国际国外渔船标准的翻译及校对工作并形成《国际标准与国外先进标准汇编》。

②国际标准与国外先进标准分析研究。通过实地调研进一步了解国际国外渔船标准现状。通过会议、调研、资料收集等方式，梳理国际国外渔船相关标准，形成国际国外渔船标准与我国渔船标准对应关系表。根据标准引进及翻译情况，由相关技术人员对标准覆盖、类别、采标和标龄方面进行总体分析，掌

握国际国外标准的总体情况，对单项标准就其适用范围与对象、主要技术内容与特点、适用性等要素进行具体标准分析研究，得出标准分析结论，提出标准制修订建议，完成《国际标准与国外先进标准分析研究》报告。

（2）渔船标准体系深化研究。通过实地调研进一步了解渔船及渔船标准现状及需求。在重点调研的基础上，同时参考借鉴国际国外标准专业划分及《船舶工业标准体系》，从有利于促进我国渔船产业发展、满足新形势下渔船标准发展需求的角度出发，通过信息收集、会议研讨、咨询等多种方式，充分调动和发挥科研院所、渔船建造企业、配套产品生产企业等相关企事业单位多方力量和优势，确定了渔船标准体系的构建原则、标准体系范围等，并完成了渔船标准体系框架的构建。结合该项目其他专题研究成果，包括：渔船现有标准适用性分析成果、国际标准与国外先进标准分析研究成果、继续制修订渔船标准研究成果等，明确了渔船技术标准体系现有和新增标准项目专业分布、标准级别、标准类别、标准属性、采标情况、发展重点等，完成了渔船标准体系项目明细表的构建。完成《渔船标准体系深化研究报告》。

【典型远洋渔船与装备标准需求分析及急需制（修）订渔船标准研究】

1. 研究目标 围绕远洋渔船作业水域、船型、船体配套设备，以代表船型为例，采用系统分析的方法，以综合解决提供产品质量为目标，提出典型远洋渔船标准装备的标准需求。通过对提出渔船标准体系框架进一步深化研究，提出体现国家政策和市场导向、重点突出、专业包容、相互关联的、满足5～10年渔船基础管理和专业技术标准年度计划和中长期规划。

2. 研究内容完成情况

（1）典型远洋渔业船舶标准装备标准需求分析。项目围绕远洋渔船作业水域、船型、船体配套设备开展远洋渔船分类研究，科学选取具有普遍性、先进性且代表未来远洋渔船发展趋势的典型代表渔船船型，以代表船型为例，采用系统分析的方法，以综合解决提供产品质量为目标，完成了典型远洋渔船标准化体系需求研究，形成了《远洋渔船分类结构及代表船型选择研究报告》，报告内容包括：

①远洋渔船分类结构及代表船型选择研究

远洋渔船分类结构研究

典型渔船船型选择研究

典型远洋渔船标准需求研究

②典型远洋渔船设计标准需求研究

典型远洋渔船建造工艺标准需求研究

典型远洋渔船配套设备标准需求研究

典型远洋渔船检验方法标准需求研究

（2）急需制修订渔船标准研究。项目通过对提出渔船标准体系框架进一步深化研究，提出体现国家政策和市场导向、重点突出、专业包容、相互关联的、满足5～10年渔船基础管理和专业技术表年度计划和中长期规划，并对急需制定的重点标准提出相关要求，完成了制定急需制修订渔船标准建议表及研究渔船标准项目储备库等内容。

【我国现有渔船标准适用性分析研究】

1. 研究目标 通过对现有渔船标准及渔机标准进行收集整理，建立渔船标准、渔机标准全文数据库。针对现行渔船标准标龄老化、技术落后、部分标准缺位的现象，对现有渔船标准及渔机标准开展适用性分析，列出标准适用性分析结论和理由，并对现行渔船标准的制修订提出应对措施和建议。

2. 研究内容完成情况

（1）国内现有渔船标准的收集与整理。本部分的工作内容是为计划进入数据库的标准的收集，并实施数据库的建设，建立公共信息网应用接口，为行业提供文本资料的查询服务。进入数据库的标准范围确定为水产行业内制（修）订的国家标准、行业标准。从专业来分为渔船专用标准、行业通用基础标准、渔捞机械仪器、绳索网具通用标准。

渔船专用现行标准的适用性的研究，需要不仅仅是本行业的标准，还需要大量的外围标准、法规规章、公约等对渔船的建造生产形成影响的因素的系统研究，如船舶行业有无和渔船标准重复并有更新的技术内容，国际标准中有无对现行渔船标准更新的内容，国际船舶公约的内容要求中有无渔船必须要具备的，现行渔船标准有无不满足行业渔船法定检验规则的，为此，收集这些相关资料和渔船标准进行对比评估，是对渔船现行标准进行正确评价的必须途径。通过对现行标准的收集，再通过资料查询和走访调研，对渔船应用标准的产生、渔船标准化的延续进程的了解，让研究小组的每位成员对渔船标准化工作有了较深的认识。在充分清晰了解各方面的管理制度、规定的环境下，对渔船现行专用标准的清理、分析、评估、评价总结出是否有适用性的结论，实施技术进步、技术创新的目标。完成渔船现行专用标准的收集、本行业渔船相关现行标准的收集、国内外相关标准的收集、中华人民共和国渔业船舶检验管理法规规章收集等。

（2）渔船现有标准适用性评价方法。对现行渔船以及本行业相关标准的适用性提出有效适用、有效适用并应修订、标准已经没有使用价值应清理废止的可行性规划建议。

标准的内容必须符合《中华人民共和国标准化法》《“中华人民共和国产品质量法》《中华人民共和国计量法》的规定；必须符合中华人民共和国渔业船舶检验局颁布的《渔业船舶法定检验规则》、中华人民共和国海事局颁布《国内航行海船法定检验技术规则》等法规规章的要求；对国际公约和国家船级社的规定，要视渔船标准的使用范围而定；需满足当前使用需求；需符合“GB/T 1.1－2009 标准化工作导则　第一部分：标准的结构和编写”格式。

（3）渔船专用标准适用性分析评价。对每项渔船现行标准进行综合性评价，针对具体不同专业分类标准实行关键项以及非关键项的具体评议，分析总结出结论性建议。

稻田综合种养技术示范县创建工作

为贯彻落实2016年中央1号文件、《国务院办公厅关于加快转变农业发展方式的意见》和《农业部关于加快推进渔业转方式调结构的指导意见》等提出的关于发展稻田综合种养的要求，2016年5月6日农业部渔业渔政管理局印发了《关于做好2016年稻田综合种养技术示范县创建工作的通知》，在全国试点开展稻田综合种养技术示范县创建工作。

【工作任务】 2016年稻田综合种养技术示范以培育壮大稻田综合种养规模，提高发展质量和水平，促进粮食增产、农业增效和农民增收为总目标。主要开展了以下工作任务。

（1）在湖北、广西、云南各选一个基础条件好的县（市），开展示范县创建工作，县域内整体推进稻田综合种养工作，创建核心示范区每县一个以上，面积不低于13.3公顷，培育示范户每县不低于20户，发挥示范户辐射带动作用，实现水稻稳产或增产，减少农药和化肥使用量，稻田亩均综合效益较单独种稻提高15%以上。

（2）总结提升现有稻田种养技术模式，开展新型稻田种养技术集成创新，优化水稻品种和水产养殖品种搭配，形成本区域特色的稻田综合种养新模式2个以上。

（农业部渔业渔政管理局　王雪光）

各 地 渔 业

北京市渔业

【概况】 2016年,北京市水产养殖面积3 456公顷,同比下降4.87%,其中:池塘面积3 397公顷,同比下降4.66%。水产品总产量5.43万吨,其中:全市淡水产量4.08万吨,远洋捕捞产量1.35万吨。总产量同比下降17.51%。渔业经济总产值21.83亿元,同比2015年减少4.64亿元,下降17.54 %。

1. 渔业转型升级加快推进 一是渔业进一步瘦身健体。2016年全市渔业养殖面积调减到3 456公顷,在以水定产、以需定产、以煤限产的政策引导和市场配置资源的共同调整下,一批规模小、高耗水、市场竞争能力弱的养殖场退出渔业产业,水源保护区、自然保护区及其他敏感区域划定及禁止新建养殖场工作顺利完成,为绿色发展打下了基础;二是提档升级效果明显。2016年全市共利用中央、市级农业专项转移支付资金和农机购置补贴4 754.5万元,支持养殖场基础设施改造与环境美化、设备升级和循环水技术应用,实施了一批重点工程,建设节水养殖示范场、升级改造休闲渔场、苗种场共计31个,改造养殖面积120公顷,推动养殖场向园林化设计、现代化设施、融合性发展加快转型。新创建休闲渔业示范场5家。

2. 渔业生态涵养功能不断增强 水生生物资源养护工程取得显著实效,2016年全市水生生物资源养护面积为2.13万公顷,比2015年增加0.13万公顷,增长6.67%,渔业服务首都生态功能的空间进一步扩大。2016年共投入水生生物资源养护资金1 783万元,在密云水库等24处重点渔业水域,放流鲢鱼、鳙鱼等滤食性苗种和细鳞鲑、瓦氏雅罗鱼、中华多刺鱼三类珍稀濒危物种鱼苗共计1 552.6万尾,增殖放流在削减氮磷、固碳释氧、调节水体平衡方面发挥了重要作用。增殖放流在取得生态效益的同时,也产生了较好的经济效益和社会效益,给库区渔民带来明显经济实惠,促进了就业,对维护社会稳定做出了积极贡献。水生生物资源养护制度更加完善,增殖放流工作严格执行规范程序,严格资金使用与管理,引入第三方监督,确保增殖数量与质量。捕捞许可、禁渔期、禁渔区以及禁钓区制度得到有效落实,对水生生物资源和增殖放流成果形成有力保护。

3. 水产品质量安全保持较高水平 2016年农业部两次水产品药残产地监督抽查和一次水产品苗种监督抽查,检测合格率均为100%;2016年国家农产品质量安全例行检测(风险监测),全年平均合格率达到97.5%。全国水产健康养殖示范场创建深入开展活动,新创建19家,全市达到106家。

4. 引领津冀共促渔业协同发展 首倡并携手津冀共同建立了京津冀渔业协同发展机制,成功主办了首次渔业协同发展联席会议,积极推进三地渔业在产业政策、技术推广、科研开发、执法监督、市场服务等方面加强对接,追求优势互补,致力开放创新,共谋绿色生态,实现共享共赢,拓展了首都渔业的发展空间。三地企业进行现场展示和交流。通过这个平台,来自京津冀的40余家优秀渔业企业进行了宣传和自我推介,开展了面对面交流,有十多家企业找到了合作伙伴,唐山海洋牧场有限公司与北青集团签署了合作意向书,决定就海洋牧场旅游项目展开深层次合作。三地渔执法、技术推广、科研机构等部门将在津冀相邻海域和京冀共有水域联合执法、新技术示范、重大疫病诊断、优质观赏鱼繁育、池塘循环水系统构建技术研发等多方面、多层次开展交流、合作,以《2016—2017京津冀休闲垂钓游》再版为契机,联合推荐150余家精品企业,为广大消费者提供更便捷的休闲消费信息,更多的休闲场所选择。京冀两地共同组织了增殖放流活动,放流细鳞鲑1万尾。

5. 存在的主要问题

(1)资源环境约束趋紧,传统渔业水域不断减少,渔业发展空间受限。

(2)传统水产品价格长期低迷,生产成本持续攀升,渔民持续增收难度加大,产业结构调整需进一步优化。精品渔业、休闲渔业和生态渔业等产业在发展上还有很大空间,种业发展有待进一步提高。

(3)渔业发展的政策支持力度需继续加大。对都市型现代渔业发展的支持配套政策少,各级财政投入不均衡,渔业生产设施、设备条件有待提高。

(4)科技成果转化率不高,创新驱动力不强,水产养殖新品种推广及应用的成效需进一步强化。

【重点渔业区(县)基本情况】

北京市重点渔业区(县)基本情况

区(县)	渔业人口(人)	渔业产值(万元)	水产品产量(吨)	其中		养殖面积(公顷)
				捕捞	养殖	
通州区	2 650	13 932	6 809		6 809	913
平谷区	1 452	11 933	11 100	171	10 929	745
顺义区	898	8 670	6 868		6 868	604
房山区	1 120	9 540	3 211		3 211	271
密云区	14 375	8 606	4 025	2 132	1 893	192
怀柔区	3 275	14 277	2 731		2 731	68

【大事记】

[1]1月22日,为促进京津冀休闲渔业的发展,北京市水产技术推广站和中国休闲垂钓协会召开“垂钓之旅APP”手机软件推广座谈会并与京津冀18家休闲垂钓经营者签订服务协议,为广大垂钓爱好者提供全面的垂钓信息、垂钓产品资料和相关资讯。

[2]3月1日,北京市渔政监督管理站组织专题研讨会,讨论通过由农业部渔业渔政管理局委托编写的《内陆渔业行政执法人员执法行为规范》《内陆渔政执法装备标准化配置规范》。

[3]4月28日,北京市水产技术推广站、天津市水产技术推广站、河北省水产技术推广站在河北省白洋淀召开新书发布会,推介由3个单位共同编写《2016—2017京津冀休闲垂钓游》,全书囊括了京津冀三地29个区县共186家渔场信息。

[4]5月30日,北京市水生野生动植物救护中心赴天津开展科普宣传进校园活动,为文昌宫民族小学师生举办“关注水生动物 共建生态文明”的专题科普讲座。

[5]7月25日,京冀渔政落实协同执法机制在潮白河流等共管水域开展联合执法行动并通过北京电视台科教频道(BTV3)《法制进行时》栏目直播加强执法宣传。

[6]8月9日,为推进农业供给侧结构性改革,北京市人大常委会副主任牛有成视察北京渔业工作并与北京市农业局领导班子及相关人员进行了座谈。

[7]10月12日,“渔业空间布局与管理系统建设项目(一期)”在北京市农业局正式启动实施,项目总投资157万元。项目内容包括建设渔业地理信息子系统、渔业服务管理子系统、渔业统计分析子系统等。

[8]10月13~14日,北京市农业局组织局市、区渔业主管部门相关人员到房山、大兴区召开渔业“调结构 转方式”推进会,贯彻全国渔业转方式调结构工作现场会精神,落实《农业部关于加快推进渔业转方式调结构的指导意见》,加快渔业转型升级,推进渔业供给侧结构性改革。

[9]10月19日,京冀首次联合开展国家级保护鱼类放流工作。北京市农业局与承德市农牧局在滦河流域联合开展国家二级保护动物细鳞鱼增殖放流活动,放流细鳞鱼苗种10 000尾,修复滦河水域生态。全国水生野生动物保护分会、北京市农业局、承德市农牧局等相关领导出席了本次活动。

[10]11月28日,由北京市渔政监督管理站和广东南澎列岛海洋生态国家级自然保护区管理局共同在保护区内举行的“送海龟回家”主题放生宣传活动。北京水生野生动物保护形象大使、两届奥运冠军杨凌及北京市、广东省相关领导将北京市渔政执法人员解救的2只绿海龟放归大海。

[11]12月,北京市水产技术推广站3项科技成果“水产养殖精准用药方法推广应用”“生物(浮床)治理池塘富营养化技术试验示范与推广”“泥鳅的繁殖、选育及养殖技术示范与推广”分别获得北京市人民政府“2014—2016年度北京市农业技术推广奖”一等奖、二等奖、三等奖。

(北京市农业局水产管理处)

天津市渔业

【概况】 2016年,天津市水产品产量39.44万吨,与上年基本持平;渔业产值91.74亿元,同比增长8.40%;渔民人均纯收入2.41万元,同比增长6.67%。水产养殖面积3.84万公顷,其中淡水养殖面积3.52万公顷,海水养殖面积0.32万公顷。

1.现代渔业建设 继续实施渔业“356”工程。组织实施池塘清淤、改造0.67万公顷,完成16.13万平方米工厂化养殖车间建设任务。整合部、市资金验收评选6个水产养殖基地、10个水产养殖示范区。组织实施渔业设施提升工程建设项目9个,投入资金7 763.98万元。全面完成设施提升工程建设任务,全市水产示范园区达到70个。

2.水产健康养殖 创建第十一批农业部水产健康养殖示范场4家。实施农业部“菜篮子”项目5个。水产远程诊疗网建设进一步完善,现已建设8个区县级防病站、42个诊疗点,并已全面开展工作。新创建国家级种质资源场1个。

3.渔业资源养护 投入资金2 448万元放流各类苗种15.78亿单位。同时,加大了国家珍稀濒危物种松江鲈鱼的放流力度,2016年放流7.5万尾。争取各类资金2 010万元,将投放人工鱼礁6 877个,约2.56万空方,建成礁区面积3.24平方千米。到2016年年底已制作投放礁体3 191个,约1.08万空方,其余项目建设按计划将于2017年6月前完成。贯彻落实国内渔业捕捞和养殖业油价补贴调整政策,印发《天津市国内渔业捕捞和养殖业油价补贴政策调整总体实施方案(2015—2019年)》,从中央财政7 046万元油补资金中调整出1 703.16万元用于减船转产、渔船更新改造、海洋牧场建设、现代渔业基础设施建设、渔政渔港和信息化建设、伏季休渔补贴等。

4.水产品质量安全监管 组织水生动物防疫检疫和重大疫病监控工作,开展苗种机场检疫56批次、14亿尾,未检出重大疫病病源。严格产品抽检,完成产地水产品抽检样品875个,合格率99.88%;进行产地水产品快速检测样品12 207个,合格率99.9%。并通过为基层和养殖户发“明白卡”、签“责任书”等方式,进一步强化安全意识。推进天津市放心水产品工程建设,制订了实施方案、资金管理办法、申报指南、实施导则等系列文件,并通过了专家论证。

5.渔政管理 开展环渤海”三省一市“(辽宁省、河北省、山东省、天津市)集中清理整治违规渔具行动。共计开展违规渔具整治专项执法行动15次,清理清缴地笼网2 100余条,滩涂绝户网700余张,泵吸水冲耙刺2组,小型底拖网40余货,分水板40余对。加大伏季休渔管理力度,扣押35艘违规渔船进闸强制休渔,收缴罚款37万元。与北京市渔政站、河北省渔政处建立并形成京津冀渔政一体化执法机制,举办了京津冀渔政执法培训班。与河北省渔政处开展海上联合执法和地笼网具清缴行动。迅速反应、积极应对汉沽渔船被撞沉事件,并查找漏洞、举一反三,开展了渔业安全生产大检查,对船舶管理进行了排查梳理。组织涉韩作业船东船长培训,加强涉外渔业管理。

6.渔业科技与推广 围绕主导产业技术瓶颈开展项目攻关。研究制定了《天津市水产产业技术体系创新团队建设实施方案》《天津市南美白对虾种业优质良种培育工程实施方案》。引进凡纳滨对虾“科海1号”“中科1号”等新品种苗种大规模培育,带动南美白对虾产量达到5.14万吨,比2015年增产2 351吨。支持龙头企业做强做大,择优筛选9家企业先行试点,建立了试点项目跟踪督导工作机制并已启动;并以池塘改造、新建工厂化养殖车间为契机,改善养殖生产环境,减少病害发生率。积极发展稻渔立体种养模式。建立稻渔立体种养核心示范区3个,示范面积67公顷,推广面积667公顷。筛选适宜宝坻区稻渔立体种养技术模式2种。为大面积开发稻田宜渔资源做好技术储备。

7.存在的问题 一是现代渔业经营主体不够强不够大,品种不够优。水产品加工业占比偏低,龙头企业产值规模小,带动能力不足,与天津城市地位不匹配。二是基层渔政执法与公共服务机构不健全。区县渔港监督、船舶检验执法机构不健全,影响内陆渔业船员证书管理、内陆渔船“三证合一”有效实施。三是依靠科技创新驱动支撑引领渔业发展的动力还不强。原始创新能力弱。引进消化吸收再创新能力还不够,多为与国内大学或国家科研院所合作,国际合作拓展不足。科研项目集成先进性不高,缺乏解决共性关键问题的大项目好项目,带动渔业发展作用不明显,科技成果转化率低。制约创新发展的深层次体制机制障碍依然存在,创新体系整体效能不高。

【重点渔业区(县)基本情况】

天津市重点渔业区(县)基本情况

区(县)	总人口(万人)	渔业产值(万元)	水产品总产量(吨)	其中				养殖面积(公顷)	
				海洋捕捞	海水养殖	内陆捕捞	内陆养殖	海水	内陆
滨海新区	248.21	116 406	76 181	45 152	10 411	2 153	18 868	2 880	4 968
武清区	94.94	98 200	74 104				74 104		6 781
宁河区	41.61	101 140	68 313		923	1 680	65 710	233	7 288
宝坻区	79.91	86 334	44 679			2 217	42 462		3 586
西青区	68.47	39 649	29 100			1 130	27 970		3 251

注:总人口数来源于天津市2010年第六次全国人口普查主要数据公报。

【大事记】

[1]3月18日,2016年天津市渔业工作会议召开。会议总结了天津市2015年渔业工作情况,部署了2016年重点工作。天津市水产局领导班子成员、局属单位党政主要负责人、机关全体处级干部、各区县渔业主管部门的局长、分管副局长、水产科长以及市水产集团、农垦集团等共计80余人参会。

[2]5月5日,由天津市渔政渔港监督管理处与海昌海洋公园共同主办,天津海昌极地海洋公园协办的以"微笑天使回家计划"为主题的江豚放生活动在汉沽中心渔港外海海域举行。这是天津市首次在渤海湾组织开展放生江豚活动。

[3]5月27日,天津市召开2016年海洋伏季休渔工作会议。会议总结了2015年海洋伏季休渔工作,部署了2016年海洋伏季休渔工作计划。天津市农村工作委员会副主任毛科军、天津市水产局局长林兆辉、副局长马维林,滨海新区农委副主任高跃明,天津海警总队筹备组田福军参谋等领导出席会议,机关有关处室,滨海新区渔业主管部门相关负责人参加会议。

[4]6月6日,天津市水产局举办全国"放鱼日"同步增殖放流活动。中国渔政12002号船分别到妈祖公园外海、天津市大神堂国家级海洋牧场示范区放流中国对虾、梭鱼、半滑舌鳎和褐牙鲆共10万尾。天津市农村工作委员会副主任毛科军、天津市水产局局长林兆辉,天津市水产局领导班子成员及相关处室负责人参加活动。

[5]6月24日,天津市水产局在宝坻区天津鸿腾水产科技发展有限公司召开天津渔业一二三产业融合发展座谈会。会上介绍了《天津渔业一二三产业融合发展实施方案》,重点提出"十三五"期间天津渔业一二三产业融合发展的产业布局和重点工作,实施渔业"五大工程"(基础设施升级改造工程、种业振兴工程、生态环境修复工程、富民增效工程、龙头企业做大做强工程)和"五大体系"(渔政执法体系、水生动物疫病防控体系、渔业水域环境与水产品质量安全监测体系、渔业信息化体系、水产流通体系)建设,达到稳量增收、提质增效、产业升级的目标。天津市水产局领导班子成员、机关副处级以上干部、涉渔各区渔业主管部门局长、主管局长等共50余人参会。

[6]8月27日,天津市水产局在宁河区天祥水产有限公司组织召开天津渔业转型升级战略研讨会。会议邀请农业部渔业渔政管理局、全国水产技术推广总站、中国水产科学院、大连海洋大学和江南大学等领域专家参加研讨。宁河区副区长杨霞参加会议并致辞,天津市水产局领导班子成员、机关副处级以上干部、所属单位领导班子成员等参加会议。

[7]12月7~8日,"京津冀渔业协同发展联席会议"在北京召开,会议由北京市农业局、天津市农村工作委员会水产办公室、河北省农业厅共同举办。会上,三地渔业主管部门签订了《京津冀渔业协同发展合作框架协议》,明确了渔业协同发展的目标、内容,确定了定期召开联席会议的形式。全国水产技术推广总站副站长李可心,北京市农委副主任吴更雨,北京市农业局副局长李全录,天津市农委水产办副主任刘国盛,河北省农业厅副厅长刘振洲、副厅长马荣才等参加会议。

(天津市水产局)

河北省渔业

【概况】 2016年,河北省渔业工作按照中央1号和省委1号文件精神,围绕渔业供给侧结构性改革,多措并举补齐短板,深入推进渔业转型升级,以《农业部关于加快推进渔业转方式调结构的指导意见》为指导,按照年初制定实施的《河北省渔业转型升级推进方案》中提出的“一调两减三发展四支撑”总体思路,狠抓落实,一二三产融合发展势态良好,全省渔业保持了平稳、健康、快速发展的良好局面,“优质、高效、平安、生态”的特色渔业发展日趋鲜明。全年水产品总产量达到132万吨,同比增长2.2%,渔业总产值达260.4亿元,同比增长6%,渔民人均纯收入13 520元,同比增长8%。渔业出口规模不断扩大,水产品出口额达到21.4亿元,占全省农产品出口总额的21.4%。

1.产业结构调整　海洋捕捞业,积极落实渔民减船转产计划,报废、拆解海洋捕捞渔船93艘、总功率减少6 173千瓦。推进渔船标准化更新改造,更新改造渔船75艘;远海生产渔船数量达600艘以上,新建成投产2艘远洋鱿鱼钓渔船,远洋生产作业渔船总数达18艘,远洋渔业产量达4.76万吨,同比增长10倍以上。水产养殖业大力倡导生态、健康养殖,积极组织水产健康养殖示范创建活动,创建部级示范场13家、全省示范场总数达144家,黄骅市水产健康养殖示范县顺利通过农业部专家组验收,全省示范县增加至2个,新评审通过标准化示范区11家,总数增加至71家。水产名品养殖不断壮大。加大主导特色品种的培育力度,通过验收并投入运营的水产原良种场2家,“黄海”系列中国对虾养殖、浅海扇贝藻类套养兼作、南美白对虾以及舌鳎工厂化养殖、泥鳅养殖等一批新技术新模式、新品种推广步伐明显加快。休闲渔业,出台了《河北省关于促进休闲渔业持续健康发展的实施意见》,制定了《河北省休闲渔业示范基地创建标准(试行)》《河北省美丽渔村创建标准(试行)》和《河北省2016年休闲渔业示范基地扶持项目实施方案》,编制完成了《内陆垂钓型休闲渔庄建设规范》,指导各地深入开展休闲渔业示范基地和美丽渔村创建活动。与北京市、天津市合作出版了《京津冀休闲垂钓游》以加大对休闲渔业的宣传推广力度。组织全省渔业系统及休闲渔业企业负责人共计70余人参加了第九届中国(厦门)休闲渔业博览会,组织秦皇岛市海洋牧场增养殖有限公司参加了全国休闲渔业示范基地精品展。组织人员赴北京市对大兴区花港观鱼、川崎联盟雅仕锦鲤销售中心等休闲渔业企业进行实地调研,学习借鉴休闲渔业发展先进省市经验做法。以此推动休闲渔业向特色化、产业化发展,沿海以秦皇岛海上人家、渔岛、圣蓝国际海洋公园、唐山多玛乐园为代表的海上观光型休闲渔业产业带初具规模,城市周边以廊坊三河璞然生态园、石家庄市鹿泉区天语休闲渔业园区等为代表的休闲度假型休闲渔业产业区发展强劲,“一带三区”建设取得突破性进展,带动相关产业增加70%以上的产值。

2.政策引领　落实渔业油价补贴调整政策,为渔业转型发展提供有力支撑,及时制定并印发了《河北省渔业油价补贴政策调整实施方案(2015—2019年度)(试行)》和《河北省渔业油价补贴政策调整实施方案(2015年度)(试行)》,做到“总量不减、存量调整、保障重点、统筹兼顾”,既保障渔民基本利益,及时完成了2015年度燃油补贴资金发放的审核工作,又优化了支出结构,拿出较大比例资金扶持产业转型发展。其中安排扶持产业发展的一般转移支付资金达4.66亿元,争取中央专项转移支付资金2.6亿元,对海洋捕捞渔民减船转产、渔船更新改造、人工鱼礁建设、深海网箱养殖、休闲渔业示范基地、水产电商、水产良种繁育、渔港及港行设施配备、渔港维护、渔船通导设备配备、相关系统维护等现代渔业发展领域给予重点扶持,推动了渔业转型升级和可持续发展。完成了《渔业发展“十三五”规划》的编制工作,确定了完善五大产业体系、提升七大能力、实施九大工程的“十三五”总体目标。为“十三五”渔业发展提供了规划保障。经多次沟通协商,12月6~8日,省农业厅与北京市农业局、天津市农委水产办共同筹备的首届“京津冀渔业协同联席会议”在北京成功召开,农业部及三地渔业主管部门领导及负责人参加会议,三方共同签署了《京津冀渔业协同发展合作框架协议》,发布了渔政执法、技术推广、科研院所联合协作信息,河北省各级渔业行政主管部门负责人、参展企业等共计46人参加会议。三地企业发布宣传信息和展板,河北电视台对本次活动进行了跟踪报道。

3.渔业资源养护　渔业资源增殖扎实开展,2016年全省累计投入资金2 600多万元,在省内水域增殖放流各类海淡水苗种24.5亿尾(只)。7月5日,农业部和河北省政府在白洋淀联合举办了水生生物增殖放流活动,于康震副部长和沈小平副省长亲自参加放流活动;4月份在官厅水库与北京市联合举办了“京冀渔业资源增殖放流暨官厅水库联合禁渔启动活动”;已建设国家级水产种质资源保护区18个,并新申报国家级水产种质资源保护区(海洋类)1家;已建设海洋牧场示范区13处、8 026公顷、投放人工鱼礁461.5万空方,其中已获批国家级海洋牧场示范区3家,年内新申报4家。河北电视台、电台及各大媒体进行了相关报道。渔业资源调查评估取得进展,为科学评估河北省沿海渔业资源现状，开展限量捕捞、渔业资源养护提供基础数据。统筹使用海洋资源调查、涉海工程渔业资源跟踪调查以及海洋牧场本底调查等项目资金，报厅领导审批同意后落实工作方案。海上渔业资源及潮间带底栖生物调查相关样品分析工作已在进行，2016年度海洋渔业资源调查评估报告也已于12月底按时完成。海湾扇贝养殖区环境质量预报与灾害预警预报工作完成环境监测报告18份，对提高我国海湾扇贝产量（秦皇岛为我国海湾扇贝主产区）发挥了重要指导作用。

4. 渔业执法 渔业执法力度进一步强化，省渔政处新建成中国渔政13009号执法船1艘，全省内陆渔政机构配备执法艇16艘，有效提升了执法能力。全省渔政机构建立健全内部多级联动机制的基础上，增强了海（海上多部门）陆（陆地多部门）军（与海警边防）的密切配合，着力开展违规网具专项整治行动，组织开展全省联合执法行动2次，日常执法行动231次，出动渔政执法船艇279艘次，检查车489辆次，执法人员4 273人次，共计没收、清理各类违规渔具2 100余条（副）。全面落实海洋伏季休渔制度，全省共出动检查人员14 675人次，检查车1 698辆次，出动渔政检查船舶1 058艘次，共查处违规渔船207艘，清理、没收各种违规渔具800余条（片、领），全省休渔秩序良好，有效维护了海上生产作业秩序。大力开展水生生物保护，近海及内陆重点水域水生生物多样性逐步恢复，渔业生态环境不断改善，渔业资源得到有效养护和修复。进一步加强渔业执法体系建设，督促各市县加快落实渔业执法人员参公管理工作进程，严格推进执法行为规范化、执法文书制作标准化，水产苗种专项整治、水产养殖执法力度进一步加大。

5. 加工出口及电子商务 围绕河北省水产养殖主导品种，注重发展水产品精深加工，促进加工保鲜和副产物综合利用。不断加强水产品牌建设，水产品获评河北名牌产品10家，优质产品1家，注册水产品商标30余个，其中著名商标2个。推进水产品加工业聚集发展，构建水产品全冷链物流体系。重点开辟国外市场，提高水产品附加值。积极推动渔业电子商务试点建设，补助100万元资金支持黄骅市渔业电商创业园建设，已建成了400余平方米的电商园区，配备了办公电脑、无线网络、特色海产品展示台等设备，吸引互联网企业8家，传统渔业企业30余家入驻，开设大型渔业电商免费培训班3期，培训渔民300多名，带动100余家渔业企业“触网”，个体新开手机微小店和淘宝小店150余家，并于2016年6月28日举办了首届黄骅“渤海刺参”品鉴推介会，邀请黄骅刺参养殖户、加工商、经销商、新闻媒体、各大酒店厨师长及相关单位160余嘉宾共同参会。通过公共宣传活动树立黄骅电商品牌，扩大其知名度和影响力，进一步促进了渔业借助“互联网+”转型升级。

6. 渔业安全生产及水产品质量安全 严格落实监管责任，坚持群防群控、管防结合，成功化解3起海上渔事纠纷。强化宣传教育，发放安全生产等宣传资料1万多份，提升船员守法意识，举办职务船员及涉外渔业培训班21期、培训船员4 900多人，有效防范渔船进入敏感水域从事非法捕捞活动。不断提升渔业安全保障能力，全省共承保渔民3万多人，渔船近3 000艘，提供风险保障近84亿元，沿海渔民人均保障额度24.5万元。利用国家金融保险创新实验资金500万元，开展1万公顷水产养殖业保险服务，保险覆盖面积逐步扩大。做好水生动物疫病防控，完成了560个水生动物疫病样品的专项监测任务，全省未发生重大疫情。突出源头监管和综合治理，加大抽检力度，实现水产品生产过程抽检全覆盖。国家组织的市场例行检测200个样品合格率86.5%，同比有所降低；水产苗种、渔用投入品抽检合格率100%；产地水产品质量安全监督抽查150个，抽检合格率100%，对违法养殖和阳性样品查处率达到100%，未发生水产品质量安全事件。

7. 存在的问题 一是粗放的发展方式已无法继续维持。渔业生产作业方式粗放、养殖密度太高、品种结构不合理，捕捞强度过大、渔业资源过度利用，导致渔业资源衰退，渔业水域呈现生态荒漠化趋势。二是产业结构布局必须及时作出调整。渔业发展空间不断被挤压，渔民“失海”“失水”问题比较突出。水产养殖在内陆水源地保护、海洋环境污染综合治理中频繁遭遇“红灯”，水产养殖业发展遭遇前所未有的困境。三是渔业发展组织化程度低、支撑弱的不利局面亟待扭转。渔业一产组织化程度低，缺乏工业化发展思维，产业集聚优势也没有发挥出来，产业链和价值链仍需有效延伸。渔业科技支撑较弱，先进的养殖技术、管理模式不能及时转化并得到有效的应用。四是渔业基础设施建设滞后。港口毁损严重，环境较差，与美丽渔港印象落差较大，不仅安全隐患较大，而且限制了依托渔港进行综合开发利用，渔船抵御自然灾害能力脆弱。五是养殖企业防灾抗灾能力有待提升。7·19特大暴雨造成的洪涝灾害给全省渔业造成近1.6亿元的损失，灾后虽然各级各部门积极开展灾后生产自救，开展灾情调研、技术救灾，并捐款捐物，支持灾区渔业恢复重建，但所有损失都是不可逆转的。

【重点渔业市（县）基本情况】

河北省重点渔业县（市、区）基本情况

市（县、区）	渔业户（户）	渔业人口（人）	水产品产量（吨）	其中				养殖面积（公顷）	其中	
				海洋捕捞	海水养殖	内陆捕捞	内陆养殖		海水	内陆
北戴河新区	6 210	24 642	253 449	13 854	239 259		336	26 140	26 035	105
曹妃甸区	6 828	27 188	140 497	18 415	15 715	70	106 297	17 143	8 354	8 789
乐亭县	415	10 550	137 640	36 789	97 221	500	3 130	28 659	28 319	340
昌黎县	3 471	13 681	91 715	2 272	86 903	6	2 534	13 786	13 683	103
滦南县	3 324	12 407	84 601	33 117	27 352	1 131	23 001	14 929	13 302	1 627
黄骅市	13 350	49 880	77 392	66 244	8 545		2 603	6 340	4 965	1 375
丰南区	2 750	10 960	73 050	14 850	510	1 585	56 105	4 010	702	3 308
迁西县	762	2 220	47 400			3 900	43 500	1 128		1 128
海港开发区	142	587	43 559	12 941	27 902	112	2 604	13 509	13 280	229
安新县	8 090	31 150	35 443			32 170	3 273	1 006		1 006

【大事记】

［1］2月16日，省渔政处、省公安边防总队海警支队在秦皇岛召开维护春季海上渔业生产秩序座谈会。

［2］3月3日，省渔政处开展“世界野生动植物日”宣传活动。

［3］3月4～5日，在石家庄召开全省渔业油价补贴政策调整暨重点工作座谈会，省农业厅副巡视员刘化俊、厅长助理闫建民出席会议。

［4］3月8日，冀鲁两省渔政机构在山东省滨州市召开渔政执法协作交流会议，签署《冀鲁两省渔政执法协作备忘录》。

［5］3月23日，冀辽两省渔政机构在辽宁省绥中县召开交界水域春季海上渔政管理协作会议，省农业厅厅长助理闫建民出席会议。

［6］3月29日，在石家庄市举办水生动物疫病防控培训班，培训各市、县监测站和大型养殖场监测点技术人员100多人。

［7］4月1日，河北、北京两地渔政机构在官厅水库举行联合禁渔启动仪式。

［8］4月16～25日，省渔政处联合秦皇岛市渔政机构和山海关欢乐海洋公园，在秦皇岛戴河口、沟渠寨等渔港码头开展海洋野生动物保护宣传活动。

［9］4月22日，在石家庄召开“全国渔业渔政工作会议精神宣贯会”，省农业厅副巡视员刘化俊出席会议。

［10］4月29日，北京市、天津市和河北省水产技术推广站合作编写的《2016—2017京津冀休闲垂钓游》新书发布会在河北白洋淀庆洋休闲渔业基地举办，河北省农业厅副巡视员刘化俊、北京市农业局副局长李全录、天津市水产局副局长罗会仁、保定市农业局副局长鲍瑞亚到会并致辞，三省市水产技术推广站站长现场签字赠书。

［11］5月5日，河北省农业厅、河北省委省政府农村工作办公室合署办公，渔业行政处室整合为渔业处、渔政渔港处两个处。

［12］5月15日，中国渔政13009号300吨级渔政船建造完成并投入使用。

［13］5月25日，河北省2016年海洋伏季休渔管理工作会议在秦皇岛市召开。

［14］5月30日，河北省农业厅、河北省财政厅联合下发《关于印发〈河北省渔业油价补贴政策调整实施方案〉的通知》。

［15］6月6日，全国“放鱼日”同步增殖放流活动（河北分会场）在黄骅市南排河中心渔港举办，省农业厅、省农工办副主任刘振洲参加。

［16］6月16～17日，河北、北京两地渔政机构对潮白河流域进行联合执法检查。

［17］7月5日，农业部、河北省政府在白洋淀共同举办水生生物增殖放流活动。农业部副部长于康震，

副省长沈小平，省政府办公厅副秘书长赵国彦，省农业厅厅长、省农工办主任魏百刚，省农工办副主任刘振洲出席活动。增殖放流活动结束后，于康震一行还赴秦皇岛检查伏季休渔执法管理工作。

［18］7月19日，保定、石家庄、邢台、邯郸四市遭受特大暴雨天气，渔业各部门迅速指导渔业生产单位开展生产自救和互救。

［19］10月20日，发布实施《河北省促进休闲渔业持续健康发展的实施意见》。

［20］10月27~30日，省农业厅、省农工办副主任刘振洲带队参加第九届中国（厦门）休闲渔业博览会。

［21］12月6~8日，由北京市农业局召集，河北省农业厅省农工办、天津市农委水产办配合的"京津冀渔业协同联席会议"在北京召开。

（河北省农业厅　周栓林）

山西省渔业

【概况】 2016年，山西省广大渔业干部职工和渔农群众，全面贯彻落实中央农村工作会议和全国渔业渔政工作会议精神，以确保水产品安全有效供给和渔民增收为首要任务，转变渔业经济发展方式，深化产业结构调整，开展资源环境保护，加强水产品质量安全管理，加大科技工作力度，提高行业管理水平，渔业各项工作取得新进展。全省水产品总产量52 279吨，较上年减少0.28%，其中：养殖产量51 178吨，较上年减少0.34%，捕捞产量1 101吨，较上年增长2.5%；养殖产量中池塘产量34 672吨，较上年增长0.79%，占养殖产量的71.27%，位居第一；水库产量14 051吨，较上年减少3.44%，占养殖产量的27.46%，位居第二。水产养殖总面积15 937公顷，较上年增长1.6%；渔业经济总产值8.17亿元，较上年减少0.67%，其中：渔业产值6.08亿元，较上年减少0.64%，渔业工业和建筑业产值0.18亿元，与上年持平，渔业流通和服务业产值1.89亿元，较上年减少1.04%；渔民人均纯收入8 253元，较上年增长3.22%。

1.水产健康养殖 一是水产健康养殖示范场创建活动深入开展。2016年，山西省继续将开展水产健康养殖示范场创建活动作为推进水产健康养殖，转变渔业发展方式，加快渔业现代化建设的有力抓手。经申报筛选、考核验收，13家创建单位获得"山西省水产健康养殖示范场"称号。通过复查，2008—2013年省级示范场中有30家通过复查，原健康养殖示范场称号继续有效。

二是池塘标准化改造建设工程扎实推进。按照《山西省池塘标准化改造建设标准》和《山西省池塘标准化改造建设项目考核验收暂行办法》的要求，结合中央财政扶持渔业标准化健康养殖项目的实施，重点扶持具有较大养殖规模、较好基础条件、较高管理水平、较强辐射带动能力的养殖生产单位实施池塘标准化改造建设工程，通过完善升级池塘养殖设施装备，进一步提升池塘养殖标准化水平和安全有效供给能力。

2.水产品质量安全监管 一是水产品质量安全抽检力度持续加大。2016年，山西省进一步加大产地水产品质量安全监督抽查力度，省级全年共组织开展了三批产地水产品质量安全监督抽查和两批水产苗种质量安全监督抽查，涉及15个品种、142个养殖场和16个苗种场。共抽检产地水产品237个批次，合格率100%，较上年提高1.9个百分点，其中：抽检无公害水产品118个样，合格率100%；共抽检水产苗种37个批次，合格率97.3%，不合格样品为虹鳟苗种。共抽检水产品药物残留及有毒有害物质5项，其中：硝基呋喃类代谢物抽检合格率达到100%，较上年提高2.9个百分点，氯霉素、喹乙醇、甲基睾酮的抽检合格率仍继续保持100%，孔雀石绿抽检合格率为99.6%，较上年提高1.3个百分点。协助重庆市水产品质量检验测试中心完成了农业部对山西省开展的2次产地水产品质量安全监督抽查，共抽查山西产地水产品60个批次，抽查合格率100%。协助浙江省水产品质量检测中心完成了农业部对山西省开展的1次产地水产苗种质量安全监督抽查，共抽检山西省产地水产苗种5个批次，抽检合格率100%。协助农业部渔业产品质量监督检验测试中心（南京）完成了农业部对山西省开展的4次市场水产品质量安全例行监测（风险监测），共抽检市场水产品200个批次，总体监测合格率97.5%，较上年提高6.1个百分点。完成了农业部委托山西省开展的国家水产品质量安全监督抽查工作。

二是无公害水产品认证工作扎实推进。按照农业部农产品质量安全中心要求，从2016年6月1日起，启用"无公害农产品管理系统"开展无公害水产品认证信息录入、受理、审核、报送、查询、处理等工作，有效提高了无公害水产品认证审查质量及效率。全年新认定无公害水产品产地15个，认定面积146公顷，新认证无公害水产品23个，认证产量2 278吨，无公害水产品产地和产品复查换证率均达到90%以上。

三是水产品质量安全宣传和培训不断强化。按照山西省食品安全委员会办公室要求，6月16~27日，在全省范围内开展了以"尚德守法 共治共享水产品质量安全"为主题的水产品质量安全宣传周活动，动员全社会关心、支持和参与水产品质量安全工作，营造了人人关心水产品质量安全的浓厚氛围。举办了一期全省水产品质量安全培训班，来自全省11个市、30多个渔业重点县的158名水产品质量安全监管工作骨干参加了培训。省、市、县共组织各类培训42次，受训人员1 046人次，发放各类宣传资料8 850份，媒体宣传报道56次。

3.现代渔业建设 针对近年来由于全省基础性工作的缺失，现代渔业可持续发展受到制约的现状，着力在四个方面补齐短板，筑牢基础。一是在2008—2010年渔业资源调查的基础上，开展对作为一、二级水源地的泉域、水库的水生生物多样性及养殖现状进行补充性调查。同时对省内公布拟制定生态修复规划的沁河、桑干河、滹沱河、漳河以及涑水河、御河这些主要河流水生生物底底数进行调查，掌握这些水域的水生生物构成和基础数据。全面了解这些水域水生生物资源状况，提出作为一、二级水源地的泉域、水库生态养殖指导意见，为在省内相关规划的实施中争得利益，增强话语权、主动权创造条件。二是拟定《汾河流域生态渔业发展指导意见》，作为省内河流生态修复主要部分的一个切入点，积累成熟经验和成熟模式，进而拓展渔业发展空间，丰富渔业发展内涵。三是推进渔业品牌建设。拟定符合山西省实际的渔业品牌推进行动计划，从品牌发展布局、培育品牌创建主体、构建品牌发展机制、创新品牌发展模式、健全品牌服务体系、完善品牌发展政策等方面对全省渔业品牌的发展进行顶层设计。四是启动《山西通志水利志（渔业部分）》和《山西渔业志》编纂工作，通过史志的编纂，记录山西渔业发展历史，为各级领导的行政决策提供依据，为山西现代渔业发展提供服务。

4.渔业资源与环境保护 一是进一步扩大增殖放流活动规模。按照农业部统一部署，6月6日，在运城、吕梁等市同步组织开展了水生生物增殖放流活动，全年放流各种经济鱼类1 007万尾。二是按照全国渔业生态环境监测网实施方案，对汾河二库、漳泽水库、小浪底水库开展了渔业环境常规监测，监测总面积8 600公顷，检测水样450样次。三是组织开展山西省特有品种大鲵、乌苏里拟鲿、唇鱼骨、黄河鲶等水产种质资源繁育项目攻关，目前大鲵幼体保有量已达到3 000尾，储备鲶鱼亲鱼300组、乌苏里拟鲿亲鱼80组、黄颡亲鱼100组，繁育鲶鱼苗种10万尾、乌苏里拟鲿鱼苗种6万尾、黄颡鱼苗种10万尾，为全省土著鱼类的增殖与恢复创造了条件。四是组织开展蒙西至华中地区铁路煤运黄河公铁两用大桥对黄河中游国家级水产种质资源保护区生态补偿和运宝高速公路黄河大桥生态补偿项目的年度资源监测及资源修复工作。

5.渔政执法和渔船管理 组织了渔船重要安全隐患排查整治行动，同时加强对船用产品的监督检验。结合船用产品年度复查工作，深入开展渔船船用产品质量安全专项检查活动，对企业生产的船用产品进行抽查，对正在建造和维修的船用产品材料和设备进行检查，确保产品证书、产品铭牌与实物的一致性。实施禁渔期、禁渔区制度管理。开展了春季禁渔督查及渔船重要安全隐患排查整治行动，通过各市县渔政主管部门的积极配合和有力打击，有效保护了全省天然水域渔业资源。

6.渔业科技与推广 以人员下基层、项目向基层、资金惠基层，促进渔业人才队伍建设、促进科技创新和先进实用技术推广、促进渔业增效和渔民增收为主要内容的省直渔业系统“三基三促”活动连续实施两年，打破了省直各渔业单位间交流与协作的壁垒，相关项目单位之间能够互动交流，及时就项目实施中遇到的技术问题进行会商研讨、协作，增强了各单位的全局意识和合作意识。广大青年技术人员舍小家、为事业，在土著鱼类繁育、新型养殖模式的研究、渔业网络建设、新品种的引进养殖及疫病控制等项目上取得了突破性进展，为全省现代渔业的发展做好了人才及技术的储备。

在巩固和发展鲤鱼、草鱼等大宗水产品和虹鳟、鲟鱼、黄河鳖等特色水产品养殖生产的同时，引进和扩大南美白对虾、大闸蟹、黄颡鱼、匙吻鲟等经济效益高、市场销路好、适合山西省养殖的名优水产品种养殖，名优水产养殖品种的比例稳步提高，养殖品种结构持续优化，名优水产品养殖比重达到22%。

7.存在的问题

（1）养殖生产成本高。受资源条件、客观自然条件限制，大宗水产品养殖成本偏高，加之鱼价低迷，导致养殖户增产不增收和养殖收益降低。

（2）社会化产业体系不健全。一方面，山西省目前没有产业规模较大，产业体系完善，行业影响力大的企业，也没有形成产业联盟。另一方面，全省社会化服务体系发展仍处在较低的发展阶段，专业合作组织作用发挥有限，抵御市场风险的能力和参与市场竞争的能力较低。

（3）渔业基础设施薄弱、技术装备和科技水平相对落后，标准化池塘等基础设施建设长期滞后，渔业科技创新能力不足。

（4）省级支渔资金投资逐步回落，渔业发展资金支撑乏力。

（5）从业人员年龄结构老化，从业人员文化水平偏低、思想观念陈旧,接受新模式、新品种、新技术程度差。

【重点渔业县(市)基本情况】

山西省重点渔业县(市、区)基本情况

市(区、县)	总人口(万人)	渔业产值(万元)	水产品产量(吨)	其中		养殖面积(公顷)
				内陆捕捞	内陆养殖	
永济市	45.6236	16 873.50	15 214		15 214	908
万荣县	45.1555	5 857	5 492	6	5 486	400
曲沃县	24.4106	2 239.08	1 894		1 894	359
尧都区	97.1438	1 849	1 557		1 557	239
垣曲县	23.7379	1 689.19	1 415	723	692	46
清徐县	35.0783	2 993.6	1 355		1 355	314
襄汾县	45.5935	1 415.4	1 309		1 309	142
洪洞县	75.2012	1 416	1 288		1 288	125
芮城县	40.6420	1 511.92	1 092	30	1 062	256
沁县	17.2205	820	855		855	530

【大事记】

[1]5 月 24 日,省水利厅在省水产育种养殖科学实验中心举行首届全国水产技术推广职业技能竞赛颁奖仪式,为全省获得全国水产技术推广职业技能竞赛总决赛的优秀组织奖,省水产育种养殖科学实验中心毋占勇和张元获得三等奖和个人优秀奖,山西省参赛选手毋占勇、张元、郭少敏 3 位同志被省农林水工会委员会授予的山西省农林水五一劳动奖章进行颁奖。省水利厅工会、厅渔业局有关负责人参加了颁奖仪式。

[2]9 月 12 日,全省生态黄河鲤鱼推介会暨渔业品牌建设研讨会在太原召开。省水利厅副巡视员孟希雄出席会议。

[3]11 月 8～9 日,省厅渔业局委托省水产技术推广站在省城太原举办了 2016 年全省基层水产技术推广骨干人员培训班。省水利厅副巡视员孟希雄出席开班仪式并讲话,对这次培训班的重要性和必要性进行了深刻阐述,对确保培训质量和效果及完成好培训任务提出了明确要求。

[4]12 月 29 日,由省水产育种养殖科学实验中心实施的《山西省黄河鲤保种场建设项目》于 2016 年 12 月 29 日通过竣工验收。

(山西省水利厅渔业局　曹　庆)

内蒙古自治区渔业

【概况】 2016 年,全区渔业系统认真贯彻落实全国渔业渔政工作会议、全区农牧业工作会议和《内蒙古自治区人民政府关于加快现代渔业发展的实施意见》精神,坚持"生态优先,以养为主"的发展方针,围绕转方式调结构,促进渔业转型升级,大力推进水产健康养殖、加大渔业资源养护力度、发展休闲渔业、加强渔政管理、狠抓渔业生产安全和水产品质量安全,渔业生产稳步发展。全区水产品产量 15.8 万吨,同比增长 3.1%。渔业经济总产值 29 亿元,同比增长 4.6%,渔民人均纯收入 1.21 万元。

1. 推进水产健康养殖　按照农业部转方式调结构的总体部署要求,各盟市因地制宜,积极推广生态环保、节能减排的生产方式,大力发展水产健康养殖。2016 年,全区新创建农业部渔业健康养殖示范县 1 个、健康养殖示范场 14 个,池塘生态养殖面积达到 4 667公顷,中小水面生态集约化养殖 1.13 万公顷,稻田养殖 2 240 公顷,新建池塘 119 公顷,改造老旧池塘 342 公顷。

2. 调整渔业产业结构　积极贯彻落实农业部《关

于加快推进渔业转方式调结构的指导意见》和农业部召开的渔业转方式调结构现场会精神，组织召开了全区渔业转方式调结构工作座谈会，推动全区渔业转方式调结构，加快转型升级步伐。

一是调品种结构，发展特色渔业。沿黄地区大力发展黄河鲤养殖。巴彦淖尔市、乌兰察布市、锡林郭勒盟等地扩大了河蟹养殖规模。各地转变生产方式，积极开展鱼菜、鱼稻共生的综合种养殖。达拉特旗开展南美白对虾养殖超过13公顷，每公顷最高单产达4 500多千克。包头市悠然种养殖合作社，建设4 000平方米的温室大棚开展南美白对虾养殖。二是发展水产品加工。呼伦湖渔业集团继续开展罐头食品加工，达里渔场等企业在稳步发展传统速冻方便产品加工的同时，积极探索风味食品加工；鄂尔多斯市、阿拉善盟继续开展螺旋藻、盐藻的养殖和加工。三是发展休闲渔业。各级渔业部门，将休闲渔业作为转方式调结构的工作重点，引导休闲渔业科学有序发展。呼伦湖、达里湖等大型渔业水域，进一步完善了休闲住宿、餐饮和渔业展览等设施设备，积极推进观光旅游渔业发展；全区多地举办了形式多样、内容丰富的放鱼节、稻田捕鱼节、冬捕节，促进了当地旅游业的发展。四是创建品牌。各渔业企业和渔民专业合作社以品牌建设为抓手，积极推进水产品"三品一标"认证，提升产品知名度和竞争力，全区认证、复查换证无公害、有机水产品分别为11个、6个。在加快品牌创建的基础上，大力发展直销、专卖等便民销售方式，赤峰市达里渔场、兴安盟察尔森水库等企业利用互联网与电商结合，实现网络销售，拓宽了销售渠道，提高了生产经营效益。

3. 加强渔业资源养护 2016年，全区累计放流各类经济鱼类苗种8 400多万尾，开展放流活动64次，放流活动得到各级领导的支持和重视。6月6日，全区10盟市同步开展了鱼类增殖放流活动。分别在黄河、海拉尔河、西辽河、达里湖、贝尔湖、尼尔基水库、锡林河水库、孟家段水库等地开展了人工增殖放流。8月24日，内蒙古自治区农牧业厅和呼伦贝尔市人民政府联合举办了"2016年呼伦湖水生生物资源增殖放流活动"，此次共放流鲢鳙鱼种11.7吨。8月25日，内蒙古自治区渔政渔港监督管理局和呼伦贝尔市农牧业局联合举办了"中蒙界湖贝尔湖水生生物资源增殖放流活动"，本次活动共放流鲢鳙鱼鱼苗200万尾、鲶鱼鱼种3吨。9月23日，内蒙古自治区农牧业厅和巴彦淖尔市人民政府联合举办了"2016年乌梁素海水生生物资源增殖放流活动"，本次活动共向乌梁素海投放草鱼种3 048.12千克，花、白鲢鱼种5 662.3千克。此外，积极推进呼伦湖、乌梁素海生态综合治理，加强种质资源保护区建设。

4. 渔业科技水平稳步提升 一是强化技术创新能力。自治区水产技术推广站结合大宗淡水鱼项目的实施，在池塘健康养殖技术集成、新品种引进、病害防治、水质调节、节能减排等方面进行了试验示范和技术创新，推动了池塘生态健康养殖发展。二是加大适用技术推广力度。各盟市主要推广池塘健康养殖、名优新品种养殖、冷水鱼养殖、稻田养殖、病害防治等适用技术，建立示范场、示范户，加大适用技术推广力度。三是开展技术培训与咨询服务。3月25日至26日，自治区水产技术推广站在呼和浩特市举办了"全区水生动物病情测报信息系统技术培训班"，各盟市和重点旗县病害测报技术人员89人参加了培训。11月7日至8日，在呼市举办"全区水产养殖新品种新技术培训班"，邀请国内知名专家授课，各盟市旗县80名渔业技术骨干进行了培训。2016年全区共举办培训班50期，培训4 578人次，发放技术资料16 342份，开展渔业科普宣传146次，科技下乡3 139人次，咨询服务3 995人次。

5. 提高水产品质量安全水平 根据全国水产品质量安全监管工作会议精神，按照《内蒙古自治区人民政府关于印发2016年食品安全重点工作安排的通知》和自治区农牧业厅《2016年农畜产品质量安全监管工作要点》及厅系统召开的5次专题会议部署，渔业部门进一步强化了水产品质量安全监管。一是落实水产品质量安全责任制。各盟市通过签订责任状、承诺书等方式，落实了属地监管责任和生产者的主体责任。二是加大了水生生物疫病防控力度。三是开展了养殖执法检查、督查。2016年全区出动人员1 695人次，检查了437个水产养殖场（户），对"三项"记录不完善、投入品管理制度不健全的单位进行了整改，组织全区开展了水产品质量安全监管交叉督查和专项督查。四是组织开展了产地水产品抽检。由农业部（浙江）水产品检测中心抽检的通辽早繁场的5个苗种样本，合格率100%。农业部和自治区两级组织开展了产地水产品抽检263批次，抽检合格率为99.2%。

6. 强化渔政管理工作 开展了渔业法宣传月、水生野生动物保护科普宣传月活动，加大了渔业法律法规宣传力度。下发了《关于印发内蒙古自治区2016年禁渔期禁渔区渔政管理通告的通知》，强化了天然水域禁渔期、禁渔区管理，严厉查处使用"绝户网"等违规渔具和电鱼、毒鱼、炸鱼等破坏渔业资源的方法进行捕捞的违法案件，打击非法捕捞行为，较好维护了渔业生产秩序。严格依法审批水生野生动物特许利用，有效保护水生野生动物资源。加强渔政队伍和管理能力建设,不断推进文明执法。2016 年,陈巴尔虎旗渔政监督管理站被农业部评为"全国渔业文明执法窗口单位"。

7.构建平安渔业 按照农业部全国渔业安全生产视频会议、自治区安全生产委员会和自治区农牧业厅文件精神,严格落实渔业安全生产责任制,强化责任意识,组织开展了安全生产月、隐患排查等活动,进行了四次全区性渔业安全生产督查。在岱海组织了全区渔业安全生产应急演练,为妥善应对突发事故奠定了基础。加强渔船管理,落实"三证合一"制度,开展渔船检验、船员培训、船用产品专项整治工作。

【重点渔业市(县)基本情况】

内蒙古自治区重点渔业市(县)基本情况

市(旗、县)	总人口(人)	渔业经济总产值(万元)	水产品产量(吨)	其中		养殖面积(公顷)
				捕捞	养殖	
莫力达瓦达斡尔族自治旗	31.9	11 447	9 467	3 353	6 114	5 000
土默特左旗	36.5	10 191.44	6 429		6 429	2 885
临河区	55,	6 557.38	5 721	121	5 600	1 534
杭锦后旗	31.3	6 828	5 690	320	5 370	2 195
陈巴尔虎旗	5.8	8 655	5 372	1 586	3 786	8 386
达拉特旗	33.1	12 276.26	5 190	35	5 155	1 201
磴口县	12.3	10 627	5 167	1 101	4 066	2 374
新巴尔虎左旗	4.2	6 673	4 877	2 144	2 733	3 149
九原区	20.1	8 911.25	4 796	189	4 607	516
托克托县	20	8 590.67	4 628	609	4 019	637

【大事记】

[1]4 月 1 ~ 30 日,自治区渔政渔港监督管理局组织全区开展《渔业法》宣传月活动。

[2]5 月 1 日至 7 月 31 日,自治区渔政渔港监督管理局组织各盟市渔业主管部门及其所属的渔政执法机构,在黄河内蒙古段,贝尔湖、额尔古纳河等边界水域,自治区重要河流、湖泊、水库开展禁渔期渔政综合执法行动。

[3]6 月 6 日,内蒙古自治区渔政渔港监督管理局组织全区 10 个盟市开展了以"增殖水生生物资源、促进生态文明建设"为主题的增殖放流活动。

[4]8 月 24 日,内蒙古自治区农牧业厅和呼伦贝尔市人民政府联合举办了"2016 年呼伦湖水生生物资源增殖放流活动"。

[5]8 月 25 日,内蒙古自治区渔政渔港监督管理局和呼伦贝尔市农牧业局联合举办了"中蒙界湖贝尔湖水生生物资源增殖放流活动"。

[6]9 月 23 日,内蒙古自治区农牧业厅和巴彦淖尔市人民政府联合举办了"2016 年乌梁素海水生生物资源增殖放流活动"。

[7]10 月 18 日,自治区农牧业厅在呼和浩特市召开全区渔业转方式调结构工作座谈会,贯彻落实全国渔业渔政工作会议、《农业部关于加快推进渔业转方式调结构的指导意见》及农业部全国渔业转方式调结构工作现场会精神,总结交流全区各地做法、成效和经验,部署全区渔业转方式调结构的重点工作。

[8]12 月 7 ~ 16 日,按照自治区农牧业厅印发的《全区农牧业领域安全生产大检查工作方案》精神,自治区渔业局、渔业船舶检验站的主要领导、分管领导和业务骨干加入到全区六个安全生产督查组,分别对全区 12 个盟市的近 30 个旗(县、区)境内的渔业生产企业(单位)进行现场安全大检查。每个组由农牧业厅的分管厅长带队。

(内蒙古自治区农牧业厅渔业局 陈春雷 冯阁春)

辽宁省渔业

【概况】 渔业经济稳步增长,全省水产品总产量完成 549.5 万吨,同比增长 5%;渔业经济总产值实现 1 457

亿元,同比增长6.6%;渔业增加值实现519亿元,同比增长5.9%;水产品出口额27亿美元,占全省大宗农产品出口额的59.2%。渔民人均纯收入达到17 637元,同比增长6%。

1.推进结构调整,加快发展现代渔业

(1)渔业供给侧改革政策密集出台。以省政府名义出台《辽宁省渔业产业发展指导意见》,召开全省海洋生态修复暨水产品冷链物流业发展现场会;实施《辽宁省渔业供给侧结构性改革行动计划》,召开全省渔业转方式调结构现场会,相继出台12个项目资金管理办法。

(2)全面推行生态健康养殖。创建农业部水产健康养殖示范场29家,示范面积1.27万公顷,全省累计达到515家,面积77.6万公顷;扶持建设渔业标准化健康养殖项目28个,拉动社会投资3 400万元。实施增殖放流104.4亿单位,其中海水放流58.1亿单位,同比增长12.2%,辽东湾中国对虾回捕产量995吨,产值1.39亿元,创历史新高。锦州和大连财神岛、蚂蚁岛、大长山岛、小长山岛等5处海域获批为第二批国家级海洋牧场示范区,大连建成海洋牧场0.67万公顷,锦州新增人工鱼礁区133公顷。大连、营口、葫芦岛等市发展深水抗风浪养殖网箱320只;丹东市以“渔业精品”理念发展四大特色养殖基地,精品产量占养殖产量的72%;盘锦市发展稻渔综合种养3.53万公顷,实行“一水三养”“一地四收”。

(3)努力调整养殖品种结构。以18个优势特色种类为主,加快品种结构调整。实施水产种业工程,引进海淡水优良品种20个,新增省级水产原良种场7家,复查21家。沈阳市出台渔业生产贷款贴息和新品种引进补贴政策;大连虾夷扇贝“獐子岛红”通过国家水产新品种审定;抚顺市引进细鳞斜颌鲴开展标准化人工养殖;营口市南美白对虾亲本引进繁育和苗种淡化培育结束了单纯依靠南方供苗的历史;辽阳市通过实施良种工程提高良种繁育能力10%;盘锦市安排资金对泥鳅鱼养殖户给予补贴。

(4)大力实施捕捞业优化调整。严格执行渔船“双控”制度,近海捕捞产量实现零增长。全省更新改造海洋捕捞渔船60艘,减船1 992艘,压减功率5.2万千瓦,其中大连市占全省总数的71%和62%。远洋渔业企业达到30家,执行48个远洋项目,外派渔船370艘,产量28万吨,产值27.5亿元,同比分别增长3.7%和2.6%。

(5)持续实施渔业品牌战略。全省认证无公害水产品79个,其中大连市58个。大连“宝发海珍”牌海参等11个水产品被认定为“辽宁名牌农产品”。锦州毛蚶、毛虾,宽甸鸭绿江鲤鱼,瓦房店虾皮、海参获农业部地理标志登记保护水产品。组织渔业企业参加各类展会,在第十四届国际农产品交易会上,锦州毛虾签下15万美元订单,大连海宝获交易会产品金奖。以大连海参为代表的“辽参”荣获中国区域水产品牌第一名;盘锦河蟹经国家质量监督检验检疫总局评价,品牌价值132.17亿元,创历史新高。大连市代表国家成功突破双壳贝类出口欧盟市场壁垒;葫芦岛地区养殖大菱鲆出口实现“零”的突破,全年出口30吨。

(6)合力促进三产融合发展。发布实施《辽宁省休闲渔业“十三五”发展规划》,认定示范基地12家,示范引导休闲渔业加快发展。开展了水产品冷链物流建设专题调研,研究专项资金管理办法。认定省级现代渔业园区2个、省级示范社2个、特产之乡1个。鞍山市观赏鱼年产值达7亿元,拥有东北最大、全国第三大观赏鱼交易中心;本溪市以冷水鱼养殖为基础发展农家乐休闲渔业;丹东东港黄海大市场电子商务销售新模式成效显著;营口市海蜇加工居全省首位;辽阳市“互联网+渔业”信息工程及时传递惠民政策和渔情信息;盘锦河蟹产业初步形成全产业链条,为全市城乡提供就业岗位12.8万个。

2.开展专项整治,强化渔业资源保护

(1)重点推进专项整治行动。按照严打现行、封住存量、锁住源头的原则,清理取缔“三无”渔船495艘,其中大连和锦州各占拆解任务总数的30.5%。全省勘验渔船15 403艘,为“船证不符”专项整治奠定了基础。全年查获违规船只200余艘,清理取缔违规网具4万余张(片),并集中公开销毁,“绝户网”等违规渔具使用蔓延态势得到一定程度的遏制。

(2)严格执行伏季休渔制度。重点加强了资源增殖保护,有效提高了放流生物的成活率。召开伏季休渔暨辽东湾海蜇资源管理工作电视电话会议,制发实施方案,大力宣传有关规定及伏休重要意义,连续14年实现辽东湾海蜇统一开捕。

(3)切实加强水生野生动物保护。加大宣传力度,增强公众对水生野生动物的保护意识。严厉打击非法捕捉、猎杀、经营利用水生野生动物行为,积极开展斑海豹、江豚等的救助工作。获批大连遇岩礁海域、辽宁浑河源细鳞鱼两个国家级水产种质资源保护区。

3.加大监管力度,确保安全持续发展

(1)扎实开展安全生产监管。严格落实安全生产制度和责任,积极开展平安示范县创建,大连旅顺陈家渔港、丹东北井子渔港、盘锦盘山一级渔港获“全国文明渔港”。有针对性地开展各类专项整治，加强隐患排查和风险点控制，加强安全生产教育宣传。全省渔业互保入保渔民近5.2万人、渔船3 379艘。全年救助渔船39艘、渔民205人，挽回经济损失4 000余万元。妥善调查处置安全事故，加大问责追责力度。国务院安委会巡查组充分肯定了辽宁省渔业生产安全管理工作。

(2)扎实开展质量安全监管。制发实施意见，建立数据库，实行动态管理，实施交叉检查，注重结果运用，全年完成各级各类监测4 022批次，水产品产地合格率99.3%，水产苗种合格率98.9%，无重大质量安全事故发生。葫芦岛市以“兴城多宝鱼”品牌为切入点，初步建立大菱鲆质量安全追溯机制。

(3)扎实开展综合管控执法。实施涉外渔业管理专项督查，强化敏感水域巡航管控，配合有关部门严防涉外事件发生。

4.建强支撑体系，助推科技兴渔

(1)科研工作取得成果。科研项目中获全国农牧渔业丰收三等奖、省科技进步三等奖各1项。评选出辽宁省渔业科技贡献一等奖4个、二等奖3个。推进标准化建设，获批海洋与渔业地方标准17项。

(2)科技助渔步伐加快。整合科研成果和关键技术，以省内科研单位和龙头企业为主体，成立了3个国家级和1个省级优势品种产业科技创新联盟。确定了23个项目县，加强基层水产技术推广体系建设。实施各类水产技术推广项目26个，开展推广体系各类培训180期，培训人数1万余人次。

（辽宁省海洋与渔业厅）

吉林省渔业

【概况】 2016年，吉林省水产养殖面积共达31.89万公顷，比上年增长0.63%；完成水产品产量20.07万吨，比上年增长2.9%，其中养殖产量18.12万吨，增长3.54%，捕捞产量1.95万吨，下降2.56%。实现全口径渔业产值120亿元，较上年增长29%，渔民人均纯收入达到12 303元，较上年增长15.3%。

2016年，吉林渔业以转方式调结构为主线，加快供给侧结构性改革取得成效，渔业经济形势稳步向上，总体呈现出水产增养殖业规模扩大、水产加工业势头强劲、水产品消费流通活跃、水产龙头企业不断壮大的局面。同时，水产品质量安全管理、水产技术推广、渔业行政执法、水生生物资源养护、水生态文明建设等工作均有明显加强，实现“十三五”顺利开局。

1.渔业调结构转方式取得新成效 稻渔综合种养全面铺开，在镇赉、东辽、柳河、前郭等县市建立核心示范区10处，全省实施面积1.47万公顷，较2015年增长76%，稻田亩综合增收1 000元以上，部分因渔实施稻米认证的企业，主产品售价实现翻一番甚至多番，促进农民增收效果明显。水产品加工贸易发展迅猛，以珲春为主体的海产品来料加工业规模持续扩大，完成加工量22万吨，同比增长30%。冷水鱼养殖加快提档升级，引进的大西洋鲑、三倍体虹鳟在白山、抚松、和龙等地试养成功，首次收获地产三文鱼商品鱼，吉林成为全国少数几个能够生产优质三文鱼的省份之一。休闲渔业不断壮大，以休闲垂钓、观赏鱼养殖、冬捕渔猎节庆、涉渔旅游服务、渔业展馆等为主题的休闲渔业活动火热开展，一批发展潜力大、带动能力强、品牌优势明显的休闲渔业实体迅速成长，休闲渔业呈现出蓬勃发展态势。2016年全省全口径休闲渔业总产值达到14亿元，国家级休闲渔业示范基地达到10处，省级休闲渔业示范基地达到35处，仅查干湖渔场2016年休闲渔业产值就实现1.3亿元，休闲渔业所占渔业经济总产值比重逐年上升，成为渔业经济发展的新亮点。

2.渔业改革取得新进展 强化了规划引导，编制完成了《吉林省渔业发展“十三五”规划》，组织出版了《吉林省养殖区域分布和水体资源图集》，指导全省现代渔业发展。渔业油价补贴政策全面调整，依据省政府出台的政策指导性文件，组织对基层管理人员进行了系统培训，设计、实施了扶持资源养护、生产设施建设等相关项目。加强了河湖连通工程渔业利用研究，召开了由相关县市政府、主管部门领导参加的河湖连通工程渔业利用研讨会，就相关工作进行了研讨和超前部署。在全国率先推进了渔业船舶证书“三证合一”改革工作，制定下发了实施方案，开展了专题培训，协调落实了工作开展所需的相关设备。作为全国3个试点省份之一，成功组织了渔业行政执法人员资格统一考试，推进了渔业执法队伍规范化建设。

3.设施装备建设取得新突破 加强了水产良种、渔政执法等设施装备建设，组织实施了渔业管理、渔业标准化健康养殖等中央和省级财政资金项目，制定了项目实施方案，落实了具体任务，共建成水产保种场1处、渔政船艇14艘、渔业标准化生产基地17处，为提高渔业综合生产能力、提高水产品产量和质量、增加渔民收入、改善渔业生态环境等创造了有利条件。加快渔业信息化建设，建立了省级渔业视频会议系统和水生动物疾病远程诊断服务网。同时，突出了资金和项目规范化管理，建立了渔业项目储备库和评审专家库。研究制定了《水产专项资金管理办法》等制度措施，组织开展了农业部项目、省级项目专项检查和中期检查。对基层水产技术推广体系建设、水生生物资源养护、省级水产专项、渔业油价补贴省级统筹等项目进行了绩效考评。

4. 质量安全监管取得新效果 全省各级渔业主管部门认真贯彻落实农业部和省委、省政府决策部署，紧紧围绕“两个确保”要求，全面强化了水产品质量安全监管工作。持续推进水产健康养殖，制定下发了2016年水产健康养殖示范创建活动方案，在全省组织开展了水产健康养殖示范场创建活动，共有36家养殖场通过考核，获农业部水产健康养殖示范场称号。全省新增无公害水产品产地22个、认证无公害产品34个，复查换证43家企业90余个产品，换证率达到100%。新创建11个省级农产品质量安全县，完成了榆树市等3家全国首批农产品质量安全县的考核验收。全省水产品质量安全执法水平持续稳定向好，水产品质量安全专项整治与渔业“双打”及农资打假专项治理行动有机结合，以重点环节整治为主题，深入抓好元旦、春节、“五一”、端午节和国庆节等重要节日以及“两会”等重大活动期间的水产品质量安全执法监管工作，组织各级渔业行政主管部门关注重点时段、狠抓重点环节，先后开展了农村和城乡结合部专项整治、水产苗种专项治理、节日综合整治、重点水产品种专项治理等专项行动。全省累计出动执法监管人员2 608人次、执法车辆312台次，对56家水产原良种场进行了全面排查，对879家水产苗种生产企业进行了重点检查，对1 567家水产养殖企业及水产养殖户进行了普遍检查，共查处问题104起，责令整改28起。监测水产批发市场、农贸市场和大型超市667个，整治重点区域127个，发放宣传材料16 720份，指导培训453场次、培训22 040余人次。强化了水产品药物残留抽查，全省共抽检水产样品1 300余份，无公害水产品112份，设置快速检测点33个、筛查样品991份，农业部和省级产地抽检合格率均达到100%，流通领域监测平均合格率达到95.5%，达到国家规定要求。检测能力也不断提高，在第三届全国农产品质量安全检测技能竞赛总决赛中，吉林省获得团体一等奖和个人一等奖的好名次。

5. 资源养护取得新成绩 继续深入贯彻实施《中国水生生物资源养护行动纲要》，科学制定全省禁渔区、禁渔期，发布了《吉林省2016年禁渔通告》，为自然鱼类的产卵繁殖和生长创造了有利环境。加强了自然保护区和水产种质资源保护区建设管理，开展了资源调查和交叉执法检查。推进了松嫩两江干流治理等涉渔工程渔业生态补偿措施落实。新建国家级水产种质资源保护区3处，鸭绿江上游等保护区建设管理水平持续提高。开展了渔业污染事故调查鉴定、水污染防治等工作。持续扩大水生生物增殖放流规模，加大珍稀濒危水生生物放流力度，严格把关放流鱼类品质、数量、种类及放流单位的审核，先后在松花江、鸭绿江、图们江、嫩江等水域组织开展放流活动46次，投入资金967万元，放流各类鱼苗2.3亿尾、移植受精卵20亿粒，放流细鳞鱼、鸭绿江茴鱼、大麻哈鱼及马苏大麻哈鱼等珍稀濒危物种30万尾。6月6日“放鱼节”期间，省水利厅与吉林市人民政府在松花江举办了大型放流活动，对增殖渔业资源，修复水域生态环境，进一步增强社会各界的资源与环境保护意识，起到了积极的作用。

6. 水产科学研究取得新成果 实施了渔业科技攻关重点项目18项，验收鉴定课题4项，部分达到国内领先水平，《氟苯尼考水产养殖规范》荣获第三届吉林省标准创新贡献三等奖。深入实施了国家大宗淡水鱼和省渔业产业技术体系建设，进行了新品种扩繁与养殖技术示范，推广了松浦镜鲤、异育银鲫“中科3号”、长丰鲢等优良品种。开展了大宗淡水鱼出血病防治技术集成示范，制定了药物安全使用技术规范。持续开展了长白山特色冷水渔业开发利用研究，加强了细鳞鱼、哲罗鲑、鸭绿江茴鱼等土著鱼类驯化及繁育，引进三倍体虹鳟、大西洋鲑等优良鱼种，完成鱼苗培育试验示范，探索出网箱养殖的最佳模式。开展了西部河湖连通工程渔业利用评估调查，完成初步调查并开展鱼产力评估，提出渔业开发利用价值。完成了农业部下达的松花江、鸭绿江、图们江3条江河和4个水产种质资源保护区等吉林省重要渔业水域生态环境监测工作，进行了样本采集并编制完成了《吉林省2016年度渔业环境监测报告》。

7. 水产技术推广取得新效应 组织推广了“稻渔综合种养”“盐碱性湖泊生态养殖”“池塘标准化健康养殖”等13项示范推广项目，示范总面积2.17万公顷。“池塘微孔增氧技术”等惠农惠渔项目继续在松原、桦甸、靖宇等地大面积推广应用。指导各市县结合自身产业基础、资源特点和市场需求，以《吉林省渔业主导品种和主推技术》为依托，围绕东中西三大布局，开展先进适用健康生态养殖技术、良种良法到场入户的示范推广工作，推动了品种与模式特色鲜明的水产养殖产业格局的形成。扣蟹安全越冬技术获得成功，保证了蟹稻共生项目的苗种供应，在永吉县国家现代农业示范区组织召开了全省稻田养蟹现场交流会，省电视台、新华社、《吉林日报》、中国农业推广网等多家媒体对稻渔种养技术进行报道和宣传，全省稻渔种养增收工程大面积持续推广取得良好效果。三文鱼等冷水和亚冷水性鱼类网箱养殖试验，取得突破性进展，实现了三文鱼苗种培育、成鱼养殖"两条腿"走路，促进了全省冷水鱼品种结构的优化与调整。启动运行了"水产养殖动植物病情测报信息系统"，监测发病养殖品种22个、疾病15种；在梅河口等10个县市、58家养殖企业继续开展了重大水生动物疫病专项监测工作；在镇赉县首次举办了重大水生动物疫病突发事件应急演练，提高了从业人员对重大水生动物疫情的应急处理能力；在白城、四平、抚松等10个渔业重点市县试点开展水生动物疾病远程辅助诊断服务，省级、基层监管平台及"水产养殖质量安全服务信息系统"有望实现对接，全省重点渔区渔业病害监管手段将得到进一步提升。开展了省级水产良种场和地产水产品的监管工作，强化了无公害水产品认证与监管。水产技术推广体系服务能力和水平不断提高，2016年全省35个县市得到基层推广体系建设补助项目资金扶持，示范开展关键技术120项，建立示范基地86处，示范推广面积0.487万公顷，建立信息网站7个、手机平台662个，开通服务热线714条，开展178期各类培训班，培训农渔民1万多人次。依据考核管理办法，对已批复的7个国家级和8个省级示范站加强了动态监管，示范站在基层体系建设中的引领带动作用进一步强化。体系队伍整体素质不断提升，全省水产推广技术人员数量突破2 100人，其中专业技术人员占比达到74%，具有大专学历以上人员数量达到825人，推广队伍的专业结构、年龄梯度不断趋于科学化、合理化。在农业部开展的全国农业先进集体和先进个人评选表彰活动中，2名基层水产技术推广人员获得"全国农业先进个人"荣誉称号。

8.渔政管理工作取得新提升 严格执行禁渔期、禁渔区制度，组织开展了涉外渔业、重点湖库、自然保护区等渔业专项执法行动，加强了松花江、嫩江、鸭绿江、图们江等主要江河及边境水域的渔业管理。重点整治违规渔具，深入开展了"绝户网"专项清理等整治行动并予以宣传，有效治理了在重要渔业水域使用违规渔具的非法捕捞行动。先后组织开展了渔需物资打假、水产苗种专项执法、水产品质量安全监管交叉执法督察，在打击各类渔业违法行为的同时也引导相关渔业企业自觉遵守渔业法律法规。全省各级渔政机构累计出动执法车辆1 300余台次，执法船艇500余航次，执法人员6 000余人次，发放宣传单2万余张。渔船检验工作稳步推进，在全国率先完成"三证合一"改革，组织"三证合一"改革业务培训，对渔船证书改革内容及系统使用进行讲解，制定下发了《吉林省渔业船舶证书"三证合一"改革推广项目实施分配方案》，全省4 184艘渔船全部完成数据录入、证书打印等工作，超额完成农业部确定的工作指标。根据《渔业船员管理办法》及相关通知，起草了《吉林省实施〈中华人民共和国渔业船员管理办法〉有关规定》。在扶余、四平、新立城、镇赉、松原、云峰等地举办6期船员培训班，培训船员580余人。积极推进渔业互保，全年共投保渔民3 000余人，渔船157艘。加强了渔政执法队伍建设，组织各市州开展渔业行政执法人员培训、清理工作，推进渔业执法队伍规范化。组织开展了渔业行政执法资格统一考试，全省共130人参加考试，通过107人，通过率82.3%。组织开展全国渔业文明执法窗口单位创建活动，抚松县渔政渔港监督管理站被评为2016年"全国渔业文明执法窗口单位"。

9.渔业安全生产工作得到加强 高度重视渔业安全生产工作，严格贯彻执行安全生产的有关规定，特别是在汛期和冬季等关键时期，加大工作力度，狠抓隐患排查治理，下发通知对安全生产工作进行再部署、再检查、再落实；组成检查组对白城市、大安市、镇赉县、前郭尔罗斯蒙古族自治县等重点渔区进行冬季渔业安全生产专项检查，听取各地冬捕生产准备工作情况，现场检查生产企业安全措施落实情况。结合渔船检验监督执法，在查干湖、松花湖、二龙湖、石头口门水库和新立城水库等地先后开展6次渔船安全生产执法检查，共检查渔船160余艘次，发现安全隐患15处，下达安全隐患整改通知书15份。在查干湖、松花湖和新立城水库先后开展3次水上应急演练活动，参演船舶17艘，人员95人次，有效提高了渔业企业和渔民的安全生产意识及自救互救能力，积累了实践经验，增强了渔业部门的应急反应能力，全省全年未发展重大渔业安全生产事故。

10.存在的主要问题 当前吉林渔业发展还存在不少困难和问题：一是资源衰退与环境恶化，难以满足渔业作为经济和生态产业发展的需要；二是市场化、产业化水平较低，难以满足现代渔业建设和发展的需要；三是科技创新水平不高，难以满足渔业发展方式转变的迫切需要；四是水产品质量安全保障能力有限，难以满足消费市场对水产品质量安全的更高要求；五是投入不足，难以满足支撑保障体系服务渔业发展的需要。

【重点渔业县(市)基本情况】

吉林省重点渔业县(市)基本情况

县(市)	总人口(万人)	渔业产值(万元)	水产品总产量(吨)	其中		养殖面积(公顷)
				捕捞	养殖	
前郭尔罗斯蒙古族自治县	60	43 600	17 560	1 215	16 345	41 345
镇赉县	29.5	28 700	17 300	2 706	14 594	24 667
扶余市	77.17	14 682	13 300	3 536	9 764	7 154
大安市	43	15 157	8 500	890	7 610	31 105
舒兰市	65.6	7 322	7 310	325	6 985	4 885

(吉林省水利厅 刘 革 何衍林)

黑龙江省渔业

【概况】 2016年,在黑龙江省农业委员会党组的正确领导下,全省渔业系统认真贯彻落实全国渔业渔政工作会议、省委农村工作会议和全省农业工作会议精神,按照全省渔业工作会议的工作部署,克服生产资料上涨和春季低温等不利因素影响,着力转变渔业发展方式,渔业经济保持了稳中有进的发展势头,"十三五"渔业开局良好。

全省水产养殖面积39.3万公顷。水产品总产量达到57.3万吨,比上年增加3.06万吨,增长5.64%;其中捕捞产量5.5万吨,比上年减少0.22万吨。渔业经济总产值实现94.28亿元,比上年增加3.77亿元,增长4.17%。渔民专业合作社达到270个。春末夏初,全省水产品市场商品鱼价格略有回升,养殖生产的经济效益出现好转,渔民增收得以保障,发展生产的积极性得到恢复,地产在塘鱼出池量增加。全省水产养殖产量实现51.8万吨,比上年增加3.28万吨,增长6.76%。渔民人均纯收入14 328元,同比增加881元。主要特点如下:

1.不断提高集约化、特色化养殖生产水平 加大地产名特优水产品养殖推广力度,印发了《2016年黑龙江省水产主导品种和主推技术》,推广河蟹、黄颡鱼、翘嘴鲌、鳜、泥鳅、松浦镜鲤、方正银鲫、怀头鲶8个品种,名特优水产养殖面积发展到19万公顷,比上年增长9.2%。全省繁育鲟鳇、兴凯湖大白鱼、怀头鲶、方正银鲫等地产名贵特产优质鱼类苗种同比增加,满足了名特优养殖生产对苗种的需求。节能减排技术的应用范围进一步扩展,全省建立6个示范区,示范面积400公顷,辐射面积0.4万公顷。同时,举办养鱼技术和水产养殖动植物疾病预报培训班,组织专业技术员到宁安、杜蒙、佳木斯市郊区、穆陵、同江、桦南、巴彦、望奎、桦南、汤原、肇源等十余个县(市)开展渔民技术培训,传授稻田综合种养技术、河蟹养殖技术、冷水性鱼类养殖技术、水产养殖节能减排技术等,共培训渔民800余人,受到了渔民欢迎。

稻田综合种养技术是农业部渔业渔政管理局主推技术,目的是"以渔促稻,稳粮增效,质量安全,生态环保"。2016年,全省"稻田综合种养技术集成示范推广"项目建设核心示范区24个、示范面积1 218公顷、辐射面积2.93万公顷。稻田综合种养示范区较水稻单种每公顷增产水产品337.5千克,每公顷增效3 615元,增幅37.6%;水产养殖与水稻种植的生态种养结合,提高了水稻安全水平和品质,大幅度提高了部分示范区和辐射区的水稻销售价格,特别是绿色、有机水稻的价格可提高一倍以上,农民增效非常显著;在生态效益上,"三减"作用突出,农药施用量平均减少43%,化肥使用量平均减少35%,减轻了农药残留和化肥污染给农田带来的土地板结及面源污染等问题。项目实现了"一地双收、一水两用、一季双赢",增加了农民收入,提高了食品质量安全水平。该种稻田综合种养模式经总结后已扩展为稻鱼、稻鳅、稻蟹和稻鱼鸭等,指导了全省稻田综合种养。

2.进一步加强水产品质量安全监管工作 全省"三品一标"536个,其中渔业无公害产地认证101家,认证面积4.45万公顷,无公害产品认证390家,绿色食品认证30家,有机食品认证5家,地理标识认证15家。在2016年农业部组织的80批次产地检测中,黑龙江地产鱼合格率100%;省农产品监管局全年对水产品养殖基地例行监测结果也是合格率100%;对市场水产品三次检测的9个不合格产品均来自外省。全省没有发现“三鱼两药”(多宝鱼、鳜、乌鳢、孔雀石绿、硝基呋喃)。同时,加大了生产环节投入品使用的监管力度,开展了春季渔需物资的专项检查活动。加强了对养鱼场户的宣传教育工作,通过发放宣传手册,进一步普及了健康、标准化养殖知识。省农委渔业局先后组成6个工作组,赴相关市(地)、县(市、区)开展了水产品质量安全督查工作,各市(地)、县(市、区)也都相应开展了该项工作。2016年,全省各级渔业主管部门出动执法人员2 287人次,深入到2 197家养殖场户及经销点进行了检查,对发现问题的14家养鱼场户进行了执法整改,进一步规范了养鱼生产行为,基本杜绝了违禁药物的使用,提高了水产品的质量安全水平。

3.积极培育渔业典型,推模式可复制 培育总结渔业典型,印发了《黑龙江省渔业生产典型汇编》,总结全省地产名特优养殖、地产鱼均衡上市、打造水产品品牌、休闲渔业等十个模式。在巴彦县举办了全省渔业转方式调结构培训班,共120人参加。渔业大户、家庭渔场、养殖企业代表参加了培训,大家普遍认为这种办班形式接地气,对参观的典型也感到看得见、摸得着,可学可复制,大家普遍反映典型使用的“鱼儿乐”智能管理系统经济实用,全省安装使用现代渔业智能管理系统的养鱼企业达到20多家,渔业生产的现代化水平得到提升。农业部渔业政务网第一时间进行了报道。《黑龙江日报》在第一版以《龙江“渔”寻求四季“鲜”》为题对会议及典型进行了报道。通过组织养鱼大县及养鱼大户70余人参加中国休闲渔业首届高峰论坛暨休闲渔业博览会,开阔了视野,更新了观念,大家普遍感到休闲渔业迎来了蓬勃发展的大好时机。休闲渔业作为现代渔业建设的重要内容,是加快渔业转方式调结构的重要抓手,也是渔民就业增收的重要途径。要认真消化吸收国内外先进经验,做好规划,坚持需求导向,积极与旅游、交通等外部产业联动,与渔业其他产业融合发展,突出强调以文化为核心,深入挖掘传承渔业文化。

4.进一步提升渔业资源养护工作水平 全省共向黑龙江干流增殖放流优质史氏鲟幼鱼28.82万尾,其中黑龙江干流逊克段放流规格7.5厘米左右和规格12厘米左右史氏鲟幼鱼6.7万尾和7万尾;黑龙江干流萝北段放流规格12厘米以上史氏鲟幼鱼9.12万尾;黑龙江干流同江段放流规格10厘米史氏鲟幼鱼6万尾。黑龙江省与俄罗斯联合开展了鲟鳇鱼放流工作。6月6日全国放鱼日当天,黑龙江省作为全国的分会场之一,在兴凯湖开展了翘嘴鲌(大白鱼)放流活动,农业部渔业局网站、黑龙江省政府信息网、《黑龙江日报》、黑龙江农业信息网都在第一时间对上述增殖放流活动进行了报道。组织开展了3处水产种质资源保护区划定工作,经组织专家论证评审,向农业部呈报了2处国家级水产种质资源保护区申报书。2016年还开展了5项涉渔工程项目建设对保护区环境影响专题论证审查,争取生态补偿资金607万元。

5.不断加强渔政管理工作 全省各地通过媒体宣传、发布禁渔公告、培训渔民等方式,扎实开展法律宣传和教育引导工作,有效地提升了广大渔民群众的守法作业意识。6月中旬、9月下旬与俄方联合开展了春秋季边境水域渔政检查,保证了禁渔工作的顺利开展。边境地区各级渔业管理部门通过分片包段、蹲点驻守、严管严罚、综合治理等措施,不断加强渔船管控,加大对界江界湖巡航检查,对重要水域、敏感江段和易出现问题的区域,死看死守,严防涉外渔业事件发生。为保护渔业资源,全省集中开展了专项整治行动,清理密眼箔、地龙等违禁渔具,严厉打击电、炸、毒鱼等严重破坏渔业资源的违法行为,全省出动检查车2 730次、检查船艇3 886次、检查人员22 139人次,查处违规案件364件,清理密眼箔2 454件(套),没收渔具28 191延长米,查处没收涉渔“三无”船舶63艘,行政拘留40人。全省检验渔业船舶12 000余艘,检船率98.9%。9月份在宾县举行了渔业船舶水上事故救助应急演练,提高了各级渔业行政执法人员正确处置突发事件的能力。

6.积极引导渔民做好鲜活鱼销售 制定下发了《关于引导养鱼场户做好销售工作促进均衡上市的指导意见》,从扩大销售规模,站稳本地市场以及调整营销方式,拓宽销售渠道等9个方面,引导广大养鱼场户在养得好的同时销得更好。充分利用“互联网+”、微信社群等方式开展线上交易,拓宽线下销售渠道。积极引导养鱼场户做好冬储及冬捕备工作,促进地产鱼均衡上市。重点支持杜蒙县连环湖冬捕节活动。省广播电视台和杜蒙县开展合作,先从冬捕入手,全力打造杜蒙“连环湖”鱼品牌。通过打造“连环湖”牌鱼产品群,全面提升黑龙江省地产鱼知名度。全省各地通过与当地渔文化结合,带动旅游、餐饮等休闲渔业发展,并针对游钓、观光游客将水产加工产品作为馈赠礼品等的需求,拉动渔业二产加工发展。同时,积极抓好冬储工作。冬储鱼一般在元旦到春节上市,既解决了当地淡季无地产鲜活鱼问题,又能卖上好价。

7.加强涉渔项目资金的争取和管理力度 积极与农业部和省财政厅等有关部门沟通、汇报,取得支持,2016年共争取资金12 114万元,农业部10 849万元,其中油补6 640万元、渔港1 600万元、增殖放流

800万元、现代农业发展资金600万元、水产种质资源场480万元、渔政船266万元、专项资金463万元；省级1 265万元。对2015年项目做好资金下达后跟踪、监督、管理。签订项目委托书，举办项目法人、业务骨干及财务人员参加的项目管理培训班，强化项目监督管理。资金项目的落实实施，推进了全省渔业生产、渔政管理上水平。

8. 存在的问题

（1）全省虽然水资源丰富、水质好，但养殖鱼类生长期只有5～6个月，生长期较短。

（2）水产品品种多、品质好，但优质不优价，产销对接不够顺畅。

（3）全省水产养殖产能、产量有发展潜力，但不能实现均衡上市，水产品加工落后。

（4）养殖水面大，但水面经营形式、体制机制情况复杂。

【重点渔业县（市）基本情况】

黑龙江省渔业重点市（县、区）基本情况

市（县、区）	总人口（万人）	渔业总产值（万元）	水产品产量（吨）	其中		养殖面积（公顷）
				养殖	捕捞	
肇东市	94	51 712	35 868	35 568	300	15 333
杜尔伯特蒙古族自治县	25	34 200	31 255	21 535	9 720	29 000
北林区	88	34 022	27 486	27 426	60	7 417
哈尔滨市区	473.6	30 321	27 189	25 849	1 340	9 712
密山市	44	45 200	25 734	23 534	2 200	25 000
肇源县	45.1	26 350	22 354	18 054	4 300	21 000
大庆市区	132	22 871	17 593	17 593		21 376
巴彦县	59	18 500	16 555	16 155	400	4 900
安达市	47.3	18 657	15 339	13 934	1 405	15 667
双城市	83	16 200	13 603	13 203	400	4 000

【大事记】

[1]1月，省水生动物资源增殖保护站在抚远县利用野生黑龙江江鳕作为亲本，人工繁殖江鳕获得受精卵116万粒，所获受精卵在抚远县孵化，孵化水花鱼苗80.4万尾，孵出后运输至桦川县中和村省鲟鱼中试基地进行人工培育。

[2]2月25日，省水产技术推广总站承担的“名特优鱼类健康养殖技术”项目，2014年完成推广面积4.4万公顷，总盈利0.87亿元，增效12%，项目获2016年黑龙江省农业丰收奖一等奖。

[3]2月25日，省水产技术推广总站承担的“水产养殖节能减排技术集成示范推广”项目，2014年项目实际示范面积345公顷，辐射带动面积0.4万公顷。示范区每公顷增效4 500元，药品投用量减少75%，节能达30%，降低渔民生产成本600多万元，项目获2016年黑龙江省农业丰收奖一等奖。

[4]2月25日，省水产技术推广总站承担的“黄颡鱼人工繁育及养殖技术研究”项目，2013年至2015年，累计推广面积3.05万公顷，产黄颡鱼137 571.7吨，创产值4.11亿元、效益1.46亿元，项目获2016年黑龙江省农业科技奖一等奖。

[5]2月25日，省水产技术推广总站承担的“冷水性鱼类的增殖和资源保护”项目，2013年至2015年，累计推广面积0.97万公顷，产高白鲑79.6吨，虹鳟24吨，创产值625.48万元、效益443.24万元，项目获2016年黑龙江省农业科技奖一等奖。

[6]3月4日，根据省编委黑编[2015]177号文件，由原省萝北鲟鳇鱼试验站、省饶河大马哈鱼放流试验站、省国营渔场管理指导站、省特产鱼类研究所和省农委幼儿园五家单位合并组建的黑龙江省水生动物资源增殖保护站挂牌成立，隶属于黑龙江省农业委员会，公益一类，机构规格正处级。现有黑龙江省水生野生动物救护中心、省萝北鲟鳇鱼放流基地和省桦川鲟鳇鱼繁育试验基地等3处从事珍稀濒危水生野生动物资源增殖放流、救治救护和繁育驯养新技术研究的基地，

是全省唯一一家集省内江河水生动物资源增殖、放流、保护、救治救护、资源调查、生态评估和新技术研发等工作为一体的省级专业机构。

[7]3月15～18日，以农业部渔业渔政管理局局长赵兴武为团长的中方代表团和以俄罗斯联邦渔业署副署长、瓦西里·索科洛夫为团长的俄方代表团在深圳市举行了中俄渔业混合委员会第25次会议。黑龙江省农业委员会渔业局局长李伟及有关同志参加了会议。黑龙江代表团就2016年中俄《两江议定书》执行情况、2017年合作计划及中俄渔业合作中遇到的其他问题与俄方进行了交流，达成了一致性意见。

[8]3月，省水生动物资源增殖保护站按照黑龙江江鳕的生长需求先后培育了光合细菌、萼花臂尾轮虫、卤虫无节幼体和大型溞等4种生物活饵，熟练掌握了光合细菌一次培养和卤虫无节幼体孵化的技术要点及方法；成功应用了轮虫和大型溞的连续三级培养方法。

[9]4月5日，黑龙江省农业委员会印发了《2016年禁渔期通告》（黑农委渔发〔2016〕27号），通告规定了在禁渔期内，自然捕捞水域禁止捕捞作业（包括抄网），渔船、渔具要撤出作业场所（滩地），采取渔船与渔具分离、船加锁（边境地区要设专人看管）、渔具入库等行之有效的措施。并加大监督检查力度，依法打击违法捕捞行为，积极开展人工增殖放流工作，为保护鱼类产卵繁殖，养护渔业资源，促进渔业可持续发展奠定坚实基础。

[10]4月5日至6月5日，省水生动物资源增殖保护站人工培育江鳕夏花鱼苗35.2万尾，规格3.0～3.5厘米，成活率43.78%。这项成果的取得，填补了省内江鳕鱼人工繁育驯养技术上的空白，并处于全国领先水平。

[11]4月12日，全省渔业渔政工作培训班在哈尔滨市召开，会议传达了全国渔业渔政工作会议精神，总结全省2015年渔业渔政工作，分析渔业渔政工作形势，部署"十三五"规划和2016年重点工作任务。省农委副巡视员许文涛到会作讲话。绥滨县、巴彦县、黑河市、佳木斯郊区、北林区、虎林市等单位作典型发言。省渔政局局长李伟同边境市县负责人签定边境渔业水域渔政管理责任状。各市（地）、县（市、区）渔业行政主管部门负责人，省农垦总局渔业局及各分局渔业负责人，省农委直属水产事业单位负责人及有关单位负责人等110多人参加了培训。

[12]4月22日，省农委渔业局出台下发了《黑龙江省2015—2019年度渔业捕捞和养殖业油价补贴政策调整实施方案（试行）》经省政府批准发布实施。

[13]6月14～22日，以黑龙江省农业委员会渔业局局长李伟为团长的中方代表团和以俄联邦渔业署阿穆尔流域管理局副局长杰尼斯为团长的俄罗斯代表团，对中俄界江黑龙江、乌苏里江进行了春季渔政联合检查。联合代表团检查了黑龙江、乌苏里江边境水域渔民生产作业情况，考察了双方渔政执法站。抚远市将捕捞渔船数量缩减至325艘，比2015年缩减了23艘。

[14]7月28日及8月9日，以黑龙江省农业委员会渔业局副调研员张鸿钧为团长的中国代表团和以俄联邦渔业署阿穆尔流域管理局伊莲娜为团长的俄罗斯代表团分别在中国同江市和俄罗斯哈巴罗夫斯克市弗拉基米洛夫卡镇开展了鲟科鱼类增殖放流活动。中方共放流施氏鲟10万尾，俄方共放流达氏鳇2.1万尾，施氏鲟1.42尾。

[15]7月，省水生动物资源增殖保护站共增殖放流平均全长9.36厘米、平均体重4.42克规格的优质施氏鲟鱼幼鱼28.82万尾，超出计划数量7.82万尾，占全省增殖放流鲟鳇鱼数量38.73%，放流规格、质量创合并前各单位的历史最好水平。

[16]8月19～20日，中国水产流通与加工协会（CAPPMA）联合黑龙江省杜尔伯特蒙古族自治县成功举办了杜尔伯特·生态渔业发展论坛。论坛由中国水产流通与加工协会常务副会长兼秘书长崔和主持，国务院参事、中国水产流通与加工协会会长张玉香参加了会议。

[17]8月，省水生动物资源增殖保护组成4个调查组分别赴黑龙江抚远、同江、萝北和逊克江段进行渔业资源调查；9月下旬又组成两个调查组，分别赴黑龙江上、中、下游和乌苏里江进行渔业资源调查，较好地掌握了近些年黑龙江鲟鳇鱼资源状况及其分布情况和生态环境变化，为今后全省进一步开展鲟鳇鱼增殖放流保护决策，提供了重要的科学依据。

[18]9月9日，省农委渔业局在巴彦县举办了全省渔业转方式调结构培训班。参加培训人员参观了巴彦源泉养鱼专业合作社、巴彦呈祥水产良种繁育基地、巴彦少凌鱼种场3个典型现场的方正银鲫套养鳊花、名优鱼类养殖、松荷鲤套养大规格鲢鳙鱼、泥鳅冬储均衡上市、鳅稻综合种养等5种养殖模式。巴彦县源泉养鱼专业合作社、肇东大似海渔业生产基地和佳木斯郊区山水渔业有限公司做了典型发言。省农委副巡视员许文涛出席培训班并讲话。各有关市（地）、县（市、区）农委（农业局）、水产局的领导，以及渔业生产场户代表共120人参加了培训。

[19]9月10日，黑龙江省渔政局在松花江宾县塘坊江段成功举办了渔业船舶水上事故应急救助演练活动，通过组织开展应急救助演练活动，进一步完善了渔

业主管部门与有关部门之间的应急联动机制，有效增强了渔民群众的安全意识，提高了各级渔业行政执法人员正确处置突发事件和水上安全应急救助的能力。

[20]9月13日，省农委党组任命张振立同志为省渔业经济研究所所长。

[21]9月18～30日，以黑龙江省农业委员会渔业局副局长于泽江为团长的中方代表团和以俄联邦渔业署阿穆尔流域管理局副局长杰尼斯为团长的俄罗斯代表团，对中俄界江黑龙江、乌苏里江进行了秋季渔政联合检查。联合代表团检查了黑龙江、乌苏里江边境水域渔民生产作业情况，考察了双方渔政执法站。双方在黑龙江和乌苏里江中俄边境水域内未发现违规现象。

[22]9月20日，省船检局局长于涛带队对佳木斯市、富锦市、同江市、绥滨县、农垦209农场等地所辖水面进行渔船安全生产大检查。共检查了32艘渔船，查验了20套船舶档案，查处了不合格救生衣8件及存在安全隐患的船用柴油机2台，并限期整改。

[23]9月，省农委组成由渔业局、省水产技术推广总站、省渔业经济研究所及相关市（地）渔业行政主管部门组成验收（复查）组，对农业部水产健康养殖示范场创建（复查）单位进行验收（复查），有25家创建单位验收合格，同时有18家农业部水产健康养殖示范场（第六批）复查合格。截止到年底，全省共有农业部水产健康养殖示范场191家。

[24]10月9日，省财政厅联合省农委制定的《黑龙江省中央财政渔业油价补贴专项资金管理暂行办法》颁布实施。

[25]10月10日，财政部下达渔业油价补贴中央财政专项转移支付资金1 600万元，建设抚远和富锦两个渔港项目。

[26]11月4～5日，省农委在哈尔滨举办了"2016年渔业项目管理"和"2016年渔业油价补贴资金管理"培训班。全省各市（地）、县（市、区）渔业主管部门负责人、油补工作人员、项目承担单位负责人及财务负责人等近200人参加了培训。

[27]11月14日，农业部船检局局长李昌健等一行4人，在省农委副巡视员许文涛、省船舶检验局局长于涛、省渔政局渔政处处长姜兆伟陪同下对哈尔滨市、黑河市等地开展渔政管理工作专题调研。

[28]11月14～18日，以黑龙江省农业委员会渔业局局长李伟为团长的中方代表团和俄联邦渔业署阿穆尔流域管理局局长谢尔盖·米赫耶夫为团长的俄罗斯代表团，在中国哈尔滨市召开了中俄黑龙江和乌苏里江边境水域渔政管理工作会议，双方通报了2016年《两江议定书》执行情况，拟定了2017年合作计划，交换了2016年双方鲟科鱼类及秋鲑的增殖放流信息和捕捞产量信息，统一了黑龙江鲟科鱼类资源调查方法等。

[29]11月30日，中华人民共和国农业部发布第2474号公告，经农业部审定批准，在黑龙江省建立两处国家级水产种质资源保护区，即"嫩江松花江三岔河口连翘嘴鲌国家级水产种质资源保护区"和"乌苏里江（虎林段）特有鱼类国家级水产种质资源保护区"。

[30]12月24日，黑龙江省杜尔伯特蒙古族自治县"首届中国·连环湖冰雪渔猎文化节"开幕。

[31]12月25日，哈尔滨第三届长岭湖冬捕冰钓旅游节开幕式在长岭湖畔隆重举行，标志着为期两个月的冬捕冰钓休闲渔业系列活动拉开了大幕。本届冬捕冰钓旅游节由传统冬捕展示、冰钓比赛、冰雪运动健身、冰雪娱乐活动四大部分组成，总占地面积50万平方米，属历届中规模最大。

[32]12月，省水产技术推广总站承担的"高寒地区稻田综合种养技术集成示范推广"项目，2013—2015年，3年累计推广4.28万公顷，总经济效益1.66亿元，年经济效益0.55亿元，项目获2016年全国农牧渔业丰收奖三等奖。

[33]12月，省渔业环境监测站在嫩江上游的两个支流多布库尔河、卧都河产卵场及齐齐哈尔分别设置3个监测断面进行常规监测。在冷水鱼类的产卵季节5月份和10月份进行产卵场水质监测，并对冷水鱼类的资源状况、变化原因、生物环境进行了调查，并上报农业部渔业渔政管理局和国家渔业环境监测中心，被录入农业部和环境保护部编写的《中国渔业生态环境状况公报》。

[34]12月，省渔业环境监测站完成了"关于内蒙古新巴尔虎右旗郑峰渔场鱼池鱼类库存量及价值的评估"的污染事故调查鉴定。

[35]12月，省渔业环境监测站完成了《梧桐河流域石头河、鹤立河鱼类资源调查》《丹阿公路呼玛段改扩建工程建设对呼玛河自然保护区渔业资源影响评价》《乌苏里江虎林江段特种鱼类国家级水产种质资源保护区综合考察》和《兴凯湖、松阿察河渔业资源调查报告》4个涉渔工程环评工作。

（黑龙江省农委渔业局　郭政学）

上海市渔业

【概况】 2016年全市水产品总产量达29.73万吨，较上年同期减少8.22%。2016年渔业总产值达53.15亿元，同比减少5.3%。2016年渔民人均收入达26 321元，同比增长2.26%。

1.水产养殖业转型升级加快推进 种源渔业建设加快推进。本市已建成国家级水产原（良）种场1家，市级水产良种场7家，区级水产苗种场35家，“三虾一蟹”的良种覆盖率得到提高。出台了水产原良种保种和亲本更新补贴政策，大大降低了良种培育成本，提高了苗种场的生产积极性。市水产科研部门攻克了刀鲚子二代人工繁育、美洲鲥鱼陆基亲本培育、褐菖鲉人工繁育等技术难关，为养殖业转方式调结构及渔业资源修复打下了良好基础。“三虾一蟹”产业技术体系建设加快推进。中华绒螯蟹第一轮产业体系选育出的拥有上海完全自主知识产权的河蟹品种“江海21”被农业部公告为国家水产新品种，目前已在全国14个省份养殖，年养殖面积超10 000公顷，年创产值超5亿元，松江区“三泖”牌黄浦江大闸蟹以纯正优良的种质、肉质甜美的口感、规格硕大的体型，独揽2016年“王宝和杯”全国河蟹大赛最佳种质奖、最佳口感奖、金蟹奖三大奖项；第二轮产业体系已完成首席专家遴选，即将进入实施阶段。虾类产业技术体系启动以来进展顺利，尤其是在2016年多雨低温的情况下发挥了技术支撑关键作用，确保了虾农的养殖效益。水产养殖结构逐步得到优化，松江区以黄浦江大闸蟹为代表的名特优养殖面积规模已超过整个水面积的55%。金山区枫泾镇虾稻共作生态养殖、崇明县陈家镇立新村泥鳅蟹种混养、松江区水产良种场五库基地集聚式内循环流水养鱼、嘉定区龙虾稻田生态养殖、光明集团长江总公司稻蟹混养等模式试点取得初步成功。贯彻落实《上海市养殖业布局规划》，积极推进标准化水产养殖场建设，全年完成25个标准化水产养殖场项目验收，总面积为1 103公顷；新批复22个标准化水产养殖场建设项目，总面积为155公顷。2016年南美白对虾承保面积达10 573公顷，同比增长18.8%，南美白对虾目标价格保险率先在奉贤试点成功，投保面积达487公顷。奉贤区不断扩大域外养殖基地面积，在新疆示范推广南美白对虾良种苗和健康养殖技术，全疆南美白对虾年产2 000吨。光明集团在上海农场和长江总公司进行水产物联网示范推广建设，管理软件已完成开发并进入测试阶段，推广面积超过100公顷。

2.捕捞业转方式调结构加快推进 紧紧抓住国家决定从2015年起对国内渔业捕捞和养殖业油价补贴政策作出调整的重要契机，会同市财政局研究出台本市2015—2019年国内渔业捕捞和养殖业油价补贴政策调整实施方案，加快推进捕捞业转方式调结构，下大力气加快推进本地捕捞渔船减船拆解，进一步压减近海捕捞渔船，引导渔民转产转业，保护近海渔业资源和生态环境。同时，规范有序促进远洋渔业发展，进一步延伸和拓展远洋渔业产业链，抓住横沙渔港开港机遇，鼓励和支持远洋渔业企业进一步提高产品回国比例，2016年本市远洋渔业企业共回运68 017吨自捕水产品，占远洋捕捞产量的53.99%。上海水产集团加快以定向增发为核心的发展项目实施，投资6 100万欧元成功收购西班牙ALBO公司100%股权并顺利交割。

3.渔业行政执法管理和生态资源养护不断加强 结合“两学一做”学习教育活动，市农委水产办在全市水产系统组织开展“加快转方式调结构，促进渔业转型升级”主题大讨论活动，营造攻坚克难干事创业的浓厚氛围。本市渔港渔船监管、内陆渔船“三证合一”管理以及横沙一级渔港监管三大信息系统建设加快推进，会同相关部门推进水产品质量追溯体系建设，有效提升了渔业管理效率、能力和水平。水产品质量安全水平持续稳定向好，2016年市农委水产办共组织抽检630份水产品，合格率100%。落实安全生产工作责任制，加强督察检查，积极组织做好防汛抗台各项工作，2016年上海地区无较大及以上渔业安全事故发生，连续3年实现渔业安全生产事故零死亡，渔业安全生产形势平稳可控。2015年市政府第94次常务会议决定于2015年10月至2016年年底在全市范围内开展清理取缔涉渔“三无”船舶专项行动，全市共清理取缔各类“三无”船舶6 989艘，陆上共拆除清理违章搭建13 000余平方米。在高压严管态势之下，长江上海段和杭州湾水域“三无”船舶大规模违法捕捞现象基本绝迹，内陆水域及陆上“三无”船舶聚集点违章搭建数量大幅下降，水上及沿岸管理秩序呈现质的飞跃。同时，清理取缔“三无”船舶的各项长效管理机制正不断建立健全。2016年本市共投入各类增殖放流资金1 763.5万元，在重要渔业水域放流各类苗种14 237.8万尾（只），同时有序推进海洋牧场示范区建设等生态修复工作，取得了良好的社会和生态效益。特别是农业部和上海市政府于11月18日在长江口共同举办了“拯救国宝中华鲟共促长江大保护”增殖放流活动，农业部部长韩长赋、上海市市长杨雄等出席活动并讲话，现场共放流85尾全长在1.6米以上的中华鲟、3.9万余尾国家二级保护动物胭脂鱼以及2万尾松江鲈鱼。2016年中华鲟保护区崇明基地建设项目基本建成，以中华鲟为代表的水生珍稀野生动物保护得到加强。

【重点渔业区(县)基本情况】

上海市重点渔业区(县)基本情况

区(县)	渔业人口(人)	渔业产值(万元)	水产品产量(吨)	其中				养殖面积(公顷)	
				海洋捕捞	内陆捕捞	长江捕捞	内陆养殖	海水	内陆
崇明区	11 525	136 229	52 408	15 077		61	37 270		4 774
奉贤区	7 581	70 653	21 021	570	602		19 849		3 069
青浦区	3 307	53 029	18 525		721		17 804		2 299
浦东新区	1 778	35 877	19 656	2 693		8	16 955		2 528
金山区	2 733	25 174	9 416	270	601		8 545		1 079

【大事记】

[1]1月6日,上海市副市长时光辉一行在市农委主任孙雷、副主任邵林初,崇明县县委书记马乐声、县长唐海龙等陪同下,到上海市长江口中华鲟自然保护区基地调研。

[2]1月15日,农业部渔业渔政管理局副巡视员刘新中一行到上海渔港监督局(上海渔船检验局)调研信息化工作。

[3]2月15日,市委农办、市农委副主任邵林初到上海渔港监督局(上海渔船检验局)检查指导工作,并慰问工作人员。

[4]2月15日,市委农办、市农委副主任邵林初到上海市水产研究所(上海市水产技术推广站)与领导班子座谈,向所(站)干部职工送上新春的问候和祝福。

[5]2月18日,市委农办、市农委主任孙雷到上海渔港监督局(上海渔船检验局)检查指导工作并慰问工作人员。

[6]3月23日,农业部长江流域渔政监督管理办公室副主任韩旭、副巡视员董金和一行到上海市长江口中华鲟自然保护区基地调研。

[7]3月24日,市委农办、市农委主任孙雷、副主任邵林初、秘书长邵启良、总经济师王国忠一行到上海市长江口中华鲟自然保护区基地考察。

[8]4月7日,市农委召开2016年上海市水产工作电视电话会议。市委农办、市农委副主任邵林初出席会议并讲话。

[9]4月18日,由上海市水产研究所主持,上海海洋大学、中国水产科学研究院东海水产研究所以及上海市嘉定区水产技术推广站参与的"长江刀鲚全人工繁养和种质鉴定关键技术研究与应用"项目,获得2015年度上海市技术发明奖一等奖。

[10]4月22日,农业部长江流域渔政监督管理办公室主任李彦亮、副主任韩旭、副巡视员董金和带领单位干部职工,到上海市长江口中华鲟自然保护区基地调研,并开展"两学一做"学习交流活动。

[11]4月22日,正值第47个"世界地球日",上海市农业委员会和松江区人民政府在黄浦江上游联合举办以"珍惜地球资源 共建美丽家园"为主题的2016年黄浦江水生生物增殖放流活动。市农委副主任邵林初出席活动。

[12]5月4日,上海市清理取缔涉渔"三无"船舶专项行动现场会在宝山举行。市政府副秘书长吴建融、市农委副主任邵林初、市交通委副主任张林、市领导小组全体成员单位主要负责同志,宝山区领导方世忠、袁罡等出席会议。

[13]5月12日,全国水产技术推广总站副站长李可心等一行到上海市水产研究所(上海市水产技术推广站)就上海渔情状况进行专题调研。

[14]5月30日,上海市副市长赵雯到上海市长江口中华鲟自然保护区调研。崇明县县长唐海龙等陪同。

[15]6月4日,中央财经领导小组办公室副主任、中央农村工作领导小组办公室副主任韩俊一行,到上海市长江口中华鲟自然保护区调研。崇明县县长唐海龙、市农委秘书长邵启良等陪同。

[16]6月13日,农业部渔业船舶检验局副局长刘晴一行就渔船缺陷产品召回工作到上海进行调研。

[17]6月17日,上海市农委召开水产系统"两学一做"大讨论电视电话会议。市委农办、市农委副主任邵林初出席会议并上党课。

[18]6月21日,市委农办、市农委副主任邵林初赴上海水产(集团)总公司调研。上海水产(集团)

董事长汤期庆、总裁濮韶华、副总裁周劲望等陪同调研。

[19]7月7日,上海市质量技术监督局组织召开上海市地方标准《桁杆拖网渔船技术要求》审定会,《桁杆拖网渔船技术要求》地方标准通过专家评审。

[20]7月15日,上海市在横沙国家一级渔港就本市渔业安全生产工作迎接农业部"2016全国渔业安全生产大检查"第三检查组检查。市农委副主任邵林初等陪同检查。

[21]7月26日,以"立标杆、树榜样,向优秀共产党员看齐"为主题的市农委水产系统青年党员座谈会在上海市水产研究所(上海市水产技术推广站)召开。市委农办、市农委副主任邵林初,市委农办、市农委机关党委副书记陶振华出席座谈会并讲话,市农委水产办党支部书记、市水产办主任陈峥嵘上党课。

[22]7月27日,市委农办、市农委副主任邵林初等到上海市长江口中华鲟自然保护区基地调研。

[23]7月27日,市农委召开2016年上海市水产工作交流会。市委农办、市农委副主任邵林初出席会议并讲话。

[24]8月18~19日,全国水产技术推广总站站长肖放一行来沪深入基层单位考察调研水产技术推广工作。

[25]9月7日,农业部渔业渔政管理局局长张显良在上海市农业委员会副主任邵林初、中国水产科学研究院副院长邓伟等陪同下,到上海市长江口中华鲟自然保护区基地调研。

[26]9月8日,农业部党组成员毕美家在农业部长江流域渔政监督管理办公室主任李彦亮、副主任韩旭等陪同下到上海市长江口中华鲟自然保护区基地调研。

[27]9月12~14日,农业部渔业船舶检验局副局长钟小金率第三督导组对上海市渔业船舶检验工作进行督导检查。

[28]9月14日,市农委副主任邵林初在上海市长江口中华鲟自然保护区基地召开基建行政验收会议。

[29]10月11日,农业部渔业船舶检验局总工程师唐金龙一行就建设"智慧船检"项目到上海渔港监督局调研。

[30]10月21日,市委农办、市农委副主任殷欧、秘书长邵启良一行到上海渔港监督局(上海渔船检验局)检查指导渔业信息化工作。

[31]10月21~24日,由上海水产行业协会主办,上海农展馆、上海海洋大学承办的2016第十一届上海国际休闲水族展览会成功举办。中国渔业协会常务副会长、水族协会会长林毅出席启动仪式宣布展会开展。期间,市农委秘书长邵启良、市农委水产办主任陈峥嵘等莅临展会观展、慰问展商。

[32]10月27日,2016年上海市新型职业农民职业技能大赛(水产行业赛区)在上海奉贤区集贤虾业养殖专业合作社举行。

[33]11月10日,市农委、青浦区人民政府在青浦区赵巷镇联合举办全市清理取缔涉渔"三无"船舶同步执法行动暨集中拆解销毁活动。市委农办、市农委秘书长邵启良出席活动。

[34]11月18日,农业部和上海市人民政府在长江口共同举办"拯救国宝中华鲟共促长江大保护"2016年长江口珍稀水生生物增殖放流活动。农业部部长韩长赋、上海市市长杨雄出席活动并讲话。农业部副部长于康震主持,上海市副市长时光辉出席。

[35]12月1日,上海市人大常委会副主任、市总工会主席、党组书记洪浩带领市人大农业与农村委员会主任委员孙雷等一行调研上海市长江口中华鲟自然保护区基地。市委农办、市农委主任张国坤等陪同。

[36]12月11日,中央第二环保督查组组长朱之鑫、上海市副市长陈寅在环保部华东督察中心副主任杨永康、市环保局副局长方芳、崇明区委书记马乐声等陪同下到上海市长江口中华鲟自然保护区基地视察。

(上海市水产办公室)

江苏省渔业

【概况】 2016年,江苏海洋与渔业系统认真贯彻省委、省政府决策部署,按照《农业部关于加快推进渔业转方式调结构的指导意见》要求,大力推进渔业供给侧结构性改革,加快现代渔业转型升级步伐,扎实工作、攻坚克难,渔业经济呈现稳中向好发展态势。全省水产养殖面积为753 164公顷,保持稳定。全省水产品总产量524.7万吨,同比增长0.5%,其中淡水产品373.4万吨,海水产品151.3万吨,分别同比增长0.1%和1.4%。渔业(一产)产值1 668亿元,渔业经济总产值3 020亿元,渔民人均可支配收入达22 700元,同比分别增长9.96%、10.38%和9.47%。

1.坚持优化产业布局 深入实施水域滩涂养

殖权制度，省、市、县三级和省管五大湖泊、海域全部制定了水域滩涂养殖规划，持证生产面积比例超过90%，有效保护了渔业生产阵地和渔民权益。围绕编制全省"十三五"渔业发展规划，积极调整优化产业布局，着力打造富有鱼米之乡特色、江苏特点的沿海规模渔业产业带、沿江特色高效渔业示范带、太湖流域现代渔业先导区、淮河流域生态渔业拓展区、都市圈休闲渔业集聚区的"二带三区"现代渔业格局。

2. 不断调整产业结构 调整优化养殖品种和模式，全省以河蟹和虾类为主的特种水产养殖面积占比超过74%。积极推动稻渔综合种养，因地制宜发展稻鱼、稻虾、稻蟹共作新模式，在南京市浦口区、淮安市淮安区、金湖县等10个左右县（市、区）新建稻渔综合种养试验基地3 467公顷，累计推广超过1.3万公顷。推进水产健康养殖，全省新创建72家农业部水产健康养殖示范场，42家第六批示范场通过复查。积极引导水产品加工业发展，新增国家级渔业龙头企业2家（江苏银宝控股集团有限公司、江苏双林海洋生物药业公司）。推动休闲渔业发展，在盐城市大丰区组织召开了休闲渔业建设推进会，新申报创建全国休闲渔业示范基地6家。加快培育家庭渔场等新型市场主体，认定省级示范家庭渔场80家。全省新增渔民专业合作社超过250个，渔户参合率超过63%。8月29日，农业部在江苏省海安县召开了全国渔业转方式调结构现场会。

3. 推进高效设施渔业建设 深入实施实施《江苏省百亩以上连片养殖池塘标准化改造工程规划》，全省改造标准化池塘3万多公顷，新增高效设施渔业面积超过1.3万公顷，到2016年底，全省标准化池塘面积占比、高效设施渔业面积占比分别达53%和26%。新增微孔增氧面积5 487公顷，工厂化养殖面积12.1万平方米。推进现代渔业"四个一批"建设，到2016年底，全省共建成省级现代渔业产业园21家、精品园41家、示范场73家、示范村91个，基本形成"一县一园""一村一品"格局，加强对省级现代渔业产业园区和精品园的动态监管。

4. 实施水产良种工程 组织32家省级以上良种（繁育）场做好保种和亲本更新工作，指导10家良种（繁育）场开展能力提升建设。配合农业部做好3家国家级场到期资格复查工作，组织开展9家省级场复查工作，全部通过复查。

5. 加大新品种新技术新模式研发推广力度 开展黑鲷真鲷杂交育种技术研究，筛选出杂种优势子代，生长速度比自交组快20%以上；文蛤选育获得红壳色文蛤新品系1个；建立"长江2号"蟹种培育基地2 067公顷，可培育优质蟹种6亿只以上，推广"长江1号"河蟹养殖面积3.6万公顷。开展333公顷稻虾综合种养示范技术与模式研发；集成应用蟹池多品种养殖模式超过3 300多公顷；推进异育银鲫重大疫病防控研究，开发了疫苗、免疫增强剂、快检试剂盒等系列产品，集成了现场检测、综合防控、规范用药等系列技术，应用面积4 300多公顷。深入开展渔业科技推广与服务工作，渔业科技入户工程覆盖全省53个涉渔县（市、区）、522个乡镇和3 670个行政村，省内1 251名各级专家和渔技推广人员参与项目实施，培育渔业科技示范户1.8万户，建立示范面积5.3万公顷。7家科研推广单位与7个县（市）挂钩开展挂县强渔富民工程，共遴选32项先进技术在对接县进行试验示范。实施农业部基层推广体系改革与建设补助项目，获中央补助资金970.9万元，培育渔业示范户9 709户。继续大力推广池塘工业化生态养殖模式，全省新建该模式水槽8.5万平方米，总面积达11.7万平方米，该模式已推广到46个县（区）。江苏吴江申航生态科技公司试验示范基地被选为全国"互联网+现代农业"大会参观点，汪洋副总理参观后给予了充分肯定。

6. 发展外向型渔业 加大水产品推介促销力度，在连云港市成功举办第二届江苏渔业国际合作谈会，签约31个项目，总金额8亿美元。推进远洋渔业发展，全省有49艘远洋渔船在北太平洋、东南太平洋、西南大西洋、缅甸、文莱、几内亚、摩洛哥等海域作业，捕获各类水产品1.96万吨，产值1.88亿元，同比分别下降41.8%和37.2%。据统计，2016年全省水产品（不含饲料、衍生物等）出口量5.72万吨，同比下降7.8%，出口额4.65亿美元，同比增长1.1%。

7. 强化水产品质量安全监管 坚持标准化生产和严格监管两手抓，"产出来"和"管出来"两手硬。推进渔业标准化标准与品牌建设。立项制订省级地方标准7项，创建国家级水产品质量安全示范县1个，新增农业部登记保护地理标志水产品1个，新增江苏名牌产品11个。深入开展水产品质量安全执法监管工作。组织开展了水产品抗生素、禁用化合物及兽药残留超标专项整治行动，2016年，全省共出动执法人员11 683人次，检查苗种场483家、水产品生产单位4 757家，检查发现全省各地生产记录不完整、不规范115家次，责令限期整改164家次，执行行政处罚案件25起。妥善应对了小龙虾、河蟹等质量舆情。加强水产品质量安全追溯体系建设。制定了《江苏省水产品质量安全追溯生产企业认定办法（试行）》，认定追溯生产企业82

家。加强渔业生态环境和水产品质量安全监测。农业部监督抽查江苏产地水产品样品530个,全部合格。省级监督抽查产地水产品样品2 611个,合格率99.7%;监测无公害水产品产地环境样品2 004个,合格率99.6%。

8.加强水生动物疫病防控 组织实施全省水生动物疫病监控计划,监测7种重大疫病样品536个。在全省建有水生动物防疫站的46个县(市、区)开展病害测报工作,其中25个县(市、区)创新开展了病原菌药物敏感性试验296批次,发布各地药敏报告10期。组织渔业乡村兽医培训3 055人次,规范用药宣传13 345人次。全年没有发生重大水生动物疫情。

9.强化水生生物资源养护 坚持实施海洋伏季休渔、长江淮河干流春季禁渔和主要湖泊休渔禁渔期制度,降低捕捞强度。加大增殖放流力度,投入各类资金7 949余万元,在江苏省管辖的海洋、长江、湖泊放流各类苗种21.79亿尾(只、颗),其中放流海洋经济物种8.2311亿尾(只、颗),放流内陆经济物种13.5606亿尾(只、颗),放流珍稀濒危物种109.65万尾。4月20日,时任省委书记罗志军、省长石泰峰等5位省委常委出席在南京举行的2016年省暨南京市长江水生生物增殖放流活动,并到省淡水水产研究所专题调研长江水生生物资源养护工作。6月6日农业部和江苏省政府联合在南通启东市举行全国放鱼日主会场增殖放流活动。新增洪泽湖鳜鱼和阜宁金沙湖黄颡鱼两个国家级水产种质资源保护区,全省国家级水产种质资源保护区数量已增至34处,总面积超过14 297平方公里,数量和面积均居全国第二。投入4 000多万元,在全国率先启动了水生生物资源重大专项调查暨首次水生野生动物资源普查工作。国内海洋牧场管理第一部地方性法规《连云港市海洋牧场管理条例》经省人大批准出台。

10.服务保障渔民民生 加强渔船渔港建设与管理,争取中央财政补助资金1.085亿元,支持394艘海洋捕捞渔船进行更新改造,省级安排2 250万元新建4个渔港。推进渔业油价补贴政策调整工作,在全国率先出台《2015—2019年江苏省渔业油价补贴政策调整实施方案》,下达油价补贴资金9亿元。以船为家渔民上岸安居工程,涉及20 288户渔民,总数居全国第一,在全省各地各相关部门的共同努力下,到年底基本完成各项建设任务,顺利通过国家四部委验收检查,给予高度评价。

11.强化渔业安全生产工作 层层签订渔业安全生产责任书,建立完善省、市、县、镇、村五级渔业安全生产管理网络。强化渔业安全隐患排查治理,全年共组织开展渔业安全生产大检查12次。强化渔业安全生产教育,全省累计培训渔民91期,培训人员达8 600多人,渔业安全员2 200多人,职务船员6 000多人。省海洋与渔业局和省安监局联合开展了平安渔业创建工作,确定昆山、启东、东海、响水和滨海县(市)为2015—2016年度"江苏省平安渔业示范县"。2016年,全省共发生渔业安全生产事故17起,死亡(失踪)15人,较"十二五"期间年平均值事故起数下降10.4起,死亡(失踪)人数下降4.2人。

12.加强渔政管理 内陆渔船"三证合一"改革进展顺利。加强了涉外渔业管理。加大渔政执法力度,全省组织开展海洋伏休、长江淮河禁渔、内陆"打非"、水产品质量执法、"绝户网"和海洋涉渔"三无"船舶整治等渔政执法专项行动15次。全省立案10 550宗,结案10 347宗,行政处罚10 579人次,罚赔金额7 478万余元。强力推进"两法衔接"工作,江苏各级海监渔政机构先后与公安、边防、海警、检察、审判等司法机关建立了执法协作机制,依法依规及时移送涉刑案件。全省累计涉渔刑事处罚达517人,被追究刑事责任的人数是2015年的2.46倍。

13.渔业生态环境状况 2016年,省海洋与渔业局组织有关监测机构在太湖、滆湖、洪泽湖、高宝邵伯湖、骆马湖、长江江苏段、江苏近海重要渔业水域共设置水质、底质、生物质量和生物资源监测点330个。监测结果表明,江苏省渔业生态环境状况总体良好。

省内主要湖泊生态环境状况总体良好。石油类、铜、铅、镉、汞、砷符合渔业水质标准,与2015年相比,湖泊水质氨氮、总磷、总氮、化学需氧量总体有所上升,石油类基本保持稳定。湖泊底质状况良好。浮游生物资源丰富,浮游植物密度有所升高,鱼类群落结构基本稳定,水生生物资源增殖放流效果明显。

长江江苏段生态环境状况总体良好。石油类、铜、铅、镉、汞、砷符合渔业水质标准。底栖动物生物多样性水平较低,鱼类群落结构逐步改善,水生生物资源增殖放流效果逐渐显现。

江苏近海重要渔业水域生态环境状况总体良好。粪大肠菌群、总汞、镉、铅、铜、砷、六六六、滴滴涕总体符合海水水质一类标准;化学需氧量大部分符合海水水质一类标准;部分增养殖区无机氮、活性磷酸盐较高。沉积物及海洋生物质量状况基本良好。浮游植物生物密度较高,浮游动物、底栖生物、滩涂潮间带生物密度丰富且保持稳定,鱼卵仔稚鱼、游泳生物资源量明显增加。吕泗渔场大黄鱼、海州湾渔场中国对虾等水生生物资源养护效果明显。

【重点渔业市(县)基本情况】

江苏省重点渔业市(县、区)基本情况

市 (区、县)	水产品 总产量(吨)	其中				养殖面积 (公顷)	其中	
		海洋捕捞	海水养殖	内陆捕捞	内陆养殖		海水	内陆
赣榆区	451 137	130 877	238 610	1 286	80 364	24 240	19 309	4 931
启东市	365 461	198 686	121 419	8 039	35 717	37 284	24 983	12 301
如东县	304 890	49 075	198 013		57 802	55 529	48 551	6 978
兴化市	303 250			12 571	290 679	34 349		34 349
射阳县	212 777	32 847	72 127	7 841	99 962	15 927	5 927	10 000
东台市	185 020	28 407	69 059	12 497	75 057	28 370	21 070	7 300
大丰区	177 005	13 040	62 280	14 025	87 660	27 150	17 750	9 400
盐城辖区	169 020	890	12 520	1 810	153 800	15 860	2 153	13 707
高邮市	162 331			5 167	157 164	26 720		26 720
宝应县	150 607			16 198	134 409	24 236		24 236

【大事记】

[1]1月15日,主题为"推进生态文明 建设美丽太湖"的第八届太湖(无锡)放鱼节在无锡市马山度假区灵山码头举行。江苏省海洋与渔业局汤建鸣局长出席活动并宣布放鱼节正式启动。整个节日活动将一直延续到3月底,期间共计将放流花白鲢等鱼种约80万千克,1 200万尾。

[2]1月29日,全省海洋与渔业工作会议在南京召开。会议回顾总结了"十二五"海洋与渔业发展成效,分析把握新形势新要求,研究谋划"十三五"总体思路,安排部署2016年工作。省政府副秘书长杨根平出席会议并讲话。省海洋与渔业局党组书记、局长汤建鸣作工作报告,省纪委驻局纪检组组长谢国华作党风廉政建设专题报告。会议由沈毅副局长主持,副局长夏前宝、林建华、张建军,副巡视员赵钧、费志良出席会议。

[3]2月19日,江苏省海洋与渔业局召开全局系统总结表彰暨作风建设大会,回顾总结2015年工作成效,部署2016年重点工作任务。局党组书记、局长汤建鸣作大会主旨讲话。会议由副局长沈毅主持,副局长夏前宝通报了2015年度局系统绩效管理情况,驻局纪检组组长谢国华宣读了表彰决定。局领导班子全体成员、各直属单位班子成员和局机关全体人员出席会议。

[4]3月7日,江苏省海洋与渔业局、省农委在盱眙县组织召开全省稻渔综合种养现场观摩会议,明确今后一个时期江苏省养鱼稳粮增收的发展方向。

[5]4月7日,江苏省海洋与渔业局在南京召开全省海洋与渔业生态文明建设工作会议,省海洋与渔业局党组书记、局长汤建鸣出席会议并讲话,提出要将生态文明建设贯穿于海洋与渔业发展的全过程,实行基于生态系统的科学管理,经过5至10年的不懈努力,率先建成全国海洋与渔业生态文明建设示范区。

[6]4月20日,时任江苏省委书记罗志军、省长石泰峰等5位省委常委来到位于南京江宁滨江开发区的南京长江江豚省级自然保护区,参加长江水生生物资源增殖放流活动,并前往江苏省淡水水产研究所调研水生生物资源养护工作。

[7]5月6日,江苏省海洋与渔业局召开局系统"两学一做"学习教育动员部署会,认真传达学习习近平总书记重要讲话、重要指示以及中央和省委"两学一做"学习教育工作座谈会精神,对局系统"两学一做"学习教育工作进行安排部署。

[8]5月20日,由苏州市人民政府和江苏省海洋与渔业局共同主办,主题为"推进生态文明,建设美丽太湖"的苏州生态文明建设公益放鱼活动在太湖苏州湾举行。苏州市委周乃翔书记、市政府曲福田市长、市人大陈振一主任,江苏省海洋与渔业局汤建鸣局长、副局长夏前宝等领导参加活动。

[9]6月6日,由农业部与江苏省人民政府联合举办的全国"放鱼日"主会场设在南通启东圆陀角,拉开了全国"放鱼日"水生生物同步增殖放流的序幕。农业部副部长于康震,省委常委、副省长徐鸣,以及社会

各界代表、志愿者等参加了主会场放流活动，共放流大黄鱼、半滑舌鳎、海蜇等重要海洋生物苗种500多万尾。

[10]6月7日至8日，农业部副部长于康震赴江苏省扬中市、盱眙县、泗洪县等地调研渔业转方式调结构相关情况。

[11]6月29日，江苏省住房城乡建设厅、省海洋与渔业局联合在泗洪县组织召开全省以船为家渔民上岸安居工程现场推进会。省海洋与渔业局沈毅副局长、省住房城乡建设厅副厅长刘大威就推进以船为家渔民上岸安居工程提出要求。

[12]7月1日，江苏省海洋与渔业局召开纪念建党95周年暨“七一”表彰大会，讴歌党的光辉业绩，表彰局机关和在宁直属单位优秀共产党员、优秀党务工作者和先进基层党组织。省海洋与渔业局党组书记、局长汤建鸣以讲党课的形式发表讲话。

[13]7月2日，江苏省委常委杨岳在省海洋与渔业局局长汤建鸣、副局长张建军等陪同下，到位于镇江扬中的江苏省现代渔业科技示范基地调研考察。

[14]7月29日，江苏省海洋与渔业局在昆山召开全省海洋与渔业工作座谈会，回顾总结上半年工作情况，分析当前形势，研究部署下半年工作。

[15]8月8~10日，农业部渔业渔政管理局局长张显良带领有关处室负责同志到江苏调研考察现代渔业建设，指导灾后渔业恢复生产。

[16]8月16~17日，全国水产技术推广总站站长肖放带队赴江苏调研，与江苏省海洋与渔业局、渔业技术推广中心、部分市县推广站负责同志进行了座谈，交流、研讨新形势下水产技术推广工作。

[17]8月28日，江苏省海洋与渔业局在无锡召开全省首次水生野生动物资源普查工作动员大会。省海洋与渔业局副局长夏前宝、中国水产科学研究院淡水渔业研究中心党委书记戈贤平、副主任袁新华等到会指导。

[18]8月29日，农业部在海安县召开全国渔业转方式调结构工作现场会。农业部副部长于康震出席会议。江苏省委常委、副省长杨岳会见了于康震一行。农业部渔业渔政管理局局长张显良，江苏省政府副秘书长杨根平，江苏省海洋与渔业局局长汤建鸣，以及全国各省(自治区、直辖市)代表参加会议。

[19]9月2日，江苏省委常委、副省长杨岳，省政府副秘书长杨根平及省政府办公厅相关处室负责同志到省海洋与渔业局督查渔业安全生产和渔船管理工作情况，并召开了全省涉外渔业管理工作视频会议。省海洋与渔业局局长汤建鸣、副局长林建华、副巡视员赵钧及有关处室负责人参加督查会，沿海各设区市政府、部分重点县(市、区)政府及海洋与渔业局，省海洋渔业指挥部、江苏渔船检验局等单位通过视频会议系统在分会场参加会议。

[20]10月23日，全国首场渔业行政执法资格统一试点考试在南京拉开帷幕，农业部副部长于康震专程赴考场宣布开考。江苏省省属渔政机构的150多名渔业行政执法人员参加了此次全国统考。

[21]11月24日，江苏省海洋与渔业局发出通知，公布认定南京市高淳区金珠水产养殖家庭农场等43个家庭渔场为第二批江苏省省级示范家庭渔场。

(江苏省海洋与渔业局)

浙江省渔业

【概况】 2016年，浙江省水产品总产量630.9485万吨，同比增长4.81%。其中，国内海洋捕捞产量347.06万吨，同比增长3.08%；海水养殖产量101.77万吨，同比增长9.03%；淡水捕捞产量9.2万吨，同比增长4.5%；淡水养殖产量105万吨，同比增长2.9%。远洋渔业产量67.8万吨，同比增长10.8%。2016年全省渔业经济总产值达到2 023.9亿元，比上年增长4.46%。其中渔业总产值748.7亿元，比上年增长5.77%。2016年全省水产品出口数量43.18万吨，比上年减少7.9%；水产品出口贸易额17.1亿美元，同比减少7.31%。全省渔民人均纯收入23 085.4元，同比增长7.3%。

1.水产养殖 大力引导发展“节水、节地、节能”的循环水等设施化养殖和各类生态养殖模式，拓展浅海生态养殖空间，保护内陆、海域生态环境。全省各地筹措各类资金220万元，建立海淡水池塘和海水网箱示范点59个。根据农业部水产健康养殖工作的总体部署，组织开展了66家“农业部水产健康养殖示范场”创建和到期复查工作。示范推广池塘循环水等生态高效的养殖模式，按照渔业治水和产业转型并举的思路，积极支持各地发展池塘循环水、工厂化循环水等生态养殖模式。建设并运行水槽数量170多条。全省累计完成池塘生态化改造0.98万公顷，完成年度任务的147%，累计投资48 642万元；稻鱼共生轮作0.8万公顷，完成年度任务的139.5%，累计投资12 344万元；禁限养区划定整治面积0.67万公顷，完成年度任务的140%，累计投资37 158万元。继续推进水产养殖污染整治工作，甲鱼温室、网箱拆除整治总面积累计达278万平方米，其中拆除、关停甲鱼温室大棚面积244.7万平方米，整治甲鱼温室面积达5.8万平方米，拆除和整治网箱(包括围栏)面积27.5万平方米。截止到2016年12月底,全省渔业转型促治水三大工程实施以来累计投入资金9.8亿元。中华鳖"浙新花鳖"、香鱼"浙闽1号"两个新品种获2016年农业部公告认定,并在全国推广应用。中华鳖选育继续深化,加州鲈鱼选育开始启动。建成并运行了中华鳖遗传育种中心,启动建设宁波岱衢族大黄鱼种质资源场、嵊泗厚壳贻贝种质资源场、衢州鲟鱼育种创新基地、杭州中华鳖育种创新基地等4个种质资源库建设。培育了浙江清溪鳖业有限公司、杭州千岛湖鲟龙科技股份有限公司等2家育繁推一体化水产种业企业。

2.海洋捕捞 2016年,全省国内海洋捕捞产量347.1万吨,同比增长3.1%;产值281.1亿元,同比增长3.5%。2016年全年海洋捕捞鱼类产量233.3万吨,同比增长4.9%,其中大黄鱼530吨,同比增长18.8%,鲐鱼18.7万吨,同比增长6.5%,蓝圆鲹8.6万吨,同比增长10.6%;头足类16.7万吨,同比增长13.6%;甲壳类92.0万吨,同比减少5.0%,其中梭子蟹18.9万吨,同比减少7.4%。其中增幅大于10%的品种有鳀鱼、鲱鱼、蓝圆鲹、鮸鱼、大黄鱼、乌贼、海蜇等。大规格鱼类品种产量增长,标志着东海渔业资源逐步趋好。海洋捕捞成本有所降低,柴油价格基本合理,钢材价格连续保持5年下降趋势,处于低位。各类作业渔船收益普遍转好,其中,拖虾船受虾类产量上升和虾类价格普涨格局的影响,效益可观;蟹类如梭子蟹、锯缘青蟹因产量减少供不应求,价格涨幅居前。拖网产量210.3万吨,同比增长3.1%;围网产量22.0万吨,同比增长12.8%;刺网产量31.9万吨,同比增长7.8%;钓具产量3.9万吨,同比增长16.6%。截止到2016年年末,全省国内海洋捕捞机动渔船1.85万艘,总功率315.3万千瓦,同比分别减少2.5%和1.8%。2016年,为促进海洋渔业持续健康发展,压减国内海洋捕捞产能,浙江省出台了海洋捕捞渔民减船转产实施方案,启动并有序推进减船转产工作。全年计划压减国内海洋捕捞渔船357艘、63 647千瓦;实际完成压减捕捞渔船数731艘、113 577千瓦,分别完成计划数的204%和178%。

3.远洋渔业 2016年是浙江省远洋渔业创新机制,规范管理,推进远洋渔业转型升级重要之年。远洋捕捞船队遍及太平洋、大西洋、印度洋公海及伊朗等8个国家专属经济区。全省共有农业部远洋渔业资格企业38家,共有远洋渔船610艘(其中投入远洋生产594艘),产量45万吨,比上年减产26%,捕捞产值45亿元,与上年持平,直接从事远洋渔业渔民1.6万余名。浙江省远洋企业数、远洋渔船数、远洋产量和产值均占全国1/4、居全国第一,鱿钓渔业更是在全国处于绝对优势地位,2016年鱿鱼产量26万吨,产值20亿元,分别占全国鱿钓产量、产值的2/3 。

4.渔业二、三产业 以深化渔业转型升级和渔业供给侧结构性改革为主线,以五大发展理念为引领,以建设现代渔业为目标,积极推进水产品精深加工、休闲渔业等渔业二、三产业发展,培育渔业新业态,打造渔业全产业链,着力构建一二三产业融合发展新格局。全年水产品加工总量215.7万吨,与上年相比基本持平;水产品加工产值611.5亿元,同比增长2.8%,水产品加工实现量值双增。全省休闲渔业主体1 950个,同比增长3.7%,从业人员18 038人,同比增长2.7%。认定公布省级休闲渔业精品基地3家,全省已有省级休闲渔业精品基地71家。联合省农办做好G20峰会休闲渔业安全专项整治工作。积极组织企业参加第十四届中国国际农产品交易会、浙江省农业博览会、福建国际渔业博览会等国内展会。组织近62家企业先后参加了美国波士顿、比利时、东京和莫斯科等国外展会。做好部级10家定点水产品批发市场价格采集报送监管工作,2016年10家批发市场共报送成交价格2 352次数,市场月度分析报告101篇(同比增长72.5%),价格条目116 850条(同比增长1089%);省级主管部门报送价格分析报告16篇。继续加强"浙江名优水产"电商平台建设和电商服务,积极探索水产电商新思路,为浙江水产行业进入电商领域寻找新的切入点和突破口。

5.初级水产品质量安全管理 2016年,全年水产品质量安全总体状况稳中趋好,产地初级水产品省级监督抽检合格率继续保持在98%以上。根据省食品安全委员会统一部署,在全省渔业系统组织开展了初级水产品安全隐患大抽检、大排查、大整治严打击专项行动。联合省农业厅等4部门出台了省级农产品质量安全放心县建设标准、认定与管理办法、验收标准评分细则、群众满意度调查方案等指导性文件。完成第一批省级农产品质量安全放心县考核工作,全省总共有26个县达到省级放心县创建标准要求。完成了农业部下达的178批次产地水产品和35批次水产苗种监督抽查任务,对不合格产品按照"三个不放过"原则,由省海洋与渔业执法总队下发督办函,责成属地渔政执法部门依法查处并上报处罚结果。积极推进2公顷以上的规模养殖经营主体信息全部纳入省渔业主体调查信息平台,进一步加快初级水产品质量追溯体系建设,截止到2016年年末,录入数据库平台的养殖主体达18 581家,苗种生产主体358家,已建成初级水产品质量安全追溯试点670家,录入追溯信息近6 000

条。联合电视媒体开展"专家带你逛菜场"活动,对不放心水产品提供现场采样和专家免费检测服务,并由专家现场教市民如何挑选优质水产品;通过省海洋与渔业局微信公众号开展水产品质量安全知识有奖竞猜活动,普及水产品质量安全消费常识。

6.渔业安全生产监管 通过重点任务有效落实、组织安全教育培训、加强应急能力建设等一系列工作,有效地促进了渔业生产安全。据统计,2016 年,全省共发生渔船水上生产安全事故 92 起、死亡(失踪)99 人、沉船 6 艘、直接经济损失 2 036.7 万元,与上年同期相比,沉船数下降了 64.71%,事故起数、死亡(失踪)人数、直接经济损失数分别上升了 3.37%、35.62%、59.87%;发生较大事故 2 起,死亡 12 人;较好地控制在省安全生产委员会下达给全省渔业领域事故控制目标之内,各类事故死亡人数占省控指标的 48.06%、较大事故起数占省控指标的 15.38%。

7.标准渔港建设 加快推进渔港建设进度,全年完成投资额约 3.1 亿元,其中下达省级渔港建设补助资金 12 800 万元,争取农业部油补统筹资金 8 800 万元,超过预定目标(2 亿元)55%。新开工 4 个项目(嵊泗中心渔港二期工程、定海区西码头中心渔港扩建工程、沈家门中心渔港扩建工程、岱山高亭中心渔港提升工程),完工 2 个项目(普陀蚂蚁渔港建设工程、普陀区樟州渔港建设工程),通过竣工验收 8 个项目(苍南石砰渔港建设工程、嵊泗中心渔港新港区扩建工程、温岭中心渔港建设工程、三门健跳一级渔港建设工程、岱山长涂一级渔港建设工程、岱山大衢一级渔港建设工程、岱山大衢渔港防波堤工程、平阳下厂渔港建设工程)。同时,启动了 5 个建设条件成熟的渔港建设项目前期工作,继续开展渔港综合管理试点,组织编制了《渔港防台等级评估评估技术指南》。

8.渔船安全救助信息系统建设 一是渔船安全救助信息系统的建设。为改变原有渔船安全救助信息系统只能被动接收卫星终端、AIS 设备数据(依赖于渔船是否开启终端设备)的现状,2016 年,启动建设全省近岸小物标雷达项目,完成全省 15 个站点的选址、勘验工作,其中,舟山的 6 个站点(定海金塘大鹏、长涂苗绘山、嵊泗滩许、徐公岛、花鸟灯塔、海礁岛)已经完成实施安装工作。二是渔船安全救助信息系统管理。继续狠抓渔船终端设备开机管理,每周下发渔船卫星终端离线核查名单,全年共发送 8 636 艘次,系统开机率得到显著提高,温岭、瑞安等地港外渔船开机率达到 95% 以上。全年下发卫星终端不开机渔船处罚名单 162 艘,处罚违规渔船 20 余艘。三是渔船安全救助信息系统应用。全年发送政策宣传、指令信息 99.6 万条;全年,系统信息通信量突破千万,达到 1 380 余万条;有效减少了渔船碰撞事故的发生,全省渔船碰撞事故呈逐年下降趋势。

9.水生生物资源增殖放流 2016 年,全省继续开展"生态修复百亿放流"行动,大幅增加水生生物增殖放流资金投入力度,同时进一步完善相关制度,有力提升增殖放流工作水平。全年共投入增殖放流资金 14 000.19万元,与上年同比增长 20.6%;放流各类水生生物苗种 50.97 亿尾(粒),其中海洋苗种 32.41 亿尾(粒),淡水苗种 13.18 万尾(粒),与上年同比分别增长 30.6%、27.84% 和 7.4%,全面超额完成年度任务。

10.渔业科技与推广 一是组织开展"渔业主推品种和主推模式与技术联合推广行动"。遴选并推介 2016—2018 年全省渔业主推品种(18 个)和主推模式与技术(9 大类 17 项),组织全省水产技术推广体系开展联合推广行动。全省扶持建立渔业科技示范户 4 788户、核心示范面积 3.25 万公顷、推广总面积 11.47万公顷,实现产量 85.56 万吨,增加产量 6.53 万吨,实现产值 176.67 亿元,增加产值 12.56 亿元。二是开展"2016 年水产养殖节能减排技术集成与示范推广"项目。印发《实施方案》,联合全省 13 个市、县(市、区)推广站开展渔 - 稻综合种养、虾鳖新型清洁能源控温养殖及尾水处理、池塘多品种生态混养、池塘循环流水养殖、配合饲料应用等水产节能减排养殖模式与技术的试验与示范。全省建设示范基地 20 个,示范面积 493 公顷。三是开展"中华鳖养殖关键技术研究与集成示范"项目。联合全省 8 个市、县(区)推广站,联合开展中华鳖新品种选育、中华鳖生态养殖模式和技术的集成与示范、中华鳖新型温室养殖模式和技术的集成与示范、中华鳖养殖水质综合调控技术集成与示范,各示范站共建立核心示范企业 19 家,示范与熟化应用新型生态中华鳖养殖模式与技术 5 项,辐射推广 3 733 公顷以上。四是推进新型稻田综合种养产业化发展。继续在全省示范推广稻鱼共生、稻鳖共作、稻虾轮作、稻鳅共生、鱼菜共生、鱼塘种稻等多种稻田综合种养模式与技术,制定完善操作规程,加快形成技术标准,推进技术成熟、生产效益好的稻渔模式的产业化发展进程。

11.渔民技能培训 一是渔民素质培训。2016 年共举办各类渔民素质培训班 949 期,培训渔民 66 310 人次。通过培训已取得各类职业技能资格证书的渔民(包含职务船员、四小证)人数为 29 846 人次。二是渔业高技能人才培养"金蓝领计划"。在省市二级推广站的密切配合下,成功举办渔业行业"金蓝领计划"培训班6期共414人次，完成全年培训任务的138%。三是示范性渔业专业合作社人员培训。2016年，围绕科学文化素质、经营理念及技能水平，在嘉兴、丽水、绍兴、杭州、金华、湖州共开展省级示范性渔业合作社人员培训班6期，培训394人次。

12. 渔业互助保险 2016年，全省渔业互助保险承担风险保额首破千亿元，达1 057.6亿元，处理赔案5 253起，赔付金额2.8亿元，业务规模和保障水平连续12年走在全国前列。2016年，全省会员累计享受各级财政补贴1亿元，其中，中央财政补贴344.3万元，省级补贴7 540万元，市县级补贴2 123.4万元，广大渔民真正享受到政府政策性补助的温暖。进一步加快渔业互保关键领域的业务拓展。积极试点和扩大水产养殖、远洋渔业、休闲渔业、渔港设施等新险种、新业务，特别是水产养殖互助保险经过多方努力，争取到农业部金融支农服务专项资金500万元和省财政专项资金1 600万元，在财政补贴的引领和撬动下，试点范围扩大至全省8个市23个县（市、区），险种基本覆盖所有养殖方式和品种，养民投保积极性空前高涨。

13. 渔业综合执法 2016年，全省各级渔政执法机构围绕"一打三整治"及"两战"等重点任务，健全执法机制、强化执法监管、提升执法能力，以精细管理、精准发力、稳扎稳打、保持高压为要求，扎实推进渔业执法各项工作。在开展违规网具整治、全力以赴打好"幼鱼保护攻坚战"和"伏季休渔保卫战"、维护浙北渔场平安稳定、水生野生动物保护和渔业水域污染事件查处、水产品质量安全执法监管等领域，2016年全省渔政执法机构累计查处各类渔业违法案件5 378起（其中海洋2 038起），罚没款3 011万元（其中海洋2 641万元），查获并没收拆解"三无"渔船580艘，清缴违禁渔具20.1万顶（其中海洋12.7万顶）。

14. 海洋与渔业防灾减灾 2016年，浙江海域海洋与渔业灾害主要有：台风风暴潮灾害2次、灾害性海浪天数53天、发现赤潮27次等，造成直接经济损失4.02亿元，人员死亡（含失踪）17人，海洋灾害直接经济损失和死亡（含失踪）人数均低于近10年（2006—2015年）平均值。根据国家和省委及省政府的战略部署，以"不死人、少伤人、少损失"为工作统领，浙江省各级海洋与渔业行政主管部门，深入推进海洋与渔业防灾减灾工作，在灾害应急管理、灾害风险评估与区划、风暴潮重点防御区选划、渔港建设和管理等领域取得新突破，为"平安浙江"建设提供了有力支撑。一是抓好"尼伯特"等5个台风和7次强冷空气过程的海洋灾害应对，24小时灾害性海浪警报准确率达82.3%，风暴潮警报准确率达82.9%（双双超过考核指标），实现了新警戒潮位核定成果的顺利应用。二是做好应对寒潮和强降雨的渔业生产防御工作，全面贯彻落实省领导批示精神，指导全系统做好相关防范工作。三是组织海上作业渔船安全避风，海洋防台预警信息发布到位率100%（超过考核指标）。四是组织开展全省海洋与渔业防台风应急演习，事先不打招呼，全面检查市、县应急响应能力。五是开展全省海洋与渔业防台指挥人员、标准渔港安全责任人和渔船安全定人联系三项渔业防台数据库抽查工作，真正落实"横向到边、纵向到底，不留死角"的责任制目标。同时，完成浙江省沿海新警戒潮位核定值颁布、创新推进海洋灾害重点防御区划定、抓紧实施海洋灾害观测预警系统建设、组织开展防灾减灾宣传活动。

15. 渔业外事活动 2016年，浙江省渔业系统组织出访团组7批32人次，接待外宾9批68人次，接待我国台湾省来访团4批42人次。组团出访的国家和地区有澳大利亚西澳大利亚洲、德国石荷州以及肯尼亚、吉布提和我国台湾省等。接待来访的国家和地区有美国阿拉斯加渔业狩猎部、赞比亚农业官员、澳大利亚西澳州渔业部、我国"国立台湾海洋大学"水产养殖系、葡萄牙阿尔加夫大学、瓦努阿图共和国、日本长崎县水产部等。

【重点渔业县（区）基本情况】

浙江省重点渔业县（区）基本情况

县（市、区）	渔业总产值（万元）	水产品产量（吨）	其中					养殖面积（公顷）	
			海洋捕捞	海水养殖	内陆捕捞	内陆养殖	远洋渔业	海水	淡水
普陀区	735 579	901 335	465 405	33 355		4 135	398 440	2 294	432
温岭市	624 574	624 293	536 664	72 326	426	7 383	7 494	6 586	1 051
象山县	591 613	606 292	469 751	115 435		11 051	10 055	10 670	2 667

（续）

县（市、区）	渔业总产值（万元）	水产品产量（吨）	其中					养殖面积（公顷）	
			海洋捕捞	海水养殖	内陆捕捞	内陆养殖	远洋渔业	海水	淡水
岱山县	375 553	439 852	398 738	23 007		2 885	15 222	1 148	114
三门县	316 768	252 036	17 960	230 176	400	3 500		12 439	971
德清县	297 321	123 115			3 498	119 617			4 330
苍南县	269 385	213 890	194 270	18 899	106	615		5 191	266
玉环县	244 632	291 853	181 840	106 920	437	2 656		7 239	754
南浔区	229 723	121 649			841	120 808			6 470
宁海县	228 588	157 514	8 306	143 722	249	5 237		14 862	2 086
普陀区	735 579	901 335	465 405	33 355		4 135	398 440	2 294	432
温岭市	624 574	624 293	536 664	72 326	426	7 383	7 494	6 586	1 051
象山县	591 613	606 292	469 751	115 435		11 051	10 055	10 670	2 667
岱山县	375 553	439 852	398 738	23 007		2 885	15 222	1 148	114
嵊泗县	218 701	384 173	260 187	121 086			2 900	1 508	0
玉环县	244 632	291 853	181 840	106 920	437	2 656		7 239	754
椒江区	178 964	273 960	255 412	5 138		784	12 626	206	101
三门县	316 768	252 036	17 960	230 176	400	3 500		12 439	971
苍南县	269 385	213 890	194 270	18 899	106	615		5 191	266
洞头县	114 768	186 557	168 172	18 198		187		3 272	13

注：表内前10名县（市、区）为按产值排序，后10名为按产量排序。

【大事记】

［1］1月4～6日，省委副书记王辉忠深入舟山嵊泗、岱山调研浙江渔场修复振兴暨“一打三整治”工作并作重要指示，省海洋与渔业局局长黄志平等陪同调研。

［2］1月15日，清溪鳖业股份有限公司在上海股托管交易中心E板正式挂牌。这是浙江省第一家在该交易中心E板挂牌的农业企业。

［3］2月1日，浙江渔场修复振兴暨“一打三整治”协调小组第三次会议在杭州召开。省委副书记王辉忠作重要讲话，副省长黄旭明主持会议。省海洋与渔业局局长黄志平通报了2015年以来“一打三整治”工作进展情况及下一步工作安排。

［4］3月15日，全省海洋与渔业工作会议在杭州召开，副省长孙景森作重要讲话。省海洋与渔业局局长黄志平就“十二五”全省海洋与渔业工作情况以及2016年和“十三五”工作安排作了发言。省级有关部门，全省11个市及有关县（市、区）政府，各级海洋与渔业主管局负责人参会。

［5］4月19～20日，副省长孙景森在宁波等地调研海洋经济发展和海洋管理工作，省海洋与渔业局局长黄志平等陪同。

［6］5月10日，省政协乔传秀主席、陈小平副主席带队赴丽水参加2016年“走进基层、走进群众”送科技下乡活动，省海洋与渔业局相关领导及有关专家参加活动。

［7］5月11日，省委常委、组织部长廖国勋来省海洋与渔业局调研指导海洋与渔业改革发展和干部队伍建设工作，省委组织部常务副部长于跃敏等陪同，省

海洋与渔业局领导班子成员参加座谈。

[8]5月18日，副省长黄旭明到舟山市普陀区检查伏季休渔工作，省海洋与渔业局局长黄志平陪同。

[9]5月24日，省政协副主席陈小平在岱山启动"走进基层、走进群众"活动月，省海洋与渔业相关领导率有关部门参加。

[10]5月26日，澳大利亚西澳大利亚州渔业部常务副部长希瑟·布里福德(Heather Brayford)一行来省海洋与渔业局访问，省海洋与渔业局相关领导及相关处室负责人参加会谈。

[11]5月30日，"浙江渔场修复振兴暨2016年海洋伏季休渔管理工作会议"在宁波召开。省委副书记王辉忠到会讲话，副省长黄旭明主持会议；省协调小组办公室主任、省海洋与渔业局局长黄志平作汇报发言。

[12]6月24日，省委书记、省人大常委会主任夏宝龙，省委副书记、省长李强在杭州参加第四次全省农业科技大会，看望省农业科技突出贡献者和先进工作者代表，向省水产技术推广总站详细询问水产新品种育种成果。省海洋与渔业局局长黄志平等陪同。

[13]7月5~6日，省委王辉忠副书记赴舟山检查"一打三整治"落实工作，要求各地认真贯彻落实"5.29"会议精神，切实加大执法力度，不断推动渔业渔区治理体系和治理能力现代化。

[14]8月4日，2006—2016年浙江省十大法治事件和十大法治人物揭晓，修复振兴浙江渔场暨"一打三整治"专项执法行动被评为"十大法治事件"(列为第5大事件)。

[15]8月23~25日，省人大常委会副主任袁荣祥、省人大常委会委员、环境与资源委员会主任张景华、副主任陶君毅等一行赴宁波市及象山县调研督查"一打三整治"和海洋渔业发展情况，省海洋与渔业局相关领导陪同调研。

[16]8月28日，省海洋与渔业局启动杭州峰会期间浙江海域海底管线巡护联合执法行动，省海洋与渔业执法总队派出18艘执法船参与巡航。

[17]8月29日，农业部在江苏省南通市海安县召开全国渔业转方式调结构工作现场会，副部长于康震出席会议并作重要讲话，省海洋与渔业局局长黄志平作题为《打好两大战役，实施三大创建，积极推进海洋渔业可持续发展试点》的典型发言。

[18]9月1日下午，省政府副省长高兴夫、副秘书长谢济建一行，到省海洋与渔业局调研指导工作，局班子成员及机关处室、在杭直属单位主要负责人参加座谈会。

[19]9月28日，省委副书记王辉忠、副秘书长张才方来到省海洋与渔业局调研"一打三整治"工作，局领导班子及机关处室、在杭直属单位主要负责人参加座谈会。

[20]10月21~22日，由省海洋与渔业局、团省委、省教育厅、省学联联合主办，浙江海洋大学和浙江电视台共同承办的第三届浙江省大学生海洋知识竞赛半决赛和决赛在舟山举行，省海洋与渔业局有关领导到会致辞。

[21]10月31日，瓦努阿图共和国副总理、瓦库党代主席纳图曼一行14人，在中共中央对外联络部七局副局长周荣国陪同下访问省海洋与渔业局，黄志平局长等参加座谈。

[22]11月8日，日本长崎县水产部次长平田修三一行7人访问省海洋与渔业局，签订了浙江省与长崎县两省县渔业合作备忘录。黄志平局长等领导及相关处室单位负责人参加会议。

[23]12月23日，经省十二届人大常委会第三十六次会议审议通过，省人民代表大会常务委员会发布《浙江省人民代表大会常务委员会关于加强海洋幼鱼资源保护促进浙江渔场修复振兴的决定》，自发布之日起施行。《决定》对重点保护海洋幼鱼品种、最小可捕规格及比例、伏休期禁止销售的海洋捕捞鲜活水产品、捕捞渔船渔具管理、幼鱼销售利用和相关违法行为打击等作了明确规定。

(浙江省海洋与渔业局　方康保　谢雷宁)

安徽省渔业

【概况】 2016年，安徽省渔业部门深入贯彻落实习近平总书记视察安徽重要讲话精神以及全国渔业渔政、全省农业农村工作会议的决策部署，紧紧围绕稳量增收、提质增效、绿色发展目标，积极应对春繁低温寒潮、6~7月梅雨洪涝、夏季历史罕见高温旱情等多重不利因素影响，深入实施稻渔综合种养双千工程和渔业绿色健康养殖模式攻关，扎实推进渔业转方式调结构，渔业经济保持运行稳健、稳中有进、进中提质的良好态势。

1. 产业发展成效

一是渔业经济规模不断扩大。统计数据显示，2016年全省渔业实际放养面积58.5万公顷，同比增加0.5万公顷；实现水产品总产量236万吨、渔业经济总产值807亿元、渔民人均纯收入为16 314元，同比分别增长2.4%、8.3%和15%。水产品市场供给充足，大宗鱼类综合价格年均涨幅4.4%，为丰富城乡居民"菜篮子"供给，稳定农产品价格发挥了重要作用。

安徽省农委连续第七年被农业部评为"全国渔业统计工作先进单位",在农业部"菜篮子"产品延伸绩效管理考核中荣获"优秀"等次。

二是渔业结构调整不断深化。积极推广名特优新品种,示范推广绿色健康养殖新模式,全省名特优质水产品养殖面积达31万公顷,同比新增6 600公顷;新创建74家农业部水产健康养殖示范场,累计达450多家;发展稻渔综合种养面积4.7万公顷,池塘循环流水养鱼示范点45个,新增优质水产品生产能力5 000吨;建成31个国家级、138个省级休闲渔业示范基地。

三是质量安全水平不断提高。以查处鳜鱼、乌鳢非法使用孔雀石绿、硝基呋喃为重点,开展了"两鱼两药"专项整治,指导养殖单位科学规范用药、建立生产日志,从源头上杜绝违禁药物使用,全年水产品综合平均监测合格率为96.5%,比全国平均水平高0.6个百分点,其中产地合格率达100%,全年没有发生重大水产品质量安全事件。

四是渔业生态安全不断推进。继续实施禁渔期制度,连续15年实施长江春季禁渔活动,2016年,首次将淮河纳入禁渔管理,全省19.5万公顷大江大湖禁渔步入常态化。组织开展长江刀鲚、河蟹专项捕捞检查,全省主干河道、重点大水面渔政执法行动趋于常态化,安徽省渔政局荣获"禁渔期执法管理工作先进集体"称号。连续11年开展大规模水生生物增殖放流活动,全年投入资金2 369万元,放流水生生物4.7亿尾。开展涉渔工程项目环境影响评价工作,争取生态补偿资金800万元,参与查处渔业污染事故5起,挽回经济损失33.8万元。

五是安全生产监管不断加强。认真落实农业部两次视频会议精神,召开专题会议部署"十三五"期间渔业安全生产工作,签订责任书落实重点措施。组织开展了4次渔业安全生产大检查活动,用制度落实、责任落实推进渔业安全生产监管落实,及时部署渔船做好台风等灾害性天气的防范工作,全年没有发生重大渔业安全生产责任事故。

2.主要工作亮点

一是出台渔业油补政策调整文件。经省政府同意,省农委、省财政厅联合印发了渔业油价补贴政策调整文件和实施方案,是全国第一个向农业部报送备案的内陆渔业大省。5月31日,省农委、省财政厅联合召开了视频会议,培训解读全省渔业油价补贴政策调整的总体思路、目标任务、主要内容和重点举措,进一步推进各项工作落实。初步统计,全年退减捕捞机动渔船1 120艘,总数降至19 408艘,减少了5.5%,捕捞渔民转产转业近4 000余人,约占全省捕捞渔民总数的6%。

二是推进稻渔综合种养加快发展。5月份在全椒举办全省稻渔综合种养现场观摩活动,8月底在芜湖市召开全省推进稻渔综合种养发展现场会暨农业结构调整视频会,强调抓好稻渔综合种养模式推广,促进全省粮食稳产、农民增收、农业可持续发展。出台《全省稻渔综合种养双千工程实施意见》,推进一二三产融合、种养业结合发展,延伸做强产业链。12月份在上海海洋大学举办的第二届全国稻田综合种养生态大米评比大赛上,安徽省夺得3个金奖、1个银奖、1个铜奖和2个种养模式银奖,展示了安徽稻渔综合种养发展取得的新成果。

三是全力夺取抗灾复产阶段性胜利。据统计,6月18日入梅以来,全省渔业因涝受灾面积达17.5万公顷,其中精养池塘面积5万公顷;损失水产品17万吨,直接经济损失24亿元,渔业机械、养殖池塘等渔业基础设施损毁严重。面对严重灾情,全省渔业系统迅速反应,积极采取"三抓紧一加强"措施(抓紧抢排洪涝积水、抓紧修复水毁渔业设施、抓紧补投补放鱼苗、加强技术服务指导),最大限度地减少灾害损失,最快速度地恢复灾后生产,确保了大灾之年渔业增产增效。

四是成功举办长江江豚迁地保护活动。11月10日,农业部和安徽省人民政府联合在安庆市举办"共抓大保护长江生态修复行动——安庆西江长江江豚迁地保护"行动,农业部副部长于康震、安徽省副省长方春明出席并讲话。累计建立水生生物自然保护区7个,国家级、省级水产种质资源保护区28个、8个,保护水域总面积达7万公顷。

五是启动重点乡镇水产品药残快速检测系统建设。在省政府民生工程—农产品安全项目上,首次安排1 000万元资金,支持200个乡镇农产品质量安全监管站购买检测仪器、设备,为基层水产品质量安全监管提供了有效抓手,提升了养殖环节水产品质量安全监管水平。

3.存在问题及原因

一是洪涝灾害给全省渔业造成重创。由于全省22万公顷养殖池塘中近2/3不同程度出现老化淤积现象,对养殖病害和自然灾害的抗御能力很差,单产水平较全国平均低30%,直接影响水产品安全有效供给和渔农增收。2016年发生的洪涝灾害再次让全省水产养殖业遭受重创,渔民特别是新型渔业经营主体手头资金短缺,灾后渔业全面复产任务较重。

二是渔业转方式调结构步伐有待加快。水产品供给质量效益不高,还不能适应消费升级变化的需求,特别是结构性矛盾突出,养殖结构不优,名特优水产品比重过低(约占养殖产量的32.9%,较全国平均低1个百分点）；质量效益不高，养鱼收益下降；产业结构不优，种养业结合不紧，一二三产业融合不够；区域结构不合理。渔业基础设施依然比较薄弱，科技创新应用依然滞后。

三是渔业生产安全仍存隐患。全省现有机动渔船近3万艘，数量大且分散，天然水域渔业资源日趋枯竭，渔民受利益驱使，冒险作业现象时有发生，渔船安全生产监管任务艰巨。随着水产养殖规模扩大、集约化程度提高，养殖者、养殖环境、养殖方式、良种选育、病害防治、养殖用药、饲料生产等方面存在的诸多矛盾和问题逐步暴露，成为影响水产品质量安全的源头性、基础性因素。

【重点渔业县（市、区）基本情况】

安徽省重点渔业县（市、区）基本情况

县（市、区）	总人口（人）	渔业总产值（万元）	水产品总产量（吨）	其中		养殖面积（公顷）
				养殖	捕捞	
巢湖市	78.8	730 037	39 841	24 767	15 074	5 436
宿松县	60.7	363 110	87 680	81 600	6 080	49 330
枞阳县	85.5	356 630	88 000	81 900	6 100	26 000
庐江县	99.1	323 240	54 700	49 300	5 400	12 100
当涂县	46.6	319 913	58 405	53 174	5 231	10 025
无为县	103.7	292 300	62 957	55 957	7 000	15 370
天长市	61.4	287 920	76 100	72 100	4 000	13 396
明光市	54.2	272 911	77 344	69 314	8 030	16 522
肥东县	88	250 839	55 120	34 813	20 307	6 751
望江县	54.1	238 830	70 398	66 318	4 080	23 915

注：1. 渔业总产值排名前10名的县（市、区）；
2. 渔业数据来自2016年安徽省渔业统计年报；
3. 人口数据（2016年末常住人口）抄自省统计局。

【大事记】

［1］2月16日，按照《农业部关于调整长江流域禁渔期制度的通告》精神，安徽省农委发出通知，对长江流域安徽段禁渔时间和范围做出调整，禁渔期延长一个月，即3月1日0时至6月30日24时为禁渔时间，并首次将淮河干流河段纳入禁渔范围。

［2］3月1日，农业部长江办、安徽省农委和蚌埠市政府共同举行了2016年长江流域及淮河干流河段禁渔期同步执法行动暨水生生物增殖放流活动，农业部长江办副巡视员董金和、安徽省农业委员会副主任周世其、蚌埠市政府副市长秦仲鑫、中国水产科学研究院淡水渔业研究中心主任徐跑，江苏、河南、山东等沿淮省份渔政管理机构和省内沿江、沿淮10个市的渔政管理机构主要负责同志及执法人员、渔民代表等近百人参加了此次活动。

［3］3月7日，经安徽省政府同意，省农委、省财政厅联合出台《安徽省渔业捕捞和养殖业油价补贴政策调整实施方案》。方案提出，2015年度全省捕捞业油价补贴总体标准降至2014年的40%，省内捕捞渔船数量力争到2019年底减少20%以上。方案要求，通过调结构、转方式，构建财政补贴资金与用油量及油价彻底脱钩、与渔业资源保护及产业结构调整相协调的新机制，促进渔业可持续发展。

［4］3月28日，农业部办公厅下发了《关于2015年渔业统计工作情况的通报》，对2015年渔业统计工作综合考核评比情况进行了通报，安徽省农委在数据分析和报表报送等工作中表现突出，受到通报表扬。至此，安徽省农委渔业统计工作已经连续第七年荣获“全国渔业统计工作先进单位”称号，渔业局何银同志再次被评为“2015年度全国渔业统计优秀工作者”。

［5］3月29～30日，全国渔业渔政工作会议在北京召开，中共中央政治局委员、国务院副总理汪洋作出重要批示，农业部部长韩长赋出席大会并作重

要讲话，农业部副部长于康震主持会议并作总结讲话。作为六个典型省份之一，安徽省农委副主任周世其作了题为《坚持生态理念 实现渔业可持续发展》的交流发言。

［6］4月12日，安徽省农委发布实施《安徽省“十二五”渔业发展规划》。规划提出，到2020年，全省水产养殖面积稳定在56万公顷以上，水产品供给能力稳定在250万吨，渔业经济总产值突破1 000亿元，渔民人均纯收入年增长8%以上，产地水产品抽检合格率保持在97%以上。规划要求实施好现代渔业园区建设工程、水产良种繁育工程、渔业绿色健康养殖模式攻关示范工程、特色渔业品牌提升工程、水生生物资源养护工程、渔业装备信息建设工程等6项重大工程，加快构建沿江现代高效渔业产业带、沿淮特色优质渔业产业带、环巢湖生态渔业产业化先行区、皖南皖西生态渔业养护区、城郊休闲观赏渔业示范区“两带三区”现代渔业发展格局。

［7］5月31日，安徽省农委、省财政厅联合召开渔业油价补贴政策调整推进工作视频会，省财政厅副厅长孟照红，省农委副主任周世其出席会议并对推进政策调整落实工作提出进一步要求，各市、县(市、区)渔业主管部门和财政部门负责同志及相关人员共500余人参加会议。会议解读了全省渔业油价补贴政策调整的总体思路、目标任务、主要内容和重点举措，进一步推动各项工作落实。

［8］6月6日，安徽省农委组织芜湖、巢湖等地在长江、淮河、新安江、巢湖流域开展全国“放鱼日”活动，共放流鱼类4 000万尾。此项活动对养护水域生态环境，进一步增强公众水生野生动物意识起到了积极的促进作用。

［9］7月8日，由中国渔业协会淡水龙虾分会、安徽省农委、合肥市人民政府共同主办，合肥市畜牧水产局、合肥市旅游局、肥东县人民政府、包河区人民政府、合肥报业传媒集团联合承办的第15届中国(合肥)龙虾节盛大开幕。据统计，合肥市现有龙虾经营餐馆5 000多家，从业人员3.5万人，年消费量10万吨，实现产值近40亿元。

［10］7月20日，农业部发出《关于表扬2015年度专项工作延伸绩效管理试点工作优秀单位的通报》，对2015年度专项工作延伸绩效管理优秀单位进行通报表扬，安徽省农委被评为“稳定发展菜篮子产品生产优秀单位(渔业)”，全国仅2家。

［11］8月20日，农业部渔业救灾督查组来安徽开展调研，重点了解合肥市巢湖等重灾区救灾复产情况。据统计，全省渔业受灾面积17.5万公顷，损失水产品17万吨，经济损失达24亿元。

［12］8月29~30日，安徽省推进稻渔综合种养发展现场会在芜湖召开。省农委主任孙正东、副主任陈卫东和朱永东，芜湖市市长潘朝晖、副市长林绪文出席。会议认真总结并交流推广稻渔综合种养的好经验、好做法，明确今后一个时期安徽省养鱼稳粮增收的发展方向，加快农业供给侧结构性改革，为产业增效、渔(农)民增收作出新贡献。

［13］10月25~26日，根据省委书记李锦斌关于做好“渔民上岸安居工程”宣传的指示精神，省委宣传部邀请中央电视台、《人民日报》等中央驻皖媒体及安徽卫视持续报道安徽省渔民上岸工作。中央电视台“新闻联播”播出《安徽6.6万渔民告别“水上漂”》，《人民日报》刊发《安徽帮助两万户渔民安居和就业 渔民上岸告别“水上漂”》，新华社播发《安徽以船为家“末代渔民”上岸记》，《经济日报》推出《告别“水上漂”乐享安居梦——安徽省“以船为家”渔民上岸安居工程纪实》，中央人民广播电台“新闻和报纸摘要”节目播出《安徽在全国率先推进并完成以船为家渔民上岸安居工程》，充分肯定安徽“通过推进‘1+6’政策模式，推进渔民上岸安居工程”取得的成果。截止到2016年6月，全省19 419户、6.6万以船为家渔民全部上岸，在全国率先完成渔民上岸安居工程任务。

［14］10月31日至11月1日，全国渔业油价补贴政策调整培训班在北京举办，农业部渔业渔政管理局副局长李书民出席并作总结讲话。安徽作为内陆省份唯一代表在大会上作典型交流，从政策主要目标设定、具体内容确定、推进措施制定等方面汇报了有关经验做法，得到了农业部渔业渔政管理局和兄弟省份的高度评价。

［15］11月10日，农业部和安徽省人民政府联合在安庆市举办“共抓大保护长江生态修复行动——安庆西江长江江豚迁地保护”行动，8头长江江豚入住安庆西江江豚保护区，农业部副部长于康震、安徽省副省长方春明出席并讲话。据统计，安徽已经建立水生生物自然保护区7个，国家级、省级水产种质资源保护区28个、8个。

［16］12月7日，省农委印发《安徽省稻渔综合种养双千工程实施意见》。意见提出到2020年，全省发展稻渔综合种养面积6.7万公顷以上，实现“亩收千斤粮、亩增千元钱，年增收10亿元以上”的目标。

［17］12月10日，在上海海洋大学举办的第二届全国稻田综合种养生态大米评比大赛上，安徽省夺得3个金奖、1个银奖、1个铜奖和2个种养模式银奖，展

示了安徽稻渔综合种养发展取得的新成果。

[18]12 月 15 日，著名钢琴演奏家郎朗应国际野生救援组织（Wild Aid）邀请，到安徽安庆西江长江江豚迁地保护基地拍摄公益宣传片，呼吁社会共同保护被誉为“水中大熊猫”的江豚，维护长江生态环境。

（安徽省农委渔业局　王永东）

福建省渔业

【概况】 2016 年，福建省深入贯彻落实《农业部关于加快推进渔业转方式调结构的指导意见》，以推进供给侧结构性改革为主线，加快渔业转方式调结构，提高发展的质量和效益，现代渔业保持平稳较快发展。全省实现渔业经济总产值 2 734.12 亿元，同比增长 10.97%；水产品总产量 767.98 万吨，同比增长 4.65%；水产品人均占有量 198.24 千克；海洋捕捞产量（含远洋）233.1 万吨，同比增长 0.4%；海水养殖产量432.38万吨，同比增长 6.99%；淡水产品产量102.50万吨，同比增长 5.04%；水产品加工产量 351.76 万吨，实现产值 837.07 亿元，分别同比增长 5.74%、10.59%；水产品出口创汇 58.98 亿美元，同比增长 6.29%；渔民人均纯收入 17 851 元，同比增长11.55%。

1. 产业转型升级加快 积极培育超千亿水产产业集群，出台《关于推进九大特色品种超百亿元全产业链培育工作的实施意见》，2016 年九大特色品种产量 312 万吨，同比增长 7.1%，全产业链产值 800 亿元，同比增长 10%。发展渔港经济区，在全国率先提出渔港经济区建设模式，福建省被列为全国渔港经济区建设唯一试点省份；制定《全省渔港经济区布局总体规划》，先期培育霞浦三沙、连江黄岐等 8 个渔港经济区；泉州市出台《关于加快渔港经济区建设的实施意见》，晋江、石狮、泉港、东山等地编制了渔港经济区概念性规划。

2. 设施渔业成效明显 全省建设工厂化养殖基地 38 个，新增工厂化养殖车间 27 万平方米，新建环保型全塑胶养殖网箱 2 万多口，新增抗风浪深水大网箱 60 口。春申股份有限公司等 10 家企业在印度尼西亚、马来西亚建立渔业养殖基地，投资总额超 9 亿美元。休闲渔业规模不断壮大，福州罗源湾海洋世界等 4 家单位获得全国休闲渔业示范基地称号，扶持提升永泰县幸福庄园等“水乡渔村”示范基地 17 家；印发《福建省休闲海钓示范基地建设工作方案》，启动建设福建好隆发、平潭大福湾等 10 个省级休闲海钓示范基地；2016 中国（厦门）国际休闲渔业博览会取得良好成效。

3. 远洋渔业有序发展 远洋渔业工程包全年完成项目投资 15.26 亿元，开工建造远洋渔船 127 艘，新建（扩建）境外基地 4 个，新增水产品加工、冷链物流项目 4 个，其中宏东渔业股份有限公司投资 1 亿美元建立的毛里塔尼亚综合基地，成为当前全国境外投资规模最大的远洋渔业基地；全年新增外派远洋渔船 20 艘，全省远洋渔船投产规模达到 540 艘，远洋渔业总产值 25.6 亿元，新开拓了中南美洲苏里南项目、南亚东帝汶项目、俄罗斯远东项目、朝鲜东部海域项目，港顺、万通、海之星等企业新开拓的公海灯光围网项目成为福建省远洋渔业新的增长点。

4. 水产加工不断壮大 截止到 2016 年，全省拥有省级以上水产龙头企业 123 家，其中：国家级农业产业化龙头企业 7 家、省级农业产业化龙头企业 116 家。水产冷链物流体系进一步完善，全年新增水产冷库库容 26 万吨，全省水产品冷冻率达 45%，居全国前列。水产品电子商务呈现良好态势，中国－东盟海产品交易所已发展会员 358 家、交易商 2 187 个，累计交易总额 4 880 亿元，马来西亚、柬埔寨等分中心筹建工作稳步推进；“福建鱼多多水产品电子商务交易平台”建设持续推进，鲍鱼、南美白对虾等水产品上网销售规模不断扩大。品牌培育力度进一步加大，继续推进福建省 20 大渔业品牌宣传推介，全年新增 2 个中国驰名商标、43 个福建省名牌产品。

5. 种业创新成果丰硕 实施种业创新与产业化工程，经济贝类、紫菜、黄姑鱼三大种业创新和产业化工程顺利完成；全省水产育繁推种业体系进一步完善，新认定市级良种场 5 家、省级良种场 4 家，建设规模化种苗繁育基地 20 个、育苗池 4.6 万平方米；研发“申福”“闽丰”坛紫菜和“金蛎 1 号”“福蛎 1 号”牡蛎新品种；宁德国家级大黄鱼遗传育种中心项目完成主体工程；福建省石斑鱼院士专家工作站、福建省海洋渔业种业工程研究中心建设加快推进。福建省大黄鱼、石斑鱼等优势特色养殖品种种业规模居全国前列，涌现了连江官坞、福建一嘉等一批区域化、规模化、专业化水产种业龙头企业。

6. 贸易合作规模扩大 举办福建海洋战略性新兴产业项目成果交易会，签约海洋与渔业项目 168 项，总投资 237.58 亿元。举办第十一届中国（福州）国际渔业博览会，现场签约签约金额 169 亿元、贸易配对额 2.6 亿元。举办第十一届中国（厦门）国际渔业博览会暨 2016 年亚太水产养殖展览会，展会成为我国首次展示从“养殖、捕捞”到“加工、流通”全产业链的渔业盛会。组织省内涉渔企业参加境外相关展会，38 家企业参加美国波士顿国际渔业博览会,15 家企业参加 2016 年波兰(福建)农产品交易会,5 家企业参加 2016 澳门国际环保展,6 家远洋企业参加中国·福建省-非洲国家合作对接会。

7.科技推广力度加大 基层水技推广体系改革与建设补助项目成效显著,建设科技试验示范基地 134 个,培育科技示范户 2 544 户,辐射带动农户 2.39 万户,全省项目县主导品种和主推技术到位率 97% 以上;编撰九大特色品种"智慧农民十万个为什么"电子书,为九大特色品种超百亿全产业链做好技术支撑;示范推广持续推进,指导推广养殖面积 8 万多公顷,受益渔民 3 万多人,技术成果 14 个。开展 6 种水生动物疫病监测和 2 种病原菌耐药性普查;全省 4 个实验室通过农业部水生动物检疫实验室能力测试;全面启用病情测报系统和现代渔业技术服务与渔业生产管理云平台,提高病情测报的信息化管理水平。

8.安全生产形势平稳 积极开展防台风工作,成功防御"尼伯特""莫兰蒂"等 9 个台风,转移和撤离海上渔船 10.53 万艘次、渔排上人员 12.11 万人次、渔船上人员 20.72 万人次。全年处置海洋与渔业各类突发事件 139 起,组织渔船自救互救 114 起,救助船员 1 279人,调度救助船舶 205 艘次,挽回经济损失2.87 亿元。持续推进渔业安全生产标准化建设提升工程三年行动,全省渔船达标率 100%,远洋渔业企业达标率 100%,全年发生各类渔业船舶水上生产安全事故 17 起,同比下降 19%,没有发生较大安全生产事故。

9.防灾减灾持续加强 顺利完成省委、省政府为民办实事项目渔港建设年度目标任务,新增立项霞浦沙江沙江、霞浦长春渔家地、霞浦下浒延亭、长乐漳港三营澳、平潭澳前前进等 5 个二级渔港项目;长乐松下长屿、惠安净峰杜厝、蕉城三都虾荡尾、福安溪尾鲜艳澳、霞浦沙江竹江等 5 个二级渔港完成主体工程,有序推进 20 个渔港建设项目。全省共办理渔工互保 9.18 万人,办理渔船互保 10 030 艘,全省完成渔业互保签单会费 1.88 亿元,同比增长 10.87%,提供风险保障金额 456.5 亿元,同比增长 10.6%,共接报案 923 起,赔付金额 6 895.76 万元。省渔业互保协会成立会员服务部,开创全国渔业互保系统会员服务工作的先例。

10.质量安全稳步提升 实施水产品质量安全"1213"行动计划,持续推进"治理餐桌污染,建设食品放心工程",建成农业部水产健康养殖示范场和水产养殖标准化生产基地 2 万公顷,新认定无公害水产品产地 2 700 公顷。完善追溯管理平台建设,推广水产品可追溯统一新标识,新增追溯企业 40 家,追溯品种涵盖大黄鱼、鲍鱼等 60 种水产品。强化水产品质量安全抽检,全年开展水产品质量安全监督抽查和风险监测 8 000 批次,省部级水产品产地质量安全监督抽检合格率 99.7%。

11.渔业执法能力增强 组织部署 12 次"蓝剑"联合执法行动,防范劝阻拟赴敏感海域作业渔船 205 艘次,查获涉嫌违规船舶 374 艘,收缴罚没款 575.56 万元,拆除违规网具 405 张,移送公安等有关部门立案 6 件。全面整治非法采捕红珊瑚暨涉渔"三无"船舶,全省共取缔无照修船厂 2 家,破获非法采捕交易红珊瑚案件 29 起,查获疑似红珊瑚 380.52 千克,33 名非法采捕、交易红珊瑚人员被判刑。突出以打击禁用渔具、清理拖网和刺网违规网具为重点,开展渔具渔法监管执法,全省共清理取缔违规渔具 5 993 张。推动建立渔船三级管理,出台《福建省渔业船舶三级管理办法》,在平潭综合实验区、福鼎市和漳浦县开展渔船三级管理试点,选取漳浦县整美三级渔港作为渔港船舶规范化管理试点。

12.存在问题 渔业发展不平衡、不协调、不可持续的问题依然突出,加快产业转型升级尤为迫切;渔业"走出去"的难度加大,特别是远洋渔业遭遇发展瓶颈;台风等极端天气和各种自然灾害呈多发趋势,对渔业生产安全带来严重威胁。这些问题构成了福建省渔业发展的深层次压力,制约了渔业经济的可持续发展。

【重点渔业市(县、区)基本情况】

福建省重点渔业市(县、区)基本情况

市(县、区)	总人口(万人)	渔业产值(万元)	水产品总产量(吨)	其中				养殖面积(公顷)	
				海洋捕捞	海水养殖	内陆捕捞	内陆养殖	海水	内陆
福清市	129.3	858 523.88	450 710	20 930	321 169	61	108 550	15 816	6 125
连江县	58.2	226 0561.78	1 010 437	330 728	672 260	724	6 725	22 366	450

（续）

市（县、区）	总人口（万人）	渔业产值（万元）	水产品总产量（吨）	其中				养殖面积（公顷）	
				海洋捕捞	海水养殖	内陆捕捞	内陆养殖	海水	内陆
秀屿区	59.2	621 047.25	506 892	75 120	430 552	528	692	11 848	322
霞浦县	46.65	901 206.13	412 135	109 492	301 935		708	20 431	226
东山县	22.09	552 997.96	409 744	176 546	18 334	221 710		11 488	7 935
平潭县	44	554 751.77	398 813	152 356	246 268		189	6 176	46
惠安县	100.3	363 897.44	252 876	132 789	118 934	476	677	3 256	307
石狮市	68.8	459 337.45	451 731	415 662	35 746		323	1 101	35
龙海市	93.95	576 866.03	448 797	136 444	187 797	6 411	118 145	4 939	4 720
漳浦县	82.77	690 619.30	425 777	67 064	298 335	3 781	56 597	17 540	3 496

【大事记】

[1]1月20日，全省海洋与渔业工作会议在福州召开。

[2]1月27日，大黄鱼育种国家重点实验室揭牌仪式在宁德召开。

[3]2月18日，全省海洋与渔业执法工作会议在泉州召开。

[4]6月6日，“2016年福建省‘6·6八闽放鱼日’福州主会场活动”在福州闽江公园举办。

[5]5月11日上午，福建省海洋与渔业厅在福州举办《渔业研究》首发式。

[6]5月13日，全国“2016水产科技周”启动仪式在厦门举行。

[7]5月25日，全球水产养殖论坛在厦门召开。

[8]6月3日，2016海峡（福州）渔业周·中国（福州）国际渔业博览会在福州举办。

[9]6月11日，“2016海峡两岸水产增养殖与病害学术研讨会”暨第六届闽台水产学术研讨会在厦门召开。

[10]6月20日，福建省海洋与渔业执法总队与广东省渔政总队联合开展闽粤联合执法行动。

[11]7月29日，几内亚渔业、水产养殖和海洋经济部部长安德烈.洛瓦赴福建省海洋与渔业厅交流访问。

[12]8月12日，全省远洋渔业工作座谈会在福州召开。

[13]8月12日，福建省海洋与渔业厅在三明泰宁县金湖渔港举办省、市、县、乡渔业船舶水上突发事件应急救援演练。

[14]9月1日，全省特色现代农业和海洋经济现场推进会在厦门召开。

[15]9月8日，“中国－东盟海产品产业合作马来西亚基地项目”专场签约会在厦门举办。

[16]10月28日，第九届中国（厦门）国际休闲渔业博览会在厦门召开。

[17]10月29日，福建省鲈鱼产业协会成立大会在宁德市举行。

[18]11月10日，福建渔业技术服务与生产管理平台正式上线。

[19]11月16日，福建省海洋与渔业厅举办建厅60周年文体活动启动仪式。

[20]12月2日，第七届全国石斑鱼类繁育与养殖产业化论坛在厦门召开。

[21]12月6日，全国渔政工作座谈会在福州召开。

[22]12月9日，福建省海洋与渔业厅与福州海关在福州签订合作备忘录。

[23]12月8日，全国渔业船舶检验监督管理工作座谈会在福州市召开。

（福建省海洋与渔业厅 廖信宁 汤兴福）

江西省渔业

【概况】 2016年，江西省渔业系统深入贯彻省委、省政府及农业部渔业渔政管理局关于推进渔业转方式、调结构的目标要求，积极深化渔业供给侧结构性改革，稳步推进现代渔业建设，克服了暴雨洪涝等自然灾害频发的不利影响，保持了全省渔业经济稳定、健康发展。全省实现渔业经济总产值979.39亿元，同比增长5.83%。其中第一产业产值483.52亿元；水产品产量达271.61万吨，同比增加7.37万吨，增长2.8%，其中：养殖产量244.07万吨，增长2.62%，捕捞产量27.54万吨，增长4.3%；全省渔民家庭人均纯收入13 291.39元，同比增长8%；养殖面积43.82万公顷，同比增加660公顷；出口水产品1万吨，出口额2.6亿美元；水产品市场供应充足，价格综合指数为105.48，总体运行平稳。

1. 产业结构调整 全省各地进一步加大了渔业产业结构调整力度，重点发展名特优水产品养殖生产，取得了显著成效。2016年，全省特种水产养殖面积达20多万公顷，同比增加近2 700公顷，增幅1.5%左右，完成产量92.52万吨，增幅5.6%，特种水产品产量占全省水产品总产量的比重达到34.06%，较上年提高了1个百分点。其中，河蟹、小龙虾、泥鳅、黄鳝、蛙、鳜鱼、黄颡鱼、鳖等优势特种水产品产量继续大幅度增长，其产量分别达到2.25万吨、9.0万吨、10.3万吨、10.6万吨、3.29万吨、6.16万吨、3.18万吨，较上年度的增幅分别达到了9.46%、7.54%、6.94%、8.13%、3.61%、6.87%、4.10%。

2. 生产方式转变 一年来，各级渔业部门积极组织推广了水产健康养殖、稻田综合种养、池塘养蟹、精养池塘“鱼—菜共生”、工厂化集约化养殖、池塘工厂化循环流水养殖等新的养殖模式，推动了全省渔业生产方式的转变与转型升级。一是继续开展农业部水产健康养殖示范场（基地）创建活动。全年新增农业部水产健康养殖示范场38家，新增示范基地面积2.32万公顷。全省累计拥有农业部水产健康养殖示范场（基地）数量达518家，示范基地面积8.47万公顷，占全省水产养殖总面积的比重达到了19.32%。二是组织实施了精养池塘“鱼—菜共生”、稻田综合种养、池塘工厂化循环流水养殖等新技术的示范推广。精养池塘“鱼—菜共生”新技术示范已在新干县、永修县等地开展，效果良好；稻田综合种养新技术示范分别在恒湖垦殖场、康山垦殖场、南丰县等地开展，发展势头也很好；池塘工厂化循环流水养殖新技术已落户新建区，并新建了一批示范点（基地）。三是进一步加大科技攻关力度，探索建立湖泊水库等大中型水域的“生态友好、经济高效”的渔业生产模式。例如，新余市的仙女湖组织开展了碳汇渔业的试点研究；进贤县的军山湖开展了以恢复养殖水域生态环境为目的的人工种植（移植）水草试验，等等。四是工厂化集约化养殖生产方兴未艾。南丰县的甲鱼工厂化养殖生产发展势头强劲；东乡县、余江县、新干县的泥鳅集约化养殖规模进一步扩大；龙虎山、龙南县、袁州区、靖安县、宜黄县等地的棘胸蛙集约化养殖生产基地规模继续保持增长态势。

3. 基础设施建设 各级渔业部门积极贯彻落实国家和省里的相关惠渔政策，积极争取地方政府和职能部门的关心和支持，积极引导社会各界加大对渔业的投入，促进了渔业基础设施建设投入的不断增长。一是从中央扶持现代农业生产发展资金中争取了6 500万元，对2 017公顷精养池塘进行了标准化改造，并改扩建3个规模化水产良繁场。二是争取了中央渔业标准化养殖项目资金900万元，支持了20个水产养殖基地改善了水产养殖生产经营设施条件。三是积极争取一二三产业融合扶持资金的支持，大力提升渔业产业化经营水平。湖口县争取了农业部一二三产业融合资金2 000万元，用于扶持渔业一二三产业融合发展。此外，各级渔业部门在认真组织实施好公共财政支持的渔业基础设施建设项目的同时，积极引导社会资本不断加大对渔业的投入力度。其中，仅实施现代渔业项目建设就吸纳了社会资本新增投资近亿元。

4. 智慧渔业建设 积极争取省级财政部门的支持，在燃油补贴改革资金的地方统筹资金中筹措了3 000万元资金，专项用于支持各级渔业行政部门的渔业信息化管理平台建设。

5. 渔业经营主体 全省各级渔业部门将渔业新型经营主体的培育和建设作为一项重要工作，积极推动产业化龙头企业、渔（农）民专业合作社、休闲渔业农（山）庄、家庭农场等新型渔业经营主体的建设，取得了显著成效。全年新增9家省级以上龙头企业，使获得“省级以上农业产业化龙头企业”称号的渔业企业达69家；新增渔（农）民专业合作社150多家，使全省涉渔的渔（农）民专业合作社达1 650家。在新型渔业经营主体带动下，全省休闲渔业加快发展，现已建成各类休闲渔业基地（点）788个，拥有水产养殖面积近百万亩，年产值近30亿元。其中，国家级休闲渔业示范基地有19家、省级有22家。

6. “鄱阳湖”水产品牌 各级渔业部门继续将组织实施“鄱阳湖”水产品牌发展战略作为创新渔业工作的一项重要抓手，积极组织和协调重点渔业生产经营企业共同参与协作，推动“鄱阳湖”水产品牌建设取得了新的成效。一是组织实施了“鄱阳湖”水产品牌专卖店建设计划。全年新建了“鄱阳湖”水产品牌专卖店52个。尤其是九江市，在全市范围内大力推进“鄱阳湖大闸蟹”品牌专卖店建设，新建“鄱阳湖大闸蟹”品牌专卖店40余个,使全市“鄱阳湖大闸蟹”品牌专卖店数量达到近百个。二是新增了5个“鄱阳湖”注册商标一般授权许可单位,使获得“鄱阳湖”注册商标一般授权许可的企业单位增加到了22个。三是组织专家制定“鄱阳湖”品牌系列产品标准。2016年,江西省渔业局委托省水产技术推广站组织了数十名水产科技工作者参与,质量监督部门立项批复了11项“鄱阳湖”品牌系列产品标准,总共有18项将作为江西省地方标准予以颁布。

7. 水产品质量安全监管 各级渔业部门始终坚持水产品质量安全“产出来”与“管出来”两结合,专项整治和长效监管机制两手抓,取得了没有发生重大水产品质量安全事件(故)的好成绩。在农业部组织实施的水产品基地和市场抽查的检测工作中,合格率达到100%,得到了农业部和省政府的肯定和认可。在省农业厅组织实施的660批次水产品监测抽查中,检测合格率达到99%。一是坚持实施属地管理责任制度。2016年,我们继续将水产品质量安全考核纳入地方政府考核体系,向各设区市及省直管试点县市政府下达了责任书,推动了属地管理责任的落实。二是建立和完善水产生产基地数据库。将全省水产养殖大户、水产健康养殖示范场、产业化龙头企业生产基地纳入监管对象,建立了一个包含1 570户水产生产基地的数据库。三是组织开展水产品质量安全专项整治行动。各级渔业部门与有关部门联合组织开展了4次专项整治行动,出动执法人员300余人次,对水产养殖场(户)实施现场检查135个(次)。四是持续加强水产品质量安全管理法律法规的宣传工作。各级渔业部门利用送科技下乡、举办培训班、印发技术资料、新闻宣传等多种形式,发放涉及水产品质量安全生产的相关资料8万余份,极大地增强了广大水产养殖生产者的水产品质量安全生产意识。

8. 渔业资源养护 一方面,不断加大执法和监管力度,强化部门联动机制,形成强大威慑力。开展“2016净湖行动”“清湖行动”等4个专项行动、重点打击“四非一违”行为,全年共组织开展执法行动827次,查获违法捕捞船数1 137艘(次),查获电捕鱼案件数430多起,取缔销毁迷魂阵2 479部,行政处罚1 270余人。另一方面,不断提高渔业资源养护水平,促成渔业资源自然修复。一是规范保护区建设和管理。“四牌一标一册一制度”得到落实,新增水生生物保护区面积4 735公顷。二是落实禁渔期制度。2016年是江西省实施禁渔期制度第30年,非法渔具及非法捕捞行为大量减少,非法捕捞接报数量同比减少近30%。三是实施增殖放流。投入中央财政1 300万元专项资金,放流以四大家鱼为主的经济物种2.07亿尾,放流珍稀濒危物种约18万尾(只)。

9. 渔业生产秩序 一是加强矛盾纠纷隐患的排查分析,禁渔期间召开了2次安全维稳形势研判会,对因小龙虾引发的矛盾纠纷发出了预警,取得良好效果。二是加强重点隐患的预防化解。建立重要时候、重要水域、重要人群数据库。在东湖、昌邑、常荫等水域采取了县际联合、省市联合等驻守方式,成功化解3个地方8起严重渔业纠纷。三是加强突发事件应对调处。坚持在地方政府领导和综合治理部门领导下,按职责分工,积极参与处置突发事件,成功处理了常荫水域、沙湖水域和昌邑水域等影响较大事件。

10. 安全生产管理 始终坚持“安全生产大于天”的理念,全年没有发生渔业生产安全事故,顺利通过农业部安全大检查。一是落实主体责任。与11个设区市渔业主管部门签订《2016年度涉渔安全维稳责任书》,并要求各地逐级签订责任状,明确各地涉渔安全属地管理责任。二是加强渔船管理。坚持把好安全生产第一关,加强渔船安全检验,确保每条持证船符合安全标准后出行,渔船检验达到全省全覆盖。三是加强日常及应急监管。在春节、清明等节假日和“两会”前期,组织开展渔业安全生产和涉渔维稳隐患排查治理行动,并进一步完善应急预案;健全值班制度,形成24小时,“5+2”格局。积极开展船东互保工作,帮助渔民减少灾害损失。

11. 渔政管理 一是与省公安厅沟通联系,出台《关于明确渔政执法与刑事司法衔接工作若干问题的通知》,对案件移送、线索通报、协作配合、物品鉴定和联席会议制度等渔政执法与刑事司法衔接工作中亟待解决的问题进行了明确和规范;二是成立鉴定机构。省农业厅成立省涉嫌渔业违法犯罪案件物品鉴定工作委员会,对法律法规、规范性文件明确规定禁止使用的捕捞工具、捕捞方法和水生生物品种、非法捕捞水产品价值进行鉴定;三是编撰禁用捕捞工具捕捞方法名录。委托上海海洋大学编撰江西省禁用捕捞工具捕捞方法名录,为开展涉嫌渔业违法犯罪案件物品鉴定工作提供依据。同时,自2015年起,启动了智能渔政建设项目,2016年再次规划了建设该信息系统,将能够实现省市县三级平台共用,数据共享,达到了执法智能化、服务便利化、管理网络化的功能。组织了九江100吨渔政船,彭泽渔政码头,九江市渔政趸船等基础装备建设,全省渔政装备水平稳步提升。

【重点渔业县(市)基本情况】

江西省重点渔业县(市)基本情况

市(区、县)	总渔业人口(万人)	渔业产值(万元)	水产品总产量(吨)	其中		养殖面积(公顷)
				捕捞	养殖	
鄱阳县	19.1	260 955	177 800	23 458	154 342	31 488.7
余干县	6.5	256 985	153 731	16 414	137 317	27 508
南昌县	4.5	173 952	147 496	18 736	128 760	11 668.8
进贤县	5.4	280 667	134 062	27 864	106 198	30 769.7
丰城市	1.9	126 318	108 304	5 535	102 769	15 989.7
新建县	1.4	212 134	91 824	14 513	77 311	8 026.7
都昌县	2.9	104 916	88 500	19 260	69 240	13 253.3
九江县	0.8	104 796	57 266	2 596	54 670	13 012.7
彭泽县	0.8	91 033	56 679	4 399	52 280	8 066.7
永修县	2.1	95 319	55 190	4 580	50 610	10 149.9

【大事记】

[1]2月26日,江西省一杂交优良品种——赣昌鲤鲫通过全国水产原种和良种审定委员会的审定。依据《中华人民共和国农业部公告第2360号》公告,由江西省水产技术推广站等单位杂交选育的赣昌鲤鲫新品种,获得全国水产原种和良种审定委员会审定通过。至此,由江西省水产技术人员自主选育的水产新品种已达6个。

[2]4月2日,南昌市鄱阳湖农牧渔产业发展股份有限公司"新三板"挂牌上市。该公司成为全国淡水养殖领域第一个挂牌"新三板"的农业企业,也是江西省渔业行业中第一个挂牌"新三板"的企业。

[3]4月7日,赣沪优质水产品对接会在南昌召开,来自上海市江西商会水产分会6名代表与江西省16个重点水产企业成功对接。会上江西企业与商会代表进行了深入交流,并在有机鱼、甲鱼、"鄱阳湖"大闸蟹等产品销售上达成了意向性合作。

[4]8月19日,农业部全国水产技术推广总站副站长孙有恒一行4人,赴江西省九江市调研洪水灾后恢复生产工作情况。调研组一行深入养殖一线,了解九江市受灾情况、开展的救灾工作以及恢复生产情况。调研组对江西渔业大灾之年坚定信心、不等不靠、积极开展生产自救给予了充分肯定,并就进一步做好灾后复产工作提出了具体要求。

[5]9月6~7日,中国水产学会赴江西调研水产品加工贸易及流通情况。调研组深入到江西东海食品有限公司、江西西龙食品有限公司、江西骏马海食品有限公司、玉山英明特种水产养殖公司及万年县相关珍珠加工贸易企业、万年县国际珍珠城、鄱阳湖水产品综合大市场等单位了解水产品加工、贸易及流通等情况,并对江西渔业生产发展、水产品加工出口贸易流通、保障市场供给、促进企业效益提升等工作,给予了充分肯定。

[6]10月19日,江西省水产品质量安全检测中心通过2016年全国水生动物防疫系统实验室检测能力测试。此次考核通过,该持续提升了该中心实验室检测的准确性和权威性,填补了全省水生动物重大疫病实验室诊断能力,为全面开展重大水生动物疫病监测,防控重大水生动物疫病的流行,提供了技术支撑与平台,为全省水生动物防疫事业提供更有力的技术支撑。

[7]12月9~10日,江西省鄱阳湖水产品牌建设培训在南昌举行。各设区市渔业主管部门负责人、重点渔业县(市、区)渔业主管部门负责人以及重点渔业企业代表共140余人参加了培训。

[8]12月27日,农业部渔业渔政管理局在南昌市召开了全国"十三五"渔业发展规划宣传贯彻培训会议。农业部渔业渔政管理局局长张显良出席培训会议并讲话,江西省农业厅长胡汉平看望了与会领导和人员,省农业厅总经济师刘建堂出席培训会议并致辞。培训班上,农业部渔业渔政管理局有关负责同志

对《全国渔业发展第十三个五年规划》《全国沿海渔港建设规划》《全国渔港升级改造和整治维护规划》《水产种业提升工程》《水生动物防疫工程》及《数字渔业技术集成示范实施方案》等六大主题进行了宣传贯彻。

（江西省渔业局）

山东省渔业

【概况】 2016年，山东省海洋与渔业系统牢固树立和贯彻落实创新、协调、绿色、开放、共享的发展理念，紧紧把握稳中求进的工作总基调，深化落实“海上粮仓”重点项目建设，着力加强供给侧结构性改革，科技兴渔，依法管渔，推动渔业转型升级、提质增效，全省渔业保持了稳中有进、稳中向好的发展态势。全省水产品总产量949.0万吨（其中远洋渔业51.8万吨，同比增长10.4%），同比增长1.9%，渔民人均纯收入1.93万元，同比增长10.3%。全省水产品进出口总量209.6万吨，同比下降5.3%，进出口总额68.9亿美元，同比增长1.7%。水产品出口额占全省外贸出口的3.3%，占全省大农产品出口额的28.1%，位居出口农产品第一大品类。

1.“海上粮仓”建设规划印发实施，一批重大政策项目落地生根 2016年，省政府将建设“海上粮仓”纳入了“粮食安全省长责任制”，各地认真落实“海上粮仓”建设实施意见，推动各项重大政策措施落实。一是编制印发“海上粮仓”建设规划。经省政府批复，印发了《山东省“海上粮仓”建设规划（2015—2020）》，确立了14项产业发展类和10项支撑保障类重点工程。二是着力实施“海上粮仓”建设重点项目。“海上粮仓”建设投资基金开始项目投资，省财政设立2.3亿元的“海上粮仓”建设发展资金，支持现代渔业园区、放鱼养水、海洋牧场、远洋渔业、种质资源保护区、执法能力建设等首批9大类111项重点项目实施。争取省财政资金1.2亿元设立现代渔业发展平台，支持24县（市、区）建设渔业养殖基础设施、完善基层渔业技术推广和社会化服务体系。三是高标准建设特色海洋牧场。出台了省级海洋牧场认定标准和认定办法，按照“一厅一室一院一馆”（展示厅、控制室、研究院、体验馆）“四个一”的配置要求，分类指导推进游钓型、投礁型、底播型、装备型、田园型海洋牧场建设。全省共建成各类海洋牧场240余处，面积超过1.9万公顷，其中国家级9处。加快海洋牧场观测网建设，设立23处海底观测站，实现了对海洋牧场的“可视、可测、可控”。我国首个自升式多功能海洋牧场平台在烟台交付使用，黄海冷水团大型海上养殖工船在日照下水，千个集装箱组成的人工鱼礁群建成。

2.渔业转型升级步伐加快，新产业新业态成为突出亮点 省政府批复实施了水产养殖业、渔业种业、远洋渔业、渔港经济区4个转型升级实施方案，带动了全省渔业转型升级步伐。一是大力发展休闲渔业。新认定4处省级休闲海钓示范基地、1处省级休闲渔业公园，省级休闲海钓场达到27处，建成海钓船130艘，在建55艘。举办了“渔夫垂钓”系列赛事，15处省级海钓基地全年接待游客117万人次，直接经营收入2.6亿元，比上年增长333%，带动旅游消费25亿元。全省休闲渔业产值达到200亿元。二是加快发展远洋渔业。争取国家远洋渔船更新改造项目资金1.5亿元，新建远洋渔船52艘。加纳、乌拉圭海外渔业基地建设取得实质性进展，新拓展了刚果（布）、新几内亚比绍、尼日利亚等远洋渔业作业空间，朝东项目纳入远洋渔业项目管理。2016年全省远洋渔船487艘，实现产量51.8万吨，产值58.1亿元，产量、产值分别增长10.5%、14.1%，再创历史新高。三是持续实施“放鱼养水”工程。以国务院水生生物资源养护行动纲要颁布实施十周年为契机，各地举办了系列宣传和生态放鱼活动。全年省级以上财政投入资金1.54亿元，放流各类水产苗种51.7亿单位，回捕各类海洋增殖资源2.16万吨，创产值6.95亿元。开展典型水域“测水配方”试验，探索了“一水一方”科学放鱼模式。四是积极推进水产健康养殖。完善现代渔业种业体系，新增2处国家级原良种场，全省国家级原良种场达到15家，省级原良种场58家，总育苗能力达到5 000亿单位。组织开展水产健康养殖示范创建活动，新增38家国家级、47家省级水产健康养殖示范场，省级以上健康养殖示范场面积达18万公顷。博兴、沾化、高青成为农业部渔业健康养殖示范县。五是提升水产品质量安全水平。开展了“三鱼两药”等药残超标专项整治行动，省级水产品监督抽查合格率达到99.4%。建设了省级水产品质量追溯系统，选取海参开展了“一市一县一品”质量追溯试点。新制定16项现代渔业产业标准，胶东刺参、黄河口大闸蟹等11个品牌入选省农产品知名品牌，全省累计认证无公害水产品1 224个。威海被评为“中国海参之都”，乳山被评为“中国牡蛎之乡”，烟台获“中国国际远洋渔业产品展示交易中心”称号。六是着力抓好水产品加工流通。推动水产品冷链物流工程建设，7家企业取得国家星级冷链物流企业资质。赴阿根廷、美国等开展水产品出口贸易洽谈活动，全省水产品出口额45.8亿美元，同比增长3.5%，出口水产品结构明显优化。

3.科技与产业加速融合发展，支撑产业转型升级关键技术实现突破 一是聚焦关键技术实施攻关。全年共立项科研项目122项，重点解决生态环境损害鉴定评估、海底监测网络及环境监测设备、深远海工程化养殖、采矿沉陷区生态渔业开发等技术难题，培育耐高温刺参、牡蛎等6个新品系，“渤海红”扇贝通过国家审定。“黄海冷水团波浪能网箱供电系统示范与推广”获国家立项。全省有17个科研成果获省部级以上奖励。二是积极打造科技创新平台。新建了藻类产业体系创新团队，刺参等4个科技创新联盟获农业部批准组建，全省海洋产业技术创新战略联盟已达29个、海洋工程技术协同创新中心16家，省级以上企业技术中心、工程技术研究中心132处，有力推动了科技成果转化和产业化。三是抓好渔业技术推广工作。建设渔业科技试验示范基地81处，示范推广29个主导品种和14项主推技术，面积近30万公顷。建成“渔业通”四级智能服务平台242个，基本覆盖全省渔业重点县市区。举办渔业技术培训班163期，培训渔民2万余名，组织129人次赴我国台湾省进行了7个专题的新型渔民培训。四是组织科企精准对接。组织省现代渔业技术创新团队与东营、烟台、济宁、日照、滨州、临沂等市精准对接，建立了协同攻关项目库，联合开展技术研究、试验示范和平台建设。滨州首次在沿海筏式养殖“渤海红”扇贝取得成功，威海、东营等养殖单体三倍体牡蛎亩增产值万元以上。

4.依法管渔水平不断提高，渔船严管严控力度之大前所未有 一是不断完善制度规范体系。制定出台了《全面推进依法行政加快建设法治海洋和法治渔业的意见》，对全省海洋与渔业系统依法履职、严以用权、公正执法等作出了明确规定。探索开展委托第三方立法，起草完成了《山东省水产品质量安全管理办法》。二是加强渔船渔港管理。2016年是渔船管理重视程度最高、工作力度最大、管控效果最好的一年，省委、省政府将渔船管控列入各级社会治理年度考核指标体系，考核之严、追责力度之大前所未有。全省共发生涉外违规事件58起，比上年下降46.8%。推进渔港经济区建设试点，建立3类“依港管船”模式，打造了渔港生产经营、公共服务和安全监管一体化平台。三是严格执法管理。建立了海上维权支队暨执法船队，严格执行伏季休渔管理制度，实行渔船、渔港包保责任制，伏休期间全省共查处违规渔船846艘，行政刑事拘留15人，伏休管理秩序历年最好。深入开展清理整治“绝户网”等专项执法行动，清理违规渔具4万余套(个)。开展“海盾”“碧海”“无居民海岛”和“护航蓝区建设”专项执法行动，查处海洋违法案件93起，收缴罚款5.43亿元。四是强化渔业安全监管。组织开展渔业安全生产隐患“大排查快整治严执法”集中行动，全省共排查整治安全隐患1 825处，整改率97.5%。强化与海事、救助等部门协调联动，全年共处置各类海上险情事故40余起，挽回经济损失600余万元。全面总结渔业互保工作十年来成效，累积承保渔船6.1万艘次、渔民98.3万人次，为1.3万人次渔民、2.3万艘次渔船支付经济补偿金7.1亿元，构筑了全省渔民生命财产安全的保障线。

5.行业扶贫和重点工作对接效果显著，树立了海洋与渔业部门地位作用和良好形象 一是千方百计做好渔业精准扶贫。印发了渔业行业脱贫意见和扶贫实施方案，完善对口帮扶工作机制，建立全省渔业精准扶贫台账，落实渔业重点扶贫项目，投入财政资金1.77亿元，帮助10 693名渔民实现了脱贫。组建了省水产科技扶贫专家服务团，强化技术指导和渔民培训。实施以船为家渔民上岸工程，累计安置渔民2 010户。二是切实落实渔业补贴政策。制定了渔业油价补贴政策调整方案，及时下达中央专项资金。全年共落实油价补贴资金49.28亿元，其中发放渔业生产成本补贴资金36.67亿元、渔业基础设施项目资金12.61亿元，促进了渔业发展和渔民增收。三是深入开展省市重点工作对接。2016年是实行省市工作对接的第三年，对接的领域扩大、项目增多、针对性更强，效果一年比一年好。全年共完成对接事项343项，落实拨付资金20.3亿元，海洋牧场建设、建设用海保障、海洋生态修复、渔业增殖放流等重点项目得到高效推进，服务了各地经济社会发展，得到各市党委、政府的充分肯定和高度重视，树立了系统上下合力发展的工作品牌。

6.立足行业发展，正视面临的问题和矛盾 资源和环境问题依然突出，渔业资源衰减的状况没有根本改观，局部海域污染仍很严重，入海排污口水质达标率不高，污水直排入海问题未得到有效根治。渔业产品质量和效益问题不容忽视，供给出现结构性过剩，水产品价格总体低迷，大菱鲆等水产品孔雀石绿、硝基呋喃超标问题时有发现，影响了产业发展和消费信心。渔业产业链不长、三产融合不够、组织化程度不高、产业竞争力不强。涉渔“三无”船舶、“绝户网”等破坏渔业资源的“公害”尚未除净，涉外渔业和渔业安全管理持续紧张。

【重点渔业市(县)基本情况】

山东省重点渔业市(县)基本情况

市(区、县)	水产品产量(吨)	海洋捕捞	海水养殖	内陆养殖	养殖面积(公顷)	
					海水	淡水
荣成市	1 233 260	446 405	773 546	13 309	38 745	755
文登市	459 455	117 548	317 475	24 432	16 667	3 169
长岛县	453 074	132 783	320 291		51 750	
乳山市	435 584	43 655	385 071	6 858	11 573	420
环翠区	386 255	109 020	277 235		8 720	
黄岛区	349 496	82 615	259 726	7 155	11 398	2 060
蓬莱市	342 149	171 395	170 072	682	8 212	878
莱州市	340 560	101 666	238 124	770	55 408	1 300
海阳市	318 032	121 522	192 735	3 775	12 381	1 132
崂山区	309 759	148 609	158 427	2 723	23 200	805

【大事记】

[1]3 月和 9 月,省海洋与渔业厅先后两次组织赴东亚和美洲国家开展优质出口水产品市场推介活动,并首次在日本、秘鲁、美国成功举行了三场“海上粮仓”建设及山东省特色出口水产品推介和经贸洽谈活动。山东省“海上粮仓”推介活动迈出国门,在当地引起媒体极大关注并产生积极反响,对进一步提升山东省优质出口水产品品牌在国际市场的美誉度和认知度具有重要意义。

[2]4 月 28 日,经过近半年完善和试运行,省海洋与渔业厅“渔夫垂钓”官方网站(www. yfcd. cn)正式开通。该网站包含了渔夫垂钓、休闲海钓、海钓基地、渔业公园、钓场介绍、钓坛赛事、新闻动态、钓友之家等 8 个专栏,旨在宣传“渔夫垂钓”品牌,推介山东省海钓基地和渔业公园,提供钓友交流平台。

[3]6 月 6 日,为纪念国务院颁布《中国水生生物资源养护行动纲要》十周年,打造 6 月 6 日全国放鱼日品牌,省海洋与渔业厅联合各地市,同步举办各种形式的放鱼活动,主要有系列活动之济南篇、泰安篇、淄博篇、枣庄篇、烟台篇、东营篇、滨州篇、潍坊篇等。政府、媒体及各界群众参与度越来越高,节俭、高效的放鱼节已成为全省很多城市广受群众欢迎的节日。渔业行政管理的社会影响度、放鱼养水的生态效能越来越受到社会各界的认可。2016 年全省投入增殖放流资金 1.6 亿元,放流各类水产苗种 44 亿单位。

[4]6 月 14 日,农业部船检局批复同意山东省组织开展渔业船舶检验管理改革试点方案,试点期限 2 年,在石岛分局辖区开展以渔船设计图纸“审”“批”分离、大型渔船建造监理、渔船技术状况第三方检测为主要内容的改革试点,培植第三方技术支撑机构,探索推进渔船技术服务的社会化、市场化的有效路径。北海审图中心获批“农业部渔业船舶检验局审图中心(山东)”,承担农业部船检局委托的图纸审查及相关业务,农业部船检局局长李昌健和省海洋与渔业厅厅长王守信亲自为审图中心揭牌。

[5]7 月 27 日,“海生 · 河口”渔业科技精准对接启动,省海洋与渔业厅厅长王守信及东营市、河口区相关领导出席启动会,河口区通过政府预算投资 4 825 万元建设河口生态渔业区路桥工程,投资 4 080 万元高标准规划建设 9 000 平方米的海洋生物研发中心,并计划每年提供 300 万元作为科研经费。8 月 26 日,“海生 · 滨州”渔业科技精准对接启动,虾蟹类、贝类、刺参产业创新团队分别与滨州市各区县企业进行了对接并开展了相关研究。

[6]10 月 28 日,经省编制委员会批复,省海洋与渔业厅在原山东省海洋与渔业监督监察总队第五支队基础上组建“山东省海洋与渔业监督监察总队维权支队”,主要职能是海洋维权巡航执法、海上综合执法、执法船舶及执法船员管理,办公地点设在烟台市莱山区。

[7]11 月 1 日,农业部副部长于康震、农业部渔业

渔政管理局局长张显良一行来山东省视察海洋牧场建设。期间，考察了青岛鲁海丰休闲渔村建设，并登船实地考察鲁海丰海洋牧场建设现状。于康震副部长对山东近年来发展海洋牧场取得的成就和经验给予了充分肯定，提出要着力抓好渔业资源修复保护，加强海洋牧场建设，加快推进渔业产业转型升级，努力提高渔业发展的质量和效益的要求。

[8]2016年，省海洋与渔业厅按照省委、省政府有关工作部署，深入推进“海上粮仓”建设，整合省财政渔业资源修复行动计划、平安渔业工程、远洋渔业等渔业发展类专项资金，发起设立“海上粮仓”建设发展资金，全年安排资金2.3亿元；根据财政涉农资金改革要求，整合现代农业生产发展、渔业标准化养殖、农业科技发展等资金建立现代渔业发展平台，全年安排资金1.2亿元。8月，省海洋与渔业厅会同省发改委正式印发《山东省“海上粮仓”建设规划（2015—2020年）》，深入推进“海上粮仓”建设。

[9]省海洋与渔业厅在全国海洋与渔业系统率先完成“一张图”数据和应用集成平台开发、测试，分别在互联网和专网部署运行，并通过了专家验收。建立了统一的数据资源目录，实现数据资源自动汇交、动态更新、数据共享和服务发布；统一身份认证、统一门户办公，实现相关应用系统界面、数据和业务的整合集成和互联互通，为领导决策提供辅助支持，实现了信息化建设的标志性转折。

[10]为实现“渔夫垂钓”与“好客山东”“仙境海岸”等旅游品牌高度融合，国内知名旅游企业景域集团与省海洋与渔业厅达成战略合作，共同打造“渔夫垂钓”品牌项目和产品。沿海地区15处省级休闲海钓示范基地和内陆10处休闲渔业公园，分别实行“投礁、放鱼、钓船、岸线、服务”和“资源、环境、设施、文化、服务”五配套原则，进一步丰富了山东全域旅游的渔业内涵。全省从休闲海钓船管理办法的出台，到海钓船研发与建造基地的认定、休闲海钓船型的标准化以及专管机构的设立，逐步破解了休闲海钓船管理难题瓶颈。在全省17地市举办了贯彻国务院《中国水生生物资源养护行动纲要》颁布十周年系列活动，积极打造6月6日“放鱼节”品牌，全省初步形成了“陆地植树造林、水域放鱼养水”的生态文明建设新格局。

[11]2016年初以来，围绕产地准出、质量追溯、贝类产品卫生监测和养殖区域划型、品牌建设等水产品质量监管中心工作，通过利用信息化和大数据等手段，山东省水产品质量信息网初步建成，搭建了全省水产品质量追溯信息化管理和服务平台。在威海荣成市选取海参开展“一市一县一品”追溯试点，将胶东刺参质量保障联盟企业纳入平台监管。该平台具有实现产品质量追溯、双随机抽检及执法、监管数据共享、监管信息发布等功能，对提升全省水产品质量科学化管理水平，确保水产品舌尖上的安全具有重要意义。

（山东省海洋与渔业厅）

河南省渔业

【概况】 2016年是“十三五”规划的第一年，也是加快推进渔业转方式调结构的开局之年，全省渔业经济发展实现了稳中向好。全省水产养殖面积29.17万公顷，水产品总产量达到128万吨，较上年增长2.39%；渔民收入12 791元，较上年增长7%；渔业产值达到257亿元，较上年增长2.8%；产地水产品质量抽检合格率达到99.6%；2个健康养殖示范县通过农业部渔业局验收，占全国年度验收的1/6；科技推广力度进一步加强，新品种、新机具、新技术得到了更广泛的示范应用；淮河干流全线实施禁渔期制度，渔业资源环境保护有了新举措；新增种质资源保护区1个，全省国家级水产种质资源保护区已达到20个；两个内陆渔港码头建设被农业部正式立项，标志着河南省渔业基础建设项目已全面展开。总体来看，河南水产业在农业增效、农民增收、农村经济社会发展和水域生态环境保护中正发挥着越来越重要的作用。

1.积极探索健康生态渔业 一是以争创农业部渔业健康养殖示范县为契机，积极推进渔业生态、健康养殖模式。民权、固始以较高评分顺利通过了农业部渔业健康养殖示范县创建，为全省以县域为单位整体推进水产健康养殖开了先河，起到了很好示范引领作用。范县国大高科农业有限公司开展稻田养鳅生产，探索种养结合新模式，在当地稻区大面积推广稻鳅生产并取得了良好的经济和生态效益。郑州邦众渔业公司、聚丰公司养殖的生态黄河鲤赢得了消费者广泛好评，分别创立了各自品牌，产品价值大幅提升。二是持续推进渔业标准化建设。2016年农业部安排资金实施了12个渔业标准化健康养殖基地建设项目，其中有2个为集约化循环水养殖系统。三是开展了农业部第十一批水产健康养殖示范场创建和第六批示范场复核，截止到2016年年底，全省共创建246个部级水产健康养殖示范场。

2.科研推广能力进一步加强 一是持续稳步推进基层水产技术推广体系改革与建设补助项目。2016年全省渔业主产区的64个县实施基层推广体系建设项目，选聘专家182人，遴选指导员462人，覆盖科技示范户3 556个，辐射带动户35 674户，建立试验示范基地 64 个，带动养殖面积 2 400 公顷，进一步强化了主产区的渔业基础。二是加强水产技术人员能力建设。分别在河南师范大学及信阳农林学院举办了两期管理和技术员培训班，近 500 人接受了培训和交流。三是深入开展水产科技下乡服务活动。遴选 181 名水产技术专家和 462 名水产技术员，共举办各类水产专业技术培训班 186 场次，培训技术指导员、渔民 2 408 人次，全年科技下乡到塘入户服务渔民活动 374 次。

3. 休闲渔业进一步发展 统计显示：全省有各类休闲、观光、度假、垂钓场所 5 100 多家，其中，获批"全国休闲渔业示范基地"13 家，基地面积大于 6.7 公顷的 170 家。休闲性养殖水面 2.47 万公顷，年接待游客 1 300 万人次，年营业收入 13 亿元，带动就业 10 万多人。观赏鱼养殖已成为全省休闲渔业的一大亮点，其养殖面积超过 1 000 公顷，年产观赏鱼 1.5 亿尾以上，产值 4 亿多元；建成大型休闲渔业交易市场 2 个，年交易额 2 亿多元，休闲渔业经济在全省渔业经济中的份额和地位明显提升。

4. 水产品质量安全得到进一步保障 一是制定了《2016 年河南省产地水产品质量安全监管工作方案》，重点部署了水产养殖和水产品质量安全监管工作。同时，省农业厅成立了水产品质量安全专项整治领导小组，明确省农业厅为执法监督主体，省渔政渔船检验监督管理局为执法实施主体，省渔业检测中心承担检测职能，省水科院和水产技术推广站提供技术保障。二是开展水产品质量安全大检查。为了加强产地水产品规范养殖，打击违法行为，5 月和 11 月，全省组织并开展了包括水产健康养殖与水产品质量安全执法在内的大检查。三是开展水产品抽检工作。5 月和 9 月，农业部开展 2016 年产地水产品质量安全监督抽查，抽查成鱼 120 个样品；同时省农业厅组织省渔业检测中心对全省成鱼和苗种进行药残抽检，检测样品 111 个，两次共抽检 231 个样品，整体合格率为99.6%。四是新认定 15 个省级良种场，使全省省级良种场总数达到 45 家，一定程度上在优良苗种供应环节强化了基础作用。五是开展官方兽医（水产）培训。对全省 110 余人开展官方兽医（水产）培训。六是加大产地准出试点和鱼病诊疗医院建设。为保障水产品质量安全，加强水产品质量安全监督管理，每年安排 200 万元水产品质量安全监管资金，主要开展水产品准出试点、鱼病示范医院、水产品质量安全追溯试点等。七是开展水产品质量风险评估。省水产局委托省渔业检测中心开展水产品质量安全风险评估，对养殖生产企业使用的饲料进行抽检，主要养殖渔区池塘水质 5 ~ 10 月每月抽检 1 次，对综合抽检结果开展风险评估。

5. 资源养护进一步加强 一是开展增殖放流活动。据不完全统计，2016 年各地共开展增殖放流活动 48 次，放流经济鱼类 8 590 万尾，大鲵 3 000 尾，黄缘闭壳龟 100 只，累计投入资金 3 500 万元。二是继续实施禁渔制度。2016 年在黄河、淇河、汉江干支流河道等天然水域继续实行禁渔，各地共出动宣传车 750 余次，张贴禁渔通告 8 100 余份，挂、贴禁渔标语 3 800 余幅，印发宣传资料 4 万余份，出动执法人员 5 000 余人次，执法车辆 1 500 余次，执法船艇 150 余次。期间共查处违法捕捞案件 11 起，查获电捕鱼器 38 台，没收渔网 8 800 余米，没收各类网具 105 件，没收并放生非法捕捞鱼类 1 200 多千克。通过禁渔活动的开展，一定程度上净化了水域环境，有效保护了当地渔业资源。三是举办水生野生动物保护科普宣传月活动。10 月 16 日，省农业厅联合相关省直单位在郑州锦荣海洋科普有限公司举行宣传月活动启动仪式，洛阳、南阳、信阳等市相应同步举办。四是规范行政权力审批。2016 年共受理国家二级保护水生野生动物经营利用许可 6 项，驯养繁殖许可 22 项，审核报送农业部国家一级保护水生野生动物经营利用 4 件，国家一级保护水生野生动物驯养繁殖许可 1 件，审核报送新建海洋馆场地设施 1 件。五是根据省政府安排，黄河小浪底库区洛阳市、济源市和三门峡市开展网箱清理工作。六是分别完善了 3 个省级自然保护区地理坐标信息系统。七是受农业部渔业局和长江办的指导，开展了"宿鸭湖水库清淤扩容工程对褶纹冠蚌国家级水产种质资源保护区影响"等 7 件涉渔工程环境影响论证，对减少涉渔工程对渔业资源、生态环境的破坏，加强省级自然保护区和国家级水产种质资源保护区建设起到了积极作用。

6. 强化基础设施建设 2016 年是河南省渔业基础设施项目立项或开工建设任务较繁重的年份：国家分别投资 500 万元的两个良种场，宿鸭湖省级苗种场建成待验收，泼河水库省级苗种场开工建设之中；4 艘 100 吨位的渔政执法船，丹江水库渔政船已下水使用，小浪底水库等 3 艘渔政船近期将陆续下水；100 艘渔政快艇已陆续到位使用；总投资 1 600 万元的丹江水库、宿鸭湖 2 个内陆渔港码头已进入前期筹建阶段；农业综合开发下达的 840 万元（国家和企业各 420 万元）范县国大高科承担的稻鳅共生综合养殖项目顺利实施中；渔船燃油补贴省级统筹资金用于渔船及规模化养殖场的信息化建设 1 000 万元资金已批复等。

7. 创新渔船监管，确保安全生产 一是针对船用产品制造单位报检资料完整性、产品质量等，组织开展"安全产品上渔船"活动。专项治理行动期间，省水产局对救生设备、信号设备、轮机设备、船舶遥控设备等重点渔船船用产品生产环节、使用环节进行了抽查,对全省10余家渔船用产品生产企业进行全覆盖检查。二是加强船船用产品生产厂家监督检查。2016年省水产局按照农业部渔业渔政管理局的要求,对全省所有渔船船用产品生产厂家进行了现场检查,对其质量保证体系、制度建设、生产条件、人员结构及质检能力等进行全面检查,共检验船用产品400多台(件),涉及8家船用产品生产企业。三是加强平安渔业示范县创建工作。择优推荐洛阳市嵩县为"全国平安渔业示范县"。四是继续深入开展渔船整治"三大行动"。全省开展渔船检验执法监督三大行动共登记渔船4 162艘,进行执法检查60余次,参加执法检查人员600余人次,检查渔船5 000余艘,排查安全隐患400余处。

8.严格落实惠渔政策 一是根据财政部、农业部关于渔业油价补贴政策调整有关要求,专门组织专家和各级管理人员分赴各地调研,结合河南省实际情况,2016年年底形成了河南省农业厅、财政厅《2015—2019年河南省渔业油价补贴政策调整总体实施方案》。二是落实以船为家渔民上岸工程。根据住建部、国家发改委、农业部、国土资源部下发的《关于实施以船为家渔民上岸安居工程的指导意见》部署,重点安置了212户以船为家渔民搬迁。三是渔业互助保险工作稳步推进。

虽然河南省渔业生产取得了一些业绩,但与先进省份相比及广大渔民群众要求来讲依然存在不小差距。主要表现在:绿色发展模式普及率不高;全省优良苗种供应市场缺口大;渔业水域环境有待进一步改善;三产结构不尽合理等。

(河南省农业厅水产局)

湖北省渔业

【概况】 2016年,全省水产养殖面积69.89万公顷,淡水水产品总产量470.84万吨,同比增长3.28%,其中养殖产量451.82万吨,捕捞产量19.01万吨,淡水产品总量占全国淡水产品总量的13.8%,连续21年稳居全国第一,市场供给充足,极大地丰富了城乡居民"菜篮子"。渔业经济总产值2 418亿元,同比增长10.94%,其中渔业产值1 139.92亿元(含苗种产值),同比增长10.43%,渔业产值占全省农林牧渔业总产值的16.4%,创历史新高;渔业加工和流通服务业产值1 278.15亿元,同比增长11.4%。渔民人均纯收入同比增长11.05%,达到17 299元。

1.产业发展

(1)基础设施建设。大力开展以设施渔业为核心的基础设施改造升级,工厂化、循环水流道养殖、温棚控温、微孔增氧、水质净化等现代化技术措施加快应用。全省高标准改造池塘2.92万公顷,精养鱼池升级改造完成后,单位面积的养殖容积增加66.7%,加上配套设施条件改善,鱼池的单位面积产量得到明显提升。

(2)现代渔业种业建设。成立了湖北省小龙虾产业技术研究院并落户省小龙虾良种选育繁育中心,必将有效提高小龙虾产业科技水平。河蟹本地化繁育和扣蟹培育面积大幅度提升,人工仿生态繁育黄鳝苗种超过1亿尾。2016年全省苗种产量1 250亿尾,同比增长7.9%。新创建国家级水产原良种场2家、省级5家,复查验收省级22家,省级场总数达到71家,完成1家国家级原良种场复查验收任务。

(3)健康养殖。将水产健康养殖示范创建工作纳入了《湖北省水产业发展"十三五"规划》,印发了《关于加强渔业生态文明建设的指导意见》和《湖北省水产局关于推进水产生态健康养殖的指导意见》,着力推进渔业绿色发展、低碳发展。2016年,新创建51家部级、82家省级健康养殖示范场,总数分别达到516家和512家,京山县通过农业部渔业健康养殖示范县验收。

(4)三大"百亿元"特色产业。围绕"一鱼一产业"战略,充分放大资源新优势,大力发展特色养殖,推进结构调整,促进渔业转型升级、提质增效。全省小龙虾产量48.9万吨,同比增长13%,养殖产值195.79亿元,综合产值达723.33亿元,同比增长20%。河蟹产量17.94万吨,同比减少0.88%。鳝鳅产量23.45万吨,同比增长8.56%。

(5)稻渔综合种养。全省稻渔综合种养面积新增5.33万公顷,总面积突破25.4万公顷,为农民创收近百亿元,实现"一水两用、一田双收、稳粮增效、粮渔双赢、生态环保"。成立了全国首个小龙虾产业技术研究院并落户省小龙虾良种选育繁育中心;争取到中央财政9 000万元稻渔综合种养基地建设项目;全省从事稻渔综合种养的合作社达1 051个、百亩以上种养大户4 637户。

(6)水产品加工出口贸易。2016年新增国家级农业产业化龙头企业2家,总数达到9家,水产品加工产值368.6亿元,同比增长6.84%。受国际贸易壁垒、市场供应偏紧等因素影响,湖北省水产品出口呈量增额减态势。据海关统计,2016年全省水产品出口1.93万吨,同比增长9.55%,创汇2.08亿美元,同比减少13.16%。

(7)水产品电子商务。抢抓"互联网+"新机遇,大力发展水产品电子商务。全省水产品电子商务交易额达到13.4亿元。成功打造"霸气龙虾""虾小弟"2个在国内具有较高知名度和影响力的水产品电子商务品牌。新增21家开展水产品电子商务的企业。

（8）品牌建设。2016年，副省长任振鹤在第十四届中国国际农产品交易会省部长推介品牌农产品专场活动上向公众推介湖北省"楚江红"小龙虾，使湖北小龙虾品牌知名度大幅提升。长阳"清江"鱼、"盛老汉"京山生态龟鳖等19个品牌产品荣获第十四届中国国际农产品交易会金奖。第七届湖北（潜江）龙虾节、首届荆州市"荆楚味道"小龙虾节成功举办，"虾小弟""霸气小龙虾"等小龙虾品牌影响力居全国同行业前列。

（9）新型市场主体。全省各级渔业部门积极配合相关部门，采取多种形式鼓励渔民创社、入社，渔民专业合作社呈现出蓬勃发展的良好势头。2016年，全省渔民专业合作社达到5 282家，入社渔民达到18.7万人，覆盖的养殖面积达到37.9万公顷。渔民专业合作社已成为构建新型渔业经营体系的中坚力量，极大地促进了渔业适度规模经营，提高了渔业组织化程度。全省有规模以上水产加工企业135家，其中国家级龙头企业9家，省级龙头企业70家，全省新型渔业经营体系基本形成，组织化、规模化、专业化程度不断提高。

（10）政策资金争取。按照巩固存量、寻求增量的思路，通过抢抓机遇，强化沟通，跟踪落实，广辟财源，在政策调整和多个项目投资取消的情况下，基本保持总投资资金稳定。2016年落实中央省级各类财政专项资金27 064.5万元，产业发展活力进一步激发。省水产局系统本级预算增加1 385.34万元，增幅达18%。实行动态监管，每月调度项目进度，及时组织督办整改。委托第三方机构提供专业审计服务，查摆整改深层次问题。实行逐级绩效考评管理，分门别类建立绩效考评指标体系，初步实现绩效考评结果与项目资金分配挂钩的机制。

2. 渔业科技

（1）科技成果。省水产科学研究所大宗淡水鱼产业技术体系武汉综合试验站在2016年度考评中获得优秀；湖北省渔业环境监测站2016年获得渔业生态环境监测先进集体；取得一项发明专利，发布养殖技术规范3个，新增省科技支撑计划4项，全年争取科研经费449.8万元。"池塘3＋5分段养蟹可控技术集成与示范""河蟹蟹种一年两茬本地化培育技术研究"项目，获湖北省科技成果登记证书。《克氏原螯虾稻田生态繁育技术规程（DB1166—2016）》《优质蟹种本土化培育技术规程（DB1165—2016）》作为湖北省地方标准正式发布。申请的《一种河蟹苗种培育方法》正式获国家知识产权局授权，专利号ZL 2014 1 0506765.2。"螯虾鱼稻生态种养'三高'技术研究"获2016年度湖北科技进步三等奖，联合申报的"精养池塘水质生态工程化修复技术研究与示范"获2016年度湖北省科技进步二等奖。"虾稻生态种养技术集成与示范"获2014—2016年全国农牧渔业丰收奖－农业技术推广成果一等奖。

（2）示范推广。发布2016年全省十大主导品种和十大主推技术，主导品种和主推技术示范面积新增3.7万公顷，创建60个以上"三新"示范点。省、市、县三级联动进行示范、推广和应用，主推技术入户率、应用率超过96%，新增新品种、新技术、新模式试验示范面积1.04万公顷；新增国家级基层水产技术推广示范站3个，共计14个。

（3）科技入户。2月下旬，在孝南区三汊镇举办2016年全省水产系统送科技下乡活动，在全省整体推进渔业科技进村入户工程，全省1 000多名渔技人员活跃在湖边池头，开展水产科技推广"百千万工程"、新型职业渔民全产业链培训等活动，加大新技术、新模式、新品种的推广力度，把适用技术及时有效送到池边塘头，努力打通技术服务"最后一公里"，全年培植科技示范户2.2万户。

（4）技术服务。充分利用全国渔情信息平台、网站、渔技热线和"12316"农业综合信息服务平台，为养殖户和基层渔技人员提供无偿服务，全年累计发送信息2 650余条，解答来电咨询360余条。在渔业生产关键时期结合项目工作有针对性地（地点、品种、技术）进行技术培训和指导，编印技术手册4.2万册，捐赠鱼苗、渔药11万元。

（5）水生动物病害监测预报。根据湖北省各养殖区域不同的养殖特色，依托46个县（市）级水生动物疫病防治站，2016年在全省共设立46个病害测报区。46个病害测报区共设立监测点135个，监测面积3 032.46公顷，监测养殖品种23个。完成农业部下达的鲤春病毒血症、鲫造血器官坏死病、白斑综合征、草鱼出血病等四项重大疫情专项监测任务，共采样200个，检出鲫造血器官坏死病阳性1例，小龙虾白斑综合征阳性22例。积极开展水灾后的防病复产工作。

（6）大宗淡水鱼武汉综合试验站工作。指导开展大宗淡水鱼长丰鲢、"中科3号"鲫鱼两个新品种的亲本选育和繁育工作，选育优质亲本30 220尾，繁育鱼苗6.36亿尾；推广芙蓉鲤鲫、"中科3号"鲫鱼、长丰鲢、长丰鲫鱼等4个新品种，推广面积1.4万公顷；建立绿色高效新型养殖模式2个，较常规养殖模式经济效益提高40%以上，平均63 106.5元/公顷；应用推广新型药物和微生物制剂4种，推广面积290多公顷；在全省建设9个大宗淡水鱼示范基地，建立池塘主养鳊鱼模式、池塘鳝－鱼共生养殖模式、池塘种青武昌鱼主养模式、池塘主养青鱼模式、池塘主养草鱼模式；现场指导、调研、科技入户12次，产业咨询6次，应急救灾服务22次，共计服务人数132人次，覆盖、辐射养殖面积233公顷。

3.水产品质量安全

（1）水产品质量抽检。全年共组织完成部省例行监测和产地监督抽查共计16次，抽检水产样品1 163批次，合格1 155批次，综合合格率99.3%，略低于2015年，但仍处高位平稳运行。全年共进行6次产地抽检，农业部产地2次抽检145批次样品，农业部产地例行监测2次抽检80批次样品，本省2次自主产地抽检142批次样品，合格率均为100%，产地抽检连续6年合格率100%，位于全国前列。

（2）“三品一标”认证。把好产地产品检测关、现场检查关和材料审查关三个关口。全年新增无公害企业36家、产品81个，面积0.8万公顷、产量9万吨。新认定绿色产品3个，新认证地理标志产品6个。累计完成无公害产地认定736家、产品1 582个，面积41.5万公顷、产量174万吨。地理标志产品39个，绿色水产品81个，有机水产品10个，认定认证总数处于全省农业系统和全国内陆省份前列。

（3）专项整治活动。年初以1号文件印发了《2016年湖北省水产品质量安全专项整治方案的通知》，部署了苗种、禁用药物、重点品种、投入品四项专项整治工作任务，开展了县级普查、市州交叉检查、省级督查，对查找的问题严格整改到位。对本年度监测抽检中发现的8例不合格水产品（均为农业部城市例行监测），专门召开了全省水产品质量安全问题约谈暨整治工作座谈会，省农业厅厅长戴贵洲亲自约谈问题单位主要负责人，17个市州渔业主管部门主要负责人参会。依据监管职权，对问题相关的3个市、4个县（市、区）责成其进行了调查整改。

（4）开展业务培训。围绕水产品质量安全法律制度理解与适用、水产养殖安全用药技术等相关问题，针对性地举办了无公害渔业内检员和水产品质量安全工作培训班，共培训200余人，基层水产品质量安全监管能力逐步提升。

（5）完善监管体系。前期已建成的16个试点县（市、区）连片333公顷以上养殖企业基本建立了水产品质量安全可追溯平台监测点，水产品基本上达到了产前有记录、产中有监督、产后有检测、全程可追溯的四有要求。2016年底新增10个可追溯试点县（市、区），规范项目建设标准，监督项目运行情况，严格项目成果验收。后期在全省探索开展以奖代补方式，以企业为建设主体，力争用3～5年时间，将全省所有省部级健康养殖示范场、“三品一标”生产单位、专业合作组织、养殖大户全部纳入可追溯体系建设范围。在全国水产品质量安全监管工作会议上，作为唯一的内陆省份作了典型发言。

4.依法治渔和渔业资源环境保护

（1）渔政执法工作。一是新的禁渔期执法工作。2016年禁渔期间，全省各地共查获违禁捕捞渔船477艘、取缔违规渔具3 133部、查处电捕鱼器501台（套）、毒炸鱼案件12起、没收非法渔获物12 118.85千克、没收违法销售渔获物1 755千克、没收“三无”船只66艘、行政处罚460人、刑事处罚134人，罚款44.19万元。二是农资打假行动。全省共出动执法人员2 860余人次，检查渔资经营户320余家，签诚信销售承诺书2 100余份，查处问题鱼药等360余瓶（袋），查获违规网具228条，整改7家违规门店。三是督察各类举报投诉。及时处置21起各类举报信息和来人来访事件，做到了“有报必查、有查必果”，树立了良好的渔政执法形象。四是“两法”衔接取得重大突破。6月份，省农业、公安两厅正式印发了《湖北省渔政执法与刑事司法衔接工作制度》，标志着全省“两法”衔接机制的正式建立，对今后渔政执法部门与公安机关共同有效打击各类涉渔违法犯罪行为，保护渔业资源及水域生态环境提供了重要的法律支撑。

（2）队伍能力建设。完成全省20艘渔政执法快艇的购置和交接工作，加强了执法装备建设；开展了渔政执法人员执法主体资格审查，组织局机关和局直执法单位参加全省行政执法资格考试，组织开展全省渔政执法骨干“两法”衔接业务培训，全面提升执法人员业务能力和素质。部署落实全省渔政管理工作考核工作，出台《渔政管理问责约谈暂行办法》，切实提高基层渔政执法人员主动作为和依法行政意识，提升渔政执法管理水平。

（3）保护区环境整治。加大各水生生物自然保护区环境整治力度，重点加强长江新螺段保护区沿线环境整治，组织开展保护区环境整治问题核查，协调并督促保护区周边地方政府加强环境问题整改，截止到2016年年底，长江新螺段保护区江段内已拆除非法码头、非法堆场共71处，正在拆除的有21处，整治其他类型人类活动点4处。

（4）水产养殖污染综合整治。按照政府主导、属地负责、部门协同的原则，强力推进全省湖库拆围及水产养殖污染综合治理工作。在省农业厅推进全省湖库拆围工作领导小组的领导下,成立取缔围网养殖推进渔业养殖污染综合整治督导工作专班,制订工作方案,明确工作职责、目标任务和时间节点。据统计,全省围栏围网网箱养殖面积超过8万公顷,截止到2016年12月31日,已拆除4.87万公顷,完成60.3%的拆除任务。

(5)增殖放流活动。2016年全省开展增殖放流活动100余场次,全省共完成各类渔业资源增殖放流超13亿尾。组织实施三峡库区珍稀特有物种人工增殖放流项目和长江中下游鱼类增殖放流项目。编制完成《湖北省水产种质资源保护规划》。

(6)水生野生动物保护工作。认真做好水生野生动物特许证件审批工作,全年共受理申请92份,办结驯养繁殖许可证件68个、经营利用许可证件73个、运输证件21个。对2015年以来救治救护的35尾大鲵在恩施土家族苗族自治州咸丰县忠建河大鲵国家级自然保护区进行野外放归。网箱豢养江豚繁育取得成功。5月22日,长江天鹅洲白鱀豚国家级自然保护区网箱豢养江豚顺利产下一头小江豚,标志着我国在人工豢养环境下繁育江豚取得重大突破,也为今后利用网箱技术开展长江江豚的豢养繁育积累了重要经验。监利何王庙江豚省级自然保护区内诞生一头新的小豚,表明何王庙江豚迁地保护区工作已见成效。

(7)渔权维护。慎重组织开展环评工作,先后组织或协助组织开展专题影响评价报告5个,妥善处理保护与发展的关系。积极配合省住房和城乡建设厅、省发改委督促各相关地市加大工作力度,稳步推进以船为家渔民上岸安居工程,加强督导,确保以船为家渔民上岸安居工程进度和质量。

5.渔业水上安全管理和惠渔政策落实

(1)渔业水上安全监管。一是继续推行渔业安全管理责任制。省水产局与市州渔业主管部门签订责任状,并督促各县市渔业主管部门与渔政机构,各地渔政机构与渔船船主之间层层签订责任状,100%明确了政府及渔业主管部门履行渔业安全生产监管的主体责任,100%落实了船东从事渔业生产作业安全的主体责任。二是加大渔船船员安全教育培训力度。全年共印发安全知识宣传材料2万份,举办渔政船船员培训班1期,培训渔政船船员60多人,培训渔民(船员)5万余人次。三是着力提升渔业水上安全应急保障能力。8月份在广水市组织举办了全省渔业船舶水上安全应急救助演练活动暨渔业安全培训会。四是渔船安全隐患排查率100%。严肃查处"三无"船舶、套牌、假船牌、涂改渔船船名号等违法行为,对渔船通信、救生、消防、信号等方面的安全隐患进行了全面排查。五是共建渔业水上安全。与海事部门建立联动机制,加大长江、汉江、湖泊水库等重点渔业水域安全生产检查力度,对非法违规造船、渔船违章载客等行为进行严厉打击。全省渔业水上作业连续8年保持零责任事故。

(2)渔港整治与维护建设。印发《省水产局关于加强全省渔港整治维护建设和管理工作的意见》,就进一步促进全省渔港安全设施建设,解决渔港存在权属不明、布局不合理、安全设施简陋等问题,提出了具体管理措施。同时,根据农业部渔业渔政管理局渔港整治维护建设项目要求,督促和指导全省通过积极争取农业部燃油补贴统筹资金,申报渔港整治维护建设项目。2016年,洪湖排水闸渔港已申报成功,监利、安陆、广水、嘉鱼、老河口、长阳、宜都等33县市已纳入部局2015—2020年项目储备库,部分县市正在积极制订实施方案和推进规划。

(3)渔船信息化水平。积极推进渔船检验证、渔船登记证和捕捞证"三证合一"改革工作。按照农业部有关文件精神和要求,印发了《湖北省渔业船舶证书"三证合一"改革实施方案的通知》,制定了工作方案,举办全省软件系统操作培训班。各市州有序推进渔船"三证合一"改革工作,均相应地制定了工作方案,培训了人员,积极清理渔船并基本完成了数据录入工作,少数县市部分渔船已进行了换发证书。全省渔船检验数据库切实得到健全和完善,为确保2017年中完成总体改革换证目标、为保障惠渔政策的有效落实奠定良好基础。

(4)渔船检验管理质量。以平安渔业为主线,强化渔船检验质量,夯实安全管理基础。一是突出抓好渔政执法船艇的质量安全,按照《省水产局办公室关于加强渔业行政执法船(艇)检验和管理工作的通知》要求,对洪湖、松滋等未取得有效渔业船舶证书、职务船员配备不足以及存在较大安全隐患的渔政船进行了检验,促进了渔业执法船艇的规范化管理。二是上半年和下半年分别组织全省专项检查活动,全面深入排查了"三无"船舶、套牌、假船牌、涂改渔船船名号,以及渔船救生等安全设备配备隐患情况,确保了渔船按章管理,规范到位。全省排查机动渔船4.5万艘,排查率达96%,整改隐患71处。发生渔船一般事故59起,受伤渔民75人,全省渔业水上安全继续保持零安全责任事故。三是抓好渔政船的建造管理及产品检验工作。省水产局年内受理28家单位报检,图纸审查5份,检验渔船产品2 000台件、11 000多吨,检验省内渔政船2艘,检验受理率100%,无一起渔船(渔船船用产品)安全质量方面的投诉事件发生。

(5)燃油补贴管理。一是制定了2015—2019年全省渔业燃油补贴改革实施方案。该方案于10月份已经省政府同意，并以省农业厅、省财政厅文联合印发各地。二是加大燃油补贴检查力度。印发了2016年《湖北省水产局关于开展全省渔业油价补贴检查工作的通知》，对全省全年渔业燃油补贴检查工作作出了安排部署。省局分别对黄冈、孝感、天门等地县（市、区、单位），通过查看台账资料及现场检查等方式对渔船燃油补贴及安全管理等工作情况进行了检查。2013—2014年度燃油补贴资金总体落实到位，渔船安全管理水平有了明显提升。但各地仍存在如渔船档案不完善、渔船身份管理不到位、燃油补贴履行公示公开程序缺失、燃油补贴资金管理不规范等问题。省水产局督查组认真落实检查通报制度，除以书面形式下达整改通知书外，对检查情况进行了通报。三是强化监督问责，坚持举报必查。2016年，省水产局共受理并妥善处理阳新军垦农场、蕲春县蕲春镇、咸宁斧头湖等渔民关于燃油补贴问题的电话、信访投诉，有效维护了渔民生命财产安全和正当权益，受到渔民赞誉。

（6）渔业保障能力建设。继潜江市、通山县开展小龙虾养殖保险试点之后，仙桃黄鳝养殖又正式纳入地方农业政策性保险范畴，开启了全省渔业养殖保险事业的新篇章。截止到2016年年底，全省共完成上缴互保费100多万元，共为渔民提供了近10亿元的风险保障。

（7）渔船检验队伍建设。高度重视验船师队伍的教育培训工作。一是参加农业部渔业渔政管理局举办的渔船检验入职培训班，共派遣省局、武汉、鄂州、襄阳、随县等市（县）6名同志参训。二是省水产局组织举办各类培训活动，在广水举办了渔船事故应急演练活动，分别举办了1期全省渔船“三证合一”软件系统操作和全省渔政船船员培训班，培训人员120余人次。三是支持地方培训工作，省水产局派出人员到咸宁等市，对县市渔业执法人员进行培训。四是组织开展验船师职称评审，上报县市申报各级验船师资质人员近30人。全省渔船检验队伍素质进一步提升，渔船管理能力进一步增强。

6. 抗灾救灾

（1）全省受灾情况。2016年，洪灾共造成全省80多个县（市、区）的养殖池塘大面积漫溢，池塘湖区连为一片，大量成鱼、亲鱼、鱼种死亡或逃逸。据初步统计，全省受灾养殖水面达26.74万公顷，其中精养池塘12.77万公顷，占池塘总面积的32.7%；稻田综合种养受灾7.55万公顷，占种养总面积的29.7%；逃逸损失水产品38.18万吨，其中小龙虾超过4万吨；损失亲本16.46万组、鱼种3.94万吨、鱼苗97.9亿尾；损毁渔业机械26 893套、网箱26.52万口，沟渠、池埂堤坝、泵站、涵闸、生产用房等渔业基础设施损毁严重，直接经济损失达79.59亿元。

（2）抗灾主要措施。一是成立领导小组和工作专班。各级水产部门都成立了灾后渔业抗灾自救恢复生产领导小组和工作专班。二是深入灾区指导恢复生产。省水产局及各级水产部门组织动员干部职工深入一线指导复产工作。三是多渠道筹措复产资金。各地积极向地方党委政府争取抗灾复产资金，全省累积投入渔业复产资金24.3亿元。四是抓好病害防控指导工作。各地都成立技术组，深入灾区指导受灾户强化养殖管理措施，确保不发生死鱼污染中毒和区域性渔业疫情。五是切实维护渔区和谐稳定。针对养殖基地漫池和大量水产品逃逸的实际情况，各级渔政部门加大了执法力度。

（3）抗灾复产情况。截止到2016年年底，全省受灾养殖水面复产面积26.74万公顷，稻渔综合种养复产面积7.55万公顷，超过0.67万公顷受灾普通稻田转为发展稻渔综合种养，渔业实现100%复产。恢复使用渔业机械26 893套，修复网箱19.2万口（枝江和宜都清江网箱不再恢复）；修复沟渠1 582千米、池埂堤坝1 450千米、泵站1 048座、涵闸1 413座、供电线路1 112千米、生产用房13 304平方米，各项基础设施条件恢复到灾前水平，为实现2016年渔业各项目标奠定了坚实的基础。

【重点渔业市（县）基本情况】

湖北省重点渔、业市（县）基本情况

市（县）	渔业人口（人）	渔业产值（万元）	渔业经济增加值（万元）	水产品产量（吨）	其中		养殖面积（公顷）
					捕捞	养殖	
洪湖市	151 331	724 905	374 146	485 169	11 814	473 355	58 485
仙桃市	133 923	655 492	380 185	338 008	13 174	324 834	36 986
监利县	129 525	737 133	403 217	315 250	6 165	309 085	39 320

（续）

市（县）	渔业人口（人）	渔业产值（万元）	渔业经济增加值（万元）	水产品产量（吨）	其中		养殖面积（公顷）
					捕捞	养殖	
沙洋县	43 540	281 925	158 290	205 437	5 260	200 177	26 334
钟祥市	35 067	277 696	156 280	174 229	7 943	166 286	23 200
汉川市	37 864	286 276	27 297	165 525	15 470	150 055	20 467
鄂州市鄂城区	30 200	276 724	166 034	161 542	21 922	139 620	10 907
梁子湖区	35 928	279 754	166 147	155 639	7 648	147 991	20 504
公安县	20 180	291 165	180 411	153 931	11 014	142 917	20 086
华容区	25 410	261 790	157 074	141 313	3 858	137 455	10 757
石首市	9 504	195 307	95 264	141 263	8 288	132 975	15 882
阳新县	23 983	303 342	218 940	141 020	5 304	135 716	27 939
荆州区	25 041	194 011	97 997	137 419	7 448	129 971	10 126
天门市	49 474	302 918	204 772	132 298	2 726	129 572	15 667
潜江市	74 830	366 720	283 450	127 004	9 698	117 306	12 112
武汉市新洲区	36 570	199 020	157 132	114 366	302	112 749	17 290
黄陂区	50 798	249 819	155 203	104 961	1 861	100 594	19 867
黄梅县	49 834	205 424	119 246	103 509	8 278	95 231	17 102
江夏区	53 027	235 015	152 760	94 822	649	82 233	31 377
浠水县	25 680	173 700	98 310	94 436	7 219	87 217	11 867

（湖北省水产局　王　勇　李金龙）

湖南省渔业

【概况】

1. 水产品产量及价格

（1）养殖规模及产量。2016年，湖南省水产养殖面积48.05万公顷，同比增加1.32万公顷，增幅2.8%。其中池塘养殖面积25.72万公顷，同比增加1.32万公顷，增幅5.38%，新开挖池塘面积0.24万公顷。2016年全省水产品产量269万吨，同比2015年增长4.4%，其中稻田养鱼产量12.18万吨，同比增长10.35%；捕捞产量10万吨，同比减少0.8万吨。渔民人均收入16 028.11元，同比增长5.12%。

（2）水产品市场价格。据湖南省水产品定点市场监测，2016年全省水产品市场供应充足，交易量同比基本稳定。水产品市场运行总体平稳，价格坚挺，不同品种价格波动较大。大宗淡水鱼均价同比上涨，8月份大宗淡水鱼均价达到最高价13.62元/千克，同比上涨23.87%。黄颡鱼、克氏螯虾、鳜鱼、螃蟹、甲鱼、黄鳝、牛蛙等特种水产品价格同比上涨，其中牛蛙涨幅最大达87.73%，鳜鱼上涨19.44%，克氏螯虾、甲鱼涨幅达12%～16%，黄鳝、黄颡鱼、螃蟹的涨幅均在5%，但泥鳅均价同比下跌10%。

2. 养殖结构调整

（1）名特优水产养殖。先后引进推广中华绒螯蟹“长江2号”、南美白对虾、奥尼罗非鱼、异育银鲫“中科3号”、杂交黄金鲫等30多个主导品种，全省有“一村一品”水产特色村400多个，面积达16万公顷，甲鱼、珍珠、大口鲶、黄鳝、鳜鱼、乌鳢、斑点叉尾鮰、南美白对虾、小龙虾等优势产业带基本形成，打造了汉寿甲鱼、大通湖大闸蟹、东江鱼等名优品牌。2016年全省名特优水产养殖面积33.54万公顷，较2015年增加1.4万公顷，增幅4.4%，占全省养殖面积的69.8%；名特优水产品产量212万吨，较上年增加9万吨，增幅4.4%。推进水产名优品牌建设，“郴州高山禾花鱼”成为农业部地理标志农产品，“汉寿甲鱼”入选为2016

年湖南十大农业品牌。

(2)稻渔综合种养。推进稻渔综合种养与产业精准扶贫有机结合,全省各地将"稻鱼""稻虾"等稻渔综合种养纳入精准扶贫重点产业项目,对参与稻渔综合种养项目的贫困农户给予产业扶贫资金支持,全省落实稻渔综合种养产业财政专项资金8 544.78万元,其中扶贫资金5 637万元。加大示范推广,湖南省畜牧水产局组织在衡山县、望城区、南县办点示范,全省各市州和县市区均建立稻田综合种养示范点。实施稻渔综合种养农开项目,在衡山县、资兴市开展"2 000亩稻渔共生综合种养基地建设项目"。2016年全省发展稻渔综合种养面积13.6万公顷,稻谷亩均产量560千克;水产品总量12.18万吨、总产值63.52亿元,亩均产量59.65千克、产值3 111.6元、纯收益1 690元。

(3)休闲渔业。休闲渔业成为湖南渔业发展新亮点,截止到2016年,全省已发展休闲渔业基地4 049家,国家级和省级休闲渔业示范基地分别达26家、150家,休闲渔业年产值超过50亿元。

3.发展方式转型

(1)现代渔业种业建设。全省有苗种生产企业387家,年苗种生产能力816亿尾,2016年实际生产鱼苗623亿尾,较2015年增加118亿尾。抓好农业部现代种业项目建设,组织实施湖南省田家湖渔业科技公司黄颡鱼种质资源场建设项目。实施水产良种亲本更新项目,组织汉寿县等4个县实施2016年水产良种亲本更新项目;湖南省鱼类原种场按项目要求更新四大家鱼原种亲本12 355千克,其他良种亲本1 420千克;组织安乡县等4个县申报农业部2017年水产良种亲本更新项目。开展2016年省级水产原(良)种场申报验收与复查,对5家资质到期的省级水产原良种场进行现场复查。

(2)标准化健康养殖。2016年,全省调整渔业捕捞和养殖业油价补贴专项资金5 200万元用于发展渔业生产,标准化改造养殖池塘0.76万公顷。到2016年,全省累计建设32个特色渔业产业园、发展新型渔业经营主体2 145家。组织开展农业部水产健康养殖示范创建,全省89家水产养殖企业参与创建活动,56家通过考核验收,全省累计创建农业部水产健康养殖示范场343家。组织开展渔业健康养殖示范县创建工作,汉寿县、资阳区通过农业部验收,成为湖南省首批"农业部渔业健康养殖示范县"。

(3)养殖科技研发推广。2016年,"湖南省大宗淡水鱼养殖模式升级及应用"获全国农牧渔业丰收奖二等奖、"湘江水生生态红线划线研究"获农业部渔业生态环境监测优秀成果奖。制(修)订湖南省地方标准6项,组织在株洲、湘阴开展泥鳅标准化健康养殖技术应用示范推广;在祁东、衡南实施稻渔综合种养技术示范,推广"以渔促稻、稳粮增效、生态环保"的种养模式;在衡阳、津市进行水产养殖节能减排技术集成示范推广,筛选示范区300公顷,辐射带动0.27万公顷;在宁乡、望城等地8个养殖场开展水产品养殖全程质量监控技术示范。强化"互联网+"支撑,推进养殖业信息化体系建设,"湖南数字渔业"信息平台投入使用,获湖南省优秀测绘地理信息工程奖二等奖。

(4)水生资源养护。积极恢复天然水域鱼类资源,巩固长江、珠江、洞庭湖和湘江干流春季禁渔期制度;2016年,湖南省在自然江河率先全国实行湘江长沙段常年禁渔;组织开展人工放鱼活动,在常德、湘西、娄底、怀化、张家界5个市州共24个点开展大鲵放流选点工作;全省全年放流各类鱼种鱼苗9.43亿尾,同比2015年增长11.4%,湘江和洞庭湖的渔获物中"四大家鱼"占比提高到11.55%,达到近年最高水平。新增国家级水产种质资源保护区9个,全省总数达36个。6月20日农业部下文批复湖南张家界国家级自然保护区功能区调整,首次完成对保护区功能调整,调整后的保护区范围和总面积不变,核心区由原3 525公顷调为4 297公顷,增加772公顷;缓冲区由原10 745公顷调为5 111公顷,减少5 634公顷;实验区由原15公顷调为4 877公顷,增加4 862公顷。定期开展洞庭湖等重要渔业水域资源与生态环境监测、涉渔工程水生态影响评价,全省累计落实渔业生态补偿资金1.04亿元,渔业资源及水域生态环境得到修复。

(5)养殖污染防治。坚持保护环境与保障供给并重,按照湖南省人民政府洞庭湖区水环境整治"五大行动"统一部署,完成"畜禽养殖污染防治专项行动"和"河湖网围养殖清理专项行动"的年度任务。2016年,洞庭湖区退出畜禽规模养殖场4 633户、174.5万平方米,完成总退养任务的51.2 %;退出养殖网箱15 898口、62.91万平方米,完成退出任务的97.4%;拆除矮围网围120处、2.21万公顷,完成退出任务的94.5%。"洞庭湖网围打响拆网之战"入选2016年湖南十大环境事件。12月,湖南省人民政府启动全省部分涉及饮用水源大型水库养殖污染治理专项行动,集中整治大型水库周边畜禽规模养殖、库区水产养殖。开展稻田重金属污染治理,在长株潭地区开展作物替代种植区结构调整改建鱼池试点,制定《重金属治理作物替代种植区稻田改建鱼池试点实施方案》,争取国家重金属治理资金600万元,完成稻田改鱼池66.67公顷。积极开展渔业水域污染事故调查与技术鉴定工作。

4. 渔业行政管理

(1)质量安全风险防控。开展全省水产苗种生产专项整治督查,组织对9个地市的30多个水产苗种场进行交叉督查。开展水产品禁用药物和有毒有害物质专项整治行动,重点整治"三鱼两药",指导企业科学用药。2016年农业部组织对湖南3个水产原良种场的15个水产苗种样品的质量安全抽检,各项抽检指标合格率100%。农业部对湖南省水产品质量安全例行监测,合格率97%。

(2)渔业打非治违。严格控制渔业捕捞强度和渔船数量,推进"三证合一"核发工作,严厉查处"绝户网""迷魂阵"电毒炸鱼等禁用渔具渔法。春季禁渔期间,全省组织开展渔政执法检查行动1 819次,刑事处罚59人次。推进洞庭湖水环境整治,配合农业部开展"清湖行动",查获非法捕捞船190艘,行政处罚124人,刑事处罚10人。

(3)水产养殖权证制度建设。结合农业部全国渔业健康养殖示范县创建,推进水域滩涂养殖规划和养殖权证的发放。2016年全省发放养殖证1 226本,涵盖水域面积1.38万公顷。全省已累计发放养殖证21 122本,涵盖水域面积34.84万公顷,养殖证发放率72.5%,全省有9个市、85个县市区颁布了水域滩涂养殖规划。

(4)规范水库渔业利用。2016年4月,湖南省人民政府办公厅出台《关于规范水库渔业利用加强水库水质保护的意见》,明确水库渔业利用工作实施范围为全省所有小(Ⅱ)型及以上水库,全面整治水库网箱网栏养殖,规范水库投饵、施肥与药物使用,严格控制水库养殖容量,推广生态健康养殖模式,并要求各县市区政府在2017年底前科学编制大中型水库渔业发展规划,推进水库渔业转型升级。

(5)行业作风建设。扎实推进渔政执法规范化管理,2016年东安县、双牌县畜牧水产局被授予"全国渔业文明执法窗口单位"称号。此前,湖南省已有汉寿县、湘潭市、南县、株洲市、桃江县等5个渔业行政执法单位获此殊荣。

5. 存在困难与问题　2016年,湖南省水产养殖业发展总体向好,但也存在一些需努力解决的问题:渔业投入不大,渔业基础设施老化,精养鱼池淤塞严重,全省有10多万公顷鱼池需标准化生态化改造,渔业名特优品牌不多不强,传统养殖比较效益不高,水产良繁体系建设有待加强,养殖用地大面积流转难影响了稻渔综合种养的推广,渔业资源衰退、水域环境污染现象未根本性好转。

6. 湘江长沙段实行常年禁渔　湘江现有鱼类10目24科142种,分布有全国最重要的家鱼产卵场之一——湘江"四大家鱼"产卵场。长沙市政府的《关于湘江长沙段及其支流部分水域实施常年禁渔的通告》,明确自2016年4月1日12时起,将湘江长沙段及其7条支流部分水域划定为常年禁渔水域,禁止在禁渔水域从事一切捕捞作业及电鱼、毒鱼、炸鱼等违法活动。为确保常年禁渔成效,长沙市对禁渔范围内690户持渔业船舶证或渔业捕捞许可证的本地渔民实行补偿,市、区财政分别按30%、70%比例,承担捕捞设施补偿、有效渔民证件注销补偿、基本养老保险费、基本医疗保险费和渔民就业培训费等专业渔民转产转业资金,市渔政部门统一收缴并处置捕捞设施,对转产转业渔民的捕捞机动渔船和合法渔具及对注销渔民捕捞证件进行补偿,有效期内的渔业船舶证书每证补偿3万元、临时捕捞许可证每证补偿2万元,并收回核发证书。对实施转产转业渔民登记为非农业户口,按城镇灵活就业人员政策,解决持证渔民每证每户1~2人的基本养老保险和基本医疗保险。引导转产转业渔民再就业,扶持自主创业渔民开展转产转业项目和创业,重点在项目建设、土地流转、金融信贷、政策扶持等方面予支持。

7. 湖南新增9个国家级水产种质资源保护区　2016年,农业部公告第2322号公布第九批28个国家级水产种质资源保护区,湖南占5个,其中洞庭湖区2个、资水2个、沅水1个,分别为安乡县境内的澧水洪道熊家渡段南方鲇、虎渡河安乡段翘嘴鲌、资水新邵段沙塘鳢黄尾鲴、资水油溪河拟尖头鲌蒙古鲌、沅水桃花源段鲂大鳍鳠。农业部公告第2474号公布第十批31个国家级水产种质资源保护区,其中湖南占4个,分别是汨罗江河口段间下鱵鲶国家级水产种质资源保护区、湘江潇水双牌段光倒刺鲃拟尖头鲌国家级水产种质资源保护区、汨罗江平江段斑鳜黄颡鱼国家级水产种质资源保护区、北江武水河临武段黄颡鱼黄尾鲴国家级水产种质资源保护区。至此,湖南境内国家级水产种质资源保护区总数达36个,保护近100种名优鱼类及其生境。

8. 湖南新增3个全国平安渔业示范县　2016年,农业部、国家安全监管总局公布2014—2015年度"全国平安渔业示范县"名单,湖南省津市市、桃江县、君山区入榜。近年来,湖南强化"平安渔业示范县"创建,省畜牧水产局联合省安监局在全省开展"平安渔业示范县"创建和"渔业安全生产年"活动,结合春季禁渔、增殖放流、渔业打非治违等专项行动,多次组织开展全省"渔业安全生产大检查",从严渔业安全管理,排查各种隐患,大力培训渔民,提高渔船安全性能,有效防范和减少渔业安全事故，构建渔业、安监、交通等部门联合协调机制和"政府领导、渔业主抓、部门协作、社会参与"创建机制。湖南南县、汨罗市在第二批创评中获殊荣，至此，湖南已创建5个全国平安渔业示范县。

9.湖南成立省渔业协会 6月7日，湖南省渔业协会成立暨第一次会员代表大会召开。会议选举产生了湖南省渔业协会第一届理事会、常务理事及协会会长、副会长、秘书长。80名首届湖南省渔业协会会员涵盖渔业苗种、养殖、加工、流通、休闲、饲料、渔药等主要领域的规模企业主。

10.南县开展稻田养虾政策性保险试点 2016年南县县委、县政府出台《关于加快推进稻虾产业发展的意见》，给予稻田养虾扶持优惠政策，对农户集中连片20公顷以上的，县财政按450元/公顷·年的标准给予奖励，同时开展稻田养虾政策性保险试点，每公顷保费750元，由养殖户承担375元、政府补贴375元。全县发展稻渔综合种养面积1.6万公顷，投保面积0.4万公顷。

（湖南省畜牧水产局）

【重点渔业市(县)基本情况】

湖南省重点渔业市(县)基本情况

市(县)	总人口(人)	渔业产值(万元)	水产品产量(吨)	其中		养殖面积(公顷)
				捕捞	养殖	
岳阳市	15.37	651 833.45	551 335	69 122	482 213	91 835
常德市	20.32	639 702.19	496 017	17 192	478 825	104 841
益阳市	12.31	450 435.80	400 176	34 922	365 254	62 369
衡阳市	13.11	318 484.00	316 381	11 377	305 004	55 482
永州市	14.64	278 140.55	229 689	5 675	224 014	39 114
华容县	3.03	210 014	155 031	22 895	132 136	21 457
沅江市	4.45	183 510	160 000	16 000	144 000	12 880
汉寿县	0.56	179 955	90 000	3 350	86 650	21 643
湘阴县	5.26	175 410	180 925	13 125	167 800	21 302
鼎城区	3.29	135 595	70 100	1 150	68 950	16 933
南 县	3.41	122 562	109 061	9 560	99 501	9 724
澧 县	2.94	104 700	59 740	1 640	58 100	13 678
安乡县	5.95	99 670	150 000	1 750	148 250	20 000
衡阳县	2.26	87 500	56 295	2 397	53 898	15 031
临湘市	2.62	75 000	48 000	4 000	44 000	9 840

注：此表"总人口"为从事渔业人口。

广东省渔业

【概况】 2016年，广东省优化渔业产业结构，保护渔业生态环境，改善渔民民生，增加渔民收入，提升现代渔业发展水平，推动现代渔业强省建设。全年全省渔业经济产值达2 863.09亿元，同比增长12.96%；渔民人均收入达到1.38万元，同比增长5.65%；全年水产品产量873.79万吨，同比增长1.81%；其中，水产养殖产量708.93万吨，同比增长2.78%，捕捞产量164.86万吨，同比减少2.13%；核准渔船更新改造235艘。

1.现代渔港建设动工 广东省现代渔港建设被纳入2016年广东省十件民生实事，2016年在相关市委、政府的高度重视下，市、县政府承担起现代渔港建设主体责任，5个省民生实事项目已开工建设，完成了省政府任务。其中，6月8日，闸坡现代渔港建设动员会举行，11月28日正式开工。闸坡渔港是首批六大国家级中心渔港之一，项目总投资约3.6亿元，建设工期为2015—2018年，分二期建设，其中一期工程将投入2.6亿元，二期工程将投入1.02亿元。项目包括南防波堤扩建、休闲渔业旅游观光区、渔人码头、观光亲水平台和水产品交易加工物流中心区等16项工程。项目建成后，可极大提高闸坡渔港的防风能力，改善闸坡渔港渔业和旅游基础设施，码头泊位面积增加，水产品交易量由15万吨增至25万吨，将成为粤西重要的水产品集散地，对当地的经济和社会发展具有很大的促进作用。11月18日，广东省硇洲示范性渔港项目正式动工建设，该项目总投资3.58亿元，分南港区、北港区建设，其中南港区水域面积100万平方米，北港区水域面积约20万平方米，将建成集多功能于一体的现代化渔港，可满足大中小渔船2 000多艘避风停泊需求。项目预计2018年下半年竣工，建成后，将成为具有渔船停靠避风、鱼货装卸交易、渔船物资供给、渔业维权执法、滨海旅游和休闲渔业等功能于一体的多功能现代化渔港。

2. 油补政策调整 7月1日，经广东省人民政府同意，《关于印发〈广东省国内渔业捕捞和养殖业油价补贴政策调整总体实施方案〉的通知》正式印发全省实施。《方案》指出，本次油补政策调整后，每年补贴资金的20%部分以专项转移支付形式由中央统筹用于渔民减船转产和渔船更新改造等重点工作；其余80%部分通过一般性转移支付下达，由省政府统筹用于渔业生产成本补贴、渔民转产转业等方面。2015—2019年，中央下达广东省一般性转移支付资金共140.65亿元，采取省级统筹和切块下达相结合的方式组织实施，解决长期制约广东省渔业发展的重点难点问题。

3. 历史罕见"霸王级"寒潮 1月22日，广东省遭受历史罕见的强冷天气影响，出现全省性低温和大范围冰冻天气，各地区降温8～10℃，最低气温降至零下5℃，潮州、茂名、湛江等市县气温跌破历史极值。此次寒潮造成汕头、潮州、揭阳、茂名等市发生低温冻害灾害，渔业生产不同程度受灾。为应对即将到来的强寒潮，省海洋与渔业局连续下发《关于贯彻落实省防总会议精神切实做好渔业防风防寒安全工作的通知》和《水产养殖应对强寒潮应急技术措施》，以防范和应对寒潮对渔业生产造成的影响。据不完全统计，截止到1月26日，全省渔业受灾面积0.78万公顷，鱼苗损失8 865万尾，虾苗损失50万尾，渔业总经济损失9.9亿元。

4.《广东省渔业船舶安全生产管理办法》颁布施行 7月15日，《广东省渔业船舶安全生产管理办法》经广东省人民政府第十二届78次常务会议通过，并于2016年10月1日起施行。《办法》对困扰广东渔船安全生产管理的系列问题进行规范和要求，初步建立了渔船安全生产责任体系，要求将渔船安全生产纳入地方政府安全生产工作范畴等。

5. 渔业资源监测 2016年初，制定了《2016年广东省渔业资源监测工作方案》，并对方案的落实进行了监督指导。2016年，全省渔业资源监测网络共有渔业资源监测点26个，监测船150艘(其中海洋捕捞监测船108艘，江河捕捞监测船42艘，作业方式包括拖、围、刺、钓等)，监测范围基本上覆盖了全省重点渔业水域。

6. 强化水产品质量安全监管

一是坚持多方联动，形成监管合力。把水产品质量安全工作摆上广东省食品安全重要位置。联合省食安办、农业厅、食药监局制定《广东省2016年水产品质量安全专项整治工作方案》，联合省农业厅、食药监局印发《关于加强我省农产品质量安全全程监管的意见》。联合食药等部门开展水产品质量安全专项执法。

二是加大专项整治力度，强化执法监督。根据全省水产品质量安全监管工作部署，组织开展水产品"三鱼两药"专项整治行动，进一步加强农村食品安全治理工作，组织开展"渔资下乡"行动。针对近几年监督抽查、风险监测，发现问题较多的区域，集中组织力量开展"一月一行动"，在佛山、清远、阳江、湛江等地区通过"双随机"抽查方式，开展"三鱼两药"精准整治行动。2016年，全省共出动执法人员1.3万人次，共检查生产经营企业7 566家，立案52宗，移送司法机关案件3件。与司法部门建立水产品质量安全"两法衔接"机制，打击水产品质量安全违法行为更有震慑力。

7. 渔船更新改造 2016年，全省率先试行渔船更新改造"先建后拆"，新建大中型渔船301艘。加快发展远洋渔业，现有远洋渔业企业19家、在外生产渔船189艘。东莞市通过财政资金、银行贷款支持更新改造渔船134艘，占全市捕捞渔船46.5%。湛江市拆解淘汰渔船277艘，新建渔船106艘。

8. 水产良种建设 加强水产良种的保种选育，实施主导品种亲本更新，推广良种良法，努力提高良种覆盖率。2016年新申报建设第十一批示范场22家，复核第六批示范场21家；申报建设健康养殖示范县1家。2016年扶持建设了良种场25家。

9. 推动加快发展休闲渔业 组织编制休闲渔业发展规划。珠海市成立休闲渔业协会，建成国家级休闲渔业基地1家、省级休闲渔业基地2家。梅州市建成国家级休闲渔业示范基地3家。江门市成功举办第四届中国(江门)锦鲤博览会和首届中国(江门)名龟博览会。

10. 加快海洋渔业信息化建设 6月3日,农业部在广州召开首次全国渔业信息化现场会,农业部副部长于康震、广东省副省长邓海光出席会议并讲话。会议全面总结渔业信息化建设成效,研究部署加快推进渔业信息化建设,推动渔业转型升级发展各项工作。广东建成海洋渔业综合信息管理平台,初步实现了渔港渔船可视化、渔业管理扁平化、渔民服务便捷化。建成省市县跨层级行政审批事项系统,网上办事大厅建设工作继续走在全省前列。惠州市政府印发智慧海洋建设方案。

11. 渔政执法 5月6日,广东省海洋与渔业局召开全省清理取缔海洋涉渔"三无"船舶和"绝户网"视频会议,强调要通过堵疏结合的方式,认真清理、取缔各类涉渔"三无"船舶和"绝户网"。同时,通过此次整治行动,积极推进全省渔船信息化工作,为渔船配备北斗和 AIS 终端设备,加强渔船信息管理。各地级以上市海洋与渔业主管部门主要负责人在各分会场参加会议。2016年,全省严厉打击涉渔"三无"船舶和"绝户网",没收涉渔"三无"船舶933艘、清理违规网具6 509张。组织开展"护渔2016"执法,查处渔业违法案件9 960宗,移送涉渔犯罪案件40宗。开展水产品质量安全系列执法,查处水产品质量案件19宗。开展"船证不符"整治,完善2万多艘渔船基础数据。

【重点渔业市(县)基本情况】

广东省地级市渔业基本情况

市别	渔业人口(人)	渔业产值(万元)	水产品产量(吨)	其中				养殖面积(公顷)	其中	
				海洋捕捞	海水养殖	内陆捕捞	内陆养殖		海水	内陆
广州	5 044	1 211 205	482 515	23 072	58 804	43 785	356 854	27 868	3 382	24 486
深圳	593	176 612	39 855	37 430	2 095		330	300	265	35
珠海	93 933	872 977	299 258	10 924	80 924	1 811	205 599	27 074	15 329	11 744
汕头	142 637	1 083 388	456 401	159 903	209 943	3 573	82 982	15 202	11 061	4 141
韶关	87 685	90 762	8 4872			2 989	81 883	20 217		20 217
河源	27 742	47 404	45 522			1 507	44 015	7 271		7 271
梅州	104 927	169 270	114 986			10 274	10 4712	14 434		14 434
惠州	63 649	289 459	171 511	22 945	61 435	1 177	85 954	20 959	4 012	16 947
汕尾	198 434	1064 120	652 235	259 055	334 835	3 361	54 984	27 088	19 908	7 180
东莞	19 434	271 850	56 623	6 422	1 395	1 392	47 414	7 055	258	6 797
中山	31 654	818 305	337 941	1 587	11 624	1 380	323 350	22 590	1 620	20 970
江门	121 543	1734 767	786 593	102 617	217 541	11 600	454 835	65 246	22 876	42 370
佛山	171 413	2 289 879	631 152			5 969	625 183	36 256		36 256
阳江	165 748	1 978 553	1 247 427	385 222	736 830	8 566	116 809	40 387	24 823	15 565
湛江	485 799	4 191 380	1 265 606	275 652	801 529	5 586	182 839	97 538	64 559	32 979
茂名	190 853	1 364 154	878 468	161 888	435 235	4 616	276 729	37 412	15 250	22 162
肇庆	59 290	498 870	443 735			5 338	438 397	25 897		25 897
清远	19 588	162 251	129 503			1 806	127 697	17 536		17 536
潮州	56 235	262 019	202 656	21 286	127 841	2 527	50 911	14 127	8 092	6 035

（续）

市别	渔业人口（人）	渔业产值（万元）	水产品产量（吨）	其中				养殖面积（公顷）	其中	
				海洋捕捞	海水养殖	内陆捕捞	内陆养殖		海水	内陆
揭阳	214 680	290 270	16 1357	57 683	22 615	4 126	76 933	11 559	2 388	9 171
云浮	23 505	224 912	107 808			1 500	106 308	9 139		9 139

注：人口数据来源于《广东年鉴 2015 年卷》中的各市年末常住人口数，渔业数据来源于广东省海洋与渔业局编写《广东省 2015 年渔业统计年报》。

【大事记】

［1］1 月 22～26 日，超强寒潮袭击我国南方大部分地区，广东省遭受持续低温雨雪冰冻灾害，珠江三角洲地区气温低至 0℃，粤北地区甚至降到零下 5℃，导致广东渔业受灾严重。1 月 22 日 14 时起，广东省海洋与渔业局启动渔业防风防寒防御工作一级响应，主要领导靠前指挥，并派出 5 个工作组赴有关市就防寒工作开展督查，并连续下发《关于贯彻落实省防总会议精神切实做好渔业防风防寒安全工作的通知》和《水产养殖应对强寒潮应急技术措施》，以防范和应对寒潮对渔业生产造成的影响。

农业部渔业渔政管理局领导高度关注，派出工作组于 1 月 29 日至 2 月 1 日赴广东调研指导渔业冰冻灾害救灾工作。工作组由农业部渔业渔政管理局副局长李书民率领，深入广州市南沙区，湛江市麻章区、吴川市、雷州市等受灾一线，中国水产科学研究院 2 名随行技术专家在现场对养殖户给予具体技术指导。广东省海洋与渔业局局长文斌、副局长陈良尧一同参与调研。

［2］2 月 26 日，广东省海洋与渔业局召开全省渔业安全生产视频会议，贯彻农业部渔业安全生产会议精神，通报 2016 年第一季度全省渔业安全生产情况，并对下一阶段全省渔业安全生产、渔业生态安全及水产品质量安全工作进行部署。广东省海洋与渔业局局长文斌出席会议并讲话，会议由广东省渔政总队政委高庆营主持。

［3］3 月 22 日，广东省海洋与渔业局召开广东省海洋与渔业发展专家咨询委员会专题研讨会，邀请有关科研院所及企业的专家、教授、学者、企业家共同谋划广东“十三五”海洋渔业发展。广东省海洋与渔业局局长文斌，副局长何少青、屈家树，总工程师秦磊，广东省渔政总队政委高庆营，局有关处室、单位的主要负责同志，以及“十三五”海洋经济与渔业经济规划编制单位的负责人参加了会议。

［4］3 月 25 日，广东省海洋与渔业工作会议召开，贯彻落实中央和省委、省政府决策部署，以及中央农村工作会议及有关会议精神，总结广东省“十二五”时期海洋与渔业工作，部署当前和今后一个时期工作。广东省副省长邓海光在会上作工作部署。

［5］3 月 31 日至 4 月 1 日，广东省海洋与渔业局局长文斌率办公室、海域管理处、渔业与远洋捕捞处负责同志，赴阳江市调研海域使用管理、现代渔港建设和渔船更新改造等情况。

［6］4 月 6 日，农业部公布了 2015 年的 12 个水产新品种，广东省马氏珠母贝“南珍 1 号”、马氏珠母贝“南科 1 号”、白金丰产鲫、莫荷罗非鱼“广福 1 号”和牡蛎“华南 1 号”5 个新品种名列其中，约占 2015 年全国新品种的 40%。

［7］4 月 1 日，农业部长江流域渔政监督管理办公室联合广东省海洋与渔业局及广东省渔政总队，在广州举办 2016 年珠江流域禁渔期同步执法启动仪式。标志着广东、广西等六省（自治区）全面进入 2016 年珠江禁渔期执法阶段。

［8］6 月 8 日，闸坡现代渔港建设动员会在闸坡渔港举行，随着挖掘机隆隆作响，标志着广东省现代渔港建设破土动工，进入正式实施阶段。广东省海洋局局长文斌，副局长何少青、洪伟东，广东省渔政总队巡视员杨志仁，国家海洋局南海分局副局长刘高潮，阳江市政协主席关则双，市委副书记陈华康出席动员会。

［9］6 月 20 日，由广东省农业厅、省海洋与渔业局联合举办的 2016 年食品安全宣传周农产品质量安全主题日活动在云浮罗定市正式启动。广东省农业厅党组成员、总畜牧兽医师蔡树淦，广东省渔政总队政委高庆营，云浮市委常委冯彤出席活动。农资生产经营单位、农产品生产企业、农民合作社、散户和消费者共 600 多人参加了现场宣传和科普活动。

［10］6 月 27 日，广东省海洋与渔业局召开全省油补政策调整工作电视电话会议。局长文斌出席会议并讲话，副局长白桦作工作部署，副巡视员杨文葵通报政策调整有关情况。会议由广东省渔政总队政委高庆营主持。

［11］7月1日，经广东省人民政府同意，由省财政厅、省海洋与渔业局联合印发《广东省国内渔业捕捞和养殖业油价补贴政策调整总体实施方案》。

［12］7月15日，广东省远洋渔业协会成立大会在广州举行，标志着全省首个远洋渔业协会正式成立。广东省海洋与渔业局副局长洪伟东、副巡视员杨文葵，中国远洋渔业协会副会长黄宝善，广东省远洋渔业协会会长黄富雄出席活动，并共同为广东省远洋渔业协会揭牌。

［13］7月26日，农业部渔业船舶检验局与香港海事处在广州召开2016年香港流动渔船检验管理第一次工作小组交流会。农业部渔业船舶检验局总工程师唐金龙，香港海事处本地船舶安全部总经理杨布光，广东省海洋与渔业局局副局长、广东渔业船舶检验局局长白桦出席会议。农业部渔业船舶检验局、香港海事处、广东渔业船舶检验局和广西渔业船舶检验局有关领导及人员参加会议。

［14］8月25日，农业部渔业渔政管理局副局长刘新中一行到广东省海洋与渔业局调研并举行座谈，广东省海洋与渔业局副局长白桦在调研座谈会上汇报了全省“绝户网”和“三无”渔船整治、渔船更新改造、渔业行政执法、港澳流动渔民管理等工作情况。

［15］8月26日，2016年中国（广州）国际渔业博览会在广州琶洲中国进出口商品交易会展馆开幕，同期还举办了2016年中国（广州）国际冷链设备暨生鲜配送展览会。

［16］9月20日，广东省省长朱小丹在广州会见了库克副总理兼文化、基建部长铁里基·希瑟一行。朱小丹表示，广东愿意进一步加强与库克在多个领域的交流合作，特别是加强远洋捕捞、水产养殖、水产品加工贸易、渔业技术互学互鉴等海洋经济合作，以及推动旅游、文化、教育、医疗、青年人才培训等领域的合作。广东省海洋与渔业局副局长何少青参加会见。

［17］11月21～22日，农业部办公厅副主任蒋建平、农业部渔检局副局长张锋等一行5人到广东开展涉渔行政许可事项综合调研工作。广东省海洋与渔业局副局长白桦陪同调研。

［18］12月1日，广东省十二届人大常委会第29次会议经表决，任命文斌为广东省海洋与渔业厅厅长，此前，经省编办批复同意，广东省海洋与渔业局更名为广东省海洋与渔业厅，由省政府直属机构调整为省政府组成部门，彰显了广东扎实推进海洋强省建设的决心，充分体现省委、省政府对海洋强省和现代渔业工作的高度重视。

［19］12月2日，由广东省海洋与渔业厅主办，中国水产科学研究院珠江水产研究所承办的广东－东盟渔业合作研讨会在广州成功举办。本次研讨会是广东积极参与国家“一带一路”建设，充分发挥广东海洋渔业对外交流合作优势，不断加强与包括东盟在内的有关国家和地区交流合作的一项举措。中国水产科学研究院副院长郑志灵、广东省海洋与渔业厅领导屈家树出席并致辞，农业部长江流域渔政监督管理办公室、中国水产科学研究院、省发展改革委员会、省商务厅、省人民政府外事办公厅等单位的相关部门负责人和来自新加坡、柬埔寨、马来西亚、印度尼西亚、德国及我国研究院所、科研单位的政府官员、专家、企业家共计140余人参加了研讨会。

［20］12月6日，“2016年中国水产品品牌大会”在广州召开。农业部市场与经济信息司司长唐珂、广东省海洋与渔业厅厅长文斌、广东省农业厅副厅长程萍、中国农产品市场协会会长张玉香、广东省工商联主席陈丹、中国水产流通与加工协会常务副会长崔和等出席了活动。

（广东省海洋与渔业局　姚国成　钟小庆）

广西壮族自治区渔业

【概况】 2016年，广西渔业经济保持良好的发展势头。据统计，全区全年水产品总产量361.20万吨，同比增长4.42%。其中，淡水养殖159.98万吨，同比增长4.99%，海水养殖121.45万吨，同比增长6.33%；淡水捕捞14.46万吨，同比增长4.91%，海洋捕捞65.29万吨，同比增长0.1%。从生产结构看，养殖产量281.43万吨、捕捞产量79.75万吨，分别占总产量的77.9%和22.1%。从产品结构看，海水产品186.69万吨、淡水产品174.44万吨，分别占总产量的51.7%和48.3%。全区全年渔业经济总产值约为607.92亿元，比上年增长6.48%。初步测算渔民人均纯收入约为20 432元，比上年增长约4.5%。

1.编制落实广西现代渔业发展规划 组织编制《广西渔业发展“十三五”规划》《广西海洋渔业发展“十三五”规划》《广西现代海洋牧场建设规划（2016—2020）》以及《广西现代标准渔港建设规划》（初稿）；编制渔业油价补贴政策调整总体实施方案；制定促进广西海洋经济发展系列文件，提出相关政策措施，做好顶层设计；配合编制广西海洋经济发展“十三五”规划工作，争取将广西发展现代海洋渔业的有关重大工程、重大项目、重大政策纳入到全区海洋经济发展“十三五”规划中。

2.水产良种体系及渔业基础设施建设 安排预

算和渔业油价补贴政策项目资金近 1 亿元，在全区组织开展水产良种工程建设、养殖池塘标准化改造、工厂化养殖设施建造、深水抗风浪网箱建造、稻田综合种养工程建设、养殖（育苗）废水治理设施建设等基础设施建设工作。投入专项资金 2 000 多万元，支持升级改造 2 家国家级和 1 家自治区级水产良种场，支持创建 1 个自治区级水产良种场，开展 7 个水产良种的选育与繁育；支持发展设施渔业养殖，共建设 6 个工厂化养殖基地、2 个规模化渔业生态养殖基地、4 个渔业智能精准养殖试点，新增深水抗风浪网箱 104 口 26.1 万立方米、新增牡蛎养殖浮筏 2.73 万平方米；印发《2016 年广西推进稻田综合种养业发展实施方案》及技术要点，支持发展稻田综合种养的专项资金接近 4 000 万元，目前全区已建成稻田综合种养示范基地 50 个，稻田综合种养发展规模达 6 万多公顷，比上年增加近 2 万多公顷，同时总结推广稻田综合种养"广西三江模式"等多个模式，创建了广西产业的特色；大力发展亚冷性鱼类、龟鳖、禾花鲤、方格星虫、锯缘青蟹、卵形鲳鲹、中华绒螯蟹、澳洲红螯螯虾、苏氏圆腹鱼芒、乌苏里拟鱼尝等特色品种养殖开发，支持建设 2 个养殖（育苗）废水处理示范基地。此外，通过《广西现代标准渔港建设规划》，以现有渔港升级改造和整治维护为重点，增加渔港有效避风水域面积，完善渔港配套设施，建设渔船专用避风锚地（塘），力争早日建成集避风、生产、水产品交易、休闲、生态环保于一体的现代渔港体系。

3. 远洋渔业 加强与"一带一路"沿线国家的渔业合作，全区远洋企业从原来 2 家发展到 3 家，远洋渔船数量从原来 13 艘增加到 29 艘，增长 1 倍多。支持帮助 1 家省外公司在广西注册成立远洋渔业企业，指导该企业申报并获得批准新建 14 艘远洋渔船，其中 12 艘获得了中央财政补助 2 880 万元，目前 14 艘远洋渔船已完成了建设任务；鼓励支持、指导帮助区内龙头企业"走出去"，到国外建设养殖生产基地和实施加工基地建设项目并开展内外贸易，其中一家公司在毛里塔尼亚实施了加工基地建设项目，一家公司在文莱注册成立海外子公司，并积极建设海域面积 2 000 公顷的深水网箱养殖基地、土地面积 22 公顷的鱼苗育种基地和 2 公顷的加工厂及渔业发展中心。

4. 休闲渔业 安排专项资金 340 万元，在全区扶持建设 11 个休闲渔业示范基地；组织开展创建全区休闲渔业示范基地活动，共评选出全区休闲渔业示范基地 10 家；组织休闲渔业示范基地参加全国休闲渔业现场会和中国（厦门）国际休闲渔业博览会精品展。目前，全区共有休闲渔业基地 2 000 多处，累计有 15 家单位被评为全国休闲渔业示范基地，43 家单位被评为自治区休闲渔业示范基地。预计全区全年钓鱼活动产值约达 15 亿元，休闲渔业综合产值约达 60 亿元，带动就业约 50 多万人。

5. 海水养殖政策性保险工作 积极协调落实中国渔业互保协会参加渔业保险共保业务，共同推动全区渔业养殖保险工作；积极争取将已开展的广西地方政策性牡蛎养殖风力指数保险纳入农业部金融支农服务创新试点财政资金支持范围；在沿海组织实施海水养殖政策性保险，进一步扩大保险范围与规模，2016 年承保牡蛎养殖 320 多公顷，收取保费 303.219 万元，为 89 户渔民提供 4 331.7 万元的风险保障。

6. 养殖环节质量安全生产管理 支持创建 9 个水产苗种检疫试点县的创建工作，共试点检疫各类水产苗种 2 亿多尾；新建和改扩建 43 家县级水生动物疫病防治工作站和 6 个水产养殖病害诊断实验室；开展水产养殖生态防病示范推广试点 4 个；开展水产养殖动物病情测报，在全区 31 个县区 124 个乡镇设置 192 个精准测报点，监测 36 个养殖品种的病害情况并定期发布信息；开展海水贝类养殖生产区域划型，共在沿海 3 市划型面积 1 300 多公顷，通过监测，划分贝类养殖区类型，建立贝类生产者数据库及贝类产品卫生质量安全预警预报系统，探索建立贝类产地准出制度；组织开展水产健康养殖示范场创建活动，全区共有 36 家单位通过检查（复查）验收，获农业部健康养殖示范场称号；在全区组织开展 2 次水产苗种和水产品质量安全生产管理情况自查自纠和专项检（抽）查工作；对在水产苗种和产地水产品质量安全抽检中发现存在违法违规的生产单位依法进行了处理，共撤销了 3 家苗种场的自治区级水产良种场资格，对 4 个生产单位进行了立案查处。

7. 水生生物资源养护 坚持和完善海洋伏季休渔制度和珠江禁渔期制度，全区 2 467 艘应休渔渔船全部按时进港休渔，1 万多艘应禁渔渔船全部按时停泊禁渔，休渔期间，没有发生大的安全事故，秩序总体良好，禁渔期间，基本实现了"江上无生产渔船，水中无作业网具，市场无捕捞江鱼"的管理目标；加强物种资源及其栖息地保护，全区建立的水生生物自然保护区和水产种质资源保护区达到了 4 个和 5 个；积极开展人工增殖放流，2016 年，全区共投入各种资金近 2 000万元，累计放流各类水生生物和珍稀濒危物种苗种近 6 亿单位；加快海洋牧场建设步伐，截止到 2016 年 10 月，全区累计投放人工鱼礁礁体 1 875 个，礁体体积约 10.13 万空方，形成礁区面积 1 066.5 公顷；组织编制《广西现代海洋牧场建设规划（2016—2020）》，创建国家级海洋牧场示范区,推进以海洋牧场建设为主体的区域性渔业资源养护和综合开发工程。

8.渔业捕捞生产监督管理 加强渔业捕捞许可管理工作,依法依程序做好自治区本级渔业行政审批工作,做好全国海洋渔船动态管理系统运行维护工作,做好内陆渔船“三证合一”改革工作,全区换发内陆渔业船舶证书共16 107本,完成换证任务的100%;进一步落实安全生产“一岗双责”和渔船安全生产主体责任,与14个地级市签订了渔业安全生产监管目标责任书,各级渔业部门共与2.4万艘渔船(占全区总数的91%)签订了渔船安全生产责任书;开展渔业船员安全培训,2016年全区共举办培训班55期,培训渔业船员4 200余人;加强隐患治理和打非治违,全区累计检查渔船2.3万余艘,查处各类渔船安全违法违规行为285起,排查安全隐患423项;加强信息化建设,围绕开展“互联网+现代渔业”行动,升级完善广西海洋渔船安全救助信息系统,启动开发建设涵盖渔船、沟渠、渔业船员、安全生产监管、渔政装备、队伍建设等内容的广西渔业渔政综合管理信息平台。

9.渔业行政执法 开展联合执法检查或打击电、炸、毒鱼等非法捕捞专项行动,指导沿海各地对进港休渔渔船进行逐船检查,拆除违规渔具;分别在5月和10月两次组织开展“绝户网”、涉渔“三无”船舶清理取缔和禁用网具清理整治专项行动;组织开展“船证不符”清理整治专项行动,共实船普查海洋渔船4 711艘并对主尺度不符的2 810艘渔船完成了数据修正,另对擅自更换主机的882艘渔船进行了登记备案。据统计,全年全区各级渔政机构共出动渔政船(艇)6 898艘(次)、渔政人员27 090人(次),查处违规渔船354艘(其中没收涉渔“三无”船舶94艘、扣押7艘,已拆解61艘),没收地笼23 231条、抬网622张,取缔或销毁其它“绝户网”等违规网具73 231米,没收非法渔获物20万公斤,查处电鱼案件96起,没收电鱼设备420套,移送司法机关案件77起,追究刑事责任71人。

10.水生野生动物许可管理和宣传保护 一是组织开展以“关爱水生动物,共建和谐家园”为主题的2016年广西水生野生动物保护科普宣传月活动,制作宣展版32块,发放宣传手(图)册1.5万份和其他宣传物品一批,对社会公众普及了水生野生动物知识,营造保护野生动物的良好氛围。二是组织进行水生野生动(植)物种鉴定单位和专家申报和筛选,向农业部推荐了7个鉴定单位和18名鉴定专家。三是自治区本级发放水生野生动物特许运输证145件,进出口初审17件,国家一级保护水生野生动物驯养繁殖许可证3件、经营利用许可证初审1件。

11.海洋巡航护渔行动 进一步完善北部湾广西管辖海域渔政、海警常态化联合巡航护渔机制,结合海上渔业生产规律,适时组织开展北部湾巡航护渔行动。全年共下达巡航任务17次,出动渔政船35艘(次)、渔政人员606人(次),巡航时间98天,航程4 996海里,观察记录渔船1 298艘(次),登临检查渔船177艘(次),处理违规渔船31艘,驱赶外国渔船17艘。派出2艘渔政船完成了钓鱼岛周边海域和南沙海域巡航护渔任务。

12.惠民资金发放工作 做好渔业油价补助政策调整后相关工作,配套制定下发了全区2015—2019年海洋渔船更新改造和减船转产实施方案,以及渔业油价补贴政策调整一般性转移支付资金项目指导意见,进一步规范了渔业油价补助申报与发放工作;下达全区船舶报废拆解和船型标准化补助专项转移支付资金1.08亿元、渔业成品油价格改革财政补贴预算7.2亿元、财政部拨付渔业油价补助一般性转移支付资金1.83亿元;委托中国水产科学研究院渔业工程研究所开发渔业油价补助资金申报系统,提高渔业油价补助资金申报、审核工作效率,提升油价补助申报信息采集工作能力和资金监管能力。

13.存在的主要问题

(1)罗非鱼、对虾等水产品加工出口受阻问题依然没有得到有效的改观,致使两个产业发展受到一定程度的影响。

(2)养殖空间不断被挤占,渔业生产稳增长任务难度加大。

(3)水产品质量安全形势依然不容乐观。水产品质量安全涉及的环节多、经营分散、监管难度大,育苗生产、养殖生产和流通环节使用禁用药物依然存在,有的养殖场的养殖生产、用药、销售记录不全,而渔政执法机构存在人员少、专业技能缺乏、执法监管手段创新力度不够等问题,与全面监管水产品质量安全的要求还有一定差距。

(4)“绝户网”尚未得到有效遏制。各级渔政执法机构开展清理取缔“绝户网”工作不平衡,个别地区使用“绝户网”等现象依然公开存在。

(5)清理整治涉渔“三无”船舶工作进展缓慢。涉渔“三无”船舶流动性强,查处难度大,涉及民生问题,取缔难度大,地主政府积极性不高,多数时候是渔政机构在单打独斗,工作难以推进。

(6)涉渔工程渔业资源生态补偿机制有待建立。近年临水工业园区、港口码头等大量涉渔工程项目的实施,严重破坏了水域生态环境,由于涉渔工程渔业资源生态补偿资金未列入渔业资源增殖保护费收取范围,生态补偿资金难以落实,生态补偿机制不够完善。

(7)涉外渔业安全管理形势严峻,渔业安全应急值班与处置工作基础薄弱,现有的渔业安全应急值班与处置工作管理模式,难以适应当前复杂形势下渔业安全生产特别是涉外渔业安全管理工作需要。

【重点渔业市(县、区)基本情况】

广西壮族自治区重点渔业市(县、区)基本情况

市(县、区)	总人口(万人)	渔业产值(亿元)	水产品产量(万吨)	其中				养殖面积(公顷)	
				海洋捕捞	海水养殖	内陆捕捞	内陆养殖	海水	内陆
合浦县	107.10	658 249	447 044	82 818	280 113	5 040	79 073	14 383	5 173
钦州市钦南区	51.09	543 500	430 617	98 147	303 835	2 568	26 067	15 833	4 387
北海市银海区	16.26	395 507	231 965	127 304	94 905		9 756	2 348	401
北海市铁山港区	18.26	316 129	185 362	74 584	103 050		7 728	7 781	915
北海市海城区	30.35	315 385	241 630	146 060	90 453		5 117	1 595	320

【大事记】

[1]3 月 29 日,梧州市人民政府与中国水产科学研究院签订《渔业科技战略合作协议》。

[2]4 月 1 日,广西壮族自治区多个市、县(区)在西江江畔举行水生物资源增殖放流活动,同时正式开启从 4 月 1 日 12 时至 6 月 1 日 12 时为期两个月的珠江流域禁渔期,禁渔期内在珠江流经广西的干流、支流及通江湖泊禁止一切渔业捕捞活动。

[3]4 月 19 日,广西对虾产业联盟、广西对虾产业协会、广西水产科学研究院、广西南美白对虾产业创新团队联合广西沿海三市水产部门在广西北海市合浦县举行"第四届(2016)广西北部湾科学养虾技术大会暨渔业物资展示交流会"。

[4]5 月 28 日,2016 年全国水产品质量安全监管工作会议在南宁举行,广西水产畜牧兽医局作题为《以六个着力为主线 努力做好水产品质量安全监管工作》的典型发言。

[5]6 月 21 日,为保护滩涂渔业资源和海洋生态环境,促进渔业可持续发展,广西水产畜牧兽医局正式发布通告,将北海市西村、营盘、白虎头、大墩海、廉州湾、三娘湾一带向岸区域设为禁渔区。

[6]9 月 21 日,中央电视台新闻频道栏目上下午两场直播钦州大蚝秋收场景,对钦州大蚝进行全方位宣传报道。

[7]10 月 20 日,梧州市农业委员会和广东茂名市海洋与渔业局签订了关于加强梧茂两市渔业合作的框架协议。

[8]11 月 29 日,2016 年第十二届桂台经贸文化合作论坛——桂台渔业合作交流座谈会在广西南宁举行。来自我国台湾省各农会渔会和企业的专家、代表,广西壮族自治区台湾办公室、广西壮族自治区水产畜牧兽医局、相关市代表、广西渔业龙头企业等代表等共50 余人参加座谈会,共同探讨深化桂台渔业合作。

[9]12 月上旬,钦州市举办中国 - 东盟(钦州)狮王争霸赛暨 2016 年钦州"蚝情节"。

[10]12 月 8 日,防城港市白龙珍珠湾海域国家级海洋牧场示范区获得农业部批复(农业部公告第 2476 号),成为广西第一个国家级海洋牧场示范区。

[11]12 月 9 日,由农业部渔业渔政管理局、中国水产学会组织的 2016 年度全国渔民家庭收支调查年报数据集中会审会在广西钦州市召开,来自全国 30 个省、自治区、直辖市渔业统计工作负责人及有关专家参加研讨。

[12]12 月 12 日,由中国品牌建设促进会、《经济日报》社、中国国际贸促会、中国资产评估协会等单位联合举办的"2016 年中国品牌价值评价信息发布会"在北京举行,钦州大蚝以 707 的品牌强度和 45.48 亿元的品牌价值强势上榜。

[13]3 月 4 日及 11 月 24 日,广西水产畜牧兽医局大力推动的稻渔生态综合种养业发展工作先后 2 次得到了自治区政府副主席张秀隆的批示,充分肯定了稻渔生态综合种养"广西三江模式"。12 月份在三江县创建了广西第一个稻渔生态综合种养示范县。

[14]12 月 12 日,中国科学院院士桂建芳在三江县挂牌成立广西首个县级院士工作站——广西稻田综合种养示范县院士工作站。中国科学院院士桂建芳、

广西水产畜牧兽医局党组书记梁雄等领导出席揭牌仪式。

[15]12月15日,广西壮族自治区人民政府和边海防委员会组织广西海警总队与广西海洋局、广西水产畜牧兽医局在南宁联合签署《广西海上综合执法协作机制》,成为全国省一级首个纳入政府边海防联合管控建设的海上综合执法协作机制。

[16]12月28日,"科学与中国"院士专家巡讲团报告会在南宁举办,桂建芳院士作《水产养殖现状与发展趋势》专题报告。

[17]12月底,农业部渔业渔政管理局指定广西水产畜牧兽医局在全国渔业渔政工作会议上作《加快渔业转方式调结构步伐 努力打造千亿元现代渔业产业》典型发言。

(广西壮族自治区水产畜牧兽医局)

海南省渔业

【概况】 2016年,海南省实现渔业增加值261.91亿元,比2015年增长3.5%;水产品总产量214.64万吨,比2015年增加7.34万吨,增长3.5%。全年水产品出口12.9万吨,创汇4.6亿美元。全省渔业呈现稳中有升、稳中向好的局面,传统渔业向现代渔业转型步伐加快,海洋捕捞增速放缓,深水网箱和水产种苗业逐步壮大,水产品出口保持稳定,国内市场不断扩大。扎实抓好各项业务工作和基础性工作,一是水产养殖结构调整步伐加快;二是捕捞渔船结构调整稳步推进;三是水产品品牌战略成效突出;四是渔业安全生产取得明显成效;五是护渔执法坚实有力。

1.海洋捕捞 2016年,海南省海洋捕捞总产量140.75万吨,占水产品总量的65.6%,其中外海捕捞产量31.22万吨;捕捞作业以流刺网作业为主,流刺网作业捕捞产量60.76万吨,占总产量的43.2%;捕捞产品以鱼类为主,鱼类捕捞产量115.56万吨,占总产量的82.1%,其中优质鱼类46.81万吨。

主要开展以下工作:积极推进南沙生产渔船更新改造项目,扶持更新建造170艘大中型钢质外海捕捞渔船,组建南沙生产骨干船队;实施压小造大工程,报废旧、小渔船后建造或更新改造67艘大中型渔船;开展全省渔船船牌和船用防伪标识安装工作,到2016年底,共完成安装1.77万艘;指导开展捕捞生产,及时发布海洋捕捞生产动态。2016年共发布《海洋捕捞生产动态》10期;建立健全规章制度,进一步规范渔船管理,制定了《海南省海洋捕捞辅助船管理暂行办法》和《海南省养殖机动渔船管理暂行办法》;积极引导渔民减船转产,鼓励发展休闲渔业;探索发展过洋性远洋渔业。

2.水产养殖 2016年,全省水产养殖面积5.55万公顷,同比增长1.44%,其中淡水养殖3.77万公顷,海水养殖1.78万公顷;水产养殖产量71.59万吨,同比增长5.76%;其中海水养殖产量27.97万吨,淡水养殖产量43.62万吨;水产苗种生产量1 042.12亿尾,同比增长55%,其中对虾苗961.1亿尾,同比增长62.2%,罗非鱼苗72.9亿尾,同比减少2.8%;水产养殖产值156.11亿元,同比增长9.24%,其中海水养殖产值103.73亿元,淡水养殖产值52.38亿元,水产苗种产值22.61亿元。全省核发养殖证共163本,确权面积2 656.97公顷,占全省水产养殖面积4.8%。

主要工作:一是继续推进水产养殖业转型升级,大力发展深水网箱养殖产业,2016年新增各类周长深水网箱260口,全省深水网箱养殖共有各类周长深水网箱4 108口,折算成40米周长型号深水网箱7 817口,养殖水体489万立方米;做好全省水产养殖池塘标准化改造工作,2016年全省完成低产老旧池塘改造面积818公顷;发展工厂化养殖,2016年全省工厂化养殖水体93万立方米,产量8 093吨。二是建设国家热带水产苗种繁育及供应基地。实施《海南省热带水产苗种产业发展行动计划(2015—2019年)》,扶持水产育种基地建设,重点建设水产原、良种场,新评定省级水产良种场2家、复查合格3家。三是全面推进生态健康养殖,组织开展无序养殖整治和水产养殖污染治理行动,组织开展2016年农业部水产健康养殖示范及省级现代农业示范基地创建工作。积极发展贝、藻类养殖等碳汇渔业。实施生态循环渔业示范项目。四是抓好水生动物疫病防控及水产养殖防灾减灾工作,组织开展水产苗种检测检疫工作,做好水产养殖病害测报服务,做好水产养殖灾害应对及灾后恢复生产工作。

3.渔业资源增殖 2016年度海南渔业资源保护项目资金是2015年下达的海南渔业资源保护项目中增殖放流840万元、海洋牧场300万元。全省共计投放各类苗种共计3 155万尾,组织放流活动24次,其中淡水鱼苗1 403万尾,放流5种,草鱼、鲢鱼、鳙鱼、鲮鱼、鲤鱼;海水苗种1 752万尾,放流7种,红鳍笛鲷、紫红笛鲷、青石斑鱼、斑节对虾、锯缘青蟹、军曹鱼、卵形鲳鲹。2016年度儋州市由于季节原因,斑节对虾未完成放流任务,资金15万元,鳙鱼和鲢鱼招标任务流标,资金14万元。

2016年度,海南省在建海洋牧场示范区两处:一是三沙永乐群岛海洋牧场示范区,资金300万元(2014年农业部资金),共建设投放鱼礁960空方,其中船型鱼礁10件，单件25空方；钢筋混凝土鱼礁120件单体8立方米；项目在水泥礁体内种植藻类面积300平方米。二是文昌冯家湾海洋牧场示范区，资金300万元（2015年农业部资金），完成96个矩形鱼礁，共2 600空方礁体的建设；完成了2艘海警船，共300空方的改造。

4. 水产品质量安全 2016年，全省完成水产品监督抽样852个，抽检覆盖率达到历史最高水平。其中农业部在海南省水产苗种监督抽查合格率100%，连续4年保持稳定，产地抽样合格率99.2%；在省内产地抽样中抽取农业部没有抽过的中小以及偏远、监管不容易到位的养殖场，全年共抽样200个，合格率达97.5%。

主要工作：一是开展水产品质量安全追溯体系（监管平台）建设。二期建设完成了35个养殖基地、5家水产品加企业和1个水产品批发市场追溯点的建设。二是进一步提升水产品质量安全检测体系建设，海南威尔检测技术有限公司向农业部申请无公害检测机构资质认证并获得了批准，成为全省唯一一家有资质的无公害水产品检测机构。三是加强水产品质量安全监管，开展了水产品质量安全季度督查。四是开拓创新，做好食品安全宣传周活动，开展"2016海南省水产品质量安全宣传百家千户携手筑诚信倡议活动"。五是始终坚持问题导向，开展水产苗种、石斑鱼和元旦、春节期间水产品质量安全专项整治工作。六是推进无公害水产品产地认定与产品认证及渔业标准化工作，共完成了29家企业的无公害水产品首次申报和复查换证，完成了3个地方渔业标准的编写工作，促进渔业经济可持续发展。

5. 水产品加工与流通 2016年，海南省口岸水产品出口量12.9万吨，居全国第六位同比增长6.1%，出口额4.6亿美元，同比增长3.2%。其中，罗非鱼及其制品出口量为10.6万吨，同比增长5.1%，占同期海南口岸水产品出口总量82.4%，出口量居全国第二，出口额2.9亿美元，同比减少6.1%。

主要做法：一是全面实施《海南省水产品品牌战略规划》，指导海南省水产流通与加工协会开展海南罗非鱼地理标志登记保护工作。二是制订下发《2016年海南省品牌农业（渔业）发展资金申报指南》，确认奖励金额3 229万元。三是树立海南渔业品牌，2016年全省共有2家水产企业产品获得了省级名牌产品。四是做好省级渔业龙头企业的到期监测和申报工作，海南翔泰渔业股份有限公司等15家企业顺利通过年审，新增海南远生渔业有限公司为省级重点龙头企业。五是对西北、华中、西南市场进行调研，为开拓内销市场扩大海南省水产品销售提供依据。六是组织企业参展，组织企业参加大型国内外展览会7次，在国内外大型水产品销售区推广海南产品4次，为本省企业与当地经销商进行直接对接搭建平台，引导企业不断向市场的广度和深度进军。

6. 渔业基础设施建设 2016年，继续稳步推进渔港建设项目。其中临高新盈中心渔港累计完成投资5 671万元，占总投资的45.7%，完成南北防波堤、码头沉箱吊装，陆域回填14.6万方，港池疏浚25万方，约占总工程量的70%。三亚崖州、琼海潭门、儋州白马井中心渔港和万宁港北、乐东岭头、昌江海尾一级渔港基本完成主体工程建设，并开港投入运营。东方八所中心渔港500米抛石防波堤、港池航道疏浚和陆域回填工程全部完工；莺歌海渔业加工区及配套码头建设项目2016年6月正式施工建设，当年累计完成投资1.7亿元，完成工程总量的53.6%。文昌铺前中心渔港完成项目设计规划及前期相关论证工作。

7. 科技兴渔 2016年，海南省继续积极推进渔业科研工作，支撑产业科学发展。海南省海洋与渔业科学研究院组织验收各类科研项目67项；围绕海南省海洋与渔业产业发展需求，组织申报各类科研项目83项。发表科技论文55篇，被授权实用新型专利、发明专利共9项，参与编写专著3本。编制的《海南省海洋主体功能区规划》获得2016年海南省优秀工程咨询成果奖一等奖。国家罗非鱼产业技术体系海口综合试验站被授予优秀综合试验站。海南省水生动物疫病控制中心通过验收并投入使用；实验室资质认定复查顺利通过评审；开展中心实验室建设，开展海南淡水苗种繁育基地建设，推动曲口科研基地建设，稳步提升琼海科研基地服务能力建设。通过科研平台的建设，加快科技成果转化，促进渔业经济发展。积极做好水产技术推广工作，促进渔业发展。在儋州、琼海、临高等地培训船员918人，提高渔业船员海上作业的安全操作技能和技术水平。开展全省渔业适用技术培训工作，在海口、陵水等9个市县举办各类培训班14期，培训人数1 200人次，发放学习资料2 500份。开展水产养殖病害防治技术服务、水产养殖病害预测报和海水养殖渔情信息采集工作，认真做好渔业资源增殖放流技术支撑工作，进一步促进渔业增产、渔民增收，保障渔业发展，实现渔业现代化。

8. 护渔执法 2016年，海南全省沿海市县渔业行政执法部门联合、交叉检查3次，指导督促各市县整治取缔3次，出动执法船艇169艘次，派出执法人员1 390人次，登临检查渔船1 691艘，查处电拖网作业渔船18艘，查处在禁渔线内拖网作业渔船2艘，没收违规网具27张、电拖网作业电线约6 450米、电板一批，近200艘涉嫌电拖网作业渔船自行整改。伏季休渔期间对重点渔港开展为期3天的伏季休渔监管专项行动，派遣执法船艇12艘次，人员48人次，登临渔船67艘次，查扣涉嫌违规渔船9艘次。西片区开展“护蓝打非”检查涉嫌违法渔船线索移交市县共18艘。全省检查水产质量安全3次，检查养殖基地37家，“三项记录”不全企业2家，检查水生野生动物2次，检查工艺品加工、销售点87个，养殖场25家，宾馆、酒店76家，对不符合要求的均已责令其限期整改。

9.伏季休渔 2016年，海南省休渔日期为2016年5月16日至8月1日。印发《2016年海南省伏季休渔管理工作实施方案》和《关于进一步加强休渔期渔业生产安全管理的通知》，下发各市县及有关部门实施。按照“船进港，网封存，证集中，人上岸”的要求严格管理，全省休渔的渔船7 952艘，涉及休渔渔民36 475人，同时组织开展休渔期间渔船管理情况综合督察，派出4个督察组分两批赴沿海各市县检查伏季休渔督查工作，检查打击休渔期内电拖网、定置网、禁渔区线内拖网、进行偷捕、使用网目小于网目最小规定等各种非法捕捞行为。共查扣违规偷捕渔船78艘，罚没渔获物1 500千克，查扣网具92张，罚款76万元。

10.渔业防风防汛 2016年，西北太平洋和南海共生成26个热带气旋，较常年(25.5个)略偏多0.5个。有9个热带气旋进入南海，其中2个登陆海南岛：1603号热带风暴“银河”于7月26日22时20分在万宁市东澳镇一带沿海登陆，登陆时中心附近最大风力10级(28米/秒)；1621号超强台风“莎莉嘉”于10月18日09时50分前后在万宁市和乐镇一带沿海登陆，登陆时中心附近最大风力有14级(45米/秒)，是1970年以来10月份登陆海南岛的最强台风，面对多个台风天气，海南省海洋与渔业厅超前预警、及早部署、战强风、斗暴雨，确保全年全省渔船100%回港避风，将渔民的生命和财产损失降到最小。台风来临时，启动预警，要求市县做好应急处置工作，主要厅领导带队前往可能遭受台风袭击海域，做台风登陆前最后的检查督导工作。针对港内渔船管理、水产养殖防风管理和渔民转移上岸等具体工作作出部署，坚决避免渔船顶风出港作业和其他一切不必要的渔民生命和财产损失。

11.渔业安全生产 2016年，海南省因风浪造成的海上事故11起，沉船9艘，16人死亡(含失踪)。与2015年相比，2016年海浪造成的灾害，船舶损毁和人员伤亡都有所增多，经济损失较小。未发生较大级别及以上渔船海上安全生产事故。渔业安全生产形势保持稳定。加强安全教育培训，夯实思想根基。积极采取多渠道、多形式的海洋与渔业防灾减灾宣传与培训，紧紧围绕“安全发展”主题，宣传贯彻海洋防灾减灾知识。在海口举行2016年“5·12”全国海洋防灾减灾宣传活动，在儋州举行2016年国际减灾日海洋防灾减灾宣传活动。

12.南沙渔业生产管理 2016年，为应对南海仲裁案，5月17日召开南海渔船管控工作会议，就进一步加强南海特别是南沙渔船管控工作达成共识。根据相关规定，严格审核办理南沙专项证书，审核签发358艘渔船南沙专项捕捞许可证。协调处理琼琼海05055船被台抓扣事件，会同省台办和琼海市政府，在福建相关部门的配合下，圆满完成39名船员返琼工作；跟踪处理琼儋渔19038船被印度尼西亚抓扣事件，6人已协调救助回国，正在协调派人前往印度尼西亚处理船长和渔船回国事宜。加强涉外渔业管理和渔民教育工作，分别在琼海、三亚举办两期南海涉外渔业培训，培训南沙生产骨干渔船船主、船长320人次，编印《南沙渔业读本》和《南沙渔业生产必读》，会同省台办编印《沿海渔船民涉台教育问答》，分发给南沙生产的渔船船主和船员；督导各市县加强对南沙渔船的管理和管控，要求在南沙海域生产的渔船全天候开启北斗船位监控设备，执行值班制度，严格执行渔船进出港报告制度，各市县对靠近九段线的渔船及时通过北斗进行通报，要求渔民撤离。

【重点渔业市(县)基本情况】

海南省重点渔业市(县)基本情况

市(县)	总人口(万人)	渔业产值(万元)	水产品产量(吨)	其中				养殖面积(公顷)	
				海洋捕捞	海水养殖	内陆捕捞	内陆养殖	海水	内陆
临高县	7.90	681 485	616 629	560 172	48 020	724	7 713	2 116	1 427
儋州市	9.32	637 894	419 296	319 366	60 111	4 268	35 551	3 958	2 380
文昌市	4.35	547 821	259 167	32 966	52 202	1 394	172 605	3 091	8 511

（续）

市（县）	总人口（万人）	渔业产值（万元）	水产品产量（吨）	其中				养殖面积（公顷）	
				海洋捕捞	海水养殖	内陆捕捞	内陆养殖	海水	内陆
澄迈县	2.23	282 611	128 346	55 919	26 124	3 256	43 047	791	3 369
琼海市	2.06	190 566	121 946	67 701	8 815	2 385	43 045	623	2 582

（海南省海洋与渔业厅　王俊力）

重庆市渔业

【概况】

1. 主要渔业经济数据，比上年增减情况　2016年，全市水产品总产量50.84万吨、渔业经济总产值136.81亿元、渔民人均纯收入15 739元，同比分别增长5.7%、12.1%和10.7%；带动贫困人口1.61万人走上脱贫路。

2. 产业发展的主要举措、成就与特点

（1）生态渔产业链建设全面启动。池塘渔业突出生态化转型升级。推广了池塘"一改五化"、多品种生态混养、底排污循环系统建设等技术。大水面渔业突出品质品牌。水域牧场生产的"三峡鱼"和水库生产的"渝湖"鱼品牌效应显现；稻田生态鱼和生态有机米品牌打造步伐加快。特色土著鱼突出因地制宜。通过池塘混养和特色专养方式，发展特色水产养殖。全市除青草鲢鳙鲤鲫鳊鲂外的特色水产品产量达到7.1万吨，同比增幅26.2%。休闲渔业突出示范带动。积极开展休闲渔业示范基地创建活动，现已成功创建全国休闲渔业示范基地13家。良种选育项目突出水平提升。支持水产原良种场建设，实施市级水产苗种管理平台暨渔业"三新"（新品种、新技术、新设备）试验示范基地建设项目，取得初步成效。

（2）"三大安全"任务全面落实。渔业资源养护力度不断加大。举办增殖放流活动34次，放流水生生物苗种5 388万尾。春季禁渔制度全面实现管理目标，并在潼南涪江设立了全市首个永久禁渔区。组织多项水生生态专题论证，落实补偿资金1 626万元。水产品质量水平稳定向好。部级产地水产品质量安全监督抽检合格率99.17%、产地水产苗种监督抽检合格率100%、市场水产品质量安全例行抽检合格率96.87%。渔船监管效果较为明显。渔业船舶受检率、安全隐患整改率和通航水域机动渔船渔民互助保险参保率达到三个100%，全市通航水域机动渔船GPS安装率85%。渔船安全已连续第6年实现"零指标"死亡。

（3）涉渔惠渔政策全面推进。推进禁渔期制度调整。开展风险评估，印发禁渔期通告，并代市政府起草了有关禁渔制度调整工作通知。推进渔业油价补贴政策调整。出台了实施方案，将油价补助资金与渔船用油量彻底脱钩，重点用于渔民护渔补助等。推进渔民上岸安居工程。经4年努力，工程任务基本完成，争取各级财政资金1 425万元，惠及渔民家庭690户，拆解船只38艘。协助推进渔业养殖保险政策试点。2016年全市渔业养殖政策性保险参保面积1 600公顷，承保农户610户，解决赔款210万元。

（4）产业联动效果明显。从龙头企业、生产基地、主导产品、产业政策、经营模式等"五见"上，渔业产业都取得了实际成效。经不完全调查，全市现有渔业龙头企业107家、年产值10.7亿元，有渔业规模化基地248处、面积2.25万公顷、产量13.5万吨，有渔业政策18个，有以雇佣农户、土地入股、资金入股、协议经营等为利益联结机制等产业链运营体系。到2016年三季度为止，渔业农民合作社达到1 457个，占全市农民合作社比重5.2%，渔业家庭农场达到1 467个，占全市家庭农场比重9.6%，均高出渔业产值占农牧渔业总产值的比重。

（5）渔民增收效果明显。据全市渔民家庭收支调查数据，2016年渔民人均纯收入15 739元，比上年增加1 525元，其中，人均家庭经营收入增加4 000元、工资性收入增加268元、财产性收入增加38元、转移性收入增加27元，除生活消费支出外，其余各项人均支出增加2 808元。从渔民家庭总收入的组成看，经营渔业的收入占比82.3%，成为渔民增收的重要部分。

3. 存在的主要问题

（1）支撑保障不足。渔业发展的硬件和软件还需进一步加强和完善，水产养殖和良种繁育的基础设施与标准化还有一定差距；渔港、渔船和渔政装备老旧；渔业公共服务体系不够完善、渔业科技创新力度不大，以及人财物支撑不足，成为限制重庆渔业向现代化进军的瓶颈；渔业安全事故时有发生，渔业安全生产形势仍然严峻。此外，随着城市化的不断推进，农业用地日趋紧张，渔业用地更难以保障，加之境内山高坡陡，用地多处于山谷、沟壑，也很大程度制约了产业发展。

（2）监管难度加大。渔政执法能力与执法难度不相匹配。一是渔政执法队伍建设滞后，渔政执法人员数量减少、结构老化，尚有部分区县未纳入参照公务员管理；二是破坏渔业资源的行为屡禁不止，拦河筑坝、渔业水域污染、挖沙采石、电毒炸等非法捕捞行为未得到根本遏制；三是执法难度大，渔业行政执法受制于管理战线长、工作量大、执法手段落后和经费不足等多方面不利影响。

【重点渔业区（县）基本情况】

重庆市重点区（县）渔业基本情况

区（县）	总人口（万人）	渔业产值（万元）	水产品总产量（吨）	其中		养殖面积（公顷）
				捕捞	养殖	
合川区	154.43	79 758	43 520	783	42 737	4 194
永川区	113.15	76 168.35	43 100	118	42 982	5 775
江津区	149.53	54 004.89	25 849	299	25 550	5 656
铜梁区	84.53	53 988	34 230	1 970	32 260	4 621
长寿区	90.17	57 996	32 475	1 310	31 165	12 495

【大事记】

［1］1月8日，重庆市水产学会召开四届二次理事会议，学会理事长吴纯出席会议并讲话，副理事长任军主持会议，会议审议并通过了学会副理事长兼秘书长李虹作的“2015年工作总结及2016年工作重点”报告。

［2］1月9日，重庆市水产学会举办2015年度学术年会，年会主题为“科技引领现代渔业 打造百亿级生态渔产业链”。

［3］3月1日，重庆市冷水鱼产业发展对策研究调研课题工作研讨会举办。

［4］3月18日，重庆市农委组织召开全市水产苗种经营质量安全座谈会。

［5］4月7日，南京市水产科学研究所（南京市水产技术推广站）考察团一行17人到开县考察渔业发展情况。

［6］4月28日，2016年水产品产地价格信息采集暨产销形势分析会在渝北召开。

［7］5月18～20日，国家大宗淡水鱼产业技术体系岗位专家珠江水产研究所白俊杰研究员、谢俊研究员、石存斌研究员及团队成员一行4人来渝调研大宗淡水鱼产业发展情况及池塘鱼菜共生综合种养技术实施情况。

［8］5月19～21日，2016年重庆黔江·中国武陵山国际民俗文化节暨“体彩杯”第三届国际钓鱼邀请赛在重庆市黔江区举行。

［9］5月25～27日，海南省海洋与渔业厅市场与质量监管处处长覃学友率队到重庆考察渔业市场。

［10］7月7日，重庆市渔业渔政工作会议召开，市农委副主任吴纯出席会议并作大会主报告。

［11］7月11～14日，全国水产技术推广总站示范处倪伟峰高级工程师率天津、山西和山东水产技术推广站领导和专家莅临重庆调研池塘鱼菜共生综合种养等技术试验和推广情况。

［12］8月9～11日，农业部渔业渔政管理局副处长张信安等一行到忠县调研内陆渔船控制与管理和渔船“三证合一”推进工作。

［13］8月23日，重庆市三峡生态渔业股份有限公司承担的“国家三峡鱼生态养殖综合标准化示范区”项目通过验收。

［14］9月1日，重庆市生态渔产业技术体系组织召开重庆市渔业科技需求研讨会。

［15］9月29日，全国2017年渔业主导品种主推技术培训会在重庆举办。重庆市农业委员会吴纯副主任出席会议并致辞。农业部渔业渔政管理局处长王雪光出席会议。

［16］10月27日，由农业部渔业环境监测中心主办、重庆市水产科学研究所承办的“全国渔业生态环境监测网2016年度工作经验交流会”在重庆召开。

［17］12月23日，2016年重庆市水产技术推广工

作会在长寿区召开。

[18]12 月 29 日,重庆市水产学会在召开了四届三次理事会议。理事长吴纯出席会议并讲话,副理事长曹豫主持会议。会议决定成立“中共重庆市水产学会党支部”,选举何忠谊为学会新任秘书长。

(重庆市农业委员会渔业发展处 任 军 妙晓东)

四川省渔业

【概况】 2016 年,四川水产系统认真贯彻落实中央、省委省政府“三农”工作决策部署,以创新、协调、绿色、开放、共享发展理念为引领,以“提质增效转方式、稳量增收可持续”为工作主线,坚持宜渔则渔,深化供给侧结构性改革,加快转方式调结构步伐,保持了渔业经济平稳发展势头,实现了“十三五”良好开局。

1. 水产养殖 全省水产养殖面积达到 21.49 万公顷(不含稻田养鱼面积),比 2015 年增加 0.34 万公顷,增长 1.61%;其中池塘 10.84 万公顷,水库 8.17 万公顷,河沟 2.00 万公顷,湖泊及其他 0.48 万公顷。稻田养鱼面积 31.21 万公顷,比 2015 年增加 0.32 万公顷。

全省水产品总产量 145.44 万吨。其中,养殖产量达到 139.58 万吨,比 2015 年增加 6.86 万吨,增长 5.17%,占总产量的 95.97%;另有捕捞产量 5.86 万吨。养殖产量中,池塘 71.88 万吨,水库 23.71 万吨,河沟 7.88 万吨,稻田 35.09 万吨,湖泊及其他 1.02 万吨。

草鱼、鲢鱼、鳙鱼、鲤鱼、鲫鱼等常规品种产量稳中有增,产量 106.02 万吨,比上年增加 5.63 万吨,增长 5.60%,占总产量比重为 72.89%。名特优水产品养殖稳步增长,产量 39.42 万吨,比上年增加 1.12 万吨,增长 2.92%,占总产量比重为 27.10%。

2. 结构调整 一是转变传统主养草鱼搭配鲢鳙鱼的养殖模式,积极发展泥鳅、黄颡鱼、鲈鱼等特色优势品种养殖,不断提高名特优水产品比重。二是加快发展休闲渔业。大中城市周边结合乡村旅游,以餐饮、观光、度假为一体的大型休闲渔业基地不断涌现,延伸了渔业产业链条,带动了相关产业发展,为农民增收提供了更加广阔的渠道。全省休闲渔业产值达 28.19 亿元,同比增长 28.82%。三是以优质水稻种植和优质水产品养殖相结合的粮经复合稻渔综合种养加快发展。在邛崃市、江油市、隆昌县等地建设稻渔综合种养技术示范面积 1 300 多公顷,全省新增稻渔综合种养面积 0.75 万公顷。四是大力培育新型经营主体。全省水产企业超过 1 500 个,其中国家级龙头企业 2 个、省级水产龙头企业 7 个;全省水产专业合作社达到 3 289个,其中国家级水产示范合作社 14 个、省级水产示范合作社 73 个;水产养殖专业大户 10 306 个;家庭渔场达到 1 287 个。

3. 渔政管理和资源保护 落实天然水域春季禁渔期制度,加强舆论宣传和执法监督,严厉整治电毒炸等非法捕捞行为。据统计,各地查获违禁捕捞渔船 131 艘,取缔深水张网 1 854 部,查处电鱼器 453 台(套),没收违法捕捞渔获物超过 4 吨,查处违法销售渔获物 1 500 千克,没收“三无”渔船 52 艘,行政处罚 397 人,刑事处罚 18 人。积极筹措资金开展鱼类增殖放流,共向天然水域放流各类鱼苗、鱼种 1.1 亿尾,促进了天然水域渔业资源增殖。建立省级水产种质资源保护区 3 个。办理水生野生动物经营利用证 55 个、驯养繁殖证 88 个、运输证 8 个、捕捞证 4 个,涉渔工程审批 12 个。

4. 质量安全 积极推进病害远程诊断、质量安全追溯体系建设及国家水产品质量安全示范县创建工作。大力开展水产品质量安全专项整治,严厉打击使用违禁药物等行为,圆满完成农业部、省级水产品质量安全监测和抽检工作。全省各级共抽检水产品 10 303 个,合格率 99.95%。复查换证 34 个无公害水产品生产基地及 190 个无公害水产品;新认定无公害水产品生产基地 25 个。创建农业部渔业健康养殖示范县一个。

5. 水产科技 获得省部级科技成果、技术推广奖项 3 项,完成 14 项水产地方标准的编制和初审工作。发布 2016 年渔业主导品种 11 大类 14 个品种,发布渔业主推技术 3 大类 11 项。落实基层水产技术推广体系改革与建设补助项目资金 1 800 余万元,积极开展技术培训与职业技能鉴定,有 220 人次获得职业技能合格证;实施农业部渔业节能减排项目和渔业渔政信息化示范项目各 1 个。扎实开展水产养殖动物病害测报,完成了 365 名官方兽医(水生动物)的资格确认工作。

6. 安全生产 认真落实中央、省安全生产工作要求,以渔船安全生产监管为重点,加强监督检查和隐患排查,共检查渔船 9 473 艘次,其中整改 386 艘、行政处罚 271 艘。培训渔业行政执法船船员 209 人,培训内陆渔业船舶验船师 141 人。全省水产行业未发生任何安全责任事故。

7. 产业扶贫 积极开展水产技术扶贫和产业扶贫工作,派出 5 位同志到阿坝藏族羌族自治州 5 个县蹲点开展技术扶贫,特别是协助茂县、九寨沟县发展了特色水产养殖。认真开展分片蹲点调研督导，指导各驻村农技员做好产业帮扶工作。

【重点渔业市(县)基本情况】

四川省重点渔业市(县、区)基本情况

市	县、区	总人口(万人)	渔业产值(万元)	水产品产量(吨)	其中		养殖面积(公顷)
					捕捞	养殖	
眉山市	仁寿县	157.04	116 424	48 460		48 460	8 247
眉山市	东坡区	87.71	210 528	37 580	106	37 474	3 216
乐山市	井研县	42.00	66 408	35 000	30	34 970	1 524
乐山市	市中区	61.00	68 170	34 800	354	34 446	1 040
泸州市	泸县	108.70	45 100	34 406	636	33 770	3 089
成都市	简阳市	148.50	66 880	32 000	870	31 130	5 953
内江市	资中县	128.10	70 410	28 420	901	27 519	3 030
内江市	东兴区	88.30	62 333	25 754	797	24 957	2 282
内江市	隆昌县	77.91	78 730	25 604	1 544	24 060	1 859
资阳市	安岳县	160.80	39 796	23 582	1 428	22 154	4 237

【大事记】

[1]2月18日，省水产局与通威股份公司召开座谈会，就该公司“渔光一体”池塘养殖效能研究成果进行了座谈交流。省农业厅党组成员、省水产局局长卿足平参加座谈。

[2]3月1日，省农业厅党组成员、省水产局局长卿足平带队到资阳简阳市、雁江区调研水产渔政工作。资阳市副市长周燕等陪同调研。

[3]3月7~8日，农业部长江流域渔政监督管理办公室副处长季伟彬率领“中国渔政205”执法船，对泸州市长江江段春季禁渔工作进行了巡航检查。省渔政处、泸州市农业局、泸州市水产渔政局和相关区县执法人员参加巡航。

[4]3月10日，省水产局邀请省人大农委、省政府法制办、省农业厅政策法规处有关负责人召开了渔业法制建设工作座谈会，省农业厅党组成员、省水产局局长卿足平参加座谈会。

[5]5月27日，省农业厅、宜宾市人民政府和中国长江三峡集团公司向家坝工程建设部，在宜宾市合江门地标广场共同组织开展了四川省2016年长江珍稀特有鱼类增殖放流活动启动仪式。省农业厅副厅长张强、宜宾市市委副书记吕晓莉、向家坝工程建设部主任王毅华出席了活动。

[6]6月3日，省农业厅党组成员、副巡视员赵勇率厅计财处处长张熙等一行到四川省长吻鮠原种场调研工作。省水产局副局长孟庆刚、何川等陪同调研。

[7]7月8日，全省水产工作座谈会在成都召开。会议总结交流了上半年工作，研究部署了下半年重点工作。各市州水产渔政局(处、科、站)负责人，省水产局在蓉领导班子成员、各部门主要负责人参加会议。

[8]7月13~14日，农业部渔业渔政管理局、全国水产技术推广总站在成都举办了2016年稻渔综合种养产业化配套关键技术集成与示范培训班

[9]7月25日至8月1日，青海、四川、甘肃三省联合开展“黄河青海、四川、甘肃段渔业行政联合执法及交叉督察活动”，农业部渔业渔政管理局副局长刘新中讲话并宣布活动正式启动。三省联合执法检查组一行17人展开了为期8天的执法检查。

[10]8月8日，省水产局召开各部门主要负责人会议，传达学习了省委书记王东明有关脱贫攻坚指示精神、省脱贫攻坚领导小组第二次专题会议精神和省脱贫攻坚领导小组办公室关于全面开展脱贫攻坚蹲点调研督导工作的通知精神，传达学习了省农业厅党组关于脱贫攻坚工作的一系列部署和要求。省农业厅党组成员、省水产局局长卿足平主持会议。

[11]8月26日，长江流域赤水河四川段捕捞渔民转产转业工作推进会在成都召开。农业部长江流域渔政监督管理办公室主任李彦亮，四川省农业厅党组成

员、水产局局长卿足平，泸州市人民政府市长刘强，中国长江三峡集团公司科技与环境保护部主任孙志禹等出席会议。

[12]8月21～24日，省农业厅党组成员、省水产局局长卿足平带队对九寨沟县、松潘县农业产业扶贫和一村一名农技员蹲点情况进行调研督查。

[13]8月26～28日，农业部长江流域渔政监督管理办公室李彦亮主任调研阿坝藏族羌族自治州水产渔政工作。省水产局副局长何强、阿坝州副州长何斌、副秘书长李清勇等陪同调研。

[14]9月13日，乌干达农牧渔业部畜牧业司司长Kauta Nicholas先生率领代表团到四川省长吻鮠原种场参观考察现代渔业发展情况。农业部对外经济合作中心副处长周勇、中方专家组组长吴智平、省农业厅相关人员陪同考察。

[15]9月19日，农业部长江办泸州渔政基地建设前期工作座谈会在泸州市召开。

[16]9月21日，省发改委副主任邓长金一行到四川省长吻鮠原种场调研工作。省农业厅党组成员、省水产局局长卿足平陪同调研。

[17]10月10～11日，省农业厅党组成员、省水产局局长卿足平带队到广元市苍溪县、青川县调研水产工作。

[18]11月10日，由农业部渔业渔政管理局养殖处副调研员王丹、全国水产技术推广总站技术示范处处长高勇、技术示范处高工倪伟锋等10人组成的农业部专家组到四川省绵阳市安州区，对该区创建农业部渔业健康养殖示范县进行验收评审。

[19]11月16～17日，由全国水产技术推广总站站长肖放一行4人组成的农业部渔业转方式调结构专题调研督查组到四川省开展调研督查工作。

[20]12月6～7日，省农业厅党组成员、省水产局局长卿足平率副局长何川及生产处负责人到资阳市开展“走基层”活动并调研水产工作。资阳市农业局局长纪昌兴等陪同调研。

[21]12月23日，省农业厅党组成员、省水产局局长卿足平带队到四川威尔检测技术股份有限公司调研。通威股份有限公司副董事长严虎陪同调研。

[22]12月26日，省水产局召开各部门主要负责人会议，传达学习中央农村工作会议、全国农业工作会议精神。省农业厅党组成员、省水产局局长卿足平主持会议并作要求。

[23]12月27～28日，省水产局在成都市召开了渔业互保工作业务研讨培训会。中国渔业互保协会副秘书长王西才，省水产局副局长漆乾余，全省各级渔业互保机构负责人及业务人员90余人参加会议。

[24]12月29日，四川省水产学会第九次会员大会在成都召开。来自全省农业和水产管理、科研、教学、企业的领导和会员代表共130余人参加了会议。省农业厅党组成员、省水产局局长卿足平出席会议并讲话。

（四川省水产局）

贵州省渔业

【概况】 2016年，贵州省水产品产量28.99万吨，同比增长16.07%；养殖面积6.08万公顷，同比增长1.52%；渔业经济总产值达到70.36亿元，同比增长27.17%，渔民收入持续增长，全省渔民人均纯收入达到13 591.99元，同比增长24.6%。

1. 渔业投入增加 2016年，中央财政、省级财政对全省渔业投入进一步加大。中央财政投入9 325万元，其中，赤水河渔民转产转业资金3 000万元；农业财政项目资金645万元；渔船柴油补贴资金4 080万元、渔港建设项目资金1 600万元。省级财政投入资金1 200万元，其中，产业发展资金1 050万元、渔政基础设施建设资金150万元。

2. 特色渔业发展保持良好态势 2016年大鲵存池数78.84万尾，保持平稳发展态势。冷水鱼养殖面积100公顷，产量8 012吨，实现产值2.4亿元，形成了集冷水鱼养殖、垂钓、加工、销售为一体的综合经营模式，3家企业获得无公害农产品产地认证证书。

3. 产业结构进一步调整 一是实施“渔业产业裂变”战略，推进渔业转方式调结构。通过整县推进重点产业发展，在湄潭县、凤岗县实施了“稻＋N”裂变发展，两县稻田综合种养面积达2 667公顷；在江口县实施冷水鱼养殖裂变发展，面积达14公顷，年产冷水鱼苗600万尾，商品鱼2 000吨。二是立足供给侧结构性改革，品种结构进一步优化。2016年全省养殖品种已达30多种。三是推行大水面生态养殖模式，变投饵网箱为不投饵网箱，不投饵网箱养殖面积达806万平方米，产量3.07万吨。四是开展了池塘的升级改造工作，使池塘养殖产量和面积呈现大幅度增长，2016年池塘养殖面积达1.19万公顷，同比增长94%；产量5.42万吨，同比增长1.3倍。五是大力推广稻田综合种养技术，全省稻田综合种养示范面积达3 720公顷，辐射面积3.43万公顷，总产值13亿元。

4. 水产品质量安全监管进一步加强 在32个县（市）66个渔业主产区建立“全国水产养殖动植物病情测报信息系统”疫情监测网络测报点，监测品种19个，

2016年未发生较大水生动物疫情。完成农业部下达的国家产地水产品质量安全监督抽检和本地产地抽检任务共计95批次,合格率达100%。安龙县特种养殖农民合作社和岑巩县水鳌大鲵繁殖驯养有限公司被评为农业部水产健康养殖示范场。

5.资源环境养护进一步推进 一是开展水产种质资源保护区创建工作。绥阳县芙蓉江和紫云县座马河被批准为农业部特有鱼类国家级水产种质资源保护区。二是加强涉水工程管理。落实并完成了夹岩水利枢纽及黔西北供水工程、赤水经济开发酒业园区污水处理厂工程、赤水市赤水大桥至复兴公路(河滨南路)改扩建工程、赤水市赤水河复兴段、河滨南路段、河滨东路段河道治理(防洪堤)工程、赤水市游客接待中心建设工程、习水县赤水河土城镇段河道治理(防洪堤)工程、溪洛渡左岸至浙江金华800千伏特高压直流输电线路工程等8个涉及自然保护区和水产种质资源保护区生态补偿项目,落实到位补偿资金2 235.78万元。三是加强水生野生动物保护管理工作。建立了贵州省水生野生动物救助中心和贵州省水生野生动物科普基地。引资建设了贵州省第一家以水生生物为主题的"贵州龙川极地海洋世界"。四是增殖放流工作进一步加强。全省共开展水生生物资源增殖放流活动40余次,放流苗种2 101.4万尾,投入放流资金729万元。

6.渔船管理取得成效 开展渔船和养殖网箱安全生产大检查、安全隐患大排查、"打非治违"行动,确保全年无渔业安全事故发生。组织举办了"全国内陆渔船管理系统"及、渔业船舶管理"三证合一"软件操作培训1期,培训人员58人;开展了一级船长(一级轮机长)和机驾长渔船驾驶员安全知识培训各1期,培训人数108人。开展"平安渔业示范县"创建活动。关岭、播州、剑河、思南、罗甸5个县被评为省级"平安渔业示范县"。首次承办了由贵州省人民政府主办的"贵州省2016年渔业船舶安全应急演练",参加观摩演练人员达200余人。全面完成了10艘渔政趸船的建造工作。2016年全省渔业互保参保渔民达3 326人,保额3.65亿元,保费673.531亿元。

7.渔政工作进一步加强 一是2016年省政府印发了《省人民政府办公厅关于加强2016全省天然水域禁渔期管理工作的通知》。在禁渔期间,全省组织联合执法检查1051次,查处案件1 039起,没收电捕鱼器具158套,没收违法捕获渔获物1 830.15千克,没收违法销售渔获物382千克,给予107人行政处罚,罚款11.72万元,17人被依法移送司法机关,追究刑事责任。二是加强渔政队伍建设,对全省242新增渔政执法人员举办了上岗培训。三是投入150万元在罗甸县开展渔政信息化建设试点工作。四是在习水、仁怀、赤水等三县(市)17个乡镇(街道办),开展长江流域赤水河(贵州段)捕捞渔民转产转业工作,涉及捕捞渔民222户517人,渔船331艘。五是开展了《贵州省渔业条例》修订工作。2016年5月27日,《贵州省渔业条例修正案》经贵州省第十二届人民代表大会常务委员会第二十二次会议审议通过,对《贵州省渔业条例》第四章第十六条进行修正。

8.存在问题 贵州省渔业发展基础较差、苗种体系薄弱,规模化、产业化程度较低,养殖效率不高。水产品加工滞后、品牌意识不强、发展不平衡、产学研结合程度较低、基层队伍和专业人员缺乏。

【重点渔业市(县)基本情况】

贵州省重点渔业市(县)基本情况

市(县)	总人口(万人)	渔业产值(万元)	水产品产量(吨)	其中		养殖面积(公顷)
				捕捞	养殖	
兴义市	4 100	77 223	31 779	1 569	30 210	213
遵义市播州区	1 250	70 635	29 068	311	28 757	4 609
罗甸县	1 648	41 105	16 916	712	16 916	260
安龙县	1 280	29 814	12 269	990	11 279	485
思南县	24 960	17 909	7 370	70	7 300	2 320

【大事记】

[1]3月16日,省人民政府办公厅印发了《关于做好长江流域赤水河段捕捞渔民转产转业有关工作的通知》。

[2]3月30日至4月1日,中央电视台财经频道

主编斯琴一行对赤水市渔民转产转业、渔业资源和水域生态环境保护工作进行了采访报道。

[3]28月29日，在贵州龙川极地海洋世界有限公司举行“贵州省水生野生动物救护中心”和“贵州省水生野生动物科普基地”授牌仪式。省政府副省长刘远坤向龙川极地海洋世界有限公司授牌。省农委党组书记、主任袁家榆宣读贵州省水生野生动物救护中心、贵州省水生野生动物科普基地批复文件，省农委副书记、副主任杨兴友、发改、财政、环保、林业、水利等相关部门及社会各界人士200多人参加了授牌活动。

[4]10月25日，由省人民政府主办，贵州省农委承办的“贵州省2016年渔业船舶安全事故应急演练活动”在罗甸县举行。省人民政府副省长刘远坤出席活动并讲话。农业部长江资源管理委员会巡视员董金和对这次演练进行了点评。省人民政府应急管理办公室专职副主任王洪斌、省农委主任袁家榆、省农委副主任杨兴友参加了演练活动。

[5]10月27～28日，农业部长江办主任李彦亮主任一行到赤水市对长江上游赤水河珍稀特有鱼类自然保护区（赤水段）捕捞渔民转产转业工作进行督查。

[6]10月29日，省农委贵州省水生野生动物科普基地（贵州龙川极地海洋世界）隆重举行“关爱水生动物 共建和谐家园”水生野生动物科普宣传月活动，省农委党组副书记、副主任杨兴友、濒危办钟黔春处长在启动仪式讲话。社会各界人士近1 000人参加这次活动。

[7]12月28日，农业部副部长于康震对贵州省渔民转产转业工作给予了高度肯定，并做了重要批示：“这是一项开创性工作，为实施长江流域禁捕作了有效尝试，意义重大。”

（贵州省渔业局 高 敏）

云南省渔业

【概况】 2016年，云南渔业紧紧围绕省委、省政府及农业部的部署安排，按照“四转变、四调优”总体要求，坚持“标准化、绿色化、产业化、组织化和可持续化”的工作方针，深入贯彻落实新发展理念，全面推进渔业供给侧结构性改革，促进创新强渔、协调惠渔、绿色兴渔、开放助渔、共享富渔，渔业工作亮点突出、成效显著。

1.主要渔业经济数据，比上年增减情况 2016年，全省水产养殖面积、水产品总产量、渔业经济总产值、渔业产值、渔业人口人均纯收入分别达14.9万公顷、74.4万吨、156.5亿元、97.5亿元、12 422.3元，同比分别增加0.7万公顷、4.7万吨、10.9亿元、7.0亿元、2 069元，增幅为4.7%、6.7%、7.5%、7.7%、20.0%。

2.产业发展的主要举措、成就与特点 2016年，云南渔业主动适应从“规模效益”向“质量效益”转型升级，多措并举推进渔民脱贫，得到了农业部，省委、省政府的广泛认可，呈现出渔业经济总产值、渔业产值、渔民收入稳定增长的良好态势。全省渔业形成了以长江流域地区重点发展冷水性鱼类、滇南地区发展热带性鱼类、滇中地区发展大宗淡水鱼类、滇西南地区发展珍稀特有土著鱼类优势养殖区。同时，稳步推进5大良种场建设，逐步提高水产苗种自给率。

（1）渔业转方式、调结构成效显著。编制了《云南省淡水渔业“十三五”300亿元产值发展规划》，调整优化了养殖布局和养殖方式，调优产品结构，突出抓好罗非鱼、鳟鱼和鲟鱼养殖。共创建上报全国水产健康养殖示范场18家、省级17家；水产品质量产地抽检和水产品苗种质量抽检合格率达100%；发展休闲渔业，促进种养结合、一二三产融合发展，累计建成483家，总产值62 844.86万元；大力推广稻鱼综合种养等实用技术，累计推广稻渔综合种养11.33万公顷。

（2）渔业资源养护成效显著。积极开展水生生物增殖放流，促进以渔净水，全年共开展水生生物资源增殖放流活动153次，投放淡水经济鱼类和珍稀濒危水生野生动物5 839.84万尾。累计设立国家级、省级水产种质资源保护区19个，各级水生生物自然保护区16个，推进了生态文明建设，实现了绿色发展。

（3）渔业行政执法成效显著。全省渔业系统按照安全生产监管原则，狠抓措施落实；自2009年以来连续8年实现渔业安全生产零死亡；开展“绝户网”“两江禁渔”“非法捕捞专项执法”“水生野生动物专项执法”等专项执法；渔政监管能力、执法队伍业务水平、基层船检能力明显提升。

（4）几大重要活动圆满完成。2016年1月20日，云南省院士专家工作站管理委员会审定同意建立“云南省桂建芳院士工作站”，指导云南省渔科院开展野生丝尾鳠相关研究；9月10～14日，协助联合国粮农组织官员周晓伟赴云南省红河县考察调研“稻渔共作”，推进实施渔业产业精准扶贫；12月9日，在澜沧江畔景洪港开展了“中国·老挝澜沧江－湄公河渔政联合执法行动暨增殖放流活动”，展示了我国负责任大国的国际形象；协调中国水产科学研究院淡水渔业研究中心支持中海渔业有限公司在河口县创建国家级水产良种场。

3.存在的主要问题 一是资源环境约束增大。

渔业是典型的资源型产业，由于生态文明建设和城镇化推进挤压传统养殖空间，过度捕捞依然存在，涉水工程建设不断增加，主要鱼类产卵场退化，从环保督查、省外来看，渔业资源日趋衰退，珍稀水生野生动物濒危程度加剧，渔业发展受资源环境约束越来越大。二是供给侧结构性改革带来的压力较大。由于发展不充分、发展水平不高，众多的优质土著鱼类得不到有效开发，突破人工驯养繁殖技术的土著鱼类仅为全省土著鱼类品种的6%，六大名鱼形不成产业，水产品供给多为鲜活产品，无品牌、无拳头产品，水产品加工品缺乏；渔用机械、船用产品等均靠从外地引进；渔业二三产业严重滞后，一二三产融合度较低，难以提供多层次、多品种、多类别的产品和服务，推进渔业供给侧改革挑战较大。三是用现代信息技术提升渔业发展水平低。全省渔业发展基本还靠惯性思维和传统方法，利用"购鱼网"、物联网、云计算、大数据、移动互联等现代信息技术和装备，推动建立各类型智慧渔业信息平台，通过信息化促进产业化还未起步，远远不能适应现代渔业发展的需要。四是内生动力不足。渔业生产性、服务性基础设施较弱，抵御自然风险能力较差。全省渔业科技创新能力不足，科技成果转化率低，良种覆盖率低、病害发生率高、大水面立体综合种养技术滞后。市场经营主体较不强，弱、小、散格局依然存在。渔船陈旧、破烂、不规范，渔业安全保障能力较差。水产养殖违规用药依然存在，水产品质量安全风险不容小觑。

【重点渔业县(区)基本情况】

云南省重点渔业县(区)基本情况

县(区)	渔业人口(人)	渔业经济总产值(万元)	其中渔业产值(万元)	水产品产量(吨)	其中		养殖面积(公顷)
					捕捞	养殖	
罗平县	5 305	125 401	56 513	39 520	3 015	36 505	4 333
景谷傣族彝族自治县	9 739	59 164.43	38 860	34 230	4 750	29 480	2 137
富宁县	4 760	111 765.6	43 525	31 000	3 060	27 940	3 367
景洪市	13 442	51 340	44 989	27 308	3 096	24 212	2 413
墨江哈尼族自治县	5 460	87 762	32 252	27 000	3 374	23 626	520
双江县	662	36 822	34 437	26 490	4 600	21 890	673
勐海县	7 890	33 388.6	30 685	23 215	758	22 457	1 516
普洱市思茅区	3 520	42 533	24 883	22 030	798	21 232	2 773
凤庆县	812	25 034.26	22 195	20 013	1 210	18 803	6 983
曲靖市麒麟区	7 171	40 415.96	27 561	18 663		18 663	2 026

【大事记】

[1]2月23日，省农业厅厅长助理陈洁率省水产站负责人，到曲靖市陆良县华侨农场调研国家大宗淡水鱼产业技术体系建设工作。通过实地查看，听取了华侨农场水产公司负责人、养鱼大户的汇报后，陈助理对陆良县渔业工作提出建议和意见。

[2]3月7～10日，省农业厅党组成员、省渔业局局长张穆到怒江傈僳族自治州泸水、福贡和贡山县调研渔业工作。调研组深入怒江中上游特有鱼类国家级水产种质资源保护区整体情况及存在的问题进行实地进行调研，先后视察了解了保护区下核心区的生态环境、上核心区替代河流生境情况和对独龙江流域鱼类资源保护工作情况。

[3]3月26日，省农业厅党组成员、省渔业局局长张穆一行3人，在楚雄彝族自治州农业局有关领导的陪同下，对元谋2016年春季禁渔、渔业船舶安全管理及渔业产业发展进行检查指导。

[4]6月6～8日，省农业厅党组成员、省渔业局局长张穆参加全国"放鱼日"增殖放流活动云南分会场石屏异龙湖增殖放流活动，并对红河哈尼族彝族自治

州渔业工作进行调研。

[5]6月16日,省渔政总队、昆明市渔政执行局、滇池管理局渔政执法处联合举办的"6.16"渔船安全生产宣传咨询日活动在滇池(晋宁县沙提村委会)隆重举行。此次活动以"强化安全发展观念,提升全民安全素质"为主题,旨在进一步推动全省渔业安全生产形势和捕捞生产秩序向好发展,进一步推动高原特色渔业平安和谐发展。省农业厅党组成员、省渔业局局长张穆出席活动并讲话。

[6]6月21日,省农业厅党组书记王敏正到省渔业科学研究院调研工作。王书记一行先后参观了标本室、短须裂腹鱼原种场及渔业科研试验基地,听取了近年来全省渔业科研工作情况和省渔科院关于搬迁问题的汇报,对该院近几年取得的科研成绩给予了充分肯定,对省渔业局、省渔科院如何配合昆明市政府提出了要求。厅党组成员、省渔业局局长张穆陪同调研。

[7]7月29日,省农业厅党组成员、省渔业局局长张穆一行深入西盟佤族自治县勐梭镇班母村十五组,开展"回访"工作和党支部结对共建活动。

[8]8月12日,省农业厅联合昆明市政府、昆明市滇池管理局在滇池举办"2016年滇池水生生物资源增殖放流活动"。厅党组书记王敏正出席活动并讲话。他指出,开展好水生生物资源增殖放流活动是落实"创新、协调、绿色、开放、共享"五大发展理念,推进渔业生态文明建设、着力提高渔业综合效益、夯实渔业发展内生动力、提升平安渔业和谐发展水平、加强渔业法治建设、加快推进渔业三产融合、推动生态文明建设排头兵的重要抓手,是一件"功在当代、利在千秋"的公益之举。

[9]9月10~14日,联合国粮农组织(FAO)官员周晓伟先生一行6人赴红河州红河县实地考察,调研"稻渔共作"项目助推当地精准扶贫、精准脱贫情况及保护哈尼梯田文化景观的现实意义。省人民政府副省长张祖林、副秘书长普建辉于11日上午在海埂花园酒店第二会议厅与调研组举行了会谈。

[10]10月14日,省农业厅党组书记、厅长王敏正率队到省农技推广站、省农产品质量安全中心、省渔政执法总队和《云南农业》编辑部调研。调研期间,王敏正厅长听取了各单位工作情况汇报后,对调研单位做好下步工作提出殷切希望和明确要求。

[11]10月25~29日,中国水产科学研究院淡水渔业研究中心主任徐跑研究员等一行4人赴红河县、河口瑶族自治县及曲靖市进行考察调研,进一步推进红河哈尼梯田"稻渔共作"工程、河口罗非鱼良种场建设及与曲靖市政府战略合作协议等相关工作的落实。

[12]11月6~7日,农业部韩长赋部长深入红河州弥勒市、元阳县调研当地农业农村经济工作。韩部长来到田间农家、生产车间,同农民群众、基层干部、企业负责人等亲切交谈,了解农业结构调整、高原特色现代农业发展等情况。韩部长强调,云南各级农业部门要认真学习贯彻党的十八届六中全会精神,以良好的精神状态,深化农业供给侧结构性改革,不断提高农业的质量效益和竞争力;要立足资源优势,瞄准市场需求,突出当地特色,做大做强品牌,积极发展特色现代农业,促进农民持续增收。

[13]12月22日,2016年中央渔业资源保护——滇池金线鲃增殖放流活动在晋宁古滇艺海码头举行,省农业厅党组成员、省渔业局局长张穆出席活动,30余万尾金线鲃被投入滇池水域,截止到2016年年底,已累计向滇池投放超过200万尾金线鲃。

[14]12月30日,省农业厅党组书记、厅长王敏正前往位于嵩明县白邑镇的省水产技术推广站高背鲫良种基地调研,厅党组成员、省渔业局局长张穆陪同调研。在听取省水产站负责人就近年来渔业科研工作情况的汇报后,王敏正厅长实地查看了良种场试验基地和保护繁殖品种,与干部群众进行了深入交流。他指出,特有水产资源保护和开发是云南淡水渔业的优势和潜力所在。各渔业科研推广单位在这方面做了大量卓有成效的工作,下一步要认真落实中央农村工作会议精神,以"减量增收"为指导思想,继续抓好以"三条鱼"为代表的特色水产品开发,认真做好"生态鱼"这篇大文章,在加快推进渔业供给侧结构性改革方面取得新成效。

(云南省农业厅)

西藏自治区渔业

【概况】 2016年,西藏渔业工作在自治区党委、政府的正确领导下,在农业部渔业渔政管理局的关心指导和支持下,不断加大渔业资源保护力度,积极开展增殖放流工作,加强渔政执法监管和管理,对加强全区渔业生态环境保护,丰富市场供给、增加群众收入、促进农牧区经济发展发挥了积极作用。

2016年全区水产品产量912吨,其中捕捞产量832吨、养殖产量80吨。淡水养殖面积5公顷。渔业经济总产值为6 087万元,其中淡水捕捞产值3 104万元,淡水养殖916万元;渔业流通和服务业产值2 067万元(水产流通)。

1.加强渔业资源的增殖及保护 一是2016年国家下达西藏自治区鱼类资源增殖放流补助经费373万

元，全区及时组织供苗单位开展放流鱼苗培育，筛选、明确了放流地点及时间，放流鱼苗120万尾，增殖放流品种主要是异齿裂腹、拉萨裂腹鱼、拉萨裸裂尻鱼、尖裸鲤等鱼类，对快速补充全区水生生物群体，稳定渔业种类数量，保持物种多样，改善水域生态环境有重要意义。二是为加强高原湖泊生态保护工作，增强高原湖泊鱼类资源的可持续发展能力，全区从2002年11月以来，对全区所有湖泊鱼类实行禁渔，14年来，在区、地、县三级人民政府的领导下，在各级渔政管理部门的监督管理下，在渔业行政执法人员的努力工作下，在广大农牧民群众的积极参与下，禁渔工作取得较好成效，确保了高原湖泊生态环境得到了有效保护，实现了预期的管理目标，促进了全区渔业资源养护和水域生态保护。三是积极开展国家级水产种质资源保护区申报工作。2016年林芝地区墨脱德尔贡河特有鱼类国家级水产种质资源保护区列入“第十批国家级水产种质资源保护区”，促进了西藏水产种质资源的保护工作。

2. 营造氛围，制造声势，大力宣传渔业法规 为确保禁渔工作顺利实施，加强渔业资源和渔业生态环境的保护，维护正常的渔业生产秩序，全区高度重视宣传工作，每年禁渔期前（3月份），在重点水域、湖泊所在地市开展了专项执法宣传活动，特别是各大中型农贸市场、酒店、餐馆、国家水产种质资源保护区、天然水域放生区域等进行了渔政执法宣传。通过宣传，使广大农牧民进一步提高了对渔业资源保护的认识，促使其参与保护渔业资源和渔业生态环境自觉性。

3. 规范管理，加大督查和渔业执法力度 为进一步贯彻落实党中央、国务院关于加快推进生态文明建设的决策部署，落实全国渔业渔政工作电视电话会议要求，切实加强高原生态建设，保护水域生态环境，依法保护和合理利用渔业资源，2016年3月份组织相关部门对拉萨市、日喀则市、山南市、林芝市等重点区域开展渔业执法督导检查工作。同时对炸鱼、毒鱼、非法电力捕鱼等现象，土簗子、大钩（快钩、滚钩）、网箔、地笼、须笼等严重损害渔业资源的渔具、捕捞方法及大范围、群体性、普遍性的使用违规渔具捕捞行为进行了严厉打击。对不按《捕捞许可证》规定的时间、水域、渔具、捕捞方法、网目尺寸进行作业的，发现一处、查处一处，决不姑息，为进一步规范渔具使用，保护渔业资源打下了坚实的基础。

4. 存在的问题 近年来，西藏渔业有了一定发展，但总量很小，资源优势也没有得到有效利用，与其他省区相比差距很大，存在的问题也比较突出，主要表现在：一是渔业机构设置严重滞后。目前，全区没有单独的渔业管理机构，也没有水产技术推广机构，全区仅林芝市工布江达县成立了渔政执法大队。渔业工作与畜牧工作、草原工作设在一个处（科）室，人员少，均是兼职。渔业专业技术人才严重缺乏，从水产院校毕业从事渔业管理、科研、生产的专业人员不足10人，典型示范、新技术引进和实用技术推广面临极大的困难。二是执法难度大。西藏地广人稀，县乡之间距离远，执法成本高；各县渔政执法没有人员编制，绝大部分是县兽防站人员兼管，队伍不稳定；财政也未将渔业执法部门经费纳入预算，执法经费不足，渔业执法设备简单，手段落后，执法水平低。一些执法人员对执行程序的重要性认识不够，存在简化或省略执法程序的现象。渔业执法受执法条件的影响，对群众举报的违法事件往往不能在第一时间赶到现场，大大影响了执法效果。

（西藏自治区农牧厅畜牧草原水产处 曹仲华）

陕西省渔业

【概况】 2016年，全省渔业工作以“提质增效、稳量增收、绿色发展、富裕渔民”为目标，以调整产业结构、优化产业布局为主线，以保障水产品安全有效供给和渔民持续较快增收为中心，主动加强渔业供给侧结构性改革，依靠法治推进改革创新，依靠科技促进产业转型升级。2016年完成水产品总产量18.4万吨、渔业经济总产值68.9亿元，分别高出上年度0.8万吨、3.8亿元。

1. 渔业结构调整 扎实推进大水面生态养殖、工厂化循环水养殖、网箱不投饵养殖、稻田养殖、池塘集约化养殖。以龙头企业、健康养殖示范场、休闲渔业示范基地等创建活动和无公害产品认证为载体的规模化、集约化、产业化经营初见成效。基本形成了以水库网箱养殖、山区微流水养殖、稻田养鱼等为重点的特色有机渔业，以沿黄河、渭河、汉江生态渔业产业带为重点的大水面增养殖、池塘高效养殖、网箱养殖商品鱼基地，集垂钓、休闲、餐饮、观光、旅游为一体的休闲渔业，以秦巴山区为中心的大鲵仿生态养殖等区域特色发展格局，渔业转方式调结构成效显著。

2. 基础设施建设 编制《陕西省“十三五”渔业发展规划》《渭南市沿黄公路10万亩现代渔业园区发展规划（2016—2020年）》。落实中央和省级各类项目和资金达到8 500万元，带动地方投资约1.2亿元，重点实施推广体系、资源养护、健康养殖试验示范、老旧池塘改造、新品种引进等基础设施建设。对全省所有市、县（区）渔政站配备了水产品质量快速检测、渔政执法装备，省、市、县三级水产品药物残留检测体系基本形成，支撑保障能力显著提升，渔业基础设施逐步得到改善。

3.水产苗种生产 强化水产苗种生产管理，开展水产苗种场执法检查，杜绝使用违禁药物，严格落实生产记录、用药记录和销售记录等管理制度和苗种生产行政许可制度，2016年全省共产销淡水鱼苗19.08亿尾，良种覆盖率达到60%以上，初步形成以新民国家级家鱼原种场为引领，覆盖陕南、陕北、关中地区水产良种体系，基本能满足本地区苗种供应，为全省渔业发展奠定了坚实的基础。

4.水产品质量安全 制定《2016年陕西省水产品质量安全监督管理工作方案》，印发《陕西省水产品质量安全重点工作安排的意见》，签订《水产品质量安全目标责任书》，有效分解落实水产品质量安全责任。配合农业部完成产地水产品例行抽检80个样品，合格率100%；本省产地水产品例行抽检143个样品，合格率98.6%；各市县产地水产品定性检测总样品4 401多个。扎实开展水产品质量安全专项整治，加大养殖环节投入品监督检查，重点对氯霉素、孔雀石绿、呋喃类等违禁药物进行了专项整治。加大病害测报预报和水生动物重大疫病监测，在28个渔业重点养殖县设置疫病监测点，每月将监测情况通过网络逐级上报农业部，并向社会预报预警，有效防止了疫病的发生和蔓延。开展水产健康养殖示范场创建和无公害产品认证工作。利用“科技之春”“世界水日、中国水周”“食品安全宣传周”等活动，大力开展水产品质量安全宣传活动，全年未发生水产品质量安全事件，水产品质量管理水平稳步推进。

5.渔业生态环境保护 “丹凤武关河珍稀水生动物自然保护区”“周至黑河珍稀水生野生动物自然保护区”2个省级自然保护区晋升国家级通过国务院批准公布，全省已建成水生生物自然保护区10处，其中国家级5处、省级2处、市县级3处，已建成国家级水产种质资源保护区18处，保护区总面积达到1 768.98平方千米。全年累计在黄河、渭河、汉江、丹江和自然保护区及大、中型水库开展水生生物增殖放流经济鱼类1 000余万尾、大鲵和秦岭细鳞鲑4.2万尾。坚决杜绝在保护区内从事一切开发活动，略阳保护区在环保部抽查评估中获得通过。加大资源养护宣传，充分利用报纸、电视、网站、微信及世界水日、水生动物宣传月、农高会等对资源养护工作进行宣传报道。强化重点渔业水域水质监测，全省在天然水域鱼类“三场一通道”和保护区设置72个水质监测点，有效遏制了渔业水域突发事件的发生。向社会发布了2016年度《渔业生态环境状况》和《水产养殖病害监测及防治状况》2个公报。

6.水生生物病害检测防治 继续做好鲤春病毒血症（SVC）和虹鳟病毒病（IHN）监测工作，全年共采集样品27个，有效提升和推动了全省水生动物疫病防控工作。认真开展渔业病害测报、预警工作，在28个渔业重点县（区）设置鱼类病情监测点84个，监测水生动物13种，监测面积3 584公顷，有效地减少了渔业病害的发生。加强和控制渔业疫病和污染事故，对全省渔业发展起到有力地保障作用。现场采集花鲢、白鲢、草鱼、鲤鱼等样品5个，检测水产苗种药物残留情况，检测氯霉素、孔雀石绿、呋喃类等药物残留，截止到2016年年底，抽检水产养殖场（公司）47场次，出具检验报告77份，检测孔雀石绿、氯霉素、硝基呋喃代谢物等指标314个，其中合格指标311个，合格率96%。

7.渔业科技推广 “陕西省盐碱滩涂生态渔业综合开发利用技术研究示范与推广项目”，获得全国农牧渔业丰收奖一等奖。“黄河陕西段世界濒危鱼类兰州鲇自然种群恢复技术研究”获陕西省科学进步二等奖。组织实施“农业部大鲵创新试验”“陕西省无公害水产品养殖技术推广”等10个重点水产技术示范推广项目，引进乌克兰鳞鲤、异育银鲫、福瑞鲤、淞浦镜鲤、长丰鲢和丁桂鱼、黄颡鱼、中华倒刺鲃等11个名特优新品种，实施面积覆盖全省主要养殖区域的80%以上，年增加产量占到全省增产量的70%以上，全省水产养殖技术标准化普及率不低于80%，渔业科技贡献率达60%，水产良种覆盖率80%。

8.渔政管理 扎实开展了清理整治“绝户网”等违规渔具、涉渔“三无”船舶、禁渔休渔期等专项执法行动，举办渔政执法资格培训班。统一开展执法检查行动520余次，查获并没收电捕鱼工具420余台（套）、违规网具2 100余件、网具长度达到3万多米，立案调查毒鱼案32件、炸鱼案件18件，办结违法捕鱼行政处罚案件60余人次，刑事处罚10人，没收“三无”船舶12艘，没收违法捕捞渔获物5 000多千克；2个县级渔政部门创建国家“渔业文明执法窗口”单位通过农业部审查。落实黄河铁路特大桥电气化改造工程和西成铁路建设穿越自然保护区生态补偿资金共491万元，执法程序进一步规范，执法装备不断改善，执法能力和水平显著提升。

9.渔业船舶检验 有条不紊推进陕西省内陆渔船证书“三证合一”工作。向新设立的陕西渔业船舶检验局宝鸡、榆林检验处和靖边检验站授发渔船检验业务印章、检验签证章。对安康、汉中、宝鸡、渭南、商洛等市渔船比较集中的县区渔船安全生产和12米以下渔船检验、登记、发证工作进行督查检查，完成了全省12米以上渔船整编和12米以下渔船规范化管理工作。制定了《陕西省渔业船舶油价补贴政策调整总体方案》,对国家机动渔船油价补贴资金按照要求进行了调整衔接。组织开展了渔船安全生产大检查和隐患排查工作,渔船检验管理进一步规范化,渔业安全生产工作稳步推进,全年未发生安全事故。

10.存在问题 养殖品种相对单一,结构不合理,一二三产发展不平衡。水域资源利用率不足,科技支撑还不能完全适应当前渔业发展需要。存在知识老化、人才断层、市县渔政站(推广站)专业技术人员比例不到5%的客观情况。

【重点渔业市(县)基本情况】

陕西省重点渔业地区基本情况

地区	渔业产值(万元)	水产品产量(吨)	其中		养殖面积(公顷)
			捕捞	养殖	
汉中市	269 925.36	40 805	1 215	39 590	7 749
安康市	201 204.3	46 116	4 871	41 245	14 522
渭南市	73 954.7	46 551	456	46 095	5 988
西安市	65 964	14 106	0	14 106	1 505
咸阳市	12 019	9 902	0	9 902	2 092

【大事记】

[1]5月22日,环境保护部、国土资源部、水利部、农业部、国家林业局、中国科学院、国家海洋局七部门在北京人民大会堂联合召开的国际生物多样性日暨中国自然保护区发展60周年大会上,陕西省渔业局受到通报表扬。

[2]6月份,按照农业部、财政部《关于调整国内渔业捕捞和养殖业油价补贴政策促进渔业持续健康发展的通知》精神,为了加快现代渔业建设,使渔业船舶油价补贴政策与渔业产业相关政策更加协调,印发了《陕西省渔船油价补贴政策调整实施方案》。

[3]7月18~25日,组成考察队深入陕西丹凤武关河珍稀水生动物国家级自然保护区进行了为期8天的考察。初步掌握了保护区水生动物种类、数量、分布、生活习性等基本数据。并初步查明保护区哺乳类3种、两栖类6种、鱼类13种、甲壳类2种。同时,对保护区的水生生态环境情况、保护区人为干扰情况进行了考察,为保护区后期的发展及其实施保护措施提供了第一手资料。

[4]7月中下旬,国家大宗淡水鱼类产业技术体系西安综合试验站人员陪同体系岗位科学家吕利群教授,对陕西省六盘山区的两个贫困县进行了深入调研,促进渔业精准扶贫工作落地。

[5]7月19~21日,举办全省渔船"三证合一"系统操作培训班,进一步提高渔业船舶管理规范化、信息化水平,更好地为渔民群众和渔业可持续发展服务。

[6]8月2~5日,省渔业局举办全省无公害水产品检查员培训班,分析研判当前省内无公害水产品质量安全监管形势,培训无公害水产品质量安全方面的有关政策、法律、法规,明确当前及今后一段时间无公害水产品质量监管工作重点,提出做好水产品质量安全监管的要求,全省各市县渔政主管部门、厅直渔业单位130余人参加培训。

[7]9月23日,陕西省渔业发展水利风景区建设现场会在宝鸡市眉县召开,与会人员一行参观了眉县省苗木繁育中心水产养殖场、第五村渔场、霸渭关中文化国家水利风景区和岐山县岐渭国家水利风景区观摩点,实地了解渔业发展水利风景区建设管理情况。

[8]10月31日至11月2日,陕西省渔业局在杨凌示范区水利干部培训中心举办2016年全省渔业行政执法资格培训班,来自部分市、县分管渔业渔政的负责人,以及全省各级渔政机构的一线渔政人员共计196名学员参加。

[9]12月2日,由省水利厅主办、省水产总站承办的"第二届全国水产技术推广职业技能大赛陕西省选拔赛"在省水利培训中心和西北农林科技大学动物科技学院成功举办。这次竞赛全省共有10个市的水产技术推广机构、3个厅直渔业单位组成13个代表队,48名队员参加竞赛。竞赛考核内容包括理论知识和实操技能两部分。

[10]12月21日,农业部专家组一行人来到黄柏塬保护站、核桃坪监测站、大箭沟监测站对太白湑水河保护区工作进行了考核评估。

[11]科学制定了《陕西省“十三五”渔业发展规划》《陕西省渭南市沿黄公路10万亩现代渔业园区发展规划（2016—2020年）》和《韩城黄河万亩生态渔业园区规划》。

[12]连续第16年向社会发布《渔业生态环境状况》和《水产养殖病害监测及防治状况》2个公报。

[13]研发的“一种小型动物性活体饵料集约化生产培育缸”工艺技术成果获得国家实用新型专利。“陕西省盐碱滩涂生态渔业综合开发利用技术研究示范与推广”项目获全国2014—2016农牧渔业丰收成果奖一等奖、陕西省农业技术推广成果奖一等奖。“黄河陕西段世界濒危鱼类兰州鲇自然种群恢复技术研究”项目获陕西省2016年科技进步二等奖。

[14]全年累计在黄河、渭河、汉江、丹江和自然保护区及大、中型水库开展水生生物增殖放流经济鱼类1 000余万尾、大鲵和秦岭细鳞鲑4.2万尾，其中6月6日“放鱼日”活动当天，西安、渭南、汉中、安康、商洛等市县同步开展放流活动，放流鱼类320万尾。

[15]按照陕西省七厅局联合印发的《陕西省畜禽水产品抗生素、禁用化合物及兽药残留超标专项整治行动方案》要求，加大养殖环节投入品监督检查，重点对氯霉素、孔雀石绿、呋喃类等违禁药物等进行了专项整治。

[16]合阳县润豪水产养殖有限公司利用合阳县得天独厚的生态环境和水利资源建成大鲵仿生态繁育设施，成功孵化幼鲵300余尾，填补了大鲵在黄河流域人工繁育的历史空白。

（陕西省渔业局）

甘肃省渔业

【概况】 2016年，甘肃省渔业系统认真贯彻落实全国渔业渔政工作会议、全国休闲渔业现场会和省政府办公厅《关于进一步加快现代渔业发展的意见》精神，牢固树立创新、协调、绿色、开放、共享发展新理念，以加快推进渔业转方式调结构为主线，以渔民增收、提质增效、绿色发展为目标，加快推进渔业转型升级，努力提升水产品安全供给能力、水生生物资源养护能力、渔业科技创新能力和依法治渔能力，加快形成现代渔业发展新格局。全省养殖水面1.34万公顷，与上年基本持平；水产品总产量1.51万吨，同比增长3%，渔业产值2.32亿元，渔业经济持续健康发展。

1. 水产养殖 一是苗种生产投放稳定。全省苗种投放1.6亿尾，其中常规经济鱼类苗种投放1.4亿尾，鲑鳟鱼苗种投放2 000万尾，新引进品种云斑鮰40万尾；全省自繁鲑鳟鱼苗种约1 120万尾。二是特色养殖继续推进。鲑鳟鱼养殖34公顷，鲟鱼养殖400公顷，网箱养殖30公顷，大鲵存塘20多万尾，休闲渔业700多家，经营面积达到1 700多公顷，创建全国休闲渔业示范基地13个。利用沿黄灌区近7 000公顷盐碱弃耕地，编制渔业发展规划，发展鱼菜综合立体养殖、设施养殖等现代渔业。编制发布了《甘肃省“十三五”渔业发展规划》和《甘肃省“十三五”特色渔业发展规划》。

2. 技术推广 一是依托大宗淡水鱼产业技术体系优势，积极与体系专家、其他试验站和各示范县区对接，引进草、鲢、鳙鱼优质夏花鱼苗292万尾、水花4 100万尾，云斑鮰40万尾；自繁福瑞鲤水花1 100万尾、锦鲤鱼苗5万尾。二是开展鱼菜共生技术示范推广，在8个市（州）40多个示范点的200多公顷大宗淡水鱼养殖池塘水面，种植空心菜、油白菜、草莓、莲藕等蔬菜、水果，开展鱼菜共生生态养殖模式试点示范，种植蔬菜面积约67公顷。三是以病害综合防控技术集成示范、渔业水质综合调控技术集成示范生物浮床、生物絮团和微生态制剂水质调控技术为主，开展新技术试验示范推广。2016年水生动物防疫检疫中心实验室通过了检验检测机构的再次资质认证。四是积极开展科技培训，组织举办全省特色渔业养殖技术培训班、新品种养殖技术培训班、网箱养殖技术培训班等6期，培训养殖技术人员400余人。

3. 良种体系 一是印发了《甘肃省水产原良种场苗种生产经营“双随机”监管实施方案》，对省内水产原良种场苗种生产审批后续监管，从源头上确保水产品质量安全。二是临夏国家级鲑鳟鱼良种场积极调整鲑鳟鱼种质生产结构，开展虹鳟、金鳟多倍体制种研究和全雌育种研究，提升全雌虹鳟、三倍体虹鳟的制种能力。三是根据《水产苗种管理办法》，依法加强对水产苗种的选育、培育、生产、经营的规范化管理，组织各市（州）对辖区内的苗种场的亲本和稚、幼体进行监督检查，对调运的苗种实行检疫，提高了苗种质量。四是不断加强水产良繁体系建设，提升优质水产种苗供应能力。新创建了2个省级水产良种场，截止到2016年底，全省共有水产原良种场24家。向农业部申报创建重口裂腹鱼种质资源场，已通过农业部初审。刘家峡水库鲑鳟鱼良种场项目顺利完成验收，甘肃省兰州鲶保种场建设项目按计划建设中。

4. 质量安全 一是扎实开展专项整治。制定印发了《2016年甘肃省水产品违法禁用药物专项整治工作方案》，安排了专项治理的具体事宜。全年累计出动执法人员2 600余人次，检查水产养殖企业和个人

132家、水产苗种生产企业8家、渔药销售门市部56家，没收过期渔药70多千克，禁用渔药30多瓶。二是认真开展产地水产品抽检。印发《2016年全省产地水产品质量安全监督抽查计划》，全年共开展5次产地质量安全抽检，采集样品95个，抽检合格率保持100%，有力保障了首届丝绸之路（敦煌）国际文化博览会期间水产品安全供给。三是积极推进水产健康养殖。对2015年全省新创建成功的13家农业部水产健康养殖示范场制作铜牌，实行公开挂牌，接受社会监督，新创建17家第十一批农业部水产健康养殖示范场。在全省选择10家养殖场实施渔业标准化健康养殖项目，对养殖池塘和网箱进行了标准化改造，加强渔业健康养殖技术示范推广。

5.渔政执法 印发了《关于在全省自然水域继续禁渔的通知》，正式启动了全省自然水域又一次五年全面禁渔行动。组织全省14个市（州）开展渔业行政执法交叉督查，会同青海、四川3省开展了黄河上游渔业联合执法及交叉督查检查。开展水生生物省级自然保护区专项执法检查，取缔关停了非法开发建设项目。全省累计开展渔业执法检查105次，出动渔政检查人员412人次，没收各类非法捕捞网具345件，没收放归野生鱼类8 570余尾，教育处罚非法捕捞人员76人次，罚款1.4万元。先后举办了全省渔政执法人员培训班3期培训班，累计培训执法人员160余人次。

6.生产安全 印发了《加强2016年元旦春节期间渔业安全生产工作的紧急通知》《关于加强“五一”节日期间和汛期渔业安全生产工作的通知》和《关于做好两节期间和秋冬季渔业安全生产工作的通知》，每个季度由分管副厅长带领厅渔业处、省渔政管理总站执法人员赴临夏、河西、陇南等地检查渔业安全生产工作，全年没有重大安全生产事故发生。狠抓重点地域专项整治，组织渔政管理机构深入刘家峡水库、汉坪嘴水库、九甸峡水库进行渔业安全生产执法检查工作，重点检查整治养殖用船及其附属船舶，渔业船舶船用设施设备及救生、消防设备配备状况，存在安全隐患的老旧渔船和装备淘汰更新状况，渔业安全生产管理机构建设情况，渔业船舶船体质量状况及渔政执法船（艇）检验状况和船体质量状况等。

7.生态安全 组织开展了渔业重要水域生态环境监测，完成黄河刘家峡段花斑裸鲤、兰州鲶产卵索饵场，黄河刘家峡兰州鲶国家级水产种质资源保护区和黄河上游特有鱼类国家级水产种质资源保护区常规监测任务。组织专家对甘南藏族自治州公路工程、齐哈玛黄河大桥工程等8个工程对甘肃省国家级水产种质资源保护区影响专题论证报告进行评审，签订渔业生态补偿资金334.91万元，落实兰渝铁路生态补偿资金980万元。督促各自然保护区做好日常巡查监管和保护区设施维护工作，并配合省环保厅完成康县大鲵和玛曲青藏高原土著鱼类两个省级自然保护范围和功能区划调整。成功申报黄河白银区段为第十批国家级水产种质资源保护区。

8.主要问题 根据对永登、永昌、临泽三县45个送样检测结果表明，虹鳟鱼传染性造血器官坏死病（IHN）依然存在，永昌、永登投苗死亡率依然很高，疫情依然十分严重。除上述三县外，疫情未蔓延到其他养殖区。

【重点渔业市（州）基本情况】

甘肃省渔业重点市（州）基本情况

市（县、区）	总人口（万人）	水产品总产值（万元）	水产品总产量（吨）	其中		养殖面积（公顷）
				捕捞	养殖	
张掖市	131	2 380	2 545		2 545	2 000
酒泉市	110	47 52.2	1 949		1 949	2 765
白银市	180	2 411.2	1 731		1 731	185
临夏回族自治州	215	3 053.2	2 131		2 131	6 752
陇南市	285	2 203.2	1 224		1 224	2 100

【大事记】

[1]3月4日，甘肃省农牧厅印发《关于2016年渔业渔政工作安排的意见》。

[2]3月15～16日，甘肃省渔政管理总站在白水江汉坪咀水库举行了长江水系甘肃段增殖放流暨长江流域禁渔期制度宣传活动，省市县三级渔业主管部门负责人和群众代表、水产养殖企业和养殖户代表共40多人参加了上述活动，文县公证处进行了现场公正。

[3]3月28日，全省渔业技术推广工作会议在兰

州召开。省农牧厅渔业处负责人参加会议并讲话，全省各市（州）、县区渔业技术推广站100名代表参加了会议。

［4］3月29日，甘肃省农牧厅印发《关于在全省自然水域继续禁渔的通知》。

［5］4月19日，甘肃省渔业渔政工作会议在平凉市召开。省农牧厅党组成员、副厅长妥建福，全省各市（州）农牧、畜牧、渔业局分管渔业的局长、水产渔政站长，渔业重点县水产渔政站站长以及厅属有关单位主要负责人共80多人出席了会议。平凉市副市长李生发列席了会议。

［6］5月25日，甘肃省禁渔同步执法行动暨鱼类增殖放流活动在两当县举行，省农牧厅党组成员、副厅长妥建福、陇南市政府副市长张庆宏出席活动，全省14个市（州）渔业行政主管部门及渔政机构执法人员，当地群众、小学生代表共200多人参加了活动。

［7］5月25日，甘肃省渔政管理总站在两当县组织召开了全省渔政站长座谈会。14个市（州）渔政机构负责人和相关县（区）渔政机构负责人参加了会议。

［8］6月6日，由甘肃省农牧厅、兰州市人民政府、甘肃省电力投资集团公司共同主办的全国“放鱼日”甘肃同步增殖放流活动在黄河兰州段亲水平台举行。省农牧厅党组书记、厅长康国玺，省农牧厅党组成员、副厅长妥建福，省农牧厅党组成员、省兽医局局长周邦贵，兰州市人大副主任毛仁，兰州市人民政府副秘书长颜烨鲁，甘肃省电力投资集团公司副总经理刘晓黎出席了活动仪式。

［9］7月，定西市渔政管理站站长王晓琴荣获全国2016打击野生动植物非法贸易卫士行动“优秀卫士奖”。

［10］7月25日，由农业部渔业渔政管理局、甘肃省农牧厅、青海省农牧厅、四川省水产局共同举办的黄河青海、四川、甘肃段渔业行政联合执法及交叉督察活动启动仪式在兰州黄河清水平台举行。农业部渔业渔政管理局副局长刘新中、甘肃省农牧厅副厅长妥建福、青海省农牧厅副厅长巩爱岐、四川省水产局副局长孟庆刚、甘肃省农牧厅副巡视员马占颖参加活动仪式。

［11］8月12日，由甘肃省渔政管理总站主办、酒泉市渔业局承办的全省禁渔执法培训班在酒泉市举办，全省14个市（州）20多个县区的48名渔政执法人员参加了培训。

［12］8月13日，甘肃省鲟鱼养殖及鱼病防治技术培训班在张掖举行。来自全省渔业推广体系及养殖场（户）的技术骨干100多人参加了培训。

［13］8月24～26日，由甘肃省渔政管理总站主办、临夏回族自治州渔政监督管理站承办的“2016年度全省渔业安全生产培训班暨渔业水上事故救助演练活动”在刘家峡成功举办。甘肃省农牧厅党组成员、副厅长妥建福、临夏回族自治州政府副州长王建华出席活动。全省14个市（州）及渔业重点县的渔政机构负责人和渔政人员、养殖企业代表共70余人参加了培训和演练活动。

［14］10月12日，由省农牧厅、陇南市人民政府联合主办，省渔业水域环境保护管理站、陇南市农牧局、康县人民政府承办的甘肃省康县大鲵增殖放流活动在康县梅园举办。省农牧厅党组成员、副厅长妥建福出席活动并讲话，陇南市政府副市长张庆宏出席活动。省市县三级渔业机构人员及群众、学生代表等共120余人参与见证了本次放流活动。

［15］11月2日，甘肃省农牧厅印发《甘肃省“十三五”渔业发展规划》。

［16］11月9～11日，省渔政管理总站在刘家峡召开全省渔业船舶检验工作会议暨举办全省渔业船舶检验人员培训班。全省9个市（州）渔政机构、省刘家峡水库渔政管理站负责人和临夏、酒泉、陇南3个区域检验处负责人及24名渔业船舶检验人员参加了会议和培训。

［17］11月14日，甘肃省农牧厅印发《甘肃省“十三五”特色渔业发展规划》。

（甘肃省农牧厅渔业处　李　琦）

青海省渔业

【概况】 青海渔业水域资源主要包括天然湖泊和大小水库，水体总面积1 313 990公顷，有鱼水面约1 259 296公顷。由于天然湖泊均处在高海拔地区，气候寒冷，生物稀少，鱼产力低，现处于禁捕封育状态，大多不具备养殖和捕捞条件。目前渔业仅限于养殖渔业，可供养殖利用的水面主要是各型水库和兴修水利工程、治黄、人工开挖形成的池塘等，面积为42 901.44公顷，其中天然湖泊4 202.1公顷，水库38 285.8公顷，池塘413.54公顷。除天然湖泊位于海西蒙古族藏族自治州外，用于养殖的各型水库和池塘集中在黄河流域龙羊峡至积石峡段和东部农业区，其中各型水库中可供冷水鱼网箱养殖的面积约120公顷。

1.养殖渔业 青海省渔业经济总量虽小，但具有独特的优势条件，蕴藏着巨大的发展潜力，境内黄河流域建立梯级电站形成的水库常年不结冰并且水量充沛，最适宜冷水鱼养殖。现已建成的10座梯级水库的理论测算，各梯级水库大坝间隔30千米以上水体有足够的自净功能,完全开发进行冷水鱼网箱养殖的面积120公顷左右。目前在严格保护好现有湖泊土著鱼类资源的基础上,充分利用黄河流域渔业水域资源,大力发展冷水鱼网箱养殖,高起点建设,严标准生产,以虹鳟鱼和白鲑鱼为主推品种,抗风浪深水网箱为主推技术,依靠大型龙头企业带动,强化科技支撑和品牌意识,努力打造青海现代渔业,已初步形成以龙羊峡养殖渔业为中心辐射沿黄各县的冷水鱼现代渔业产业带,养殖渔业均呈现出较好的发展势头。特别是冷水鱼网箱养殖仍然保持较快的发展势头,增长幅度较大,2016年大宗水产品鲑鳟鱼(三文鱼)、池沼公鱼和河蟹等产量达到12 000吨,比上年的10 579吨增加1 421吨,增长13.4%。产值达到5.286亿元,纯收入达到9 202万元,比上年新增1 335.6万元。鲑鳟鱼产量可达10 000吨,增长2 400吨,比上年增长31.5%。池沼公鱼因为处于产量低谷期,全年可捕产量1 700吨,比上年减少780吨,减少31%。河蟹产量150吨,比上年增加10吨,增长7%。鲤科鱼类因养殖成本高、利润低,各类经营实体逐步开始调减养殖数量,产量150吨,比上年减少98吨,减少40%。全年共繁育鲑鳟鱼苗种620万尾。新增网箱面积45 396平方米,比上年增长20.6%。

2.渔业资源保护 狠抓宣传,组织人员采取上门入户、口头宣讲、发放宣传资料、张贴通告、召开座谈会、签订责任书等方式向群众宣传渔业法律法规。发放宣传材料1 000份、张贴通告120张,并在省会城市西宁中心广场组织环保志愿者120人参加开展"2016年水生野生动物保护科普宣传月活动启动仪式",引导动员社会各界力量参与青海渔业资源保护、维护青海渔业水域生态安全,推进了青海渔业资源生态可持续健康发展。全年共出动车辆383辆(次)、1 880人次,蹲点守候92次,检查农贸市场50个(次),检查茶园、餐馆400余家(次)。办理各类案件25起,其中刑事案件9起,涉案人员18人,治安案件4起,涉案人员4人,行政案件12起,抓获违法涉案人员39人,没收渔获物2 053千克,罚款68 400元,没收冲锋舟5艘,暂扣摩托车4辆,汽车9辆,接听举报电话186起。渔业资源保护稳定向好,全省范围内没有发生大的违法案件。据统计增殖放流各类土著鱼类1 216万尾,其中放流青海湖裸鲤1 100万尾、花斑裸鲤111万尾、齐口裂腹鱼5万尾,重点渔业资源保护性恢复速度依然保持较快增长。

3.转方式调结构 青海省渔业在做好重点渔业资源保护的同时,积极发展养殖渔业,特别是冷水鱼养殖方面通过不断调整产业结构,消化吸收了一批国内外先进技术和养殖经验,以虹鳟鱼和白鲑鱼为主推品种,抗风浪深水网箱为主推技术,依靠大型龙头企业带动,强化科技支撑和品牌意识,努力打造青海现代渔业,已初步形成以龙羊峡为中心辐射沿黄各县的冷水鱼现代渔业产业带,标准化深水大型网箱面积已占到总面积的68.5%。

4.继续开展全国无规定疫病苗种场试点建设 一是编制完成"鲑鳟鱼类无规定疫病苗种场管理规程",与相关水产站与两个试点苗种场签订协议书,强化责任与分工,加大对种苗产地检疫力度和引进水产苗种管理,严格苗种引进检疫备案登记制度,对苗种的输入和输出实行严格的动态监管。先后对两个苗种场从国外引进的三倍体虹鳟发眼卵进行33批次疫病检测,其中IHN(传染性造血器官坏死病)自检10个批次,向深圳出入境检验检疫局送检IHN和IPN(传染性胰脏坏死病)23个批次,检测结果均为阴性,出具鲑鳟鱼苗种动物检疫合格证明33份。二是继续实施全国水生动物疫病监测计划,先后对我省主要渔区35家养殖场鲑鳟鱼通过自检和送检,进行了154个批次IHN、IPN疫病检测,并出具相应检测报告。同时开展了4个批次的虹鳟鱼细菌检测工作,进一步加大了疫病监测范围,强化了鲑鳟鱼疫病防控,截至目前没有发生大的疫情。良种供应体系基本完善,三倍体虹鳟等良种覆盖率达到95%以上。三是自动投饵机、自动洗网机、网络在线监控、水质在线检测等现代渔业设施使用规模不断扩大;绿色产品优质高能环保饲料应用率已达到95%,冷水鱼养殖均取得了较好的成绩。

5.继续强化对长江、黄河、澜沧江三江源区、青海湖流域等重点水域渔业环境监测工作 全年渔业环境监测工作共设置监测点85个,水质监(检)测项目共17项、水生生物监测5项,完成各类监测报告109期。同时,为促进沿黄网箱稳定健康,开展了鲑鳟鱼养殖水体健康状况评估,重点对沿黄各水库6家养殖场进行网箱养殖水域环境监测,进行养殖水体环境健康状况评估,共设监测断面23个,年度开展2次监测,检测水质指标5项,监测结果整体水质状况良好。并指导网箱养殖场做好养殖环境保护工作,以生态保护优先理念协调推进沿黄冷水鱼养殖产业可持续发展。

6.积极开展水产品质量安全监管工作 年内组织渔政、渔业环境监测等部门对全省水产苗种生产单位和养殖场进行督促检查,进一步完善了各养殖场和苗种生产单位水产品质量安全生产规范和组织开展养殖企业绿色食品、ASC、质量管理体系等相关认证。目前,已有2家网箱养殖场(企业)获得青海省著名商标和省级农牧业产业化龙头企业称号,1家通过ISO9001

和 HACCP 认证,12 家养殖场通过绿色食品认证,22 家注册了产品商标。同时,充分发挥在沿黄网箱养殖区设立的测报点在苗种质量、环境监测、疫病防控、投入品监管、产品质量等方面的监控作用,强化对各养殖场水产品质量安全监管。并对沿黄共和、尖扎、化隆、循化、贵德 5 县 14 家养殖场进行了 133 个批次鲑鳟鱼商品鱼硝基呋喃类、孔雀石绿、氯霉素、沙星类等 7 个渔药残留项目检测,检出率为零,合格率均为 100%,在农业部组织的产地质量安全抽查中被抽查的企业和样品全部达标。

7. 继续推进水产健康养殖示范场创建活动 根据农业部的统一部署,结合本省实际制订了创建标准和规范,在全省范围内继续组织开展水产健康养殖示范场创建活动,积极倡导养殖企业开展绿色食品、ASC、质量管理体系等相关认证,目前已有 2 家网箱养殖场(企业)获得青海省著名商标和省级农牧业产业化龙头企业称号,1 家通过 ISO9001 和 HACCP 认证,12 家养殖场通过绿色食品认证,22 家注册了产品商标,5 家正在积极办理之中。同时,积极推进国家鲑鳟鱼网箱养殖综合标准化示范区的建设,示范推广大型网箱标准化养殖技术,并通过了由质量技术监督部门组织的《国家鲑鳟鱼网箱养殖综合标准化示范区》项目整体验收。

8. 继续加强科技推广和技术培训 充分利用 4 个工作平台,不断强化技术推广服务。一是利用渔业技术推广网、12316 热线电话、渔业产业科技创新微信群等信息服务平台,为基层推广人员和养殖户及时提供现代渔业最新技术、实用技术和市场流通信息。二是利用鲑鳟鱼网箱养殖示范实训基地,提供养殖技术培训平台。全年共举办鱼病防治、鲑鳟鱼加工、青海三文鱼共同品牌及电子商务营销等内容的培训班 5 期,共培训 250 余人次,轮训 10 批次水产站和养殖场技术人员 40 余人次。三是利用冷水鱼养殖科技创新平台,组织开展产业调研、技术咨询、现场观摩、专家会诊、现场培训等服务工作,指导开展主导品种和主推技术的推广应用,以及水产品加工、保鲜、藏储技术的引进研发与示范推广,帮助解决养殖场生产管理中的实际问题。四是利用省高原水生生物及生态环境试验室科技支撑平台,加强鲑鳟鱼养殖疫病防控,持续推进生物安全管理,开展全国无规定疫病苗种场试点建设,实施全国水生动物疫病监测计划,重点开展 IHN 疫病监(检)测,深入开展水产养殖病害测报,有效防控病情,截至目前没有发生疫情。

9. 积极推进渔业船舶"三证合一改革" 根据农业部的统一部署,在全省范围内启动实施内陆渔业船舶证书"三证合一"改革。年初在充分调研和与部渔业局汇报沟通的基础上,结合本省实际认真制订了《青海省渔业船舶证书发放工作方案》,确定了"以农业部内陆渔业船舶证书'三证合一改革'契机,通过新证书发放,逐步建立健全符合青海省实际的渔业船舶管理制度,与全国内陆渔船管理系统相融合,全面提升全省渔业船舶管理规范化和信息化水平"的总体思路。6 月中旬对各地管理人员进行了系统培训,并详细确定了推进时间表和工作内容。截止到年底已录入 1 306 余条渔船信息,约占全省渔用船舶的 97%,基本完成渔船信息录入和新证发放工作并全面实现信息化管理。

10. 积极开展全省水上野生动物保护和渔业生态资源保护工作 2016 年,在农业部领导的重视和支持下,青海、甘肃、四川三省渔政部门在兰州黄河清水平台举行"黄河青海、四川、甘肃段渔业行政联合执法及交叉督察活动启动仪式",农业部渔业渔政管理局副局长刘新中参加了启动仪式并做了重要讲话。三省渔政部门从 7 月 25～31 日,组织人员 120 人,出动执法车、船 12 台(艘),行程 3 300 多公里对青海、甘肃、四川黄河段开展了拉网式的检查,联合执法中悬挂横幅 23 条、散发宣传资料 1 000 份,开展大型执法宣传活动 8 次,与三省黄河流域相关部门座谈 4 次,初步建立健全黄河流域渔业资源保护联合执法的长效机制。

11. 积极申请农业部加大对青海渔业的扶持力度 继续加大向农业部汇报沟通力度,利用赴农业部渔业渔政管理局汇报工作和各种会议的机会汇报青海渔业发展思路、取得的成绩、面临的困难和问题,同时积极邀请部局领导来青海实地检查指导工作。2016 年共承接部局安排的各类会议 5 次,部局及相关部门领导 10 余人次赴青海渔区检查指导工作。通过汇报沟通使部局对青海渔业发展和渔业资源保护现状及特点有了充分了解,对青海渔业发展和资源保护在工作指导和资金扶持上都给予了大力支持。部局已投入青海渔业财政扶持资金 982 万元,其中渔业资源保护资金由上年的 480 万元增加到 586 万元,比上年增长 18%。

12. 存在问题

(1)基层服务推广体系建设薄弱。基层水产站在设施条件、技术力量和服务手段等方面严重滞后,与现代渔业发展和目前养殖场的实际需求还有较大差距,基层水产站能力建设亟待提高。

(2)鲑鳟鱼产品加工和冷链物流仍是短板。目前青海水产品加工水平处于初级阶段,加工工艺落后,规模小,形式单一,与高端市场有较大差距,还没有建立完整高效对接的冷链物流体系。

(3)鲑鳟鱼生产品质和品牌建设亟待加强。大多数鲑鳟鱼养殖场都意识到品牌的重要性,但由于产品品质参差不齐,价格因销售渠道不同相差很大,缺乏统一的销售平台,没有发挥出应有的品牌效益,不利于青海鲑鳟鱼产品的品质保证、销售声誉和品牌效益。

(4)急需解决在发展生态养殖综合立体模式和池塘改造修复、网箱养殖中排污减排残留物处理等困难。

【重点渔业市(县、区)基本情况】

青海省渔业重点市(县、区)基本情况

市(县、区)	总人口(万人)	渔业产值(万元)	水产品总产量(吨)	其中		养殖面积(公顷)
				内陆捕捞	内陆养殖	
共和县	13.4	44 257.04	10 047		10 047	26 667
贵德县	11	1 762	400		400	649
化隆县	23	2 643	600		600	4 000
循化县	13.5	1 762	400		400	1 689
尖扎县	5.8	1 762	400		400	3 138

【大事记】

[1]1 月 15 日,省农牧厅副厅长巩爱岐带领厅工会、渔业局的负责人到青海湖水上公安派出所看望慰问奋战在封湖育鱼一线的渔政、水上公安执法人员。

[2]2 月 26 日,省农牧厅副厅长巩爱岐及省渔业局、省渔政管理总站等 20 人,在厅信息中心视频会议室参加了全国渔业安全生产工作视频会议。

[3]3 月 28～30 日,青海省农牧厅副巡视员李伟、渔业局局长王海赴京参加全国渔业渔政工作会议。

[4]5 月 16～18 日,2016 年度全省渔业统计培训班在西宁举办,青海省渔业局局长王海出席并讲话。共有 40 人接受了青海省渔业统计规范、青海省农牧(渔业)经济运行监测系统操作等内容的培训。

[5]6 月 15～17 日,全省渔业船舶"三证合一"管理系统培训班在西宁举办,青海省渔业局局长王海出席并讲话。共有 25 人参加了培训。

[6]7 月 6 日,省农牧厅与海北藏族自治州委、州政府在刚察县沙柳河畔共同举办 2016·青海湖裸鲤增殖放流暨观鱼放生节活动,省农牧厅副厅长巩爱岐参加活动并致辞。

[7]8 月 1～7 日,中国水产科学研究院长江水产研究所危起伟研究员一行 8 人赴青进行青海湖裸鲤资源调查与现场评估工作。

[8]8 月 19 日,农业部副部长于康震、渔业渔政管理局局长张显良等一行 3 人在青海省人民政府严金海副省长、张文华副秘书长、省农牧厅张黄元厅长、副厅长巩爱岐的陪同下,考察了青海省化隆县海林水产养殖合作社、青海省渔业环境监测站和青海湖裸鲤救护中心。

[9]10 月 27～29 日,全国休闲渔业现场会在福建省厦门市召开,青海省农牧厅厅长张黄元带队参加会议。

(青海省渔业局)

宁夏回族自治区渔业

【概况】 2016 年,宁夏渔业紧紧围绕现代生态渔业发展目标,坚持以渔业增效、渔农增收为核心,以转方式调结构为主线,按照生态优先、可持续发展的原则,大力推动渔业发展方式转变,切实加强渔业资源和生态环境保护,渔业经济保持了持续健康发展的良好态势。全区水产品产量 17.46 万吨,比上年增长 2.9%;水产养殖面积 4 750 公顷,比上年增长 1.5%;从渔农民年均纯收入达到 11 118.9 元,比上年增长 7.3%。全区人均水产品占有量达 26.2 千克,居西北地区首位。

1.渔业结构调整成效显著 2016 年,宁夏渔业加快"转方式、调结构"推进步伐,养殖效益稳步提升。一是大力发展南美白对虾等设施养殖,全区南美白对虾等设施温棚养殖面积 20 万平方米。二是开展池塘低碳高效循环流水养殖示范,全区示范企业已达 9 家,单体循环流水池(110 平方米)产量达到 15 000 千克以上。三是示范推广福瑞鲤高效养殖、异育银鲫"中科 3 号"池塘主养等技术,配套应用底排污、微孔增氧等技术,池塘单产 1 500 千克以上,效益 3 000 元以上,实现了主导品种养殖产量、效益双倍增。

2. 生态渔业扎实推进 2016年，宁夏大力推进"以鱼净水"，打造了腾格里湖等生态渔业养殖区；集中开展鲈鱼、黄河甲鱼等名优新品种大水面生态养殖及湖泊湿地水域环境生态保护修复技术3.3千公顷；将稻渔工程和休闲观光相结合，高标准打造了青铜峡、贺兰2个稻渔立体综合种养样板基地，示范推广"稻蟹""稻鱼""稻虾""稻鳅""稻螺""稻鸭"等种养模式。

3. 休闲渔业蓬勃发展 2016年，宁夏渔业顺应城乡居民不断增长的休闲娱乐需求和现代渔业发展趋势，全面推进涉渔一、二、三产业融合发展暨产业转型升级，全区休闲渔业蓬勃发展。银川市坚持生态环境优先，因地制宜扶持发展了一批优质休闲渔业场点，起到了显著的辐射带动作用。吴忠市坚持特色鲜明建设标准和体现乡村本土文化内涵要求，打造了黄河金岸互动带和苦水河沿线休闲渔业带。截止到2016年年底，全区创建全国休闲渔业示范基地12家。在2016年10月下旬举办的第九届中国（厦门）国际休闲渔业博览会上，宁夏获"最佳展台设计奖"。

4. 渔业信息化建设加强 2016年，宁夏进一步加强渔业信息化建设，在贺兰等渔业重点县建设渔业信息化养殖基地15个，配套养殖池塘底排污、微孔高效增氧、水质智能监控等设施，开展了集物联网智能养殖、渔业水质安全、水产品质量安全、鱼病远程诊断、市场销售公共信息服务等多种功能于一体的"互联网+渔业"试点。

5. 渔业安全形势良好 2016年，宁夏继续抓好渔业生产安全和水产品质量安全。一是多渠道、多方式开展渔业安全宣传教育和检查，提高全社会安全意识，全区没有发生渔业安全生产事故，渔业安全形势持续良好。二是坚持产管结合，继续开展水产养殖全程监管。全面落实养殖户主体责任和属地管理部门监管责任，加强养殖投入品、水产苗种监管，检疫、鉴评外调水产苗种和本地生产苗种122批次，15个品种，11.89亿尾，合格率100%；全国产地水产品例行抽检宁夏65批次，合格率100%。三是强化水生动物疫病防控，全区设立监测点30个，对主要养殖品种及重点养殖水面的疫病测报与防控点实行直报制度。

6. 渔业资源养护力度加大 2016年，宁夏继续开展黄河禁渔，与全国同步开展"放鱼日""全国水生野生动物保护宣传月"等活动；进一步加大渔业增殖放流力度，全年共向黄河、泾河宁夏段及其附属水域放流各类经济鱼类4 100万尾，对养护黄河及城市湿地生态环境，增强公众保护渔业水域生态环境意识起到了积极作用。

7. 存在的主要问题

一是资源开发利用不足。池塘基础设施落后，致使池塘养殖平均单产水平比全国低。特别是南部山区6 700公顷适宜开展虹鳟等冷水鱼养殖的水库塘堰，开发利用不足。

二是科技研发创新不足。渔业科技创新能力不强，新技术转化普及率、科技服务与管理水平不高，养殖品种依然传统，生产方式依然落后粗放。设施渔业起步较晚、特色新优品种比重偏小，现代渔业装备水平低。

三是产业化发展层次较低。渔业一产比重依然较大，在50%以上。水产品流通和加工业、服务业比重依然偏低，品牌渔业、休闲渔业、生态渔业潜力挖掘不够，一、二、三产业融合发展程度不高，产业链偏短、价值链偏低。

四是保障体系不健全。渔政监督管理机构不健全，专职人员缺乏，执法装备简陋，执法水平较低，保驾护航职能弱化；公益性渔业技术推广服务机构被普遍合并，技术推广服务职能弱化，难以满足现代渔业发展的需求。

【重点渔业市（县）基本情况】

宁夏回族自治区重点渔业市（县）基本情况

市（县、区）	总人口（万人）	渔业产值（万元）	水产品总产量（吨）	其中		养殖面积（公顷）
				捕捞	养殖	
贺兰县	25.33	45 796.67	42 256	120	42 136	7 488
平罗县	30.33	43 925.92	37 155	81	37 074	11 470
青铜峡市	28.20	19 578.21	17 877	82	17 795	4 803
大武口区	29.36	18 510.88	16 616		16 616	4 106
沙坡头区	40.6	17 360.85	15 500		15 500	2 980

（续）

市(县、区)	总人口（万人）	渔业产值（万元）	水产品总产量（吨）	其　中		养殖面积（公顷）
				捕捞	养殖	
金凤区	29.92	10 637.86	8 655	60	8 595	2 933
永宁县	23.26	9 066.39	8 038	3	8 035	1 334
兴庆区	69.74	7 077.45	6 210	10	6 200	1 889
灵武市	28.78	6 232.65	5 526		5 526	1 333
利通区	38.1	4611.96	4234	25	4 209	1 590

【大事记】

［1］2 月 26 日，农业部召开全国渔业安全生产工作视频会议。宁夏组织有关市、县（区）渔业部门负责人，自治区水产技术推广站、水产研究所主要负责人参加会议。

［2］3 月 25 日，宁夏回族自治区农牧厅印发《关于做好 2016 年全国水产健康养殖示范创建活动的通知》，同时印发了农业部水产健康养殖示范场创建标准（2016 年版）。

［3］4 月 18～20 日，宁夏渔业部门创新培训方式，与无锡渔愉鱼科技有限公司合作，举办渔业健康养殖培训班。以“互联网＋渔业”为核心，重点培训了水产养殖新技术、鱼病防治技术、“鱼买卖”信息平台应用、水产养殖新机械新设备展示等。培训采取参与体验式教学，寓教于乐，参训学员与授课老师积极互动，现场气氛活跃，培训效果显著。

［4］4 月 20 日，宁夏回族自治区农牧厅印发《关于开展水产苗种检疫鉴评工作的通知》，在全区范围深入开展水产苗种生产检查，强化水产苗种检疫，切实维护从渔农民利益，从源头上保证宁夏水产品质量安全。

［5］4 月 26 日，宁夏回族自治区农牧厅印发《关于开展黄河宁夏段休渔工作的通知》，要求各地切实做好 2016 年休渔管理各项工作。

［6］5 月 20 日，农业部紧急召开全国渔业安全生产工作视频会议。宁夏组织有关市、县（区）渔业部门负责人，自治区水产技术推广站、水产研究所主要负责人参加会议。会议结束后，自治区农牧厅对全区渔业安全生产工作进行了再强调。要求各地积极采取坚决、有效措施，切实把渔业安全生产工作抓紧、抓实、抓细，防范事故发生，确保 2016 年渔业安全生产实现稳定向好。

［7］5 月 23 日，宁夏回族自治区农牧厅党组书记、厅长王文宇深入贺兰县调研渔业。王文宇厅长对贺兰县渔业发展和社会化服务体系建设成绩给予了充分肯定。贺兰县渔业发展给人很强的冲击力，尤其是广银米业稻渔产业联合体现代农业服务体系建设思路清晰、进展迅速，走在了全区前列，为全区现代农业发展树立了标杆。

［8］6 月 6 日，宁夏在银川阅海水上公园与全国同步举办“全国‘放鱼日’增增殖放流活动”，主题为“增殖水生生物资源，促进生态文明建设”。共向阅海放流黄河鲤、草鱼、鲢鱼、鳙鱼 300 万尾，向市民发放水生野生动物保护宣传资料 1 000 余份（册）。

［9］6 月 20 日，由宁夏回族自治区农牧厅、石嘴山市人民政府、西北农林科技大学联合举办的“首届西部地区（宁夏·石嘴山）水产饲料实用技术论坛”在石嘴山市隆重召开。中国工程院院士、中国海洋大学麦康森教授、中国水产科学研究院、首席专家戈贤平研究员、中国科学院武汉水生生物研究所解绶启研究员等 17 名国内知名水产和饲料领域的专家、学者应邀参加并授课。全国各地饲料从业者、水产养殖者 300 多人参加。

［10］6 月 21 日，中国工程院院士、中国海洋大学教授麦康森和中国水产科学院国家大宗淡水鱼类产业技术体系首席科学家戈贤平研究员考察宁夏现代渔业建设，对宁夏加快发展现代淡水养殖提出了宝贵建议。

［11］6 月 30 日，石嘴山市举办黄河甲鱼放流活动，共向星海湖、镇朔湖等水域投放甲鱼鱼种 3 万只，旨在提高牛态养殖综合效益，有效扩大水生动物多样性，构建自然生态环境和人文环境和谐的局面。

［12］8 月 22～23 日，宁夏召开全区渔业转方式调结构促增收现场推进会议。自治区副主席曾一春、自治区政府副秘书长王凌出席会议，曾一春副主席作了重要讲话，自治区农牧厅党组书记、厅长王文宇主持会议并作总结。会议现场观摩了全区渔业转方式调结构促增收的 10 个示范点，重点了解了各地渔业高效循环水养殖等新技术、南美白对虾等新品种、物联网智能养殖等新设施推广成果。银川市、石嘴山市、贺兰县、青

铜峡市政府、宁夏渔业产业协会及中卫市天阔渔业合作社等4家企业交流了经验，自治区农牧厅党组成员杨金龙做了全区渔业发展报告，全国水产技术推广总站副站长张文就推进宁夏现代渔业发展提出建议指导。

[13]8月29日，在江苏南通召开的全国渔业转方式调结构工作现场会上，宁夏代表西部内陆地区作了典型经验交流发言。

[14]10月10日，宁夏回族自治区农牧厅印发《2016年水生野生动物保护科普宣传月活动宁夏实施方案》，方案明确了宣传主题、时间、组织机构、宣传内容、宣传形式，并提出了活动要求。

[15]10月20日，"2016年黄河宁夏石嘴山段渔业资源增殖放流暨水生野生动物保护宣传月"在石嘴山市举办，共向黄河石嘴山段及附属湖泊投放各类鱼种960万尾。

[16]10月21日，"泾河固原段渔业资源增殖放流暨水生野生动物保护宣传月"活动在固原市举办，共向泾河固原段及其附属湖泊水域投放各类鱼种500万尾，黄河甲鱼10万只。

[17]10月21～26日，宁夏回族自治区农牧厅渔业渔政管理局组织有关人员，按照农业部水产健康养殖示范场验收标准对宁夏第六批农业部水产健康养殖示范场进行了复查，对第十一批农业部水产健康养殖示范场进行了考核验收。验收采取现场实地检查、查阅资料、考核打分等方式。

[18]10月29日，在中国(厦门)第九届休闲渔业博览会上，宁夏组织参展并获得"最佳展台设计奖"。

[19]11月25日至12月15日，宁夏开展了为期20天的水产品质量安全大检查。共检查涉及水产品的批发市场、大中型超市、农贸市场及渔业投入品销售点184个，对水产养殖生产基地进行了拉网式检查。检查结果显示，宁夏产地、市场水产品质量均安全，品种丰富，市场供给稳定。

[20]12月10日，在"2016年稻田综合种养产业技术发展论坛暨第二届稻田养殖生态大米评比与农(水)产品展示会"上，宁夏广银米业有限公司生产的蟹田米荣获2016年度"上海大"杯全国稻田综合种养优质大米评比最佳品质与口感银奖。

[21]12月20日，宁夏回族自治区农牧厅渔业渔政管理局召集沿黄市、县(区)农牧局、水产中心负责人及稻田综合种养大户代表在贺兰县召开全区稻田综合种养安排布局现场会。会议要求，2017年宁夏稻渔综合种养一定要开放眼界，转变观念，秉承大胆试验、小心验证的原则，借鉴外省好的经验和发展模式，在沿黄四市按照不同的区域基础条件，因地制宜，做好试点；争取利用2～3年时间，探索出更加具有宁夏特点的稻田综合种养模式，为大面积推广做好准备，力争实现"双千计划"(水稻产量过千斤，渔业收益过千元)的目标。

[22]12月31日，宁夏贺兰县东湖丰谷源养殖专业合作社、灵武市灵水渔业专业合作社、石嘴山市睦群鱼种繁育专业合作社、宁夏云乐生态农业科技有限公司、青铜峡市四水水产养殖专业合作社、中卫市富丰渔业专业合作社、中卫市建宁渔业专业合作社和中卫市群赢水产养殖专业合作社等8家水产养殖场通过第十一批农业部水产健康养殖示范场省级考核验收和农业部审核，获得"农业部水产健康养殖示范场"称号；贺兰县科海渔业专业合作社、贺兰县晶诚水产养殖有限公司和中卫市腾格里渔业有限公司3家水产养殖场通过复查和农业部审核，"农业部水产健康养殖示范场(第六批)"称号继续有效；有效期自2017年1月1日至2021年12月31日。截止到2016年底，宁夏农业部水产健康养殖示范场达到75家，面积12 700公顷，占全区水产养殖面积的26.7%。

(宁夏回族自治区农牧厅渔业局)

新疆维吾尔自治区渔业

【概况】 2016年，新疆维吾尔自治区水产品总产量161 601吨，同比增加10 240吨，同比增长6.77%，其中养殖产量147 616吨，同比增加7 049吨，同比增长5.01%，捕捞产量13 985吨，同比增加3 191吨，同比增长29.56%。新渔业经济总产值29.19亿元，同比增加5.36亿元，同比增长22.48%，其中渔业经济产值24.51亿元(养殖18.59亿元、捕捞4.57亿元、苗种1.35亿元)，同比增长25.17%，渔业工业经济产值1.91亿元，同比增长10.15%，渔业流通和服务业2.77亿元，同比增长10.05%。全疆水产品人均占有量7千克，优质水产品产量占总产量的40%。

各地、州(市)水产品产量及增长情况

地、州(市)	产量(吨)	增幅(%)
昌吉回族自治州	20 552	4.64
阿克苏地区	19 123	1.14
伊犁哈萨克自治州	17 529	5.60
喀什地区	13 418	1.28
阿勒泰地区	11 506	14.91

（续）

地、州（市）	产量（吨）	增幅（%）
巴音郭楞蒙古自治州	8 967	-4.77
乌鲁木齐市	6 531	-4.66
塔城地区	4 482	12.75
博尔塔拉蒙古自治州	3 533	217.43
和田地区	2 662	2.42
哈密市	1 284	11.36
克拉玛依市	949	43.79
克孜勒苏柯尔克孜自治州	810	25.58
吐鲁番市	436	2.59

1. 渔业综合生产能力进一步提升，渔民收入稳步增长

（1）水库天然水域渔业资源开发利用力度逐年加大，冷水鱼养殖发展呈较快增长态势，水利渔业产量增长25.63%。新疆天蕴有机农业有限公司、新疆塘巴湖旅游开发有限公司利用水库资源开展规模化网箱养殖虹鳟鱼；南疆因地制宜，合理利用水库资源发展水库养殖，利用小水库具有易管理、回捕率高、便于精养的特点，大力推行人放天养的生态养殖模式，发展生态有机渔业，实现了生态环境优美、渔业增效、渔民增收的多赢局面。苗种投放稳中有增，大宗鱼类呈现苗减种增的特点，名优苗种投放量增幅达16%。

（2）渔业产业化发展取得积极进展。对各类展销、促销、品牌培育、推介等活动予以扶持，自治区内"蓝翔""赛湖""冰川"等龙头企业发展态势良好。博湖县蓝翔水产食品公司的8个品种通过了国家绿色食品发展中心的认证，被评为新疆农业名牌产品并出口日本、韩国；赛里木湖天润渔业公司生产的高白鲑、凹目白鲑已成为新疆知名品牌；阿勒泰冰川鱼股份有限公司系列产品已成功打入北京、长沙、深圳等全国大中城市市场。2016年，"额河""天蕴"等冷水鱼再创品牌，"天蕴"牌三文鱼2016年产量达1 000吨。全区共建立外销平台150个，电商7家。

（3）休闲渔业发展迅速。各地、州（市）将发展休闲渔业作为调整渔业结构、提高渔业效益、增加渔民收入的一项任务来抓，全区具备休闲渔业经营资质的单位（户数）达到171家，经营总面积1.56万公顷，带动就业人数达到3 800余人，占渔业总人口的26%，年接待184万人次，2016年休闲渔业产值1.41亿元，同比增长6.5%，实现利润0.56亿元。休闲渔业成为渔业发展新的经济增长点。

2. 行业规划与指导性意见进一步完善 制发了《新疆维吾尔自治区渔业发展第十三个五年规划》和《新疆维吾尔自治区渔业转方式调结构工作实施意见》，明确了2020年的目标任务，进一步提出了优化产业结构、科学布局产业带、推进现代渔业转型升级、促进一二三产业融合等具体思路和方向，为引导全区加快推进渔业转型升级和科学发展提供了发展依据。

3. 健康养殖业发展步伐进一步加快

（1）坚持以养为主，推进水产健康养殖。池塘、水库养殖产量同比分别增长3.20%、25.63%，池塘养殖全面推进水产健康养殖技术（累计实施池塘标准化改造池塘4 700公顷，占池塘养殖总面积的50%）。在全疆范围内突出抓好池塘标准化改造，改造面积近万亩，建成了一批起点较高、集中连片、减排环保、优质高效的标准化健康养殖示范场（区），新创国家级健康养殖示范场20个（2016年底全区累计创建农业部健康养殖示范场168个，全国休闲渔业示范基地7个），农业部渔业健康养殖示范县1个。

（2）名特优水产品养殖推进力度不断加大，虹鳟、加州鲈、鳜鱼、鮰鱼、泥鳅、罗非鱼、河蟹、南美白对虾、鲶鱼、白斑狗鱼、丁鱼岁、河鲈养殖已形成规模，产量同比均超过10%，保证名特优品种的市场供应。名优水产品市场销售回暖迹象明显，南美白对虾、罗非鱼、虹鳟、黄颡鱼、白斑狗鱼、河鲈等品种整体价格上升，上涨10%以上，有效稳定了渔业整体效益。

（3）无公害产品产地认证工作持续推进。新认证无公害水产品51个，认定无公害产地19个，养殖主产区共计227个产地、277个产品通过无公害认定。

4. 渔业科研与推广及适用人才培训力度进一步加大 按照节能、节水、生态、健康的理念，积极开展微孔增氧技术、鱼类规模化人工早繁技术、"互联网+渔业"新模式等新技术的推广示范，"国家一级保护动物扁吻鱼全人工繁殖技术研究"项目、获得国家专利局发明专利，组织开展"自治区农业科技知识进村入户"工程，编译双语《水产健康养殖实用技术》手册并免费向基层养殖者发放；组织召开全疆水产技术推广工作座谈会，开展职业技能培训与鉴定，举办全区水产健康养殖、渔政管理、船舶检验、水生动物防疫检疫等各类培训班20期，培训人数1 400人。

2016年度共申报立项渔业科技项目7项；签订横向技术服务项目15项，技术服务费286万元；执行的延续项目16项。通过有关单位验收项目2项，其中“国家一级保护动物扁吻鱼全人工繁殖技术研究”项目获自治区科技进步二等奖，取得国家专利局授权的实用新型专利4项，“伊犁河2种珍稀濒危裂腹鱼亚科鱼类生物学及人工繁殖放流技术研究”项目获中国水产科学研究院科技进步三等奖，取得“新疆裸重唇鱼的人工繁殖和鱼苗培育方法”国家发明专利1项、制订“新疆裸重唇鱼增殖放流技术规范”自治区地方标准1项。

5. 水产品质量监管工作进一步加强　加大水产品质量安全抽检力度，全年抽检14次，抽取样品470个，抽样检测合格率达98.7%。组织开展养殖业专项执法行动4次，春节等重大节日期间对乌鲁木齐、昌吉等5个地州（市）的水产养殖场进行水产品质量安全执法检查，确保了水产品的质量安全和有效供给。组织全疆各级渔业行政主管部门开展以“尚德守法、共治共享水产品安全”主题的水产品质量安全宣传活动67次，出动人员420人次，发放宣传材料1.5万余份。

6. 依法治渔、依法兴渔进程持续推进　依法组织开展天然水域禁渔期联合执法行动4次、新设立国家级水产种质资源保护区2个；组织全区重要水域与全国同步开展“放流日”活动，全年共计放流各类鱼苗（种）约1.1亿万尾，其中，国家一级保护物种扁吻鱼7.5万尾；推进涉渔工程监督检查，督促各涉渔生态补偿措施的有效落实，对阿尔塔什水利枢纽等7个建成或在建的涉渔工程生态补偿项目执行情况进行专项执法检查；组织开展“2016年水生野生动物保护科普宣传月”活动，水生野生动物特许利用等有序开展。

7. 渔业船舶监管及“平安渔业”工作进一步强化　首次召开了渔船检验工作专题座谈会，明确由博湖检验站、福海检验站分别承担南北疆渔业船舶检验工作。南北疆两个船检工作组历时5个月，行程超过2.2万千米，对11个有船的地州实现了检验工作全覆盖，共检验渔船870艘，检验率达到95%，为全区渔船检验工作“起步年”开了个好局。同时开展了全区渔船船用产品质量专项治理行动，开展渔业安全生产检查5次，渔业船舶证书“三证合一”改革和管理系统推广应用试点工作扎实推进，新疆渔业船舶检验局和博湖、福海检验站机构认可证书换证审验工作顺利完成。年内共培训船员130名，验船师42名。

8. 渔业投入创历史新高，渔业项目实施与监管进一步规范　2016年，落实各类渔业资金5 979.10万元，其中：农业部健康养殖、增殖放流、燃油补贴、渔港建设、良种场建设、渔政执法及疫病检测等项目经费3 649.10万元，自治区安排渔业发展专项经费2 330万元。为进一步规范专项资金的使用，在各单位渔业发展专项自查基础上，对巴州、博州、伊犁等地（州市）进行了抽查。对农业部通报福海县水产有限责任公司在申报“阿勒泰地区福海县吉力湖苗种繁育基地改扩建项目”造假问题，进行了严肃处理，终止项目并收回资金。通过加大专项资金的检查，进一步提升了渔业项目监管工作的规范性和制度性，全区渔业项目管理水平不断提高。

（新疆维吾尔自治区水产局）

大连市渔业

【概况】　2016年，大连市全市地方渔业（不含辽宁省属企业在大连分支机构）经济总产值792.8亿元，比上年增长7%，其中渔业产值（含苗种）448.2亿元，比上年增长6.3%；渔业经济增加值398亿元，比上年增长7.2%。渔业产值中，海洋捕捞产值90.6亿元，海水增养殖产值300.3亿元，苗种产值56.1亿元，分别比上年增长4.4%、7.6%和2.4%；淡水养殖产值1.2亿元，与上年持平。全市地方渔业水产品产量251万吨，比上年增长4.5%；进出口水产品143.7万吨，比上年增长4.5%；进出口贸易额36.6亿美元，比上年增长6.8%；渔民人均收入29 000元，比上年增长7.8%。

2016年大连市地方渔业产量及产值

地　区	产量（万吨）	产值（亿元）
大连市	251.0	448.2
长海县	65.7	111.9
庄河市	59.2	119.0
金普新区	39.5	48.5
普兰店区	22.6	50.3
旅顺口区	20.8	27.2
瓦房店市	14.8	58.5
高新技术产业园区	9.1	6.3
甘井子区	5.6	6.2
花园口经济区	2.6	4.2
中山区	2.4	3.0
市直	6.7	6.7
长兴岛经济区	2.0	6.4

2016年大连市地方渔业生产基本情况

项目	数量	比上年增长(%)
渔业经济总产值(亿元)	792.8	7.0
渔业(含苗种)(亿元)	448.2	6.3
渔业工业和建筑业(亿元)	205.3	7.7
渔业流通和服务业(亿元)	139.3	8.2
水产品总产量(万吨)	251.0	4.5
海洋捕捞(万吨)	79.9	3.5
海水养殖(万吨)	170.4	5.0
淡水养殖(万吨)	0.7	0
养殖面积(万公顷)	51.4	-24.0
海水养殖(万公顷)	50.5	-24.4
淡水养殖(万公顷)	0.9	0
渔业船舶拥有量(万艘)	2.5	-3.8
渔业船舶总吨位(万吨)	37.0	-4.9
渔业船舶总功率(万千瓦)	82.2	-7.2

1.渔业基础设施建设 2016年,大连市加快渔船的升级改造,继续实施标准化玻璃钢养殖渔船示范推广项目,大连玻璃钢总厂、大连松辽玻璃钢船艇有限公司、大连恒达玻璃钢船艇有限公司、獐子岛雅马哈(大连)玻璃钢船舶制造有限公司和大连阿达船舶制造有限公司5家项目单位建造完成标准(示范)船型渔船100艘,其中70艘(长海49艘、金普11艘、旅顺10艘)渔船总建造价格1 224.9万元,市财政补贴499.76万元。旅顺口区2家藻类养殖单位申报购置大连阿达船舶制造有限公司建造的10艘玻璃钢养殖渔船,旅顺口区成为继长海县和金普新区之后,第3个拥有玻璃钢养殖渔船的试点地区。全市渔船安装北斗二代船载终端设备GPS救助信息系统2445套,建设市、县两级北斗渔业指挥监控平台11座。至年末,全市有各等级渔港170座,其中国家中心渔港3座,国家一级渔港6座,国家二级渔港49座,国家三级渔港和自然渔港112座。

2.渔业科技 2016年,大连市加快发展渔业科技,服务渔业生产。启动大连市名贵海水鱼渔业标准化示范区、大连市虾夷扇贝渔业标准化示范区2个市级渔业标准化示范区项目建设,完成国家红鳍东方鲀养殖综合体标准化示范区验收工作,带动企业技术升级和产品升级。推进渔业标准体系示范工程建设,组织大连海洋大学、辽宁省海洋水产科学研究院等单位制(修)订底层海藻场建设技术规程、太平洋牡蛎单体筏式养殖技术规程等12个市级渔业标准规范,向大连市质量技术监督局推荐中间球海胆、裙带菜配子体育苗技术规范、海带育苗技术规程等省级渔业标准14个,向农业部推荐中间球海胆等行业标准6个。大连市水产技术推广总站完成2017年辽宁省财政厅渔业优势品种生态健康养殖技术示范推广项目的申报。加快渔业新品种和新项目推广,启动实施长海县虾夷扇贝可持续筏式养殖技术示范推广项目,推广示范面积226.7公顷。继续深化基层渔业技术推广体系改革,推广池塘海参生态养殖技术、海参生态苗种培育技术、三倍体牡蛎吊笼养殖技术和参虾混养技术4项渔业新技术,建设大连壮元海生态苗业股份有限公司、大连长海宏鑫水产有限公司等示范基地9个,发展科技示范户46个,为1 000余人次开展科技入户指导。

3.科技兴海基地建设 2016年,大连现代海洋生物产业示范基地通过国家海洋局专家组考核评估,被正式授予国家科技兴海产业示范基地称号,发展培育核心企业25家。形成生态型海洋牧场先导示范区、名特优海洋生物良种示范区、海洋生物工程化养殖及装备制造示范区和海洋生物制品产业示范区4个产业集聚区,拓展渔业发展空间。完成大连市科技兴海管理与服务平台项目开发,巩固“互联网+海洋渔业”工作基础,实现海洋渔业科技管理的网络化、信息化和智能化。大连市海洋与渔业局、大连海洋大学签署战略合作协议,创建海洋生物繁育与养殖技术中心、海洋生物制品工程技术中心、海洋食品工程技术中心、海水养殖生物种质改良与培育工程中心、水产加工副产品综合利用技术中心和海水养殖生物病害防控技术中心6个科技创新与服务中心。加快科技成果转化对接,举办“蓝海行动”等系列活动,展示科技成果392项,其中100多项成果与企业实现对接。

4.海洋渔业资源增殖放流 2016年,大连市继续开展海洋渔业资源增殖放流工作。全年投入增殖放流资金4 044.7万元,比上年下降2.8%;实际放流苗种幼体33.09亿尾(只),比上年增长4%,其中中国对虾27.38亿尾,日本对虾4.2亿尾,三疣梭子蟹1.38亿只,褐牙鲆鱼1 060万尾;放流增殖产量4 313吨,比上年增长30.3%,产值4.6亿元,惠及渔船7 579艘。放流海域为瓦房店市、庄河市、花园口经济区、金普新区、甘井子区和旅顺口区的20余处。

5.海洋牧场建设 2016年,大连市持续推进海洋牧场建设,新建现代海洋牧场6 666.7公顷。继续推进国家资金支持的大连金州新区瀛海海洋牧场示范区和大连市南部海域海洋牧场示范区2个海洋牧场示范区建设项目。其中，瀛海海洋牧场示范区项目由金州新区海洋与渔业局承担，中央投入资金500万元，在26.7公顷海域内投放堆石礁4.55万立方米，项目完成验收。争取农业部渔业资源保护项目资金1 416万元，其中660万元用于补助大连市海洋牧场3处人工鱼礁项目，分别位于长海县、金普新区和庄河市，项目预计2017年竣工。长海县的财神岛海域、大长山岛海域金茂、小长山岛海域经典和金州区的蚂蚁岛海域被农业部确定为全国第二批国家级海洋牧场示范区。

6. 无公害水产品生产 2016年，大连市新增无公害水产品产地18个，面积0.36万公顷；复查换证产地45个。全市有无公害水产品产地236个，总养殖面积50万公顷，其中标准化生产规模30万公顷，占总养殖面积的60%。长海县、庄河市、瓦房店市水产品产地数量最多，分别为51家、42家和33家；海上养殖面积分别为25.52万公顷、1.52万公顷和0.69万公顷；陆地工厂化养殖面积分别为0.4万平方米、0.92万平方米和1万平方米。全市最大的无公害产地是位于长海县的大连海洋岛水产集团股份有限公司所属养殖海域，养殖面积12.7万公顷，主要以底播增养殖方式养殖海参、鲍鱼和扇贝。全市新认证无公害水产品15个，无公害水产品总数212个；复查换证无公害水产品32个，复查换证率80%。全年无公害水产品产量17.84万吨。新认证瓦房店海参为农业部地理标志水产品，全市地理标志水产品总数18个，产地生产质量及安全水平快速提高。

7. 海洋捕捞 2016年，大连市有渔业船舶24 989艘，比上年减少1 260艘，下降4.8%。其中，机动渔船24 689艘，非机动渔船300艘。机动渔船中，生产渔船24 170艘（含捕捞渔船11 325艘、养殖渔船12 845艘），辅助渔船519艘。全市有远洋项目渔船317艘。全年海洋捕捞产量64.9万吨，比上年下降0.9%。其中，近海捕捞产量50万吨，远洋捕捞产量14.9万吨。海洋捕捞产值90.6亿元，比上年增长3.8%。其中，近海捕捞产值72.47亿元，下降1.9%；远洋捕捞产值值18.13亿元，增长3%。

8. 远洋渔业 2016年，大连市有远洋渔业企业25家，与上年持平；远洋项目渔船317艘，比上年增加3艘，其中金枪鱼钓船51艘，流网渔船2艘，专业鱿鱼钓船6艘，围网船32艘，单拖网船224艘，运输船2艘。项目区域新增加俄罗斯海域；捕捞作业涉及西非的几内亚、加纳、加蓬、喀麦隆、几内亚比绍、科特迪瓦、刚果、安哥拉、塞拉利昂，亚洲的印度尼西亚、阿曼，欧洲的俄罗斯，南美洲的阿根廷13个国家和地区的南太平洋、北太平洋、大西洋及印度洋公海海域。全年远洋渔业捕捞总产量15.51万吨，产值18.13亿元，分别比上年增长12.3%和3%；运回国内水产品产量5.6万吨，比上年增长75%。

9. 入韩渔船管理 2016年，大连市获批赴韩国专属经济区管理海域从事捕捞生产资格渔船327艘，比上年增加2艘，其中拖网船148艘，流网船146艘，围网17艘，运输船16艘。市各级渔业行政主管部门加强对入韩渔船日常生产作业管理，汇总上报渔船进出通报4 200艘次，每日生产作业通报2.3万艘次，通报准确率100%。组织具有进入“中韩协定水域”捕捞作业资格船长、船东进行集中培训，举办培训班16轮次，培训船长、船东近800人。入韩渔船均按照中韩两国渔业协定进行捕捞作业。

10. 休闲渔业示范创建活动 2016年，大连市将休闲渔业作为促进渔业经济发展的新增长点和推动渔业产业转方式、调结构的新引擎，开展休闲渔业示范工程建设。大连市海洋与渔业局下发《关于开展2016年辽宁省休闲渔业示范基地创建活动的通知》，现场调研金普新区、长海县、庄河的休闲渔业企业，指导申报单位制定工作计划，开展休闲渔业示范创建活动。至年末，大连宝发海珍品有限公司、大连仙德水产有限公司、大连中润海产有限公司和大连金石滩港务有限公司4家企业被评为2016年度省级休闲渔业示范基地。

11. 水产原良种场建设 2016年，大连市有国家级水产原良种场3家，省级水产原良种场28家，涵盖刺参、皱纹盘鲍、虾夷扇贝、黄海胆等13个品种。加强海参、扇贝等优势水产苗种的疫病检测，全年检测水产苗种500样次，各项疫病检测指标均合格，重点养殖品种无重大疫情发生。组织企事业单位申报辽宁省海洋与渔业厅2016年水产优势品种更新与改良项目，市水产研究所申报的皱纹盘鲍种质改良项目获批立项。

12. 海水增养殖 2016年，大连市地方渔业海水养殖面积50.5万公顷，比上年下降24.4%；海水养殖产量170.4万吨，比上年增长5%；产值（不含苗种）306.3亿元，比上年增长7.6%；苗种产值56.1亿元，比上年增长2.4%。

13. 水产健康养殖示范场建设 2016年，大连市有农业部认定的水产健康养殖示范场161家，养殖面积62.3万公顷，主要养殖品种有海参、扇贝、车虾等。其中，年内新增农业部认定的水产健康养殖示范场8家，分别为大连有德渔业集团有限公司、大连御龙生态渔业股份有限公司、大连弘基水产品有限公司、大连经济技术开发区过海养殖场、大连仙女岛海产品有限公司、长海龙腾湾水产有限公司、大连财神到集团有限公司和大连瑞阮海产发展有限公司。

14. 水产养殖政策性保险试点工作开展 2016年，大连市继续探索水产养殖业保险模式。大连市海洋与渔业局与大连市财政局协调沟通，将海水养殖保险纳入农业政策性保险整体方案，大幅提升海水养殖保险的险种数量及财政补贴资金额度，市财政补贴790.7万元。组织长海县、旅顺口区、金普新区渔业行政主管部门，以及中国人民财产保险股份有限公司大连市分公司召开2016年海水养殖保险工作会议，部署《大连市2016年农业保险项目实施方案》中有关海水养殖保险的相关工作，推动海水养殖保险业务发展。召开研讨会，研究分析重庆市和珠海市在水产养殖政策性保险方面的先进经验，提出大连市水产养殖业政策性保险的发展思路，争取国家相关政策，进一步降低海水养殖业户承担的保费额度，扩大保险覆盖面。至年末，全市水产养殖政策性保险保额2.6亿元，保费1 580余万元，其中50%的保费由市财政补助。

15. 水产品加工 2016年，大连市有水产加工企业585家，比上年下降2.9%；加工能力198.6万吨，比上年增长1.6%。用于加工的水产品228.5万吨，比上年增长4.8%；水产品加工产量173.6万吨，比上年增长3.5%。水产品加工产值187.4亿元，比上年增长8.3%；进出口水产品143.7万吨，进出口贸易额36.6亿美元。稳步推进水产加工企业项目建设。大连富谷食品有限公司新建现代渔业生态园项目，计划总投资16.5亿元，当年实现投资5.88亿元，预计投产后年产值3.78亿元，缴纳所得税1 572万元，净利润1.1亿元。推进大连力源水产有限公司农副产品储藏项目建设，新建储藏库和精品生产车间1.2万平方米，项目预计2017年整体完工，建成后可新增产值2 500万元，新增就业150余人。

16. 渔业管理 2016年，大连市各级海洋与渔业主管部门发放水域滩涂养殖证989本，发证面积4.6万公顷，累计发放养殖证8 966本，发证面积48.9万公顷；新发、换水产苗种生产许可证139本，发、换证水体118万立方米；发放船员证书4 166本，其中职务船员证书1 487本，普通船员证书2 679本；大连市、区市县(先导区)各检验机构检验各类渔业船泊28 229艘次。继续实施渔业生产损失救助项目，向2 100余艘渔船发放渔船救生筏检修费用补贴65万元。根据国家相关政策，向16 531艘渔船发放渔业油价补贴45 198万元，用于国内渔船更新改造、人工鱼礁建设、渔港基础设施建设、渔船减船转产等项目。

17. 渔业安全生产监管 2016年，大连市加强渔业安全生产监管。定期召开全市渔业安全工作季度例会，全年召开4次。举办渔业安全培训班，培训船东、船长和基层渔业安全员2 400多名，签订《渔业船舶安全生产保证书》2.3万份。开展渔业生产安全月宣教活动，组织活动334场次，受教育渔民4.9万人次。继续推进渔船安全管理信息化装备建设，安装北斗二代船载终端设备2 445套，组织建设市、县两级指挥监控平台11座。开展渔业安全隐患专项监督整治行动，全年检查渔船4.6万艘次，纠正超风级出海、超定员作业、超航区生产、超核载运输违章渔船4万余艘次。组织实施渔船船用产品质量专项治理行动，检查“三救”(救生圈、救生衣、救生筏)设备、消防设备、船用柴油机、通信导航设备、信号设备等各类产品400余台次。加强与海事、救助、边防、气象、电信等多部门工作联动，有效组织海上抢险救援行动14次，化解重大海上险情1次、较大海上险情5次，避免恶性事故发生和渔民群众生命财产重大损失；全年救助遇险渔民56人、渔船13艘，挽回经济损失2 500多万元。开展渔业互助保险工作，涵盖渔业船舶险、渔业船舶雇主责任险、渔业雇主附加医疗险3个险种，全年参保渔民2.3万人、渔船2 150艘，承担社会风险保障70多亿元。金普新区、高新园区、旅顺口区为渔船渔民互助保险争取地方性财政资金81万元，大连市海洋与渔业局争取国家、市财政资金355万元，为渔船、渔民参加互助保险补贴保费20%。依据《大连市基层渔业安全员管理实施方案》，为全市326名基层渔业安全员发放工作补贴经费300多万元。大连市渔业安全管理委员会评选出长海县、旅顺口区、金普新区、长兴岛经济区、甘井子区、花园口经济区和高新技术产业园区7个全市海上渔业安全生产目标管理优秀单位，庄河市、瓦房店市、普兰店区和中山区4个达标单位。

18. 渔业监督执法 2016年，大连市各级渔业执法部门加强渔业监督管理，规范公正文明执法。严格执行伏季休渔制度。6月1日至9月1日休渔期期间，全市出动执法人员1.9万人次，执法船艇1 540航次，航行6.2万海里，出动执法车辆2 430车次，行程18万千米，登船检查渔船8 500余艘次，查处违规渔船913艘，收缴罚款784万元。开展各类巡航和专项执法行动。执行黄海北部维权和200海里专属经济区巡航任务，全年参加巡航6次，6艘执法船累计巡航60天，航程8 000海里，查处并移交违规渔船18艘；完成多次军事扫海保障任务；参与各类渔船遇险搜救工作，累计航程3 624海里，搜救范围1.1万平方千米；开展斑海豹冬季执法行动，出动执法人员300余人次，检查渔船2 200余艘次，救助斑海豹幼崽3头，处理死亡小须鲸8头、死亡江豚4头。开展清理取缔海洋涉外渔业“三无”(无船名船号、无船舶证书、无船籍港)船舶专项行动,拆解“三无”船舶151艘,销毁吸蛤泵25具、地滚笼1.3万个、各类违规网具1.2万余米。

19. 水产品质量安全监督管理 2016年,大连市各级海洋与渔业主管部门加强水产品质量安全监督管理。制定《大连市2016年水产品质量安全专项整治工作方案》,以海参为重点品种,以硝基呋喃类禁用渔药为整治重点,加大生产监管力度。全年开展2次水产品质量安全联合检查,出动执法人员1 000余人次,检查企业1 200余家。制定《2016年大连市水产品质量安全监控计划》,突出对海参、贝类等重点品种的检测监控,全市主要养殖品种监测覆盖面达100%。全年市、县两级抽检裙带菜、海带、海参、贝类、对虾、牙鲆、大菱鲆、河豚等水产品2 712样次,其中市本级抽检1 412样次,县区抽检1 300样次,检测药残、重金属、贝毒等指标1.5万多项次,监测合格率99.4%。大连市完成农业部水产品质量安全例行监测,监测合格率100%,得到农业部通报表扬。制定《大连市2016年海水贝类生产区域划型工作方案》,在长海县、庄河市、普兰店区、金州区、甘井子区的33.3万公顷贝类生产区设立监测站位44个,实施定点、定期贝类抽样检测,全年抽检14批次616样次。依据检测结果及划型标准,全市海水贝类生产区均为一类贝类生产区,贝类生产区域产品质量整体安全。举办水产品质量安全培训班30余期,培训生产技术人员、养殖从业人员、监管人员5 000多人次。

(大连市海洋与渔业局 李昊姝 方平伟 秦 强)

青岛市渔业

【概况】 2016年,青岛市渔业系统认真落实市政府《关于加快建设蓝色粮仓的实施意见》,深入实施现代渔业“引、增、稳、控”发展方针,认真谋划实施全市现代渔业“十三五”规划,编制完成全国现代渔业试验区建设方案,坚持转方式、调结构,加快形成产出高效、产品安全、资源节约、环境友好的现代渔业发展新格局。全年实现水产品产量122.1万吨(含远洋渔业),实现产值156.5亿元,同比增长9.5%。

1. 远洋渔业 充分发挥政策叠加效应,厚植远洋渔业发展优势,新注册5家远洋渔业企业,注册资金3亿余元,年内全市远洋企业达到31家,发展远洋渔船171艘,作业渔船111艘,其中,世界最大拖网加工船“明星”轮落户建设。全年完成远洋渔业捕捞量14.1万吨、产值13.8亿元,实现产量、产值再提升。加快实施“走出去”战略,积极推进远洋渔业开发合作,9家企业与印度尼西亚、俄罗斯、塞内加尔等12个国家、地区建立合作项目。协同推进中国北方(青岛)水产品交易中心和冷链物流基地项目建设,加快一期陆域冷库、防波堤等基建工程。

2. 水产养殖 积极推广生态健康养殖模式和先进技术,完成池塘标准化改造133公顷,新增陆基工厂化养殖7.3万平方米。加快水产良种繁育基地建设,13家省级水产良种场通过复核验收,推荐“广泰1号”凡纳滨对虾参加国家新品种评定。着力推进渔业资源修复,开展大规模渔业资源增殖放流行动,制定渔业增殖站管理办法,规范增殖放流绩效评估,安排增殖放流资金1 500万元,完成水产苗种放流7.2亿单位。继续举办海洋生物资源增殖放流公益活动,近4 000名市民和学生参加增殖放流公益认捐活动,公益放流活动社会影响力和知名度进一步提升。加快推进海洋牧场建设,完成投资5 000余万元,新增人工鱼礁礁体10万空方,龙盘、西海岸2处海洋牧场获批国家级海洋牧场示范区,积极开展海洋牧场观测网建设,全省首次海洋牧场建设现场会在青岛市召开。

3. 渔业品牌建设 稳定发展来料加工,积极发展地产品加工,突出发展海珍品保鲜和精深加工,重点抓好海参、对虾、贝类、大宗鱼类等养殖品种加工,5家渔业企业被认定为市农业产业化龙头企业。全球第二大水产贸易展览会-中国国际渔业博览会连续3年在青岛成功举办。全年水产品进出口总量88.9万吨,创汇额14.5亿美元。全力保障水产品质量安全,强化产地环境、渔用投入品、生产标准化三个重点环节监管,建立企业水产品质量安全承诺制,规定重点渔业生产单位实施产地证明制度,新通过农业部无公害水产品基地30个,对全市原良种场监管率达100%,完成水产品安全抽检任务648批次,合格率达100%。着力创建海、陆休闲垂钓示范基地,加快休闲渔业示范园区建设,积极推广“渔夫垂钓”海钓品牌,全国休闲海钓邀请赛及全省休闲海钓基地推介会成功举办,城阳渔乐客电子信息平台运行,休闲海钓逐步成为岛城海上旅游产业“新名片”。

4. 渔业基础保障 青岛海洋科学与技术国家实验室、中国水产科学研究室等联合打造深蓝领域渔业创新平台,成立全国深蓝渔业科技创新联盟。深入开展健康养殖推广“双十行动”和渔业科技服务“双百工程”,通过现场指导、授课培训、网络平台等多种形式,有效提升推广体系技术指导服务能力。抓好水产养殖病害测报,强化水生动物疫病防控,有效利用水产养殖疾病远程会诊系统开展水产病害诊治。实施2015—2019年度渔船拆解报废以及更新改造计划,组织完成摸底和申报。认真落实政策性渔业保险，争取财政补贴投入1 950万元，保费补贴比例居全国领先，全市渔民入保率95%，平均保额42万元，同比增长9%，总保额达到60亿元。

5. 渔业执法管理 开展蓝色海湾治理行动，全面完成胶州湾养殖设施清理整治任务，年内清理网箱983个，拆除养殖伐架350.8公顷，拆解渔船196艘。至此，胶州湾海域养殖设施全部清理完毕，累计恢复胶州湾海域面积20余平方公里。全力贯彻落实上级关于加强渔船管控工作部署要求，突出强化具备涉外航行能力的大马力渔船管控，定向定位实施船位报告制度，严厉打击海洋涉渔"三无"、套号、假号船舶，确保全市渔船平稳可控。完成全市渔港普查，加快渔船渔港信息化建设，推进渔业安全生产隐患大排查快整治严执法集中行动，重点开展渔船非法载客、休闲海钓船等专项整治，防范安全事故发生，渔业安全生产保持平稳向好态势。强化远洋渔船船位监测，加强境外安全防范和应急处置。继续开展"护渔"专项行动，严厉打击破坏渔业资源违法行为，全市查处渔业违规案件97件。开展违规渔具专项清理整治，组织了5次大规模"清网"行动，清理绝户网、地笼网等禁用渔具6 168顶。制定落实休季休渔执法工作方案，全面加强海上抓扣、港口封堵，定人、定岗、定责加强对敏感海域、渔港码头的全天候、不间断执法，有效落实"岸上盯紧、海上严查"的执法联动机制，查获违规渔船230余艘，对查处的典型案例实行全媒体公开宣传报道，从严从重打击渔船违规出海捕捞行为。强化联合执法机制，行政执法和刑事司法衔接机制，对胶州湾逾1公顷非法养殖设施进行强制清除。创新制定和实施《海上行政执法罚没渔获物处置管理制度》，全面规范罚没物处置程序。及时开展行政执法案卷检查，进一步规范行政处罚标准，调整行政处罚裁量基准60项。

【重点渔业市(区)基本情况】

青岛市重点渔业市(区)基本情况

市(区)	水产品产值(万元)	水产品产量(吨)	其中			养殖面积(公顷)	其中	
			海洋捕捞	海水养殖	淡水养殖		海水	淡水
青岛市	1 326 693	1 080 506	262 114	784 222	34 170	44 645	33 275	11 370
黄岛区	459 745	349 496	82 615	259 726	7 155	13 458	11 398	2 060
崂山区	84 185	73 008	50 904	22 104		1 600	1 600	
城阳区	199 404	236 678	31 731	203 075	1 872	9 393	7 637	1 756
胶州市	176 408	108 040	31 816	66 345	9 879	3 876	1 751	2 125
即墨市	385 431	298 320	65 048	232 972	300	11 163	10 889	274
平度市	12 227	6 865			6 865	2 083		2 083
莱西市	9 293	8 099			8 099	3 072		3 072

注：未含远洋渔业。

【大事记】

[1]1月26日，全市海洋与渔业工作会议召开，会议总结2015年海洋与渔业工作情况，部署2016年海洋与渔业重点任务，并签订渔业安全生产管理和水产品质量安全监管责任书。

[2]2月14日，市委召开常委会议，听取海岛保护规划编制情况汇报，研究审议通过《青岛市海岛保护规划》。

[3]3月16日，市海洋与渔业行政执法支队在斋堂岛东北海域一举查获4艘盗采海砂船，后移交公安机关追究刑事责任。

[4]3月22日，市政府召开渔船安全管理工作专题会议，市政府副秘书长韩守信主持会议。

[5]3月24日，市政协主席张少军带队开展重点提案督办活动，就民进青岛市委提出的《关于青岛市蓝色粮仓发展现状问题及对策研究案》的提案进行督办，市政府副市长刘明君、市政协副主席杨宏钧及办理单位"三方"代表参加督办活动。

[6]3月30日，青岛荣昌远洋渔业有限公司10艘赴刚果布作业围网远洋渔船首航仪式在宁波象山成功举办，为我国首批赴刚果(布)作业远洋捕捞渔船首航。

[7]4 月 6 日，省海洋牧场建设现场会议在青岛市召开，省海洋与渔业厅厅长王守信出席会议。

[8]5 月 25 日，市政府召开 2016 年全市浒苔处置暨伏季休渔管理工作会议，市政府副秘书长韩守信出席会议。

[9]6 月 3 日，全国休闲海钓邀请赛及全省休闲海钓基地推介会在鲁海丰海洋牧场举办，开幕式实时连线全国渔业信息现场会（广州），农业部副部长于康震通过网络连线宣布比赛开始。

[10]6 月 4 日，山东省 2016 年世界海洋日暨全国海洋宣传日启动仪式在青岛市奥帆中心举行，同期举办了"生态海洋 · 蔚蓝山东"网络摄影大赛展览、海洋生物资源增殖放流、海洋主题广场宣传、"人海和谐"万人签名征集等系列活动。

[11]6 月 10～20 日，市政协副主席李众民率领青岛市商务代表团访问赤道几内亚、肯尼亚和阿联酋，推动海洋渔业、投资贸易和港口合作。

[12]6 月 15 日，全省渔船赴朝韩地区作业严管严控工作会议在青岛市召开，省委常委、常务副省长孙伟出席会议。

[13]6 月 17 日，市委、市政府召开全市渔船管理工作会议，传达贯彻上级关于渔船管理工作有关精神，安排部署渔船管控工作。市委常委、常务副市长牛俊宪，副市长黄龙华及沿海区市政府、市直有关部门、重点沿海乡镇、重点远洋企业主要负责人出席会议。

[14]6 月 30 日，市委副书记、市长张新起到黄岛金沙滩景区检查浒苔预防处置工作。

[15]7 月 8 日，市海洋与渔业局联合公安边防、海警等部门对胶州湾逾 1 公顷新增违法养殖筏架进行强制清理拆除，恢复海域面积逾 7 公顷。

[16]7 月 17 日，山东省海洋与渔业厅相关领导及专家一行 5 人对即墨市墨水河"测水配方"试验开展调研工作。

[17]7 月 15 日，青岛海洋科学与技术国家实验室与中国水产科学研究院共同发起成立的深蓝渔业科技创新联盟成立大会在海洋国家实验室学术交流中心召开。青岛市委常委、副市长王广正，中国水产科学研究院院长张显良，中国科学院院士、海洋国家实验室主任吴立新，农业部渔业渔政管理局副局长李书民等专家、领导以及来自农业部科技教育司、国家海洋局科学技术司、沿海省市渔业主管部门、高等院校、科研院所、金融机构、企业等 56 个单位的代表参加会议。

[18]7 月 22 日，市委召开常委会议，研究部署浒苔处置工作。省委常委、市委书记李群主持会议并讲话。

[19]7 月 26 日，2016 东亚海洋合作平台黄岛论坛在西海岸隆和艾美度假酒店开幕，标志着东亚海洋合作平台正式运行。马来西亚巴生港务局主席丹斯里江作汉，中国人民外交学会名誉会长李肇星，全国人大常委会委员、全国人大华侨委员会副主任委员、致公党中央经济委员会主任杨邦杰等中外嘉宾出席论坛。副省长赵润田，青岛市委副书记、市长张新起，国家海洋局副局长陈连增出席开幕式并致辞。

[20]7 月底，胶州湾海域养殖设施二期清理整治任务圆满完成，共清理养殖筏架约 350.8 公顷，清理网箱 983 个、看护房 89 个、平台 158 个，拆解渔船 196 艘，退还海域面积 1 907 公顷，涉及养殖户 166 户、奖补资金 5 757 万元。

[21]9 月 28 日，省委常委、市委书记李群对胶州湾保护工作进行调研。

[22]10 月 17 日，市人大常委会主任王文华带领常委会部分组成人员前往胶州湾岸线，对《青岛市胶州湾保护条例》贯彻实施情况进行执法检查。

[23]10 月 10 日，农业部渔业渔政管理局局长张显良带队来青岛调研渔业转方式调结构工作。张显良局长一行到鲁海丰海洋牧场实地调研了海洋牧场建设情况和休闲海钓产业发展工作，并召开会议分别听取了山东省海洋牧场和海洋牧场信息化建设工作汇报以及青岛市渔业转方式调结构工作情况汇报。省海洋与渔业厅厅长王守信参加调研。在青期间，青岛市委副书记杨军、副市长黄龙华分别会见张显良局长一行。

[24]10 月 14 日，市政府召开加强渔民渔船教育管理工作电视会议，主要内容是分析当前海上渔船管理工作形势，研究部署加强渔民渔船教育管理工作。

[25]10 月 28 日，青岛市政府印发《关于加强胶州湾保护工作的实施意见》，力争到 2020 年将胶州湾打造成水清、岸绿、滩净、湾美、物丰的蓝色海湾，全国海洋生态文明建设和蓝色海湾治理的示范湾。

[26]11 月 2 日，中国（青岛）国际渔业博览会开幕。农业部副部长于康震、农业部渔业渔政管理局局长张显良、副局长刘新中参加相关活动。

[27]12 月 22 日，龙盘、西海岸、灵山等 3 处海洋牧场获批国家级海洋牧场示范区。

（青岛市海洋与渔业局　于　晓）

宁波市渔业

【概况】 2016 年，宁波市海洋与渔业事业围绕"六个加快""双驱动四治理"战略决策，以经济建设为中心，以“十三五”规划为引领，平稳健康发展，实现“十三五”良好开局。2016 年全市海水产品总产量 105.12 万吨，渔业产值 128.23 亿元，分别比上年增长 1.7% 和 2.3%；渔民人均纯收入 2.79 万元，比上年增长 10.1%。

1.行业发展规划 形成以“十三五”海洋事业发展、现代渔业发展两大综合性规划为龙头，海洋环境保护、远洋渔业、休闲渔业、海岛保护等子规划为支撑的框架格局。

2.产业发展 强化示范引导，宁海三门湾现代渔业园区项目建设得到快速推进，渔业标准化建设成效明显，申报行业标准 1 项，制定(修订)渔业地方标准 6 项，新建国家、省、市级渔业标准化示范区 9 个，全市渔业标准化实施率保持在 60% 以上。截止到 2016 年年底，全市创建部级水产健康养殖示范场 55 家、核心示范面积 4 600 多公顷，辐射带动超过 1.33 万公顷，建成渔业主导产业示范区 10 个、渔业精品园 52 个。优化养殖模式，推广稻鱼共生(轮作)、贝藻间养、多层级鱼虾蟹贝混养等多种生态健康养殖模式，完成稻鱼轮作(共生)面积推广超过 167 公顷、生态养殖模式技术推广 400 多公顷。市政府出台《关于加快远洋渔业发展的实施意见》，10 艘新建及 7 艘续建的远洋渔船获得国家发改委补助资金 5 785 万元，全市休闲渔业企业年接待游客超 320 万人次，年产值 3.1 亿元。加强科研攻关，组织实施一批重大(重点)攻关项目，部分科技攻关和成果转化取得实质性进展，东海银鲳苗种驯化养殖、沙塘鳢人工繁育等关键技术取得良好成效，大黄鱼选育技术得到持续推进，建成集约化海水养殖废水治理工程示范点 1 个。加强渔业科技服务，建立覆盖全市的水生动物防疫检疫体系，实施新型职业渔民培训工程，举办各类渔业技术培训班 50 余期，培训渔民 2 800 余人次。

3.油补政策改革 按时下达各地渔业生产成本资金 9.12 亿元，争取油价补贴中央统筹项目资金2.78 亿元。渔民养老保障工作得到实质性进展，奉化、宁海、象山等区县渔民养老保障工作基本完成。

4.渔业安全生产 2016 年，全市共发生渔船水上生产性事故 17 起，死亡(失踪)23 人。安全监管体系不断完善，加强基层渔业安全管理组织建设，落实乡镇干部“定人联船”制度，广泛开展船东、船长、船员(家属)安全教育培训，积极创建“平安渔业示范县”和“文明渔港”，石浦渔港通过农业部“文明渔港”复评。安全监管手段不断丰富，完善渔港渔船救助信息系统，启动“互联网 + 安全”管理平台建设；开展渔船检验质量提升行动，强化渔船修造企业规范管理。隐患排查督查不断加强，捕捞渔船做到“检查一艘、合格一艘、准许开捕一艘”，休闲渔船安全管理问题得到初步整改，“预防性海外领事保护示范创建达标工作”推广到全市远洋渔业企业。

5.初级水产品质量安全情况 全年抽检产地初级水产品 1 548 批次、合格率 99.5%、阳性样品追溯查处率达 100%，未发生一起水产品质量安全突发事件。推进基层监管队伍建设，全市 99 个涉渔乡镇(街道)、205 个重点渔村(社区)配备初级水产品质量安全基层监管人员 100 名、协管员 428 名。加强水产品追溯体系建设，开展“三大一严”“两违两超”“大黄鱼专项整治”等整治行动，严查严处初级水产品质量安全领域存在的系统性、区域性风险隐患，严厉打击人为蓄意使用违禁渔(兽)药物等违法行为。全年出动执法人员 1 093人次、检查生产场所 621 家、责令整改 11 家、移送公安 2 起、行政处罚 3 起、罚没金额 2.1 万元。

6.防灾减灾抗灾 精细化观测预报能力不断强化，发布大浪预警报 56 期，风暴潮警报 14 期，预警报手机短信 5 万余条；发布各类日常海洋预报 7 850 份，上传至全国海洋预报产品数据库预报产品 519 份，数据上传率99% 以上。防灾减灾应急处置能力不断提高，完成市县海洋灾害应急指挥平台和象山港、三门湾两个监控雷达建设，推进实施象山港区域水上应急抢险救助船建造。渔业互助承保方式不断优化，水产养殖互助保险持续推进，基本实现全市渔船和渔民人身保险全覆盖。2016 年全市承保渔船 5 184 艘、渔民人身互助保险 22 706 人、水产养殖总承保面积 2 700 公顷，收取保费 1.42 亿元，承保额度达 162.98 亿元，支付保险赔款 7 509.95 万元，发放无理赔事故安全奖 637.92 万元，在降低灾害损失、维护渔区稳定等方面发挥了积极的兜底作用。

7.顺利完成“经济社会转型升级三年行动计划”任务 项目计划总投资 1.18 亿元，实际完成投资1.35 亿元，完成年度计划的 114%。其中，池塘标准化改造项目完成投资 7 616 万元，完成改造面积 3 759 公顷，稻鱼设施改造与池塘尾水排放沟渠等基础设施建设加快推进；海洋牧场建设项目完成投资 2 762 万元，建设紫菜增养殖海藻场 100 公顷，象山港海洋牧场核心示范区建设项目基本完成，开展了阶段性综合功效评价；海洋与渔业防灾减灾体系项目完成 投资 3 100 万元，重点开展了海洋防灾组织、预警报、安全避险、海洋灾害风险评估与区划等工作，象山石浦中心渔港扩建项目顺利开工。

8.以“两战”为重点推进渔场资源修复振兴 全面打响“幼鱼保护攻坚战”和“伏季休渔保卫战”，深入推进治渔具、抓伏休、护幼鱼、健机制等各项工作，渔场修复振兴及“一打三整治”行动进入新阶段，全年开展渔政执法 2 019 次，查获涉渔“三无”船舶 124 艘，完成“船证不符”渔船整治 2 529 艘，清剿违规禁用渔具 8 万余顶(张)，查处涉渔案件 445 件(移送公安机关 32 件，刑拘 93 人，网上追逃 1 人)。紧抓部门协同、联动管控这一关键点，构建常态长效监管机制，组建了市县两级流通领域联合执法行动小组，实行伏休期间集中办公、联合执法；实施水产品交易“索证索票”制度，加强流通环节违禁渔获物监管；开创无人机巡查执法和空气动力艇清理新模式，执法效率大幅提升。各区县(市)因地制宜、积极作为，运用责任落实、行刑衔接、油补扣减、宣传造势等综合手段，有力推动执法行动深入开展。行动成效显著，部门联动、市县联动进一步紧密，监管合力初步形成，违法捕捞幼鱼现象得到有效遏制，全社会保护幼鱼氛围初步形成，宁波市荣获全省“一打三整治”第一阶段唯一的考核优胜市。宁波市海洋与渔业执法支队及宁海县、奉化区执法大队被评为全省“两战”工作先进集体，中国海监 7028 船获得“2015—2016 年度国家海洋局青年文明号”称号。

【重点渔业市(县)基本情况】

宁波市重点渔业市(县、区)基本情况

县(市、区)	渔业总产值(万元)	渔业增加值(万元)	水产品产量(吨)	其中				养殖面积(公顷)	
				海洋捕捞	海水养殖	内陆捕捞	内陆养殖	海水	内陆
象山	591 613	207 062	606 292	469 751	115 435		11 051	10 670	2 667
宁海	228 588	73 668	157 514	8 306	143 722	249	5 237	14 862	2 086
奉化	169 660	51 653	156 887	148 338	5 575	845	2 129	1 055	1 318
慈溪	163 792	49 009	47 498	2 325	17 640	2 077	25 456	5 038	7 270
余姚	54 668	20 412	23 484	1 567		2 193	19 724		3 543

【大事记】

[1]1 月 20 日，国家渔业船舶检验局领导来宁波市考察远洋渔船建造，申报及检验的工作情况。

[2]宁波市海洋与渔业局被宁波市人民政府评为“2015 年度安全生产工作先进集体”。

[3]2 月 26 日，宁波市海洋与渔业执法支队最新引进的空气动力艇投入使用，专门用于开展滩涂、潮间带执法工作。

[4]象山县获评 2014—2015 年度“全国平安渔业示范县”。

[5]根据浙江省人民政府令第 34 号，300 ~ 441 千瓦的海洋捕捞渔船的海洋渔业捕捞许可证权限由省局下放到设区市级的海洋渔业部门。3 月 8 日，浙象渔 13017 的船主在市行政服务中心海洋与渔业窗口办理了该船的渔业捕捞许可证，这是宁波市首次审批办理 300 千瓦以上的海洋捕捞渔船的渔业捕捞许可证。

[6]4 月 14 日，参加 2016 年“中美渔业双边会谈”的代表团成员赴象山考察。

[7]5 月 10 日，农业部渔船检验局副局长刘晴和处长彭晓华来宁波调研渔船检验改革试点工作。

[8]5 月 30 日，浙江渔场修复振兴暨 2016 年海洋伏季休渔管理工作会议在宁波召开。省委副书记王辉忠参会并讲话。省协调办主任、省海洋与渔业局局长黄志平通报了浙江渔场修复振兴目标责任第一阶段考核情况。宁波市人民政府被评为考核优胜单位，宁波市海洋与渔业局等全市 8 家单位被评为行动先进集体，宁波市海洋与渔业局渔政渔监处林建国处长等全市 30 名同志被评为行动先进个人。市委副书记余红艺在会上代表宁波作表态发言。

[9]7 月 1 日，浙江省塘养梭子蟹气象指数保险试点首批保单在象山县成功落地。

[10]7 月 28 日，中国工程院院士、中国海洋大学麦康森教授、英国斯特林大学 Douglai Tocher 教授和宁波大学周岐存教授等水产专家来到位于宁波市海洋与渔业科技创新基地的市水产养殖动物营养与饲料院士工作站，指导大黄鱼、银鲳等海水鱼类养殖研究工作。

[11]9 月 9 日，第十九届中国(象山)开渔节青年志愿者蓝色护海行动暨“善待海洋 共护幼鱼”志愿项目启动仪式在石浦海丰广场举行。浙江省海洋与渔业局党组成员、副局长童加朝，共青团宁波市委书记鲍娴萍出席。

［12］12 月上旬，为落实市政府综合执法改革精神，推进内陆渔政执法权向综合执法部门转移，宁波市海洋与渔业局、宁波市综合行政执法局在宁波市海洋与渔业局召开了内陆渔政执法权移交推进会。

（宁波市海洋与渔业局　刘御芳）

厦门市渔业

【概况】 2016 年，厦门市实现渔业经济总产值 47.98 亿元，比上年减少 11.34%。一是水产品总产量 4.44 万吨，比上年 5.21 万吨减少 14.8%，产值 10.88 亿元；其中水产养殖 2.03 万吨，比上年 2.49 万吨减少 0.46 万吨。捕捞产量 2.41 万吨，同比上年 2.72 万吨减少 0.31 万吨，主要是远洋企业 2016 年部分渔船进厂维修，远洋捕捞年产量较上年有所降低。水产苗种产量 2 745.7 亿尾，比上年略有减少；产值 4.69 亿元，反而比上年 4.44 亿元增长 5.63%，主要是 2016 年普通苗种的价格比较高，基本都稳定在 13 元/万尾以上。二是水产品加工产值 21.08 亿元，比上年减少 20.60%，主要是受东南亚和俄罗斯进口政策影响，加上水产龙头企业调整部分生产线至外地导致本地产量减少，以及部分企业停产、破产。三是水产流通服务业 10.99 亿元，中埔批发市场水产品交易量 8.03 万吨，比上年略有减少，主要是消费需求量缩减。休闲渔业达 1 000 万元。主要经济指标情况如下：

（1）水产品产量。全市水产品总产量 4.44 万吨，比上年 5.21 万吨减少 14.8%。

（2）水产养殖业生产。全市养殖产量 2.03 万吨，比上年 2.49 万吨减少 18.47%。其中海水养殖产量 1.01 万吨，比上年 1.25 万吨减少 19.37%；淡水养殖 1.02 万吨，比上年 1.24 万吨减少 17.74%。水产养殖面积 2 741 公顷，比上年 3 118 公顷减少 12.09%，其中海水养殖面积 1 654 公顷，淡水养殖面积 1 087 公顷。

（3）水产捕捞业生产。全市海洋捕捞 2.41 万吨，比上年 2.72 万吨减少 11.40%。2016 年远洋捕捞产量比上年减少 0.37 万吨；近海捕捞 0.6 万吨，比上年 0.54 万吨略有增加。全市机动渔船 1 827 艘，比上年 1 837 艘减少 10 艘，渔船功率 104 543 千瓦，比上年 79 466千瓦增加 25 077 千瓦；主要是远洋渔船数量增加。按功率分：441 千瓦以上的船 69 艘，比上年增加 28 艘；441 千瓦（含）以下渔船 1 070 艘，比上年减少 29 艘；按作业类型分：拖网渔船 50 艘，较上年增加 28 艘；围网 16 艘，与上年持平；刺网 830 艘，比上年减少 6 艘；张网 19 艘，与上年持平；钓业 17 艘，与上年持平。

（4）水产苗种生产。水产苗种产量 2 746 亿尾，比上年 2 749 亿尾减少 0.11%；产值 4.69 亿元，比上年 4.44 亿增长 5.63%。

（5）水产加工业。全市拥有水产品加工企业约 9 家，规模以上加工企业 8 家，水产加工量 14.20 万吨，比上年 15.15 万吨减少 6.27%；水产品加工产值21.08 亿元，比上年 26.55 亿元减少 20.60%。

（6）水产品流通。厦门中埔水产品批发市场总交易量 8.25 万吨，比上年 8.03 万吨增长 2.74%，交易额 36.64 亿元，同比增长 5.65%。

（7）水产品出口。水产品出口总量 5.15 万吨，比上年 8.16 万吨减少 36.89%；出口额 22 706 万美元，比上年 25 739 万美元减少 11.79%。

（8）渔业经济情况。全市水产业一、二、三产业经济总产值为 47.98 亿元，比上年 54.12 亿元减少 11.34%。第一产业产值（包括苗种）10.88 亿元，比上年 12.46 亿元减少 12.68%。其中捕捞产值 2.66 亿元，养殖产值 3.53 亿元，苗种产值 4.69 亿元。第二产业产值 26.01 亿元，比上年 31.13 亿元减少 16.45%，其中水产品加工产值 21.08 亿元，比上年 26.55 亿元下降 20.60%。第三产业产值 11.09 亿元，比上年 10.53亿元增长 5.31%，其中水产流通值 10.99 亿元，比上年 10.40 亿元增长 5.67%；休闲渔业 1 000 万元，比上年 1 300 万元减少 23.08%。一二三产比重为 23∶54∶23，与上年第一产业比重持平，第二产业比重减少，第三产业比重增加。

1. 休闲渔业 引导规范管理厦门小嶝休闲渔村，推动休闲渔村品质的提升，将小嶝休闲渔村推向全国，小嶝渔村已成为一座“旅游、休闲、度假、娱乐”为一体的综合旅游度假景区，年产值达 1 200 万元。

2. 远洋渔业 贯彻落实国家、省、市工作部署，稳妥发展远洋渔业，全市 6 家远洋渔业企业、86 艘远洋渔船，另有 38 艘船网指标，作业海域分布北太平洋以及几内亚、缅甸，拥有印度尼西亚、缅甸、几内亚等 8 个境外远洋渔业基地。落实“一带一路”战略，19 艘远洋渔船从印度尼西亚转场巴基斯坦、几内亚和马来西亚等新渔场，厦门渔业企业与马来西亚皆富集团合作开发柔佛州对虾养殖综合基地，与印度尼西亚万来渔业公司达成合作建设水产加工厂的意向。2016 年，远洋渔业捕捞总产量 1.8 万吨、产值 2.0272 亿元，渔获物回运厦门1.4332万吨，价值 1.6140 万元，为市民菜篮子提供优质海产品。发放部、省补助资金 11 351 万元，发放厦门地方补助资金 228.7 万元。同时，加强管理，出台《厦门市远洋渔业安全管理规定》等文件，确立了应急处置、经营管理、灾害事故、船舶位置等一系列报告制度，确保厦门远洋渔业规范、有序发展。

3.水产品加工流通业 推动产学研相结合，引导水产加工业转型升级。福建安井食品股份有限公司在上交所A股成功上市，集美大学开展“利用对虾加工副产物制备天然蛋白酶及重组蛋白酶的高效表达与产业化应用”，厦门新颖佳生物科技有限公司开展“循环水高密度石斑鱼养殖及红螯螯虾育苗技术研究”，福星（厦门）生物科技有限公司进行了“对虾生物活性饲料的关键技术开发”。

4.水产苗种业 选择厦门市厦兴龙水产种苗有限公司、厦门市龙程水产科技有限公司企业、厦门市新荣腾水产技术开发有限公司3家苗种生产企业，开展凡纳滨对虾苗种企业标准化试点工作，于2016年12月，在福建省标准化平台（企业自我声明平台）成功进行企业生产标准的登记；通过开展苗种企业生产标准化试点推广工作，影响和触动厦门市水产苗种行业从业人员改变“注重产量轻视质量”的老观念，以品牌优势和比较优势，在品质、效益、生态、环保等方面提高和带动行业经营意识，逐步营造行业自律和诚信经营氛围，促进水产苗种产业健康、可持续发展。

5.水产品质量安全监管 2016年厦门市水产品质量安全水平稳步提升。制定并落实创建国家食品安全城市工作方案、治理餐桌污染、年度监管工作方案等，成立批发市场水产品质量安全专家组，坚持市区联动、检打结合，以水产苗种场、养殖场为重点，打击产地水产品安全违法行为。依法开展批发市场水产品安全监管，坚持每月不少于8次夜间执法检查，指导督促市场开办者和经营户落实安全主体责任，全年共发出16份整改通知书并督促整改，责令8家经营户暂停相关品种的经营，对5家经营户137千克的产品进行扣押、下架退市处理，立案查处1起处罚3 500元。开展水产品质量安全各级各类监测600多批次，其中产地药残监测合格率100%，批发市场药残合格率96%，农业部市场例行监测合格率96%。继续开展水产品风险评估调研和渔业环境水质监测，掌握水产品质量情况和渔业环境现状。

6.渔业科技培训与推广 组织专业技术人员参加研讨会、专业培训和网络远程继续教育培训153人次，聘请具有行业实践经验的专家教授组成专家队伍，服务科研和技术推广工作。围绕水产品安全监管工作，对全市56名村级渔技员按区镇村进行分工实行网格化管理，开展《水产养殖质量管理员》职业技能鉴定，53人获职业技能鉴定证书。组织编写《对虾苗种繁育技术》（含初、中、高级）职业技能鉴定教材，已由中国海洋出版社出版。组织55名渔民参加新型职业农民大专学历培训，开展渔业技术培训25期132场1 466人次，有效提升渔民养殖生产技术水平。

7.渔业对台合作交流

一是以休闲渔业博览会为平台，增进对台休闲渔业合作。2016中国（厦门）休闲渔业博览会暨海峡两岸水族·钓具展“突出”对台休闲渔业产业合作与交流的主题。展会在厦门国际会展中心M3馆举办，来自我国台湾省参展企业达30多家，展位72个，设有“台湾荧光鱼暗夜城堡展示区、台湾休闲渔业模式与文化区、台湾观赏水族展示区”三个展区。

二是落实厦门市“一带一路”战略，加强渔业对外合作交流。莫桑比克伊尼扬巴内省省长代表团一行7人到市海洋与渔业局了解厦门渔业发展情况及渔业加工业的发展情况，学习相关管理经验并寻找合作机会。与澳门至善有限公司就厦门与葡语系国家开展远洋渔业捕捞及其他经贸情况进行交流座谈。牵线搭桥促成同安区、海沧区对接马来西亚皆富集团养殖“走出去”项目，推动渔民养殖能手到东南亚等“一路一带”沿线投资创业。

8.2016年第九届中国（国际）厦门休闲渔业博览会暨海峡两岸水族·钓具展 第九届中国（国际）厦门休闲渔业博览会暨海峡两岸水族·钓具展，展馆面积13 000平方米，标准展位757个，其中东盟国家国际展位20个，来自福建、广东、浙江、上海、江苏、河北、山东、湖南等国内20多个省（自治区、直辖市）及我国台湾地区以及东盟国家近400家企业参展。设置观赏鱼展区、休闲渔业模式展区等6个展区，开展了锦鲤评比、水草造景、金鱼评比等活动，台湾荧光鱼展览、台湾休闲渔业和400平方米的水上体验区再放亮点，增设全国休闲渔业示范基地精品展区，集中展示了农业部评选的全国示范基地中较为优秀的、示范和带动作用较为明显的休闲渔业基地60家。3天的展览共吸引国内外参观人员62 000多人次。

9.农业部在厦门召开首届全国休闲渔业工作会 2016第九届中国（国际）厦门休闲渔业博览会期间，农业部在厦门同期召开全国休闲渔业工作会和（首届）中国休闲渔业高峰论坛。农业部副部长于康震、福建省副省长黄琪玉、厦门市人民政府副市长张毅恭和全国各地渔业主管厅（局）领导共120多人出席会议。会议总结和展示全国休闲渔业发展成果，研究部署“十三五”期间休闲渔业发展工作，充分展现了福建省和厦门市休闲渔业的发展成就。

10.渔港与渔船建设管理 2016年，厦门登记在册渔业船舶1 739艘，其中捕捞渔船1 055艘，总吨位2 904.3吨，主机总功率为9 049千瓦。捕捞渔船按作业类型分：拖网渔船 2 艘，灯光围网 5 艘，刺网渔船 822 艘，张网渔船 3 艘，钓业渔船 16 艘，其他杂渔具渔船 207 艘。现有渔港 4 个，其中中心渔港 1 个，群众渔港 3 个。共检验渔业船舶 1 459 艘次，办理船舶进出渔港签证 1 929 艘次。

11. 渔业安全生产与防御台风 2016 年渔业安全生产保持平稳态势，没有发生重大渔业安全生产事故，被省海洋与渔业厅评为 2016 年度安全生产先进单位。闽台高崎中心渔港获农业部、国家安监总局联合复评为“全国文明渔港”。落实“党政同责、一岗双责、失职追责”，层层分解安全生产目标责任。开展安全发展示范城市创建、渔业安全宣传教育、渔业安全生产标准化建设、安全执法专项行动、安全生产大检查和安全生产目标责任考评等工作，全年无发生重特大渔业安全生产事故。

防御“莫兰蒂”台风工作圆满完成。未雨绸缪，科学施策，及时启动各类应急预案，发送预警和提示信息近 2 万条，发放防台宣传单 2 000 多份。做好防台风准备工作，完善防台风工作预案，开展防台风应急演练和物质储备。台风来临前海洋与渔业系统分成 7 个工作组分别对渔港、清淤工程、岸线修复工程、各排污口进行检查，排除隐患。各区共组织督促 1 761 艘本地渔船进港避风，渔工撤离上岸 4 044 人次；闽台避风港有序组织 577 艘船舶进入高崎渔港避风，组织 3 368 名船上人员到高崎避险中心避风，实现了“不死人、少损失”的目标。台风过后率先联合社区开展道路清理等救灾复产工作，及时打捞渔港内的沉船，保障灾后水产品市场供应，开展灾后渔船查勘定损理赔，清理鼓浪屿、环岛路沙滩等。防台和救灾工作得到国家海洋局、农业部渔业渔政管理局和市委、市政府的充分肯定，获市委、市政府授予防灾减灾先进单位称号。

12. 渔业资源增殖放流 2016 年，开展“6·6”放鱼日和“6·8”全国海洋宣传日“等增殖放流活动，与金门在厦金海域联合增殖放流，促进厦金两岸的互动交流。全年共举行放流活动 7 次，放流大黄鱼、黄鳍鲷、真鲷、黑鲷、三疣梭子蟹二期幼蟹苗等海水鱼苗约 821 万尾（只），丰富海域生物多样性。协调指导海洋工程业主单位开展增殖放流生态补偿工作，计划 6 512万尾（粒），实际完成 7 302 万尾（粒），超额完成 12%。

13. 渔业项目与渔业企业情况 渔业企业在保持传统优势的基础上，加快向现代种苗业、工厂化健康养殖、水产品精深加工和海洋生物制品等方向转型升级，通过厦门市海洋经济专项资金扶持，在建渔业转型升级项目 7 个，其中 2016 年新增 4 个，项目总投资达7 933.5万元。通过项目扶持，渔业企业在关键技术研发、新品种培育等方面取得成效，日本囊对虾“闽海 1 号”、鲍鱼新品种“西盘鲍”等获批国家水产新品种。

（厦门市海洋与渔业局）

新疆生产建设兵团渔业

【概况】 2016 年，兵团积极贯彻落实全国渔业渔政工作会议、全国渔业转方式调结构现场会精神和农业部《关于加快推进渔业转方式调结构的指导意见》的部署，按照兵团推进供给侧结构性改革的各项要求，围绕“满足市场需求，增加职工收入，促进环境改善”的行业目标，创新举措，狠抓落实，重点突出，工作扎实，全力推进兵团渔业提质增效、健康发展。水产品总量 5.17万吨，增加 5 600 吨，增长 12.1%，其中养殖产量 50 867 吨，增加 5 187 吨，增长 11.3%；淡水捕捞产量 905 吨，增加 468 吨，增长 107.1 %；养殖水面面积 38 271公顷，增加 984 公顷，增长 2.6%；渔业产值 7.18 亿元，减少 0.23 亿元，减少 3.1%；繁育各类鱼苗 5.43 亿余尾，减少 4.42 亿尾，减少 45.7%，生产各类鱼种 2 553吨。

1. 水产品质量安全监管 切实履行监管职责，确保水产品质量安全。一是加大宣传力度。兵团水产局作为兵团食品安全委员会的成员单位，积极利用兵团渔业微信平台和兵团食品安全宣传周活动大力宣传水产品质量安全的重要性，强化生产者的责任意识；二是加强监管。继续开展专项整治行动，打击非法添加和违规使用禁用渔药行为，推进健康养殖。印发了《2016 年兵团水产品质量安全监管工作要点》，5 月底至 6 月初，兵团水产局对水产苗种生产集散地六、八、十师的重点苗种生产企业进行专项检查；7～9 月，对一、二、三、四、七、十二师重点渔业产区组织开展交叉执法检查，加大对养殖投入品环节监管力度；指导第一、八师水产局开展水产品药残检测。全年未发生水产品质量安全事故，水产品市场价格保持平稳。

2. 农业部健康养殖示范场创建 2016 年继续开展农业部健康养殖示范场创建和管理工作，新疆泉盛渔业有限公司、石河子市泉水湾生态养殖公司等 5 家单位获得了农业部健康养殖示范场称号。兵团现已有 27 个农业部水产健康养殖示范场，创建面积 2 868 公顷。

3. 水生生物资源增殖放流 继续开展以鱼类资源增殖放流为重点的水生生物资源养护工作。6 月 6 日“放鱼节”，兵团水产局组织八师和十师水产局，分别在阿依娜湖、大泉沟水库和阿克达拉水库开展增殖放流，投放常规鱼夏花苗种 1 200 万尾，伊犁裂腹鱼、河鲈、东方欧鳊、额河银鲫等特有经济鱼类苗种 40 万尾。

4. 渔业油价补助改革 兵团财务局、水产局于 2016 年 7 月 26 日印发了《新疆兵团渔业油价补贴政策调整实施方案》，按照方案要求完成了各师池塘改造申报项目现场核验和渔船油价补助的初核、汇总、测算及公示等工作，补助资金已经下达各师。

5. 渔业船舶管理 圆满完成农业部安排的内陆渔船“三证合一”工作，组织检查组到船只现场查验渔船 324 条，落实安全责任，宣传安全知识，淘汰不合格船只。举办渔船登记业务骨干培训班，培训人员 20 余人。

6. 渔政执法队伍建设 在水管体制改革的推动下，兵师两级渔政执法机构框架现已基本形成，目前部分师渔政执法人员已到位，11 月 1 ~ 3 日举办了兵团渔政执法人员上岗资格培训班，培训执法人员 95 人。

【重点渔业生产单位基本情况】

新疆生产建设兵团重点渔业师基本情况

市(县、区)	总人口（万人）	渔业产值（万元）	水产品产量（吨）	其中		养殖面积（公顷）
				捕捞	养殖	
第一师	32.68	5 978	4 982		4 982	8 481
第二师	19.79	7 367	5 279		5 279	1 491
第四师	23.37	13 984	10 259	300	9 959	1 081
第八师	60.89	9 055	6 878		6 878	2 922
第十师	9.4	15 661	10 494	605	9 989	10 080

〔新疆生产建设兵团水利(水产)局 林旭元〕

全国渔业重点事业单位

农业部渔业船舶检验局

【概况】 2016年渔业船舶检验工作紧紧围绕农业部党组中心工作，根据全国农业工作会议和全国渔业工作会议工作部署，按照农业部农业农村经济工作要求和“加快推进渔业转方式调结构”要求，以农业部副部长于康震在全国渔船检验工作会议上提出的“十三五”时期渔船检验工作要建设“四大体系”为工作目标，通过创新工作机制和工作方法，主动适应全面深化改革要求，服务渔业经济发展大局，积极推进职能转变，夯实监管基础，建设“服务型”船检机构，切实发挥了船检工作保障渔民生命财产安全和防止环境污染、渔船捕捞强度管控和支撑现代渔业建设和平安渔业建设的基础性作用。截止到2016年12月31日，全国实检登记在册渔业船舶和地方政府临时纳入检验管理的渔业船舶共计483 702艘，认可船用产品检修检测机构182家，审核船用产品型式认可1 290个，检验船用设备类产品533 653台件，审批渔业船舶图纸11 699套。

1. 加强渔船检验执法监督，努力提高检验质量 充分发挥远洋渔业协会优势、调动企业参与积极性，规范远洋渔船检验工作程序和流程。共组织了21个境外检验团组，完成了2 224艘远洋渔船检验发证任务，按时办结率100%、检验发证无差错率100%、团组按时出发率100%。针对“双国籍”远洋渔船检验管理和历史形成的“渔船吨位”管理难点，研究制定了“渔船吨位证书”的处理意见和改变缅甸远洋渔业项目渔船检验现场监管方式的意见，破解了检验监管难题。组织开展了海南批量渔船建造检验和海警船换证检验等重点渔船检验管理，保证了海南渔船全部顺利完成检验交船和海警船按期换证，得到了中央军委、国防部和中国海警局的充分肯定。引入了第三方专业技术力量为技术支撑，加强对全国渔业船舶安全技术状况监督抽查，提高渔船安全技术水平，对沿海9省（自治区、直辖市）36艘大中型渔船试点进行抽样检查，总体合格率为84.1%，对存在安全问题渔船进行了通报，提出了限期整改和验收要求；对存在工作质量不高、工作程序不到位的检验机构进行了通报批评。针对远洋渔船安全事故增多的情况，首次组织开展境外远洋渔船安全设备装船后安全状况摸底调查工作，组织验船师对南太平洋、南美、西非120余艘过洋性渔船的救生、消防、通导设备配备和安全状况进行摸底调查，为下一步开展安全设备装船后安全状况整治提供了依据。组织指导各省开展产品质量专项整治，2016年全国专项抽查共检查了2.6万艘渔船，抽查了救生、消防以及通导设备等船用产品20.7万台件（只），查处假冒伪劣产品1.93万台（件），要求更换设备1.9万台（件）。对沿海11个省份、30个渔港、100艘海洋渔船、100只救生筏、582个手提式灭火器、52个应急无线电示位标的监督抽查和4个应急无线电示位标生产企业封样检测工作。对存在产品质量安全问题的涉事企业进行了我国渔船检验工作开展多年以来的第一次约谈，提出了整改要求和处理意见并进行了通报，对问题较为突出企业进行了暂停其认可证书6个月的处罚。开展了标准救生筏检修站示范创建，严格了救生设备检测检修管理，确保救生筏能够在紧急情况下发挥作用，强化企业的产品质量安全责任。

2. 深入开展渔船安全管理调研，不断提高支撑服务渔业中心工作的水平 结合在全国组织开展检验督导检查，组织5个调研组深入基层、渔区，摸情况、找问题，基本摸清了当前渔船检验在服务大局、执法监督、队伍素质、体制机制、财务管理等方面的主要问题以及涉渔“三无”船舶、休闲渔船有关情况，并分析研究提出了政策措施建议，撰写了调研报告。在赴我远洋渔船作业集中地区开展境外检验点建设调研并执行检验任务时，对远洋渔船检验管理情况和区域性远洋渔业发展情况作了充分调研，针对近年来远洋渔船快速增长给渔业资源、渔船管理及渔业安全生产带来的诸多问题，进行了认真分析和研究，研究并提出了相关远洋渔业管理工作及发展等方面的建议，形成了多份调研报告。全年派出的20多个境外检验组也结合具体检验工作，对加强远洋检验管理和提高渔船安全管理水平进行了调研，形成了22份调研报告。同时，积极配合农业部办公厅，邀请国务院行政审批制度改革工作领导小组办公室有关领导联合开展专题调研，加强对渔船修造企业建造许可研究，从源头上管控"三无"渔船的产生。2016年12月初，在专题调研基础上，召开全国渔船检验监督管理工作座谈会，分析了当前渔业船舶检验监督管理工作面临的新形势新要求，探讨渔船检验监督管理机制创新的路径，推动了全局全系统"转变观念、统一认识、推动创新"，使渔船检验"航母编队"方向更加明确，提高凝聚力战斗力，同时将相关调研成果写入规划，将成果转化为系统工作部署。完成了283个渔船用柴油机型谱的日常审核，211个型号获得通过。组织实施了对渔船用柴油机型谱与标识专项核查，对河南等11个省（自治区、直辖市）12家渔船用柴油机生产企业、21艘大中型海洋捕捞渔船柴油机进行型谱核查，对核查中存在问题的企业进行了约谈和通报，要求做好整改措施落实。研究编制了《我国渔船及装备技术发展中长期规划纲要》，提出了"十三五"我国渔船及装备发展指导思想、发展目标和主要任务，列出发展重点方向，对制定渔业"十三五"规划将发挥积极作用。制定了《推进全国海洋渔船更新改造标准船型评选工作方案》并实施，研究提出了渔船标准化船型选型评价方法，采集了1 500多艘渔船的实际数据，研究确定了标准化船型的主要参数选项范围，对开展渔船标准化选型工作具有重要指导意义。承担并完成了农业部渔业渔政管理局分配的小型渔船清洁能源应用试点技术方案研究工作，启动了样船制造工作。组织开展了国内首套金枪鱼大型围网成套设备技术评价推进工作、渔船安全预警报警系统研究、渔船主机排放影响因素调查研究工作，组织开展了多项新能源、新技术、新材料、新工艺在渔船上应用的研究和开发，有力推进渔船船型标准化管理和渔船装备水平提升。

3.改革创新，不断完善检验监督管理机制 以《渔业法》修订为契机，组织开展了渔船检验法律法规体系研究，完善法规制度顶层设计。启动了《渔业船舶检验条例》修订工作，开展了渔业船舶检验工作程序规定（拟以部令发布）制定工作。研究制定了《远洋渔船检验管理办法》，稳步推进检验管理工作。全力推进了缺陷船用产品召回规定制定，完成了远洋渔船等各型渔船检验规则、规范、指南等技术法规及船用产品监管制度的编制工作，全面开展了法规清理和检验规则评估工作。贯彻落实国务院有关简政放权和加强取消许可审批项目后的事中事后监管要求，组织制定并以农业部办公厅文件印发了《关于加强渔船建造开工管理的通知》，强化了渔船的建造要求。全年共完成各类检验技术法规制（修）订8部，出台5部，完成检验管理性文件13件，有力保证了渔船检验有序开展。按照"检管分离"改革思路，报请农业部领导批准，重点推进了山东、浙江、广东等地改革试点，强化检验监管工作要求，指导各地在检验改革工作中不断探索。积极探索注册验船师制度，借鉴交通部注册验船师制度实施的成功经验，向农业部人事劳动司报送实施（渔业船舶类）注册验船师制度的工作方案和验船师资格纳入专业技术职称管理的报告，为增强验船师"含金量"奠定基础。开展了机构业务管理规定以及验船师资格考评管理规定的制（修）订，完成了检验队伍建设"十三五"培训规划，制定了验船人员培训教学大纲体系，制定了培训定额标准。按照年度培训计划，重点实施了全国验船人员的入职培训、能力培训和专业基础培训等3类培训工作，提升了检验人员执法水平。研究制定了"智慧船检"系统建设实施方案，推动项目得到了农业部批准。编制了系统总集成和监理项目政府采购相关文件，构建了项目建设管理机制。完成了系统建设总集成和监理项目政府采购工作，加强与系统建设相关单位充分沟通，协商资源利旧与系统部署，确保项目推进。以建立完善管理办法为核心，编制了《"智慧船检"工程管理办法》。同时，开展信息化建设调研，统一全国渔船检验信息建设标准，打通全国信息化建设的互通桥梁，促进了渔船及船用产品检验监管能力和水平的提升，为强化和提高检验执法手段打下坚实基础。另外，还进行了内地、香港特区、澳门特区三方检验工作交流和中韩渔船检验定期交流，与澳门特区签署了合作协议，参加了韩国"第一届中小型船舶安全论坛"，不断强化国际渔船海事工作。深入推进中国渔船标准化委员会工作，全面清理了现有标准，组织开展了能源、玻璃钢等技术领域标准体系研究和《渔船标准国际化重点项目研究》，协调开展了27项标准的制（修）订工作，建立健全渔船标准体系，确保标准符合渔业产业的技术发展需求。

4.加强机关党建和干部建设，不断提升干部能力素养 把加强单位党建工作与落实中央巡视整改、加强党的领导相结合，与推进"两学一做"学习教育、学习贯彻六中全会精神相结合，与落实党风廉政"两个责任"、提高管党治党水平相结合，与业务工作同部署同检查。深化"两学一做"学习教育，推动全体党员"四个意识"入脑入心，积极开展基层服务型党组织创建暨“比学赶帮超”，严格各支部“三会一课一费”制度落实。创新形式提升思想教育效果，农业部渔业船舶检验局领导分别带头讲党课，邀请专家专门做六中全会精神报告，持续发挥“港湾讲堂”加油站作用，努力打造干部职工学习充电的综合平台。深化“两个责任”落实，全面提升政风行风建设水平，制定了行业《渔船检验执法人员廉洁自律“八不准”》，严明执法纪律。积极迎接2016年农业部党的建设四项工作综合督察工作，得到了农业部督察组的充分肯定，成效明显。按照“三严三实”“三靠两有一底线”和20字好干部标准，提拔转任7名处级干部，交流轮岗12人次，进一步深化了“公道正派、风清气正，团结进取、开拓创新”的渔船检验核心价值观，也为更好地推动“十三五”渔船检验重点工作目标实现储备人才。扩大干部培养锻炼深度，全年共有10名干部参加农业部人事司举办的相关干部培训，1名年轻干部被人事司选派到基层挂职，共形成了10篇汇报稿。通过培训锻炼，帮助干部完善知识结构，提高工作能力，提升工作积极性和创造性。同时，积极选派干部到境外开展远洋渔船检验工作及调研，共有6位处级及以下干部参加境外检验工作锻炼。组织团员青年开展践行“两学一做”“青年说”活动，“热爱渔船检验，争当合格团员”主题实践，全面营造学习氛围和舆论氛围，团支部获得2013—2015年度中央国家机关五四红旗团支部。

（农业部渔业船舶检验局）

中国水产科学研究院

【概况】 2016年，在农业部的正确领导下，全院按照“改革创新、顶天立地、人才优先、协同发展”的工作主线，开拓创新，锐意进取，扎实工作，各项工作取得新的重要进展。

1.科研项目与成果产出 2016年，全院获得科技成果奖励65项次，其中，省部级以上奖励29项次。全院有2个水产新品种通过审定；获得授权专利400项，其中发明专利179项；发表论文超过1700篇，其中SCI和EI收录600余篇，在《自然－遗传》《分子生物学与进化》等国际知名期刊发表多篇重要研究论文。

2.科技支撑与公益服务 承担农业部为农民办实事工作任务，实施“水产种业助推提质增效增收行动”和新型职业渔民培训工程，开展各类技术指导超过600场次，培训渔民近3万人次，构建良种良法配套技术，通过培训、展览等多种方式加强宣传，深入塘边、车间开展科技推广服务，大口黑鲈“优鲈1号”良种覆盖率超过60%，中国对虾“黄海2号、3号”、南美白对虾“壬海1号”良种覆盖率显著提升，长丰鲢、杂交青虾“太湖1号”、福瑞鲤、建鲤等推广面积快速增加，有效发挥新品种新模式对渔业提质增效和渔民增收的推动作用。全院“四技服务”经费过亿元，继续保持良好的发展势头。加强与农业部定点扶贫县湖北省来凤县的渔业科技帮扶，组织专家赴甘肃、云南、广西等地调研，落实精准扶贫措施，推动贫困地区特色渔业产业发展。

3.开放办院与国际交流 按照“一带一路”和农业“走出去”战略要求，中国水产科学研究院加强与美国、欧洲和澳大利亚、新西兰等发达国家和地区的渔业科技合作，拓展国际合作项目支持渠道，组织申报“地平线2020”等重大项目，与美国海洋与大气管理局、新西兰国家水与大气研究院等外方优势机构达成合作协议或意向，引进国外先进技术，提升全院基础和前沿研究水平。推进与东盟、拉美、非洲等“一带一路”沿线国家的渔业科技交流，重点与东盟国家开展全方位合作，组织申报“中国－东盟海上合作基金”项目。发挥我国水产养殖技术和管理优势，派遣专家帮助发展中国家发展水产养殖，为40多个发展中国家培训了超过300名高级渔业技术和管理人员。

4.财政支持与条件建设 全院预算盘子继续扩大，全院人员经费有较大幅度的增长，公用经费也有不同程度的增长。获得新增运行费8项，全院13家单位获得稳定的运行费支持。重大项目取得实质性进展，2艘3 000吨级海洋渔业综合科学调查船项目初步设计获得国家发改委批复，总投资4.58亿元。国家级海洋生物种质资源库项目获得批准立项，总投资1.6亿元，拉开了中国水产科学研究院渔业生物种质资源库建设帷幕。全年共有11个项目通过竣工验收，一批中试基地、重点实验室建设项目开工，全院条件保障水平得到进一步提升。

5.人才队伍建设 加快实施“5511人才工程”，院所两级细化工作措施，在人才培养和引进方面做了积极探索并取得了实效。突出抓好领军人才和中青年拔尖人才培养，落实“高端人才海外深造计划”和“百名科技英才培育计划”。新增3名享受国务院特殊津贴专家，首次获批人社部高层次留学人员项目，7名青年科技工作者获首届中国水产青年科技奖，占获奖总数的近一半。

【黄海水产研究所】

（1）科研项目与成果。2016年共主持、承担各级各类科研课题395项，在研课题合同总经费3.319亿元，2016年累计到位经费12 881.20万元，留所经费

9 624.03万元。其中主持“973”计划项目 1 项、“973”计划课题 1 项、“863”计划课题 1 项、科技支撑计划项目和课题各 1 项、国家自然科学基金重点项目 1 项、面上青年等各类项目 49 项、科技部国际合作项目 1 项、科技基础性工作专项 2 项等。全所共申报各类课题 237 项，新上各类科研项目（课题）200 项，合同总经费 14 983.4 万元。申请专利并受理 79 项（发明 68 项，实用新型 11 项），申请软件著作权 16 项；获国家授权专利 50 项（发明 31 项，实用新型 19 项），获软件著作权 4 项；发表论文 455 篇，其中 SCI 收录或其他英文期刊论文 174 篇。获各级各类科技奖励 16 项，其中全国农牧渔业丰收奖 1 项、海洋工程科学技术奖 1 项、海洋科学技术奖 2 项、青岛市科技进步奖 1 项、水科院科技进步奖 1 项。

（2）成果转化与科技支撑服务。落实水科院“122 推广工程”，全年签订所企所地战略协议和四技服务合同 120 余项，创收收入 2 222 万元，逆势稳保 2 000 万元创收大关；认定技术合同 25 个，横向合同金额 360 万元，纵向合同金额 6 800 多万元，产学研合作遍及沿海 10 多个省份；在大菱鲆药残、对虾大规模死亡、海参高温热痹、贝类毒素、河豚产业“有条件开放”（2016 年中国海产十大年度事件之首）等事件中，积极发挥专家智慧和技术支撑作用，为产业发展保驾护航，树立了协同创新新典范。唐启升院士作为《中国大百科全书》（第三版）渔业学科主编，负责组织全国渔业领域广大科技人员进行编写工作。5 名专家分别作为北太平洋海洋科学组织副主席、特邀嘉宾和委员参加了该组织的 25 周年年会，主持、参加了渔业委员会会议和主题研讨会，为维护中国在北太平洋水域的海洋研究的影响力和话语权起到积极的作用；多名科学家作为中国政府代表团专家成员参加了国际谈判磋商，为支持相关产业发展和维护我国合法权益做出了重要的贡献。在山东、天津、江苏、浙江、河北、辽宁、福建、广东、海南等地开展科技下乡活动 90 余次，培训基层技术人员约 9 000 余人。

（3）学术交流与国际合作。2016 年度新上国合项目共计 11 项，累计合同经费 1 755.83 万元；主办或承办了 2016 年国际水产健康研讨会、2016 中韩渔业联合研究中心年会暨学术研讨会、海洋渔业资源保护与人工鱼礁国际论坛、联合国粮农组织（FAO）对虾疫病（IMNV）防控区域性合作项目国际研讨会等 4 次学术会议；主办 2016 中国－东南亚虾类疾病诊断技术培训班，联合全国水产技术推广总站共同承办 FAO 对虾疫病防控区域性合作项目国际研修班；先后与马耳他可持续发展、环境和气候部、印度尼西亚三林万业（上海）企业集团有限公司、韩国国立水产科学院西海水产研究所、韩国全罗南道海洋水产科学院、挪威海洋研究所、泰国国家遗传工程与生物技术研究中心、马来西亚登嘉楼大学等签署了 7 项合作协议，在水产养殖、遗传育种、水产病害防控等领域开展合作；组织各种类型的学术交流活动共计 50 余次，主办、承办或协办的代表性学术活动有海洋国家实验室海洋渔业功能实验室 2016 年学术交流会、海洋渔业资源保护与人工鱼礁国际论坛、海洋国家实验室第 3 次及第 7 次鳌山论坛等。

（4）人才队伍建设。1 人入选第二批国家“万人计划”领军人才人选名单；1 人获全国优秀科技工作者，1 人获国家海洋局“终身奉献海洋”纪念奖章，1 人获中国青年科技奖；2 人分获泰山产业领军人才和泰山学者青年专家；博士后研究人员获国家、山东省和青岛市博士后基金资助（补贴）金额近 300 万元，其中 3 人获中国博士后基金特别和面上资助，3 人获山东省资助。4 人获山东省优秀博士后和合作导师等表彰。招聘录用 24 人，其中博士 9 人，硕士 8 人，海外留学人员 1 人；加强青年人才培养，鼓励中短期出国研修，开展了青年（副）研究员遴选。5 人获得公派留学和交流资助，选派 4 名青年科技人员赴美国进行为期一年的公派留学。

（5）科研条件建设。国家级海洋渔业生物种质资源库建设项目获国家发改委立项批复，“北斗 2”号海洋渔业综合科学调查船进入实质性建造阶段。“海阳试验基地建设项目”通过项目初步验收，“海洋渔业可持续发展重点实验室建设项目”、“水产品质量安全风险监测能力建设项目（黄海）”通过项目竣工验收。2014—2015 年度“即墨科研基地基础设施改造项目”、2015 年度“海洋渔业科学研究中心（胶南基地）管网系统整合与新能源利用改造项目”通过项目初步验收；2016 年度“黄岛科研基地科研辅助设施配套升级改造项目”完成主体工程建设。全年完成基建、修缮项目总投资 2 800 万元。完成“北斗”号和“黄海星”号坞修工程，全年累计安全航行 16 000 海里；圆满完成青岛海洋科学与技术国家实验室首次共享航次综合调查研究任务。

【东海水产研究所】

（1）科研项目与成果。在研项目 490 项。其中，主持 421 项、参加 69 项，包括“863”计划 7 项、国家科技支撑计划 10 项、国家自然科学基金 30 项、科技基础条件平台专项 2 项、科技基础性工作专项 2 项、工业和信息化部高技术船舶计划 1 项、产业技术体系建设 1 项、行业科研专项 5 项、国家和部级其他项目 62 项、标准制(修)订项目16项、省级计划项目67项、地方其他项目13项、国际合作项目8项、基本科研业务费专项项目74项、其他项目计划190项。在研项目累计合同经费36 646.77万元,到位经费9 216.1万元,留所经费7 148.53万元。新上项目146项。其中,主持135项、参加13项,包括国家自然科学基金7项、国家和部级其他项目40项、标准制修订项目7项、省级计划项目13项、地方其他项目6项、国际合作项目3项、其他项目计划70项。新上项目合同总经费8 194.53万元,到位经费5 773.65万元,其中留所经费5 195.65万元。获得各类奖励10项。其中,主持9项、参加1项,包括海洋工程科学技术一等奖2项、上海市技术发明二等奖1项、中国专利优秀奖1项、上海海洋科学技术进步特等奖1项、中国水产科学研究院科技进步奖二等奖1项、上海市优秀发明选拔赛优秀发明奖2项、上海市水务海洋科技英才奖1项、浙江省科学技术进步三等奖1项(参加)。出版专著18部。发表论文237篇。其中SCI 68篇、EI 13篇、核心期刊125篇。SCI论文中,1区12篇,2区10篇,3区9篇,4区37篇。申请专利149项。其中发明专利68项、实用新型专利81项。授权专利96项。其中发明专利25项,实用新型71项。授权软件著作权13项。

(2)技术支撑与科技服务。进一步推动远洋渔业学科群申报工作。积极申请建立"远洋与极地渔业学科群",集中科技资源优势,力争建成远洋渔业方面高水平的科学研究、人才团队培养和国内外学术交流平台,为远洋与极地渔业发展提供技术支撑。落实"东海区渔业资源与环境监测网"工作。召开了年度工作会议,总结了网络运行一年来取得的成果、存在问题和下一步工作计划,并对《东海区海洋渔业资源动态监测年报(2015)》《东海区海洋渔业生态环境监测年报(2015)》进行了审议,研究了东海区资环网运行机制、考核机制等,为后期工作开展奠定了良好基础。深入开展公海拖围网技术服务工作。作为公海拖围网技术组单位,组织召开了2016年公海拖围网工作组扩大会议,对公海拖围网渔业遥感渔场渔情分析应用、捕捞技术要点及水产品加工技术等技术相关环节进行了重点培训。在渔场渔情信息服务方面,通过专门遥感渔情应用技术培训班和个性化指导相结合的方式,为20多个远洋捕捞企业累计培训技术管理人员90余人,累计制作发布渔场海况图2 800余副。开展水产养殖、病害防控、水产品和绳网加工等技术讲座、培训、现场指导及科技成果展览等科技服务活动36次,培训及指导技术人员和渔民2 000余人次,赠送技术资料200册。

(3)学术交流与国际合作。在研国际合作项目共6项。主办"第三届水生动物行为学学术研讨会";承办"可持续渔业与海洋生态系统修复国际研讨会"和"长江与近海生态大保护"主题学术研讨会;邀请各国专家作学术报告19人次,包括美国康涅狄格大学Sandra E. Shumway教授,国际鸟类联盟Yuna Kim博士,美国迈阿密大学海洋与大气科学学院教授Martin Grosell博士等;与迈阿密大学环境生理及毒理学实验室共建了"中美水生动物生理学联合实验室"。

(4)人才队伍建设。中国水产学会中国水产青年科技奖获批1人。中国水产科学研究院拔尖人才获批2人,创新团队获批1个,第三批百名英才培育计划人选获批8人。农业部第二批农业科研杰出人才及其创新团队获批3人。科技部创新人才推进计划推荐工作暨中组部"万人计划",组织推荐了2名中青年科技创新领军人才和1个重点领域创新团队,其中1名领军人才通过农业部审核,推荐到科技部。上海农业领域领军人才获批1人,中国极地考察先进个人1名,全国农业先进个人称号1人。新增上海海洋大学硕士生导师4人。当前拥有博士生导师4人、硕士生导师60人,联合培养在读研究生112人,其中博士研究生6人,硕士研究生106人。

(5)科技条件建设。在建基建和修购项目数量再创历史新高。其中,基建项目7项,总投资33 635万元;修购项目6项,总投资1 863.34万元。新增海洋渔业综合科学调查船和浙江宁海试验基地建设项目。新增接收纳入平台管理仪器31台,年内平台大型仪器设备使用人次共计231次,使用机时4 451.5小时,培训51人次,对外共享使用70小时。

【南海水产研究所】

(1)科研项目与成果。主持和承担各类纵向科研项目400项,在研合同经费达3.05亿元,全年到位经费1.24亿元;其中新上项目190项,到位经费1.02亿元;加上社会委托项目158项,全所年度到位总经费合计1.58亿元。获得各级科技奖励10项次,其中"斑节对虾基因资源的挖掘及部分基因功能解析"成果获得海南省科技进步一等奖。全年完成年度成果登记6项。在中外期刊公开发表学术论文315篇,其中SCI/EI收录121篇、核心期刊176篇;出版著作15部,获授权专利72项、软件著作权3部。负责起草制定标准24项,通过审定的国家标准5项,发布地方标准6项。

(2)科技支撑与服务。积极配合行业管理,在农业部渔业渔政管理局指导下挂牌成立了"南海渔业中心",充分发挥对南海渔业管理的支撑和智囊作用。"广东省海洋渔业研究所"正式挂牌成立,进一步增强全所科技创新对地方渔业经济发展的支撑引领作用。编制完成《广东省海洋生态文明建设行动计划(2016—2020)》。先后组织开展科技下乡与培训活动44次,培训人员3 870人次以上。全年承担农业部及广东省水产品质量安全监控6大类任务,出具检验报告3 000多份。

(3)学术交流与国际合作。积极参与国家"一带一路"建设,牵头承担"中国-东盟现代海洋渔业技术开发与产业化示范"和"中越北部湾渔业资源养护示范"2个中国-东盟海上合作基金项目获得正式立项。主办的《南方水产科学》获中国水产学会期刊集群(联盟)优秀期刊奖,首次被日本科学技术振兴机构数据库(JST)收录,2016年影响因子位居全国水产学类期刊第1位。以"南锋"专项系列科研成果为基础,出版了"中、西沙群岛及邻近海域综合调查研究专刊"。

(4)人才队伍建设。1人入选2016年度国家高层次留学人才回国资助人选,1人入选2016年度国家留学人员科技活动项目择优资助人选;1人获中国水产青年科技奖,1人入选"广东特支计划"科技青年拔尖人才;1人入选水科院青年拔尖人才人选,10人入选院百名英才培育计划人选,2个团队入选水科院创新团队。继续加强博士后工作站管理,2016度2名博士后出站,评议结果均为优秀,接收1名博士后进站。择优录用博士11人,派出3名青年业务骨干出国从事访问学者研究。新招收联合培养研究生62人(含博士1人),2016年有3名专家获得上海海洋大学博导资格,5名专家获得硕导资格。

(5)科研条件建设。"水产品加工技术集成基地建设项目"获批立项。在花都基地建设的"热带海洋生物养护与利用研究中心项目"和在海南陵水建设的"陵水试验基地建设项目"均已正式投入使用。"300吨渔业资源调查船建设项目"船体各分段建造全部开工,预计2017年7月可下水。2014年度修购项目通过了农业部组织的竣工验收。承担2015—2016年修购项目2项并已完成初步验收,其中"花都实验基地基础设施改造项目"执行进度达100%。

【黑龙江水产研究所】

(1)科研项目与成果。获全国农牧渔业丰收奖1项,黑龙江省科技进步奖2项,水科院科技进步奖1项,黑龙江省农业科技进步奖2项。共承担各类研究项目(包括课题、子课题)167项,项目合同总经费9 092.3万元,年度到位总经费2 638.7万元。其中新上项目83项(包括948项目1项、国家自然科学基金项目4项、省自然科学基金项目5项),新上项目合同总经费2 816.8万元,年度到位1 248.8万元。发表科技论文130篇,其中SCI(含EI)收录45篇;出版专著2部;发布国家标准1项、审核通过行业标准1项;获得软件著作权1项、通过审定新品种1个;获得授权专利38项,其中发明专利18项。

(2)成果转化与科技服务。与16家企事业单位签订技术合作协议16份;签署承担鱼类环境评价、渔业发展规划编制、名特优鱼类养殖技术、水质监测和污染事故调查等方面的横向任务29项,合同总经费达到602万元,年度到所经费291万元,实现科技服务类项目和科研副产品净收入213.7万元。举办科技讲座30多次,累计培训技术人员和渔民700多人次,发放技术资料800多份。组织所内渔业机械、养殖、育种、鱼病、营养等方面专家前往贵州、云南、四川、新疆、辽宁和内蒙古自治区等地的主要养殖区开展工厂化养殖技术、耐盐碱鱼类开发技术、鱼类选育种技术、病害防治技术、鱼类饲料精准投喂技术和池塘水质调控技术的现场技术指导。

(3)国际合作与学术交流。与天津农学院和天津市天祥水产有限责任公司联合成立我国北方地区首个渔业产学研一体化研发机构——"天津市天祥淡水渔业产业技术研究院"。先后主办了"冷水性鱼类产业技术创新战略联盟第六次理事会暨产业技术研讨会"和"冷水性鱼类产业技术可持续性发展研讨会暨中国水产学会鲑鱼类专业委员会年会"等2次大型国内学术交流活动。参加各类国际学术会议6人次,在大会上作报告4人次。邀请英国利物浦大学、英国阿伯丁大学、美国哈佛大学医学院的4名知名教授及美国鱼类病害学专家Scott博士来所访问并开展学术交流。

(4)人才队伍建设。组织近年新进的11名科技人员到所属基地开展入职培训。落实研究生培养工作。2016年招收硕士研究生3人,分别来自上海海洋大学和南京农业大学。组织遴选硕士培养导师1人,完成11名研究生毕业答辩工作。稳步推进博士后工作。组织开展新进站博士后开题报告和中期考核工作,顺利通过全国博士后工作站的评估考核。目前在站工作的博士后为5人,现已为1人出站做好准备,为2名出站博士后办理了博士后证书。

(5)科研条件建设。重点论证并申报了"中国水产科学研究院黑龙江水产研究所渤海水产试验基地"建设项目。积极推进"农业部学科群淡水水产生物技术与遗传育种重点实验室"和"宽甸鸭绿江试验基地"项目建设。总投资750万元的"渤海冷水性鱼试验站基础设施维修改造项目"基本完成。完成了2013年承担的4个修购项目的验收。

【长江水产研究所】

（1）科研项目与成果。共承担各类科研项目204项，合同总经费17 334.43万元。新上项目104项，合同总经费4 222.4349万元。发表论文共180篇（SCI 80篇）。获得授权专利38项，其中19项发明专利，19项实用新型专利。“鲫脑组织细胞系的建立及鲤疱疹病毒Ⅱ型的分离鉴定”获2016年度湖北省科技进步奖三等奖，“怒江澜沧江鱼类资源调查与保护技术”获水科院2016年度科技进步奖一等奖，“鲫脑组织细胞系的建立及鲤疱疹病毒Ⅱ型的分离鉴定”获水科院2016年度科技进步奖三等奖。

（2）科技支撑与服务。全年承担农产品质量安全例行监测（风险监测）、异地产地水产品质量安全监督抽查、本地产地水产品质量安全监督抽查、重点水产品质量安全监测、渔用投入品质量安全隐患排查等农业部下达的任务，抽取样品483个/批，检测指标2 514个；开展风险评估项目“长江中上游渔业环境中农药及重金属来源排查”；一次性通过参加农业部2016年检测能力比对考核；加入中华鲟保护救助联盟；中华鲟全人工繁殖再获成功，共出苗0.97万尾，目前成活1 200尾，规格达8厘米左右；通过人工调控，达氏鲟全人工繁殖和仿生态繁殖取得成功；；开展了中华鲟自然产卵调查，发现中华鲟2016年度有自然产卵现象。参与或举办各种科技培训15次，组织相关科技人员实地对养殖户进行养殖技术指导及鱼病诊断与防控指导23人次，培训渔民2 900多人，现场发放相关技术资料2 350多册。

（3）国际合作与学术交流。与捷克南波希米亚大学渔业和水资源保护学院及CENAKVA研究中心签署了合作协议，双方共建的“中捷鱼类保护与生物技术联合实验室”揭牌成立；长江所第四期援古巴淡水养鱼技术合作项目重点在指导古方的革胡子鲶集约化生产中取得了显著成果，通过商务部组织的现场验收；组织举办水产创新讲座3场，邀请外国专家4人次到所开展学术交流工作，组织所科研人员参加2016年水产育种会议、第三届动物行为学研讨会、2016中美海洋牧场研讨会等学术会议。

（4）人才队伍建设。3人当选“水科院百名科技英才培育计划”人选；3人受国家留学基金委资助赴美国访学，2人完成回国；3人受国家外国专家局资助，分别到美国和日本学习交流的2人已回所工作，1人赴意大利学习。恢复新进人员下基层锻炼制度，编制了《2016年所新进编制内人员基层锻炼方案》，计划3期在太湖试验场和窑湾试验场的基层锻炼，2人已完成，1人在锻炼中。完成2016年度事业编制人员招聘，招录编制内人员4人（2博士、2硕士）、博士后1人。完成2016年研究生招生工作，共招收研究生23人，其中博士研究生3人，硕士研究生20人；毕业博士研究生4人，硕士研究生27人。

（5）科研条件建设。获批2017—2019年重大设施系统运行费项目8项，金额2 505万元；农业事业单位修缮购置项目3项，金额合计688.60万元。“长江中上游渔业资源环境重点野外科学观测试验站建设项目”通过财务竣工验收并投入使用，“淡水生物多样性保护重点实验室建设项目”通过初步验收。申报“太湖中华鲟保护试验基地（荆州）建设项目”和“鲤鲫鱼类新品种生产性能测试中心建设项目”，其中“太湖中华鲟保护试验基地（荆州）建设项目”获可研批复。

【珠江水产研究所】

（1）科研项目与成果。全年新上纵向项目93项，新上项目合同经费3 156万元，年度到位经费3 903万元；延续项目142项，合同经费6 973.5万元，到位经费802.9万元；年度到位总经费4 705.9万元。其中，新上国家自然基金项目6项、省基金5项，省重大科技项目1项（项目合同经费300万元），2项广州市珠江科技新星项目通过公示立项。签订横向项目45项，合同金额超649万元，到位经费超259万元，延续项目到位经费72.4万元。成功转让3个专利。全年发表论文150篇，其中SCI48篇；申请专利38项（发明专利22项），授权22项（发明专利10项）；出版专著6部（主编2部）；组织申报成果奖励3项，其中省部级2项（广东省科学技术奖1项“大口黑鲈种质创新和产业关键技术开发与应用”、农牧渔业丰收奖1项“大口黑鲈”优鲈1号“新品种及配套技术推广应用”）、院级1项（一种适用于低水头水坝的过鱼通道加建方法和过鱼通道应用）。

（2）科技创新平台建设。农业部休闲渔业重点实验室（试运行）获批筹建。依托珠江所的广东省水产免疫技术重点实验室通过2016年的考核评估验收。牵头的广东省渔药产业技术创新联盟获得认定，以此为依托建设示范项目——广东省水产疫苗工程技术研究中心建设项目获得立项。

（3）成果转化与科技服务。组织“草鱼出血病新病原株确证及综合防控技术研究与示范”“大口黑鲈良种培育和产业关键技术开发与应用”参加第二届创新科技成果交易会。组织“不同基因型草鱼呼肠孤病毒快速检测技术的研发及应用”和“鳜鱼全生态繁养技术”参加第18届高交会，获优秀产品奖。向省、市推荐“优鲈1号”、草鱼人工免疫防疫技术等主导品种和主推技术。积极筹建水产繁养殖和成果培育示范新基地。举办讲座、培训班等科技服务活动 36 次，培训技术人员和渔民 5 000 多人次。

（4）学术交流与国际合作。新上国际合作项目 5 项，总经费为 360 万元。与新加坡合作开展龟鳖类生殖细胞培养及繁育新技术的合作研究。推进与中国农业科学院哈尔滨兽医研究所、华大基因研究院以及浙江省渔业科技合作。承办水科院主办的 2016 年中美海洋牧场研讨会、中美海洋生物资源协调工作组第 11 次工作研讨会，重点邀请美国国家海洋与大气管理局共 9 位专家、国家海洋局、中国科学院海洋研究所、中国海洋大学等 34 位专家与会交流。承办广东 - 东盟渔业合作论坛。全年共组织参加 6 场国内学术交流活动，共 420 人次参加。邀请美国等政府部门专家共 6 人来访开展学术交流活动。

（5）人才队伍建设。印发了《珠江水产研究所吸引高层次人才来所工作暂行办法》。叶星研究员再次当选荔湾区人大代表。1 人获首届中国水产青年科技奖。选派 7 名中层及以上干部参加上级部门举办的干部能力建设培训班、3 名干部到上级部门挂职锻炼，干部培养工作进一步加强。获批 2016 年度出国（境）培训项目 2 项。选派 3 名科研人才到国外开展合作研究。与上海海洋大学联合招收硕士研究生 22 名，超额完成招生指标。2016 年培养毕业 28 名硕士，1 名博士。

（6）科研条件建设。完成“十三五”期间基本建设规划总盘子 3.17 亿元、10 个项目。“广州芳村试验基地建设项目”现已完成全部建设工程内容。2 个农业部重点实验室的项目建设，“热带亚热带水产资源利用与养殖重点实验室建设项目”和“渔用药物创制重点实验室建设项目”已到货设备共 30 台，到货率 100%。设备全部安装调试完毕，已竣工验收。“水产荔湾试验基地建设项目”已完成可行研究报告的编制和上报，将进入现场答辩和审批阶段。组织“水生动物疫病防控综合实验室”建设项目可行性研究报告的编制。完成了修缮购置项目三年滚动规划的编制和上报工作，其中 2 项被列入了财政投资计划，基础设施改造 298.7 万元、一次性装备购置 268 万元。

【淡水渔业研究中心】

（1）科研项目与成果。在研项目 298 项，合同总经费 21 283.824 万元，到位经费 6 096.375 万元，到位经费比上年度增长 41.5%。新上项目 98 项，其中国家级 4 项，省部级 67 项；新上项目合同经费 10 316.334万元，其中省部级项目经费 8 772.74 万元，占新上项目合同总经费的 85%；新上项目到位经费 3 992.608万元。新上国家自然科学基金项目 4 项，其中面上项目 2 项，获得直接经费 164 万元。共获得成果奖励 4 项，省部级 2 项，其中：全国农牧渔业丰收奖一等奖 1 项，中国水产学会范蠡科技奖一等奖 1 项，江苏省科学技术奖 2 项。另有无锡市科技进步奖 1 项正在公示中。共发表学术论文 182 篇，其中 SCI 收录论文 84 篇（影响因子 5 以上 4 篇）、核心期刊 60 篇，出版专著 4 部。申报专利 64 项，其中发明专利 47 项；获得专利授权 36 项，其中发明专利 21 项。

（2）成果转化与科技服务。与曲靖市人民政府和云南中海渔业有限公司签署三方战略合作框架协议，共建长江上游云南珍稀水生生物保护中心、曲靖土著鱼类种质资源库和水产良种繁育基地。在红河县实施哈尼梯田“稻渔共作”工程，助推当地哈尼稻作梯田系统保护及精准扶贫精准脱贫。参加各类科技服务下乡、养殖技术培训班活动共 46 次，培训人数达 4 656 人，发放材料 3747 份。推广杂交青虾“太湖 1 号”亲本 6 500 千克；福瑞鲤、建鲤 7 824 万尾，其中水花 7 502 尾，乌仔 322 万尾；奥利亚罗非鱼“夏奥一号”、吉富罗非鱼 74.5 万尾。

（3）学术交流。接待了包括美国、韩国、孟加拉、朝鲜、澳大利亚、FAO 等国家和组织的 8 批 31 名国外学者和专家。选派了 9 批 17 人次赴美国、南非、古巴、伊朗、缅甸、巴西等国家进行学术交流、提供技术指导或进修。“中匈鱼类免疫与药理联合实验室”以中草药免疫调节和保肝药理学为两个主要研究方向，开展与毒理学的交叉研究，将斑马鱼引入实验室作为未来的研究模型；“中 - 美淡水贝类联合实验室”首次成功获得了非寄生变态发育的幼贝，进一步通过优化试验获得了紫黑翼蚌钩介幼虫体外培养的高效配方及培养条件，突破了我国紫黑翼蚌人工繁育关键技术瓶颈，该成果填补了国内外相关研究空白；从美国成功引进紫黑翼蚌变态发育特定寄主鱼——淡水石首鱼，为紫黑翼蚌规模化繁育奠定了基础。

（4）国际培训与国内教育。全年共承担联合国粮农组织（FAO）、商务部等下达的多边、双边国际培训项目 11 项（商务部 9 项、FAO 2 项），正在执行发展中国家渔业专业硕士项目（2 年）2 项、佩罗基金项目 1 项、中缅国际交流与合作项目 1 项。其中开展技术培训班 7 期、官员研修班 3 期、部级研讨班 1 期，培训语言涵盖英、法、俄等语种，培训时间累计达 361 天，共培训了来自 40 个国家的 300 名高级渔业技术和管理官员，培训人数与上年同比增长 15%。持续推进商务部、教育部联合主办的渔业专业硕士项目。“2015—

2017 年渔业专业硕士项目”的 20 名留学生已经于 5 月底前完成了渔业专业学位课程的学习。“2016—2018 年渔业专业硕士”项目获得立项，共招收来自阿尔及利亚、柬埔寨、加纳等 10 个国家的 20 名留学生。举办“2016 年江苏省农技推广骨干人才培训班”等 12 期渔业技术培训班。此外，在山东临沂大学沂蒙大讲堂对山东省基层推广人员进行了培训，以及在南京农业大学无锡渔业学院开展了江苏省苏州市渔业人才培养工程县级培训班和江苏省常州市渔业人才培养工程省级培训班。

(5)人才队伍建设。录用新职工 10 人，其中博士 6 人、硕士 4 人。4 人入选水科院首席科学家，其中 1 人为水产学学科首席科学家，3 人为研究领域首席科学家；1 人及其团队入选全国农业杰出科研人才及其创新团队；1 人入选江苏省优秀科技工作者和“333 高层次人才培养工程”第二层次中青年领军人才；7 人获得攻读硕、博士学位的资格；选派 1 名青年科技人员赴英国进行为期一年的访问留学，2015 年派出留学人员完成研修任务按期回国。

(6)科研条件建设。编制完成《中国水产科学研究院青虾育种创新基地建设项目可行性研究报告》，并获得农业部立项批复，总投资 930 万元。完成扬中试验基地基本建设项目初步设计的评审修改工作，并获得农业部批复，总投资 2 783 万元，较可研批复增加 29 万元。积极推进水产动物营养与饲料科学观测实验站建设项目的建设实施工作，实验室、中试车间建设工作基本完成，目前正在进行室外工程建设，预计到年底基本完成。完成淡水鱼与种质资源利用重点实验室建设项目实施工作，完成项目初步竣工验收。

【渔业机械仪器研究所】

(1)科研项目与成果。新上各类科研项目(课题)16 项，其中国家级课题 1 项，省部级课题 14 项，合同总经费 770 万元，本年度到位经费 690 万元；延续项目(课题)27 项，其中国家级项目 13 项，省部级项目 2 项，合同总经费 6 190 万元，本年度到位经费 1 180 万元。新上各类委托课题 170 项，合同总额 4 989 万元，到位经费 3 165 万元。各类项目合计到位自用经费 4 345万元。获第三届中国水产学会范蠡科技奖一等奖 1 项，水科院科技进步奖 2 项，中国航海科技奖 1 项。发表论文 53 篇，其中 SCI/EI 收录 8 篇；申报发明专利 44 项，实用新型 4 项，软件著作权 5 项，获得发明专利授权 43 项，实用新型 1 项。

(2)科技支撑产业。全年派出科技人员在北京、上海、江苏、浙江、山东、河南、新疆等渔业生产第一线开展科技下乡活动 19 次，培训农渔民近 500 余人次，新建科技示范基地 7 个，把技术服务到渔民，使渔民得到切实收益。为甘肃景泰县进行盐碱地改造建设，通过“以渔治碱，综合种养”的次生盐碱土地生态治理修模式，2016 年实现累计规划建设池塘面积 400 余公顷，修复次生盐碱地 1 000 余公顷，全年对江苏、山东、浙江主要港口随机抽取了 21 艘渔船进行柴油机实船核查，同时对河南、安徽、四川、广东、上海市等省份取得国家局产品型式认可证书的 12 家渔船用柴油机制造企业进行核查。

(3)国际合作与学术交流。共接待来访国外客人 3 批次，与德国亥姆霍兹极地和海洋研究中心(AWI)水产养殖专家 Bela. H. Buck 教授取得了水产养殖研发理念共同的认识，并在合作研究方面达成了初步意向；美国国家工程院院士王兆凯到所亲自传授开放式硅藻养殖、生产和实际应用的工艺流程，并为相关科研人员提供到其公司现场学习的机会；荷兰瓦赫宁根大学 Johan Verreth 教授来所就多营养级养殖模式研究、联合申报科研项目、人才交流等进行了深入交流，并成功促进刘兴国主任和陆诗敏博士前往荷兰瓦赫宁根大学进行访学。组织科研人员参加“2016 年中国水产学会学术年会”“第五届水产工业化养殖技术暨封闭循环水养殖技术国际研讨会”“2016 年全国海水养殖学术研讨会”以及“深海渔业养殖专题研讨会”等全国性学术交流活动，鼓励年轻科研人员在会上报告最新的研究进展和成果，约有 60 多人次的科研人员在学术交流会作了学术报告。

(4)人才队伍建设。1 人被遴选为上海海洋大学博士研究生导师。共招聘录用各类优秀人才 10 人，完成一名博士后答辩出站和一名博士后进站，同时积极与上海海洋大学等联合培养学校沟通联系，完成 2016 年度硕士研究生招生 5 人，安排 3 名 2015 级硕士研究生入所学习。

(5)科研条件建设。苏州相城区阳澄湖池塘基地用地规划调整已获得批复，基地项目可研报告和技术路线、建设内容等正在起草制定中；海门基地的项目建议书正在继续完善。组织完成 2014 年 4 个修购项目 19 台(套)仪器设备购置的验收工作。

【渔业工程研究所】

(1)科研工作。在研课题项目共 9 项，其中农业行业专项 1 项(滚动)、行业标准 2 项、国家基础平台项目 1 项(延续)，院基本科研业务费科研项目 4 项(2 项已结题、2 项在研)。完成了 1 项目专利申报。新增储备课题项目 8 项。

（2）技术支撑与服务。承担的“中国渔政管理指挥系统”（以下简称“指挥系统”）技术支撑工作在强化渔业信息技术与渔业政务管理业务融合方面取得突破，支撑能力显著提升，截止到2016年底，涉及渔船超50万艘次；进行业务咨询7 000余人次。承担“渔业安全通信管理”项目，协助农业部渔业渔政管理局安全处完成渔业无线电电台执照移交工作，并承接后续渔业无线电电台执照核发办理工作。深入云南、西藏等地水产研究院和鱼类增殖站开展专题服务工作。完成《全国渔港升级改造和整治维护规划2016—2020年》规划。赴福建省松溪县厚唇鱼种质资源保护区、湖南省常德市安乡县澧水洪道熊家河段大口鲇种质资源保护区等地进行调研分析，目前已经形成河流型种质保护区和水野保护区建设内容与规模适应性分析相关材料。

（3）交流合作。为促进毛里塔尼亚、塞内加尔、尼日利亚、安哥拉、莫桑比克、马达加斯加六国海洋渔业持续健康发展，促进海洋经济尽快形成新的经济增长极，特编制《环非洲六国海洋渔业发展概念性规划》。承担完成国家“援纳米比亚哈达普水产养殖中心改造项目”技术服务项目和“巴林国家海洋养殖中心年产25吨石斑鱼工厂化循环水养殖示范基地项目”相关设计工作。完成“援纳米比亚哈达普水产养殖中心改造项目”技术服务工作；与中地海外集团有限公司签署“安哥拉罗安达渔业服务区项目”总体规划及可行性研究报告合作编制协议书；与中国港湾工程有限责任公司签署协议，作为设计审查单位，对中交第四航务工程勘察设计院有限公司及烟台冰轮集团有限公司提供的莫桑比克贝拉渔港冷库项目施工图纸进行审查。

（4）人才队伍建设。招录应届毕业生1人并完成新生材料上报工作。全所从业人员已达81人，其中正式在编在职人员61人。编外聘用人员（含返聘）20人。

（中国水产科学研究院）

全国水产技术推广总站

2016年，全国水产技术推广总站紧紧围绕渔业转方式调结构的总体部署，深入贯彻落实全国渔业渔政工作会议和全国水产技术推广工作会议精神，紧盯“提质增效、减量增收、绿色发展、富裕渔民”的总目标，认真履职尽责，积极推动体制机制创新，不断提升公共服务能力，一心一意谋发展，聚精会神搞推广，为推进渔业转方式调结构提供了有力支撑，为渔业增效、渔民增收做出了积极贡献。

【总站学会合署办公】 根据《农业部关于全国水产技术推广总站与中国水产学会合署办公的决定》，全国水产技术推广总站、中国水产学会合署办公（合署后机构简称“总站学会”）。11月25日，召开了合署办公干部职工大会，农业部副部长于康震到会并讲话；11月30日，农业部批复了总站学会“三定”方案。12月16日，农业部人事劳动司来全国水产技术推广总站宣布了总站学会领导班子任免通知。推进全国水产技术推广总站和中国水产学会合署办公是新形势下农业部优化事业单位结构布局、统筹深化事业单位和社团改革的重大举措，是加快推进渔业转方式调结构的迫切需要，是整合总站学会优势力量、提高工作效能的有效途径。总站学会合署办公，有利于发挥总站在体系、技术、信息和队伍方面的优势，强化对学会服务功能的辐射带动，有利于发挥学会服务对象覆盖广、受众多的特点，拓展总站的业务范围和工作领域，实现1+1>2的预期目标。按照于康震副部长的讲话要求，全国水产技术推广总站积极稳妥地推进人事劳资、制度对接、办公用房调整等工作事宜，顺利保障了总站学会合署办公后各项工作的正常开展。

【推广体系服务能力建设】 截止到2016年年底，全国省、市、县、乡（区域）水产技术推广机构共13 463个，其中，省级（含计划单列市）36个，市级322个，县级2 052个，区域级279个，乡镇级10 774个。按照机构性质分类，全国水产技术推广机构有行政单位169个，全额拨款事业单位11 591个，差额拨款单位1 430个，自收自支单位273个。全国各级水产技术推广机构编制总数39 779人，实有人数37 615人，其中，省级编制数1 509人、实有1 316人；市级编制数3 948人、实有3 646人；县级编制数14 357人、实有13 666人；区域级编制数967人、实有777人；乡镇级编制数18 998人、实有18 210人。

全国水产技术推广体系是高效开展水产技术推广工作的基本载体，水产技术推广队伍是有效开展水产技术推广工作的基本队伍，为了不断提升水产技术推广体系的服务能力，必须不断加强体系建设。一是着力推动体系改革与建设。继续宣传贯彻落实《推广法》和“一个衔接、两个覆盖”扶持政策，继续推进农技推广体系改革。继续推动基层水产技术推广示范站建设，年内完成了第3批示范站建设。至此，全国共创建236个基层示范站，形成了“示范先行、区域带动、连续推进、整体发展”的工作机制。二是加强推广体系队伍能力建设。召开首届推广体系和职能技能鉴定体系人才开发工作会议，下发人才开发工作要点，指导全国推广体系人才建设工作;运用现代信息技术,创新人才培养和管理方式,上线运行全国水产技术推广体系人才开发管理平台并组织开展网络视频教学;开展基层推广机构负责人能力建设培训和农技推广骨干人才培训,推广人员轮训逐步常态化、规范化。在职业技能鉴定方面,继续组织做好职业技能标准及教材、题库的编写,指导地方站做好鉴定工作。

【"十三五"水产技术推广规划制定】 2016年初,在认真学习中央农村工作会议、全国农业工作会议和全国渔业渔政工作会议精神,以及于康震副部长在全国水产技术推广总站调研时的讲话要求基础上,组织召开了全国水产技术推广工作会议,总结了"十二五"推广工作经验,科学谋划"十三五"发展思路,研究部署2016年重点工作。会上,于康震副部长充分肯定了水产技术推广工作取得的成就,科学分析了当前水产技术推广工作面临的机遇和挑战,提出了从顶层设计"十三五"全国水产技术推广体系发展思路的工作要求。会后,全国水产技术推广总站立即修订完善"十三五"水产技术推广发展规划,明确了"十三五"全国水产技术推广工作的目标任务,提出了围绕渔业转方式调结构的新要求,调整、加强技术示范、疫病防控等公益性职能,积极拓展资源养护、养殖保险等工作领域的总体思路,确定了一批技术试验示范区,确保"十三五"开局之年方向准、思路清、措施明、起好步。

【水产重大关键技术示范推广】 一是加速技术集成示范,推动渔业转型升级。以促进渔业转方式调结构为主线,组织开展以节能减排、生态高效循环渔业为主的重大关键水产技术集成创新和试验示范,全力推动先进适用技术在养殖业中的应用。联合14个省(自治区、直辖市)开展水产养殖节能减排技术集成与示范,新建立核心示范区近0.4万公顷,辐射带动近4万公顷;联合各省站、中国水产科学研究院黄海水产研究所和通威股份有限公司申报的"水产养殖节能减排技术集成与示范推广"项目成果获全国农牧渔业丰收奖成果奖二等奖。联合13个省(自治区)开展稻田综合种养技术示范推广,建立核心示范区超过6.7万公顷,辐射带动130多万公顷;与上海海洋大学联合发起成立"中国稻田综合种养产业技术创新战略联盟",吸收来自企业、高校、科研、推广等单位100多家;稻田综合种养推广工作成效显著,得到了于康震副部长的充分肯定和鼓励的批示。首次以现代水产养殖技术新模式为主题组织了"全国水产技术推广成果展"和"模式创新引领产业升级论坛",在社会上引起广泛反响。同时,"池塘工程化循环水养殖(跑道鱼)模式"和"受控式集装箱循环水养殖新模式"均在多个省份迅速推广应用,成为现代水产养殖中的创新点。二是积极推广新品种,努力扩大良种覆盖率。全力推动优良品种在养殖业中的应用。结合示范推广项目,宣传推介主导品种65个、新品种12个,组织审查17个新品种申报;组织验收4家国家级原良种场,复查22家,并通过指导原良种场生产及原良种保护和开发利用,充分发挥其示范带动作用,提高了优良品种在养殖品种结构中的比重。

据统计,2016年全国水产技术推广体系共获得技术成果309项、授权专利197项,制定技术规范337个,编著出版图书907本,获得各类奖励292项,其中省部级以上99项。

【水产品质量安全技术服务】 依托体系优势,强化疫病防控、质量监控等公益性职能,抓住养殖生产关键环节,突出重点,精准发力,全力做好产地水产品质量安全技术服务工作。一是在疫病防控工作方面,组织30个省(自治区、直辖市)及新疆生产建设兵团开展病情监测,全国共设置测报点4 122个,监测养殖面积30多万公顷,全国监测到发病养殖品种74种,监测到疾病102种;启动"全国水产养殖病情测报信息系统",结束了长达15年测报工作手工填报数据的历史。组织25个省(自治区、直辖市)对鲤春病毒血症等8种重大疫病开展专项监测,完成4 700多份样品的采集和检测工作,并指导陕西、江西、湖南等检出阳性样品的省份开展隔离、流行病学调查、苗种来源追溯及病原扩散防控;根据监测结果,发布《全国水产养殖动植物病情月报》9期、《全国水产养殖病害预测预报》7期,编辑出版《2015年中国水生动物卫生状况报告》《2015年全国水生动物病情分析》;组织专家制定虹鳟鱼等4个养殖品种疫病防控技术方案,并通过农业部渔业渔政管理局下发;妥善处置了新疆鲤春病毒血症突发疫情、内蒙古乌梁素海大量死鱼事件,在确保不发生重大区域性水生动物疫病上发挥了重要作用。通过开展水生动物官方兽医师资培训、防疫体系检测实验室能力测试等,推动了防疫体系能力建设。二是在水产品质量安全服务方面,继续开展"水产养殖质量安全服务信息系统"试点工作,截止到2016年年底,已建成国家级监管平台1个、省级21个、市县级69个,追溯企业5 500多家,监控面积3.53万公顷,监控养殖种类40多种,积极探索建立"来源可查询,去向可追溯,责任可追究"的养殖水产品质量追溯体系。此外,着重加强了系统运行管理,江苏、河北、河南等试点省已基本建立了信息系统运行管理制度，运行良好。继续开展水产养殖动物主要病原菌耐药性普查，普查省份由5个增加到12个，全年监测养殖对象10种，监测致病菌6类以上，获得测试数据2万多个，为精准用药、减少用药提供了科学依据。三是在规范用药指导方面，继续组织开展水产养殖规范用药科普下乡活动，该项工作连续10年被列入农业部"为农民办实事"活动之一，初步统计，全年全国近万名推广人员、2 400多名专家参与活动，发放技术资料67万份（册），举办渔民培训班3 000多个，受训渔民30多万人次，有力促进了渔民规范用药意识和水平的提高。

【渔业公共信息服务】 积极推动互联网、大数据、云平台等现代信息技术在水产技术推广工作中的应用，着力加强渔业公共信息平台建设，探索建立了渔业物联网、水生动物疾病远程辅助诊断、养殖渔情信息采集等一批重点业务信息服务系统，成为行业管理的好助手、基层渔民的好帮手。一是组织实施现代渔业数字化及物联网技术集成与示范项目，围绕河蟹、对虾、海参等重点养殖品种开展产业化智慧服务体系建设，在辽宁、江苏、福建等地建立多个渔业物联网示范基地，提高了示范区渔业智能化水平。项目成果"池塘养殖物联网智能监控系统集成与示范推广""水产养殖精准测控关键技术研发与示范推广"均获得2014—2016年全国农牧渔业丰收奖成果奖一等奖。二是不断加强水生动物疾病远程辅助诊断服务网建设，连续4年被列入农业部"为农民办实事"活动之一，截止到2016年年底，已建设国家级远程会诊平台1个、省级会诊平台36个、用户终端2 000多个，覆盖27个省（自治区、直辖市）。2016年进一步丰富了数据库，充实了专家队伍，并对专家工作行为进行了规范，全年免费诊断病例1 000余次，访问8万余人次，深受渔民欢迎。三是进一步完善养殖渔情信息动态采集系统，在全国16个主产省200个定点县开展信息采集工作，开展春季、秋季生产形势调研和上半年、全年生产形势会商，编写各类分析报告100多篇，为养殖生产调度和渔民生产提供了重要依据。为进一步提升养殖渔情信息采集、分析和应用的信息化水平，开展养殖渔情信息化创新试点。在辽宁盘锦，首次开展了整县制养殖渔情信息采集方式试点，在四川首次开展了信息数据资源交换和共享机制试点；新建养殖渔情云服务平台，以数据为基础，以专家为核心，通过创新信息采集手段，拓宽信息来源渠道，改进信息服务方式，整合了相关数据资源和专家资源，建立了集养殖渔情信息采集、分析、发布、服务为一体的全国性、公益性信息服务平台。四是创新《中国水产》办刊思路，利用移动互联网，积极向新媒体发展，推出《中国水产》微信公众号、手机APP，点击、订阅量增长迅速，其中微信公众号关注人数超过1.4万，社会影响力不断扩大。加强《水族世界》平台建设，引导、推动水族行业健康发展，为休闲渔业建设做好宣传服务。

【生态渔业工作领域拓展】 全面贯彻生态优先的发展理念，着力开展渔业资源养护相关工作。协助农业部渔业渔政管理局开发设计的"全国水生生物资源养护信息采集系统"现已上线运行，提高了资源养护工作信息化管理水平；开展增殖放流苗种检疫研究，推动创建国家级水生生物增殖放流示范基地，完成创建标准和规划布局，加强了增殖放流的规范管理。组织实施增殖放流项目，累计在黄渤海放流黑鲷160多万尾、牙鲆220多万尾，促进了黄渤海渔业资源修复。此外，协助农业部渔业渔政管理局开展了日本鳗鲡资源养护管理调研工作。

（全国水产技术推广总站）

渔业社会团体

中国水产学会

【概况】 2016年，在农业部和中国科学技术协会的正确领导下，中国水产学会继续坚持以邓小平理论、“三个代表”重要思想、科学发展观为指导，紧密围绕中心工作，以服务“三农”，促进农业和农业经济科学发展为主线，以实现“两个千方百计、两个努力确保、两个持续提高”和“三服务一加强”为目标，较好地完成了2016年的工作任务。

【渔业统计】

1. 圆满完成2015年渔业统计年报数据汇总、审核与“统计年鉴”出版工作，满足社会各界需求 2015年年度数据集中汇总后，学会通过对主要数据的专家会商及质量岗位责任制与联审制度等一系列质量控制方法的实施，加强数据质量管理，及时控制误差，极大地提高了统计数据质量，提高了统计数据的准确性和可信性。同时为满足不断提高的统计数据使用需求，2016年，除正式出版了《2016中国渔业统计年鉴》外，学会还开发了《2015年全国渔业统计手册》《全国主要统计数据卡片》及《2015年各省、自治区、直辖市主要渔业统计指标情况手册》等一系列渔业统计产品。

2. 扎实推进常规统计调查，及时向有关部门提供渔业生产情况 根据“渔业统计报表制度”，学会组织各省（自治区、直辖市）渔业主管厅（局）及渔业重点县开展了渔业统计月报数据、半年报数据的采集、汇总工作，并按照统计数据质量审核要求，顺利完成了月度数据的分析、评估，并根据《渔业统计工作规定》，第一时间向农业部渔业渔政管理局和国家统计局等单位提供月度渔业生产情况报告。

3. 稳步做好渔民家庭收支情况调查，准确把握渔民生活水平 为真实反映我国渔民生活水平，表达收入差异、展示收入结构情况，学会组织有关省份开展了样本户轮换工作，领导全体调查员和样本户，顺利完成了2016年上半年样本户数据的采集、汇总工作，并按工作方案进行了上半年度数据的集中审核评估，并将评估意见及时向有关省份进行反馈，同时及时向农业部渔业渔政管理局提交了《2016年上半年我国渔民家庭收支情况分析报告》。做到了数出有源、数变有据。

4. 深入开展统计分析，进一步提高统计服务水平 在做好常规统计的同时，学会还充分利用已掌握的统计数据，创新统计分析方法，积极撰写统计分析报告。分别向农业部渔业渔政管理局提供了《2016年第一季度全国渔业生产基本情况报告》《2016年上半年全国渔业经济运行情况统计分析报告》《2016年前三季度渔业统计形势分析报告》，为部局及部领导及时准确把握渔业经济活动状况提供了基础数据，为领导决策发挥了基础支撑参谋作用。

5. 认真开展捕捞渔业统计抽样调查试点，积极探索渔业统计方法改革 为进一步核实内陆捕捞渔业产量数据，有效提高内陆捕捞统计数据的准确性、科学性和权威性，进一步掌握内陆水域资源状况，适应新形势对渔业统计工作的要求。学会牵头在全国12个省（自治区、直辖市）范围内开展内陆捕捞渔业统计抽样调查试点工作，目前各项工作正按试点方案有序进行。为推动我国海洋捕捞产量统计调查方法改革，验证抽样调查在海洋捕捞统计中应用的可行性，农业部决定2016年在浙江省开展海洋捕捞统计抽样调查试点工作。拟通过此项目的实施，探索一套适合中国国情渔情，能够在全国范围内推广应用的海洋捕捞产量抽样调查制度。目前学会已按农业部的统一部署，组织筹建了专家组并完成了抽样调查方案的制定和样本船抽取工作。

6. 开展休闲渔业产值核算方法研究，完善建立反映转型、促进转型的渔业统计指标体系 近年来，随着我国休闲渔业迅猛发展，实现了渔业一、二、三产的深度融合，既拓展了渔业发展空间，又丰富了渔业发展的内涵，休闲渔业成为渔业经济中最具活力的产业业态。为真实表述新形势下休闲渔业的发展情况，全面反映渔业对大农业、对国民经济社会的贡献程度，使渔业统计既能反映渔业结构调整的变化，又能科学、合理、准确地评价转变渔业经济发展方式的实际情况，学会与山东省海洋与渔业厅合作开展了休闲渔业产值核算方法研究。在厦门召开的全国休闲渔业大会上，已对提交会议讨论的休闲渔业发展监测指标体系及报表制度进行审定，计划于2017年在全国范围内实施。

【渔业信息监测】

1. 规范信息采集制度，提升数据掌握能力 为确保信息采集的规范性和信息上报的及时性，学会严格要求信息员定时定点采集样本数据并动态监督上报数据，对于漏报错报数据条目及时督促补报和纠正，保证信息的准确性和有效性。据统计，截止到2016年12月10日，学会共收集水产品价格信息条目345 612条，同比增长5.27%；品种成交量条目336 359条，同比增长4.96%；市场月成交额和成交量信息731次，比上年同期增长4.13%；市场月度分析文章1 089篇，同比增长5.07%；省级专家月度分析文章149篇，同比增长4.59%。

2. 强化人员培训力度，提升业务工作能力 信息采集人员对信息的敏锐性及分析能力，是获取有效信息的前提，直接影响了信息采集的效率、分析利用的效果。为此，学会于4月27~28日在长沙召开全国水产品批发市场信息员专题培训班，来自全国市场的信息员和部分市场信息分析专家组成员近90人参加培训班，培训班还邀请专家进行授课讲解。培训内容要包括信息采集工作的相关文件精神及工作重点、信息采集的技能技巧、信息采集数据分析要点等方面。通过专题培训，提高了市场信息员对信息采集工作重要性的认识，明确了信息分析及应用方向，提高了数据处理、问题分析的能力。

3. 客观研判价格走势，准确把握市场方向 为会商2016年上半年全国水产品市场价格信息采集数据，通过宏观政策研判和市场运行情况分析，准确把握市场走势，学会于7月14日在黑龙江牡丹江召开上半年全国水产品市场形势分析会，来自全国各省、自治区、直辖市及计划单列市的省级市场分析专家共计21人出席会议，围绕上半年各地区市场运行的特点、问题和走势进行了研讨，并对下半年国内水产市场走势进行了预测分析。

4. 稳步推进信息采集平台建设，不断实现服务载体网络化 自2009年全国水产品批发市场信息采集平台搭建完成以来，平台价值信息内容快速稳定增长，目前已经存储超过700万条数据条目，已不能满足当前信息采集多样化和个性化的功能需求，为此学会对全国水产品批发市场信息采集平台进行了全面升级改造，并同步构建了全国水产品市场信息微信公众平台，实现了市场信息采集和发布在电脑端和移动端的同步共享。目前微信公众平台已对外发布消息近百条，累计关注人数达千人，为行业发展提供了及时全面的信息支持。

5. 建立健全预警应急机制，提升应对突发事件能力 2016年6月以来，南方多地陆续发生强降雨、台风和高温等极端天气事件，波及地区的淡水养殖业损失惨重，养殖户损失难以估量，水产品市场供给受到了不同程度冲击。针对此次强降雨、台风和高温等一系列极端天气事件，学会及时要求各定点批发市场加强市场实时监测，做足受灾地区市场动态信息收集汇总的准备工作，并按照农业部渔业渔政管理局的相关要求，汇总完成了全国市场综合运行情况和重点受灾地区市场运行情况的日报和周报，并及时通过微信公众号、全国水产品批发市场信息采集分析平台、全国水产品批发市场信息员交流群和学会网站对外发布了共计11篇水产品市场重点情况监测预警报告，有效缓解了市场紧张情绪。

6. 完善价格信息采集分析体系，积极参与构建“农业部农产品批发价格200指数体系（日价格指数）” 农业部决定从2017年开始发布“全国农产品批发价格200指数”。随着学会水产品价格信息采集平台的持续完善和影响力的不断提升，农业部市场与经济信息司决定，将学会全国水产品价格指数体系纳入到农业部农产品批发价格200指数体系中。目前，学会正积极参与农业部农产品批发价格200指数的编制和构建工作，进一步完善现有的价格采集体系，研究指数对接的各项准备工作，预计于2017年1月1日农业部将正式对外发布全国农产品批发价格200指数。

【水产贸易研究】

1. 组织专家跟踪研究水产品国际贸易，为政府决策提供前瞻性建议 2016年3月份，组织全国渔业贸易跟踪专家组成员讨论2016年度渔业国际贸易重点研究内容和研究计划。共设立“鳗鲡国内外贸易跟踪及产业发展研究”“日本的水产品市场、贸易及产业政策跟踪研究”“TPP对中国水产品贸易的影响分析”“东盟水产品市场研究”“中国与欧盟水产品外贸现状与趋势分析”“中美水产品贸易现状及趋势预测”“国际贝类生产与贸易动态研究”“中国鱼粉产业现状与发展对策分析”“我国来进料水产加工产业跟踪研究”共9个课题供专家研究，并与专家签订课题研究合同。

按照计划，各位专家将在年底提交研究成果。

2. 持续开展水产品贸易监测预警，及时发布渔业贸易动态信息 每月制作一份全国水产品进出口情况数据汇总，其中包含一至当月水产品进出口情况以及不同贸易方式、主要市场、主要品种、主要省份等出口情况。截止到2016年12月初，共提交了10份数据汇总；针对罗非鱼品种，制作1996—2016年进出口贸易情况变化表；制作江西、吉林、江苏三省2010—2016年进出口贸易情况变化表；整理2014年至今的全国水产品进出口贸易统计月鉴；每季度提交一份水产品贸易监测预警分析报告，2016年已经提交三份贸易分析报告。5月完成《2016中国农产品贸易发展报告》中“水产品”部分的撰写。

3. 组织召开专题研讨会，研究我国渔业“走出去”以及促进贸易平稳发展工作思路 11月19日，在上海召开了渔业“走出去”发展战略研讨会；12月2日在吉林召开2016年度全国水产品贸易形势分析会。这两次会议上，渔业国际贸易跟踪研究专家、有关省（自治区、直辖市）及计划单列市渔业主管部门专家、高校、科研院所和企业代表从各自研究领域出发，分析在“一带一路”发展机遇下渔业“走出去”战略主攻方向、合作领域和实施重点；探讨全年水产品进出口贸易波动原因，预测今后水产品贸易走势，提出进一步促进水产品贸易发展的有效建议。专家组成员和各省分析专家已陆续提交年度水产品贸易形势分析报告。

4. 追踪国内外水产品进出口贸易“异常”省份及市场，开展及时有效的基础性研判 受外需市场持续低迷等诸多不利因素影响，江西淡水产品出口持续下滑，降幅超过全国整体水平，淡水产品对外贸易形势严峻。为深入了解江西省当前淡水产品对外贸易现状和问题，2016年9月5～8日，学会组织人员赴江西省南昌市及上饶市调研，并撰写调了《实施品牌引领，促进水产品对外贸易——江西水产品对外贸易调研报告》；9月18～19日，学会组织人员赴吉林省珲春市进行调研，深入了解吉林省在严峻的水产品对外贸易形势下，出口数据如何保持持续增长，如何抓住机遇，发挥特有水域资源及地域优势，做大做强水产品对外贸易，并撰写了《发挥区位优势，对接“一带一路”，加快推进水产品加工贸易持续发展——吉林珲春水产品边境贸易调研报告》；由于受到超强厄尔尼诺现象的严重影响，江苏省紫菜生产面临严峻考验，但在各方的艰苦努力和各级政府部门的支持帮助下，紫菜贸易仍然取得了较好的成绩，为深入了解江苏省当前紫菜对外贸易现状和问题，10月26～28日，学会组织人员赴江苏省南通市进行调研，并撰写了《品质引领出口，责任创造明天——江苏水产品（紫菜）贸易调研报告》。10月末，按照农业部领导指示，学会就2010—2016年中加水产品贸易情况进行分析并撰写报告，为部领导进行相关汇报提供及时有效的信息支撑。

【渔政执法人员能力提升培训】 为了提高帮助渔业执法人员进一步学习和理解相关渔业法律法规，结合《最高人民法院关于审理发生在我国管辖海域相关案件若干问题的规定（一）》和《最高人民法院关于审理发生在我国管辖海域相关案件若干问题的规定（二）》（以下简称涉海司法解释）的学习和宣传，深入推进依法行政，全面提升渔业行政执法工作法治化水平，学会受农业部渔业渔政管理局委托，分别于9月与10月在贵州遵义和福建厦门举办2期渔业执法人员能力提升培训。培训班邀请了最高人民法院专家阎巍、周海洋担任讲师，两期培训共有来自全国11个沿海省份的230多名各级渔政监督管理部门的行政执法人员参加，学习和交流效果很好。

【学术期刊】 经国家新闻出版广电总局批复，同意创办《Aquaculture and Fisheries》（中文名：《渔业学报（英文）》）期刊，主办单位为中国水产学会、上海海洋大学、科学出版社。9月24日，《渔业学报（英文）》杂志召开第一届编委会第一次会议。上海海洋大学校长程裕东教授、学会副理事长兼秘书长司徒建通研究员、科学出版社柴钊女士分别致辞，向与会专家颁发主编、副主编聘任证书。中国科学院水生生物研究所桂建芳院士、上海海洋大学黄硕琳教授、缅因大学陈勇教授三位联合主编主持了会议的报告及讨论环节。来自美国、加拿大、新加坡、中国大陆及台湾省的19位主编、副主编以及上海海洋大学学报编辑部工作人员参加了会议。

【国际学术会议】 3月13～15日，由学会与美国大自然保护协会联合主办，中国水产科学研究院东海水产研究所承办的可持续渔业与海洋生态系统修复国际研讨会在上海召开，来自国内外的30余名专家参与了本次会议。会议由中国水产科学研究院东海水产研究所所长、学会常务理事陈雪忠研究员主持，议程分为专家介绍和交流讨论两个环节。会议邀请了相关中外专家，从渔业法律、渔业执法、渔业资源评估和海洋保护规划等不同角度对中国、美国和南澳大利亚在可持续渔业与海洋生态系统修复方面所做的工作进行介绍。会上，并就人工鱼礁建设、牡蛎礁修复、渔业法律法规等问题进行了充分交流。3月21日，学会在北京主办了中外渔业法律优势比较座谈会，来自中国和美国15位专家学者出席了本次座谈会。座谈会由中国水产学会副秘书长曲宇风主持。农业部渔业渔政管理局渔政处处长陈家勇与美国自然资源保护协会海洋项目渔业政策主任 Brad Sewell 分别对中国和美国的渔业法律和政策进行了介绍和解读，双方专家就中美两国的渔业法、渔业资源保护政策及渔业数据统计方法等方面的差异进行了充分交流讨论，主要议题包括两国渔业管理中的捕捞限制问题、传统渔民安置问题等。5月23～25日，学会与西澳大利亚州渔业部联合主办、中国水产科学研究院黄海水产研究所、中国科学院海洋研究所和农业部海洋渔业可持续发展重点实验室共同承办的海洋渔业资源保护与人工鱼礁国际论坛在青岛举办。论坛汇集了国内外近150名渔业领域的专家和学者，特别有来自海洋渔业资源保护发展比较先进的澳大利亚、美国、日本和韩国等国家的专家、学者和行政管理人员。论坛开幕式由中国水产学会秘书长司徒建通主持，中国水产学会理事长贾晓平、西澳渔业部部长 Heather Brayford 和中国水产学会常务理事、中国水产科学研究院黄海水产研究所所长金显仕分别致辞。来自中、澳、美、韩、日14位专家就海洋资源保护、人工渔礁建设和海洋牧场建设等主题做了报告。此次论坛还组织了部分国内外专家赴中国水产科学研究院黄海水产研究所生态渔业示范基地参观了人工鱼礁和海洋牧场。11月19～20日，由学会和浙江海洋大学共同主办的2016世界头足类渔业学术大会在浙江舟山隆重举行，大会以"头足类渔业可持续发展"为主题，邀请了美国、俄罗斯、日本、英国、法国、意大利、澳大利亚、巴西、西班牙、南非、墨西哥、阿根廷等15个国家和地区的专家和国内知名专家共120多位前来参加。会议还得到了联合国粮农组织（FAO）、头足类国际咨询委员会（CIAC）以及浙江省自然科学基金委员会的共同支持。贾晓平理事长出席大会并致辞。12月7～9日，学会在北京举办"海洋渔业捕捞限额管理专家研讨会"。来自美国、加拿大、日本、中国等国家以及联合国粮农组织（FAO）、欧盟等国际组织的专家和管理人员50多位参加本次研讨会，共同交流讨论捕捞限额制度在有关国家实施的经验和教训、制度体系建设，以及捕捞限额制度与其他渔业管理制度的关系等问题。

【2016年中国水产学会学术年会】 11月3～4日，由中国水产学会和四川省水产学会共同主办的以"创新发展，科技先行"为主题的2016年中国水产学会学术年会在成都召开，来自全国各地近700位水产科技工作者参加了本次会议。四川省农业厅党组成员、水产局局长卿足平，中国水产学会理事长贾晓平，日本水产学会国际交流委员会副委员长萩原笃志，美国水产学会会长 Joseph Margraf 参加会议并致辞，会上还颁发了第三届中国水产学会范蠡科技奖和首届中国水产青年科技奖。开幕式后，中国科学院院士、中科院水生所研究员桂建芳、中山大学海洋学院院长何建国教授、中科院海洋所副所长张国范研究员、中国水产科学研究院渔机所所长徐皓研究员分别做大会报告。年会安排了6个分会场进行水产资源与环境、水产动物医学、水产生物技术、水产育种、水域生态、水产饲料与营养、水产增养殖、水产捕捞、渔业管理、经济信息、渔业工程与装备等11个专题学术报告，参加专题交流326人，收到论文摘要443篇。

【国内主要学术会议】 9月22～25日，中国水产学会渔业资源与环境分会学术年会在乌鲁木齐召开。中国水产学会理事长、中国水产学会资源与环境分会主任贾晓平和新疆水产学会副理事长谢春刚研究员致词。本次学术年会收到论文230多篇，来自全国各地的200余名专家学者参加了学术交流。此次学术年会以"新时期我国渔业资源与渔业环境的新理念、新思路、新方式和新技术"为主题，共安排了4个主题报告、4个专题报告和80个分组交流报告。会议期间，与会专家学者针对新时期下我国渔业资源利用与保护和渔业环境污染治理对策等问题进行了深入探讨，并就其中的渔业资源可持续利用、渔业资源增殖养护和生态环境保护等诸多问题积极发表见解，提出了新的科学合理的解决措施。10月20～21日，中国水产学会水产生物技术专业委员会第八届学术研讨会在海口举行。中国水产学会副理事长兼秘书长司徒建通、中国水产学会常务理事、中国科学院水生生物研究所桂建芳院士、中国水产学会水产生物技术专业委员会主任委员陈松林及副主任委员包振民、刘少军等应邀出席会议并做专题讲座，海南大学王爱民教授主持开幕式。本次学术研讨会共有来自国内外40个单位的260多名专家学者参加，收到论文摘要140余篇，其中有95位专家学者及研究生分别在基因组资源发掘、重要性状遗传基础、遗传改良与种业相关技术3个分会场进行口头报告。11月17～18日，由中国水产学会海水养殖分会等主办的"2016年全国海水养殖学术研讨会"在福建厦门集美大学召开。会议收到论文报告200多篇，参加会议的海水养殖科技工作者360余人。会议开幕式由中国水产学会海水养殖分会副主任委员李健研究员主持。中国水产学会贾晓平理事长，福建水产学会李祥春理事长，集美大学于洪亮副校长先后致辞，中国水产学会海水养殖分会主任委员王清印研究员做了工作报告。会议特邀集美大学谢潮添教授、中科院海洋研究所杨红生研究员、中国海洋大学李琪教授、新加坡淡马锡生命科学研究院岳根华教授、上海海洋大学蔡生力教授、中国海洋大学张全启教授、集美大学王志勇教授、宁波大学王春琳教授、厦门大学苏永全教授、广东海洋大学黄翔鹄教授以及大北农神爽水产科技有限公司易敢峰总裁等11位国内著名的水产养殖专家、教授作了大会主旨报告。会议围绕海水养殖遗传育种、养殖模式、养殖环境与生态保护、病害防治、营养与饲料、海水养殖设施养殖以及海水养殖发展战略等相关领域在3个分会场进行研讨，共有80多篇报告进行了交流。海洋多层次生态养殖论坛同期举办。中国水产学会海水养殖分会还在会议期间研究讨论了换届工作。11月24～26日，由中国水产学会主办，集美大学和中国海洋大学承办的以"科技创新与水产品加工产业升级发展"为主题的2016年中国水产学会水产品加工与综合利用分会学术年会在厦门召开。本届学术年会特别邀请了华南理工大学赵谋明教授、江南大学夏文水教授、华中农业大学熊善柏教授、中国检验检疫科学研究院陈颖研究员分别做了题为《海洋生物蛋白深加工关键技术研究进展》《淡水鱼发酵技术研究进展》《淡水鱼加工保鲜技术开发与产品创新》《水产品真伪鉴别技术研究进展》的大会主题报告。本届学术年会设置了"水产品加工与综合利用基础理论""水产品质量与安全""水产品加工流通新技术与新装备"3个分会场，共有37位专家学者从不同角度介绍了学科的最新研究成果。此外，会议还专门安排了研究生专场报告，来自数十所科研院校的42位研究生代表在论坛上作了精彩报告。本届学术年会有350余人参会并收集和编录了论文摘要集，其中包括4个大会主题报告、37个分会场报告，交流论文摘要258篇，墙报32个。此次会议为我国水产品加工与综合利用相关领域的专家学者提供了展示新成果、发表新见解的舞台，促进了学术交流与合作。11月30日，由中国水产科学研究院黑龙江水产研究所主办的"冷水性鱼类产业技术可持续性发展论坛暨中国水产学会鲑鱼类专业委员会年会"在成都市召开，来自全国冷水鱼行业包括高校、科研院所和企业等200多位代表出席了本次会议。本次会议还特邀通威拜欧玛（无锡）生物科技有限公司Kenneth Dirst、黑龙江水产研究所孙大江研究员等7位专家和企业家，针对欧洲鲑鳟鱼生产、黄海冷水渔业利用、冷水鱼产品电子商务、鲑鳟鱼加工、水产品市场准入、虹鳟IHNV发病现状及防治和水产养殖物联网的实践与思考等做了专题报告。本次会议设立了"冷水鱼病害防控与营养饲料""冷水鱼育种与商品流通"2个专题进行讨论。冷水鱼育种、加工和流通等内容成为本次会议热议焦点。鲑鱼专业委员会工作会议对第九届水产学会鲑鱼类专业委员会工作进行了总结，并就第十届水产学会鲑鱼类专业委员会委员调整建议名单及工作计划进行了商讨。11月25日，由学会与中国海洋经济博览会筹委会共同主办的现代海洋渔业发展论坛在广东湛江召开，论坛主题为"调优结构布局，促推转型升级"，邀请了一批国内知名专家探讨现代水产种业，鱼类营养，现代水产养殖业，渔业转型升级路径以及渔业供给侧结构性改革等议题，出席论坛的有部分行业主管部门、水产专家学者、企业代表等约400人。

【国际交往】 9月7～10日，应日本水产学会邀请，学会副理事长兼秘书长司徒建通一行2人赴日本奈良参加日本水产学会2016年秋季大会并进行了合作交流。自2011年中日签署了《中国水产学会与日本水产学会学术交流协议》以来，两会的水产学术交流走向了常态化，组织参加对方的学术年会是合作内容之一。本次访问，双方共同探讨了进一步扩大水产科技交流合作问题，并就续签交流协议和备忘录达成了共识。8月3～7日，由亚洲水产学会，泰国农业部渔业司，联合国粮农组织亚太水产养殖中心联盟（NACA）联合举办的第十一届亚洲渔业和水产养殖论坛于在泰国曼谷召开，近600人参加了论坛。亚洲水产学会第11届理事会理事长，学会常务理事，上海海洋大学黄硕琳教授，水产学报编辑部主任江敏教授等一行参加了此次论坛。黄硕琳教授在论坛开幕式上代表亚洲水产学会致开幕词，江敏教授作了口头报告。黄硕琳教授还主持召开了亚洲水产学会第12届会员大会和第48次理事会。黄硕琳作为刚卸任理事长（IPP）继续担任亚洲水产学会第12届理事会理事和执行委员会委员，江敏教授当选亚洲水产学会第12届理事会理事。5月22～27日，应第七届世界渔业大会组委会主席TaekJeong-Nam博士的邀请，学会常务理事、海水养殖分会主任委员、黄海水产研究所王清印研究员赴韩国釜山，出席第七届世界渔业大会开幕式及相关活动，并共同主持以"中国的水产养殖业：食物供给、资源保护和环境可持续性"为主题的中国专场的研讨活动。本届世界渔业大会的主旨是"对可持续渔业和安全海产品的挑战"，契合了当今世界范围内对渔业发展的关切。会议在釜山会展中心（BEXCO）举行。出席此次会议的中方代表约30人，主要来自各大学和科研机构。活动期间还举办了墙报展示、渔业博览会以及不同规模的多种专业或专门工作会议。

【科普活动】 科技周是学会科普活动的品牌之一，已连续举办9年。2016年水产科技活动周启动仪式于5月13日在厦门举行。活动包括基地授牌、现场参观、标本赠送、讲座交流等内容。期间，各地方水产学会，学会单位会员，分支机构、学生会员工作站、科普教育基地等开展了形式多样的科普培训、技术推广40余次。3月23~25日，学会与云南省水产技术推广站联合在昭通市威信县举办渔业资源保护与开发利用培训班，来自云南省有关县市区共计100余人参加，组织参加长江上游珍稀特有鱼类国家级自然保护区（云南段）岩原鲤增殖放流活动。专家80余人赴云南、贵州等西部地区省市送科技下乡，就推广稻田生态养殖、土著鱼类保护等重点问题，以专题讲座、现场咨询、座谈交流、培训、田间指导、生产资料赠送等形式，对渔农进行面对面、手把手地技术指导。截止到年底，云南和贵州稻田生态养殖已形成万亩规模，累计受益人数1万余人。2016年的科普日活动中，学会的主题是"观赏鱼与健康生活"。通过观赏鱼视频播放、海洋生物图书展示、观赏鱼水族缸展览、互动体验等多种形式，宣传观赏鱼与人类健康的密切联系，普及观赏鱼养殖的健康知识，使公众了解观赏鱼文化，乐于接受养鱼的健康生活方式，从而帮助公众树立健康、快乐生活的新理念。一周活动中，学会展区流动公众量总计约为2万~3万人次，累计发放各种海洋宣传资料2 000余份，奖品2 500余件，接待科普咨询5 000余次，成为整个主场活动的亮点，科普效果显著。2016年学会在中国科协第十八届年会期间承办"水产科普进延安活动"，调动学会各科普教育基地和会员单位的优势，组织捐赠了一批无价之宝，特别是中国水产科学研究院东海水产研究所捐赠的长6米的小须鲸，宁波海洋世界捐赠的宽吻海豚、绿蠵龟和北京市水生野生动植物救护中心捐赠的珊瑚、砗磲等都是国家级的保护动物。广西水科院、海南海螺科普教育基地等单位也捐赠了一批水生生物标本。此次活动共捐献了61个标本，2 040本科普图书和部分科普光盘。同时还组织专家为延安儿童进行科普讲座，传播水产科技和文化，受到了中国科协尚勇书记的表彰。

【人才举荐】 完成了第三届范蠡科技奖评审工作，共评出一等奖3个，二等奖5个。完成首届中国水产青年科技奖的评审工作，按照《中国水产青年科技奖奖励办法》的有关规定，经过奖励工作领导小组研究决定，向中国海洋大学海洋生命学院王师等17人授予了首届中国水产青年科技奖。完成了"中国水产科技创新示范基地"专家评审和现场考核工作，现有19家企业入围，提供本届常务理事会审定。

【党建强会】 2014年，学会在河南省孟津县和江西省鄱阳县，因地制宜开展了技术培训、捐赠书籍、建立服务站等工作。在河南孟津，向当地渔民赠送水产养殖系列丛书、病害防治挂图500余册（张），邀请了中科院院士桂建芳等知名专家为广大渔民针对当地养殖品种的健康养殖和鱼病防治进行理论讲解，与百余名养殖户开展互动，现场解答养殖户在养殖过程中遇到的实际问题。在江西鄱阳，在当地先后举办了3期水产骨干技术培训班、10期区域特色水产研讨班和50次塘头式季节热点解析班，就水产养殖鱼类病害发生流行的主要原因、发病特点、预防措施、诊断与防治技术等进行了详细讲解，累计辐射带动全县约1万户农民开展渔业生产。此外，学会通过选址、建设、装修，在当地建立了"鱼病检测及诊治示范服务站"，配备鱼病检测实验室所需设备，并聘请当地水产专家进行现场长期指导，建立了渔业专业服务窗口，公布水产120救急电话，建立了巡回流动渔业服务站和电子网络服务平台。中国科协党组成员、书记处书记王春法在考察参观后对此项工作予以高度赞扬。

【学会能力提升计划】 2016年中国水产学会在中国科协的领导下，以实施"学会能力提升专项——优秀科技社团奖"为契机，在开展学科创新、科技普及、人才培养、服务产业、服务会员、自身建设等多个方面，调动激发科技工作者的积极性和创造性，显著提升了学会服务创新能力、服务社会和政府能力、服务科技工作者能力以及自我发展能力，努力把中国水产学会打造成水产学科发展和科技创新的引领者、国内外水产学术交流与合作的主渠道、水产科技评价和奖励的权威平台，使学会成为对科技工作者具有强凝聚力、号召力并充满生机和活力的"科技工作者之家"。按照项目要求，学会圆满完成了2016年各项既定工作。

【党建强会】 6月3~4日，在云南昆明南涧彝族自治县和巍山县开展了"党建强会"特色活动，培训班上，邀请3位专家针对当地养殖品种、健康养殖与新型养殖模式进行讲解。之后组织专家以座谈会和现场交流的形式开展活动，共向当地赠送水产养殖系列丛书、病害防治挂图及农村实用图书等1 000余册（张）。在南涧彝族自治县碧溪乡松林小学开展爱心餐桌捐赠活动，捐赠餐桌（配座椅）30张，可同时容纳240人用餐，捐赠学习用具300余件(套)。

【学会建设】 4月8日,中国水产学会九届八次常务理事会在江西九江召开。会议由理事长贾晓平主持。本次会议应到58人,实到43人。会议通过投票选举,通过推荐中国科协九大代表及委员候选人人选的议案,同意推荐中国海洋大学麦康森、中国水产科学研究院黄海水产研究所叶乃好为中国科协"九大"代表,推选麦康森、叶乃好为中国科协第九届全委会委员候选人。会议通过投票选举,通过推荐第七届"全国优秀科技工作者"候选人人选的议案,同意推荐上海海洋大学陈新军、中国水产科学研究院黄海水产研究所柳学周、西南大学吴青、獐子岛集团股份有限公司梁峻为第七届"全国优秀科技工作者"候选人。会议审议通过了成立"中国水产学会渔文化分会"和"中国水产学会期刊分会"的议案。会议审议通过了部分理事人选变更的议案。11月3日,中国水产学会九届五次理事会在四川成都召开。会议由贾晓平理事长主持。本次会议应到168人,实到113人。会议审议了《中国水产学会2016年工作报告》和《中国水产学会2017年重点工作》。一致认为学会在2016年紧密围绕中国科协和农业部的中心工作,解放思想,开拓进取,以服务"三农"、促进农业和农业经济科学发展为主线,以"三服务一加强"为要求,团结协作,勤奋努力,为渔业科学发展服务,为广大水产科技工作者服务,为广大会员服务,不断加强自身建设,在理事会的领导下,在各会员单位的鼎力帮助和支持下,较好地完成了2016年的工作任务。会议认为,学会2017年工作计划切合实际,重点突出,点面兼顾,思路清晰,目标任务明确。总体工作符合学会的职责:着力做好学术交流工作、积极开展科普活动、积极做好学会服务创新能力提升工作、积极做好会员服务工作、积极做好人才举荐工作、积极启动科技评价工作、继续做好国际交流工作、做好渔业支撑服务工作、不断加强队伍建设。会议审议通过了设立中国水产学会理事会党委的决定。会议选举了中国水产学会理事会党委书记、副书记和委员等7人。会后将上报中国科协科技社团党委。12月15日,中国水产学会九届九次常务理事会在贵州兴义召开。会议由理事长贾晓平主持。本次会议应到59人,实到41人。会议审议了《中国水产学会2016年工作报告》和《中国水产学会2017年重点工作》。一致认为学会在2016年紧密围绕中国科协和农业部的中心工作,解放思想,开拓进取,以服务"三农"、促进农业和农业经济科学发展为主线,以"三服务一加强"为要求,团结协作,勤奋努力,为渔业科学发展服务,为广大水产科技工作者服务,为广大会员服务,不断加强自身建设,在理事会的领导下,在各会员单位的鼎力帮助和支持下,较好地完成了2016年的工作任务。会议认为,学会2017年工作计划切合实际,重点突出,点面兼顾,思路清晰,目标任务明确。总体工作符合学会的职责要求:着力做好学术交流工作,认真开展科普活动,积极抓好服务创新能力提升工作,努力提高会员服务水平,协同实施好人才举荐工作,主动推进科技评价工作,继续拓展国际交流工作,全力夯实渔业支撑服务工作,积极完成好换届各项准备工作。会上,宣读了《农业部关于全国水产技术推广总站与中国水产学会合署办公的决定》和中国科协科技社团党委《关于同意中国水产学会成立党委及组成人选的批复》。会议审议通过了李文抗、邢克智辞去九届理事会理事和增补徐瑞永为常务理事的议案。会议审定了19家首批中国水产科技创新示范基地名单。随后,召开了全国水产科研院所长论坛,就科技支撑与产业健康、渔业科技创新与产学研结合和水产学科建设与发展等议题进行讨论,提出了许多建设性意见。

截止到2016年年底,学会九届理事会成员166人,其中常务理事59人,女性理事11人。2016年,学会新成立了3个分支机构:海洋牧场研究会、渔文化分会和水产期刊分会,3个分支机构的设立,使学会的学科领域建设得到了加强。学会共有淡水渔业专业委员会等21个分支机构。通过努力,将个人会员数量发展到17 826人,其中资深会员438个。团体会员发展到207个。

(中国水产学会 李利冬)

中国渔业协会

【秘书处】 2016年,秘书处在中国渔业协会全体理事和会员的共同努力下,紧紧围绕服务会员、服务行业、服务政府的宗旨开展工作,取得了一定的成效。

1.精心筹备,顺利完成协会换届工作 6月上旬,协会在江苏省南通市海安县召开了第四次全国会员代表大会,选举产生了赵兴武为会长的新一届理事会。农业部副部长于康震致信祝贺,他高度评价了12年来,协会在原会长齐景发同志的领导下,工作上取得的显著成绩,代表农业部对齐景发同志为协会所付出的努力和做出的贡献表示衷心的感谢。于副部长还对协会未来工作提出了新的要求,他希望协会紧跟改革形势,随"机"应变乘势而为;围绕渔业热点,创新发展动力;突出合作交流优势,提升竞争力和影响力;以服务会员为本,夯实发展基础。

2. 加强自身和机构建设，与休闲垂钓协会分开办公 经过精心筹备，2016 年，协会先后成立了龙鱼分会、金鱼分会、水族造景分会、渔文化分会、淡水龙虾产业联盟、渔船渔港分会和鲈鳜鱼分会 7 个分支机构，同时还发展了 200 余艘渔船会员。通过加强分支机构建设，不断壮大会员队伍，扩大协会工作覆盖面。

秘书处还依据在第四次全国会员代表大会上通过的《协会分支机构管理办法（修改稿）》，密切了和分支机构的联系，加强了对分支机构的管理。12 月，协会鮰鱼分会根据《协会分支机构管理办法（修改稿）》的相关规定，完成了分会的终止程序，并向协会提出了撤销申请，经秘书处审查后，同意终止中国渔业协会鮰鱼分会。

2009 年，协会受农业部委托筹建休闲垂钓协会，2012 年，休闲垂钓协会经民政部批准成立后，一直与中国渔业协会合署办公，秘书处工作人员身兼两个协会职务。随着休闲垂钓协会业务的不断发展，从 2016 年 8 月起，两协会决定分开办公，并完成了业务剥离和人员交接工作。秘书处随即充实了新的工作人员，重新部署了工作任务，调整了各部门人员分工和职责，实现了平稳过渡，并进一步完善了财务管理、用章管理等制度。

3. 做好各项会员服务工作

（1）为会员单位宣传。与中央电视台农业频道《农广天地》栏目合作，先后赴佛山市福融八达水产有限公司、莱州明波水产有限公司等多家会员单位拍摄水产品专题片，宣传了会员企业及其先进技术和优质产品。内容涉及鲈鱼、鳜鱼、皱纹盘鲍、半滑舌鳎、翘嘴红鲌等价值高、效益好的水产品种。

（2）开展培训工作。在湖南、广西等省（自治区）共举办了 5 期渔业培训班，内容包括：渔业安全生产管理、水产品质量安全、基层水产技术推广体系建设与池塘生态养殖技术等，500 余名基层渔业工作者参加了学习；与上海海洋大学、上海博华水产咨询有限公司等单位继续联合主办 2016 年度"新农村建设 - 200 场水产品安全健康养殖科技入村公益培训活动"；协会还分别对辽宁大连、山东荣成、江苏盐城、浙江台州等地的涉韩入渔渔民，就安全作业知识、捕捞日志填写、作业程序规则新增内容等进行了培训，以提高渔民安全生产意识和水平，减少违规事件的发生，维护中韩海上安全作业秩序。

（3）充分发挥信息平台作用。秘书处继续利用会刊、网站和微信公众号等信息平台，及时转发国家渔业政策和信息，发布协会通知公告和工作情况，刊载会员单位的新闻和动态，为会员企业及其产品做宣传。随着信息传递的便利化，两月一期的会刊所登载内容的时效性已大打折扣，经秘书处研究决定，自 2017 年起，会刊《渔业文摘》将更名为《渔协通讯》，其内容也将被重新定位于集中精力向读者介绍协会及分支机构的大事小情，宣传展示会员单位的风采。

（4）努力开拓新的服务领域。协会分别与上海安信农保、北京光合文旅、杭州碳银公司等单位推进深层次的合作，力争在渔业保险、休闲渔业、节能减排、产融结合等方面取得成果，使之能惠及广大会员，并在丰富协会服务内容的同时，促进会员间的交流合作。

4. 拓展休闲渔业工作，推动渔业品牌建设

（1）策划组织了中国休闲渔业示范基地调研活动，通过了解全国休闲渔业示范基地建设与运行情况，总结各地发展经验，分析研究影响发展的主要问题，为主管部门制定休闲渔业发展政策及措施提供参考，为全国首届休闲渔业发展现场会的召开提供了基础材料和数据。

（2）10 月举办的第九届中国（厦门）国际休闲渔业博览会期间，协会组织了中国精品水族展区，协会龙鱼分会、金鱼分会、锦鲤分会、水族造景分会和孔雀鱼分会集体参展。不仅展出了大量精品观赏鱼，还推出了我国自主研发培育的彩鲤新品种。我国台湾省和内地的知名水族造景师，还联袂在现场开缸造景，体现了海峡两岸一家亲。协会其他分会也积极以团组形式参展，集中展示了我国都市渔业的发展现状。

（3）11 月，协会在第 20 届中国国际宠物水族用品展览会上，与长城国际展览有限责任公司联合举办了首届"长城杯"世界观赏鱼锦标赛。这届大赛囊括了 10 项国际顶级赛事，3 000 缸观赏鱼，200 余人的国际裁判队伍，无论在比赛规模、赛制建设还是配套活动等方面都堪称世界之最，为推动我国观赏鱼产业转型升级，扩大我国观赏鱼行业的影响力，起到了积极的作用。

（4）继续开展优势水产品区域命名工作。根据地方政府提出的申请，经协会专家工作委员会实地考察和评审，2016 年，分别授予了浙江舟山市普陀区"中国鱿鱼之乡"、山东临清市丁马庄村"中国中华鳖第一村"、江苏溧阳市社渚镇"中国青虾第一镇"荣誉称号。

5. 开展国际交流与合作，努力提升协会的话语权

（1）继续开展和日韩两国水产会的合作。8 月，协会组织有关人员前往日本参加中日韩民间渔业协议会，就维护三国海上安全作业秩序、海洋渔业资源管理和民间渔业交流合作等议题进行了商讨；10 月，协会在厦门组织召开中日、中韩民间渔业协议会，分别与两国水产会就海上安全作业、养护海洋渔业资源等议题进行磋商，并就涉韩渔船担保工作与韩方进行了深入探讨。

(2)协助商务部援外司完成了“援助巴林工厂化循环水养殖系统”外派专家的初选工作。

(3)6月1日，针对菲律宾共和国单方面提起的南海仲裁案，作为中国渔民利益的代表机构，协会发表郑重声明，坚定支持中国政府立场，决不接受、不承认任何对中国渔业资源和渔民利益的侵权行为。坚定捍卫中国南海渔民赖以生存的渔业资源，维护渔民的传统渔业利益。对于仲裁庭做出的非法无效的裁决结果，中国渔业协会和中国渔民不予理睬。新华社、人民日报等主流媒体都对此予以报道。

6.做好农业部渔业渔政管理局委托的各项工作

(1)中韩、中日、中越三个渔业协定的部分执行工作。完成了全年中方渔船的入渔韩国通报工作和中方渔船赴日、韩海域紧急避风避难的联络工作；及时向农业部渔业渔政管理局、中国海警局、外交部等单位提供相关所需数据和材料；派员参加了中韩两国事务级会谈、中韩外交部第9轮渔业会谈、中韩中日中越渔委会年会等会议，就作业程序规则修改、两无船舶核查、改进涉日入渔通报方式等提出了具体建议，并承担了部分会议会务工作；编印三个渔业协定相关材料；完成了中方渔船赴韩、日专属经济区管理水域和中越共同渔区入渔许可证的审核、变更、寄送工作。

(2)开展涉韩渔船担保工作。与韩国水产会合作，继续开展涉韩渔船担保工作。全年共为44艘违规渔船进行了担保，对保护中方渔民的合法权益、加强中韩渔业执法合作、减少和避免渔船违规作业起到了积极作用。在农业部渔业渔政管理局的支持下，为树立协会作为涉韩违规渔船担保金缴纳唯一渠道的权威性，自2016年起，经农业部渔业渔政管理局同意，对未通过我会缴纳担保金的违规渔船实行暂停入渔通报一个月的处罚措施。

(3)11月，协会在湖南长沙市举办了《渔业法》修订工作研讨会。国务院法制办农林司、农业部有关司局处室领导、部分水产院校教授及渔业主管部门负责同志出席了研讨会。会议就《渔业法》修订草案及说明进行了梳理和研讨，大家从立法原则和法理角度提出了有关意见，并结合实际工作和法律实践，对部分草案内容提出了有针对性的建议。

【分支机构】

1.河蟹分会 4月，在江苏省召开了全国河蟹苗种培育观摩交流会、产销对接洽谈会和“2016中国(射阳)蟹苗产业发展论坛”；制定了《河蟹土池育苗标准化技术操作规程》和《优质幼蟹标准化生产技术操作规程》两个苗种行业技术标准；6月，经专家考察评审后，授予湖北汉川市“中国河蟹之乡”荣誉称号；9月，在江苏常州市举办了全国河蟹“小精高”家庭养殖金坛模式培训班，推广高效家庭养殖，提升河蟹产业水平；为加大品牌推介力度，组织辽宁、山东、安徽、江苏等省曾获得过中国名蟹大赛金奖的18家企业参加中国(北京)国际渔业博览会。

2.鳗业工作委员会 继续做好我国鳗苗资源调研与养护管理工作。多次参加农业部渔业渔政管理局与日本水产厅关于日本鳗资源养护管理磋商会议，于12月赴日本开展鳗鱼资源养护管理考察交流；协助主管部门做好欧洲鳗进出口管理工作。经过努力，农业部渔业渔政管理局与中华人民共和国濒危物种进出口管理办公室同意将欧鳗出口时限延长至2016年9月。与此同时，及时跟踪了解欧鳗进出口审批及相关工作中的问题，研究提出改进措施；根据农业部渔业渔政管理要求，结合鳗业实际情况，起草了欧鳗溯源管理办法；8月，在北京组织召开与日本鳗业民间组织交流研讨会议，就两国鳗业产销情况，特别是鳗苗生产及资源保护情况等进行了交流，研讨了养护管理日本鳗资源的措施。

3.水族分会 为了便于活动的开展，分会实行了每季度的秘书长办公会议轮值制度，2016年分别在南京、北京、广州和鞍山召开了秘书长办公会议，讨论分会的工作发展及计划，组织协调水族各分会参加厦门休闲渔业展和首届“长城杯”世界观赏鱼锦标赛。通过分会微信公众号，及时发布分会动态和活动信息等，为会员提供多样化的服务。

4.河豚鱼分会 4月，与中国水产流通与加工协会联合召开了有条件放开养殖河鲀生产经营听证会，农业部农产品质量安全局、农业部渔业渔政管理局、国家卫生和计划生育委员会、国家食品药品监督管理总局等政府部门代表，河鲀养殖学术代表、产业代表、消费者代表以及媒体代表出席听证会。6月，受农业部渔业渔政管理局委托开展养殖河鲀鱼源基地备案工作。分会专门成立了备案工作领导小组、评审专家库和审查工作委员会，起草了《养殖河鲀鱼源基地备案工作规范(试行稿)》《养殖河鲀鱼源基地备案现场审查规范》《养殖河鲀鱼源基地现场审查专家组工作细则》，印发了《关于申请养殖河鲀鱼源基地备案的通知》，经过材料审核、现场审查、产品检测和网上公示后，备案了第一批12家单位的16个养殖河鲀鱼源基地。10月，召开了会长办公会，总结了2016年工作开展情况，并就2017年工作进行研究部署，重点讨论了

《养殖河鲀鱼源基地管理制度(讨论稿)》及《备案养殖河鲀鱼源基地与加工企业自律公约(讨论稿)》。11月,组织会员企业联合参展中国国际渔业博览会,通过展会平台,积极宣传两个文件,扩大产业的影响力,提升河豚鱼的知名度。

5. 龟鳖产业分会 参加了应对CITES第十七届大会提案的准备工作,翻译英文资料6万多字,为农业部渔业渔政管理局、国家濒管办起草了有关中国龟鳖问题的意见。在9月召开的十七届CITES大会上,我国代表团大量引用分会提供的资料,有力地反驳了西方一些国家歪曲我国龟鳖行业实际情况的言论;8月,借助新的野生动物保护法增设人工繁育成熟名录的有利时机,召开了龟鳖类人工繁育成熟名录研讨会,初步将8个物种纳入了名录范围;参加了世界第八届两栖爬行动物大会,在专场新闻发布会上,介绍中国龟鳖行业的情况,并印发了中国龟鳖资源与养殖现状的刊物;组织了第四届中国名鳖评选活动,并开展了"全国甲鱼生态养殖第一县(镇)"和"全国龟鳖物种微型保护区"的评选;举办了甲鱼产业转型发展战略研讨会;开展了全国一镇、一村养龟普查;《中国龟鳖》会刊发行数量不断攀升。

6. 淡水龙虾分会 举办了第15届中国(合肥)龙虾节,主会场面积2.2万平方米,合肥品牌龙虾店全部到场,共设有1 000张餐桌,每天有近3万人次来到现场参与活动,品尝龙虾美食,除主会场外还开辟了4个分会场,合计面积达到20万平方米。龙虾节期间还举办了丰富多彩的文化活动,当地市民广泛参与。

7. 大黄鱼分会 分会与会员企业及宁德市渔业协会合作,在国内外举办多种形式的大黄鱼推介会宣传推广大黄鱼;组团参加了福州渔业博览会、厦门国际渔业博览会等;开展杜绝大黄鱼注水染色的行业自律工作,就会员反映在哈尔滨等地市场发现注水大黄鱼销售一事进行调查取证,并向相关部门反映,有力遏止了不法行为;参与制定的《盐渍大黄鱼》水产行业标准通过审定;在浙江宁波成功举办了第四届中国大黄鱼产业发展论坛及第二届大黄鱼节;做好产业信息交流工作,建设"掌上黄鱼网"手机电子商务平台和微信公众号。

8. 锦鲤分会 分会根据国内的锦鲤发展情况重新做了部署,从以前的单纯搞比赛转向发展新品种为主,除鱼池观赏的"日本锦鲤"之外,推出了可在鱼缸中观赏的"中国彩鲤",并在广交会上举办了"全民彩鲤品鉴会";10月,在厦门休闲渔业展上展出了"中国彩鲤"并深受好评,展示的"中国彩鲤"样品被厦门的水族店全部收购;11月,组织会员参加"长城杯"世界彩鲤锦标赛,受到了国内外观众及同行的关注,特别是分会的"锦鲤评审师"亮相吸引了众多媒体的采访报道;11月,在江门市举办了第五届"神阳杯"中国自产锦鲤大赛暨第二届中国彩鲤大赛,参观人达数20万人;12月,分会和广东锦鲤同业会还联合举办"十六届中国锦鲤大赛"。

9. 金鱼分会 分会于6月成立后,先后赴南京、如皋、福州等地的金鱼养殖场开展实地考察和调研,于9月成立分会专家委员会,积极开展金鱼有关标准的制定;9月,在北京中山公园举办了2016中国金鱼品鉴会,邀请20余家全国著名的金鱼养殖场选送了150余尾精品金鱼参加品鉴;组织会员参加厦门休闲渔业展和"长城杯"世界观赏鱼锦标赛等活动。

10. 龙鱼分会 分会于6月成立后,积极开展分会的推广和宣传工作,发展会员。开展分会徽标的设计征集和协会微信号、网站的建设、广告推广等工作。组织专家制定中国龙鱼行业规范,建立不同的比赛机制,不断扩大龙鱼在中国的影响力,组织会员参加厦门休闲渔业展和"长城杯"世界观赏鱼锦标赛等活动。

11. 水族造景分会 分会于9月成立后,经积极筹备,建立了网站、论坛、微信公众号等宣传服务平台,在11月中国国际宠物水族用品展览会上举办了第一届造景大赛,制定了大赛评审标准和评审办法,成立了专家评审团队;分会正在筹备开展会员培训计划,打造中国水族造景国家队。

12. 孔雀鱼分会 10月,在天津举办了第四届中国国际孔雀鱼大奖赛及首届亚太孔雀鱼国际锦标赛。来自世界各国的参赛者达50人,参赛孔雀鱼500对。比赛设22个组别,是目前亚太地区最详细的分组方式。大赛邀请了来自8个国家和地区的9位亚洲顶级评审员组成了评审团,同期还举办了"孔雀鱼之美"讲座、孔雀鱼现场拍卖等活动,并通过网络直播,介绍最新器材、用品、饲料等产品信息。

13. 渔文化分会 分会于9月成立后,主办了"山海情"渔文化衢州行活动,把文化送进了衢州山村;与浙江象山县政府联合主办了象山海鲜美食节;作为支持单位参与了第二届大黄鱼节、第二届宁波甲鱼养生文化节等活动;推进渔文化理论研究,召开渔文化概论编纂座谈会,编撰出刊《渔文化论文集》;加强信息服务与宣传,编印了渔文化分会会刊。

14. 渔船渔港分会 分会于2016年12月9日在广州成立。12月底,举办了现代渔船设计及建造研讨会,会议以"推广玻璃钢现代渔船,推进木质、水泥质老旧渔船更新改造"为主题,邀请了专家、地方政府相关领导、渔民以及渔船设备生产厂家代表170余人参与了研讨,并组织现场考察玻璃钢现代渔船船型。

（中国渔业协会）

中国渔业互保协会

【概况】 2016年,中国渔业互保协会(以下简称“协会”)紧紧围绕农业部副部长于康震讲话精神和第五次全国会员代表大会确立的指导思想,践行“互助共济、服务渔业”的宗旨,充分发挥渔业互助保险的体制优势和组织优势,以加强服务渔民会员为主线,以专业化队伍建设为支点,稳步推进各项工作开展。

据统计,2016年,全系统共承保渔民80.89万人、渔船6.76万艘、养殖水面2.45万公顷、养殖网箱1 368口,提供风险保障3 364.75亿元(包含养殖险),同比增长2.46%;已支付经济补偿金共计8.5亿元(包含养殖险),同比增长26.30%。

1.践行会员服务宗旨,提升会员服务质量 为确保服务渔民会员工作的系统化、规范化和常态化,践行服务渔民会员宗旨:一是构建会员服务体系。协会在秘书处增设了会员服务部,并在费用支出预算中增加了“会员服务”项目。二是建立会员服务制度。建立《会员名录》,划分了团体会员、单位会员和个人会员;出台《身故及高残会员子女教育资助暂行办法》《困难会员临时救助暂行办法》《受伤会员(船员)探视暂行办法》等制度。2016年给予91名会员(船员)子女教育资助款27.55万元,给予14名困难会员救助款4.6万元。三是召开了首次全国渔业互助保险服务渔民会员经验交流暨荣誉会员表彰大会。将“服务渔民会员”确定为今后协会工作的主线,在全国范围内表彰100名荣誉会员并给予现金奖励。四是设立会员培训基地。分别在上海海洋大学和广西海洋投资集团设立了会员培训基地,给予参加职务船员培训的渔民会员10%的培训费优惠。五是免费发放防宣物资。免费发放保暖救生衣、保暖工作服等劳保用品;与辽宁渔港监督局和辽宁协会联合制作了渔业水上安全教育宣传片,免费发放个体会员渔船。六是开发了微信服务号和短信服务平台,拓宽与渔民会员的沟通渠道。

2.强渔惠渔力度加大,推进重点业务开展 2016年,协会不断扩大保险责任范围,持续降低保险费率水平,在风险可控的前提下为参保会员提供了更有效的风险保障。一是修订了人险、船险条款,调整了渔民险定点医疗机构的级别限制,新制定了渔船和雇主附加南沙涉外保险条款。二是争取到农业部金融创新专项资金1 000万元用于浙江、河北两省开展水产养殖互助保险保费补贴试点,充分发挥国家协会指导职能,以方案设计、条款制定和大案处理为重点,全程参与指导全系统水产养殖保险工作。三是与全国水产技术推广总站签订了共同推进水产养殖保险的合作协议。四是进一步推广“互助+商业”水产养殖保险模式。五是推动海南共保体业务再上新台阶。从2017年起,积极争取海南省财政厅支持,将财政补贴的渔民人身保险金额从40万元提高至50万元。

3.强化服务措施,提升理赔服务质量 一是修订了《协会理赔工作规则》,印发《关于简化渔民、渔船理赔材料的通知》,推行理赔单证电子化,合并索赔单证,减少理赔材料。二是制定了渔民人身平安互助保险小额快速理赔方案,编制了《理赔调查报告模板》,统一理赔调查报告的填写内容,提高理赔时效,规范理赔流程。三是明确全系统理赔案件异地委托代理形式。2016年召开全国渔业互助保险理赔业务研讨会,就渔业政策调整和海损事故调查权对业务发展的影响和应对措施进行研讨,明确了全系统理赔案件异地委托代理的形式。四是协会水产养殖险核心业务系统的推广使用迈出实质性步伐。率先在河北省完成首次线上开单;对现有渔船渔民险核心业务系统进行了版本升级,并在部分地区实现电子化调查勘验、单证上传和损失核定,初步构建下一代核心业务系统的框架雏形。

4.加强互保队伍建设,夯实事业发展基础 一是加强制度建设,完善内部管理制度。制定了招聘、考勤、绩效等多项制度。二是加强培训提升队伍素质。协会联合上海海洋大学、中央农业干部教育培训中心上海海洋大学分院共同组织了“全国渔业互保系统工作人员长训班”,第一期有43名专职工作人员接受了为期4个月的专业培训。三是加强渔业互保宣传工作。在农业部渔业系统各单位的大力支持下,协会与中国文联摄影艺术中心共同主办了首届“大美渔村 平安渔业”中国渔业摄影展活动,共收到来自全国渔业系统及广大摄影爱好者的摄影作品3.7万件,扩大了渔业互保的社会影响力,打造了渔业领域第一文化品牌。四是逐步推动直属机构和工作人员规范化管理,印发了《办事处工作人员编制核定方案(2016—2019年)》,制订了南海区办事处和广西壮族自治区办事处职级设置和工资管理办法。

（中国渔业互保协会）

中国水产流通与加工协会

2016年,在农业部的正确领导下,在中国水产流通与加工协会理事会的指导下,在全体会员单位的大力支持下,协会秘书处全体工作人员团结合作,扎实工作,完成既定任务。

【服务行业发展,完成政府委托任务】 继续承担农业部渔业渔政管理局委托的水产品出口合法性认证工作。配合主管部门为400余家出口企业审核签发了输欧海洋捕捞水产品《合法捕捞证明》《加工厂声明》以及《输智水产品合法来源证明》25 325份,其中《加工厂声明》的网上申报率已达99%以上,《合法捕捞证明》网上签发率达60%以上,工作效率进一步提高。

1. 稳步推进水产制品进学生餐项目 召开优质水产品进学生营养餐推进行动专家评审会,提出了水产品进学生餐推进行动可能面临的问题和所需的扶持政策,对优质水产品进学生营养餐推进行动的可行性进行了论证。

2. 开展中国鲨类贸易利用、保护管理及CITES履约监测 一是委托中国水产科学研究院南海水产研究所就大青鲨、镰状真鲨的鱼翅、鱼肉、鱼皮、鱼骨等部位进行了营养成分检测,并于3月中旬出具了初步检测结果。二是5月在上海SIAL展期间举办了"依法保护濒危物种,合理利用海洋资源"为主题的鲨鱼保护与可持续利用宣传展示活动,获得了良好的宣传效果。三是出席10月南非召开的第17届缔约方大会(CoP17),重点关注鲨鱼和蝠鲼物种相关议题并协助政府代表进行议题的应对。四是12月在广州召开了"CoP17新列鲨鱼和蝠鲼物种履约管理工作座谈会",沟通探讨CoP17后新列物种履约工作的安排。

3. 开展水产品质量隐患排查与舆情监测 一是跟踪、分析国内外水产品质量安全信息、贸易预警信息及市场流通信息,整理形成《水产品质量安全舆情报告》37期,向会员企业发送,并上报主管部门;二是完成2015年水产产业损害监测预警分析报告;三是反馈2016年产品质量国家监督抽查计划意见;四是跟踪"北京活鱼下架事件",及时反馈信息;五是完成《香港查获遭二噁英污染大闸蟹舆情监测报告》;六是协助办好农业部渔业渔政管理局科技处组织的水产品质量安全监管工作会议。

4. 开展有条件放开养殖河鲀生产经营企业审核 受农业部农产品质量安全监管局、渔业渔政管理局委托,联合中国渔业协会于4月13日就"有条件放开养殖河鲀生产经营"在北京召开听证会,启动有条件放开养殖河鲀市场,规范河鲀产业。随后制定并发布《养殖河鲀加工企业审核办法》,完成对大连天正、江苏中洋等两家养殖河鲀加工企业审核。

5. 申报进口水产品关税调整 汇总相关水产品进口税率调整建议,并通过农业部向海关总署财务部税改司申报。2017年涉及了三个品类进口税率:冻狭鳕鱼(0303.6700)、冻鱼边角料(0511.9111 90)、丰年虫卵(0511.9190 90)。中国水产流通与加工协会提出的2016年北极甜虾及金枪鱼等水产品的进口税率调整建议已获得采纳。

6. 承担国家发展和改革委员会产业司与工业和信息化部消费品司关于《全国食品工业"十三五"发展战略研究》课题之"'十三五'我国水产品加工业发展战略研究";完成工信部消费品司组织的《食品工业发展报告(2014年度)》水产加工业现状分析的编写工作;承担国家食品药品监督管理总局"食品安全风险信息收集与行业风险预警交流工作"项目;完成2015年度水产品安全风险信息报告和《水产品中亚硫酸盐和孔雀石绿问题相关情况》等。

【开展行业调研,反映企业诉求,加强行业自律】

1. 深入调研,解决行业关注问题 1月,赴杭州跨境电子商务产业园考察跨境生鲜电商的发展情况;2月,前往浙江瑞安市华盛水产有限公司调研交流;赴唐山市曹妃甸区调研;3~4月,实地走访广东肇庆高要、茂名和湛江等地,对广东省的罗非鱼养殖、加工出口、政策环境等情况做了调研,了解产业发展中存在的实际问题;参与农业部渔业渔政管理局渔情处组织的赴广东、广西两省(自治区)水产品加工情况调研;与农业部渔业渔政管理局合作开展了福建省和辽宁省水产品加工企业出口贸易,以及内销市场开拓情况的调研工作,并完成水产品出口贸易形势分析报告;通过实地走访全国重点鱼糜加工企业,哈尔滨、北京、广东、福建、湖北、海南等地的农贸市场、超市等典型市场,调研中国鱼糜产业基本情况,对产业进行了深入的分析和梳理。

2. 开展标准制(修)订,推进国际认证,推动行业可持续发展 加强团体标准工作,完善并正式发布了《中国水产流通与加工协会团体标准管理办法(试行)》。积极参与国际标准、国家标准及行业标准的制(修)订工作,对水产及水产加工品分类与名称等三项水产品加工专业的强制性标准做出评估意见。协助国家标准化管理委员会和农业部完成强制性标准的清理工作和推荐性标准集中复审工作。完成《食品安全国家标准胶原蛋白肽》《冷冻鱼糜》等多项国家标准、行业标准的意见反馈。参与中国物流与采购联合会冷链物流专业委员会归口的《鲜活海产品冷链物流运输规范》《活体海产品冷链物流作业规范》行业标准制定及征求意见工作;为中国连锁经营协会关于《生食动物性海水产品加工销售操作规范》《冰台商品销售操作规范》提出相关建议。

开展中国可持续水产品数据库研发与推广。联合海南智渔，于2016年初启动了中国可持续水产品评价体系开发项目，并进行了数据库前期系统评价指标的研究和讨论，取得了以可持续水产品评价体系（iFISH）数据库为核心的初步成果。9月，组织领域有关专家和利益相关方参加项目评审会，听取意见和建议，进一步完善了评价体系，发布iFISH数据库1.0版本。

3. 反映企业诉求，做好企业与政府的桥梁 关注鱿鱼甲醛超标被检查下架的媒体报道，协助企业将相关问题反映至国家食药总局、国家卫生和计划生育委员会等相关主管部门，出具行业"关于鱿鱼丝产品中本底甲醛问题的说明"；向青岛市食药局提供南极犬牙鱼（及产品）市场名称应用说明；协助浙江兴业集团就抽检香烤大海蜒问题与国家食药总局进行沟通反馈。

【加强会展服务，促进贸易交流，拓展国内外市场】

1. 组织国内展会，促进内销市场繁荣 全力举办亚太水产养殖展览会，树立专业品牌展会。联合长城国际展览有限责任公司于5月26～28日在厦门国际会展中心举办"2016年亚太水产养殖展览会"。本届展会总面积近7 000平方米，汇集了来自韩国、日本、厄瓜多尔、以色列和美国等十几个国家及地区的106家国内外展商、行业协会、国际机构。该展会是亚太地区唯一以水产养殖为主题的展会，秉承服务于"从渔场到餐桌"全产业链的宗旨，倡导"科技创新、可持续发展"的行业理念，旨在推动国内的水产养殖技术和设备出口，引进发达国家和地区先进的水产养殖技术和设备，为专业人士搭建一个专业化的交流合作平台。

完成中国国际食品、肉类及水产品展（中食展）组展工作，积极融入食品一站式采购链条。精心组织了中食展水产专区，汇集上海水产集团等一批优秀水产龙头企业参展，并在展会同期携手北京爱博西雅展览公司成功举办了第四届鲜生活"海鲜美食配美酒"主题活动，成为中食展的一大亮点。本届水产展区展示面积达495平方米，参展商17家。中食展水产专区致力于将全球的优质海产带到消费者的餐桌，通过展会的专业平台发布新产品、收集权威数据和开展贸易洽谈，为水产专业人士提供最新的行业发展动向和实用性的全球趋势洞察。

完成中国国际农产品交易会（农交会）渔业展区组展工作，彰显我国渔业成就。连续第十四年承办农交会渔业展区。展览面积800平方米，辽宁、湖北、浙江、广东、广西、江苏、海南等省（自治区）组成省市渔业展团联合参展，为展示我国渔业成就、推动渔业交流、促进水产品贸易搭建了重要平台。

2. 完成三大国际展会，积极稳定国际市场 继续组织企业参加北美水产展、全球水产博览会、日本东京水产技术展览会三大国际展会，展位数量和展位面积稳中有升。同时还组织了国内从事水产品进口贸易的采购商代表参观展览及商务洽谈。

3. 搭建多种交流平台，促进贸易洽谈 组织东北亚珲春边境贸易投资洽谈会，促进边贸交流。举办全国名优水产品重庆市场推介活动，增强优质品牌西南市场知名度。召开洪湖清水蟹及特色水产品全国产销研讨会。

【召开行业会议，加强分会管理，引导行业健康发展】

1. 举办专业会议，引领产业发展

4月，在杭州召开第八届中国对虾产业发展研讨会，本届会议为国内专题会议，会议切实考虑我国产业困境，集中探讨我国对虾产业处境、国内外市场变化、养殖模式转型、内销市场拓展，以及未来发展方向等问题，内容更具针对性和实际性，帮助企业认清产业现状，为转型升级提出可行性意见和建议。

5月，在福建省厦门市召开了第二届"大有恒"全球水产冻品行业大会。会议认为中国水产品的生产贸易高速增长期已经过去，现在进入转型期。在国际市场低迷，中国经济增长放缓，中国的消费也越来越理性的大环境下，提醒企业在产业的抉择上要慎重，错误的决策可能致使公司的倒闭。

8月，联合黑龙江省大庆市杜尔伯特蒙古族自治县县委、县政府举行了"杜尔伯特·生态渔业发展论坛"。这是首次以大水面天然水域为主题组织的全国性会议，也是全国大水面天然水域产销研业者首次大聚会。会议内容既有前沿理论研究成果简析，又有实际案例分享及实地考察。

9月，在广州举办第十三届罗非鱼产业发展研讨会，会议围绕转型升级的主题，邀请国内外专家就罗非鱼生产和贸易形势、产业新进展、市场供需变化、内销拓展、品牌塑造等问题做了专题报告。在会议形式和内容上，特别设置开放性讨论环节，企业代表与专家围绕出口与内销、认证与消费认知、健康生产模式和产业竞争力等方面展开交流和讨论，传达了产业最实际问题和需求。

11月，在北京国家会议中心召开了以"产业聚集，创新升级"为主题的首届水产资源高值化利用创新发展峰会暨水产三大生物功效物质产业论坛。会议同期进行了创新及优秀产品认定结果新闻发布。本次论坛是水产资源高值化利用及三大活性物质行业最前沿、最权威的产业政策互动研讨平台，以全球化视野、专业化水准、前瞻性的研讨，以我国大宗水生生物资源和水产加工副产物为开发利用对象，以三大活性物质的研发应用为主要载体的产业发展高峰会议，同时对水产资源的综合利用和高值化利用产业链相关方面进行探讨交流，进一步促进产业交流与合作，推动高值化利用及水产三大生功效物质产业在中国、乃至全球的持续、协调、绿色发展。

2. 加强分支机构建设，推动产业健康发展 为了适应行业和产业发展，建立健全行业自律机制，规范企业经营，保障产品质量安全，推动产业健康发展，分别召开鱼粉鱼油、鱼糜及其制品等分会工作会议。并应广大从业者的请求，成立了大菱鲆分会、卤虫分会和鲶鱼产业分会，筹建了内陆天然水域产销联盟。

【加强与国内国际机构合作，提升行业影响力】 为进一步建立国际国内产业界的对话机制，增加我国在国际水产领域的主导权与话语权，扩大行业影响力，积极与国际行业组织和同行业者展开有针对性的互动交流，应邀出席全球水产品市场会议、全球水产品高峰论坛、FAO 全球鱿鱼大会等国际会议，介绍中国渔业产业现状，水产品消费的特点，并代表中国企业提出水产业发展观点，让更多人进一步了解了中国市场情况，提升中国水产品在国际水产品贸易中的重要影响力和国际认可度。

5 月，在厦门组织召开“全球水产养殖论坛”。来自美国、荷兰、墨西哥、挪威、摩洛哥、印度、马来西亚、缅甸、菲律宾、秘鲁、南非等多个国家和地区的行业组织和企业代表，联合国粮食与农业组织（FAO）代表，以及我国水产品育苗、养殖、设备和加工企业，主管部门、科研院所等共计 300 余人参加了会议。论坛创新形式，有针对性地分为 4 个分论坛，内容密切联系产业实际和前沿发展动态，更有效的帮助参会代表获取了所需信息，得到了全球业界的广泛认可，成为了行业内最受关注的会议活动之一。

继续与世界自然基金会（WWF）、海洋管理委员会（MSC）、养殖管理委员会（ASC）联合举办“2016 国际水产品可持续发展大会”，在往年的基础上实现了新的突破，一是组织形式方面吸纳了中国出入境检验检疫协会、海南智渔可持续科技发展研究中心（ChinaBlue）、Ocean Outcomes（O2）等协办方。二是主题更为明确，既有基于对全球渔业发展的解读，也有可持续实践和理念，以及相关标准不同角度不同专题分享，形式和内容更为参会代表所认可。三是参会代表更为积极踊跃，报名参会人数超过 300 人。

【适应产业发展，继续推进品牌建设】 在 2015 年中国罗非鱼加工贸易企业 TOP LIST 评选的基础上，为推动产业各环节的持续、健康、协调发展，2016 年，将苗种和养殖企业也同时纳入评选范畴，分别评选 2016 年度中国罗非鱼十大苗种供应基地、养殖基地和加工贸易企业 TOP10，对宣传企业品牌，以及推动全行业向“高质化”和“品牌化”发展具有重要作用。

受农业部市场与经济信息司委托，联合中国农产品市场协会、中国农村杂志社于 12 月在广州市成功主办了“2016 中国水产品品牌大会”。发布了“2016 最具影响力水产品区域公用品牌”和“2016 最具影响力水产品企业品牌”。会议的成功召开对于传递国家对品牌工作的重视，推动各地积极开展品牌建设，宣传优秀品牌等都起到了积极的作用。

（中国水产流通与加工协会　陈丽纯）

中国渔船渔机渔具行业协会

【概况】 2016 年，中国渔船渔机渔具行业协会（简称协会）贯彻农业部渔业渔政管理局“转方式、调结构”的工作要求，落实农业部渔业船舶检验局渔船检验改革的总体部署，坚持政策导向，服务行业发展，努力为会员办实事、办好事，较好地完成了年度工作任务。

1. 召开秘书长工作会，明确年度工作重点 1 月上旬于福建漳州召开了秘书长（扩大）工作会。会议交流了 2015 年各地方协会的主要工作；部署了 2016 年协会中心工作；就如何扩大“北斗”系统在渔船上的应用进行了研讨。会议要求用改革的理念和思路统领协会的各项工作，紧密围绕部局的工作要点，扎实工作，开创协会工作的新局面。

2. 召开船舶建造监理工作研讨会，研讨建造监理规范 为了推进船舶建造监理工作，加强规范管理，2016 年 4 月于江西召开了船舶建造监理工作研讨会。会议交流了推行船舶建造监理制以来的做法和经验；重点交流了玻璃钢渔船建造监理的流程、节点、体会；研讨了《船舶建造监理规范》；部署了今后一段时间监理工作的重点及要求。

3. 召开第九届渔网具专业工作会 为落实农业部渔业渔政管理局“转方式、调结构”的工作部署，提升渔网具制造业的技术装备水平，2016 年 9 月于张家港召开了第九届全国渔网具专业工作会。会议邀请行业专家对贯彻农业部“两个通告”精神进行了解读；部分生产企业发布了最新的技术创新成果；现场观摩展示了新技术新装备。

4. 配合船检改革，研究制定第三方检验机构管理办法 受农业部船检局委托，协会承担了“注册验船师事务所评价标准体系研究”项目。在充分调研论证的基础上，组织业内专业人士编写了《注册验船师事务所评价管理办法》，几经讨论修改，目前该管理办法已报农业部船检局。该办法的实行将有效促进渔业船舶检管分离的改革。

5. 贯彻标准化改革，力推行业团体标准化工作 为顺应国家关于标准化改革的要求，推进渔船渔机渔具行业团体标准化工作，协会制定了渔船渔机渔具行业协会团体标准化管理办法，提出了团体标准化的总体工作思路和相关要求，并利用相关会议和协会简报进行宣贯解读，扩大了团体标准在行业的影响。

6. 成立社会组织联盟，顺应协会脱钩之需 2016年是协会与挂靠单位（农业部船检局）脱钩的关键之年，为了整合全国范围内渔船渔机渔具行业社会组织的相关资源，实现抱团取暖，适应协会脱钩后购买服务的需要，协会发起成立了全国渔船渔机渔具行业社会组织联盟，9月协会在张家港召开了联盟成立大会。

7. 开展职业技能鉴定，组织编写培训教材，夯实玻璃钢渔船产业技术基础 为规范行业管理，协会加大了玻璃钢渔船行业的职业技能鉴定工作力度，先后在大连、山东、广西等地开展了四批次糊制工职业技能鉴定，150人取得国家职业资格证书。受农业部船检局委托，组织工程技术人员编写了《玻璃钢渔船设计建造检验》培训教材，以夯实玻璃钢渔船产业的技术基础。

8. 会同商务部、农业部开展紫菜行业出口情况调研 为扩大我国紫菜业的对外出口，解决制约我国紫菜出口的瓶颈问题，2016年8月协会参加了农业部、商务部联合组织的紫菜行业出口情况调查。通过调查了解了当前紫菜业出口的基本情况，制约紫菜业出口的问题所在，提出了解决问题的对策。扩大了协会在紫菜行业的影响。

9. 召开年会 2016年12月，协会在云南召开了年会暨理事会。会议通过了理事会工作报告，讨论通过了章程修改报告、调整、增补第六届理事会副理事长人选、新申请入会会员等有关议案。大会总结了2016年工作，重点阐述了协会在力推科技创新、促进行业发展；争取政策扶持、助力产业升级；搭建展示交流平台、优化企业形象；完善监理机制、夯实工作基础；跟进协会脱钩，完善顶层设计；转变工作思路、扩展社会服务；制定工作方案、推进团体标准等七大方面，对提升渔业装备水平现代化发挥了正能量。

（中国渔船渔机渔具行业协会）

中国休闲垂钓协会

2016年，在农业部党组和农业部渔业渔政管理局的领导和支持下，在中国休闲垂钓协会理事会的共同努力下，协会各项工作取得了显著成效，得到了各方面好评。

【主要工作】

1. 加强组织机构建设，大力开展分支机构和地方代表处建设 根据民政部关于社团管理的有关规定，休闲垂钓协会和中国渔业协会决定于2016年8月正式分开办公。11月初，协会召开了一届六次理事会，秘书处向理事们报告了两会分开办公及人员调整情况；审议理事变动和成立分支机构等议案；研究协会今后发展等相关事宜。协会独立办公后，完善了各项规章制度，有序开展各项工作；积极发展协会会员，扩大会员队伍，为行业为会员提供多方位、精准服务。

协会秘书处认识到，要想提高协会的影响力和凝聚力，实现可持续发展，需要大力加强组织机构建设。正式筹备和成立仿生饵钓分会、钓具商分会、游钓艇分会；协会积极设立地方代表机构，努力拓展工作覆盖领域范围，并使服务触角逐步延伸到各地。2016年已经成立了厦门代表处，其他各省、市代表处正在筹备中。这些代表处将代表协会发展会员，并利用自身区域和专业优势，为当地的会员提供针对性服务。代表处的设立有利于使协会的服务更有内容，更接地气，也有利于扩大协会在地方的影响力。

2. 继续打造休闲渔业品牌，创建协会休闲垂钓基地，开展各类活动 2016年协会命名了江苏省泗洪县为“中国休闲垂钓之乡”；命名泗洪洪泽湖湿地垂钓中心为“中国国际休闲垂钓示范基地”；命名霞浦县四礵列岛为“中国休闲垂钓协会海钓基地”，命名重庆市合川区“中国休闲垂钓之乡”和合川区双龙湖为“中国国际休闲垂钓基地”。

主办的活动有：2016（獐子岛）全国海钓锦标赛，中国泗洪首届国际休闲垂钓邀请赛，在福建宁德市霞浦县举办了全国休闲矶钓大赛，重庆合川市合作举办了2016合川钓鱼城杯中国休闲垂钓公开赛和路亚国际表演赛。协会与江苏省钓鱼运动协会、无锡市钓鱼协会联合主办了2016无锡渔具博览会，展会期间同时主办了“第二届无锡渔具展杯”千名渔具店长钓鱼大赛，为他们搭建了一个交流互动的平台。

协助办好全国休闲渔业现场会。2016 年 10 月农业部渔业渔政管理局在厦门召开的全国休闲渔业现场会，作为现场会分组讨论的形式创新和内容延伸，协会受农业部渔业局委托与中国水产《水族世界》编辑部等单位共同筹划、举办了休闲渔业论坛，对现场会的主题和休闲渔业发展思路进行了开放式的讨论，汇聚行业之力，共谋进取。现场会和论坛取得圆满成功。

3. 加强行业自律，带动产业升级 2016 年 2 月，协会在天津梅江钓具产业博览会上召开了"人工钓饵标准新闻发布会"，钓饵行业相关企业代表和业内来宾出席了此次活动。该标准是我国休闲垂钓领域的首个行业标准，在促进行业自律方面取得了突破。钓饵标准发布后，协会草拟了《人工钓饵推荐产品标识使用和管理办法》，经研究修改形成了征求意见稿，并发给所有标准发起企业征求意见，争取首批能有更多的企业使用协会推荐标识。

2016 年协会为落实推动《农业部关于加快推进渔业转方式调结构的指导意见》和贯彻实施大力发展休闲渔业的方针，受农业部渔业渔政局委托，制定完善休闲渔业管理办法和标准，深入开展休闲渔业示范基地创建工作，到年底，全国共命名全国休闲渔业示范基地 489 个。协会和海钓分会还在北京召开了中国海钓·路亚产业发展研讨会，组织有关专家及相关产业代表就海钓·路亚产业、垂钓基地、游钓艇的发展进行了深层次研讨。来自海钓·路亚产业中的俱乐部、钓企、基地代表、媒体等代表现场互动交流、交换意见。

（中国休闲垂钓协会）

法律法规文献

全国渔业发展第十三个五年规划

"十三五"是全面建成小康社会的决胜阶段，也是大力推进渔业供给侧结构性改革，加快渔业转方式调结构，促进渔业转型升级的关键时期。根据《中华人民共和国国民经济和社会发展第十三个五年规划纲要》《全国农业现代化规划（2016—2020年）》总体要求，结合渔业实际，制定《全国渔业发展第十三个五年规划》。

一、重大成就与面临形势

（一）"十二五"渔业发展成效显著

"十二五"是我国渔业快速发展的五年，也是渔业发展历史进程中具有鲜明里程碑意义的五年。渔业成为国家战略产业。国务院出台《关于促进海洋渔业持续健康发展的若干意见》（国发〔2013〕11号），召开全国现代渔业建设工作电视电话会议，提出把现代渔业建设放在突出位置，使之走在农业现代化前列，努力建设现代化渔业强国。渔业综合实力迈上新台阶。养殖业、捕捞业、加工流通业、增殖渔业、休闲渔业等五大产业蓬勃发展，现代渔业产业体系初步建立。水产品总产量达到6 700万吨，养捕比例由"十一五"末的71∶29提高到74∶26。全国渔业产值达到11 328.7亿元，渔业增加值达到6 416.36亿元，渔民人均纯收入达到15 594.83元，水产品人均占有量48.65千克，水产品出口额达到203.33亿美元，贸易顺差113.51亿美元。强渔惠渔政策力度加大。"十二五"期间，中央渔业基本建设投资达到157.51亿元，财政支持资金达到1 290.52亿元，分别比"十一五"期间增长4.15倍和1.54倍。启动实施以船为家渔民上岸安居工程和渔船更新改造工程。渔业油价补贴政策改革取得重大突破。渔业生态文明建设成效明显。渔业生态环境修复力度不断加大，人工鱼礁和海洋牧场建设得到加强，增殖放流效果显著。新建国家级水产种质资源保护区272个，总数达到492个。新建国家级水生生物自然保护区8个，总数达到23个。海洋伏季休渔和长江、珠江禁渔期制度顺利实施。渔业科技支撑不断增强。渔业科技与推广投入大幅增加，渔业科技创新、成果转化能力增强。"十二五"期间，渔业科技共获得国家级奖励11项，省部级奖励300余项，审定新品种68个，发布实施渔业国家和行业标准291项。渔业科技进步贡献率达到58％。依法治渔能力显著提升。清理整治"绝户网"和打击涉渔"三无"船舶专项行动取得积极进展，取缔涉渔"三无"船舶1.67万艘、违规渔具55万张（顶）。渔业法制建设得到进一步加强，《渔业法》启动修订。渔业安全保障水平逐步提高。"平安渔业示范县"和"文明渔港"创建活动深入开展，水产品质量安全持续稳定向好，产地水产品抽检合格率稳定在98%以上，没有发生重大水产品质量安全事件。渔业"走出去"步伐加快。2015年，全国远洋渔船达到2 512艘，远洋渔业产量219万吨，船队规模和产量居世界前列。国际合作成果丰富，积极参与国际规则制定，加入南太平洋、北太平洋等区域性公海渔业资源养护和管理公约，国际渔业权利得到巩固；周边渔业关系和渔业秩序保持稳定，中日、中韩、中越周边协定继续顺利执行；双边渔业合作进一步拓展。

（二）渔业发展面临挑战加大

"十三五"现代渔业建设的内外部环境都在发生深刻变化。世界经济在深度调整中曲折复苏，全球贸易持续低迷，我国经济发展进入新常态。虽然水产品供给总量充足，但结构不合理，发展方式粗放，不平衡、不协调、不可持续问题非常突出，渔业发展的深层次矛盾集中显现。资源环境约束趋紧，传统渔业水域不断减少，渔业发展空间受限。水域环境污染依然严重，过度捕捞长期存在，涉水工程建设不断增加，主要鱼类产卵场退化，渔业资源日趋衰退，珍稀水生野生动物濒危程度加剧，实现渔业绿色发展和可持续发展的难度加大。水产品结构性过剩的问题凸现，不适应居民消费结构升级的步伐，渔民持续增收难度加大。大宗品种供给基本饱和，优质产品供给仍有不足，供给和需求不对称矛盾加剧，部分产品价格长期低迷，一些产品价格出现剧烈波动，生产成本持续攀升，渔业比较效益下降。渔业基础设施薄弱，安全隐患难以消除，渔业安全监管任重道远。渔船老破小，渔港旧差少，渔业保险制度建设滞后，渔业安全保障能力仍显不足。自然灾害等影响因素长期存在，渔业安全生产事故时有发生。水产品质量安全风险增多，违规用药依然存在，水环境污染对水产品质量安全带来的影响不容小觑。渔业法规体系仍不健全，渔政执法力量薄弱，"依法治渔"还需强化。现有的渔业法律法规体系难以适应新形势、新任务的需要。电毒炸鱼、涉渔"三无"船舶、"绝户网"屡禁不止。渔政执法体制落后、手段匮乏、装备配备不足，渔政码头和扣船设施建设亟须加强，渔业行政执法人员执法水平有待提高。全球经济形势仍不明朗，海洋资源开发利用斗争愈演愈烈，渔业"走出去"知易行难。欧美日等发达国家经济复苏缓慢，水产品需求不振，贸易保护主义盛行，水产品出口在连续多年快速增长后出现回落。国际海洋权益斗争日趋复杂，公海渔业资源管护措施日益严厉，开发利用门槛不断抬高，涉外渔业风险加大。

（三）"十三五"渔业发展条件有利

展望"十三五"，渔业发展的积极因素不断积累。外部环境持续利好。渔业定位为国家战略产业。大力推进供给侧结构性改革，转方式调结构，为渔业发展提供新动能。加强生态文明建设，推进海洋渔业资源总量管理制度，为渔业发展提供新方向。海洋强国、"一带一路"、京津冀协同发展和长江经济带等战略深入实施，为渔业发展提供新机遇。产业基础更加扎实。经过改革开放30多年发展，我国已成为世界第一渔业生产大国、水产品贸易大国和主要远洋渔业国家。养殖业、捕捞业、加工流通业三大传统产业不断壮大，增殖渔业、休闲渔业两大新兴产业快速发展，为渔业转型升级提供坚实基础。发展空间更加广阔。稻渔综合种养、多营养层级复合生态循环养殖、工厂化循环水养殖、深水大网箱养殖、盐碱水养殖等技术开发与完善，开拓了渔业发展新空间。净水渔业、低碳渔业等技术的提出与应用，拓展了渔业新功能。不同层次的消费需求和渔业的多功能潜力，为拓展渔业发展空间增添巨大带动力。创新驱动不断增强。渔业科技创新、人才培养和技术推广体系逐步完善，产学研结合更加紧密，"互联网+"和物联网技术广泛应用，众创、众筹等新型产业孵化模式层出不穷，为渔业创新发展提供有力支撑。

二、指导思想、基本原则和发展目标

（一）指导思想

深入贯彻落实党的十八大和十八届三中、四中、五中、六中全会精神及习近平总书记系列重要讲话精神，牢固树立创新、协调、绿色、开放、共享的发展理念，以提质增效、减量增收、绿色发展、富裕渔民为目标，以健康养殖、适度捕捞、保护资源、做强产业为方向，大力推进渔业供给侧结构性改革，加快转变渔业发展方式，提升渔业生产标准化、绿色化、产业化、组织化和可持续发展水平，提高渔业发展的质量效益和竞争力，走出一条产出高效、产品安全、资源节约、环境友好的中国特色渔业现代化发展道路。

（二）基本原则

——坚持生态优先，推进绿色发展。妥善处理好生产发展与生态保护的关系，将发展重心由注重数量增长转到提高质量和效益上来。以渔业可持续发展为前提，严格控制捕捞强度，养护水生生物资源，大力发展生态健康养殖，改善水域生态环境。

——坚持创新驱动，实现科学发展。全方位推进渔业科技创新、管理创新、制度创新、体制机制创新。以体制机制创新为动力，统筹推进渔业各项改革。着力提升渔业科技自主创新能力，推动渔业发展由注重物质要素向创新驱动转变。

——坚持"走出去"战略，推进开放发展。深入实施渔业"走出去"战略，规范有序发展远洋渔业，延长和完善产业链，大力推进水产养殖对外合作，提高利用"两种资源、两个市场、两类规则"的能力。加强双多边渔业合作，参与国际渔业规则制定，提高我国国际话语权，不断提升我国渔业的国际竞争力。

——坚持以人为本，推进共享发展。将渔业安全放在更加突出的位置，保障人民生命财产安全。以维护渔民权益与增进渔民福祉为工作的出发点和落脚点，尊重渔民经营自主权和首创精神，激发广大渔民群众创新、创业和创造活力，培育渔业新型经营主体，让渔民成为渔业现代化的参与者与受益者。

——坚持依法治渔，强化法治保障。完善渔业法律法规体系，用法治破解渔业发展管理中的难题。加强渔政执法队伍建设，严格渔政执法，不断提高依法行政水平，维护渔业生产秩序和公平正义，为渔业稳定健康发展提供坚强法治保障。

（三）发展目标

到2020年，渔业现代化水平迈上新台阶，渔业生态环境明显改善，捕捞强度得到有效控制，水产品质量安全水平稳步提升，渔业信息化、装备水平和组织化程度明显提高，渔业发展质量效益和竞争力显著增强，渔民生活达到全面小康水平，沿海地区、长江中下游和珠江三角洲地区率先基本实现渔业现代化，提质增效、减量增收、绿色发展、富裕渔民的渔业转型升级目标基本实现，养殖业、捕捞业、加工流通业、增殖渔业、休闲渔业协调发展和一二三产业相互融合的现代渔业产业体系基本形成。

到2020年，主要目标如下：

——产业发展目标。近海过剩产能得到有效疏导，内陆重要江河捕捞逐步退出，近海和内陆大水面养殖强度逐步降低，结构性过剩品种有效调减，名特优品种适度发展，养殖结构更加优化。产业链不断延长，价值链逐步提升，渔业比较优势和综合效益日趋凸现。水产品总产量6 600万吨。国内捕捞产量实现“负增长”，国内海洋捕捞产量控制在1 000万吨以内。远洋渔业产量230万吨。渔业产值达到14 000亿元，增加值8 000亿元，渔业产值占农业总产值的10%左右。

——绿色发展目标。海洋渔业资源总量管理制度全面实施，近海捕捞强度逐步压减，全国海洋捕捞机动渔船数量、功率分别压减2万艘、150万千瓦，渔业资源衰退趋势得到初步遏制。重要渔业水域得到有效保护，重点渔场生态功能逐步恢复，部分经济鱼类和珍稀濒危水生野生动物保护取得阶段性成效，新建国家级海洋牧场示范区80个，国家级水产种质资源保护区达到550个以上，省级以上水生生物自然保护区数量达到80个以上。工厂化和池塘循环水养殖水平不断提高，养殖废水逐步实现达标排放，渔业可持续发展水平不断提高。

——质量效益目标。区域布局基本匹配资源承载能力，产品结构基本满足消费升级需求，产业结构更加适应转型升级需要，要素配置基本符合产业发展方向，渔业生产组织化和产业化水平不断提高，规模经营主体基本实现标准化生产，新创建水产健康养殖示范场2 500个以上、健康养殖示范县50个以上，健康养殖示范面积达到65%。水产品质量安全追溯体系逐步建立，水产品质量安全水平稳步提升，产地水产品抽检合格率98%以上。重大水生动物疫情得到有效控制。

——富裕渔民目标。支渔惠渔政策力度日益加强，渔业保险覆盖范围得到扩展，渔民人均纯收入比2010年翻一番。渔民上岸安居工程顺利完成，长江“退捕上岸”启动实施，贫困渔民全部建档立卡，综合保障程度显著提高，现行标准下渔业贫困人口全面脱贫，贫困地区渔民人均可支配收入增长幅度高于全国平均水平。

“十三五”渔业发展主要指标

类别	指标	2015年	2020年	属性
渔业经济	渔业产值(亿元)	11 328.7	14 000	预期性
	渔业增加值(亿元)	6 416.36	8 000	预期性
	渔业二三产业产值比重(%)	48.6	50以上	预期性
	水产品出口总额(亿美元)	203	200	预期性
渔民收入	渔民人均纯收入(元/年)	15 595	21 000	预期性
产品供给	水产品产量(万吨)	6 700	6 600	预期性
	国内海洋捕捞产量(万吨)	1 315	≤1 000	约束性
	远洋渔业产量(万吨)	219	230	预期性
	海水养殖面积(万公顷)	232	220	约束性
	水产健康养殖示范面积比重(%)	45	65	预期性
	产地水产品抽检合格率(%)	98	≥98	预期性
资源养护	12米以上海洋捕捞机动渔船数(艘)	65 398	57 095	限制性
	12米以上海洋捕捞机动渔船功率(千瓦)	11 173 058	9 822 229	限制性
	增殖放流苗种数(亿尾、粒)	[1 644]	[2 000]	预期性
	国家级海洋牧场示范区(个)	[20]	[80]	预期性
	国家级水产种质资源保护区(个)	492	550	预期性
	省级以上水生生物自然保护区数量(个)	75	80	预期性

（续）

类别	指　　标	2015 年	2020 年	属性
科技支撑	科技进步贡献率（%）	58	63	预期性
	培育新品种数（个）	［68］	［50］	预期性

注：［　］为 5 年累计数。

三、重点任务

（一）转型升级水产养殖业

——完善养殖水域滩涂规划。科学划定养殖区域，明确限养区和禁养区，合理布局海水养殖，调整优化淡水养殖，稳定基本养殖水域，科学确定养殖容量和品种。

——转变养殖发展方式。压减低效、高污染产能，大力发展节水减排、集约高效、种养结合、立体生态等标准化健康养殖。优化养殖品种结构，调减结构性过剩品种，发展适销对路的名特优品种、高附加值品种、低消耗低排放品种。加强品种创新和推广，构建现代化良种繁育体系，培育一批育繁推一体化种业企业，提高良种覆盖率。积极推广全价人工配合饲料，逐步替代冰鲜幼杂鱼。引导和鼓励养殖节水减排改造，制定养殖生产环境卫生条件和清洁生产操作规程，逐步淘汰废水超标排放的养殖方式。

——推进生态健康养殖。深入开展健康养殖示范场、示范县创建活动。积极发展工厂化循环水养殖、池塘工程化循环水养殖、种养结合稻田养殖、海洋牧场立体养殖和外海深水抗风浪网箱养殖等生态健康养殖模式。大力推广工厂化循环水养殖设施设备，加强深远海大型养殖平台、养殖废水净化设备、浅海滩涂养殖采收机械等研发和推广应用，提升水产养殖精准化、机械化生产水平。

（二）调减控制捕捞业

——优化捕捞空间布局。调减内陆和近海，逐步压减国内捕捞能力，实行捕捞产量负增长，逐步实现捕捞强度与渔业资源可捕量相适应。优化海洋捕捞作业结构，逐步压减“双船底拖网、帆张网、三角虎网”等对渔业资源和环境破坏性大的作业类型。积极推进长江、淮河等干流、重要支流、部分通江湖泊捕捞渔民退捕上岸。

——严格控制捕捞强度。切实加大捕捞渔民减船转产力度，执行海洋渔船“双控”制度，严厉打击涉渔“三无”船舶，逐步压减海洋捕捞渔船数量和功率总量。创新渔船管理机制，加强渔船分类分级分区管理，进一步完善捕捞作业分区管理制度。积极推动渔具准用目录的制定，严厉打击“绝户网”等违法违规渔具。

（三）推进一二三产业融合发展

——推进水产加工业转型升级。积极发展水产品精深加工，加大低值水产品和加工副产物的高值化开发和综合利用，鼓励加工业向海洋生物制药、功能食品和海洋化工等领域延伸。推进水产品现代冷链物流体系平台建设，提升从池塘、渔船到餐桌的水产品全冷链物流体系利用效率，减少物流损失，有效提升产品品质。稳定并发展来料加工产业，提高水产品的附加值。

——加快水产品品牌建设。加强渔业品牌建设，积极推进公共品牌认定，加大品牌保护，提升渔业品牌竞争力。建立和完善水产品品牌评价认定、品牌促进、品牌保护和品牌推广体系，制定科学合理的评价标准和认定办法，组织开展一系列品牌宣传、推广和保护活动。鼓励水产品企业全方位、多层次地推动自主品牌建设，开展水产品国际认证，培育一批国际竞争力强的自主品牌，提升水产品外贸企业形象和竞争力，扩大出口市场份额。鼓励和支持企业积极参加国内外举办的各种水产品贸易博览会，扩大中国水产品的影响。

——发展新型营销业态。鼓励发展订单销售、电商等销售模式。加强方便、快捷水产加工品开发研究，拓展水产品功能，引导国内水产品市场消费，推动优质水产品进超市、进社区、进学校、进营房。

——积极发展休闲渔业。加强渔业重要文化遗产开发保护，鼓励有条件的地区以传统渔文化为根基，以捕捞及生态养殖水域为景观，建设美丽渔村。加强休闲渔业规范管理和标准建设，深入开展休闲渔业品牌示范创建活动。大力发展休闲渔船及装备，加强和规范休闲渔船及装备的检验和监督管理。积极培育垂钓、水族观赏、渔事体验、科普教育等多种休闲业态，引导带动钓具、水族器材等相关配套产业发展，推进发展功能齐全的休闲渔业基地，促进休闲渔业产业与其他产业融合发展。

（四）大力养护水生生物资源

——强化资源保护和生态修复。建立和实施海洋渔业资源总量管理制度，开展限额捕捞试点。完善并严格执行海洋伏季休渔、长江禁渔、珠江禁渔等制度。加强渔业水域生态环境监测网络建设，建立健全渔业资源生态补偿机制，监督落实补救措施。积极推进水生生物自然保护区和种质资源保护区建设，强化和规范保护区管理，切实保护产卵场、索饵场、越冬场和洄游通道等重要渔业水域。

——加强长江水生生物保护。实施中华鲟、江豚拯救行动计划，修复中华鲟、江豚的关键栖息地与洄游通道，建立迁地保护基地和遗传资源基因库。开展长江流域捕捞渔民转产转业工作，推进渔民“退捕上岸”，逐步压减捕捞强度，推动长江全面禁渔。加快划定长江重要渔业水域生态红线，加强生态红线内涉水工程和水域污染事故查处。

——发展增殖渔业。制定增殖渔业发展规划，科学确定适用于渔业资源增殖的水域滩涂。加大增殖放流力度，加强增殖放流苗种管理，开展增殖放流效果评估，强化监管，确保增殖放流效果。积极推进以海洋牧场建设为主要形式的区域性综合开发，建立以人工鱼礁为载体，底播增殖为手段，增殖放流为补充的海洋牧场示范区。推进以鱼净水，促进湖库渔业转型升级和生态环境修复协调发展。

——加强水生野生动植物保护。建立救护快速反应体系，对水生野生动植物及时进行救治、暂养和放生。制定重点濒危水生生物保护计划，加大中华白海豚、斑海豹等极度濒危水生野生动物保护力度，实施专项救护行动。强化水生野生动植物栖息地保护，科学开展繁殖增殖，规范合理利用，严厉打击破坏水生野生动植物资源的行为。

（五）规范有序发展远洋渔业

——优化远洋渔业产业布局。控制远洋渔船总体规模，稳定公海捕捞，巩固提高过洋性渔业，积极开发南极海洋生物资源。

——提升远洋渔业竞争力。鼓励远洋渔业企业通过兼并、重组、收购、控股等方式做大做强，提高企业的规范化管理水平和社会认知度，培育壮大一批规模大、实力强、管理规范、有国际竞争力的现代化远洋渔业企业。促进远洋捕捞、加工、物流业的相互融合和一体化发展，构建远洋渔业全产业链和价值链。加大市场开发力度，培育和打造远洋渔业的知名品牌。加强远洋渔业综合基地建设，夯实远洋渔业后勤保障能力。

——积极开展水产养殖国际合作。发挥我国水产养殖的技术优势，引导产业化龙头企业、远洋渔业企业，通过租赁水域、援建水产养殖设施、开展渔业技术合作等方式，加强与东南亚、中南美、非洲等地区及“一带一路”沿线国家的合作，建设水产养殖基地。鼓励科研院所、大专院校积极开展对外水产养殖技术示范推广，完善技术输出服务体系。

（六）提高渔业安全发展水平

——加强安全生产管理。按照“安全第一、预防为主”的方针，全面落实安全生产责任制。完善渔业安全“网格化管理”办法，建立健全纠纷调解机制。深入开展“平安渔业示范县”、“文明渔港”创建和渔业安全生产大检查活动，逐步推行渔业安全社会化管理。加强渔业安全应急管理体系建设，完善渔业安全应急预案，开展渔业海难救助演练。积极引导渔船编队生产，鼓励渔船开展相互支援和自救互救。加快建设渔船信息动态管理和电子标识系统，尽快普及配备渔船救生筏、船舶自动识别系统、卫星监控系统、渔船通信设备等安全设施。

——确保水产品质量安全。坚持产管结合，推动属地管理责任、部门监管责任和生产经营者主体责任落实。加强水产品质量安全源头保障，严格投入品管理，规范养殖用药行为，推行水产健康养殖和标准化生产，推进“三品一标”认证工作。严打违禁药物使用，继续开展产地水产品质量安全监督抽查，就突出问题开展专项整治行动。强化水产品质量安全风险评估、监测预警和应急处置工作，推进水产品质量安全可追溯体系建设。

——加强水生生物安全。强化水生动物防疫体系建设，加快建立渔业官方兽医制度，推进水产苗种产地检疫和监督执法。做好渔业乡村兽医备案和指导工作，壮大渔业执业兽医队伍。加强重大水生动物疫病监测预警，完善疫情报告制度。推进创建无规定疫病水产苗种场。加强病死水生动物无害化处理，提高重大疫病防控和应急处置能力。

四、能力建设

（一）提升水产品供给能力

——保持水产品稳定供给。以生态环境保护为前提，压减近海捕捞强度，疏导近海过剩产能，推进内陆捕捞渔民退捕上岸，减少捕捞产量。规范有序发展远洋渔业，实现远洋渔业产量稳中有升。控制近海养殖规模，拓展外海养殖空间，合理确定湖泊、水库养殖规模，稳定池塘养殖，发展工厂化循环水养殖，保持水产养殖总体稳定。挖掘潜力，推动稻田、盐碱地和冷水资源综合开发利用，提升渔业后发地区生产和供应水平。

——优化水产品供给结构。以市场需求为导向，调减结构性过剩、高耗能、高污染品种，减少无效供给。重点发展适销对路的名特优品种和高附加值、比较效益高品种，增加有效供给。加强国际国内市场研判，逐步实现消费结构和产品供给总体平衡，防止因价格剧烈波动对水产品生产和供给造成不利影响。

（二）提升创新驱动能力

加快推进渔业科技创新。整合高等院校、科研院所、骨干企业等方面的科研资源，建立研发平台和技术创新联盟，系统开展资源养护与生态修复、现代种业、健康养殖、病害防治、水产品加工、节能环保、渔业装备升级、渔业信息化等共性与关键技术研究，解决制约产业发展的重大技术难题，支撑和引领现代渔业发展。加强现代渔业产业技术体系建设。推进重大渔业科学工程、重点学科实验室和试验基地建设，建设一流渔业科研院所。加大渔业科技创新人才培养力度，加强创新团队建设，培养领军人才。

——强化技术推广服务。深入贯彻落实《农业技术推广法》，深化基层水产技术推广体系改革。进一步落实"一个衔接、两个覆盖"扶持政策，不断提高水产技术推广服务能力和水平。积极构建以基层水产技术推广机构为主导、科研院校为支撑、专业合作社、龙头企业等广泛参与的"一主多元"新型水产技术推广体系。创新激励机制，促进渔业先进和实用技术加速转化。

——提升渔业标准化水平。围绕转方式调结构的总体要求，进一步建立健全渔业标准体系，加强标准实施。以健康养殖、资源养护、质量安全、动物防疫等为重点，加快急需标准的制修订。加快标准的推广应用，扩大实施覆盖面，提升渔业生产、管理、贸易和执法活动标准化水平。

（三）提升风险保障能力

——加强渔港建设和管理。加强渔港经济区建设，实现依港管渔、依港拓渔、依港兴业、依港兴城、依港养港。加快渔港防灾减灾体系建设，科学规划、合理利用岸线资源，完善渔港布局。逐步形成以中心渔港、一级渔港为龙头，以二、三级渔港、内陆渔港和避风锚地为支撑的渔港防灾减灾体系。重点加强公益性基础设施建设，同步建设和完善港区渔需物资供应、船舶维修、水产品加工、市场等经营性服务设施。理顺渔港建设管理体制，依托渔港管理渔船，强化渔港管理和维护，明晰渔港设施所有权、使用权、经营权和监督权，建立健全渔港及其设施保护制度。

——加快渔船更新改造。以安全、节能、经济、环保、适居为目标，逐步淘汰老旧、木质、高耗能、污染大的渔船，建设选择性好、高效节能、安全环保型渔船。更新改造1.4万艘海洋捕捞渔船。积极推进新材料、新技术、新设备、新能源在渔船上的应用，不断提升渔船及装备的现代化水平。加强渔船建造管理，坚决取缔违法违规造船。强化渔船建造检验及监督。推进渔船标准化建设，鼓励使用标准化渔具。完善老旧渔船使用标准和管理政策，逐步建立定点拆解和木质渔船退出机制。

（四）提升依法治渔能力

——严格渔政执法。依法加强船网工具指标、渔船检验、渔船登记、捕捞许可、水产苗种、水生野生动植物保护、远洋渔业等行政许可管理，积极推进渔业行政管理制度改革。严厉打击涉渔"三无"船舶、"绝户网"、电毒炸鱼等各类非法捕捞行为。着力整治船证不符、渔船安全隐患、劣质船用产品等问题。加强水产养殖和水产品质量安全执法，加大违规用药查处力度，确保水产品质量安全。依法查处污染渔业水域、破坏重要渔业水域生态功能等违法行为。加强水生野生动植物保护执法。严格遵守法律法规，履行国际条约义务，依法打击和取缔非法捕捞行为，树立负责任渔业大国形象。

——提高渔政执法能力。全面实行执法人员持证上岗和资格管理，从2016年开始实施渔政执法人员全国统一资格考试，未经执法资格考试合格，不得授予执法资格，不得从事执法活动。强化渔政执法人员岗位培训。细化、量化渔政执法裁量标准，规范裁量范围、种类、幅度。建立渔业行政执法全过程记录制度，按照标准化、流程化、精细化要求对执法具体环节和有关程序做出具体规定，堵塞执法漏洞。完善渔政执法权限协调机制，推进渔政异地执法协助制度。严格执行重大渔政执法决定法制审核，未经法制审核或审核未通过的，不得作出决定。积极推广渔业案例指导制度。健全渔政执法和刑事司法衔接机制，完善案件移送标准和程序，建立健全渔政执法机关、公安机关、检察机关、审判机关信息共享、案件通报、案件移送制度。

——加强渔政执法保障。落实渔政执法责任制，加强执法监督和考核，坚决排除对执法活动的干预，防止和克服执法违法行为，惩治执法腐败现象。对妨碍渔政执法机关正常工作秩序、阻碍渔政执法人员依法履职的违法行为，坚决依法处理。支持渔政执法机关依法公正行使职权。严格执行罚缴分离和收支两条线管理制度。改善渔政执法装备条件，完善配备标准。强化高科技装备在渔政执法中的应用，充分利用高科技手段提升精准监管能力。积极开展渔业文明执法窗口单位创建活动，打造中国渔政品牌形象。

（五）提升信息服务能力

——提升渔情监测与经济分析水平。依托渔业统计、市场价格、渔情采集、贸易跟踪、卫星遥感等基础数据，不断拓展信息来源渠道，努力建设与现代渔业发展相适应的渔情监测体系。加强渔业经济研究和经济形势分析工作，不断提高把握和运用现代渔业经济规律、促进现代渔业又好又快发展的能力。

——提升渔业生产经营信息化水平。积极利用物联网、云计算、大数据、移动互联等现代信息技术和装备，提升苗种繁育、病害防治、生产管理、技术服务、产品销售等养殖各环节的信息化水平，推动建立各类型智慧渔业信息平台。鼓励和支持开展数字渔业示范。鼓励各地渔业龙头企业、流通企业、经济合作组织,搭建电子交易平台,促进水产品流通和销售,降低交易成本。

——提升渔业管理信息化水平。优化和整合渔业统计、渔业信息采集、渔业资源与环境监测、渔业船舶信息管理、捕捞许可证管理、渔船检验监督管理、水产品质量安全管理、渔业应急救助指挥系统、水生动物疫病监控等信息系统,积极推进渔业渔政管理信息平台、渔业公共服务信息平台和全国渔业基础数据库建设,加快推进渔业信息化标准体系建设,建设渔业公共服务信息平台产品,提高渔业管理信息化水平。

(六)提升共享富渔能力

——保障渔民发展权益。保护渔民合法捕捞权和养殖权,加大对水域滩涂占用补偿和涉渔工程生态补偿力度,积极争取各地将渔民纳入农民低保、政策性保险等社会保障范围;积极推动建立休渔期渔民生活补贴制度。加大转产转业政策扶持,落实相关就业创业扶持政策,调动渔民减船转产积极性。

——推进渔区社会建设。以渔港建设带动渔区小城镇和渔村发展,加强渔区基础设施建设,重点解决饮水安全、用电、道路建设以及渔区村庄整治等问题;完善社会保障制度,促进渔区教育、文化、卫生、养老等社会事业的全面发展。

——积极推动渔业扶贫。坚持精准扶贫,强化各级渔业部门扶贫责任,把革命老区、民族地区、边疆地区、集中连片贫困地区作为渔业扶贫的重点。结合当地优势资源,发展特色生态渔业。稻田资源丰富的丘陵山区,发展山区型稻田综合种养;盐碱地资源丰富地区,发展耐盐水生动植物品种养殖;冷水和土著鱼类资源丰富地区,积极发展特色鱼类养殖。同时,加强技术服务,推进建立包村联户、面对面的长期技术服务机制。加强特色生态渔业与休闲渔业、水产品加工业的结合,促进渔民脱贫致富。

五、区域布局

以市场需求为导向,以资源禀赋为基础,按照"突出重点、有序推进、优化结构、因地制宜、协调发展"的总体要求,逐步优化渔业产业区域布局,建立协同发展产业格局。

渤海区:以辽东湾、渤海湾、黄河口、莱州湾等为重点,建立特色产业带、冷链物流和水产品加工基地。提升现有渔港等级,建设环渤海渔港经济群。加大增殖放流力度,加强海洋牧场建设,逐步修复渤海重要渔业水域的生态功能。

黄海区:逐步形成以辽东半岛、山东半岛、苏北沿海为重点的水产品生产、冷链物流和加工出口基地。合理布局新建渔港,建设辽东半岛、胶东半岛、苏北沿海渔港经济群。尽快建成黄海北部、胶东半岛、海州湾三大海洋牧场示范区,保护黄海北部、石岛渔场、吕泗渔场的生态环境。

东海区:依托上海自贸区、舟山群岛新区、福建自贸区,建立水产品生产、远洋渔业产品精深加工、水产品加工出口园区和冷链物流基地。合理布局渔港,提高防台风能力,建设浙江沿海、福建沿海渔港经济群。逐步形成以舟山群岛、南麂列岛、平潭岛等为重点的海洋牧场示范区。

南海区:依托中国-东盟自贸区、广东自贸区建立以粤东沿海、粤西沿海、环北部湾为重点的冷链物流和水产品出口加工基地。加密渔港布局,建设广东沿海、北部湾、海南岛、西南中沙渔港经济群。依托南沙渔业综合补给基地,发展深海网箱养殖平台。逐步形成粤东近海、珠江口、粤西近海、北部湾、海南岛东部及南部海域、三沙海域等海洋牧场示范区。

黑龙江松辽流域:建立以辽河口、鸭绿江、松花江、嫩江、图们江、牡丹江等为重点的优势产业带和面向东北亚的水产品加工出口基地。重点保护黑龙江、乌苏里江、松花江、鸭绿江、图们江、牡丹江、嫩江等重要江河及呼伦湖、贝尔湖、兴凯湖、查干湖、松花湖等湖泊特有鱼类资源及水域生态环境。

黄河海河流域:建立以大中型湖泊水库、沿黄滩地、渭河、汾河、河湟谷地等区域为重点的优势产业带。重点保护黄河干流及支流、微山湖、东平湖、白洋淀、乌梁素海、衡水湖、密云水库、小浪底水库、三门峡水库、刘家峡水库等生态环境,积极发展湖泊水库增殖渔业。

长江流域:以长江三角洲、江淮平原、江汉平原、鄱阳湖流域、洞庭湖流域、三峡库区、四川盆地为重点,打造优势产业集群。加快发展云贵高原和西南诸河特色渔业。加强长江珍稀特有鱼类国家级自然保护区和种质资源保护区建设力度,建立以长江干流及主要支流、鄱阳湖、洞庭湖、太湖、高宝邵伯湖、洪泽湖、巢湖、江汉湖泊群、华阳湖泊群、云贵高原湖泊等为重点的水生生物资源养护系统。建设三峡库区、丹江口库区、千岛湖等生态渔场。

珠江流域:逐步形成以西江流域为重点的优势产业带。依托中国-东盟自贸区、广东自贸区,建立以珠江三角洲、西江流域为重点的冷链物流和水产品出口加工基地。加大增殖放流力度,加强自然保护区和种质资源保护区建设力度。

新疆区:推动建立以冷水性鱼类开发为主的北疆

特色经济鱼类产业带和以土著鱼类开发为主的南疆特色渔业产业带，逐步建立以额尔齐斯河、伊犁河、塔里木河、博斯腾湖、赛里木湖、乌伦古湖等为重点的资源养护和生态保护体系。

青藏高原：做好三江源保护，重点保护高原特有鱼类，逐步建立覆盖三江源、青海湖、扎陵湖、鄂陵湖、雅鲁藏布江、拉萨河、尼洋河、麻曲河等重要水系的生态保护体系。

六、重点工程

（一）现代渔业种业提升工程

加强渔业生物种质资源库建设，尽快建成国家海洋渔业生物资源主库，推进东海区、南海区海洋渔业生物种质资源库和黑龙江、黄河、长江、珠江流域淡水渔业生物种质资源库建设的前期工作，推动构建涵盖主要物种、主库分库相互衔接配套的渔业种质资源保存体系。加强渔业种质资源场、育种创新基地、制繁种基地建设，构建覆盖国家主要养殖种类和重要引进养殖品种，辐射全国主要养殖区域的水产良种繁育体系。推进水产新品种测定能力建设，建设第三方品种性能测定中心，优先启动区域和流域大宗品种性能测定站建设。

（二）水产养殖转型升级推进工程

加快标准化水产养殖池塘建设与改造，改造进排水系统、池塘清淤、护坡道路、废水处理系统，推动建立一批标准化水产养殖示范基地。启动稻渔综合种养工程，以稻田资源丰富地区为重点，建设一批规模大、起点高、效益好的示范基地，推进稻鱼、稻虾、稻蟹、稻鳖、稻蛙、鱼菜共生以及养殖品种轮作等综合种养模式的示范推广。实施养殖装备升级改造，推进工厂化循环水养殖、池塘工程化循环水养殖、外海深水网箱养殖、内陆环保型网箱养殖，推动形成以沿海、长江、珠江流域等为重点的渔业循环水养殖示范基地。在国家现代农业示范区，开展养殖业数字渔业示范。

（三）水生生物资源养护能力提升工程

建设国家级海洋牧场示范区，在沿海形成一系列人工鱼礁区、海藻场和海草床，为鱼类生产、繁殖和索饵创造良好的栖息环境，修复渔业资源和生态环境。加强水生生物保护区建设，支持建设水生生物自然保护区和水产种质资源保护区，形成覆盖各海区和内陆主要江河湖泊的水生生物养护体系。加快实施长江珍稀濒危特有物种保护工程。加快近海渔业资源环境调查船建设，推进内陆渔业资源环境调查船工作，推动形成覆盖四大海区和黑龙江流域、长江流域、珠江流域的渔业资源调查和生态环境监测体系。

（四）水产品质量安全保障工程

加强水产品质量检测体系建设，开展水产品质量安全研究中心的前期工作，推进风险评估实验室建设，提升水产品质量安全保障水平。加强水生动物疫情防控体系建设，重点建设国家水生动物疫病监测及流行病学调查中心、国家水生动物疫病监测参考物质中心、省级和重要地市级区域性水生动物疫病防控监测中心建设，推动形成覆盖全国主要养殖区域和边境区域的水生动物疫病防控监测网。加快水生动物疫病实验室、水生动物疫病研究试验基地、外来水生动物疫病分中心建设，不断提升水生动物疫病研发综合实力。

（五）渔政渔港基础设施提升工程

加强渔政执法装备建设，重点建设渔政船艇、渔政码头、扣船所和实时监控取证设备，逐步形成布局合理、基本满足执法需要的渔政执法管理网络体系，不断提升渔政执法的现代化、标准化和信息化水平。加快渔港建设，推进中心渔港、一级渔港、二级渔港、避风锚地、内陆渔港和渔港动态管理系统建设，加大渔港升级改造和整治维护力度，推动形成覆盖沿海和内陆主要渔业水域的渔船安全避风体系。推动地方加强渔港经济群和渔港经济区建设，促进渔港经济区、渔港经济群与城市建设、渔区城镇融合发展。

（六）渔业装备现代化与安全保障工程

积极推进捕捞渔民减船转产，优先支持压减海洋捕捞渔船中老旧、木质渔船、大中型渔船以及对渔业资源破坏性较大作业方式的渔船。支持海洋捕捞渔船进行标准化改造。加强渔船船用产品检测能力建设，推进建设渔船救生设备、渔捞设备、渔船材料、渔船柴油机、渔船用通信导航设备等重要船用产品质量监督检验实验室，提高渔船装备的安全性能。

（七）远洋渔业综合保障工程

加强远洋渔业综合基地建设，在我国远洋渔船集中作业海域沿岸国、主要入渔国、渔业资源开发潜力较大的国家、海上交通要道的沿岸国，建设一批远洋渔业海外基地。加强国内基地建设，在我国远洋渔业发达省区，建设国内远洋渔业基地，加快码头、冷库、加工厂、物资仓储物流、渔船修造、船员培训中心等公益性、服务性设施建设。支持老旧远洋渔船更新改造，加大远洋渔业资源调查和探捕支持力度，加快远洋渔业资源调查船建造，推进建造极地渔业科学考察船。推进远洋渔船境外检验基地建设。

（八）渔业科技创新和技术推广能力提升工程

加强渔业科技创新能力建设，推进国家海洋渔业船舶与装备实验设施、国家渔业科技创新工程、南海渔业科技创新工程、远洋渔业研究中心等重大渔业科学工程的前期工作，加快专业性重点实验室、渔业科学实验站、综合性科学试验基地、专业性科学试验基地建设，不断改善渔业科研基础条件。积极推进国家水产技术推广机构条件建设。加快建设并认定一批国家级和省级水产技术推广示范基地，创新基层公益性推广平台运行机制，提升技术推广和公共服务能力。

（九）智慧渔业引导工程

完善全国海洋渔船动态监控管理系统，为海洋渔船配备卫星定位导航、防避碰等渔船用终端，升级改造渔业通信基站，实现国家与沿海各省之间的数据互联互通，建设“看得见、听得到、联得上”的全国渔船动态监控指挥平台。升级改造渔政指挥管理信息系统，优化系统数据库结构，建立和规范数据接口标准，提高系统内外数据推送、数据共享、数据公开的时效性。推进智慧船检监管信息平台建设工作。建立渔业信息服务示范平台建设，实施渔业物联网试验示范，开发和提升渔业统计和渔情信息采集系统、水产养殖智慧服务示范平台。建设国家渔业数据中心，充分利用现有渔业数据资源，并不断拓展新的收集渠道，构建渔业大数据平台，不断提高数据存储、挖掘和分析水平，加强数据互联互通和信息共享。

（十）一二三产业融合引导工程

培植壮大一批消费引导型的水产品加工龙头企业，促进水产品加工业集群式发展和优化升级。推进建设一批设施先进、功能齐全、服务完善、管理规范、辐射力强的水产品批发市场，积极培育大型水产网络交易平台。加强现代水产物流体系建设，加快冷链系统建设，实现产地市场和销地市场冷链物流的有效对接。按照休闲渔业的主要类型和地域分布特点，分期分批创建一批有规模、有特色、效益好、管理规范、带动能力强的全国休闲渔业示范基地。

七、保障措施

（一）加大支持保障力度

——加大公共财政投入。围绕关键环节和短板，盘活存量、争取增量，加大中央和地方财政投入，加快构建有利于现代渔业发展的政策扶持体系。改革完善渔业油价补贴政策，重点支持减船转产、渔船更新改造、人工鱼礁、渔港维护改造、池塘标准化改造、工厂化循环水养殖、休禁渔补贴等。继续实施增殖放流、水产健康养殖扶持政策；保障渔政、资源调查、品种资源保护、疫病防控、质量安全监管、渔港监督、安全生产监督、渔船检验监督管理等专项经费；加大对水产育种、病害防治、资源养护、渔业装备等科技创新和推广的支持力度。

——增加基础设施投资。加快渔政、渔港、水生生物自然保护区、水产种质资源保护区等基础设施建设，继续支持水产种业体系、水生动物疫病防控体系、科研创新能力、资源调查船建设。加强渔业安全装备、质量监测体系和管理信息化建设，不断提高设施装备现代化水平。

（二）创新金融投入方式

——引导金融机构根据渔业生产特点，创新金融产品和担保方式，加强信贷支持。探索养殖权和捕捞权证抵押质押及流转方式。支持建立渔业保险制度，推动将渔业保险纳入政策性农业保险范围，支持发展渔业互助保险，鼓励发展渔业商业保险，积极开展水产养殖、渔船、渔民人身等保险，健全稳定的渔业风险保障机制。鼓励政府投资和社会资本合作，引导城市工商资本及社会资金投入现代渔业建设，支持符合条件的渔业企业上市融资和发行债券，促进多元化、多渠道渔业投融资格局的形成。

（三）加强人才队伍建设

——加强科技和管理人才培养。有针对性地加强渔业科技人才培养，加强高等院校学科建设，完善传统学科，开辟新兴学科；加大渔业国际人才培养力度；制定水产技术推广人员培训规划，开展国家水产技术推广机构人员轮训、交流和继续教育，提升推广人员素质；继续加强渔政执法人员培训，严格实行持证上岗制度，加大验船师、职业船员、执业渔医、乡村渔医、渔政执法人员等渔业管理和专业技术人才培养力度；推进注册验船师制度。

——加强实用人才队伍建设。充分利用新型职业农民培育和新型农业经营主体带头人轮训等各种渠道，加强渔业科技示范户、带头人、合作社社长、水产经纪人等农村渔业实用人才培养；加强渔业行业技能鉴定工作，提高职业技能鉴定覆盖面，逐步形成运作规范、布局合理、覆盖全面的渔业行业人才培养和培训体系。每年全国组织培训渔民在200万人次以上；增强渔民创业能力和就业技能，全面提升渔业从业人员素质。

——培育新型渔业经营主体。大力培育专业大户、家庭渔场、渔民合作社、龙头企业等新型渔业经营主体，加大财税、金融等扶持投入力度，健全完善社会化服务体系，助推各类经营主体更好发展。开展示范创建，树立良好的发展导向。推动各类经营主体开展多种形式的融合发展，促进分工协作、优势互补、网络发展，发挥规模经营主体的示范引领和带动作用。

——完善人才培养体制机制。积极落实激励政策，创新人才培养模式，探索建立多渠道培养、多元化评价、多层次使用、多方式激励、多方位服务的人才工作机制。

（四）强化法制保障

——完善法律法规。加强《渔业法》及配套法规规章的制修订，加大渔业执法监管、水域滩涂保护、生态红线、渔业资源和珍稀特有物种保护、渔船渔港管理、远洋渔业管理、水产品质量安全、生产安全、渔船检验监督管理等方面法制保障力度，明确违法界限，提高处罚性法律条文的可操作性，增强法律震慑力。积极参与国际渔业条约、协定和标准规则的制修订，建立健全适应国际渔业管理规则的远洋渔业管理制度，提升远洋渔业管理水平。

——加强普法宣传。深入开展渔业法律法规宣传教育，增强渔业生产者和经营者的法律意识，营造知法懂法守法的良好社会环境。

（五）加强规划组织实施

——制定发展规划。各地要按照国家规划的总体要求，制定本地区渔业发展规划，并将渔业发展纳入当地经济和社会发展规划，明确各地现代渔业发展目标和建设重点，研究制定本地区实施方案，构建渔业发展的长效机制。

——落实地方责任。各级渔业主管部门要成立规划实施的领导机构，逐级落实责任制，建立协调机制；加强对规划实施中重大问题的调研，科学设计渔业管理制度，探索建立规划实施后的评估机制，针对实施中的问题，提出改进措施，不断提高规划措施的科学性和可操作性。

——加强沟通协调。各级渔业部门要履行好行业发展管理和服务职能，积极协调有关部门，各司其职、各负其责、密切配合，合力推进现代渔业建设。

农业部关于加快推进渔业转方式调结构的指导意见

农渔发〔2016〕1号

各省、自治区、直辖市及计划单列市渔业主管厅（局），新疆生产建设兵团水产局，部属渔业单位，有关单位：

近年来，我国渔业持续较快发展，水产品产量大幅增长，市场供应充足，为保障国家食物安全、促进农渔民增收和经济社会发展作出了重要贡献。但是，渔业发展方式粗放，设施装备落后，资源日益衰竭，水域污染严重，效益持续下滑，质量安全存在隐患，现代渔业发展面临诸多挑战。为进一步加快转变渔业发展方式，调整优化产业结构，推动渔业转型升级，现提出以下意见。

一、总体要求

（一）总体思路

全面贯彻党的十八大、十八届三中、四中、五中全会精神和习近平总书记系列重要讲话精神，以创新、协调、绿色、开放、共享发展理念为引领，坚持提质增效、减量增收、绿色发展、富裕渔民，大力推进渔业供给侧结构性改革，以健康养殖、合理捕捞、保护资源、做强产业为方向，转变养殖发展方式，压减低效、高污染产能，大力发展标准化健康养殖；优化捕捞空间布局，调减内陆和近海，开拓外海，发展远洋；调整产业结构，不断拓展渔业功能，推进一二三产业融合发展；加强质量安全，保护资源环境，改善基础设施，提升信息装备，促进科技兴渔，强化依法治渔，加快形成产出高效、产品安全、资源节约、环境友好的现代渔业发展新格局。

（二）基本原则

——坚持总量控制，提高质量效益。正确处理渔业发展"量的增长"与"质的提高"的关系，将发展重心由注重数量增长转到提高质量和效益上来。压减国内捕捞产量，压缩调整资源消耗多、环境污染重、产出效益低的养殖品种和生产方式，不断提高质量安全水平，促进水产品向价值链高端发展。

——坚持因地制宜，加强分类施策。根据渔业资源禀赋、市场需求和生态环境状况，科学确定产业发展规模、产品发展重点，指导各类经营主体调整产品产业结构和生产方式，优化产业布局。

——坚持生态优先，强化资源养护。加强资源环境保护，养护水生生物资源，改善水域生态环境。科学有序利用渔业资源，合理调整产业结构和布局，积极推进减船转产，促进节水减排、清洁生产、低碳循环、持续发展。

——坚持创新驱动，强化科技支撑。加强渔业科技创新，充分发挥现代科技对渔业的引领和支撑作用。推进生产经营方式创新、管理创新和制度创新，激发各类经营主体的创造性，提高组织化水平。培育新型职业渔民，增强渔民创业能力和就业技能，全面提升渔业从业人员素质。

——坚持市场主导，强化政策支持。充分发挥市场在渔业资源配置中的决定性作用，建立现代渔业多元化投入机制。加大关键环节的财政投入，改善渔业基础设施和信息装备条件，更好发挥政策的引导作用。

——坚持依法治渔，强化法治保障。完善渔业法律法规体系，用法治破解渔业发展管理中的难题。加强渔业行政执法队伍建设，严格渔业行政执法，不断提高依法行政水平，维护渔业生产秩序和公平正义，为渔业稳定健康发展提供坚强法治保障。

（三）主要目标

“十三五”期间持续推进“两减两提三转”。“两减”即减少养殖排放、减轻捕捞强度；“两提”即提高渔民收入、提升质量安全水平；“三转”即由注重产量增长转到更加注重质量效益，由注重资源利用转到更加注重生态环境保护，由注重物质投入转到更加注重科技进步。

到2020年，全国水产健康养殖示范面积比重达到65%，重点养殖区域的养殖废水基本实现达标排放；实行海洋渔业资源总量管理制度，国内海洋捕捞产量压减到1 000万吨左右；渔民人均纯收入比2010年翻一番，渔业效益显著提升；水产品质量安全水平稳步提高，努力确保不发生重大水产品质量安全事件；二、三产业产值比重超过50%，水产品加工流通、增殖渔业和休闲渔业取得长足发展；科技进步贡献率超过60%，渔业信息装备水平和组织化程度明显提高；水生生物资源养护和修复能力明显增强，渔业生态环境明显改善。

二、优化养殖空间布局

（四）完善养殖水域滩涂规划。加快制修订养殖水域滩涂规划，尚未发布的要尽快编制发布，已发布的要按照转方式调结构的要求抓紧修订完善。科学划定养殖区域，明确限养区和禁养区。将宜养水域、滩涂纳入养殖区域，稳定基本养殖水域。严格控制限养区养殖规模，科学确定养殖容量和品种。将法律法规规定禁止养殖以及水域环境受到污染不适宜养殖的区域划入禁养区，尽快撤出和转移禁养区内的养殖，妥善安排渔民生产生活。

（五）科学布局海水养殖。保护滩涂生态环境，稳定近海养殖规模，拓展外海养殖空间，形成水域、滩涂资源综合利用与保护新格局。调减近海过密的网箱养殖，按照养殖容量科学布局，实施近海养殖水域生态环境修复，支持养殖生产向外海发展。

（六）调整优化淡水养殖。合理确定湖泊、水库等公共水域内养殖规模，稳定池塘养殖，大力发展稻田综合种养和低洼盐碱地养殖。积极发展生态健康养殖。按照养殖容量调减湖泊、水库的投饵网箱养殖，发展大水面增殖和不投饵滤食类、草食类网箱网围养殖，保持现有养殖池塘面积，提高养殖生产能力。

三、转变养殖业发展方式

（七）大力发展水产健康养殖。积极发展大水面生态增养殖、工厂化循环水养殖、池塘工程化循环水养殖、种养结合稻田养殖、海洋牧场立体养殖、外海深水网箱养殖等健康养殖模式。加强全价人工配合饲料的研发和推广，加快替代冰鲜幼杂鱼直接投喂。深入开展健康养殖示范场和示范县创建活动，到2020年，新创建水产健康养殖示范场2 500个以上、渔业健康养殖示范县50个以上。

（八）加快推进养殖节水减排。引导和鼓励养殖节水减排改造，重点支持废水处理、循环用水、网箱粪污残饵收集等环保设施设备升级改造。开展养殖水质监测，推动制定养殖废水排放强制性标准。制定实施养殖生产环境卫生条件和清洁生产操作规程，加强养殖技术创新和运用，实现养殖废水达标排放。

（九）优化养殖品种结构。加强品种创新，积极推广新品种，调减结构性过剩品种，大力发展适销对路的名特优品种、高附加值品种、低消耗低排放品种，提高养殖综合效益。实施渔业种业提升工程，构建现代化良种研发繁育体系，培育一批育繁推一体化种业企业，提高良种覆盖率。严格苗种生产监管，规范水产苗种生产许可证核发，提高苗种质量。加强水产原种保护，强化水产苗种和种质资源进出口监管，保护我国特有种质资源，防止外来物种入侵。

四、促进捕捞业转型升级

（十）逐步压减国内捕捞能力。改革完善海洋渔船控制制度，清理取缔涉渔“三无”船舶，强化分级分区管理，加大减船转产力度，提高减船补助标准，落实渔船报废拆解补贴，逐步压减海洋捕捞渔船数量和功率总量，到2020年国内海洋捕捞能力在现有基础上降低15%，压减海洋捕捞机动渔船2万艘、150万千瓦。实施内陆渔船总量控制，到2020年各地渔船控制在2008年的数量以内。积极推进长江、淮河等干流及主要支流、重要通江湖泊捕捞渔民退捕上岸。探索将“捕鱼人”转为“护渔员”的政策和机制。

（十一）转变国内捕捞生产方式。完善捕捞业准入制度，推行渔船渔民组织化管理，开展限额捕捞试点。在湖泊和大中型水库，着力推进以人工增殖为基础的限额捕捞发展方式。优化海洋捕捞作业结构，压减双船底拖网、帆张网、三角虎网等对资源和环境破坏性大的作业类型。规范渔具渔法，明确各类渔具准入标准，强化渔船携带渔具数量、长度、网目尺寸和灯光强度等的监管措施，清理整治“绝户网”等违规渔具。淘汰老旧、木质、高耗能和污染大的渔船，改造升级选择性好、高效节能、安全环保的标准化渔船渔机渔具，提升渔船装备和现代化水平。

（十二）规范有序发展远洋渔业。完善远洋渔业管理制度，加强动态监管。积极开展远洋渔业资源调查和探捕，优化远洋渔业生产布局。发展相关配套产业，延长和完善产业链，促进远洋捕捞、加工、流通、补给等协调发展。紧密结合国家"一带一路"战略规划，提高远洋渔业设施装备水平，推进远洋渔业海外基地建设，鼓励远洋渔业企业兼并重组做大做强，培养适应现代远洋渔业发展要求的经营管理和技术人才，不断增强综合实力、竞争力和抗风险能力。发挥水产养殖技术优势，加快"走出去"步伐，带动种苗、饲料和养殖装备出口，支持发展海外养殖。

五、推进产业链延伸拓展

（十三）着力提升水产加工流通。积极引导水产加工业转型升级，促进加工保鲜和副产物综合利用。支持开展水产品现代冷链物流体系平台建设，提升从池塘、渔船到餐桌的水产品全冷链物流体系利用效率，减少物流损失，有效提升产品品质。鼓励发展订单销售、电商等新型营销业态，加强方便、快捷水产加工品开发研究，拓展水产品功能，引导国内水产品市场消费，推动优质水产品进超市、进社区、进学校、进营房。

（十四）大力发展休闲渔业。积极发展垂钓、水族观赏、渔事体验、科普教育等多种休闲业态，引导带动钓具、水族器材等相关配套产业发展。鼓励有条件的地区以传统渔文化为根基，以捕捞及生态养殖水域为景观，大力发展休闲渔业，建设美丽渔村。制定完善休闲渔业管理办法和标准，深入开展休闲渔业示范基地创建活动。加强渔业重要文化遗产开发保护。

（十五）积极推进产业化经营。推动养殖、捕捞、加工、物流业等一二三产业相互融合、协调发展，延伸产业链、提高价值链。挖掘水产品生产区域特质、工艺特点和文化底蕴，加强渔业品牌建设，鼓励支持发展区域性品牌。加强现代渔业园区建设，促进主导产业集群发展。扶持壮大渔业龙头企业，培育渔民专业合作组织、生产经营大户、家庭渔场和产业联合体等新型经营主体，建立多种形式的利益联结机制，提高渔业组织化程度。鼓励各类组织、工商资本开展渔业生产、加工、流通等环节的服务，全面提高渔业社会化服务水平。

六、确保渔业安全

（十六）强化水生动物疫病防控。加强水生动物防疫系统实验室能力建设，强化水生动物防疫站职能。加快建立渔业官方兽医制度，推进水产苗种产地检疫和监督执法。做好渔业乡村兽医备案和指导工作，壮大渔业执业兽医队伍。支持渔用疫苗研发推广，加快审批进程。加强重大水生动物疫病监测预警，完善疫情报告制度。创建一批无规定疫病苗种场，开展水生动物疫病强制免疫试点，对病死水生动物实行无害化处理，提高重大疫病防控和应急处置能力。

（十七）严格监管养殖用药。针对重点养殖品种，开展硝基呋喃、孔雀石绿等禁用药物精准整治行动，严厉查处养殖过程中违法用药行为。开展病原菌耐药性普查，及时调整禁用药目录和准用药使用指南。加强养殖用药培训，指导渔民科学合理用药。探索建立水产养殖用水质改良剂、底质改良剂、微生态制剂等生产备案制度，防范隐性使用违禁药物。严格加强对渔药生产和经营的监管，严厉打击非法伪劣产品流入养殖环节。

（十八）切实加强质量安全监管。坚持产管结合，强化产地监管职责，落实生产者质量安全主体责任。加强质量安全监督执法，加大水产品质量安全监督抽查和风险隐患排查力度，扩大监测覆盖面。推进水产品质量安全可追溯体系建设，加快水产品质量安全标准制修订，推进"三品一标"产品认证。

（十九）切实加强渔船安全生产。深入开展"平安渔业"和"文明渔港"两个创建活动，强化渔业应急管理体系建设，开展安全生产交叉大检查。做好渔港防火、防商渔船碰撞、防抗台风等工作，最大限度减少渔民群众生命财产损失。加快老旧、木质渔船更新改造，配足、配好渔船安全装备，提高抗风险能力，促进渔船安全生产形势持续稳定向好。

七、强化渔业资源和生态环境保护

（二十）强化渔业水域生态环境保护。完善全国渔业生态环境监测网络体系，强化渔业水域生态环境监测，定期公布渔业生态环境状况。完善水域突发污染事故快速反应机制，健全渔业水域污染事故调查处理制度，科学评估渔业损失，依法进行调查处理。按照"谁开发谁保护、谁受益谁补偿、谁损害谁修复"的原则，建立健全渔业生态补偿机制。

（二十一）保护和合理利用水生生物资源。健全渔业资源调查评估制度，全面定期开展调查、监测和评估，查清水生生物分布区域、种群数量及结构。加强水生生物自然保护区、水产种质资源保护区建设和管理，切实保护产卵场、索饵场、越冬场和洄游通道等重要渔业水域。进一步完善休渔禁渔制度，适当延长禁渔期。加大水生野生动物保护力度，规范经营利用行为，切实加强对中华鲟、江豚、中华白海豚、斑海豹、海龟等重点物种的保护。积极开展水生生物增殖放流，加快建设人工鱼礁和海洋牧场,加强监测和效果评估。

(二十二)全面推进以渔净水。大力推广以鱼控草、以鱼控藻等净水模式,在湖泊水库、城市景观水系等公共水域,因地制宜开展以滤食性鱼类为主的"放鱼养水"活动,促进以渔净水,改善水域水质和环境。推广鱼、虾、蟹、贝、藻立体混养,增加渔业碳汇,修复海洋生态环境,建设蓝色海湾。

八、提升支撑保障能力

(二十三)提高设施装备和信息化水平。加快渔港建设及配套设施改造,建设渔港经济区。强化渔政、水产原良种体系、水生动物疫病防控体系、养殖池塘标准化、抗风浪深水养殖网箱、渔业安全生产、质量安全监管、执法监控和取证等设施装备建设。加快实施"互联网+现代渔业"行动,搭建渔业大数据平台,推广应用"可视、可测、可控"的渔业物联网、病害远程诊断、质量安全追溯和资源养护体系,普及渔船安全信息通信设备,提高渔业渔政信息化水平。

(二十四)强化政策和金融保险支持。围绕关键环节和短板,盘活存量、争取增量,加大中央和地方财政投入,加快构建有利于转方式调结构的政策扶持体系。改革完善渔业油价补贴,重点支持减船转产、人工鱼礁、渔港维护改造、池塘标准化改造等。加强渔民技能培训,提升渔民创业创新能力,强化渔民社会保障,加大对禁渔期渔民的生活补助,推动渔民退捕上岸,促进渔民脱贫。调整渔业资源增殖保护费征收使用政策,专项用于渔业资源养护。探索采用信贷担保、贴息、养殖水域滩涂不动产权证质押等方式,引导和撬动金融资本支持渔业发展,完善渔民小额信贷和联保贷款等制度。发展渔业互助保险,建立健全渔业保险支持政策,稳定捕捞业保险,加快推进水产养殖保险,增加渔业保险保费补贴,推动开展台风、高温、寒潮、洪涝等渔业灾害保险。

(二十五)提高科技引领支撑能力。开展资源养护与生态修复、现代种业、健康养殖、病害防治、水产品加工、节能环保、渔业装备升级、渔业信息化等共性与关键技术研究。推进重大渔业科学工程、重点学科实验室和试验基地建设,建设一流渔业科研院所。强化渔业技术推广体系,保障推广经费,落实"一衔接、两覆盖"政策,创新激励机制,促进先进实用技术转化。培育渔业科技创新人才,培养高素质专业渔民、产业发展带头人和经纪人。

(二十六)强化依法治渔。加快《渔业法》及配套法规规章的修制订。推进水域滩涂养殖权确权颁证,保护基本养殖水域。加强渔政执法,强化渔政机构和队伍建设,保障执法经费,提升执法装备水平,构建权责统一、权威高效的渔政执法体制。推动完善渔业行政执法和刑事司法衔接机制,加大对破坏渔业资源环境、危害水产品质量安全等违法违规行为的查处力度。加强涉外渔业监督管理,严厉打击非法、不报告、不管制(IUU)渔业活动。加强对渔民和渔业企业的教育培训,督促严守有关法律法规和国际条约。

(二十七)加强组织领导。要把转方式调结构摆在现代渔业建设工作的首要位置,贯穿于"十三五"渔业发展的全过程。要逐级落实责任制,结合本地实际,制定工作方案,明确目标任务,加强督促检查,强化绩效考核。要积极争取当地党委、政府的重视和支持,加强重大问题研究,密切与有关部门沟通协调,强化政策保障,加大资金投入,切实把各项措施落到实处。

农业部

2016年5月4日

农业部关于继续深入开展"绝户网"等违规渔具清理整治的通知

农渔发〔2016〕13号

为加强生态文明建设,养护和合理利用渔业资源,促进渔业可持续发展,近年来,我部在全国范围内组织开展"绝户网"清理整治行动,各地政府、有关部门高度重视,加强组织领导,完善工作机制,制定工作方案,加强协调配合,强化执法监督,清理整治工作取得阶段性成果。截至目前,全国共清理违规渔具近60万张(顶),形成了严厉打击"绝户网"等非法捕捞的声势,"绝户网"等违规网具使用蔓延态势得到一定程度的遏制。为巩固成果,继续深入做好违规渔具清理整治工作,现通知如下。

一、提高认识,攻坚克难,持续深入开展违规渔具清理整治

"绝户网"等违规作业方式和行为破坏渔业资源,群众反映突出,引起社会广泛关注。经过前阶段清理整治,"绝户网"蔓延态势得到遏制,取得了初步成效,但相关工作各地进展不平衡,一些地方存在畏难情绪和观望思想,工作重视程度不够,工作不扎实、不深入、不坚决,一些地区违规使用"绝户网"等现象依然存在,甚至存在大规模反弹的苗头。当前,清理整治"绝户网"工作已到攻坚阶段,不进则退。为此,各级渔业主管部门要进一步提高认识,不仅要深刻认识清理整

治"绝户网"、保护渔业资源的重要性、紧迫性，更要深刻认识其复杂性和长期性。要充分利用当前的良好社会氛围和有利的政策环境，树立信心、攻坚克难，以钉钉子的精神，坚持不懈，持之以恒。要继续争取地方党委、政府的重视，进一步完善政府主导、渔业部门具体负责、各部门协调配合的工作机制，明确各部门职责和任务分工，建立目标考核制度。定期召开联席会议，交流工作进展情况，分析问题，提出改进措施，确保各项工作落实到位。要结合本地区实际制定清理整治工作方案，确保清理整治工作取得实效。

二、突出重点、务求实效，保持执法高压态势

要总结经验，巩固成果，进一步加大执法力度，保持执法高压态势，让广大渔民看到各级政府清理整治"绝户网"的坚定决心，消除侥幸和观望心理。要坚持日常检查和专项整治相结合，在健全制度、加强常态检查的同时，集中全行业力量开展专项清理整治。要突出重点、务求实效，当前重点要针对我部和各地公布的禁用渔具以及群众反映突出、对渔业资源破坏严重、网目尺寸严重偏离规定、尤其是拖网和张网网囊加装衬网等违规渔具进行重点清理打击，依法严肃查处。对没收的违规渔具公开集中销毁，做到"发现一起、查处一起、公布一起，震慑一方"，坚决遏制其蔓延态势。各地要根据本地实际，制定具体的执法行动方案，进一步完善公安、海警、工商、经信、质检等部门协作执法办案制度，开展海陆同步执法，加强港口和源头管理，消除执法死角和盲区，确保执法各环节无缝衔接。根据《农业部关于加强农业行政执法与刑事司法衔接工作的实施意见》要求，对于违法行为构成犯罪的，坚决移交司法机关追究刑事责任。按"打禁、治违、促合规"的思路，通过几年时间，实现滩涂不见禁用陷阱类作业、近岸不见禁用耙刺及地拉网作业、渔具网目尺寸明显改善的管理目标。

三、多措并举、综合施策，全面推进资源养护工作

违规渔具清理整治和渔业资源状况以及捕捞强度控制密切相关，必须多措并举、综合施策。要充分利用当前柴油补贴政策调整契机，进一步完善捕捞渔民转产转业政策，做好宣传动员、组织发动，制定切实可行工作方案，引导捕捞渔民减船转产，切实降低捕捞强度。要充分利用地方一般性转移支付资金，在中央补助资金基础上，提高减船补助力度，同时积极争取各级政府支持，妥善解决减船渔民的社会保障问题，使渔民真正做到转得出、稳得住。要继续深入开展涉渔"三无"船舶和"船证不符"清理整治，加强休渔禁渔管理，打击非法捕捞活动，维护渔业生产秩序和渔民合法权益。扩大渔业资源增殖放流规模，加大海洋牧场建设，促进渔业资源恢复和渔民增收。在有条件的地区开展限额捕捞和标准化渔具生产使用试点，探索渔业资源量化管理新模式，引导渔民自觉使用标准化渔具，为规范渔具管理、养护渔业资源奠定坚实基础，推进渔业转型升级。

四、加强督查和考核，强化宣传教育，营造有利氛围

各地要加强本地区整治督查工作，定期组织地方自检、统一督导检查和交叉检查，对检查结果要及时公布，建立责任倒逼机制，对整治不力、效果不明显的地区要予以问责，对工作组织好、措施到位、成效突出的地方和单位要进行表彰，进一步巩固整治成果，防止违规现象反弹。同时要继续加强对渔民的宣传教育和政策引导，充分利用各种宣传媒体，不断创新宣传方式，做到"报纸有文，广播有声，电视有影，手机有信"，充分利用伏休时段深入到各重点渔港和渔船集中地，进渔村入渔户开展宣传教育活动，多渠道高频次滚动宣传违规渔具清理整治的重大意义，充分告知使用违规渔具的危害性和应承担的法律责任。要充分发挥基层组织在违规渔具清理整治工作中的自律作用，积极配合各地渔业主管部门做好法律法规的政策宣贯，充分发动群众力量开展监督，提高渔民对开展清理整治行动的认识，营造良好的社会氛围和舆论声势，形成舆论"正能量"。

各省（自治区、直辖市）要结合本地情况，抓紧制定今年清理整治工作方案，今年上半年和下半年各组织 12 次专项清理整治行动。同时抓紧建立健全信息统计报告制度，认真做好各项总结工作。各省级渔业行政主管部门汇总本地区清理整治情况后，定期向我部进行报告。各省（自治区、直辖市）清理整治工作方案请于 5 月中旬，工作总结于 11 月底前报我部渔业渔政管理局。我部将根据各地工作情况组织督查组进行实地督查，相关督查情况将适时向全国通报。

农业部办公厅
国家宗教事务局办公室
关于进一步规范宗教界水生生物放生（增殖放流）活动的通知

农办渔〔2016〕33 号

各省、自治区、直辖市渔业厅（局）、宗教局（民宗委、

厅、局),新疆生产建设兵团水利(水产局)、民宗局:

水生生物增殖放流是修复天然水生生物资源,改善水域生态环境的一项有效措施,也是宗教放生活动的一种重要形式。近年来,随着宗教放生活动逐渐增多,宗教界水生生物放生(增殖放流)规模越来越大,对弘扬关爱生命、爱护自然、保护生态的理念发挥了积极作用。但一些放生活动不科学、不规范的放生活动,不仅没有起到正面作用,反而对自然生态系统造成一定负面影响。为进一步规范宗教界水生生物放生(增殖放流)活动,现就有关事项通知如下。

一、进一步增强法制意识,依法依规放生

各级宗教事务部门要深入贯彻国家生态文明建设有关要求,指导协调宗教界在开展水生生物放生(增殖放流)活动时,严格遵守《水生生物增殖放流管理规定》等有关规定,主动向渔业部门报告放生(增殖放流)的种类、数量、规格、时间和地点等事项,并接受监督检查;用于放生(增殖放流)的水生生物苗种,应当来自有资质的生产单位,并依法经检验检疫合格。渔业部门应加强对宗教界放生(增殖放流)活动的指导、协调和监督。

二、进一步宣传科学生态理念,科学合理放生

水生生物增殖放流关乎生物多样性保护和水域生态安全。各级宗教事务部门要指导协调宗教界按照渔业部门制定的水生生物增殖放流相关规划,科学合理地确定放生(增殖放流)的水域、物种、规模、时间等;用于放生(增殖放流)的亲体、苗种等水生生物应当是本地种,禁止使用杂交种、选育种、外来种及其他不符合生态要求的水生生物物种进行放生(增殖放流),防止对生物多样性和水域生态系统造成危害。

三、进一步规范放流行为,慈悲文明放生

要树立保护和关爱水生生物的慈悲理念,采用文明方式进行放流活动。各级宗教事务部门要指导协调宗教界按照渔业部门制定的水生生物增殖放流技术规范,采取适当的放生方式,防止或者减轻对放生水生生物的损害。放生要贴近水面放流,有条件的应采用滑道等设施,减缓苗种受水体冲击,减少机械性损伤,杜绝抛洒或“高空”倾倒的放生方式,确保放生效果。要简化放生(增殖放流)活动程序和现场布置,及时做好放流活动时塑料袋、泡沫箱等废弃物的收集清理工作,维护好放生(增殖放流)水域和周边环境。

四、加强部门间协调配合

各级渔业、宗教事务部门要建立水生生物放生(增殖放流)协调配合机制。渔业部门要加强对宗教界水生生物放生(增殖放流)活动的业务指导,推动宗教界放生(增殖放流)活动规范开展;要加强对宗教界水生生物放生(增殖放流)水域的渔政执法监管,严厉打击非法捕捞行为,保护好放生(增殖放流)的水生生物。宗教界在开展水生生物放生(增殖放流)活动时,要自觉接受渔业部门的指导和监督。

五、做好放生(增殖放流)宣传引导

渔业、宗教事务部门要充分发挥宗教界在宣传引导方面的重要作用,积极开展科普宣传活动,增强群众生态环境保护意识。宗教界在开展水生生物放生(增殖放流)活动时,可以通过设置展板、多媒体演示、现场水生生物标本和实物展示,发放科普宣传手册,安排专业人员进行讲解等多种形式,普及放生(增殖放流)知识,倡导依法放生、科学放生、合理放生理念,同时,可以依据宗教教义做出适应时代精神的阐释,引导信众慈悲护生、合理放生,进一步扩大水生生物资源养护的社会影响。

六、加强放生(增殖放流)知识培训

水生生物增殖放流是一项专业性和技术性很强的工作。各级渔业、宗教事务部门要加强对宗教界放生(增殖放流)工作的培训力度,充分利用宗教界寺观宣传栏、内部资料、佛事活动、讲经交流活动,组织开展水生生物放生(增殖放流)专题培训,制定专门面向宗教界的培训材料,使宗教界人士和广大信众全面了解和掌握水生生物放生(增殖放流)的法律法规和基础知识,进一步提高宗教界水生生物放生(增殖放流)的规范性和科学合理性。

农业部办公厅
国家宗教事务局办公室
2016 年 5 月 17 日

渔业经济统计

一、经济核算

全国渔业经济总产值、增加值
（按当年价格计算）

单位：万元

指　　标	2016 年	2015 年	2016 年比 2015 年增减（±）
渔业经济总产值	236 622 944.60	220 199 432.80	16 423 511.80
1. 渔业	120 029 082.39	113 287 000.85	6 742 081.54
其中：海水养殖	31 403 899.96	29 376 626.95	2 027 273.01
淡水养殖	58 131 834.12	53 371 212.58	4 760 621.54
海洋捕捞	19 772 219.33	20 035 129.10	－262 909.77
淡水捕捞	4 311 515.10	4 342 490.67	－30 975.57
水产苗种	6 409 613.88	6 161 541.55	248 072.33
2. 渔业工业和建筑业	54 105 357.17	50 963 820.45	3 141 536.72
其中：水产品加工	40 902 319.38	38 805 768.43	2 096 550.95
渔用机具制造	3 486 326.46	3 403 799.58	82 526.88
其中：渔船渔机修造	2 280 728.45	2 145 220.08	135 508.37
渔用绳网制造	1 112 559.32	1 047 900.37	64 658.95
渔用饲料	5 991 499.34	5 347 509.95	643 989.39
渔用药物	171 982.79	157 248.72	14 734.07
建筑业	2 556 433.61	2 255 012.66	301 420.95
其他	996 795.59	994 481.11	2 314.48
3. 渔业流通和服务业	62 488 505.04	55 948 611.50	6 539 893.54
其中：水产流通	50 634 284.57	46 280 241.91	4 354 042.66
水产（仓储）运输	3 323 297.14	3 027 894.44	295 402.70
休闲渔业	6 645 355.89	4 892 728.41	1 752 627.48
其他	1 885 567.44	1 747 746.74	137 820.70

各地区渔业经济总产值、渔业产值
（按当年价格计算）

单位：万元

地　区	2016 年		2016 年比 2015 年增减（±）		渔业产值占农业产值比重（%）
	渔业经济总产值	其中：渔业产值	渔业经济总产值	其中：渔业产值	
全国总计	236 622 944.60	120 029 082.39	16 423 511.80	6 742 081.54	10.4
北　京	218 300.60	90 789.80	-46 433.67	-44 049.58	2.7
天　津	1 015 853.00	917 404.00	2 108.00	71 092.00	18.0
河　北	2 593 046.89	2 238 935.21	135 267.94	135 877.64	3.5
山　西	81 713.51	61 030.89	-528.85	-396.12	0.6
内蒙古	289 972.72	217 701.86	12 837.47	8 715.45	1.2
辽　宁	14 576 199.00	8 380 403.00	953 727.00	552 344.00	14.5
吉　林	1 200 499.75	282 785.30	270 499.65	15 341.20	1.6
黑龙江	951 543.70	802 269.20	46 421.10	28 600.60	2.5
上　海	645 422.60	531 468.10	-82 798.67	-55 410.48	17.6
江　苏	30 205 689.37	16 837 759.27	2 846 167.05	1 381 057.78	22.4
浙　江	19 649 773.00	6 898 022.00	-522 486.00	-1 008 650.00	30.6
安　徽	8 071 734.83	4 901 991.38	621 220.19	339 803.50	11.0
福　建	27 341 159.97	12 816 457.91	2 701 725.91	1 590 669.18	29.7
江　西	9 793 915.48	4 835 220.87	539 849.06	300 590.34	14.7
山　东	39 021 485.43	15 950 265.63	1 189 917.06	15 993.45	15.9
河　南	2 547 349.69	1 423 371.00	100 560.69	48 632.00	1.6
湖　北	24 180 779.00	11 399 247.00	2 385 333.00	1 076 484.00	16.4
湖　南	5 064 173.35	3 966 575.90	350 986.13	297 304.60	6.5
广　东	28 630 882.41	12 234 421.73	3 283 531.75	761 613.38	19.7
广　西	6 079 190.51	4 896 481.67	370 185.46	346 190.01	10.1
海　南	5 174 876.76	3 778 455.65	445 015.76	318 549.65	24.1
重　庆	1 368 105.68	960 348.29	148 087.59	109 293.45	4.3
四　川	3 780 749.37	2 443 508.98	316 690.49	149 803.37	3.3
贵　州	703 621.93	687 368.43	150 331.23	149 273.08	2.2
云　南	1 565 413.35	974 846.11	108 964.77	70 470.59	2.6
西　藏	6 087.00	4 020.00	4 692.73	3 052.37	0.1
陕　西	655 630.00	486 660.00	4 449.14	2 157.30	0.9
甘　肃	23 213.14	20 412.85	715.10	536.61	0.1
青　海	47 200.00	47 200.00	23 730.00	23 730.00	1.0
宁　夏	345 779.23	196 924.21	18 299.52	13 260.81	3.4
新　疆	291 922.33	245 075.15	53 577.20	49 283.36	0.7
中农发集团	501 661.00	501 661.00	-9 132.00	-9 132.00	

各地区渔业经济总产值(一)
(按当年价格计算)

单位:万元

地 区	总计	一、渔业产值			
		合计	海水养殖	淡水养殖	海洋捕捞
全国总计	236 622 944.60	120 029 082.39	31 403 899.96	58 131 834.12	19 772 219.33
北 京	218 300.60	90 789.80		53 818.53	12 296.44
天 津	1 015 853.00	917 404.00	106 971.00	587 052.00	175 451.00
河 北	2 593 046.89	2 238 935.21	966 866.15	551 028.31	468 590.85
山 西	81 713.51	61 030.89		57 682.26	
内蒙古	289 972.72	217 701.86		167 569.39	
辽 宁	14 576 199.00	8 380 403.00	4 275 690.00	1 672 513.00	1 617 217.00
吉 林	1 200 499.75	282 785.30		232 106.50	
黑龙江	951 543.70	802 269.20		672 525.80	
上 海	645 422.60	531 468.10		328 277.90	179 484.20
江 苏	30 205 689.37	16 837 759.27	2 356 585.15	11 406 125.41	1 592 096.38
浙 江	19 649 773.00	6 898 022.00	1 443 282.00	2 325 946.00	2 810 711.00
安 徽	8 071 734.83	4 901 991.38		3 945 251.90	
福 建	27 341 159.97	12 816 457.91	6 673 598.39	1 902 934.25	3 597 817.67
江 西	9 793 915.48	4 835 220.87		4 033 500.00	
山 东	39 021 485.43	15 950 265.63	8 358 996.00	2 341 391.00	4 317 545.00
河 南	2 547 349.69	1 423 371.00		1 208 741.00	
湖 北	24 180 779.00	11 399 247.00		9 830 188.00	
湖 南	5 064 173.35	3 966 575.90		3 577 090.13	
广 东	28 630 882.41	12 234 421.73	4 572 212.46	5 814 667.76	1 410 969.52
广 西	6 079 190.51	4 896 481.67	1 612 424.00	1 746 770.00	1 122 387.00
海 南	5 174 876.76	3 778 455.65	1 037 274.81	523 789.02	1 965 992.27
重 庆	1 368 105.68	960 348.29		730 946.00	
四 川	3 780 749.37	2 443 508.98		2 068 200.00	
贵 州	703 621.93	687 368.43		642 539.00	
云 南	1 565 413.35	974 846.11		837 582.38	
西 藏	6 087.00	4 020.00		916.00	
陕 西	655 630.00	486 660.00		450 590.00	
甘 肃	23 213.14	20 412.85		19 590.35	
青 海	47 200.00	47 200.00		47 200.00	
宁 夏	345 779.23	196 924.21		169 402.61	
新 疆	291 922.33	245 075.15		185 899.62	
中农发集团	501 661.00	501 661.00			501 661.00

各地区渔业经济总产值(二)
(按当年价格计算)

单位:万元

地　区	一、渔业产值(续)		二、渔业工业和建筑业		
	淡水捕捞	水产苗种	合计	水产品加工	渔用机具制造 小计
全国总计	**4 311 515.10**	**6 409 613.88**	**54 105 357.17**	**40 902 319.38**	**3 486 326.46**
北　京	6 318.83	18 356.00	14 184.62	4 351.57	
天　津	20 240.00	27 690.00	9 945.00	360.00	
河　北	123 039.69	129 410.21	227 186.69	199 888.60	9 656.80
山　西	1 768.53	1 580.10	1 773.38		
内蒙古	38 502.83	11 629.64	18 818.50	18 818.50	
辽　宁	83 522.00	731 461.00	3 073 161.00	2 557 808.00	108 090.00
吉　林	36 139.50	14 539.30	650 609.75	563 917.75	235.00
黑龙江	82 320.00	47 423.40	30 183.00	6 276.00	
上　海	6 514.00	17 192.00	98 799.50	98 798.00	
江　苏	864 119.05	618 833.28	3 845 020.39	2 307 698.20	254 618.05
浙　江	122 034.00	196 049.00	7 384 733.00	6 115 323.00	248 491.00
安　徽	665 633.60	291 105.88	1 282 458.23	564 862.04	552 935.72
福　建	180 476.56	461 631.04	9 775 734.00	8 370 655.00	673 752.00
江　西	455 100.00	346 620.87	2 841 076.78	2 114 942.24	48 592.33
山　东	189 068.00	743 265.63	13 173 819.64	10 098 451.02	1 463 767.80
河　南	74 423.00	140 207.00	238 320.30	54 166.00	2 322.30
湖　北	469 812.00	1 099 247.00	4 987 814.00	3 685 804.00	13 470.00
湖　南	65 687.21	323 798.56	373 615.17	209 134.07	8 211.25
广　东	158 410.85	278 161.14	3 614 755.81	2 184 072.24	69 150.07
广　西	160 900.00	254 000.67	590 559.01	510 251.12	2 866.00
海　南	25 290.36	226 109.19	1 186 851.01	1 087 358.21	27 602.80
重　庆	122 274.00	107 128.29	97 267.08	8 019.00	1 560.80
四　川	170 800.00	204 508.98	286 437.52	10 959.80	205.00
贵　州	24 921.00	19 908.43	8 087.16	136.40	148.56
云　南	98 770.46	38 493.27	212 360.53	121 921.12	8.80
西　藏	3 104.00				
陕　西	16 080.00	19 990.00	22 303.00	30.00	140.00
甘　肃	94.20	728.30	22.10		
青　海					
宁　夏	457.60	27 064.00	40 331.53	2 310.00	
新　疆	45 693.83	13 481.70	19 129.47	6 007.50	502.18
中农发集团					

各地区渔业经济总产值(三)
(按当年价格计算)

单位:万元

地　区	二、渔业工业和建筑业(续)					
	渔用机具制造(续)		渔用饲料	渔用药物	建筑	其他
	渔船渔机修造	渔用绳网制造				
全国总计	2 280 728.45	1 112 559.32	5 991 499.34	171 982.79	2 556 433.61	996 795.59
北　京			9 593.05	240.00		
天　津			9 585.00			
河　北	7 359.00	1 389.80	14 499.00		2 345.00	797.29
山　西			406.56	1 366.82		
内蒙古						
辽　宁	80 679.00	18 449.00	180 486.00	10 212.00	170 037.00	46 528.00
吉　林	36.00	41.00	635.00	22.00	85 800.00	
黑龙江			22 057.00	790.00	1 050.00	10.00
上　海				1.50		
江　苏	137 990.28	103 854.26	970 800.53	65 038.86	142 800.93	104 063.82
浙　江	145 915.00	98 487.00	447 819.00	3 760.00	454 647.00	114 693.00
安　徽	9 116.14	543 819.58	91 427.14	1 874.64	19 124.36	52 234.33
福　建	619 134.00	52 653.00	496 497.00	1 687.00	54 671.00	178 472.00
江　西	28 657.73	19 934.60	461 436.71	14 900.20	166 415.24	34 790.06
山　东	1 183 491.88	231 470.92	216 379.10	7 338.26	959 059.46	428 824.00
河　南	22.30	2 300.00	174 776.00	3 885.00	2 585.00	586.00
湖　北	2 611.00	10 859.00	880 336.00	32 895.00	373 139.00	2 170.00
湖　南	5 798.93	2 412.32	129 627.81	12 871.04	8 297.44	5 473.56
广　东	39 209.79	16 775.28	1 254 272.22	6 099.06	81 216.78	19 945.44
广　西	2 349.00	517.00	73 286.03	1 646.47	2 243.60	265.79
海　南	17 629.80	8 316.00	64 347.00	2 392.00	2 454.70	2 696.30
重　庆	504.80	1 052.00	74 507.28	153.00	12 505.00	522.00
四　川	205.00		273 374.72	1 895.00		3.00
贵　州		148.56	7 802.20			
云　南	8.80		81 961.99	728.62	7 220.00	520.00
西　藏						
陕　西	10.00	80.00	6 582.00	550.00	10 800.00	4 201.00
甘　肃					22.10	
青　海						
宁　夏			38 021.53			
新　疆			10 983.47	1 636.32		
中农发集团						

各地区渔业经济总产值(四)
(按当年价格计算)

单位:万元

地区	三、渔业流通和服务业				
	合计	水产流通	水产(仓储)运输	休闲渔业	其他
全国总计	62 488 505.04	50 634 284.57	3 323 297.14	6 645 355.89	1 885 567.44
北京	113 326.18	62 779.89	2 397.80	46 535.49	1 613.00
天津	88 504.00	32 674.00	7 297.00	31 851.00	16 682.00
河北	126 924.99	61 031.13	16 974.00	38 864.65	10 055.21
山西	18 909.24	13 568.20	638.00	4 693.04	10.00
内蒙古	53 452.36	23 538.39	4 173.47	25 740.50	
辽宁	3 122 635.00	2 365 175.00	325 354.00	356 908.00	75 198.00
吉林	267 104.70	200 688.70	7 114.60	57 736.40	1 565.00
黑龙江	119 091.50	65 870.00	5 537.00	46 243.50	1 441.00
上海	15 155.00	2 867.00		12 288.00	
江苏	9 522 909.71	8 013 790.69	319 370.42	842 701.28	347 047.32
浙江	5 367 018.00	4 666 677.00	229 966.00	188 271.00	282 104.00
安徽	1 887 285.22	1 478 151.90	104 260.66	287 337.06	17 535.60
福建	4 748 968.06	4 221 493.74	211 812.99	63 668.08	251 993.25
江西	2 117 617.83	1 791 312.10	83 918.53	209 901.26	32 485.94
山东	9 897 400.16	5 977 022.87	1 173 329.12	2 065 661.62	681 386.55
河南	885 658.39	697 152.00	76 487.00	110 014.09	2 005.30
湖北	7 793 718.00	6 128 221.00	354 860.00	1 296 333.00	14 304.00
湖南	723 982.28	544 591.83	28 189.12	138 877.09	12 324.24
广东	12 781 704.87	12 329 104.38	93 102.54	290 103.75	69 394.20
广西	592 149.83	482 899.63	68 108.80	24 388.34	16 753.06
海南	209 570.10	145 409.50	14 334.60	27 626.00	22 200.00
重庆	310 490.31	208 474.00	23 682.83	67 716.48	10 617.00
四川	1 050 802.87	630 419.07	130 673.92	281 890.82	7 819.06
贵州	8 166.34	5 709.96	396.50	1 854.08	205.80
云南	378 206.71	297 499.45	21 331.34	52 849.45	6 526.47
西藏	2 067.00	2 067.00			
陕西	146 667.00	85 050.00	7 892.00	50 045.00	3 680.00
甘肃	2 778.19	103.87	67.42	2 604.76	2.14
青海					
宁夏	108 523.49	88 313.37	10 999.23	8 591.59	619.30
新疆	27 717.71	12 628.90	1 028.25	14 060.56	
中农发集团					

全国渔民人均纯收入

单位:元

地区	2016 年	2015 年	2016 年比 2015 年增减(±)	
			绝对量	幅度(%)
全国总计	16 904.20	15 594.83	1 309.37	8.40
北京	18 180.73	15 580.85	2 599.88	16.69
天津	24 088.93	22 582.79	1 506.14	6.67
河北	13 520.25	12 961.77	558.48	4.31
山西	7 814.59	7 789.99	24.60	0.32
内蒙古	11 997.05	12 145.09	-148.04	-1.22
辽宁	17 693.36	16 639.64	1 053.72	6.33
吉林	12 303.03	10 670.95	1 632.08	15.29
黑龙江	15 041.75	13 447.46	1 594.29	11.86
上海	26 321.06	23 946.15	2 374.91	9.92
江苏	22 777.27	20 736.51	2 040.76	9.84
浙江	23 071.49	21 503.81	1 567.68	7.29
安徽	15 158.22	13 853.08	1 305.14	9.42
福建	17 851.00	16 003.22	1 847.78	11.55
江西	13 291.39	12 306.21	985.18	8.01
山东	18 827.95	17 490.82	1 337.13	7.64
河南	12 791.37	11 951.55	839.82	7.03
湖北	17 229.06	15 514.35	1 714.71	11.05
湖南	16 028.11	15 248.01	780.10	5.12
广东	14 486.19	13 711.86	774.33	5.65
广西	20 431.97	19 131.09	1 300.88	6.80
海南	14 740.31	13 923.35	816.96	5.87
重庆	15 546.66	14 214.53	1 332.13	9.37
四川	15 063.04	13 240.14	1 822.90	13.77
贵州	13 591.99	10 908.09	2 683.90	24.60
云南	12 422.30	10 353.13	2 069.17	19.99
西藏				
陕西	13 089.30	11 238.63	1 850.67	16.47
甘肃	7 766.94	8 352.42	-585.48	-7.01
青海	16 573.21	18 680.97	-2 107.76	-11.28
宁夏	11 118.90	10 361.35	757.55	7.31
新疆	15 752.27	13 398.23	2 354.04	17.57

各地区渔民家庭收支调查(一)

单位:元/人

地区	一、家庭总收入	(一)家庭经营收入	经营渔业	(二)工资性收入	渔业	(三)财产性净收入	红利收入
全国总计	66 511.93	59 504.10	55 612.36	3 330.43	1 129.70	392.93	107.70
北京	52 757.26	40 431.22	38 324.21	7 672.00	2 225.00	943.31	
天津	167 191.32	159 806.52	157 188.38	3 195.05	539.53	1 465.94	
河北	134 462.69	128 986.25	126 699.74	810.32	345.87	179.02	0.92
山西	101 220.24	100 349.93	98 587.62	501.60	347.20	149.09	
内蒙古	46 567.67	43 709.66	30 744.02	1 464.18	269.35	265.51	
辽宁	68 302.19	59 708.25	54 597.14	3 108.34	1 228.51	550.62	130.12
吉林	31 428.34	30 438.59	23 402.25	603.06	38.81	94.36	
黑龙江	100 144.89	98 748.62	87 589.15	561.29	152.62	554.04	8.18
上海	122 616.15	113 672.84	112 417.43	4 659.05	483.78	287.54	
江苏	89 068.27	77 496.30	74 327.54	5 173.42	1 310.44	978.52	29.65
浙江	90 100.30	75 415.60	72 674.09	8 380.92	3 054.29	563.04	148.14
安徽	47 628.54	43 414.78	39 990.76	2 888.99	645.65	218.66	19.48
福建	65 065.62	56 865.69	54 379.47	3 723.56	2 062.43	758.52	651.17
江西	43 341.49	40 089.98	37 144.63	1 508.43	401.58	393.28	146.78
山东	85 711.62	76 035.31	71 439.42	3 658.24	1 280.98	539.69	134.64
河南	36 353.24	32 228.96	28 758.10	2 956.97	323.30	188.02	
湖北	41 969.50	36 746.22	32 868.06	3 930.37	1 105.31	238.55	34.05
湖南	36 921.44	32 330.50	26 753.92	3 174.86	1 061.51	227.07	128.96
广东	40 410.80	31 608.17	29 942.82	4 011.47	1 873.77	170.07	125.44
广西	57 948.67	46 047.91	43 953.25	2 568.70	727.16	269.79	11.55
海南	31 712.52	30 765.22	26 339.70	797.06	176.80	28.06	1.34
重庆	66 905.94	62 232.20	54 911.66	3 656.33	762.32	273.26	97.17
四川	36 841.96	31 181.24	26 211.95	3 893.35	474.48	263.17	89.37
贵州	62 867.77	60 035.24	55 580.80	1 108.67	446.88	248.40	160.97
云南	58 449.96	56 401.89	52 433.52	1 785.36	825.78	45.24	11.95
西藏							
陕西	250 583.83	250 134.73	249 685.63				
甘肃	42 317.65	39 936.03	37 877.68	1 622.70	977.81	567.38	6.93
青海	24 469.82	21 104.36	13 377.09	3 345.45	817.36		
宁夏	108 119.55	105 927.90	104 673.04	1 594.64	895.58	60.25	4.98
新疆	258 219.53	255 311.16	254 575.72	2 308.02	2 054.85	162.13	26.79

各地区渔民家庭收支调查（二）

单位：元/人

地区	一、家庭总收入（续）						二、家庭经营费用支出
	（三）财产性净收入（续）	（四）转移性收入					
	转让经营权租金收入		生产补贴（惠农补贴）	渔业补贴	社会救济或政策性生活补贴	其他转移性收入	
全国总计	107.56	785.52	2 498.95	2 432.80	59.47	103.20	44 847.05
北　　京	318.32	3 685.03	25.70	22.56	253.37	1.76	31 088.63
天　　津	1 418.19	2 632.46	91.35	64.65	44.65		128 042.17
河　　北	127.22	319.85	4 167.25	4 167.25	5.50	26.31	107 572.19
山　　西	105.00	213.20	6.42				89 846.93
内 蒙 古	257.59	134.37	993.95	144.43	15.48	12.38	29 905.58
辽　　宁	187.66	751.15	4 183.83	4 052.60	42.58	52.36	46 474.84
吉　　林	72.38	109.80	182.53	8.13	0.76		17 018.67
黑 龙 江	307.33	60.61	220.32	93.72		8.56	78 331.47
上　　海	63.22	1 466.99	2 529.73	2 529.73		2.03	86 519.70
江　　苏	332.59	2 374.81	3 045.22	2 968.42	86.37	755.01	58 336.76
浙　　江	129.88	1 487.85	4 252.89	4 237.20	311.42	194.01	56 580.47
安　　徽	73.79	439.26	666.84	522.78	26.89	22.65	27 224.27
福　　建	21.10	824.77	2 893.07	2 881.78	67.71	67.75	42 808.28
江　　西	67.85	943.47	406.33	311.91	15.73	67.83	27 592.53
山　　东	40.10	715.08	4 763.30	4 713.75	114.98	187.24	59 061.21
河　　南	95.14	909.21	70.08	31.66	44.59	102.89	22 290.81
湖　　北	86.77	904.47	149.88	58.15	49.75	74.66	22 733.00
湖　　南	20.51	677.88	511.13	461.27	34.69	83.22	18 993.29
广　　东	16.87	307.91	4 313.18	4 304.99	13.43	46.40	23 413.95
广　　西	129.79	427.15	8 635.13	8 626.24	8.92	21.84	31 777.96
海　　南		92.72	29.45	20.66	7.04	51.07	15 984.01
重　　庆	30.83	611.28	132.87	75.35	3.91	102.46	43 718.52
四　　川	39.02	1 288.54	215.67	160.18	28.49	80.93	19 354.43
贵　　州		529.36	946.11	936.81	1.96	48.09	47 137.05
云　　南	27.32	162.90	54.57	47.39	43.19	28.43	41 077.65
西　　藏							
陕　　西		449.10					220 032.34
甘　　肃	48.67	151.68	39.87		27.77	3.22	31 947.54
青　　海		20.00			10.91		5 395.64
宁　　夏		527.41	9.35				94 235.96
新　　疆	9.28	423.80	14.43	12.32	21.94	137.13	235 562.31

各地区渔民家庭收支调查（三）

单位：元/人

地区	二、家庭经营费用支出（续）					三、生产性固定资产折旧	
	经营渔业支出	燃料及冰费用	雇工费用	饲料及苗种费用	其他费用		渔业固定资产折旧
全国总计	**43 281.27**	**8 589.46**	**9 038.57**	**23 795.04**	**1 858.21**	**2 961.18**	**2 665.73**
北京	30 897.11	6 005.10	3 218.44	21 433.92	239.64	2 076.25	1 979.63
天津	127 236.12	8 533.59	6 043.43	110 511.88	2 147.23	1 697.99	1 542.95
河北	106 659.07	15 243.06	36 969.97	48 107.13	6 338.91	5 435.23	5 378.23
山西	89 325.67	7 221.01	12 260.39	64 229.90	5 614.36	2 149.22	2 123.22
内蒙古	23 060.81	2 166.61	2 146.32	17 330.99	1 416.90	3 729.56	1 084.15
辽宁	44 463.59	10 787.08	13 747.26	18 389.59	1 539.67	2 564.81	2 364.44
吉林	14 880.89	1 983.93	1 594.47	10 480.38	822.11	1 422.12	882.68
黑龙江	73 480.64	5 632.21	4 962.51	62 288.11	597.81	2 407.79	1 243.21
上海	85 902.81	8 274.99	9 848.31	61 753.88	6 025.63	2 004.07	1 734.11
江苏	56 984.11	8 423.68	13 441.15	32 036.60	3 082.68	3 324.10	3 217.00
浙江	55 513.68	18 095.24	14 050.56	21 134.56	2 233.32	7 099.61	6 688.06
安徽	25 711.90	1 261.88	3 502.52	19 645.85	1 301.64	1 069.42	900.05
福建	41 997.20	11 864.23	7 827.13	19 719.60	2 586.24	3 818.23	3 769.64
江西	26 077.80	1 638.65	1 823.07	20 914.84	1 701.24	408.73	350.07
山东	56 860.68	19 151.97	21 335.60	13 188.43	3 184.68	6 241.13	5 575.52
河南	21 725.81	1 424.92	872.93	18 899.14	528.82	985.29	514.99
湖北	21 272.13	919.85	1 798.21	17 478.36	1 075.71	888.71	717.31
湖南	17 313.32	1 887.48	1 463.36	12 747.37	1 215.10	1 061.97	703.81
广东	22 341.37	12 140.97	5 964.07	3 680.49	555.83	2 388.93	2 320.43
广西	31 201.78	14 394.87	4 292.85	11 708.28	805.77	5 366.36	5 329.13
海南	12 943.56	2 563.50	448.35	9 365.41	566.30	988.20	959.64
重庆	39 194.23	2 378.02	3 029.04	32 700.30	1 086.88	2 306.38	2 172.93
四川	17 347.15	778.11	889.04	15 156.98	523.03	849.46	703.67
贵州	45 639.98	2 509.73	3 918.52	37 974.60	1 237.13	2 120.62	1 746.18
云南	39 641.86	1 369.33	1 254.60	36 179.95	837.99	1 270.05	1 046.60
西藏							
陕西	217 176.05	23 362.28	18 634.13	168 790.42	6 389.22	4 965.19	4 961.20
甘肃	31 099.74	3 308.62	1 760.62	25 449.56	580.95	2 574.30	2 003.47
青海	5 395.64	23.64	345.45	5 026.55		2 500.97	1 733.09
宁夏	94 130.04	3 778.17	5 352.96	79 747.48	5 251.43	2 571.55	1 452.46
新疆	235 472.86	7 852.31	11 076.71	214 521.12	2 022.73	5 569.12	5 492.64

各地区渔民家庭收支调查（四）

单位：元/人

地 区	四、税费支出	渔业税费支出	五、转移性支出	六、纯收入	渔业纯收入	七、可支配收入	八、生活消费支出
全国总计	2 127.06	2 058.19	1 155.08	16 904.20	11 396.65	15 814.78	9 144.45
北 京	1 411.65	1 392.86	1 006.36	18 180.73	6 302.18	17 174.37	10 925.38
天 津	13 362.23	13 276.19	1 306.70	24 088.93	15 737.31	22 782.23	13 375.44
河 北	7 935.02	7 913.24	1 053.18	13 520.25	11 262.32	12 467.07	11 339.40
山 西	1 409.50	1 229.94	1 082.76	7 814.59	6 255.99	6 731.83	7 356.74
内蒙古	935.48	819.38	938.31	11 997.05	6 193.46	11 058.73	9 948.86
辽 宁	1 569.18	1 395.90	1 500.15	17 693.36	11 654.32	16 193.22	9 808.48
吉 林	684.51	674.15	318.41	12 303.03	7 011.46	11 984.61	6 588.29
黑龙江	4 363.88	4 353.42	679.75	15 041.75	8 758.23	14 361.99	7 381.00
上 海	7 771.32	7 576.05	697.91	26 321.06	20 217.97	25 623.15	10 069.12
江 苏	4 630.13	4 362.34	1 938.69	22 777.27	14 042.95	20 838.58	10 217.57
浙 江	3 348.72	3 195.81	3 190.30	23 071.49	14 568.04	19 881.20	14 496.75
安 徽	4 176.62	4 148.96	902.79	15 158.22	10 398.28	14 255.44	8 732.94
福 建	588.11	583.79	624.00	17 851.00	12 973.04	17 226.99	8 790.44
江 西	2 048.84	1 997.77	778.01	13 291.39	9 432.49	12 513.38	6 369.44
山 东	1 581.33	1 540.31	1 249.87	18 827.95	13 457.65	17 578.08	10 860.23
河 南	285.78	280.03	575.78	12 791.37	6 592.22	12 215.60	6 505.77
湖 北	1 118.73	1 033.32	1 198.05	17 229.06	11 008.75	16 031.01	8 159.84
湖 南	838.07	769.98	867.25	16 028.11	9 489.60	15 160.86	8 720.59
广 东	121.73	119.48	874.57	14 486.19	11 340.30	13 611.62	7 798.36
广 西	372.39	354.66	975.57	20 431.97	16 421.09	19 456.39	9 183.44
海 南			158.31	14 740.31	12 633.97	14 582.00	6 838.05
重 庆	5 334.38	5 241.79	1 200.49	15 546.66	9 140.37	14 346.17	6 001.18
四 川	1 575.03	1 565.09	671.52	15 063.04	7 230.70	14 391.51	8 639.82
贵 州	18.11	18.11	258.49	13 591.99	9 560.23	13 333.50	8 232.96
云 南	3 679.97	3 643.14	861.99	12 422.30	8 975.10	11 560.31	6 688.71
西 藏							
陕 西	12 497.01	12 497.01	116.17	13 089.30	15 051.38	12 973.13	10 140.12
甘 肃	28.87	19.87	744.04	7 766.94	5 732.42	7 022.90	9 060.02
青 海			42.36	16 573.21	7 065.73	16 530.85	785.36
宁 夏	193.15	193.15	823.16	11 118.90	9 792.97	10 295.74	11 239.59
新 疆	1 335.82	1 332.87	2 786.29	15 752.27	14 344.52	12 965.99	9 008.19

二、生　　产

全国水产品总产量

单位:吨

指　　标	2016 年	2015 年	2016 年比 2015 年增减(±)	
			绝对量	幅度(%)
水产品总产量				
全国总计	69 012 522	66 996 488	2 016 034	3.01
海水产品	34 901 470	34 096 088	805 382	2.36
淡水产品	34 111 052	32 900 400	1 210 652	3.68
养殖产量	51 423 931	49 379 012	2 044 919	4.14
海水养殖	19 631 308	18 756 277	875 031	4.67
淡水养殖	31 792 623	30 622 735	1 169 888	3.82
捕捞产量	17 588 591	17 617 476	-28 885	-0.16
海洋捕捞	13 282 650	13 147 811	134 839	1.03
远洋渔业	1 987 512	2 192 000	-204 488	-9.33
淡水捕捞	2 318 429	2 277 665	40 764	1.79
养殖产品中:鱼类	29 503 080	28 457 703	1 045 377	3.67
甲壳类	4 408 809	4 125 538	283 271	6.87
贝类	14 473 630	13 846 041	627 589	4.53
藻类	2 178 103	2 098 078	80 025	3.81
其他类	860 309	851 652	8 657	1.02
捕捞产品中:鱼类	10 896 287	10 736 690	159 597	1.49
甲壳类	2 713 254	2 738 904	-25 650	-0.94
贝类	820 427	810 054	10 373	1.28
藻类	24 311	26 177	-1 866	-7.13
头足类	715 620	699 842	15 778	2.25
其他类	431 180	413 809	17 371	4.20

各地区水产品产量(一)

单位:吨

地　区	2016 年							
	总产量	1. 养殖产品小计	海水养殖	淡水养殖	2. 捕捞产品小计	海洋捕捞	远洋渔业	淡水捕捞
全国总计	69 012 522	51 423 931	19 631 308	31 792 623	17 588 591	13 282 650	1 987 512	2 318 429
北　京	54 288	37 423		37 423	16 865		13 514	3 351
天　津	394 360	323 720	11 334	312 386	70 640	45 152	13 217	12 271
河　北	1 369 267	971 171	511 372	459 799	398 096	247 836	47 591	102 669
山　西	52 279	51 178		51 178	1 101			1 101
内蒙古	158 298	128 995		128 995	29 303			29 303
辽　宁	5 500 694	4 079 721	3 102 704	977 017	1 420 973	1 081 531	285 495	53 947
吉　林	200 683	181 174		181 174	19 509			19 509
黑龙江	572 955	518 404		518 404	54 551			54 551
上　海	296 201	151 954		151 954	144 247	16 910	124 923	2 414
江　苏	5 207 448	4 321 398	904 173	3 417 225	886 050	548 852	20 100	317 098
浙　江	6 045 404	2 069 033	1 017 702	1 051 331	3 976 371	3 470 631	414 405	91 335
安　徽	2 357 964	2 049 210		2 049 210	308 754			308 754
福　建	7 677 846	5 260 001	4 323 815	936 186	2 417 845	2 038 611	290 445	88 789
江　西	2 716 146	2 440 756		2 440 756	275 390			275 390
山　东	9 501 856	6 564 170	5 127 840	1 436 330	2 937 686	2 292 190	529 512	115 984
河　南	1 283 546	1 212 949		1 212 949	70 597			70 597
湖　北	4 708 394	4 518 227		4 518 227	190 167			190 167
湖　南	2 695 681	2 587 376		2 587 376	108 305			108 305
广　东	8 737 893	7 089 324	3 138 131	3 951 193	1 648 569	1 480 536	45 150	122 883
广　西	3 617 653	2 814 383	1 214 535	1 599 848	803 270	652 919	5 728	144 623
海　南	2 146 379	715 907	279 702	436 205	1 430 472	1 407 482		22 990
重　庆	508 427	488 048		488 048	20 379			20 379
四　川	1 454 388	1 395 750		1 395 750	58 638			58 638
贵　州	289 890	275 827		275 827	14 063			14 063
云　南	743 663	676 798		676 798	66 865			66 865
西　藏	912	80		80	832			832
陕　西	159 000	151 780		151 780	7 220			7 220
甘　肃	15 333	15 333		15 333				
青　海	12 050	12 050		12 050				
宁　夏	174 591	174 175		174 175	416			416
新　疆	161 601	147 616		147 616	13 985			13 985
中农发集团	197 432				197 432		197 432	

各地区水产品产量(二)

单位:吨

地区	2015年							
	总产量	1. 养殖产品小计	海水养殖	淡水养殖	2. 捕捞产品小计	海洋捕捞	远洋渔业	淡水捕捞
全国总计	66 996 488	49 379 012	18 756 277	30 622 735	17 617 476	13 147 811	2 192 000	2 277 665
北京	66 147	45 043		45 043	21 104		17 000	4 104
天津	400 965	323 555	10 543	313 012	77 410	47 094	18 000	12 316
河北	1 297 077	939 909	506 484	433 425	357 168	250 447	4 000	102 721
山西	52 427	51 353		51 353	1 074			1 074
内蒙古	153 525	124 161		124 161	29 364			29 364
辽宁	5 312 765	3 878 955	2 941 965	936 990	1 433 810	1 107 857	270 000	55 953
吉林	195 200	175 546		175 546	19 654			19 654
黑龙江	542 368	485 199		485 199	57 169			57 169
上海	324 369	151 289		151 289	173 080	16 997	153 000	3 083
江苏	5 210 467	4 296 742	893 524	3 403 218	913 725	554 314	34 000	325 411
浙江	5 978 341	1 952 946	933 431	1 019 515	4 025 395	3 366 966	570 000	88 429
安徽	2 304 261	1 987 873		1 987 873	316 388			316 388
福建	7 338 969	4 929 448	4 041 301	888 147	2 409 521	2 003 917	318 000	87 604
江西	2 642 490	2 378 446		2 378 446	264 044			264 044
山东	9 312 693	6 458 726	4 995 654	1 463 072	2 853 967	2 282 340	469 000	102 627
河南	1 023 730	972 600		972 600	51 130			51 130
湖北	4 558 863	4 367 861		4 367 861	191 002			191 002
湖南	2 593 776	2 484 837		2 484 837	108 939			108 939
广东	8 582 223	6 897 815	3 032 177	3 865 638	1 684 408	1 505 126	55 000	124 282
广西	3 459 249	2 665 847	1 142 166	1 523 681	793 402	652 028	3 000	138 374
海南	2 048 912	664 901	259 032	405 869	1 384 011	1 360 725		23 286
重庆	480 863	460 505		460 505	20 358			20 358
四川	1 386 850	1 327 202		1 327 202	59 648			59 648
贵州	249 762	235 860		235 860	13 902			13 902
云南	697 098	638 960		638 960	58 138			58 138
西藏	340	61		61	279			279
陕西	155 160	147 960		147 960	7 200			7 200
甘肃	14 932	14 932		14 932				
青海	10 578	10 578		10 578				
宁夏	169 727	169 335		169 335	392			392
新疆	151 361	140 567		140 567	10 794			10 794
中农发集团	281 000				281 000		281 000	

各地区水产品产量(三)

单位:吨

地区	2016 年比 2015 年增减(±)							
	总产量	1. 养殖产品小计	海水养殖	淡水养殖	2. 捕捞产品小计	海洋捕捞	远洋渔业	淡水捕捞
全国总计	2 016 034	2 044 919	875 031	1 169 888	-28 885	134 839	-204 488	40 764
北京	-11 859	-7 620		-7 620	-4 239		-3 486	-753
天津	-6 605	165	791	-626	-6 770	-1 942	-4 783	-45
河北	72 190	31 262	4 888	26 374	40 928	-2 611	43 591	-52
山西	-148	-175		-175	27			27
内蒙古	4 773	4 834		4 834	-61			-61
辽宁	187 929	200 766	160 739	40 027	-12 837	-26 326	15 495	-2 006
吉林	5 483	5 628		5 628	-145			-145
黑龙江	30 587	33 205		33 205	-2 618			-2 618
上海	-28 168	665		665	-28 833	-87	-28 077	-669
江苏	-3 019	24 656	10 649	14 007	-27 675	-5 462	-13 900	-8 313
浙江	67 063	116 087	84 271	31 816	-49 024	103 665	-155 595	2 906
安徽	53 703	61 337		61 337	-7 634			-7 634
福建	338 877	330 553	282 514	48 039	8 324	34 694	-27 555	1 185
江西	73 656	62 310		62 310	11 346			11 346
山东	189 163	105 444	132 186	-26 742	83 719	9 850	60 512	13 357
河南	259 816	240 349		240 349	19 467			19 467
湖北	149 531	150 366		150 366	-835			-835
湖南	101 905	102 539		102 539	-634			-634
广东	155 670	191 509	105 954	85 555	-35 839	-24 590	-9 850	-1 399
广西	158 404	148 536	72 369	76 167	9 868	891	2 728	6 249
海南	97 467	51 006	20 670	30 336	46 461	46 757		-296
重庆	27 564	27 543		27 543	21			21
四川	67 538	68 548		68 548	-1 010			-1 010
贵州	40 128	39 967		39 967	161			161
云南	46 565	37 838		37 838	8 727			8 727
西藏	572	19		19	553			553
陕西	3 840	3 820		3 820	20			20
甘肃	401	401		401				
青海	1 472	1 472		1 472				
宁夏	4 864	4 840		4 840	24			24
新疆	10 240	7 049		7 049	3 191			3 191
中农发集团	-83 568				-83 568		-83 568	

全国水产养殖产量(按水域和养殖方式分)

单位:吨

指标		2016 年	2015 年	2016 年比 2015 年增减(±)	
				绝对量	幅度(%)
总计		51 423 931	49 379 012	2 044 919	4.14
1. 海水养殖		19 631 308	18 756 277	875 031	4.67
按水域分	海上	11 103 140	10 575 116	528 024	4.99
	滩涂	6 269 426	6 021 618	247 808	4.12
	其他	2 258 742	2 159 543	99 199	4.59
养殖方式中	池塘	2 367 356	2 350 782	16 574	0.71
	普通网箱	504 625	466 624	38 001	8.14
	深水网箱	119 297	105 731	13 566	12.83
	筏式	5 840 349	5 191 099	649 250	12.51
	吊笼	1 006 450	1 343 097	-336 647	-25.06
	底播	5 487 400	5 275 773	211 627	4.01
	工厂化	203 958	190 686	13 272	6.96
2. 淡水养殖		31 792 623	30 622 735	1 169 888	3.82
按水域分	池塘	22 863 162	21 956 885	906 277	4.13
	湖泊	1 642 156	1 647 835	-5 679	-0.34
	水库	4 073 441	3 884 013	189 428	4.88
	河沟	908 799	888 695	20 104	2.26
	其他	672 802	687 120	-14 318	-2.08
	稻田养成鱼	1 632 263	1 558 187	74 076	4.75
养殖方式中	围栏	468 422	481 724	-13 302	-2.76
	网箱	1 358 453	1 379 086	-20 633	-1.50
	工厂化	202 605	203 433	-828	-0.41

全国海水养殖产量(一)

单位:吨

指　　标	2016 年	2015 年	2016 年比 2015 年增减(±)	
			绝对量	幅度(%)
海水养殖	19 631 308	18 756 277	875 031	4.67
1. 鱼类	1 347 634	1 307 628	40 006	3.06
其中:鲈鱼	139 464	122 542	16 922	13.81
鲆鱼	118 009	131 837	-13 828	-10.49
大黄鱼	165 496	148 616	16 880	11.36
军曹鱼	37 077	36 867	210	0.57
鲕鱼	23 217	20 484	2 733	13.34
鲷鱼	73 601	69 795	3 806	5.45
美国红鱼	68 981	71 697	-2 716	-3.79
河鲀	23 341	23 372	-31	-0.13
石斑鱼	108 319	100 006	8 313	8.31
鲽鱼	13 380	8 618	4 762	55.26
2. 甲壳类	1 564 593	1 434 917	129 676	9.04
虾	1 271 743	1 161 340	110 403	9.51
其中:南美白对虾	932 297	893 182	39 115	4.38
斑节对虾	71 163	75 682	-4 519	-5.97
中国对虾	39 288	44 799	-5 511	-12.30
日本对虾	55 885	46 329	9 556	20.63
蟹	292 850	273 577	19 273	7.04
其中:梭子蟹	125 317	117 772	7 545	6.41
青蟹	148 977	141 040	7 937	5.63

全国海水养殖产量(二)

单位:吨

指　　标	2016 年	2015 年	2016 年比 2015 年增减(±)	
			绝对量	幅度(%)
3. 贝类	14 207 501	13 583 816	623 685	4.59
牡蛎	4 834 527	4 573 370	261 157	5.71
鲍	139 697	127 967	11 730	9.17
螺	243 898	243 017	881	0.36
蚶	367 227	364 322	2 905	0.80
贻贝	878 771	845 038	33 733	3.99
江珧	18 563	18 238	325	1.78
扇贝	1 860 534	1 785 342	75 192	4.21
蛤	4 173 191	4 009 484	163 707	4.08
蛏	823 024	793 708	29 316	3.69
4. 藻类	2 169 262	2 089 153	80 109	3.83
海带	1 461 058	1 411 289	49 769	3.53
裙带菜	152 572	192 502	-39 930	-20.74
紫菜	135 252	115 875	19 377	16.72
江蓠	293 179	270 149	23 030	8.52
麒麟菜	5 114	5 005	109	2.18
石花菜				
羊栖菜	18 991	18 905	86	0.45
苔菜	371	100	271	271.00
5. 其他类	342 318	340 763	1 555	0.46
海参	204 359	205 791	-1 432	-0.70
海胆(千克)	10 054 466	7 265 586	2 788 880	38.38
海水珍珠(千克)	2 925	3 586	-661	-18.43
海蜇	79 848	78 613	1 235	1.57

全国淡水养殖产量

单位:吨

指　　标	2016 年	2015 年	2016 年比 2015 年增减(±)	
			绝对量	幅度(%)
淡水养殖产量	31 792 623	30 622 735	1 169 888	3.82
1. 鱼类	28 155 446	27 150 075	1 005 371	3.70
2. 甲壳类	2 844 216	2 690 621	153 595	5.71
虾	2 032 113	1 867 362	164 751	8.82
其中:罗氏沼虾	132 678	129 452	3 226	2.49
青虾	272 592	265 061	7 531	2.84
克氏原螯虾	852 285	723 207	129 078	17.85
南美白对虾	739 949	731 461	8 488	1.16
蟹(河蟹)	812 103	823 259	-11 156	-1.36
3. 贝类	266 129	262 225	3 904	1.49
其中:河蚌	96 185	96 618	-433	-0.45
111 879	111 822	57	0.05	
蚬	25 265	25 650	-385	-1.50
4. 藻类(螺旋藻)	8 841	8 925	-84	-0.94
5. 其他类	517 991	510 889	7 102	1.39
其中:龟	44 644	43 487	1 157	2.66
鳖	344 529	341 588	2 941	0.86
蛙	91 046	86 592	4 454	5.14
珍珠(千克)	1 724 165	1 795 974	-71 809	-4.00
6. 观赏鱼(万尾)	400 145	347 332	52 814	15.21

全国淡水养殖主要鱼类产量

单位:吨

指　　标	2016 年	2015 年	2016 年比 2015 年增减(±)	
			绝对量	幅度(%)
青鱼	631 815	596 102	35 713	5.99
草鱼	5 898 799	5 676 235	222 564	3.92
鲢鱼	4 506 564	4 354 638	151 926	3.49
鳙鱼	3 480 227	3 359 440	120 787	3.60
鲤鱼	3 497 967	3 357 962	140 005	4.17
鲫鱼	3 005 176	2 912 258	92 918	3.19
鳊鱼	826 178	796 830	29 348	3.68
泥鳅	400 209	366 186	34 023	9.29
鲶鱼	453 419	450 064	3 355	0.75
鮰鱼	285 849	264 965	20 884	7.88
黄颡鱼	417 347	355 725	61 622	17.32
鲑鱼	3 440	14 252	-10 812	-75.86
鳟鱼	37 635	27 355	10 280	37.58
河鲀	5 425	5 220	205	3.93
短盖巨脂鲤	111 658	108 874	2 784	2.56
长吻鮠	24 912	25 095	-183	-0.73
黄鳝	386 137	367 547	18 590	5.06
鳜鱼	304 929	298 057	6 872	2.31
池沼公鱼	13 913	13 103	810	6.18
银鱼	23 300	21 261	2 039	9.59
鲈鱼	374 062	353 081	20 981	5.94
乌鳢	517 888	495 574	22 314	4.50
罗非鱼	1 866 381	1 779 482	86 899	4.88
鲟鱼	89 773	90 828	-1 055	-1.16
鳗鲡	244 777	232 622	12 155	5.23

各地区海水养殖产量(按品种分)(一)

单位:吨

地 区	海水养殖产量	1. 鱼类	其中					
			鲈鱼	鲆鱼	大黄鱼	军曹鱼	鰤鱼	鲷鱼
全国总计	19 631 308	1 347 634	139 464	118 009	165 496	37 077	23 217	73 601
天 津	11 334	2 836	23	1 094				
河 北	511 372	8 827		3 537				
辽 宁	3 102 704	72 080	7 392	45 115			200	5
上 海								
江 苏	904 173	84 295	1 586	6 692				135
浙 江	1 017 702	38 454	8 433	109	9 173	50	48	3 073
福 建	4 323 815	356 604	30 120	4 600	146 514	272	3 683	33 823
山 东	5 127 840	131 721	12 815	53 929				1 258
广 东	3 138 131	516 304	69 615	2 933	9 809	28 163	18 551	28 482
广 西	1 214 535	49 793	6 323			58		4 052
海 南	279 702	86 720	3 157			8 534	735	2 773

各地区海水养殖产量(按品种分)(二)

单位:吨

地 区	1. 鱼类(续)				2. 甲壳类			
	其中(续)					(1)虾	其中	
	美国红鱼	河鲀	石斑鱼	鲽鱼			南美白对虾	斑节对虾
全国总计	68 981	23 341	108 319	13 380	1 564 593	1 271 743	932 297	71 163
天 津	50	60	755		8 498	8 498	8 468	
河 北		1 785		770	27 873	25 269	14 880	
辽 宁		3 705			37 844	32 924	11 557	
上 海								
江 苏		180	20	2 447	115 435	78 913	20 904	8 449
浙 江	7 963		502	79	101 273	52 841	34 139	776
福 建	18 251	8 634	28 830	1 252	191 487	117 487	89 868	6 170
山 东	3 536	4 567		5 023	148 807	123 582	83 170	970
广 东	29 233	4 410	45 203	3 809	529 187	462 875	365 047	50 770
广 西	5 360		2 163		272 838	255 444	210 980	764
海 南	4 588		30 846		131 351	113 910	93 284	3 264

各地区海水养殖产量(按品种分)(三)

单位:吨

地　区	2. 甲壳类					3. 贝类
	(1)虾(续)		(2)蟹			
	其中(续)			其中		
	中国对虾	日本对虾		梭子蟹	青蟹	
全国总计	39 288	55 885	292 850	125 317	148 977	14 207 501
天　津						
河　北	5 033	4 886	2 604	2 564		459 272
辽　宁	13 526	6 500	4 920	4 400		2 519 090
上　海						
江　苏	6 398	778	36 522	32 731	1 990	668 553
浙　江	536	758	48 432	19 863	26 549	820 696
福　建	4 709	11 782	74 000	32 831	35 093	2 763 588
山　东	9 086	25 429	25 225	23 774		4 052 422
广　东		5 737	66 312	9 154	51 664	2 003 199
广　西		15	17 394		17 394	889 238
海　南			17 441		16 287	31 443

各地区海水养殖产量(按品种分)(四)

单位:吨

地　区	3. 贝类(续)								
	其中								
	牡蛎	鲍	螺	蚶	贻贝	江珧	扇贝	蛤	蛏
全国总计	4 834 527	139 697	243 898	367 227	878 771	18 563	1 860 534	4 173 191	823 024
天　津									
河　北			1 576	27 212	1 643		389 520	37 319	
辽　宁	223 501	2 426		45 693	66 556		439 116	1 287 904	48 384
上　海									
江　苏	51 679		67 054	28 052	46 305		11	361 683	56 572
浙　江	172 374	169	11 667	153 181	129 575		715	71 801	277 574
福　建	1 746 591	112 611	4 805	55 254	97 254		8 954	380 828	264 500
山　东	872 797	15 399	17 534	2 096	444 225	80	911 159	1 441 138	161 799
广　东	1 221 973	8 971	92 833	48 416	81 556	18 483	105 633	320 238	12 866
广　西	541 956		42 586	3 301	11 657		2 479	262 430	1 329
海　南	3 656	121	5 843	4 022			2 947	9 850	

各地区海水养殖产量(按品种分)(五)

单位:吨

地 区	4. 藻类	其中					
		海带	裙带菜	紫菜	江蓠	麒麟菜	石花菜
全国总计	2 169 262	1 461 058	152 572	135 252	293 179	5 114	
天 津							
河 北							
辽 宁	325 559	218 704	106 855				
上 海							
江 苏	28 801	300	4	28 405			
浙 江	53 202	10 363		32 178	635		
福 建	979 472	693 533	723	66 440	173 233		
山 东	673 036	533 439	43 961	972	51 996		
广 东	79 099	4 719	1 029	7 257	55 501	2 000	
广 西							
海 南	30 093				11 814	3 114	

各地区海水养殖产量(按品种分)(六)

单位:吨

地 区	4. 藻类(续)		5. 其他类	其中			
	其中(续)						
	羊栖菜	苔菜		海参	海胆(千克)	海水珍珠(千克)	海蜇
全国总计	18 991	371	342 318	204 359	10 054 466	2 925	79 848
天 津							
河 北			15 400	10 172			4 051
辽 宁			148 131	74 124	2 680 120		68 685
上 海							
江 苏			7 089	708			2 661
浙 江	9 255	371	4 077	70			1 024
福 建	5 511		32 664	26 219			2 096
山 东	4 000		121 854	92 843	5 161 000		1 058
广 东	225		10 342	223	2 213 346	2 500	273
广 西			2 666			425	
海 南			95				

各地区海水养殖产量(按水域和养殖方式分)(一)

单位:吨

地 区	海水养殖产量	按水域养殖分			养殖方式中
		1. 海上	2. 滩涂	3. 其他	1. 池塘
全国总计	19 631 308	11 103 140	6 269 426	2 258 742	2 367 356
天 津	11 334			11 334	9 109
河 北	511 372	420 619	61 290	29 463	40 083
辽 宁	3 102 704	1 996 012	903 697	202 995	209 480
上 海					
江 苏	904 173	215 254	493 759	195 160	281 224
浙 江	1 017 702	365 379	369 209	283 114	234 487
福 建	4 323 815	2 858 491	1 137 134	328 190	323 776
山 东	5 127 840	3 601 264	1 327 796	198 780	227 364
广 东	3 138 131	1 147 205	1 323 998	666 928	635 609
广 西	1 214 535	413 823	520 380	280 332	222 963
海 南	279 702	85 093	132 163	62 446	183 261

各地区海水养殖产量(按水域和养殖方式分)(二)

单位:吨

地 区	养殖方式中(续)					
	2. 普通网箱	3. 深水网箱	4. 筏式	5. 吊笼	6. 底播	7. 工厂化
全国总计	504 625	119 297	5 840 349	1 006 450	5 487 400	203 958
天 津						2 225
河 北			406 844		29 606	11 365
辽 宁	4 765	3 280	945 097	62 136	1 453 337	45 311
上 海						
江 苏		170	107 458	1 414	454 737	14 983
浙 江	23 458	5 570	298 450	4 853	287 554	4 137
福 建	254 289	10 657	1 358 250	165 956	405 334	25 483
山 东	46 085	22 799	2 051 252	671 195	1 910 467	88 938
广 东	117 669	20 732	405 409	95 429	688 484	6 378
广 西	32 417	8 291	267 589	2 567	248 042	45
海 南	25 942	47 798		2 900	9 839	5 093

各地区淡水养殖产量(按品种分)(一)

单位:吨

地 区	淡水养殖产量	1. 鱼类	其中				
			青鱼	草鱼	鲢鱼	鳙鱼	鲤鱼
全国总计	31 792 623	28 155 446	631 815	5 898 799	4 506 564	3 480 227	3 497 967
北 京	37 423	37 178	437	9 405	3 370	1 868	13 660
天 津	312 386	268 053		29 180	38 511	13 472	118 849
河 北	459 799	428 451	98	84 603	70 101	39 363	167 288
山 西	51 178	50 734	214	16 586	7 329	4 395	15 643
内蒙古	128 995	126 463		16 802	20 939	16 278	49 357
辽 宁	977 017	868 178	1 453	120 678	130 440	73 589	332 640
吉 林	181 174	178 895	1 350	17 693	46 283	34 052	43 454
黑龙江	518 404	512 395		40 281	102 916	44 107	214 889
上 海	151 954	104 691	4 593	24 474	12 218	9 031	576
江 苏	3 417 225	2 542 983	91 965	445 781	485 916	254 168	155 996
浙 江	1 051 331	770 375	52 452	95 417	139 701	104 359	33 532
安 徽	2 049 210	1 666 373	89 157	290 388	298 344	297 835	113 277
福 建	936 186	792 516	14 931	193 251	82 996	71 755	64 490
江 西	2 440 756	2 207 081	54 923	513 802	272 420	375 337	153 287
山 东	1 436 330	1 343 550	12 819	257 282	237 701	143 226	349 553
河 南	1 212 949	1 182 407	12 228	189 582	286 614	199 985	339 194
湖 北	4 518 227	3 738 779	120 116	968 464	732 139	467 199	201 908
湖 南	2 587 376	2 449 072	89 713	716 500	439 526	383 314	189 711
广 东	3 951 193	3 597 435	54 946	817 527	240 969	388 745	133 551
广 西	1 599 848	1 559 879	15 719	366 124	271 172	204 307	180 742
海 南	436 205	428 562	1 726	7 355	6 838	11 347	5 376
重 庆	488 048	483 142	1 884	107 668	105 593	44 359	43 204
四 川	1 395 750	1 380 555	1 960	248 199	297 862	162 272	176 126
贵 州	275 827	273 256	1 737	66 928	26 053	39 983	73 955
云 南	676 798	673 064	6 337	112 664	73 360	55 963	164 346
西 藏	80	80		2	4		20
陕 西	151 780	145 702	235	37 683	34 447	18 865	41 522
甘 肃	15 333	15 266	822	4 739	1 335	361	4 439
青 海	12 050	11 883		50	56		
宁 夏	174 175	172 743		49 946	18 007	10 332	75 973
新 疆	147 616	145 705		49 745	23 404	10 360	41 409

各地区淡水养殖产量(按品种分)(二)

单位:吨

地区	1. 鱼类(续)						
	其中(续)						
	鲫鱼	鳊鲂	泥鳅	鲶鱼	鮰鱼	黄颡鱼	鲑鱼
全国总计	3 005 176	826 178	400 209	453 419	285 849	417 347	3 440
北　京	2 019	961	44	88	66	19	
天　津	55 504	1 810	1 013	1 585	510	702	
河　北	35 347	490	2 904	246	143	81	3
山　西	1 432	174	13	265	13		5
内蒙古	17 030	798	798	1 804	5	97	
辽　宁	88 526	5 268	18 421	45 797	242	2 504	1 305
吉　林	20 911	1 752	1 629	2 642		1 277	133
黑龙江	80 100	715	3 229	4 533	24	2 308	
上　海	42 400	3 290	58	22	1 471	819	
江　苏	639 251	183 859	55 858	8 114	1 090	26 368	70
浙　江	96 389	31 959	11 655	2 076	1 059	65 568	50
安　徽	199 251	99 984	43 775	20 036	14 234	34 895	9
福　建	38 999	5 100	4 151	10 048	2 613	5 237	35
江　西	212 118	72 356	86 816	61 215	26 187	51 067	246
山　东	147 176	15 924	8 645	25 636	444	2 857	
河　南	70 644	16 284	15 781	17 492	15 018	2 791	
湖　北	497 686	215 080	49 947	40 186	49 013	100 789	
湖　南	199 286	94 321	17 131	30 717	41 012	28 425	
广　东	149 873	28 971	24 961	35 085	20 174	45 866	
广　西	44 013	2 151	3 442	37 138	14 449	6 381	
海　南	1 204		282	1 288			
重　庆	108 220	5 941	15 480	8 525	7 006	7 265	74
四　川	173 742	34 013	30 004	79 566	69 680	27 928	464
贵　州	9 710	2 485	2 088	7 666	16 419	2 368	123
云　南	43 707	1 024	1 223	8 601	2 044	710	439
西　藏	2						30
陕　西	5 024	451	502	865	654	666	25
甘　肃	847	66	3	20	7		334
青　海	22						
宁　夏	13 149	239	316	1 876	2 014	5	
新　疆	11 594	712	40	287	258	354	95

各地区淡水养殖产量(按品种分)(三)

单位:吨

地 区	1. 鱼类(续)						
	其中(续)						
	鳟鱼	河鲀	短盖巨脂鲤	长吻鮠	黄鳝	鳜鱼	池沼公鱼
全国总计	37 635	5 425	111 658	24 912	386 137	304 929	13 913
北 京	1 465		16				
天 津							
河 北	1 775		37		8	9	5 431
山 西	1 386						5
内 蒙 古	85					2	727
辽 宁	5 614					2 235	482
吉 林	254					276	5 251
黑 龙 江	356					554	2
上 海					3	25	
江 苏		3 539	8 608	18	5 743	28 167	20
浙 江	71		84	3 647	849	12 487	4
安 徽	7	47	3 846	115	45 597	43 447	
福 建	310	646	4 156	161	934	1 961	
江 西	260		26 353	751	90 193	54 838	
山 东	256		1 676		1 582	2 749	
河 南	436		1 442		3 776	617	33
湖 北		6	68	1 094	184 493	45 551	
湖 南	553		7	138	33 537	21 076	
广 东		1 186	30 071	5 031	3 820	86 959	
广 西	306		33 552	818	1 709	190	
海 南			1 513		51		
重 庆	1 394		44	1 597	1 053	608	
四 川	1 571		15	9 596	11 760	2 626	
贵 州	1 292	1		1 801	285	39	42
云 南	5 080		145	145	384	22	86
西 藏	22						
陕 西	1 002		15		360	442	
甘 肃	1 755						4
青 海	10 055						1 700
宁 夏						33	
新 疆	2 330		10			16	126

各地区淡水养殖产量(按品种分)(四)

单位:吨

地　区	1. 鱼类(续)						2. 甲壳类
	其中(续)						
	银鱼	鲈鱼	乌鳢	罗非鱼	鲟鱼	鳗鲡	
全国总计	23 300	374 062	517 888	1 866 381	89 773	244 777	2 844 216
北　京		5	14	1 189	2 552		14
天　津		920		2 314			44 028
河　北	161	247	129	12 979	5 661		27 592
山　西	66	20	400	754	906		119
内蒙古	140		1 135	73			698
辽　宁	640	92	3 530	1 885	1 401		98 133
吉　林	1 123	37	756	1	18		2 276
黑龙江	1 367	9	125	18			5 964
上　海		96					46 783
江　苏	74	36 879	31 268	3 561	1 104	6 540	802 232
浙　江	2	29 056	46 895	1 950	5 807	4 171	124 874
安　徽	4 974	5 930	36 529	4 424	274	3 500	283 762
福　建		11 272	2 388	142 925	4 499	96 438	83 183
江　西	1 827	22 701	67 130	6 825	3 542	17 182	115 028
山　东	2 495	592	102 846	8 994	13 253		83 015
河　南	3 426	833	2 621	1 545	1 712		21 308
湖　北	2 672	4 393	43 987	4 075	9 702	211	704 712
湖　南	1 325	3 085	48 340	2 615	6 813	160	77 557
广　东	216	234 691	111 208	775 318	2 592	114 722	304 232
广　西	599	720	2 498	316 295	1 218	250	3 762
海　南				378 896		1 564	1 515
重　庆		1 956	6 015	4 978	1 963		2 656
四　川	892	12 388	9 382	4 190	5 950		4 886
贵　州	237	6 436	288	6 467	6 823	30	1 342
云　南	558	183	66	182 895	10 647	9	782
西　藏							
陕　西	67	110	164	388	1 914		276
甘　肃			1	8	518		48
青　海							167
宁　夏		311	27		438		1 412
新　疆	439	1 100	146	819	466		1 860

各地区淡水养殖产量(按品种分)(五)

单位:吨

地区	2. 甲壳类(续)						3. 贝类	其中
	(1)虾	其中				(2)蟹		河蚌
		罗氏沼虾	青虾	克氏原螯虾	南美白对虾			
全国总计	2 032 113	132 678	272 592	852 285	739 949	812 103	266 129	96 185
北　京	8				8	6		
天　津	42 924		267		42 657	1 104		
河　北	23 981		923	10	23 045	3 611		
山　西	71		1	3	67	48		
内蒙古	193		115		63	505		
辽　宁	15 129				14 605	83 004	2	2
吉　林	537		38			1 739	3	3
黑龙江	40				40	5 924		
上　海	37 530	3 078	232	194	34 026	9 253		
江　苏	448 226	71 729	121 069	96 521	158 683	354 006	39 889	8 373
浙　江	117 240	15 230	22 945	3 327	74 797	7 634	10 414	4 141
安　徽	176 348	2 511	53 132	117 878	2 478	107 414	55 267	30 115
福　建	81 868	1 565	1 697	265	77 563	1 315	39 435	4 593
江　西	95 379	521	29 017	65 164	677	19 649	47 097	14 052
山　东	66 805	293	1 829	3 000	48 044	16 210	1 804	951
河　南	18 517	1 048	2 744	13 791	930	2 791	235	163
湖　北	525 276	780	31 904	489 177	3 415	179 436	26 391	20 753
湖　南	71 028	1 267	3 611	56 304	5 609	6 529	20 477	8 957
广　东	297 328	32 767	1 654	119	250 395	6 904	16 747	2 808
广　西	3 173	1 363	868	334	29	589	3 606	471
海　南	1 515				1 359		105	
重　庆	2 162	134	45	1 811	170	494	76	1
四　川	4 370	108	179	3 915	78	516	3 736	633
贵　州	567	159	117	279	12	775	147	70
云　南	625	125	152	182	15	157	651	99
西　藏								
陕　西	178		2		161	98		
甘　肃	12				2	36		
青　海						167		
宁　夏	332		2	7	323	1 080		
新　疆	751		49	4	698	1 109	47	

各地区淡水养殖产量(按品种分)(六)

单位:吨

地区	3. 贝类(续)		4. 藻类	5. 其他类					6. 观赏鱼(万尾)
	其中(续)				其中				
	螺	蚬			龟	鳖	蛙	珍珠(千克)	
全国总计	111 879	25 265	8 841	517 991	44 644	344 529	91 046	1 724 165	400 145
北京				231	218	13			36 827
天津				305	3	302			33 055
河北				3 756		3 643			6 109
山西				325		325			293
内蒙古			1 793	41					13
辽宁				10 704			10 668		31 173
吉林									30 015
黑龙江				45					
上海				480	81	360	38		44 223
江苏	26 260	5 150	1 134	30 987	1 732	25 314	1 723	188 000	85 689
浙江	3 582	177	85	145 583	15 099	120 214	6 186	849	8 413
安徽	23 872	1 280		43 808	6 145	32 040	3 830	365 150	7 100
福建	3 217	11 220	990	20 062	601	7 218	10 346	4 000	3 209
江西	27 974	3 945	3 305	68 245	6 938	30 153	29 073	958 000	9
山东	749	40		7 961		7 961			32 988
河南	58	14	230	8 769	100	8 522	147		25 220
湖北	5 539	99		48 345	3 812	42 757	1 765	11 000	314
湖南	10 341	281		40 270	2 061	21 578	12 353	197 166	502
广东	3 755	2 816	20	32 759	3 452	13 982	4 478		23 840
广西	2 795	242	87	32 514	3 027	25 628	730		16
海南	105		750	5 273	282	502	3 567		1 000
重庆	75			2 174	3	938	1 182		12 748
四川	2 882			6 573	111	2 225	4 065		7 254
贵州	76	1		1 082	949	15	118		592
云南	552		447	1 854	24	28	774		5 353
西藏									
陕西				5 802	6	771			3 747
甘肃				19		19			
青海									
宁夏				20		20			425
新疆	47			4		1	3		18

各地区淡水养殖产量(按水域和养殖方式分)(一)

单位:吨

地 区	淡水养殖产量	按水域分			
		1. 池塘	2. 湖泊	3. 水库	4. 河沟
全国总计	31 792 623	22 863 162	1 642 156	4 073 441	908 799
北 京	37 423	33 308			
天 津	312 386	301 487		5 493	1 680
河 北	459 799	329 591	8 126	107 479	7 990
山 西	51 178	34 672	2 120	14 051	141
内蒙古	128 995	73 890	22 579	28 652	3 380
辽 宁	977 017	733 783	9	128 466	8 404
吉 林	181 174	77 425	25 454	71 764	512
黑龙江	518 404	367 534	47 380	65 333	22 244
上 海	151 954	146 266	680		4 842
江 苏	3 417 225	2 601 803	194 291	81 609	227 434
浙 江	1 051 331	479 770	5 131	92 433	76 610
安 徽	2 049 210	1 255 388	365 038	167 308	120 731
福 建	936 186	641 842	5 395	196 633	45 386
江 西	2 440 756	1 385 805	340 992	529 229	72 747
山 东	1 436 330	1 076 106	73 485	236 405	16 641
河 南	1 212 949	940 685	12 288	227 709	27 786
湖 北	4 518 227	3 695 562	316 762	189 067	14 197
湖 南	2 587 376	1 964 799	134 803	276 314	28 075
广 东	3 951 193	3 608 316	12 302	257 094	14 499
广 西	1 599 848	895 968		534 632	101 793
海 南	436 205	337 415	702	93 776	301
重 庆	488 048	432 768		37 164	8 372
四 川	1 395 750	718 849	993	237 081	78 815
贵 州	275 827	54 171	444	157 702	6 242
云 南	676 798	352 802	7 084	258 617	13 718
西 藏	80	80			
陕 西	151 780	88 800	3 070	40 100	2 500
甘 肃	15 333	11 319	84	2 603	10
青 海	12 050	149	154	11 747	
宁 夏	174 175	109 760	61 493	1 853	698
新 疆	147 616	113 049	1 297	23 127	3 051

各地区淡水养殖产量(按水域和养殖方式分)(二)

单位:吨

地区	按水域分(续)		养殖方式中		
	5. 其他	6. 稻田	围栏	网箱	工厂化
全国总计	672 802	1 632 263	468 422	1 358 453	202 605
北京	4 115				1 618
天津	3 280	446			1 100
河北	6 364	249	1 213	73 187	6 358
山西	54	140	45	1 524	
内蒙古		494	1 242	612	225
辽宁	53 226	53 129	1 520	56 398	1 455
吉林	3 608	2 411	1 019	2 394	220
黑龙江	11 255	4 658	188	1 645	50
上海		166			80
江苏	122 430	189 658	41 114	71 574	16 618
浙江	53 456	343 931	6 211	18 028	42 768
安徽	40 472	100 273	202 303	81 726	9 278
福建	30 748	16 182	1 534	25 452	53 258
江西	43 581	68 402	30 995	77 076	15 071
山东	31 632	2 061	38 159	60 900	27 979
河南	2 822	1 659	5 210	55 246	2 822
湖北	13 047	289 592	87 534	187 639	3 107
湖南	85 176	98 209	30 739	119 963	2 018
广东	56 633	2 349	798	7 572	668
广西	49 126	18 329	11 855	207 888	
海南	4 011		99	920	620
重庆	1 495	8 249	1 340	443	668
四川	9 159	350 853		31 594	1 003
贵州	19 774	37 494	1 662	119 000	2 346
云南	1 838	42 739	1 254	122 485	11 830
西藏					
陕西	17 150	160	2 388	23 658	525
甘肃	1 316	1		216	586
青海				10 047	
宁夏		371			
新疆	7 034	58		1 266	334

全国海洋捕捞产量

单位:吨

指　　标	2016 年	2015 年	2016 年比 2015 年增减(±)	
			绝对量	幅度(%)
海洋捕捞产量	13 282 650	13 147 811	134 839	1.03
1. 鱼类	9 185 202	9 053 722	131 480	1.45
2. 甲壳类	2 396 353	2 427 918	-31 565	-1.30
虾	1 587 522	1 584 043	3 479	0.22
其中:毛虾	514 326	532 262	-17 936	-3.37
对虾	172 262	158 392	13 870	8.76
鹰爪虾	334 976	366 120	-31 144	-8.51
虾蛄	283 507	294 192	-10 685	-3.63
蟹	808 831	843 875	-35 044	-4.15
其中:梭子蟹	542 070	542 337	-267	-0.05
青蟹	91 316	83 766	7 550	9.01
蟳	41 814	58 392	-16 578	-28.39
3. 贝类	561 299	555 970	5 329	0.96
4. 藻类	23 928	25 811	-1 883	-7.30
5. 头足类	715 620	699 842	15 778	2.25
其中:乌贼	142 757	147 647	-4 890	-3.31
鱿鱼	142 757	147 647	-4 890	-3.31
章鱼	137 109	130 245	6 864	5.27
6. 其他类	400 248	384 548	15 700	4.08
其中:海蜇	205 453	196 705	8 748	4.45

全国海洋捕捞主要鱼类产量

单位:吨

指　　标	2016 年	2015 年	2016 年比 2015 年增减(±)	
			绝对量	幅度(%)
海鳗	389 531	387 238	2 293	0.59
鳓鱼	84 789	85 128	-339	-0.40
鳀鱼	983 683	955 750	27 933	2.92
沙丁鱼	144 892	146 232	-1 340	-0.92
鲱鱼	16 981	15 303	1 678	10.97
石斑鱼	128 538	117 593	10 945	9.31
鲷	169 909	170 824	-915	-0.54
蓝圆鲹	600 913	587 180	13 733	2.34
白姑鱼	108 317	108 461	-144	-0.13
黄姑鱼	78 003	74 627	3 376	4.52
鮸鱼	72 611	65 387	7 224	11.05
大黄鱼	103 381	104 560	-1 179	-1.13
小黄鱼	369 643	378 335	-8 692	-2.30
梅童鱼	295 895	298 948	-3 053	-1.02
方头鱼	42 993	43 514	-521	-1.20
玉筋鱼	123 389	117 597	5 792	4.93
带鱼	1 087 151	1 105 713	-18 562	-1.68
金线鱼	440 723	400 604	40 119	10.01
梭鱼	163 446	158 964	4 482	2.82
鲐鱼	496 142	471 211	24 931	5.29
鲅鱼	432 888	428 517	4 371	1.02
金枪鱼	50 132	47 234	2 898	6.14
鲳鱼	345 728	346 497	-769	-0.22
马面鲀	174 994	187 987	-12 993	-6.91
竹荚鱼	39 712	38 182	1 530	4.01
鲻鱼	111 481	126 733	-15 252	-12.03

全国海洋捕捞产量（按海区、渔具分）

单位：吨

指　　标		2016 年	2015 年	2016 年比 2015 年增减（±）	
				绝对量	幅度（%）
合计		13 282 650	13 147 811	134 839	1.03
按捕捞海域分	渤海	1 015 092	1 039 627	–24 535	–2.36
	黄海	3 324 970	3 350 841	–25 871	–0.77
	东海	5 175 585	4 999 644	175 941	3.52
	南海	3 767 003	3 757 699	9 304	0.25
按捕捞渔具分	拖网	6 226 303	6 208 928	17 375	0.28
	围网	1 104 206	1 036 603	67 603	6.52
	刺网	3 041 286	2 950 556	90 730	3.08
	张网	1 550 424	1 585 462	–35 038	–2.21
	钓具	404 944	401 546	3 398	0.85
	其他渔具	955 487	964 716	–9 229	–0.96

全国淡水捕捞产量

单位：吨

指　　标	2016 年	2015 年	2016 年比 2015 年增减（±）	
			绝对量	幅度（%）
淡水捕捞产量	2 318 429	2 277 665	40 764	1.79
1. 鱼类	1 711 085	1 682 968	28 117	1.67
2. 甲壳类	316 901	310 986	5 915	1.90
虾	264 844	258 399	6 445	2.49
蟹	52 057	52 587	–530	–1.01
3. 贝类	259 128	254 084	5 044	1.99
4. 藻类	383	366	17	4.64
5. 其他类	30 932	29 261	1 671	5.71
其中：丰年虫	3 025	344	2 681	779.36

各地区海洋捕捞产量(按品种分)(一)

单位:吨

地区	海洋捕捞产量	1. 鱼类	其中				
			海鳗	鳓鱼	鳀鱼	沙丁鱼	鲱鱼
全国总计	13 282 650	9 185 202	389 531	84 789	983 683	144 892	16 981
天　津	45 152	41 183			33 694		
河　北	247 836	147 134			58 462		
辽　宁	1 081 531	645 945	897	524	100 445	5 276	14
上　海	16 910	6 059	203	63			
江　苏	548 852	299 607	7 918	2 443	2 643	244	32
浙　江	3 470 631	2 333 293	83 477	13 989	81 962	14 397	3 261
福　建	2 038 611	1 490 362	71 743	13 888	82 620	12 901	4 077
山　东	2 292 190	1 605 343	23 686		572 930	6 944	
广　东	1 480 536	1 062 983	90 888	27 167	32 978	67 241	4 455
广　西	652 919	364 035	14 001	22 746		12 856	961
海　南	1 407 482	1 189 258	96 718	3 969	17 949	25 033	4 181

各地区海洋捕捞产量(按品种分)(二)

单位:吨

地区	1. 鱼类(续)							
	其中(续)							
	石斑鱼	鲷	蓝圆鲹	白姑鱼	黄姑鱼	鮸鱼	大黄鱼	小黄鱼
全国总计	128 538	169 909	600 913	108 317	78 003	72 611	103 381	369 643
天　津								3 184
河　北	10				298	30	1 071	11 806
辽　宁	3 085	21		1 124	3 172	587	47 555	118 151
上　海					36	30	58	173
江　苏	17	103	18	4 048	8 075	2 520	459	29 637
浙　江	1 451	5 026	85 768	49 581	37 638	44 834	530	102 864
福　建	19 278	61 171	276 671	10 905	9 106	10 562	3 557	9 651
山　东		50		13 064	7 047	700	2 255	53 975
广　东	45 846	48 913	102 431	22 996	5 785	6 322	32 912	26 008
广　西	6 025	27 114	73 730	1 452	74	816		
海　南	52 826	27 511	62 295	5 147	6 772	6 210	14 984	14 194

各地区海洋捕捞产量(按品种分)(三)

单位:吨

地区	1. 鱼类(续)							
	其中(续)							
	梅童鱼	方头鱼	玉筋鱼	带鱼	金钱鱼	梭鱼	鲐鱼	鲅鱼
全国总计	295 895	42 993	123 389	1 087 151	440 723	163 446	496 142	432 888
天　津				274		322	1 153	564
河　北	301		180	2 577		12 708	8 264	14 411
辽　宁	6 593	77	6 724	12 739	54	23 784	37 686	72 668
上　海	111			272			5	157
江　苏	75 840	194	337	55 890		9 151	5 029	8 357
浙　江	184 697	16 014	32 105	428 390	3 742	6 492	186 649	79 932
福　建	21 732	4 818	20 391	164 072	10 585	17 947	139 811	54 150
山　东			45 609	62 568		34 145	54 938	168 456
广　东	3 838	9 040	2 629	153 815	89 260	26 436	33 396	26 371
广　西		45		31 296	35 485	10 618	13 627	2 185
海　南	2 783	12 805	15 414	175 258	301 597	21 843	15 584	5 637

各地区海洋捕捞产量(按品种分)(四)

单位:吨

地区	1. 鱼类(续)					2. 甲壳类		
	其中(续)						(1)虾	其中
	金枪鱼	鲳鱼	马面鲀	竹荚鱼	鲻鱼			毛虾
全国总计	50 132	345 728	174 994	39 712	111 481	2 396 353	1 587 522	514 326
天　津						1 383	960	77
河　北		3 432	25		6 811	49 078	34 122	8 832
辽　宁	200	4 276	738	52	9 783	195 927	134 557	33 117
上　海	2	170		67		10 692	1 366	
江　苏		33 394	1 169		11 607	158 405	52 609	27 423
浙　江	5 726	94 504	24 765	2 166	23 918	920 473	668 545	218 707
福　建	2 834	66 430	49 031	12 072	22 540	355 525	205 408	62 868
山　东		21 940	2 584	9		254 420	216 578	76 325
广　东	20 871	68 022	46 319	5 098	14 467	241 699	159 128	43 319
广　西		12 049	29 457	420	8 533	132 828	74 836	30 232
海　南	20 499	41 511	20 906	19 828	13 822	75 923	39 413	13 426

各地区海洋捕捞产量(按品种分)(五)

单位:吨

地区	2. 甲壳类(续)						
	(1)虾(续)			(2)蟹	其中		
	其中(续)						
	对虾	鹰爪虾	虾蛄		梭子蟹	青蟹	蟳
全国总计	172 262	334 976	283 507	808 831	542 070	91 316	41 814
天津	55		574	423	263		
河北	2 517	2 363	17 161	14 956	10 272	10	429
辽宁	7 011	9 604	63 788	61 370	23 901	5 609	16 134
上海	224	743		9 326	8 228		
江苏	2 499	9 337	8 742	105 796	95 761	1 949	2 865
浙江	23 894	210 347	62 179	251 928	189 541	4 922	6 460
福建	29 466	48 661	38 274	150 117	100 295	17 085	6 760
山东	13 169	26 129	54 058	37 842	27 037	316	3 079
广东	56 869	14 461	29 047	82 571	44 517	29 582	3 341
广西	19 636	8 587	7 595	57 992	31 571	11 639	2 063
海南	16 922	4 744	2 089	36 510	10 684	20 204	683

各地区海洋捕捞产量(按品种分)(六)

单位:吨

地区	3. 贝类	4. 藻类	5. 头足类	其中			6. 其他类	其中
				乌贼	鱿鱼	章鱼		海蜇
全国总计	561 299	23 928	715 620	142 757	388 634	137 109	400 248	205 453
天津	2 017		329	30	185	114	240	240
河北	20 774		10 827	1 519	1 714	6 002	20 023	12 238
辽宁	97 624	299	53 349	5 558	33 147	7 469	88 387	21 030
上海	4		107	27	58	22	48	39
江苏	47 296	1 273	15 601	2 115	8 550	4 324	26 670	15 637
浙江	18 026	1 927	166 744	32 653	88 180	38 977	30 168	7 187
福建	51 280	2 079	123 024	34 726	62 751	17 624	16 341	12 848
山东	172 728	1 631	127 012	9 837	75 757	32 798	131 056	81 560
广东	53 389	7 292	76 391	18 965	31 314	14 858	38 782	15 359
广西	58 723		50 690	17 807	25 226	7 432	46 643	37 999
海南	39 438	9 427	91 546	19 520	61 752	7 489	1 890	1 316

各地区海洋捕捞产量(按海域分)

单位:吨

地 区	海洋捕捞产量	按捕捞海域分			
		1. 渤海	2. 黄海	3. 东海	4. 南海
全国总计	13 282 650	1 015 092	3 324 970	5 175 585	3 767 003
天 津	45 152	8 723	36 429		
河 北	247 836	186 331	61 505		
辽 宁	1 081 531	426 364	643 167	12 000	
上 海	16 910			16 910	
江 苏	548 852	463	487 243	61 146	
浙 江	3 470 631		197 647	3 270 984	2 000
福 建	2 038 611			1 814 545	224 066
山 东	2 292 190	393 211	1 898 979		
广 东	1 480 536				1 480 536
广 西	652 919				652 919
海 南	1 407 482				1 407 482

各地区海洋捕捞产量(按渔具分)

单位:吨

地 区	海洋捕捞产量	按捕捞渔具分					
		1. 拖网	2. 围网	3. 刺网	4. 张网	5. 钓具	6. 其他
全国总计	13 282 650	6 226 303	1 104 206	3 041 286	1 550 424	404 944	955 487
天 津	45 152	30 147	7 525	6 151	126		1 203
河 北	247 836	67 611	2 493	110 641	47 561		19 530
辽 宁	1 081 531	397 894	3 220	491 656	95 891	17 879	74 991
上 海	16 910	14 157		1 000	1 753		
江 苏	548 852	78 717	5 724	163 291	211 978	211	88 931
浙 江	3 470 631	2 103 225	220 102	319 057	613 130	38 967	176 150
福 建	2 038 611	778 343	311 547	318 118	346 156	44 167	240 280
山 东	2 292 190	1 398 197	36 735	416 024	190 367	74 736	176 131
广 东	1 480 536	749 572	143 089	433 718	8 052	90 632	55 473
广 西	652 919	425 929	62 174	84 030	183	7 189	73 414
海 南	1 407 482	182 511	311 597	697 600	35 227	131 163	49 384

各地区淡水捕捞产量(按品种分)

单位:吨

地　区	淡水捕捞产量	1. 鱼类	2. 甲壳类	其中		3. 贝类	4. 藻类	5. 其他类	其中
				虾	蟹				丰年虫
全国总计	2 318 429	1 711 085	316 901	264 844	52 057	259 128	383	30 932	3 025
北　京	3 351	3 341	10		10				
天　津	12 271	9 925	803	641	162	572		971	36
河　北	102 669	92 754	5 267	4 200	1 067	3 681		967	
山　西	1 101	1 042	9	9				50	50
内蒙古	29 303	28 683	542	540	2			78	68
辽　宁	53 947	45 215	7 207	2 423	4 784	430		1 095	
吉　林	19 509	18 597	536	525	11	376			
黑龙江	54 551	54 003	160	160		377		11	
上　海	2 414	2 372	21	18	3			21	
江　苏	317 098	188 628	55 216	41 199	14 017	69 440	321	3 493	
浙　江	91 335	61 375	7 780	6 167	1 613	20 381	31	1 768	
安　徽	308 754	195 383	66 077	57 511	8 566	41 812		5 482	
福　建	88 789	60 708	6 710	5 194	1 516	20 240	4	1 127	
江　西	275 390	190 316	49 187	46 802	2 385	31 668	25	4 194	
山　东	115 984	98 568	11 545	7 554	3 991	5 413		458	42
河　南	70 597	56 999	11 816	11 094	722	1 700		82	
湖　北	190 167	134 013	44 003	39 208	4 795	9 016		3 135	
湖　南	108 305	85 921	15 258	13 415	1 843	5 665		1 461	
广　东	122 883	78 917	12 309	8 894	3 415	30 760		897	
广　西	144 623	120 021	9 471	7 908	1 563	13 355		1 776	
海　南	22 990	19 965	1 154	792	362	1 780		91	
重　庆	20 379	18 528	1 502	1 237	265	349			
四　川	58 638	54 047	3 789	3 451	338	604		198	
贵　州	14 063	12 127	1 769	1 641	128	119		48	7
云　南	66 865	60 685	4 283	4 121	162	1 385	1	511	
西　藏	832	86						746	746
陕　西	7 220	6 895	123	112	11	5	1	196	
甘　肃									
青　海									
宁　夏	416	403	13		13				
新　疆	13 985	11 568	341	28	313			2 076	2 076

各地区远洋渔业

单位:吨、万元

地　区	远洋捕捞产量	返回国内量	境外出售量	远洋渔业总产值	2016 年比 2015 年增减(±) 远洋捕捞产量	返回国内量	境外出售量	远洋渔业总产值
全国总计	1 987 512	1 103 772	883 740	1 955 381	-204 488	-302 386	97 898	-109 619
北　京	13 514	9 440	4 074	12 296	-3 486	-6 060	2 574	-704
天　津	13 217	10 313	2 904	10 416	-4 783	-2 387	-2 396	-3 584
河　北	47 591	14 970	32 621	11 379	43 591	14 460	29 131	8 379
辽　宁	285 495	95 992	189 503	244 658	15 495	6 208	9 287	-23 342
上　海	124 923	68 017	56 906	133 819	-28 077	-20 283	-7 794	-29 181
江　苏	20 100	13 978	6 122	20 671	-13 900	-9 122	-4 778	-9 329
浙　江	414 405	357 666	56 739	410 414	-155 595	-174 034	18 439	-11 586
福　建	290 445	164 535	125 910	212 045	-27 555	20 871	-48 426	-102 955
山　东	529 512	255 493	274 019	595 394	60 512	-37 107	97 619	86 394
广　东	45 150	15 071	30 079	80 066	-9 850	-629	-9 221	-15 934
广　西	5 728	52	5 676	5 871	2 728	52	2 676	1 871
海　南								
中农发集团	197 432	98 245	99 187	218 352	-83 568	-94 355	10 787	-9 648

各地区远洋渔业主要品种产量

单位:吨

地　区	远洋捕捞产量	其中 金枪鱼	鱿鱼	南极磷虾	竹荚鱼
全国总计	1 987 512	336 007	447 107	65 018	21 800
北　京	13 514	385	32 851		
天　津	13 217	740	125		
河　北	47 591				
辽　宁	285 495	24 976	14 340	23 623	
上　海	124 923	64 914	4 769		21 800
江　苏	20 100		8 600		
浙　江	414 405	93 574	250 769		
福　建	290 445	25 022	4 122		
山　东	529 512	63 219	106 253	5 380	
广　东	45 150	18 040			
广　西	5 728	1 090			
海　南					
中农发集团	197 432	44 047	25 278	36 015	

三、生产要素

全国水产养殖面积(按水域和养殖方式分)

单位:公顷

指标		2016 年	2015 年	2016 年比 2015 年增减(±)	
				绝对量	幅度(%)
总计		8 346 339	8 465 004	-118 665	-1.40
1. 海水养殖		2 166 720	2 317 763	-151 043	-6.52
按水域分	海上	1 253 966	1 355 399	-101 433	-7.48
	滩涂	605 572	653 843	-48 271	-7.38
	其他	307 182	308 521	-1 339	-0.43
养殖方式中	池塘	425 677	455 029	-29 352	-6.45
	普通网箱(米^2)	54 661 225	53 438 913	1 222 312	2.29
	深水网箱(米^3)	10 675 765	9 361 034	1 314 731	14.04
	筏式	340 454	316 250	24 204	7.65
	吊笼	116 641	135 609	-18 968	-13.99
	底播	939 500	1 098 625	-159 125	-14.48
	工厂化(米^3)	28 309 758	26 937 288	1 372 470	5.10
2. 淡水养殖		6 179 619	6 147 241	32 378	0.53
按水域分	池塘	2 762 604	2 701 222	61 382	2.27
	湖泊	990 816	1 022 350	-31 534	-3.08
	水库	2 010 928	2 012 411	-1 483	-0.07
	河沟	267 694	277 102	-9 408	-3.40
	其他	147 577	134 156	13 421	10.00
	稻田养成鱼	1 516 093	1 501 629	14 464	0.96
养殖方式中	围栏(米^2)	2 245 366 310	2 353 708 951	-108 342 641	-4.60
	网箱(米^2)	142 967 731	147 376 140	-4 408 409	-2.99
	工厂化(米^3)	37 238 560	33 155 985	4 082 575	12.31

全国海水养殖面积(按品种分)

单位:公顷

指　　标	2016 年	2015 年	2016 年比 2015 年增减(±)	
			绝对量	幅度(%)
海水养殖	2 166 720	2 317 763	-151 043	-6.52
1. 鱼类	84 984	84 049	935	1.11
2. 甲壳类	317 661	314 217	3 444	1.10
其中:虾	259 845	258 381	1 464	0.57
其中:南美白对虾	170 969	173 058	-2 089	-1.21
斑节对虾	14 179	14 514	-335	-2.31
中国对虾	26 121	24 693	1 428	5.78
日本对虾	20 849	21 753	-904	-4.16
蟹	57 816	55 836	1 980	3.55
其中:梭子蟹	26 224	27 877	-1 653	-5.93
青蟹	26 102	25 272	830	3.28
3. 贝类	1 359 198	1 526 644	-167 446	-10.97
其中:牡蛎	150 154	141 488	8 666	6.12
鲍	14 406	13 672	734	5.37
螺	41 832	40 107	1 725	4.30
蚶	45 342	49 059	-3 717	-7.58
贻贝	45 201	43 660	1 541	3.53
江珧	1 062	993	69	6.95
扇贝	474 983	651 036	-176 053	-27.04
蛤	401 811	425 805	-23 994	-5.63
蛏	58 294	59 967	-1 673	-2.79
4. 藻类	140 815	130 564	10 251	7.85
其中:海带	44 398	43 619	779	1.79
裙带菜	7 274	6 908	366	5.30
紫菜	72 977	65 766	7 211	10.96
江蓠	9 918	9 912	6	0.06
麒麟菜	425	402	23	5.72
石花菜				
羊栖菜	1 231	1 277	-46	-3.60
苔菜	38	38		
5. 其他类	264 062	262 289	1 773	0.68
其中:海参	218 038	216 508	1 530	0.71
海胆	14 776	15 981	-1 205	-7.54
海水珍珠	2 971	3 108	-137	-4.41
海蜇	15 828	16 420	-592	-3.61

各地区水产养殖面积(一)

单位:公顷

地区	2016年			
	总面积	海水养殖面积	淡水养殖面积	
				池塘
全国总计	8 346 339	2 166 720	6 179 619	2 762 604
北京	3 456		3 456	3 397
天津	38 384	3 193	35 191	31 020
河北	190 494	115 416	75 078	29 795
山西	15 937		15 937	2 881
内蒙古	115 596		115 596	18 830
辽宁	999 929	769 304	230 625	47 654
吉林	318 853		318 853	31 208
黑龙江	392 719		392 719	105 492
上海	18 641		18 641	17 088
江苏	753 164	185 280	567 884	384 459
浙江	290 909	88 816	202 093	71 333
安徽	584 734		584 734	221 808
福建	277 084	174 554	102 530	41 027
江西	438 192		438 192	160 969
山东	838 002	561 549	276 453	144 862
河南	291 710		291 710	133 744
湖北	698 900		698 900	414 379
湖南	475 032		475 032	270 432
广东	555 149	196 065	359 084	268 395
广西	238 617	54 720	183 897	81 237
海南	55 480	17 823	37 657	24 219
重庆	99 646		99 646	58 132
四川	214 876		214 876	108 383
贵州	60 805		60 805	9 913
云南	148 968		148 968	37 117
西藏	5		5	5
陕西	50 502		50 502	12 020
甘肃	15 490		15 490	2 921
青海	42 431		42 431	139
宁夏	47 514		47 514	17 679
新疆	75 120		75 120	12 066

各地区水产养殖面积(二)

单位:公顷

地 区	2015 年			
	总面积	海水养殖面积	淡水养殖面积	
				池塘
全国总计	8 465 004	2 317 763	6 147 241	2 701 222
北 京	3 633		3 633	3 563
天 津	39 850	3 165	36 685	31 848
河 北	193 954	117 533	76 421	29 783
山 西	15 715		15 715	2 816
内 蒙 古	119 575		119 575	18 572
辽 宁	1 152 153	933 068	219 085	48 307
吉 林	316 855		316 855	31 076
黑 龙 江	388 783		388 783	105 124
上 海	19 392		19 392	17 468
江 苏	753 437	181 829	571 608	385 450
浙 江	298 946	85 881	213 065	74 719
安 徽	580 197		580 197	218 620
福 建	267 947	166 075	101 872	40 761
江 西	437 528		437 528	158 813
山 东	846 151	563 198	282 953	149 205
河 南	276 575		276 575	116 810
湖 北	688 667		688 667	390 605
湖 南	467 749		467 749	244 009
广 东	565 678	194 861	370 817	278 291
广 西	239 150	55 015	184 135	81 913
海 南	54 728	17 138	37 590	24 171
重 庆	96 675		96 675	56 171
四 川	211 476		211 476	105 898
贵 州	59 893		59 893	6 141
云 南	142 226		142 226	36 845
西 藏	31		31	31
陕 西	50 633		50 633	12 172
甘 肃	15 477		15 477	2 489
青 海	42 431		42 431	318
宁 夏	46 809		46 809	17 333
新 疆	72 690		72 690	11 900

各地区水产养殖面积(三)

单位:公顷

地　区	2016年比2015年增减(±)			
	总面积	海水养殖面积	淡水养殖面积	池塘
全国总计	-118 665	-151 043	32 378	61 382
北　京	-177		-177	-166
天　津	-1 466	28	-1 494	-828
河　北	-3 460	-2 117	-1 343	12
山　西	222		222	65
内蒙古	-3 979		-3 979	258
辽　宁	-152 224	-163 764	11 540	-653
吉　林	1 998		1 998	132
黑龙江	3 936		3 936	368
上　海	-751		-751	-380
江　苏	-273	3 451	-3 724	-991
浙　江	-8 037	2 935	-10 972	-3 386
安　徽	4 537		4 537	3 188
福　建	9 137	8 479	658	266
江　西	664		664	2 156
山　东	-8 149	-1 649	-6 500	-4 343
河　南	15 135		15 135	16 934
湖　北	10 233		10 233	23 774
湖　南	7 283		7 283	26 423
广　东	-10 529	1 204	-11 733	-9 896
广　西	-533	-295	-238	-676
海　南	752	685	67	48
重　庆	2 971		2 971	1 961
四　川	3 400		3 400	2 485
贵　州	912		912	3 772
云　南	6 742		6 742	272
西　藏	-26		-26	-26
陕　西	-131		-131	-152
甘　肃	13		13	432
青　海				-179
宁　夏	705		705	346
新　疆	2 430		2 430	166

各地区海水养殖面积(按品种分)(一)

单位:公顷

地区	海水养殖面积	1. 鱼类	2. 甲壳类	虾	其中			
					南美白对虾	斑节对虾	中国对虾	日本对虾
全国总计	2 166 720	84 984	317 661	259 845	170 969	14 179	26 121	20 849
天　津	3 193	86	3 107	3 107	3 107			
河　北	115 416	702	26 795	25 673	12 321		7 871	4 559
辽　宁	769 304	8 074	19 829	18 844	3 431		11 601	3 163
上　海								
江　苏	185 280	9 779	23 723	15 227	3 287	2 521	1 777	151
浙　江	88 816	3 033	29 261	12 620	8 954	210	185	448
福　建	174 554	16 308	27 266	16 574	10 250	1 648	1 168	3 018
山　东	561 549	9 038	86 043	77 903	56 470	1 518	3 519	8 477
广　东	196 065	31 724	69 656	60 408	46 364	7 835		1 022
广　西	54 720	1 256	22 617	21 328	19 737	100		11
海　南	17 823	4 984	9 364	8 161	7 048	347		

各地区海水养殖面积(按品种分)(二)

单位:公顷

地区	2. 甲壳类(续)			3. 贝类	其中				
	蟹	其中			牡蛎	鲍	螺	蚶	贻贝
		梭子蟹	青蟹						
全国总计	57 816	26 224	26 102	1 359 198	150 154	14 406	41 832	45 342	45 201
天　津									
河　北	1 122	1 122		79 931			964	7 602	640
辽　宁	985	717		576 775	21 672	2 069		18 493	2 761
上　海									
江　苏	8 496	8 367	126	109 217	3 901		18 933	3 355	4 392
浙　江	16 641	3 473	10 700	40 508	4 592	51	2 958	8 453	1 594
福　建	10 692	5 325	5 019	82 389	38 901	5 645	489	3 600	1 591
山　东	8 140	6 915		352 275	31 395	5 894	9 085	338	30 199
广　东	9 248	305	7 845	86 116	32 492	729	6 221	2 887	3 842
广　西	1 289		1 289	29 358	16 906		3 139	198	182
海　南	1 203		1 123	2 629	295	18	43	416	

各地区海水养殖面积(按品种分)(三)

单位:公顷

地区	3. 贝类(续)				4. 藻类				
	其中(续)					其中			
	江珧	扇贝	蛤	蛏		海带	裙带菜	紫菜	江蓠
全国总计	1 062	474 983	401 811	58 294	140 815	44 398	7 274	72 977	9 918
天　津									
河　北		50 488	14 590						
辽　宁		298 391	145 555	5 104	12 523	6 634	5 889		
上　海									
江　苏		2	70 664	3 803	41 616	550		41 066	
浙　江		84	6 233	15 225	15 418	836		13 694	40
福　建		262	15 628	14 593	45 106	19 789	12	17 008	6 675
山　东	70	118 229	120 660	16 819	22 494	16 494	1 363	460	1 117
广　东	992	6 979	20 530	2 650	2 862	95	10	749	1 675
广　西		186	6 468	100					
海　南		362	1 483		796				411

各地区海水养殖面积(按品种分)(四)

单位:公顷

地区	4. 藻类(续)				5. 其他类				
	其中(续)					其中			
	麒麟菜	石花菜	羊栖菜	苔菜		海参	海胆	海水珍珠	海蜇
全国总计	425		1 231	38	264 062	218 038	14 776	2 971	15 828
天　津									
河　北					7 988	7 923			25
辽　宁					152 103	128 860	7 142		13 430
上　海									
江　苏					945	773			128
浙　江			767	38	596	9			399
福　建			360		3 485	1 864			1 495
山　东			67		91 699	78 323	4 887		325
广　东	40		37		5 707	286	2 747	2 103	26
广　西					1 489			868	
海　南	385				50				

各地区海水养殖面积(按水域和养殖方式分)(一)

单位:公顷

地　区	海水养殖面积	按养殖水域分			养殖方式中	
		1. 海上	2. 滩涂	3. 其他	1. 池塘	2. 普通网箱(米²)
全国总计	2 166 720	1 253 966	605 572	307 182	425 677	54 661 225
天　津	3 193			3 193	3 193	
河　北	115 416	62 417	35 212	17 787	24 772	
辽　宁	769 304	541 133	134 435	93 736	87 578	880 766
上　海						
江　苏	185 280	45 314	118 841	21 125	36 850	
浙　江	88 816	21 673	37 777	29 366	27 739	781 326
福　建	174 554	90 650	55 702	28 202	30 938	44 803 356
山　东	561 549	409 706	121 254	30 589	104 306	1 353 450
广　东	196 065	60 746	75 453	59 866	75 780	4 891 120
广　西	54 720	18 339	18 896	17 485	20 838	536 760
海　南	17 823	3 988	8 002	5 833	13 683	1 414 447

各地区海水养殖面积(按水域和养殖方式分)(二)

单位:公顷

地　区	养殖方式中(续)				
	3. 深水网箱(米²)	4. 筏式	5. 吊笼	6. 底播	7. 工厂化(米²)
全国总计	10 675 765	340 454	116 641	939 500	28 309 758
天　津					316 220
河　北		56 052		16 576	3 156 500
辽　宁	536 570	61 629	8 428	523 701	3 099 884
上　海					
江　苏	14 000	37 506	300	87 100	756 946
浙　江	1 024 915	18 250	137	23 977	1 436 240
福　建	355 680	45 628	8 610	18 749	9 553 756
山　东	1 721 908	99 288	93 535	217 782	8 903 029
广　东	923 178	15 523	5 081	40 062	623 675
广　西	1 209 834	6 578	170	10 344	2 800
海　南	4 889 680		380	1 209	460 708

各地区淡水养殖面积（按水域和养殖方式分）（一）

单位：公顷

地区	淡水养殖面积	按水域			
		1. 池塘	2. 湖泊	3. 水库	4. 河沟
全国总计	**6 179 619**	**2 762 604**	**990 816**	**2 010 928**	**267 694**
北京	3 456	3 397			
天津	35 191	31 020		3 094	483
河北	75 078	29 795	2 850	40 409	1 655
山西	15 937	2 881	2 546	10 314	28
内蒙古	115 596	18 830	38 794	52 267	5 705
辽宁	230 625	47 654	10	107 839	7 103
吉林	318 853	31 208	109 575	177 915	150
黑龙江	392 719	105 492	112 883	147 180	20 541
上海	18 641	17 088	348		1 205
江苏	567 884	384 459	86 813	21 327	58 743
浙江	202 093	71 333	2 407	95 185	28 241
安徽	584 734	221 808	202 040	96 272	52 807
福建	102 530	41 027	901	53 228	5 082
江西	438 192	160 969	103 119	155 285	15 269
山东	276 453	144 862	12 118	110 230	4 942
河南	291 710	133 744	3 536	144 538	9 885
湖北	698 900	414 379	179 036	98 614	4 403
湖南	475 032	270 432	69 281	133 193	1 001
广东	359 084	268 395	2 993	77 361	1 736
广西	183 897	81 237		92 701	7 396
海南	37 657	24 219	187	13 072	42
重庆	99 646	58 132		29 496	11 664
四川	214 876	108 383	4 611	81 684	20 046
贵州	60 805	9 913	458	41 275	4 704
云南	148 968	37 117	14 237	94 910	2 008
西藏	5	5			
陕西	50 502	12 020	7 557	28 831	1 788
甘肃	15 490	2 921	114	12 236	9
青海	42 431	139	4 233	38 059	
宁夏	47 514	17 679	26 812	2 549	474
新疆	75 120	12 066	3 357	51 864	584

各地区淡水养殖面积(按水域和养殖方式分)(二)

单位:公顷

地 区	按水域(续)		养殖方式中		
	5. 其他	6. 稻田	1. 围栏(米²)	2. 网箱(米²)	3. 工厂化(米²)
全国总计	147 577	1 516 093	2 245 366 310	142 967 731	37 238 560
北 京	59				379 586
天 津	594	2 783			224 435
河 北	369	1 100	1 750 875	7 191 361	1 335 268
山 西	168	266	9 900	58 640	
内蒙古		4 185	61 565 000	13 458	21 468
辽 宁	68 019	60 588	550 000	838 327	201 698
吉 林	5	12 564	135 180	52 650	25 800
黑龙江	6 623	23 593	2 266 667	113 092	1 200
上 海		43			26 000
江 苏	16 542	110 758	60 465 074	8 527 266	2 228 257
浙 江	4 927	77 123	5 782 212	2 200 205	6 790 247
安 徽	11 807	64 661	1 166 556 589	17 653 889	915 503
福 建	2 292	18 685	104 470	880 184	11 970 184
江 西	3 550	63 586	138 205 299	7 744 380	2 098 572
山 东	4 301	1 819	57 802 738	8 790 153	3 029 007
河 南	7	1 289	69 802 130	4 925 954	179 974
湖 北	2 468	253 863	486 510 000	52 364 000	392 000
湖 南	1 125	181 934	79 238 952	8 642 460	273 920
广 东	8 599	3 468	224 085	366 808	31 452
广 西	2 563	46 344	55 171 568	7 344 682	1 200
海 南	137		5 600	38 332	150 000
重 庆	354	34 271	30 250 000	14 086	37 016
四 川	152	308 529		778 918	601 600
贵 州	4 455	125 550	11 330 674	9 510 282	180 321
云 南	696	112 544	2 744 639	2 479 908	1 747 837
西 藏					
陕 西	306	3 155	14 894 658	2 028 341	4 315 650
甘 肃	210	6		61 197	66 219
青 海				324 707	
宁 夏		2 890			
新 疆	7 249	496		24 451	14 146

全国水产苗种数量

指 标	计量单位	2016 年	2015 年	2016 年比 2015 年增减(±)	
				绝对量	幅度(%)
淡水鱼苗产量	**亿尾**	**13 005**	**12 665**	**340**	**2.68**
其中:罗非鱼	亿尾	241	253	-12	-4.69
淡水鱼种产量	吨	3 950 487	3 808 948	141 539	3.72
投放鱼种产量	吨	4 375 591	4 212 812	162 779	3.86
河蟹育苗量	千克	850 938	905 741	-54 803	-6.05
扣蟹	千克	53 510 765	55 433 899	-1 923 134	-3.47
稚鳖数量	万只	63 298	65 701	-2 404	-3.66
稚龟数量	万只	11 967	8 969	2 998	33.43
鳗苗捕捞量	千克	15 557	15 858	-301	-1.90
海水鱼苗产量	万尾	893 711	784 014	109 697	13.99
其中:大黄鱼	万尾	377 914	279 085	98 829	35.41
鲆鱼	万尾	52 364	51 961	403	0.78
虾类育苗量	亿尾	10 752	10 240	513	5.01
其中:南美白对虾	亿尾	8 028	7 945	83	1.04
贝类育苗量	万粒	238 849 481	142 790 753	96 058 728	67.27
其中:鲍鱼育苗量	万粒	713 935	1 296 058	-582 123	-44.91
海带育苗量	亿株	476	337	139	41.32
紫菜育苗量	亿贝壳	12	242	-229	-94.85
海参	亿头	631	708	-77	-10.84

各地区水产苗种数量(一)

地　区	淡水鱼苗(亿尾)	其中:罗非鱼(亿尾)	淡水鱼种(吨)	投放鱼种(吨)	河蟹育苗(千克)	扣蟹(千克)
全国总计	13 004.88	241.11	3 950 487	4 375 591	850 938	53 510 765
北　京	17.75	0.01	11 009	5 957		
天　津	49.95		17 154	30 995	1 640	152 320
河　北	40.81	0.26	22 860	32 169	400	91 605
山　西	3.97	0.14	3 621	6 610		
内蒙古	5.12		10 449	14 750		
辽　宁	87.00		99 909	100 427	70 053	18 649 086
吉　林	10.48		12 007	17 587		172 738
黑龙江	11.93		45 359	57 389		
上　海	15.14		9 127	18 853		6 355 000
江　苏	569.79	0.16	320 865	472 713	777 729	9 185 105
浙　江	162.15	0.81	52 878	90 847	47	35 520
安　徽	459.44	0.72	300 953	387 407		13 915 181
福　建	31.80	8.76	17 106	38 760		
江　西	365.63	4.83	300 921	428 720		295 135
山　东	99.72	0.85	99 995	148 142	863	94 276
河　南	73.34		113 492	124 447		140 481
湖　北	1 207.00	5.72	1 260 390	1 200 485		4 314 092
湖　南	327.51		430 774	341 517		
广　东	8 353.50	113.00	324 843	191 799	6	
广　西	402.94	18.64	118 442	132 028		13
海　南	79.18	72.90	2 636	5 798		
重　庆	81.42	1.38	83 153	99 425		
四　川	248.88	0.92	166 249	230 558		
贵　州	70.92	0.01	16 416	30 712		
云　南	108.20	11.66	44 585	97 970		85 125
西　藏	0.01		2	2		
陕　西	19.08	0.31	13 987	13 005		18 000
甘　肃	0.78	0.01	2 370	2 648		2 888
青　海	67.10			98	200	4 200
宁　夏	10.61		31 840	35 747		
新　疆	23.73	0.02	17 095	18 026		

各地区水产苗种数量(二)

地区	稚鳖(万只)	稚龟(万只)	鳗苗捕捞(千克)	海水鱼苗(万尾)	其中	
					大黄鱼(万尾)	鲆鱼(万尾)
全国总计	63 297.86	11 967.28	15 557	893 710.71	377 914.00	52 364.00
北京	9.50	2.00				
天津	111.80			4 130.00		3 540.00
河北	1 524.10			2 519.00		901.00
山西	204.00					
内蒙古						
辽宁	2.00			3 229.00		2 374.00
吉林						
黑龙江						
上海	5.00	38.00	246			
江苏	4 376.00	985.00	5 163	11 589.00		77.00
浙江	14 069.30	1 508.30	2 984	35 422.36	14 700.00	
安徽	5 464.75	839.94				
福建	183.10	232.00	6 363	461 452.00	363 074.00	650.00
江西	9 015.96	4 707.97				
山东	2 330.00			81 389.00		44 515.00
河南	1 917.00	13.00				
湖北	7 410.00	1 509.00				
湖南	3 398.72	1 048.59				
广东	6 661.00	547.00	801	275 500.00	140.00	307.00
广西	5 860.54	530.21		38.35		
海南				18 442.00		
重庆	68.50	1.10				
四川	218.86	5.13				
贵州	8.34	0.04				
云南	0.13					
西藏						
陕西	459.00					
甘肃	0.26					
青海						
宁夏						
新疆						

各地区水产苗种数量(三)

地　区	虾类育苗（亿尾）	其中:南美白对虾(亿尾)	贝类育苗（万粒）	其中:鲍鱼（万粒）	海带（亿株）	紫菜（亿贝壳）	海参（亿头）
全国总计	10 752.41	8 028.43	238 849 481	713 935	476.07	12.45	631.18
北　京							
天　津	219.14	204.14	6 500				
河　北	285.90	256.80	219 000				11.77
山　西							
内蒙古							
辽　宁	175.00	112.00	5 201 053	33 053	6.00		198.00
吉　林							
黑龙江							
上　海	30.98	25.70					
江　苏	223.57	216.60	52 500			4.46	
浙　江	505.02	15.00	19 179 563			3.14	
安　徽	76.78		83 800				
福　建	3 196.76	2 819.46	157 119 605	590 349	282.07	4.82	0.19
江　西	5.41		12 319				
山　东	847.00	550.00	56 622 603	14 185	88.00		421.15
河　南	4.30						
湖　北	342.18		1 143				
湖　南							
广　东	4 000.00	3 000.00	245 210	75 974	100.00	0.03	0.07
广　西	209.15	207.63	28 749	240			
海　南	631.10	621.10	77 436	134			
重　庆							
四　川							
贵　州							
云　南	0.12						
西　藏							
陕　西							
甘　肃							
青　海							
宁　夏							
新　疆							

全国渔船年末拥有量(一)

指标		2016 年			2015 年			2016 年比 2015 年增减(±)		
		艘	总吨	千瓦	艘	总吨	千瓦	艘	总吨	千瓦
渔船合计		1 011 071	10 984 782	22 368 100	1 042 489	10 863 250	22 569 851	-31 418	121 532	-201 751
机动渔船合计		654 154	10 540 576	22 368 100	672 416	10 406 413	22 569 851	-18 262	134 163	-201 751
1. 生产渔船		627 067	9 472 956	20 207 647	644 816	9 386 181	20 448 426	-17 749	86 775	-240 779
(1) 捕捞渔船		426 008	8 685 271	17 894 941	439 247	8 580 178	18 060 896	-13 239	105 093	-165 955
441 千瓦(含)以上		2 554	1 229 588	2 152 306	2 496	1 154 477	2 103 173	58	75 111	49 133
44.1(含)~441 千瓦		63 474	5 872 383	10 548 126	64 652	5 759 823	10 599 850	-1 178	112 560	-51 724
44.1 千瓦以下		359 980	1 583 300	5 194 509	372 099	1 665 878	5 357 873	-12 119	-82 578	-163 364
(2) 养殖渔船		201 059	787 685	2 312 706	205 569	806 003	2 387 530	-4 510	-18 318	-74 824
2. 辅助渔船		27 087	1 067 620	2 160 453	27 600	1 020 232	2 121 425	-513	47 388	39 028
(1) 捕捞辅助船		23 604	929 301	1 542 247	24 104	864 878	1 506 456	-500	64 423	35 791
(2) 渔业执法船		2 497	81 213	541 661	2 415	79 171	524 695	82	2 042	16 966
机动渔船按船长分	24 米(含)以上	36 655	6 297 214	10 443 307	36 848	6 032 152	10 224 958	-193	265 062	218 349
	12(含)~24 米	84 315	2 314 263	4 997 827	88 626	2 396 205	5 192 998	-4 311	-81 942	-195 171
	12 米以下	532 985	1 909 995	6 942 570	546 939	1 973 420	7 148 693	-13 954	-63 425	-206 123
非机动渔船合计		356 917	444 206		370 073	456 837		-13 156	-12 631	

全国渔船年末拥有量(二)

指标	总数			海洋渔船			内陆渔船		
	艘	总吨	千瓦	艘	总吨	千瓦	艘	总吨	千瓦
渔船合计	**1 011 071**	**10 984 782**	**22 368 100**	**267 396**	**8 963 855**	**17 220 225**	**743 675**	**2 020 927**	**5 147 875**
机动渔船合计	654 154	10 540 576	22 368 100	261 158	8 952 016	17 220 225	392 996	1 588 560	5 147 875
1. 生产渔船	627 067	9 472 956	20 207 647	248 221	7 981 559	15 354 680	378 846	1 491 397	4 852 967
（1）捕捞渔船	426 008	8 685 271	17 894 941	179 688	7 684 810	14 308 795	246 320	1 000 461	3 586 146
441 千瓦(含)以上	2 554	1 229 588	2 152 306	2 530	1 219 588	2 146 439	24	10 000	5 867
44.1(含)~441 千瓦	63 474	5 872 383	10 548 126	58 074	5 745 437	10 253 048	5 400	126 946	295 078
44.1 千瓦以下	359 980	1 583 300	5 194 509	119 084	719 785	1 909 308	240 896	863 515	3 285 201
（2）养殖渔船	201 059	787 685	2 312 706	68 533	296 749	1 045 885	132 526	490 936	1 266 821
2. 辅助渔船	27 087	1 067 620	2 160 453	12 937	970 457	1 865 545	14 150	97 163	294 908
（1）捕捞辅助船	23 604	929 301	1 542 247	11 588	840 636	1 412 597	12 016	88 665	129 650
（2）渔业执法船	2 497	81 213	541 661	556	57 380	363 847	1 941	23 833	177 814
机动渔船按船长分 24 米(含)以上	36 655	6 297 214	10 443 307	35 707	6 249 536	10 375 755	948	47 678	67 552
机动渔船按船长分 12(含)~24 米	84 315	2 314 263	4 997 827	48 167	1 857 897	4 200 682	36 148	456 366	797 145
机动渔船按船长分 12 米以下	532 985	1 909 995	6 942 570	177 284	844 583	2 643 788	355 701	1 065 412	4 298 782
非机动渔船合计	356 917	444 206		6 238	11 839		350 679	432 367	

各地区机动渔船年末拥有量

地 区	2016 年			2015 年			2016 年比 2015 年增减(±)		
	艘	总吨	千瓦	艘	总吨	千瓦	艘	总吨	千瓦
全国总计	654 154	10 540 576	22 368 100	672 416	10 406 413	22 569 851	-18 262	134 163	-201 751
北 京	30	10 244	14 166	33	10 220	14 083	-3	24	83
天 津	3 411	38 789	99 877	4 194	36 217	100 142	-783	2 572	-265
河 北	11 471	260 948	562 939	12 958	278 354	622 429	-1 487	-17 406	-59 490
山 西	236	429	3 221	221	593	4 212	15	-164	-991
内蒙古	1 296	2 178	17 948	1 275	2 109	17 139	21	69	809
辽 宁	37 000	779 302	1 571 980	40 095	831 933	1 697 147	-3 095	-52 631	-125 167
吉 林	4 445	6 933	80 837	4 676	6 727	85 242	-231	206	-4 405
黑龙江	11 924	16 510	113 881	12 215	17 245	113 481	-291	-735	400
上 海	941	116 987	178 393	1 223	125 233	188 405	-282	-8 246	-10 012
江 苏	120 611	997 930	2 215 529	121 733	1 010 131	2 224 626	-1 122	-12 201	-9 097
浙 江	39 710	3 034 077	4 668 378	41 081	2 964 766	4 673 727	-1 371	69 311	-5 349
安 徽	27 258	247 620	415 622	29 574	269 921	443 871	-2 316	-22 301	-28 249
福 建	58 073	1 213 986	2 760 306	60 060	1 201 533	2 770 180	-1 987	12 453	-9 874
江 西	31 904	153 496	441 148	32 221	153 991	442 190	-317	-495	-1 042
山 东	69 782	1 242 363	2 591 289	71 420	1 201 834	2 571 219	-1 638	40 529	20 070
河 南	4 215	16 011	69 624	4 220	15 995	68 523	-5	16	1 101
湖 北	50 661	115 188	421 978	50 661	115 188	421 978			
湖 南	45 759	110 392	846 183	45 759	110 392	846 183			
广 东	60 593	973 149	2 442 331	61 323	961 065	2 471 174	-730	12 084	-28 843
广 西	25 436	475 401	885 087	26 875	376 825	863 224	-1 439	98 576	21 863
海 南	25 998	531 571	1 418 151	26 377	519 460	1 389 230	-379	12 111	28 921
重 庆	5 540	16 087	68 966	5 653	16 011	65 856	-113	76	3 110
四 川	7 499	9 743	69 929	8 039	10 496	75 839	-540	-753	-5 910
贵 州	5 280	8 314	78 596	6 068	8 908	75 614	-788	-594	2 982
云 南	1 545	5 342	25 614	1 421	4 884	24 640	124	458	974
西 藏				6	8	52	-6	-8	-52
陕 西	911	4 987	15 077	1 320	6 033	21 373	-409	-1 046	-6 296
甘 肃	39	112	2 019	37	86	708	2	26	1 311
青 海	1 127	1 198	13 789	222	870	5 506	905	328	8 283
宁 夏	29	125	1 888	26	123	1 815	3	2	73
新 疆	1 104	3 569	17 937	1 102	3 562	17 904	2	7	33
中农发集团	326	147 595	255 417	328	145 700	252 139	-2	1 895	3 278

四、加工与贸易

全国水产加工情况

指　　标	计量单位	2016 年	2015 年	2016 年比 2015 年增减(±)	
				绝对量	幅度(%)
1. 水产加工企业	个	9 694	9 892	-198	-2.00
水产品加工能力	吨/年	28 491 124	28 103 260	387 864	1.38
其中:规模以上加工企业	个	2 722	2 753	-31	-1.13
2. 水产冷库	座	8 595	8 654	-59	-0.68
冻结能力	吨/日	946 875	919 186	27 689	3.01
冷藏能力	吨/次	4 583 690	5 006 595	-422 905	-8.45
制冰能力	吨/日	253 993	252 824	1 169	0.46
3. 水产加工品总量	吨	21 654 407	20 923 127	731 280	3.50
淡水加工产品	吨	3 903 668	3 739 044	164 624	4.40
海水加工产品	吨	17 750 739	17 184 083	566 656	3.30
(1)水产冷冻品	吨	14 049 146	13 764 943	284 203	2.06
其中:冷冻品	吨	7 033 530	6 790 609	242 921	3.58
冷冻加工品	吨	7 015 616	6 974 334	41 282	0.59
(2)鱼糜制品及干腌制品	吨	3 235 165	3 092 443	142 722	4.62
其中:鱼糜制品	吨	1 553 620	1 454 220	99 400	6.84
干腌制品	吨	1 681 545	1 638 223	43 322	2.64
(3)藻类加工品	吨	1 060 316	981 973	78 343	7.98
(4)罐制品	吨	451 198	413 137	38 061	9.21
(5)水产饲料(鱼粉)	吨	705 525	711 199	-5 674	-0.80
(6)鱼油制品	吨	69 289	73 096	-3 807	-5.21
(7)其他水产加工品	吨	2 083 768	1 886 336	197 432	10.47
其中:助剂和添加剂	吨	97 070	82 666	14 404	17.42
珍珠	千克	244 527	234 966	9 561	4.07
4. 用于加工的水产品总量	吨	26 357 579	22 743 305	3 614 274	15.89
其中:淡水产品	吨	5 693 896	5 618 696	75 200	1.34
海水产品	吨	20 663 683	17 124 609	3 539 074	20.67
5. 部分水产品年加工量	吨	1 519 032	1 535 380	-16 348	-1.06
其中:对虾	吨	512 322	553 777	-41 455	-7.49
克氏原螯虾	吨	192 132	181 245	10 887	6.01
罗非鱼	吨	640 317	630 973	9 344	1.48
鳗鱼	吨	117 410	111 838	5 572	4.98
斑点叉尾鮰	吨	56 851	57 547	-696	-1.21

各地区水产加工品总量

单位:吨

地区	2016年		2015年		2016年比2015年增减(±)			
					绝对量		幅度(%)	
	水产加工品总量	其中:淡水加工产品	水产加工品总量	其中:淡水加工产品	水产加工品总量	其中:淡水加工产品	水产加工品总量	其中:淡水加工产品
全国总计	21 654 407	3 903 668	20 923 127	3 739 044	731 280	164 624	3.50	4.40
北京	5 397	1 716	5 211	1 807	186	-91	3.57	-5.04
天津	1 010	500	1 094	584	-84	-84	-7.68	-14.38
河北	86 050	13 777	79 620	13 626	6 430	151	8.08	1.11
山西								
内蒙古	8 458	8 458	7 390	7 390	1 068	1 068	14.45	14.45
辽宁	2 442 743	38 532	2 376 732	34 147	66 011	4 385	2.78	12.84
吉林	220 807	1 867	180 482	1 892	40 325	-25	22.34	-1.32
黑龙江	6 175	6 175	5 799	5 799	376	376	6.48	6.48
上海	15 890	13 500	16 705	10 455	-815	3 045	-4.88	29.12
江苏	1 604 668	863 260	1 596 319	848 966	8 349	14 294	0.52	1.68
浙江	2 157 127	100 044	2 142 256	87 845	14 871	12 199	0.69	13.89
安徽	262 329	251 874	198 730	188 394	63 599	63 480	32.00	33.70
福建	3 511 620	152 804	3 326 705	156 705	184 915	-3 901	5.56	-2.49
江西	373 013	373 013	360 483	360 483	12 530	12 530	3.48	3.48
山东	6 983 205	110 382	6 787 726	95 702	195 479	14 680	2.88	15.34
河南	22 367	22 367	22 169	22 169	198	198	0.89	0.89
湖北	1 037 535	1 037 535	999 886	999 886	37 649	37 649	3.77	3.77
湖南	142 334	142 334	144 683	144 683	-2 349	-2 349	-1.62	-1.62
广东	1 498 846	363 484	1 396 426	356 883	102 420	6 601	7.33	1.85
广西	724 993	150 286	717 668	150 155	7 325	131	1.02	0.09
海南	486 512	188 432	501 234	195 664	-14 722	-7 232	-2.94	-3.70
重庆	895	895	805	805	90	90	11.18	11.18
四川	5 120	5 120	4 178	4 178	942	942	22.55	22.55
贵州	1 364	1 364	1 321	1 321	43	43	3.26	3.26
云南	47 083	47 083	41 029	41 029	6 054	6 054	14.76	14.76
西藏								
陕西	985	985	965	965	20	20	2.07	2.07
甘肃								
青海	3 000	3 000	3 000	3 000				
宁夏	165	165	180	180	-15	-15	-8.33	-8.33
新疆	4 716	4 716	4 331	4 331	385	385	8.89	8.89

各地区水产加工品总量(按品种分)(一)

单位:吨

地区	水产加工品总量	淡水加工品	海水加工品	1. 水产冷冻品	冷冻品	冷冻加工品
全国总计	21 654 407	3 903 668	17 750 739	14 049 146	7 033 530	7 015 616
北京	5 397	1 716	3 681	5 185	3 139	2 046
天津	1 010	500	510	1 010	1 010	
河北	86 050	13 777	72 273	66 018	33 680	32 338
山西						
内蒙古	8 458	8 458		4 922	4 717	205
辽宁	2 442 743	38 532	2 404 211	1 758 831	623 561	1 135 270
吉林	220 807	1 867	218 940	211 790	123 040	88 750
黑龙江	6 175	6 175		4 335	4 335	
上海	15 890	13 500	2 390	15 890	5 270	10 620
江苏	1 604 668	863 260	741 408	611 340	392 405	218 935
浙江	2 157 127	100 044	2 057 083	1 602 624	1 124 715	477 909
安徽	262 329	251 874	10 455	164 582	60 521	104 061
福建	3 511 620	152 804	3 358 816	1 919 330	968 678	950 652
江西	373 013	373 013		127 171	76 864	50 307
山东	6 983 205	110 382	6 872 823	4 820 788	2 549 139	2 271 649
河南	22 367	22 367		20 159	6 345	13 814
湖北	1 037 535	1 037 535		453 419	157 039	296 380
湖南	142 334	142 334		79 188	57 876	21 312
广东	1 498 846	363 484	1 135 362	1 071 233	408 447	662 786
广西	724 993	150 286	574 707	632 886	159 971	472 915
海南	486 512	188 432	298 080	429 650	244 873	184 777
重庆	895	895		148	110	38
四川	5 120	5 120		3 509	234	3 275
贵州	1 364	1 364		150	150	
云南	47 083	47 083		38 351	20 809	17 542
西藏						
陕西	985	985		985	985	
甘肃						
青海	3 000	3 000		3 000	3 000	
宁夏	165	165				
新疆	4 716	4 716		2 652	2 617	35

各地区水产加工品总量(按品种分)(二)

单位:吨

地区	2. 鱼糜制品及干腌制品	鱼糜制品	干腌制品	3. 藻类加工品	4. 罐制品	5. 水产饲料(鱼粉)
全国总计	3 235 165	1 553 620	1 681 545	1 060 316	451 198	705 525
北京						212
天津						
河北	2 964		2 964		10 724	4 652
山西						
内蒙古	1 574		1 574	1 793	169	
辽宁	186 492	60 037	126 455	239 092	22 198	83 302
吉林	8 892	3 000	5 892		125	
黑龙江	1 840		1 840			
上海						
江苏	68 858	24 158	44 700	24 630	61 986	1 686
浙江	225 042	100 368	124 674	25 843	57 683	206 604
安徽	76 376	58 523	17 853		6 106	15 235
福建	853 665	459 665	394 000	426 868	72 180	12 439
江西	215 016	76 598	138 418	1 470	13 765	
山东	753 863	365 106	388 757	332 651	117 204	271 800
河南	1 883	693	1 190	220	105	
湖北	540 668	270 817	269 851		41 056	
湖南	57 948	13 611	44 337		3 272	329
广东	188 799	97 553	91 246	1 737	43 252	75 062
广西	32 456	14 889	17 567		668	3 068
海南	11 412	5 392	6 020	5 650		26 600
重庆	726	470	256		21	
四川	1 596	1 223	373			
贵州	1 214	491	723			
云南	3 432	1 026	2 406	362	404	3 036
西藏						
陕西						
甘肃						
青海						
宁夏					165	
新疆	449		449		115	1 500

各地区水产加工品总量(按品种分)(三)

单位:吨

地 区	6. 鱼油制品	7. 其他水产加工品	助剂和添加剂	珍珠(千克)
全国总计	69 289	2 083 768	97 070	244 527
北 京				
天 津				
河 北	110	1 582		
山 西				
内 蒙 古				
辽 宁	3 528	149 300		
吉 林				
黑 龙 江				
上 海				
江 苏		836 168	15	42 000
浙 江	3 476	35 855	3 680	1 331
安 徽		30		30 000
福 建	2 004	225 134	40 468	
江 西		15 591		128
山 东	57 514	629 385	48 150	
河 南				
湖 北		2 392	59	5 300
湖 南	5	1 592	200	161 850
广 东	73	118 690		3 918
广 西	1 084	54 831	4 498	
海 南		13 200		
重 庆				
四 川		15		
贵 州				
云 南	1 495	3		
西 藏				
陕 西				
甘 肃				
青 海				
宁 夏				
新 疆				

各地区用于加工的水产品总量

单位:吨

地　区	用于加工的水产品总量	其中	
		淡水产品	海水产品
全国总计	**26 357 579**	**5 693 896**	**20 663 683**
北　京	5 731	2 050	3 681
天　津	1 010	500	510
河　北	189 895	14 783	175 112
山　西			
内蒙古	11 288	11 288	
辽　宁	3 626 898	48 537	3 578 361
吉　林	252 910	2 437	250 473
黑龙江	10 838	10 838	
上　海	15 950	13 560	2 390
江　苏	1 694 193	875 448	818 745
浙　江	2 240 581	102 945	2 137 636
安　徽	268 423	255 183	13 240
福　建	4 162 461	185 864	3 976 597
江　西	709 880	709 880	
山　东	7 795 839	81 274	7 714 565
河　南	42 842	42 842	
湖　北	1 961 367	1 961 367	
湖　南	155 953	155 953	
广　东	1 761 995	546 609	1 215 386
广　西	775 093	206 608	568 485
海　南	571 021	362 519	208 502
重　庆	2 642	2 642	
四　川	5 916	5 916	
贵　州	1 804	1 804	
云　南	82 381	82 381	
西　藏			
陕　西	985	985	
甘　肃			
青　海	4 000	4 000	
宁　夏	358	358	
新　疆	5 325	5 325	

各地区水产品加工企业、冷库基本情况

地　区	水产品加工企业			水产品冷库			
	小计（个）	水产品加工能力（吨/年）	其中：规模以上加工企业（个）	数量（座）	冻结能力（吨/日）	冷藏能力（吨/次）	制冰能力（吨/日）
全国总计	9 694	28 491 124	2 722	8 595	946 875	4 583 690	253 993
北　京	3	7 685		217	30	25 344	10
天　津	4	500		5	230	680	40
河　北	250	424 858	27	230	6 125	75 206	4 613
山　西							
内蒙古	37	7 600	17	31	345	2 274	232
辽　宁	899	3 041 938	375	633	61 491	528 842	19 235
吉　林	103	239 835	39	50	190 374	191 780	115
黑龙江	32	5 750		18	145	1 480	120
上　海	16	28 060	3	47	712	6 157	522
江　苏	994	2 201 430	328	1 124	38 865	187 011	23 441
浙　江	1 998	2 747 998	281	1 351	75 494	825 276	22 914
安　徽	133	282 549	68	459	14 826	62 914	1 770
福　建	1 210	4 830 572	406	779	79 089	414 970	21 196
江　西	187	267 110	52	191	2 181	18 006	2 942
山　东	1 824	8 097 946	657	1 994	331 066	1 542 400	71 575
河　南	68	60 371	12	50	1 105	10 174	698
湖　北	245	1 739 395	135	369	91 316	124 013	15 193
湖　南	143	316 212	53	162	6 797	54 120	2 496
广　东	1 061	2 460 807	145	561	23 993	359 890	38 887
广　西	177	997 000	56	46	1 642	104 008	3 002
海　南	215	477 191	38	161	6 349	34 123	23 402
重　庆	8	4 245	5	29	12 800	5 362	47
四　川	9	33 210	5	10	560	2 049	113
贵　州	23	1 040	2	5	42	84	17
云　南	42	195 996	11	24	421	3 504	1 386
西　藏							
陕　西	1	10		3	27	35	3
甘　肃							
青　海	2	4 000	2	3			10
宁　夏	1	10 000	1	5	500	800	
新　疆	9	7 816	4	38	350	3 188	14

各地区水产品贸易情况(进出口)

单位:万美元,吨

地区	2016 年		2015 年		2016 年比 2015 年增减(±)			
					绝对量		幅度(%)	
	金额	数量	金额	数量	金额	数量	金额	数量
全国总计	3 011 198.84	8 279 113	2 931 448.76	8 141 528	79 750.09	137 585	2.72	1.69
北京	31 983.18	54 552	30 239.53	78 974	1 743.66	-24 422	5.77	-30.92
天津	24 548.71	53 883	32 574.34	91 694	-8 025.62	-37 812	-24.64	-41.24
河北	36 187.16	59 113	47 137.47	54 239	-10 950.31	4 874	-23.23	8.99
山西	78.64	382	22.75	99	55.88	283	245.60	285.01
内蒙古	11.96	30	15.28	73	-3.32	-43	-21.72	-58.78
辽宁	459 257.68	1 780 275	437 302.82	1 701 308	21 954.86	78 967	5.02	4.64
吉林	35 422.62	160 956	25 882.42	116 020	9 540.20	44 936	36.86	38.73
黑龙江	989.37	4 916	436.03	1 587	553.34	3 329	126.90	209.78
上海	139 523.90	246 193	113 934.85	176 710	25 589.06	69 483	22.46	39.32
江苏	46 058.46	93 047	44 534.14	97 245	1 524.32	-4 199	3.42	-4.32
浙江	216 894.62	660 055	220 556.22	643 862	-3 661.61	16 192	-1.66	2.51
安徽	5 952.85	13 869	5 456.66	11 394	496.18	2 475	9.09	21.73
福建	665 702.54	1 431 791	628 622.88	1 351 424	37 079.66	80 368	5.90	5.95
江西	24 502.57	21 421	29 461.24	18 781	-4 958.68	2 639	-16.83	14.05
山东	715 975.01	2 269 254	702 879.78	2 388 980	13 095.23	-119 727	1.86	-5.01
河南	2 820.43	5 291	2 133.85	6 859	686.58	-1 569	32.18	-22.87
湖北	24 078.24	25 719	27 685.29	26 995	-3 607.05	-1 277	-13.03	-4.73
湖南	3 332.19	4 463	2 268.26	2 245	1 063.93	2 219	46.90	98.85
广东	463 629.05	1 083 133	470 633.34	1 093 646	-7 004.29	-10 514	-1.49	-0.96
广西	48 307.43	126 908	45 132.71	103 469	3 174.72	23 439	7.03	22.65
海南	48 993.79	133 638	46 852.12	123 749	2 141.67	9 889	4.57	7.99
重庆	4 714.64	25 362	3 091.85	17 803	1 622.79	7 559	52.49	42.46
四川	4 998.90	9 077	8 122.11	18 402	-3 123.21	-9 325	-38.45	-50.68
贵州	58.67	53			58.67	53		
云南	5 293.42	11 928	4 818.95	11 548	474.47	380	9.85	3.29
陕西	403.30	489	371.87	1 026	31.42	-537	8.45	-52.33
甘肃	4.21	3			4.21	3		
青海	91.63	138	806.92	1 215	-715.30	-1 077		
宁夏	54.89	267	57.52	227	-2.64	40	-4.58	17.59
新疆	1 328.81	2 910	417.55	1 953	911.25	957	218.24	48.98

各地区水产品贸易情况(出口)

单位:万美元,吨

地区	2016 年		2015 年		2016 年比 2015 年增减(±)			
					绝对量		幅度(%)	
	金额	数量	金额	数量	金额	数量	金额	数量
全国总计	2 073 779.14	4 237 613	2 033 296.31	4 060 270	40 482.83	177 344	1.99	4.37
北京	681.59	129	160.04	216	521.54	-87	325.88	-40.20
天津	4 447.75	6 808	4 348.21	7 484	99.54	-676	2.29	-9.03
河北	33 354.52	47 997	45 642.36	46 941	-12 287.84	1 056	-26.92	2.25
山西			0.05		-0.05	-0	-100.00	-100.00
内蒙古	0.45	1			0.45	1		
辽宁	271 834.77	733 974	276 881.45	733 937	-5 046.68	36	-1.82	
吉林	15 021.43	48 331	12 514.36	42 847	2 507.07	5 484	20.03	12.80
黑龙江	209.64	520	64.64	410	145.00	110	224.31	26.79
上海	8 416.12	8 189	9 635.27	10 398	-1 219.15	-2 208	-12.65	-21.24
江苏	35 127.16	50 594	35 520.97	55 509	-393.81	-4 915	-1.11	-8.85
浙江	185 285.31	511 841	187 909.82	467 984	-2 624.51	43 858	-1.40	9.37
安徽	4 207.17	3 863	4 133.46	3 978	73.71	-115	1.78	-2.90
福建	585 445.51	932 724	549 417.11	853 760	36 028.40	78 964	6.56	9.25
江西	20 798.78	8 407	27 131.46	9 030	-6 332.67	-622	-23.34	-6.89
山东	468 532.43	1 113 800	449 037.72	1 077 331	19 494.72	36 469	4.34	3.39
河南	452.26	429	223.58	260	228.67	169	102.28	65.13
湖北	22 891.53	21 488	26 475.23	21 672	-3 583.70	-184	-13.54	-0.85
湖南	3 168.01	3 624	2 252.30	2 215	915.71	1 410	40.66	63.65
广东	322 737.34	534 246	309 882.65	513 998	12 854.69	20 248	4.15	3.94
广西	40 487.00	72 080	41 108.52	82 000	-621.52	-9 920	-1.51	-12.10
海南	45 947.70	130 639	44 760.31	121 938	1 187.39	8 701	2.65	7.14
重庆	0.42	33	1.18	1	-0.76	32	-64.61	2 479.03
四川	2 075.95	1 186	3 211.58	1 342	-1 135.62	-155	-35.36	-11.59
贵州	6.94	16			6.94	16		
云南	2 336.89	6 361	2 027.16	5 470	309.73	892	15.28	16.30
陕西	9.99	5	2.42	1	7.57	4	312.26	276.91
甘肃	1.90	3			1.90	3		
青海	85.26	138	806.92	1 215	-721.67	-1 077	-89.43	-88.66
宁夏	2.57	1	1.94		0.62		31.96	51.28
新疆	212.74	186	145.58	333	67.16	-148	46.13	-44.29

各地区水产品贸易情况(进口)

单位:万美元,吨

地区	2016 年		2015 年		2016 年比 2015 年增减(±)			
					绝对量		幅度(%)	
	金额	数量	金额	数量	金额	数量	金额	数量
全国总计	**937 419.71**	**4 041 500**	**898 152.45**	**4 081 259**	**39 267.26**	**-39 759**	**4.37**	**-0.97**
北京	31 301.60	54 423	30 079.48	78 758	1 222.11	-24 335	4.06	-30.90
天津	20 100.97	47 074	28 226.13	84 210	-8 125.16	-37 135	-28.79	-44.10
河北	2 832.64	11 117	1 495.11	7 298	1 337.53	3 819	89.46	52.33
山西	78.64	382	22.70	99	55.94	283	246.40	285.20
内蒙古	11.51	29	15.28	73	-3.77	-43	-24.70	-59.47
辽宁	187 422.92	1 046 301	160 421.37	967 371	27 001.54	78 930	16.83	8.16
吉林	20 401.19	112 626	13 368.06	73 173	7 033.13	39 452	52.61	53.92
黑龙江	779.73	4 396	371.39	1 177	408.34	3 219	109.95	273.49
上海	131 107.78	238 004	104 299.58	166 313	26 808.21	71 691	25.70	43.11
江苏	10 931.30	42 453	9 013.17	41 736	1 918.13	717	21.28	1.72
浙江	31 609.30	148 213	32 646.40	175 878	-1 037.10	-27 665	-3.18	-15.73
安徽	1 745.67	10 007	1 323.20	7 416	422.47	2 591	31.93	34.93
福建	80 257.03	499 067	79 205.77	497 664	1 051.25	1 403	1.33	0.28
江西	3 703.79	13 013	2 329.79	9 751	1 374.00	3 262	58.98	33.45
山东	247 442.58	1 155 454	253 842.06	1 311 649	-6 399.48	-156 195	-2.52	-11.91
河南	2 368.17	4 862	1 910.27	6 600	457.90	-1 738	23.97	-26.33
湖北	1 186.71	4 231	1 210.06	5 323	-23.35	-1 093	-1.93	-20.53
湖南	164.18	839	15.96	30	148.22	809	928.72	2 711.41
广东	140 891.71	548 886	160 750.69	579 648	-19 858.98	-30 762	-12.35	-5.31
广西	7 820.43	54 828	4 024.19	21 469	3 796.23	33 359	94.34	155.38
海南	3 046.08	2 998	2 091.80	1 811	954.28	1 188	45.62	65.60
重庆	4 714.22	25 329	3 090.67	17 802	1 623.55	7 527	52.53	42.28
四川	2 922.95	7 891	4 910.53	17 061	-1 987.59	-9 170	-40.48	-53.75
贵州	51.73	37			51.73	37		
云南	2 956.53	5 567	2 791.78	6 079	164.74	-512	5.90	-8.42
陕西	393.30	484	369.45	1 024	23.85	-541	6.46	-52.78
甘肃	2.31				2.31			
青海	6.37				6.37			
宁夏	52.32	267	55.58	227	-3.26	40	-5.86	17.53
新疆	1 116.06	2 724	271.97	1 620	844.10	1 104	310.37	68.16

五、渔政管理

各地区渔政管理机构情况（按机构性质分）

单位：个

地　区	渔业执法机构个数	行政单位	参照公务员管理单位	事业单位
全国总计	2 781	355	776	1 650
部直属	3	1	2	
北　京	16	6	2	8
天　津	11	2	5	4
河　北	135	33	12	90
山　西	33	5		28
内蒙古	115	3	48	64
辽　宁	159	24	35	100
吉　林	64		9	55
黑龙江	64	10	34	20
上　海	11		11	
江　苏	125	6	55	64
浙　江	125	4	68	53
安　徽	125	19	10	96
福　建	91	1	65	25
江　西	138	13	26	99
山　东	137	7	26	104
河　南	98	18	6	74
湖　北	125	6	30	89
湖　南	137	14	36	87
广　东	119	95	14	10
广　西	111	5	99	7
海　南	27	1	5	21
重　庆	47	2	32	13
四　川	204	29	42	133
贵　州	82	2	8	72
云　南	141	7	16	118
西　藏	10	8		2
陕　西	111	9	15	87
甘　肃	96	7	13	76
青　海	29	3	14	12
宁　夏	11	8		3
新　疆	78	5	37	36
新疆兵团	3	2	1	

各地区渔政管理机构情况(按执法业务类型分)

单位:个

地 区	渔政	渔监	船检	渔政渔监船检综合执法	渔政与农业执法单位合署	渔政与水产研究或推广单位合署	渔政与渔业生产单位合署
全国总计	1 076	29	38	1 014	164	408	52
部直属	1		1	1			
北 京	13			1	2		
天 津	4	3		4			
河 北	62	1	1	29	20	21	1
山 西	22			6		5	
内蒙古	36		1	34	9	34	1
辽 宁	67	18	16	30	1	25	2
吉 林	7			44		13	
黑龙江	26		1	33		3	1
上 海	2			1	8		
江 苏	34			79	4	7	1
浙 江	25		15	69	7	8	1
安 徽	33		2	70	4	14	2
福 建	20			57	4	10	
江 西	60			25	23	27	3
山 东	57	2		63	2	13	
河 南	47	1		33		16	1
湖 北	26			90	7	1	1
湖 南	96			25	1	10	5
广 东	25			91	2	1	
广 西	33	2		56	2	13	5
海 南	11			16			
重 庆	10			22	10	5	
四 川	105	1	1	50	21	24	2
贵 州	13			39	1	28	1
云 南	28			24	10	60	19
西 藏	10						
陕 西	45			12	4	45	5
甘 肃	67	1		1	6	21	
青 海	14			6	8		1
宁 夏	5				5	1	
新 疆	70			3	3	2	
新疆兵团	2					1	

各地区渔政管理人员情况

单位：人

地区	现有人数合计	按教育水平分				持渔业行政执法证人数
		大学本科以上	大学本科	大学专科	大学专科以下	
全国总计	39 106	898	12 591	16 484	9 133	27 631
部直属	56	19	34	3		
北京	274	21	175	63	15	233
天津	235	9	137	52	37	161
河北	1 461	18	476	646	321	1 123
山西	491	4	128	221	138	285
内蒙古	1 257	18	450	552	237	831
辽宁	2 621	118	1 019	1 084	400	2 064
吉林	710	11	221	317	161	627
黑龙江	1 161	13	383	566	199	761
上海	686	74	449	159	4	253
江苏	2 362	105	793	946	518	1 898
浙江	2 272	52	826	944	450	1 869
安徽	1 404	22	365	707	310	926
福建	1 390	23	537	392	438	872
江西	1 213	29	324	483	377	989
山东	3 061	56	1 073	1 160	772	2 392
河南	1 735	12	310	865	548	1 120
湖北	2 055	46	439	1 113	457	1 573
湖南	1 675	21	408	848	398	1 422
广东	2 905	87	1 076	958	784	2 028
广西	1 092	13	375	474	230	685
海南	864	14	201	418	231	560
重庆	473	15	195	211	52	316
四川	1 903	34	570	874	425	1 276
贵州	542	5	157	298	82	388
云南	1 252	8	281	582	381	610
西藏	29	1	13	10	5	19
陕西	1 825	7	350	640	828	1 070
甘肃	1 007	27	394	412	174	449
青海	275	3	75	140	57	250
宁夏	221	7	133	70	11	163
新疆	576	6	206	271	93	400
新疆兵团	23		18	5		18

六、科技与推广

全国渔业科技基本情况

一、渔业科研机构个数	103	其他	27 510
二、渔业科研机构从业人员(人)	6 726	非政府资金小计	224 277
1.科技活动人员	5 300	技术性收入	177 871
按职称分:高级职称	1 752	(2)生产经营收入	95 809
中级职称	1 864	(3)其他收入	264 418
初级职称及其他	1 035	四、科研机构固定资产情况(千元)	
按学位分:研究生	1 446	年末固定资产合计	3 719 931
大学	1 913	五、科技著述和专利申请情况	
大专	701	发表科技论文(篇)	2 787
其他	495	国外发表	669
2.生产经营活动人员	481	出版科技著作(种)	64
3.其他人员	945	专利受理数(件)	761
三、本年度收入(千元)	2 918 998	专利授权(件)	715
(1)科技活动收入	2 558 771	发明专利	309
政府资金	2 334 494	国外授权	
财政拨款	1 661 632	拥有发明专利总数	1 399
承担政府项目	645 352		

各地区水产技术推广机构情况

单位:个

地 区	数量			省级站		市级站		县级站		区域站		乡(镇)站	
		专业站	综合站	专业站	综合站	专业站	综合站	专业站	综合站	专业站	综合站	专业站	综合站
全国总计	13 463	2 927	10 536	35	1	265	57	1 516	536	81	198	1 030	9 744
北 京	14	9	5	1		8	5						
天 津	69	14	55	1				12		1			55
河 北	246	83	163	1		11		64	82	7	65		16
黑龙江	340	77	263	1		10		66					263
山 西	92	45	47	1		10		29	9			5	38
内蒙古	84	53	31	1		7	5	45	26				
辽 宁	385	118	267	1		13		48	12	13	22	43	233
吉 林	606	57	549	1		9		47	1		4		544
山 东	1 208	482	726	1		15	1	114	17			352	708
上 海	57	14	43	1				8	1			5	42
江 苏	952	138	814	1		13		72	11	8		44	803
浙 江	476	89	387	1		10		63	10	4	3	11	374
安 徽	576	112	464	1		12	3	61	21	10	6	28	434
福 建	790	170	620	1		8	1	71	3		1	90	615
江 西	1 179	107	1 072	1		11		87	12	8			1 060
河 南	415	105	310	1		17	1	86	30	1	1		278
湖 北	585	270	315	1		10	2	55	6	10		194	307
湖 南	1 045	145	900		1	8	2	59	32	2	21	76	844
广 东	1 059	229	830	1		18	2	74	24	16	12	120	792
广 西	770	81	689	1		12	2	58	35			10	652
海 南	33	9	24	1		1	1	7	6		3		14
重 庆	260	21	239	1				20	18				221
四 川	1 281	122	1 159	1		12	6	78	52	1	60	30	1 041
贵 州	347	78	269	1		9		68	21				248
云 南	188	123	65	1		14	2	108	13				50
西 藏													
陕 西	95	74	21	1		10		63	21				
甘 肃	78	32	46	1		8	5	22	38			1	3
青 海	9	1	8	1			1		7				
宁 夏	37	6	31	1		1	4	4	13				14
新 疆	30	16	14	1		6	4	9	10				
大 连	32	21	11	1				6				14	11
青 岛	65	9	56	1				6	1			2	55
宁 波	36	11	25	1				5	1			5	24
深 圳	1	1		1									
厦 门	9	2	7	1				1	2				5
新疆兵团	14	3	11	1		2	10		1				

七、灾　　害

各地区渔业灾情造成的经济损失(一)

单位:万元

地　区	1. 水产品损失					
	小计	台风、洪涝	病害	干旱	污染	其他
全国总计	2 146 141.81	1 548 229.75	274 002.13	149 173.65	66 702.62	108 033.66
北　京	1 782.53	640.00	1 142.53			
天　津	1 050.00	144.00	771.00		30.00	105.00
河　北	32 100.46	26 144.26	4 049.00	2.40	1 504.80	400.00
山　西	1 702.00	1 702.00				
内蒙古	1 355.00	47.00		1 078.00		230.00
辽　宁	9 162.00	1 270.00	672.00		7 220.00	
吉　林	2 355.00	2 070.00	23.00	262.00		
黑龙江	1 399.50	1 399.50				
上　海	2 790.40	409.40	2 134.00		247.00	
江　苏	249 197.00	156 360.00	44 042.00	14 125.00	8 641.00	26 029.00
浙　江	146 832.00	74 309.00	25 448.00	45 506.00	1 232.00	337.00
安　徽	264 692.90	237 255.26	11 591.96	6 027.50	8 121.89	1 696.29
福　建	107 797.00	85 037.00	12 670.00		10 030.00	60.00
江　西	204 275.18	118 428.74	62 644.44	11 502.20	5 532.40	6 167.40
山　东	104 613.00	14 492.00	21 497.00	47 844.00	18 523.00	2 257.00
河　南	41 638.50	31 210.50	3 977.00	5 618.00	556.00	277.00
湖　北	530 487.00	521 095.00	8 213.00		1 179.00	
湖　南	173 104.00	155 100.00	7 239.00	8 021.00	402.00	2 342.00
广　东	175 185.45	69 307.88	47 131.81	601.00	2 569.33	55 575.43
广　西	19 065.33	6 677.69	8 101.77	360.20	77.30	3 848.37
海　南	11 007.74	10 061.74	936.00			10.00
重　庆	5 720.00	2 918.60	1 455.60	629.50	329.30	387.00
四　川	9 436.88	2 599.78	4 761.11	1 821.49	208.70	45.80
贵　州	20 524.00	17 232.00	433.00	2 744.00	43.00	72.00
云　南	24 774.19	11 158.70	3 842.21	1 892.26	85.50	7 795.52
西　藏						
陕　西	1 755.00	980.00	80.00	368.00	25.00	302.00
甘　肃	455.55	11.70	431.50	4.10	1.40	6.85
青　海						
宁　夏	61.20		61.20			
新　疆	1 823.00	168.00	654.00	767.00	144.00	90.00

各地区渔业灾情造成的经济损失(二)

单位:万元

地区	2.(台风、洪涝)损毁渔业设施							
	小计	池塘	网箱(鱼排)	围栏	沉船	船损	堤坝	泵站
全国总计	731 740.29	366 105.60	159 427.09	14 540.54	4 645.98	15 512.69	83 735.58	1 928.54
北京	52.00	52.00						
天津								
河北	23 214.35	10 112.85	243.00	15.00	91.50	520.80	172.00	
山西	2 452.00	1 181.00						
内蒙古	21.00						10.00	
辽宁	1 723.00				320.00	642.00		
吉林	762.00	760.00				2.00		
黑龙江	420.00	420.00						
上海	21.00					7.00		
江苏	30 829.00	20 523.00	178.00	2 587.00	3.00	22.00	1 927.00	238.00
浙江	9 039.00	2 637.00	2 010.00	169.00	565.00	96.00	719.00	
安徽	79 292.52	50 945.46	3 884.85	3 824.72	27.00	162.88	8 299.23	499.00
福建	41 765.00	12 105.00	5 859.00	594.00	1 960.00	4 709.00	1 022.00	235.00
江西	32 604.96	21 343.95	1 442.00	469.00	7.48	516.85	4 463.50	47.54
山东	4 055.00	2 007.00	143.00	7.00		564.00	703.00	
河南	11 749.50	3 454.50	6 587.00	1 182.00		0.60	488.00	
湖北	274 836.00	201 573.00	5 570.00	1 561.00	18.00	7 134.00	50 750.00	648.00
湖南	136 265.00	17 303.00	98 708.00	1 623.00	88.00	584.00	6 407.00	230.00
广东	53 627.38	19 077.96	13 863.56	2 189.32	318.00	309.00	6 946.14	30.00
广西	3 093.91	1 092.10	1 068.40	4.50	4.00	2.00	198.41	
海南	20 888.75	165.00	18 405.75		1 241.00	218.00	300.00	
重庆	332.00	242.00					30.00	
四川	561.72	400.37	3.00				150.00	1.00
贵州	1 353.33		284.33	10.00	3.00	2.56	684.44	
云南	1 686.20	580.00	984.80	5.00			35.00	
西藏								
陕西	1 032.00	80.00	190.00	300.00		20.00	420.00	
甘肃	3.27	0.41					2.86	
青海								
宁夏								
新疆	60.40	50.00	2.40				8.00	

各地区渔业灾情造成的经济损失(三)

单位:万元

地 区	2.(台风、洪涝)损毁渔业设施(续)							直接经济损失合计
	涵闸	码头	护岸	防波堤	工厂化养殖	苗种繁育场	其他	
全国总计	3 351.12	6 048.00	8 855.77	6 339.50	18 281.00	23 539.80	19 429.08	2 877 882.10
北 京								1 834.53
天 津								1 050.00
河 北			29.50	153.50	2 796.00	4 359.80	4 720.40	55 314.81
山 西			10.00				1 261.00	4 154.00
内蒙古			11.00					1 376.00
辽 宁		300.00	400.00			1.00	60.00	10 885.00
吉 林								3 117.00
黑龙江								1 819.50
上 海							14.00	2 811.40
江 苏	144.00	8.00	614.00	334.00	1 450.00	697.00	2 104.00	280 026.00
浙 江		295.00	588.00	445.00	167.00	518.00	830.00	155 871.00
安 徽	850.00	426.00	1 106.00	330.00	163.00	4 980.00	3 794.38	343 985.42
福 建	10.00	759.00	1 132.00	435.00	8 488.00	2 798.00	1 659.00	149 562.00
江 西	275.12	30.00	734.92	249.00	206.00	690.00	2 129.60	236 880.14
山 东	2.00	224.00	3.00		29.00	373.00		108 668.00
河 南						3.00	34.40	53 388.00
湖 北	1 413.00	64.00	756.00	417.00		4 932.00		805 323.00
湖 南	420.00	3 660.00	2 120.00	481.00	2 090.00	1 672.00	879.00	309 369.00
广 东	234.00	282.00	1 350.00	3 088.00	2 680.00	2 498.00	761.40	228 812.83
广 西						14.00	710.50	22 159.24
海 南				200.00			359.00	31 896.49
重 庆					50.00		10.00	6 052.00
四 川			1.35			4.00	2.00	9 998.60
贵 州				207.00	162.00			21 877.33
云 南	3.00						78.40	26 460.39
西 藏								
陕 西							22.00	2 787.00
甘 肃								458.82
青 海								
宁 夏								61.20
新 疆								1 883.40

各地区渔业灾情造成的数量损失(一)

地　区	1. 受灾养殖面积(公顷)						2. 水产品损失(吨)		
	小计	台风、洪涝	病害	干旱	污染	其他	小计	台风、洪涝	病害
全国总计	1 069 496	734 803	140 181	114 922	20 900	58 690	1 643 910	1 100 317	248 032
北　京	1 049	49	1 000				589	248	341
天　津	868	20	735		33	80	840	60	650
河　北	5 282	3 981	1 058	1	172	70	15 045	13 177	1 252
山　西	236	236					607	607	
内蒙古	6 901	687		6 012		202	1 175	22	
辽　宁	1 982	100	140		1 742		1 775	460	615
吉　林	52 132	17 731	22	34 379			2 825	2 543	24
黑龙江	280	280					461	461	
上　海	1 012	320	645		47		1 709	868	801
江　苏	96 967	47 568	22 266	6 522	6 143	14 468	96 614	52 206	23 462
浙　江	24 573	12 371	11 005	694	263	240	27 446	12 769	13 400
安　徽	192 773	171 457	9 647	5 644	3 645	2 380	194 258	172 557	9 620
福　建	15 909	11 346	1 964		2 500	99	87 576	62 961	8 580
江　西	104 663	49 373	45 169	6 715	1 321	2 085	319 345	191 038	104 083
山　东	51 900	2 023	4 805	41 462	2 863	747	84 699	10 608	20 846
河　南	16 212	9 897	3 002	2 635	335	343	36 168	25 184	4 542
湖　北	270 456	267 389	3 067				388 963	381 762	6 318
湖　南	104 744	78 442	17 056	8 073	122	1 051	107 273	93 626	6 328
广　东	74 474	28 154	10 761	244	1 009	34 306	206 150	42 974	30 434
广　西	10 225	4 613	3 595	399	137	1 481	17 039	5 098	7 426
海　南	1 660	1 519	141				9 449	8 556	688
重　庆	2 102	638	1 129	239	38	58	3 751	1 689	1 163
四　川	3 233	1 925	920	246	12	130	6 477	1 620	3 453
贵　州	21 877	21 024	10	562	173	108	8 457	7 755	84
云　南	5 338	2 834	1 236	444	35	789	21 217	10 162	2 850
西　藏									
陕　西	1 013	500	320	148	15	30	1 646	890	213
甘　肃	23	2	10	4		7	157	3	145
青　海									
宁　夏	305		305				59		59
新　疆	1 307	324	173	499	295	16	2 140	413	655

各地区渔业灾情造成的数量损失(二)

地　区	2. 水产品损失(吨)(续)			3.(台风、洪涝)损毁渔业设施					
	干旱	污染	其他	池塘(公顷)	网箱(鱼排)(箱)	围栏(千米)	沉船(艘)	船损(艘)	堤坝(米)
全国总计	84 206	50 549	160 806	227 589	567 524	95 490	1 987	3 412	2 324 752
北　京				3					
天　津		50	80						
河　北	2	574	40	751	192		49	42	3 260
山　西				14					
内蒙古	1 005		148						35
辽　宁		700					9	4	
吉　林	258			64				3	
黑龙江				280					
上　海		40						1	
江　苏	6 657	7 141	7 148	6 961	9	15 259	1 322	77	44 872
浙　江	650	190	437	585	1 114	20 004	8	55	15 885
安　徽	4 918	6 084	1 079	38 633	207 199	39 500	25	106	345 044
福　建		16 000	35	1 431	14 582	205	85	816	1 448
江　西	12 133	5 814	6 277	7 968	5 068	1 895	8	496	41 064
山　东	42 924	9 842	479	750	164	1	8	56	9 300
河　南	5 419	716	307	1 870	2 183	11 356		2	8 423
湖　北		883		127 760	235 206	2 733	127	1 189	1 450 000
湖　南	4 963	205	2 151	25 458	37 562	2 077	38	371	75 356
广　东	284	1 618	130 840	13 181	45 159	2 426	36	62	315 480
广　西	239	87	4 189	695	1 036	3	1	1	1 505
海　南			205	272	4 340		270	123	400
重　庆	430	210	259	46					375
四　川	1 246	125	33	226	8				300
贵　州	484	2	132	472	1 620	20	1	5	10 000
云　南	1 457	66	6 682	100	11 573	1			505
西　藏									
陕　西	325	20	198	56	506	10		3	800
甘　肃	3	1	5	6					100
青　海									
宁　夏									
新　疆	809	181	82	7	3				600

各地区渔业灾情造成的数量损失(三)

地　区	3.(台风、洪涝)损毁渔业设施(续)							4. 人员损失			
	泵站(座)	涵闸(座)	码头(米)	护岸(米)	防波堤(米)	工厂化养殖(座)	苗种繁育场(个)	小计	失踪(人)	死亡(人)	重伤(人)
全国总计	2 491	1 943	9 315	188 489	55 234	248	429	165	65	92	8
北　京											
天　津											
河　北				5 000	2 220	123	7	12		12	
山　西				40							
内蒙古				220							
辽　宁			1 000	5 000				71	31	40	
吉　林											
黑龙江											
上　海								1			1
江　苏	51	81	83	38 465	20 180	25	1	6			6
浙　江	1		629	7 330	2 680	13	42	13	6	7	
安　徽	46	113	2 515	44 070	7 200	7	17				
福　建	8	1	1 021	2 560	1 120	23	119	3		2	1
江　西	20	72	50	40 126	9 974	8	7				
山　东		6	2	281		3	6	55	28	27	
河　南							3				
湖　北	1 048	1 413	481	31 019	2 715		76				
湖　南	1 253	52	3 260	11 892	2 250	11	67				
广　东	60	203	274	2 440	3 450	32	77				
广　西							3				
海　南					445			3		3	
重　庆						3					
四　川	1			46			2				
贵　州					3 000		2	1		1	
云　南		2									
西　藏											
陕　西	3										
甘　肃											
青　海											
宁　夏											
新　疆											

领 导 讲 话

农业部副部长于康震
在全国渔业转方式调结构
工作现场会上的讲话

（2016年8月29日）

这次会议是农业部党组决定召开的一次重要的工作推进会。在上半年刚刚进行过全面部署之后，紧接着召开这次转方式调结构的现场会，目的是贯彻落实全国渔业渔政工作会议和全国农业结构调整座谈会精神，总结交流全国各地贯彻落实《农业部关于加快推进渔业转方式调结构的指导意见》的做法、成效和经验，部署进一步推进渔业转方式调结构的重点工作，加快渔业供给侧结构性改革，促进渔业转型升级。上午，大家现场观摩了江苏省现代化渔业园区、加工企业、生态健康养殖场等。刚才，又观看了江苏省现代渔业建设的宣传片，汤建鸣同志介绍了推进渔业转方式调结构的工作经验，山东、浙江、福建、广东、湖北、湖南、宁夏等7省（区）渔业部门的负责同志就不同的专题介绍了自己的做法和经验。部渔业局将各地的书面材料进行了汇编，水产推广总站收集整理了全国推进渔业转方式调结构的案例，一并供大家参考借鉴。通过现场参观和经验交流，起到了相互借鉴、相互促进、推动工作的目的。下面，我讲三点意见。

一、渔业转方式调结构方兴未艾

去年以来，农业部党组根据党中央、国务院的总体部署，作出了加快农业供给侧结构性改革，推进种植业、畜牧业、渔业转方式调结构的决策部署。今年3月底，我部召开了全国渔业渔政工作会，韩部长亲自到会讲话，深刻阐述了渔业转方式调结构的重要性、紧迫性，明确了“提质增效、减量增收、绿色发展、富裕渔民”的目标和“健康养殖、适度捕捞、保护资源、做强产业”的方向，提出了“四转变”“四调优”和“打好六场硬仗”的总体要求。5月初，农业部印发了《关于加快推进渔业转方式调结构的指导意见》。围绕上述会议和文件精神的贯彻落实，我部针对突出问题，抓重点难点、抓关键环节、抓制度建设，进一步推动各项工作落实。一是加快调整养殖业布局和污染治理，开展洞庭湖区畜禽水产养殖污染治理试点，启动修订《养殖水域滩涂规划编制规范》，组织开展重大关键技术集成创新和试验示范，推广主导品种和主推技术，推动先进适用技术和优良品种在水产养殖业中的应用。二是多措并举促进捕捞业转型升级，研究制定“十三五”海洋捕捞渔船双控制度、海洋渔业资源总量管理制度方案，开展限额捕捞试点前期工作，推动渔船装备升级改造、节能减排和渔船标准化。三是养护渔业资源和生态，组织开展大规模的增殖放流活动，调整实施长江禁渔期制度，延长禁渔时间，扩大禁渔范围，提出了调整完善海洋伏季休渔制度的初步意见，启动了赤水河贵州段渔民转产转业试点，研究起草《关于加强长江水生生物保护工作的意见》。四是加强政策和规划引导，组织制定渔业油价补贴政策调整方案，完善《全国渔业发展第十三个五年规划》，修订渔港和港域经济区发展规划，推进国家渔业科技创新联盟建设。五是狠抓渔业安全监管，组织召开了水产品质量安全、渔业信息化、远洋渔业规范发展、渔业安全生产、违规渔具清理整治、周边渔业管理等专题工作会议，部署开展相关工作。六是加强渔政执法，印发了《继续深入开展“绝户网”等违规渔具清理整治的通知》，推动高法出台了《关于审理发生在我国管辖海域相关案件若干问题的规定》，组织开展了黄河上游资源保护和环渤海湾取缔绝户网专项执法行动，收到较好的效果。

各地积极响应，纷纷召开会议、出台文件，对本地区渔业转方式调结构促转型进行动员部署。从这次现场会反映的情况及到各地调研了解的情况看，基层干部群众对转方式调结构的认识有了很大提高，对“减量增收、提质增效”内涵的理解更加全面，对“转什么、调什么”“怎么转、怎么调”的思路更加清晰，行动比较迅速，成效开始显现，加上过去的工作积累，形成了许多值得相互学习借鉴的好经验、好做法，概括起来有以下几点。

一是以市场为导向，大力发展特色渔业。立足资源优势和市场需求，发挥市场机制的决定性作用，因地制宜调整品种结构和产业布局，形成区域特色。江苏省大力发展特色水产养殖，重点培育了河蟹、小龙虾、青虾、罗氏沼虾、河豚鱼、条斑紫菜等一批主导品种和优势产业，全省特种水产养殖面积占总面积的74%，其中河蟹产值近300亿元、虾类产值超200亿元，"虾蟹经济"特色明显。江西省着力打造特色渔业集群发展，重点培植11个重点渔业产业集群，涵盖20多个水产养殖品种及30多个渔业重点县市区。

二是通过一二三产业融合发展，促进渔业增效渔民增收。以效益为纽带，通过品牌创建、加工增值和休闲服务，推进一二三产融合、种养业结合发展，延伸做强产业链。福建省实施水产品精深加工带动计划，培育以"福建十大渔业品牌"为主导的区域特色品牌，打造苗种、养殖、加工、流通、品牌等一条龙全产业链条，目前全省已拥有中国驰名商标31个、省名牌产品104个。宁波市实施以南美白对虾、梭子蟹、大黄鱼、中华鳖、锦鲤为代表的"3+2"主导品种提升计划。湖北、浙江、安徽、四川、辽宁、宁夏等省区推广生态高效稻渔综合种养模式，提高了稻米质量安全，增加了优质水产品供给，实现"一水两用、一田双收，提质增效、粮渔双赢"。山东省打造15处省级休闲海钓示范基地，上半年接待游客9.9万人次，带动旅游消费2.3亿元，成为新的经济增长点。

三是通过生产生态相结合，促进渔业绿色发展。浙江省以"生态+"为理念，促进生态与养殖、捕捞、加工、休闲渔业等的深度融合，推进渔业水域环境治理和产业转型升级，上半年累计投入5.3亿元，完成池塘生态化改造9.1万亩*、稻鱼共生轮作7.8万亩、水产养殖禁限养区划定整治6.3万亩，拆除整治甲鱼温室和开放型水域网箱等150多万平方米，启动实施配合饲料替代幼杂鱼行动。天津市综合利用现有渔业资源进行节水、高效的现代水产养殖，累计争取中央和市级财政资金近1亿元，建成各类工厂化循环水养殖企业60余家。重庆市深化水域牧场建设，采取"以水养鱼、以鱼养水、鱼水相依"模式，按"三不投"原则推进淡水生态渔场建设，在万州有序扩大水域牧场1万亩，同时大力推广鱼菜共生技术模式，既改善了池塘水质，减少了病害，又增加了效益。贵州省推进赤水河捕捞渔民转产转业，转产捕捞渔民222户。吉林省捕捞产量连续实现"零增长"。

四是通过科技兴渔，大力提升产业素质。江苏省加大新品种新技术新模式推广力度，青虾、河蟹推广面积同比增长50%，大力推广池塘工业化循环水生态养殖系统，累计建设设施水槽近10万平方米，普及到全省46个渔业重点县市区。青岛市积极实施蓝色种业发展计划，示范推广十大优良品种，推行池塘养参微孔增氧、池塘生态养虾等先进养殖技术5万多亩。6月初我部在广东省召开了全国渔业信息化工作现场会，广东、浙江、山东等省进行了展示汇报，让我们直观地感受到信息化已经进入到渔业管理、生产、营销等各个环节，大大提升了效率和水平。

总的看，部党组决策部署渔业转方式调结构以后，全国渔业系统响应积极、行动迅速、措施有力，加快推进渔业转方式调结构的良好氛围已经形成，各项工作进展顺利、初见成效，渔业转方式调结构迈出了坚实步伐。

二、准确把握当前渔业发展的形势

今年是"十三五"开局之年，也是全行业加快推进渔业转方式调结构促转型的第一年。从1～7月整体运行情况看，渔业发展形势稳中有进，概括为四句话，就是生产平稳、市场回暖、效益回升、总体安全。据统计，1～7月国内水产品产量3 073万吨，同比增长2.9%，其中，水产养殖产量2 456万吨，同比增长3.1%；捕捞产量618万吨，同比增长2.4%。水产品批发市场综合平均价格为23.3元/千克，同比上涨5.4%，其中，海水产品价格42.7元/千克，同比上涨8.1%，淡水产品价格15.7元/千克，同比上涨2%。国际贸易形势向好，1～7月我国水产品进出口总量458万吨，进出口总额164亿美元，同比分别增长0.3%和1.9%。其中，出口量232万吨，出口额114亿美元，同比分别增长5.6%和2.7%。在外贸形势不好的大背景下，渔业取得这样的成绩是非常不容易的。从各地情况看，水产品市场供销两旺，渔业效益回升，渔民人均纯收入增幅高于去年同期。水产品质量安全水平稳步提升，没有发生大的质量安全事件。

在肯定成绩的同时，我们也要清醒地看到，渔业是一个资源环境高度依赖性的产业，可持续发展还面临一些突出问题和困难。一是渔业资源持续衰退。捕捞渔情监测显示，上半年海洋渔业资源较差，渔船整体出航率和作业天数比去年同期均略有下降，传统经济渔获产量继续下降。资源状况不好，使得幼鱼捕捞在一些地区愈演愈烈。二是捕捞强度居高不下。捕捞产量

---

* 亩为非法定计量单位，1亩等于1/15公顷。

压减乏力，涉渔“三无”船舶、“绝户网”在一些地方还大量存在，清理整治任务十分艰巨。多种渠道反映，海上尤其是禁渔区线外非法捕捞行为猖獗，对伏季休渔制度产生较大冲击。三是水产养殖业转型升级压力大。养殖布局不够合理、养殖方式落后、养殖密度过大、投喂不科学等造成局部污染，病害种类增多。压减过剩的养殖产能和减污染减排放任务艰巨。

渔业还是一个国际竞争非常充分的产业，进一步拓展国际发展空间面临很大压力。国际及区域渔业组织对渔业资源的保护日趋严格，对远洋渔业生产提出了更高的管理标准和要求，入渔国的合作门槛也不断提高。同时，地缘政治、海洋权益争端甚至一些国家的国内政治斗争及政策调整等因素，也对我远洋渔业发展造成不利影响。

另外，渔业在很大程度上还靠天吃饭，抗风险能力亟须加强。受超强厄尔尼诺的影响，今年我国气候十分异常。年初遭遇三十年来最强寒流，华南地区如广东、海南、福建等损失严重。入汛以来，长江中下游地区和北方局部地区又接连遭受暴雨、龙卷风和洪涝灾害影响，灾情严重。截至7月底，湖北、江苏等15个省（自治区、直辖市）受灾养殖面积1 060万亩，直接经济损失达205亿元。7月初“尼伯特”强台风致使福建沿海渔船和海上养殖遭受巨大损失，损失金额2亿多元。8月中旬海南又遭遇了热带风暴“电母”和强降雨袭击，渔业经济损失超过6亿元。严重的灾情对渔业发展、渔民增收和深入推进渔业转方式调结构带来十分不利的影响。

三、进一步明确渔业转方式调结构主攻方向

今后一个时期的渔业渔政工作要继续坚持问题导向和目标导向，紧紧围绕“四转变”“四调优”和“打好六场硬仗”的目标任务，加快推进渔业转方式调结构，保质保量完成全年工作目标，努力推动“十三五”渔业发展全面升级，力争率先实现现代化。这里再强调八个方面的工作。

（一）优化布局控捕捞

在3月底全国渔业渔政工作会议上和我部《关于加快推进渔业转方式调结构的指导意见》中，对全国渔业包括淡水渔业和海洋渔业大的区域布局和结构调整都作了部署，要全面抓好落实。

优化布局要着重完善养殖水域滩涂规划制度。调整近海、湖泊、水库内网箱养殖，优化养殖布局，明确限养区禁养区，通过科学合理编制、修订各级养殖水域滩涂规划来实现。为规范和指导各地养殖规划制修订工作，我部起草了《关于加快养殖水域滩涂规划编制工作的通知》，同时拟修订《养殖水域滩涂规划编制规范》，稿子已发给大家了，请研究提出修改意见。各地要高度重视，按照我部要求，确保在2018年底前全部完成养殖规划编制修订工作。

控制捕捞要着重完善投入和产出两方面政策措施。内陆天然渔业资源持续衰退，淡水捕捞业要全面压减，逐步全面禁止。海洋捕捞要加强投入和产出两头控制，实行海洋渔业资源总量管理。在投入控制方面，捕捞渔船“双控”制度是我们的主要手段，实践证明也是现有条件下行之有效的举措。我部在前期工作基础上，拟向国务院报送《“十三五”期间进一步加强渔船管理压减海洋捕捞强度的意见》，明确提出“十三五”期间压减海洋捕捞渔船2万艘、150万千瓦，国内海洋捕捞能力在现有基础上降低15%的控制目标。在产出控制方面，中共中央国务院印发的《生态文明体制改革总体方案》提出“完善资源总量管理”的要求。按照生态文明体制改革总体部署以及中央全面深化改革领导小组的要求，我部上半年组织起草了海洋渔业资源总量管理制度方案，待国务院批准后即组织实施。总的思路是采取“统分结合、双层推进”，即宏观层面，在全国和沿海各省（自治区、直辖市）实行国内海洋捕捞总产量负增长政策；微观层面，在部分海域选择适当的品种开展限额捕捞管理试点，逐步建立起以投入控制为主、投入产出兼顾的中国特色渔业资源管理基本制度。这两个文件印发后，我部还要召开专题会议进行贯彻落实。最近韩部长在回答记者提问时指出，目前我国海洋渔业资源的可捕量也就800万～900万吨，而实际捕捞量大大超出这个数据。各地要切实增强责任感、使命感，按照新的海洋渔业资源总量管理制度的要求，坚决把超出资源承载能力的捕捞产能压减下来，让渔业资源真正得到休养生息并逐步恢复。

（二）提质增效富渔民

发展渔业的根本目的是增效和增收，渔业转型升级首先要实现优质高效的发展。要积极调整品种结构，发展适销对路的品种。传统养殖生产的产品多数是大路货，价格低价值低，常常入不敷出，还带来对环境的污染。随着整个社会环境保护治理要求的提高，养殖成本不断被抬高，倒逼养殖业必须转型升级，必须调优品种结构和生产方式，走优质高效发展路子。中洋集团发展工厂化养殖，投入虽然高但是还能赚钱，靠什么？靠的就是优质高效。优质高效实现了，渔民收入也就提高了。这是现代渔业发展的内在要求。

要深入推进水产健康养殖。近些年来，我部持续开展水产健康养殖示范创建，是提质增效很好的抓手。

健康养殖要更加突出养殖过程的安全和养殖产品的质量安全两个关键环节。今后不再将超高密度池塘养殖、近海普通网箱养殖、内陆大水面投饵网箱养殖等方式纳入创建对象，表明淘汰落后养殖方式的立场。2016 年全国水产健康养殖示范创建活动要完成 500 个示范场和 10 个示范县的创建目标。有条件的地区还要积极开展省级健康养殖示范县、示范场、示范园区等各类创建活动，促进水产健康养殖全面发展。

（三）节水减排治污染

要大力推广节水减排养殖模式。今年我部继续在 8 个省市开展节能减排示范试点，工厂化和池塘循环水养殖、底排污池塘养殖、粪污收集网箱养殖等一大批节水减排新技术、新模式已在全国各地试验试点。近年来江苏省大力推广池塘工业化养殖模式，实现了高产、高效、节水和污染物零排放，值得各地借鉴和推广。各地要结合实际，积极开展各种类型的节水减排养殖技术模式的示范推广工作，切实抓出成效。

要加大水产养殖污染治理力度。洞庭湖是我国第二大淡水湖，是我国传统的淡水渔业产区。多年来，环湖水产养殖规模不断扩大，为渔民增收致富做出了重大贡献。但在养殖过程中，饵料、肥料、鱼药大量投放，未经处理超标排放问题比较突出，造成了水质富营养化等污染。针对这一问题，今年初我部启动了湖区的四个县市区畜禽水产养殖污染治理试点。下一步，试点县要编制完成养殖污染治理规划，明确区域污染现状，科学划定限养区和禁养区，转变养殖方式，发展水产健康养殖，逐步拆除大湖围栏围网养殖，控制水库网箱养殖密度，引导开展湖泊生态增殖渔业，发展池塘循环水养殖，确保集中整治区域水质逐步达到地表水Ⅲ类标准。

（四）养护资源可持续

资源环境是渔业发展的基石。要始终坚持绿色发展理念，大力养护水生生物资源。这方面我们积累了很多成功的经验和做法，增殖放流、保护区建设、珍稀濒危水生野生动物保护等等，取得了显著成效，已经成为常规工作。今后要进一步做细、做精，实现科学化、规范化。近些年，我部积极推动、一些地方已经设立的“放鱼节”，越来越得到社会各方面的认可和响应，各地要进一步扩大规模和参与度，以此为抓手推进渔业资源修复并发展好增殖渔业。海洋牧场建设是保护和增殖渔业资源、修复水域生态环境的重要手段，对此国务院领导同志高度关注。去年我部开展了国家级海洋牧场示范区创建，首批创建 20 个海洋牧场示范区，今年将组织开展第二批创建。目前，我部正在筹备全国海洋牧场建设现场会，明年将在山东召开。各沿海地区要将海洋牧场建设作为渔业转方式、调结构的重大措施，建设好发展好，抓好抓实。

要打出规范利用渔业资源的“组合拳”。一是进一步完善海洋捕捞渔具准用目录和标准的制修订。建立健全渔具渔法规范化管理制度，明确各类渔具准入标准，强化监管措施。二是加强幼鱼和繁殖亲体保护，加快制定重要品种的可捕标准和渔获物幼鱼比例。浙江省首先打响了幼鱼保护攻坚战，出台了海洋渔业资源重点保护品种可捕规格及幼鱼比例制度，出重拳加大执法监管，对在港口、码头、市场、加工厂等发现的幼鱼，一律查清源头从重处罚。各省都要行动起来，要向浙江学习，共同撑起幼鱼保护的大网，斩断伸向幼鱼的黑手。三是完善伏季休渔制度。海洋伏季休渔制度实施二十多年来，取得了良好的生态、经济和社会效益，成为我国辐射范围最广、影响力最大的一项资源养护制度。但任何制度都有一个不断完善的过程。特别是近几年随着近海渔业资源的不断衰退，很多渔民四五月份就不再出海作业，部分出海作业的渔船捕捞上来的也是幼鱼居多。而且，由于各海区的休渔时间不统一，每年八九月份，北方开渔的渔船南下，南方的渔船北上，给执法管理带来了很大的困难，基层渔政执法人员和渔民对现行伏休政策意见很大，也引起高层领导重视。针对这些情况，我部计划对现有伏休政策进行调整，总的思路就是统一和延长，将各海区休渔时间统一提前，并适度延后休渔截止时间。调整方案目前正在征求各地意见，准备明年实行新的伏季休渔政策。希望大家统一认识、下定决心、克服困难，确保制度调整到位、执行到位。此外，还要加强渔运船管理，严禁渔运船直接从事捕捞生产，积极探索对渔运船实施总量管理制度，使渔运船与海洋捕捞渔船数量相适应。

（五）做强产业拓功能

推进渔业产业做强做大，实现一二三产融合发展，延长产业链、提高价值链，提高抗风险能力和产业效益。重点是实现产业的“接二连三”，做强水产加工、流通和休闲渔业。休闲渔业是拓展渔业功能的重要方面。经过近些年的快速发展，休闲渔业已成长为一项很有发展潜力的新兴产业，成为很多地方新的增长点。但是发展不均衡、管理不明确、设施条件落后、政策扶持缺乏等问题也日益显现。随着产业发展壮大，管理、政策都要跟上，既要支持又要规范其发展。10 月份，我部将在厦门召开全国休闲渔业现场会，研究讨论加强休闲渔业管理的意见，部署“十三五”休闲渔业发展。另外，有些问题请大家提前思考，休闲渔业用船算是什么船？由哪个部门负责管理？钓饵对水体生态安全、产品质量安全的影响？谁来监管、怎么监管？对这些发展中的新问题要迎难而上，以积极的态度推进解决，保障产业持续健康发展。

（六）依法监管保安全

安全责任重于泰山。要重点抓好三方面的渔业安全工作。

一是水产品质量安全。从产地监督抽查和市场例行监测情况看，在几大类农产品中，水产品质量安全水平提高最快。检测反映的突出问题还是“三鱼两药”。下半年重大活动多、节假日多，G20 峰会马上就要召开，还有中秋、国庆、元旦等节假日，对水产品质量安全问题要坚持不懈抓好抓实。要以“三鱼两药”整治为重点，落实水产品质量安全的属地管理责任和生产经营者主体责任，加大监督抽查处罚力度，坚决打赢水产品质量安全提升的硬仗，努力确保不发生重大水产品质量安全事件。

二是渔业生产安全。今年渔业安全生产起伏较大，前四个月渔业船舶水上安全事故还是“双下降”，但是 5 月上中旬接连发生 6 起较大以上事故，短短半个月死亡（失踪）68 人，致使渔业安全生产形势一度紧张。虽然引发事故的原因是多方面的，但是也说明了渔业安全生产工作的艰巨性、复杂性和长期性，不能有丝毫松懈。上半年，部局创新工作方式方法，组织“2016 全国渔业安全生产大检查”，开展交叉互检活动，对各地安全生产工作有较大促进。当前正值台风季节，秋冬季又是传统渔业生产旺季，大批渔船即将全面结束伏季休渔出海作业，渔船事故特别是碰撞事故高发期即将来临。各级渔业部门要狠抓责任落实，在当地政府的统一领导下，在安全生产监管部门指导下，加强与相关部门协调配合，加强防台抗台、商渔船防碰撞、渔船水上事故调查、平安渔业创建等工作，促进渔业安全生产形势稳定向好。

三是水生生物安全。水产养殖业快速发展，养殖品种和规模不断扩大，疫病风险也大幅增长，养殖动物的安全问题凸显，影响水产品质量安全和水域生态环境安全。疫病防控问题成为制约水产养殖业持续健康发展的关键环节。各地要强化水生动物疫病防控，巩固和完善疫病防控机构、队伍、装备和制度建设，加快建立官方兽医和执业兽医制度，充分利用互联网远程辅助诊断等技术平台，提高病害防治和科学用药水平。加强水生动物疫病监测预警，规范染疫水生动物无害化处理。我部将开展相关调研，争取明年在渔业防疫检疫方面向前推进一步。

同时，要进一步加强渔政执法。渔业安全和转方式调结构都需要严格执法来保障。国务院海上执法体制改革以来，我部禁渔区线外渔政执法划转中国海警局承担，近海和内陆渔政执法仍然由我部负责。我部将在第四季度召开全国渔政工作座谈会，就新形势下如何做好渔政工作进行专门研究。现阶段，要重点加强渔政队伍的规范化建设，提高装备条件，创新执法方式方法。特别是要持之以恒开展涉渔“三无”船舶和“绝户网”清理整治专项行动。行动自去年启动以来，各地累计取缔涉渔“三无”船舶 1.6 万艘，其中浙江、福建两省成效最为显著，有关工作得到了中央的充分肯定。“绝户网”对渔业资源而言是灾难性的。今年以来，我部继续保持对“绝户网”清理整治的高压态势，7 月在浙江组织召开全国违规渔具清理整治工作推进会，8 月在天津启动了为期一个月的环渤海违规渔具整治专项执法行动。这两次行动反响都很好。各级渔业部门要抓住“中央高度重视、地方党委政府牵头负责”的大好时机，为政府出主意、当参谋、拿方案、提要求，借鉴先进省份的经验做法，积极部署、创新思路、完善措施、强化督导，促进行政司法衔接，推进涉渔“三无”船舶和“绝户网”清理整治专项行动深入开展下去。要进一步加强专项整治工作的督查督办，推动将专项整治工作纳入地方各级党委政府的考评范围，确保整治活动取得实效。

（七）创新驱动添活力

首先是科技创新。渔业转方式调结构每往前迈进一步，都需要强有力的科技支撑。党中央国务院高度重视科技创新，近期召开“科技三会”，总书记总理亲自到会讲话，新政策、新制度纷纷出台，得到全国科技界的热烈拥护。可以说，渔业科技创新面临新的历史性机遇。要乘国家科技管理体制改革的东风，大力强化渔业科技创新，在体制机制上激励科技人员的积极性和创造性，建立健全以市场为导向、科研院所为主体、产学研相结合的技术创新体系，重点围绕水产主导品种培育、疫病防控、健康集约养殖技术、先进装备等方面，开展技术攻关，切实解决渔业生产中的关键技术问题。加强集成创新，用先进技术和装备改造提升传统产业。

第二是组织创新。在大生产、大流通、大市场面前，渔民一家一户单打独斗难以适应，必须要加强渔业经营组织创新，提高生产经营的组织化程度，增强市场竞争力。要积极培育新型渔业经营主体，扶持壮大龙头企业，增强其辐射带动作用；加快发展渔民合作社，指导合作社规范生产经营行为；密切龙头企业、合作社、渔户的利益联结机制，创新富有生命力的生产经营模式，推进标准化生产和品牌化经营。

第三是政策创新。深入推进渔业转方式调结构需要强有力的政策支持。各级渔业部门要在力所能及的范围内创设有利于渔业转方式调结构的政策措施，同时要多提意见建议，通过上下联动，争取上升为国家政策。目前渔业最大的政策就是油价补贴政策，去年进行了调整，今年要贯彻落实。我部已向财政部报送了国内油补政策调整资金安排建议，主要用于渔民减船转产等六个方面。远洋渔业油补政策调整方案已获得国务院批准，项目资金管理办法和实施方案已经印发各地执行。我部将继续加强与财政部的沟通协调，争取尽快下达专项转移支付资金，同时组织开展专题研讨培训，加强项目实施指导和监督检查，推进油补政策调整各项工作落实。各地渔业部门要加强与同级财政部门的沟通联系，充分利用政策调整的有利时机，继续完善和细化本省实施方案，统筹谋划重大政策和项目，加强资金分配使用及监管，积极开展对基层干部及渔民的培训和政策宣传。尚未报送国内油补政策调整总体实施方案的地方，要加大力度，商同级财政部门尽快报送。

在保障现有政策连续性和支持规模总体稳定的基础上，我部还将统筹谋划，积极争取新的支持政策。8月13日，《农民日报》头版报道了湖北稻田综合种养取得重大成效，说明种养结合、循环发展、节肥减药、稳粮增收的稻渔综合种养正在得到各方面的认可，生态、经济、社会效益非常好。今年，我部在农业综合开发项目中安排4800万元，支持9个省实施稻渔综合种养工程，同时选择3个省的3个县开展技术示范。各有关省(区)渔业部门要督促项目承担单位，把项目实施好，把资金管好用好。

(八)经略周边强远洋

涉外渔业要坚定不移地发展，但也要规范发展。这是渔业转方式调结构的重要方面，也是六场硬仗之一，要高度重视。今年南海方面持续紧张，摩擦不断。G20会议期间，海南、广西、广东等省要坚决管控好渔船，避免发生新的摩擦和问题。朝韩方面，今年大量的船前去朝韩敏感水域，其中一部分是“三无”船。多数属于辽宁、山东省，要高度重视，严厉打击。对身份合法的渔船，回来后要坚决吊销许可证，砸其饭碗，毫不留情。对“三无”船一定要拆解，绝不能手软。再次强调，G20会议前后各地一定要落实监管责任，维护大局。

最后，我再强调一下渔业救灾复产。今年以来，渔业受灾类型多、损失重，居大农业之首。农业部党组高度重视渔业抗灾复产，派出工作组赴湖北、湖南、江西、安徽、江苏等地区调研指导灾后复产工作。在抗灾复产上，各地都做了大量行之有效的工作，下一步要加强信息调度，落实救灾物资，抢修水毁设施，搞好补种补苗，及时处置疫情，加强市场监测，争取渔业保险，做好技术服务，确保灾后重建和恢复生产顺利开展，力争点上损失面上补、大品种损失小品种补，确保水产品市场供给稳定，渔民不减收或少减收。我部将进一步加大工作力度，积极争取救灾资金，指导和帮助各地开展灾后重建。截至目前，中央财政已下拨包括种植、畜牧和渔业的全口径农业救灾资金7.3亿元，请各地加强与牵头部门、财政部门衔接，尽可能多争取一些资金用于渔业灾后重建。

同志们，渔业转方式调结构的大幕已经拉开，精彩的节目还在后面。让我们紧密团结在以习近平同志为总书记的党中央周围，按照农业部党组的统一部署，齐心协力，狠抓落实，不断夺取渔业转型升级的新胜利，为渔业现代化建设作出新的贡献！

农业部副部长于康震在全国水产技术推广工作会议上的讲话

(2016年4月18日)

这次全国水产技术推广工作会议是在“十三五”开局之年召开的一次重要会议。会议的主要任务是：贯彻落实党的十八届五中全会、中央经济工作会议、中央农村工作会议、全国农业工作会议、全国“两会”精神和全国渔业渔政工作会议精神，深入分析当前水产技术推广工作面临的新形势新任务，明确思路，科学谋划“十三五”水产技术推广工作，充分发挥水产技术推广体系在推进渔业供给侧改革、加快渔业转方式调结构、促进渔业转型升级中的支撑保障作用。下面，我讲三点意见。

一、“十二五”期间，水产技术推广工作成效显著

“十二五”是我国渔业发展历程中具有里程碑意义的5年。5年来，在农业部党组的领导下，在各级渔业部门和广大渔民群众的共同努力下，我国渔业保持持续健康发展，成为农业农村经济工作发展的突出亮点和重要增长点。2015年，水产品产量接近6 700万吨，渔业产值达到10 923亿元，渔民人均纯收入15 590元，水产品贸易顺差超过100亿美元，分别比2010年增长24.5%、61.8%、74%和55.6%。

“十二五”渔业发展成绩来之不易，令人振奋，是各级渔业主管部门狠抓落实的结果，也是与各级水产技术推广部门埋头苦干分不开的。“十二五”期间，水

产技术推广系统围绕渔业中心工作，全面贯彻落实《农业技术推广法》和“一个衔接，两个覆盖”等扶持政策，强化公益性职能，创新体制机制，提升服务能力，水产技术推广工作取得了显著成效。

（一）水产技术推广体系改革与建设稳步推进

截止到2015年底，国家、省、市、县、乡五级水产技术推广体系共有机构14 399个，比2010年增长12%；实有人数41 095人，增长11%，其中，全额拨款事业单位比重提升至80%，技术人员比重提升至72%。“十二五”全国共落实推广经费23.29亿元，较“十一五”增长近115%。同时，全国水产技术推广示范站建设活动取得积极进展，已创建示范站226个，形成了“示范先行、区域带动、整体考核、连续推进”的示范站建设机制，创建了以推广机构为主导，龙头企业、合作经济组织、示范基地以及养殖户共同参与的推广新模式；完成了农业部万名农技推广骨干人才培养计划和全国水产技术推广体系人员轮训。

（二）水产健康养殖技术服务取得新成效

在重大关键水产技术的试验示范、集成创新等方面，组织开展了主导品种和主推技术的遴选、示范、推广，每年指导推广养殖面积300多万公顷，受益渔民500多万人。特别是近年来组织实施的水产养殖节能减排技术、稻田综合种养技术等推广项目，在全国渔业重点省（自治区、直辖市）大面积开展，为渔业产业结构调整和渔业增效、渔民增收提供了有力的技术支撑。在抗击洪涝、台风、干旱等自然灾害中，水产技术推广队伍成为指导渔民开展科技抗灾救灾和灾后复产的主力军。“十二五”期间，全国水产技术推广系统累计取得省部级以上各类技术成果370多项，全国水产技术推广总站和云南省水产技术推广站获得全国农业科技促进年活动先进单位称号。

（三）水产品质量安全保障工作取得新进展

在水生动物疫病防控方面，组织开展了国家水生动物疫病监测和疫情预警预报，及时处理了重大突发疫情，指导养殖生产者开展疫病防控，对防范渔业生产风险，确保不发生重大区域性水生动物疫病起到了至关重要的作用。截止到2015年底，水产养殖动植物病情测报体系在全国建立测报点4 200多个，测报面积28.7万公顷，占我国水产养殖面积的3.6%。在水产品质量安全技术服务方面，大力开展渔民科学用药指导，全面启动水产品养殖全程质量监控，为保障养殖水产品质量安全提供了有力的技术支撑。截止到2015年底，水产品养殖全程质量监控总面积达4.8万公顷，监控种类40多种，试点区域内水产品质量产地抽检全部合格。在水产品质量安全监控方面，产地方面做的非常好，但在市场方面还有一些问题，可能后面环节出了问题。

（四）种业建设和资源养护服务工作取得新突破

在现代种业建设方面，组织做好水产新品种的审定和推广，强化对各级原良种场技术指导，充分发挥各级水产原良种场的示范带动作用，为建立布局合理、品种齐全、规模配套的现代渔业种业体系做出了重要贡献。在资源养护服务方面，推广体系支撑服务力度不断加大，创新增殖放流苗种管理服务，积极参与水生生物自然保护区、水产种质资源保护区、海洋牧场建设，积极承担增殖放流任务，不断拓展水域生态环境监测、污染事故和重大生态灾害监测及应急处置等工作，为持续推进渔业生态文明建设发挥了有效的支撑保障作用。随着国家对生态文明越来越重视，尤其是最近习近平总书记对长江流域开发与生态文明建设之间关系如何处理做了重要指示，在这个大背景下，我们渔业生态文明建设的任务越来越重。目前我们正在制定“十三五”增殖放流的指导意见。这项工作是功在当代、利在千秋的大事。

（五）渔民培训教育和渔业公共信息服务呈现新亮点

“十二五”期间，各级水产技术推广机构共开展渔业技能人才培训6万人次、新型渔业实用人才培训1 000万人次，着力培养了一批懂技术、会经营、善管理的新型渔民，全面提升了渔业从业人员素质，为现代渔业建设提供坚实人才队伍保障。与全国总工会联合举办了首届全国水产技术推广体系职业技能竞赛，产生全国“五一劳动奖章”获得者1人、省级“五一劳动奖章”18名，以及数十名省级“技能能手”，在水产技术推广系统掀起了学技术、练技能、争做高技能人才的热潮。在渔业公共信息服务方面，积极拓展服务领域、创新服务方式，依托互联网和传统媒体，探索建立了养殖渔情信息采集、水生动物疾病远程辅助诊断、水产养殖质量安全服务信息系统、渔业物联网等服务平台，促进了渔业管理和渔业生产的信息化。

5年来，水产技术推广队伍深入基层、扎实工作，在保障水产品有效供给，促进渔业增效渔民增收，推动现代渔业建设方面发挥了重要作用，得到社会和广大渔民群众的广泛认可。在此，我代表农业部党组，向长期奋斗在水产技术推广战线的同志们表示诚挚的问候和衷心的感谢。

二、“十三五”期间推广工作面临的形势与任务

“十三五”时期是我国全面建成小康社会的关键时期，2016年是“十三五”开局之年。总的来看，“十三

五”水产技术推广工作面临更为复杂严峻的外部环境，既存在有利条件，也存在不利因素，机遇与挑战并存。当前，水产品供给充足，但捕捞产能严重过剩，渔业资源环境保护压力加大，水产品质量安全仍存在较多隐患，迫切需要加快转方式调结构步伐。前不久，农业部召开了全国渔业渔政工作会议，对转方式调结构进行了动员和部署，韩部长到会并作讲话，近期，农业部将印发《关于加快推进渔业转方式调结构的指导意见》。推进渔业转方式调结构为水产技术推广工作提供了有利的发展机遇。同时也应该看到，“十三五”时期，我国水产技术推广体系还不够完善，组织机构、人才队伍、工作条件和工作经费等方面还存在一些困难，推广机制和模式需要不断创新，技术推广力度需要不断加大，适应新常态、发挥技术支撑和保障作用还面临不少新的挑战。

面对新形势新任务，在“十三五”开局之年，全国水产技术推广系统要按照中央关于转方式调结构的重大决策部署以及《农业部关于加快推进渔业转方式调结构的指导意见》精神，准确把握渔业转方式调结构对水产技术推广工作的新要求，找准定位，做好顶层设计，科学谋划“十三五”水产技术推广工作。

（一）准确把握渔业转方式对水产技术推广工作提出的新要求

2016年，全国渔业渔政工作会议就渔业转方式调结构工作进行了全面部署。当前和今后一个时期我们要把转变渔业发展方式作为加快推进渔业现代化的根本途径，转变资源利用方式，坚持生态优先、绿色发展的理念，转变过去拼资源消耗、拼要素投入的粗放生产方式，有度有序利用渔业资源。水产技术推广工作要按照转变养殖生产方式的总体要求，着力在健康养殖、清洁生产、安全用药、节水减排等方面下功夫，认真梳理工作中的薄弱环节，调整工作部署，强化工作手段，增加骨干力量，切实把促进养殖业转方式作为当前和今后一段时期的重点任务来抓。

（二）准确把握渔业调结构对水产技术推广工作提出的新要求

要围绕现代渔业产业发展要求，坚持生态优先、以养为主，调整优化渔业结构和布局：立足各地资源禀赋和生态类型，形成分工合理、优势互补的发展格局；以市场需求为导向，增加优质高端安全水产品生产，调减结构性过剩的大路货品种；努力推动养殖、捕捞、加工、增殖、休闲等“五大产业”协调发展和相互融合，健全现代渔业产业体系和经营机制，实现渔业提质增效、减量增收。推广体系要充分发挥体系平台优势，创新推广服务体制机制，加大渔业技术集成、示范、创新的力度，加强推广人才队伍建设，积极促进产业结构调整。

（三）准确把握渔业生态文明建设对水产技术推广工作提出的新要求

国家高度重视生态环境保护，2015年出台《关于加快推进生态文明建设的意见》《生态文明体制改革总体方案》，对生态文明建设提出了很高的要求。渔业生态文明建设要按照坚持生态优先，实现可持续发展基本原则，协调处理好生产发展与资源保护的关系，合理开发利用渔业资源，严格控制并逐步压缩捕捞强度。调整优化渔业产业结构和布局，加强水生生物资源养护和水域生态环境修复，不断改善水域生态环境，逐步建立资源节约、环境友好、安全高效的现代渔业产业体系。推广体系要按照《农业技术推广法》赋予的公益性职能，积极整合相关资源，着力拓展渔业资源养护和水域生态环境保护领域相关工作，不断提升水生生物资源养护支撑服务能力，充分发挥推广体系在渔业生态文明建设中的重要作用。

（四）准确把握“打好六场硬仗”对水产技术推广工作的新要求

韩部长在部署当前工作时要求“打好六场硬仗”，打好长江流域大保护、近海过剩产能疏导、水产品质量安全提升、渔业物质技术装备条件升级、捕捞渔民转产转业、远洋渔业规范有序发展等六场硬仗。当前及今后一个时期，水产技术推广体系一定要主动适应形势发展和政策变化，按照农业部系统的部署，围绕渔业发展方式转变和现代渔业建设的重点任务和发展方向，全面履行《农业技术推广法》赋予我们的各项公益性职责，深入推进基层水产技术推广体系建设与改革，不断强化渔业支撑保障作用，不断提升渔业公共服务能力，努力为打好“六场硬仗”做好工作、贡献力量。

三、努力为渔业转方式调结构促升级提供有力支撑

“十三五”时期，全国水产技术推广系统要全面贯彻落实党的十八届五中全会、中央经济工作会议、中央农村工作会议、全国农业工作会议、全国“两会”精神和全国渔业渔政工作会议精神，以新的发展理念为引领，紧紧围绕渔业转方式调结构这个主线，认真履行职责，创新体制机制，提升服务水平，为推进现代渔业建设，促进渔业转型升级提供强有力的技术支撑。

（一）为渔业转方式调结构提供有力技术支撑

1. 为养殖业转型升级提供有力支撑。大力推广水产健康养殖。积极发展大水面生态增养殖、工厂化循环水养殖、池塘工程化循环水养殖等健康养殖模式，大力推广稻渔共生、鱼菜共生等综合种养和生态种养模式；加强健康养殖技术集成和示范推广，通过标准化生

产技术规程，引导养殖户合理控制养殖密度；加强人工配合饲料的研发和推广，加快替代冰鲜幼杂鱼直接投喂步伐。积极促进养殖品种结构优化。紧紧围绕水产品消费升级的需求，以市场为导向，认真做好主导品种和主推技术遴选，积极推广适销对路的名特优、高附加值品种；着力加强现代渔业种业建设支撑服务，加快新品种的选育步伐，组织做好水产新品种的审定和示范推广，积极参与渔业种业提升工程实施，培育育繁推一体化种业企业，促进现代渔业种业体系构建，不断提高良种覆盖率。强化苗种管理技术服务。要认真做好全国水产原良种审定委员会秘书处工作，加强水产苗种检疫体系建设，推进水产苗种产地检疫全面开展，提升水产苗种质量安全水平。积极促进养殖布局调整。配合渔业主管部门做好近海、水库、湖泊网箱养殖规模的调减工作，加强养殖容量基础调查，大力集成养殖容量调控和生态修复技术；大力推广离岸深水抗风浪网箱、稻田综合种养、工厂化和池塘循环水养殖、多品种混养、低洼盐碱地精养等生态健康养殖技术，拓展养殖发展新空间；按照转方式调结构的要求，认真做好宜渔水域滩涂的情况调查，为养殖水域滩涂规划制定提供支撑。

2. 努力为转变资源利用方式提供有力支撑。大力推广渔业节能减排技术。创新节水、节地、节能、减排型渔业节能减排模式，加快新技术、新设备、新工艺的应用，推进节能减排技术升级；加快推进养殖容量调控和养殖废水排放检测技术集成，推进养殖废水排放标准的制定，制定养殖生产环境卫生条件和清洁生产操作规程，逐步推动废水超标排放养殖模式的淘汰。积极参与捕捞业优化调整。配合做好捕捞渔民转产转业工作，加强转产转业渔民的技术培训和政策帮扶，引导转产转业渔民向水产养殖、加工流通、休闲渔业转移。着力强化资源养护支撑服务。组织开展增殖放流苗种繁育技术攻关，承担增殖放流苗种供应任务，加强增殖放流规范指导和监管服务，提高增殖放流的科学化、规范化水平；积极参与水生生物自然保护区、水产种质资源保护区以及海洋牧场建设。着力强化生态环境保护支撑服务。充分发挥水产技术推广体系在水域生态环境监测、污染事故和重大生态灾害监测及应急处置中的作用，积极参与水域生态修复相关工作，促进水域生态环境改善。

3. 努力为打赢水产品质量安全硬仗提供有力支撑。强化水生动物疫病防控技术服务。加强水生动物疫病监测预警，完善重大疫情报告制度；强化水生动物防疫实验室能力建设，推进水产苗种产地检疫；积极参与渔业执业兽医队伍建设，做好渔业乡村兽医备案和指导；加强无规定疫病苗种场创建指导，开展水生动物疫病强制免疫试点，规范病死水生动物无害化处理，着力提高重大、突发疫情的应急处置和防控能力。强化养殖用药规范指导。开展病原菌耐药性普查，调整禁用药目录和准用药使用指南；加强养殖用药培训，组织开展“水产养殖规范用药科普下乡活动”；探索建立水产养殖水质改良剂、底质改良剂、微生态制剂等生产备案制度；协助开展养殖用药抽检和禁用药物精准整治行动，配合查处养殖过程违法用药行为。强化质量安全技术服务。积极整合技术推广、疫病防控、用药指导等相关资源，提升推广体系水产品质量监测能力，开展养殖水产品质量监控技术服务；积极推进产地水产品质量安全可追溯试点和产地准出试点，加强安全监管服务。

4. 努力为发展壮大新型渔业经营主体提供有力支撑。积极推动产业化服务平台建设。提高组织化程度是现代渔业发展的方向，但目前我国渔业企业和合作社规模小、带动力不足，国家水产技术推广体系应充分发挥组织、信息、技术等优势，依托公益性服务平台，积极帮助龙头企业、合作社等产业化经营主体，建立健全质量安全、冷链物流、经营服务、品牌建设等相关配套保障体系，逐步推进以市场为主导，以公益性平台为支撑、政产加销一体的产业化服务平台的形成。积极培育新型经营主体。新型经营主体是实现产业化的关键力量。各级水产技术推广机构应通过政策和技术帮扶，在基层培育一批具有较强带动作用的渔业龙头企业、专业合作社、生产经营大户或家庭渔场，引导各类经营主体建立多种形式的利益联结机制，提高渔业组织化程度。同时，加大渔业实用人才和新型职业渔民培训，提高渔业从业者生产、经营、管理能力和守法意识。

（二）不断创新水产技术推广工作

1. 创新推广服务机制。以改革创新的思维，在总结基层水产技术推广示范站建设成功经验的基础上，着力推进基层推广工作模式创新，建立健全考核激励、责任渔技、人员培训、多元推广等工作制度，试点开展技术先进性、安全性、适用性验证，基层渔民技术员考核备案，公益性推广平台资源共享等工作，按照“示范先行、区域带动、连续推进、整体发展”的思路，加快推广体系运行机制创新步伐，着力提升推广机构规范管理水平，提高推广人员工作积极性。

2. 创新信息化服务手段。积极推进物联网、大数据、移动互联网等现代信息化在推广工作中的应用，针对现代渔业生产、管理、服务的需求，着力提升优化养殖渔情云服务、基层水产技术推广示范站管理、水产养殖质量安全服务、水生动物疾病远程辅助诊断、水生动植物病情预报测报、水产养殖智慧渔业信息服务、水生生物资源养护服务、《中国水产》微信平台等业务系统平台。逐步规范数据标准,推动建立数据共享、业务协同的水产技术推广大数据平台。认真组织实施"物联网+水产技术推广"行动,力争在全国创建一大批具有典型示范效果的水产技术推广公益性信息服务平台。

3. 创新推广工作领域。随着现代渔业转型升级加快,渔业渔政管理体制改革深入推进,水产技术推广体系工作拓展面临重大机遇。各地水产技术推广机构应树立"有为有位"的思想,打破固有传统观念,只要是渔民需要、政府支持、法律授权、有利于公共服务能力提升的工作都应积极开展,不能等、靠、要,要充分利用现有条件的把工作先干起来。从今年开始,渔业转型升级工作全面铺开,这是一篇大文章,有些工作可以预见,有些工作无法预见。随着工作的开展,我们会遇到一些新问题、新挑战,但同时我们也赢得很多发展机遇,水产技术推广系统服务的对象和领域都将发生深刻变化,我们一方面要适应,一方面要在过程中抓住机遇,发展壮大。积极开展休闲渔业领域工作。

休闲渔业是"十三五"现代渔业发展的重点产业,各级水产技术推广机构要积极参与休闲渔业示范基地建设,积极承办观赏鱼大赛、垂钓比赛、龟鳖大赛、渔文化节等休闲文化活动,积极配合有关部门加强休闲渔业的指导。这是一个新兴产业,非常有希望。积极开展水产养殖保险领域工作。渔业政策性保险是"十三五"强渔惠渔政策创设的重点。这方面基本还是一片空白。各级水产技术推广机构应抓住机遇,充分发挥推广体系在政策宣传、风险评估、理赔操作等方面的优势,积极参与养殖保险试点创建。积极开展渔业扶贫领域工作。实现贫困渔民如期脱贫事关全面建成小康社会全局,各级水产技术推广机构要积极贯彻农业部《关于加大渔业扶贫力度 打赢贫困渔民脱贫攻坚战的通知》的要求,强化对老少边穷地区和退渔上岸渔民的扶贫工作。积极配合开展渔业行政执法领域工作。据调查,目前,全国市、县级水产技术推广机构中有20%左右承担渔政管理职能,各级水产技术推广机构要抓住渔业行政执法改革的机遇,积极做好渔业执法的技术支撑,不断拓展相关工作职能,加快促进渔政执法的改革建设。

(三)不断强化推广工作保障

1. 加强政策落实和创设。围绕关键环节,加快构建水产技术推广政策扶持体系。"一个衔接、两个覆盖"是中央扶持农技推广体系发展的专项政策,各地要进一步加大落实力度。各级渔业行政主管部门要高度重视,加强对水产技术推广机构事业单位分类改革的指导,积极争取公益一类事业单位定位,这是确保基层水产技术推广体系稳定和推广人员收入与其他事业单位人员相衔接的关键。农技推广体系改革与建设补助项目投入大、保障稳定,在近年的水产技术推广工作中发挥了重要作用。目前,这个项目每年落实到渔业系统的经费不到2亿元,不足10%,还有较大争取空间,各省渔业部门特别是主产省份要切实行动起来,加大落实力度,积极争取切块管理或将渔业重点地区纳入扶持范围。另外,各地正在研究制定2015—2019年国内渔业捕捞和养殖油价补助政策调整实施方案,农业部正在组织制定《全国渔业发展第十三个五年规划》《"十三五"全国渔业科技发展规划》,各级渔业部门应加强水产技术推广体系扶持政策的研究和转化,将重点工作和工程纳入相关规划,力争形成扶持水产技术推广体系发展的长效机制。

2. 强化推广体系条件建设。水产技术推广服务主体在基层,加强县乡基层推广机构条件建设对提升推广服务能力十分重要。目前,通过乡镇农技推广机构条件建设项目,乡镇推广机构工作条件有了显著的改善,但县级(区域)水产站条件建设没有专项投入。目前,国家标准《基层农技推广机构建设标准》正在征求意见,即将出台,将对各级水产技术推广机构建设提供指导。各级渔业部门要积极与财政、计划、人事等部门沟通协调,整合有关项目资源,争取落实县级(区域)水产技术推广条件建设的专项资金。

3. 强化推广队伍建设。加强自身队伍建设是提升水产推广队伍凝聚力、战斗力的关键。一要提高政治意识。各级水产技术推广机构要高度重视党的建设,全面履行从严治党要求,讲政治、顾大局,自觉维护党的集中统一领导,在思想上、在政治上、在行动上与党中央保持高度一致。二是提高学习意识。"十三五"渔业调结构转方式任务重、难度大,新情况新问题多,推广体系的同志们要进一步加强学习,努力提升基本情况调研分析和解决实际问题的能力。要进一步加强推广人员的知识更新培训和学历继续教育,为推广人员提升素质创造条件。三是提高服务意识。推广人员直接服务生产一线,服务的好坏关系到渔业部门在广大渔民群众心中的形象。因此,各级水产技术推广机构应增强服务渔民的主动性,从渔民群众的实际利益出发,从渔民最关心的问题出发,为渔民群众多做好事、实事。四是提高协同意识。五级联动的推广体系是我们推广系统的最大优势,各级推广机构要牢固树立推广工作"一盘棋""大推广"的思想,加强团结协作,引导科研院校、涉渔企业、专业合作组织等多元主体参与水产技术推广服务,合力推动水产技术推广事业发展。全国水产技术推广总站以及省级水产技术推广机构在这方面应发挥带头引导作用。五是提高廉洁意识。坚决执行中央八项规定,严格反对"四风",自觉践行"三严三实",切实抓好推广人员的廉洁教育工作,特别是要加强推广项目实施中的财务管理,发现问题及时整改,不断加强推广机构和队伍的廉洁自律工作。

同志们,水产技术推广队伍十分重要,作为现代渔业建设的重要力量,是做好渔业转方式调结构工作的可靠组织保障和重要技术支撑。各级渔业行政主管部门要不断提高对推广工作的认识,高度重视体系的改革与建设工作,充分发挥推广体系在现代渔业建设中的支撑保障作用。各级推广机构要抓住机遇、顺势而为,扎实工作、开拓创新,努力提高渔业公共服务能力,为现代渔业建设做出更大贡献。

农业部副部长于康震在全国渔业安全生产工作视频会议上的讲话

(2016年5月20日)

今年5月份以来,全国渔业安全事故频发,引起党中央和国务院高度重视,中央领导多次做出重要批示。为认真贯彻落实中央领导有关批示精神,遏制事故频发态势,进一步加强渔业安全生产管理工作,切实保障渔业生产和渔民生命财产安全,我部决定联合国家安监总局、交通运输部和中国海警局紧急召开全国渔业安全生产工作视频会议。会议的主要任务是:通报近期渔业安全事故情况,传达中央和我部领导关于加强渔业安全生产管理有关批示精神,部署下一阶段加强渔业安全生产工作措施。

下面,我讲三点意见。

一、安全生产必须警钟长鸣常抓不懈

5月4日至15日,全国共发生了6起较大以上渔业船舶水上安全事故,其中重大渔业安全事故两起。2016年5月4日,"辽瓦渔75099"在31渔区失联,截至目前10人下落不明;5月7日,"辽普渔25200"在海洋岛渔场46渔区失联,截至目前6人下落不明;5月7日,"辽庄渔65142"在海洋岛渔场45渔区翻扣,截至目前8人下落不明,1人死亡;5月7日,"鲁荣渔58398"在舟山渔场193渔区被一艘外籍轮碰撞,截至目前17人失踪,2人死亡;2016年5月12日,"浙岱渔11307"在长江口渔场169/2渔区失联,截至目前17人下落不明;5月15日,"浙象渔40207"在檀头山以东32海里,197/5渔区失联,截至目前7人下落不明。短短十天内,频繁发生较大以上渔业安全事故,这在近年来的渔业安全工作中是不多见的,65个渔民兄弟失去了联系,3人离开我们,再次给我们渔业安全生产工作敲响了警钟。事故发生后,党中央国务院高度重视,中央领导先后多次针对相关事故做出重要批示。2016年5月7日,张高丽同志针对"鲁荣渔58398与外轮相撞18人失踪"事件做出重要批示,要求海警局协助有关省有关方面做好搜救工作。5月13日,马凯同志针对"浙岱渔1130717名渔民失联"事件做出重要批示,要求有关部门组织协调海上搜救、渔业、过往船只等各方面力量,全力搜救失联渔民,同时注意自身安全。5月14日、16日,汪洋同志先后两次做出重要批示,要求有关部门做好搜救工作,并举一反三指导渔民做好避险工作;要求农业部抓紧出台相关措施,防止此类事故频发。我部韩长赋部长5月17日对此专门作出重要批示:近来海上渔船连续出事故,应会商海警局,采取有效防范措施,必要时可联合召开视频会议,联合开展安全检查。我部应再次督告各省渔业部门,加强安全教育和管理。

中央领导和韩部长的重要批示,对我们下一步工作提出了明确要求,指明了方向。我们要深刻领会批示精神,切实担负起职责,将祖国和人民的利益放在首位,时刻将渔民兄弟的生命财产安全放在心上,狠抓落实,扎实工作,认真总结查找分析事故原因,坚决遏制海上渔业安全事故多发频发态势。

应该说,今年以来,各级渔业主管部门围绕渔业安全生产管理,做了大量工作。2月26日,我部召开全国渔业安全生产工作视频会议,对"十三五"期间渔业安全生产工作和2016年重点工作进行了安排部署。随后,针对两会、汛期及伏季休渔期间渔业安全生产工作,我部先后下发明电和通知,要求各级渔业主管部门进一步强化渔业安全生产管理,防范和遏制重特大事故发生。此外,上半年我部还着力加强了涉朝韩和涉台水域渔业安全生产管理,先后印发了《农业部办公厅关于进一步加强涉朝韩海域渔船管控工作的紧急通知》和《关于加强涉台水域渔民教育和渔船管控工作的紧急通知》,同时进一步强化了与其他部门合作,深入推进涉外和海上渔业安全生产管理工作。各地各级渔业部门认真贯彻落实全国渔业安全生产工作视频会议精神,切实加强了渔业安全生产监管工作。今年1~4月份全国渔业安全生产也实现了水上安全事故起数、死亡(失踪)人数"双下降"。在这种本来良好的态势下,进入5月以来仍然出现事故多发频发的情况,值得我们深思,这也说明我们的渔业安全生产工作丝毫不能放松。

上述6起事故，其中1起已查明为外籍商船碰撞，另外5起事故正在抓紧调查，初步分析有三方面原因。一是近期灾害性天气较多。近期受爆发性入海气旋和冷空气共同影响，渤海北部海域、渤海海峡、黄海北部和中部海域时常有大风天气，阵风达10～11级。渔船失联及事故集中发生时间与大风天气时间段吻合。二是航道密集导致商渔船碰撞几率增大。一方面，渔场缩小、航道交叉、航线密集、商船通航量大、渔船数量多且规模小等客观因素导致商渔船碰撞几率不断加大；另一方面，渔船安全设备安装及使用不规范，商渔船夜间疏于值班瞭望、不遵守避让规则，也是事故发生的重要原因。三是少部分渔民安全生产意识淡薄，超风级出海、超航区作业、超定员生产、不适航生产的行为时有发生；部分渔民生产作业时存有侥幸心理和麻痹大意思想，违反安全生产规程也导致了事故的发生。此外，我们的监管到底有没有疏漏和死角，比如：气象预警是否到位，渔船检验是否到位，应急值守是否到位，渔船和企业主体责任落实是否到位，都需要进一步认真分析，引以为戒。

二、必须筑牢安全发展理念，进一步落实安全生产责任

我们要通过这几起事故，举一反三，高标准、严要求落实安全生产责任制，建立健全安全生产责任体系，才能从源头上遏制渔业安全事故频发态势。

（一）强化安全生产的属地管理责任

习近平总书记指出，各级党委和政府、各级领导干部要牢固树立安全发展理念，始终将人民群众生命安全放在第一位。各级政府应该切实承担起渔业安全生产属地管理责任，要按照习近平总书记的讲话精神，根据“属地管理，分级负责”的原则，认真梳理、建立健全渔业安全生产责任体系，对渔业安全生产管理工作严管严抓，将渔业安全生产责任落实到部门、落实到岗位、落实到人头，加强督促检查、严格考核奖惩、全面推进渔业安全生产管理工作。

（二）强化主管部门的行业监管责任

各级渔业主管部门要认真落实全国渔业安全生产工作视频会议部署，充分认清当前渔业安全生产面临的严峻形势，牢记“血的教训”，充分认识做好安全生产工作的重要性、长期性、艰巨性、复杂性，增强紧迫感、责任感和使命感，将渔业安全生产作为重中之重抓实抓好。要按照“党政同责、一岗双责、失职追责”和“管行业必须管安全，管生产必须管安全”的要求，切实落实各级渔业主管部门的安全生产监管责任。港监、船检、渔政部门要按照职责分工，加大安全生产监督检查和执法力度，确保监管责任落实到位。渔港监督部门要重点强化渔船出海管理，严格落实渔船编组生产制度，实施渔船定时动态监管。近期南海东海陆续进入海洋伏季休渔，要如期召回出海渔船，及时召回存在安全隐患的部分渔船，渔船和天气不符合出海条件的一律禁止出海；加强对转港渔船的安全管理，严禁不符合条件渔船转港作业。渔船检验部门要加强对渔船的检验，重点加强老旧渔船检验，对不符合安全要求的渔船一律不得签发检验证书，谁检验、谁发证、谁负责。渔政部门要强化监督执法，加强安全生产违规行为查处，进一步强化涉渔“三无船舶”的打击力度，维护正常的海上生产秩序。

（三）强化渔业从业人员的主体责任

习近平总书记指出，重特大突发事件，不论是自然灾害还是责任事故，其中都不同程度存在主体责任不落实的问题。因此，必须要把渔业企业和渔船船东主体责任落实到位，切实提高渔民特别是船东、船长安全生产责任意识。渔业企业、船东是安全生产的第一责任人，安全预警信息他们第一时间得到，海上生产情况他们第一时间处理，他们才是安全生产的第一当事人、第一责任人。必须从源头治理，落实主体责任，提出高标准、严要求，切实落实安全管理制度，确保安全生产投入到位、安全教育培训到位、安全装备配备到位、救援措施落实到位。对那些不顾渔船安全隐患、不顾恶劣气候或安全警告、不顾船员安危的船东船长，要从严从重处罚。对商船碰撞渔船的情况，多数都发生在夜间，先不说商船的责任，渔船的船长是否安排了值班，是否加强了瞭望，这十分重要啊！还有，与商船相遇的时候，穿越航道的时候，是否避让，是否抢船头，这都是渔船船长船东的责任啊！所以，一定要建立健全企业和渔船安全生产“黑名单”制度，出现渔船安全生产事故，首先要追究渔业企业和渔船船东主体责任，对违规生产造成安全事故的渔船一律扣减停发当年的柴油补贴。同时，也要着力加强海上作业渔民的安全教育和技能培训，强化渔民水上作业的主体责任和安全意识。

（四）进一步强化部门合作

各级渔业部门要在当地政府的统一领导下，在安全生产监管部门指导下，加强与相关部门协调配合，共同做好渔业安全生产管理工作。要认真落实《交通运输部农业部水上安全管理合作备忘录》精神，主动与海事部门联系，对事故多发水域进行重点监控和联合执法检查，采取各种针对性措施，有效预防和避免事故发生。要按照我部和中国海警局签署的《渔业船舶海上安全事故调查处理合作备忘录》有关精神，加强渔

业船舶海上事故调查处理工作的协调与配合，提高渔业船舶安全管理水平。

（五）立即开展行业安全大检查

安全生产要坚持防患于未然。为有效遏制渔业安全事故重发频发态势，会后，我部将与国家安全生产监管总局、交通运输部和中国海警局联合发文，进一步加强渔业安全生产监管。同时，四部门还将共同赴有关省份和地区开展监督检查，重点检查渔业安全生产管理的组织领导、责任落实、监督检查、宣传教育以及应急管理等工作开展情况，各地也要立即开展渔业安全生产自查。检查中，还要就如何防范商船碰撞渔船、如何加强商渔船的信息沟通、如何提高安全信息化水平、如何加强事故调查处理等进行分析研究，提出有效措施。

根据工作部署，6月份，我部将在全国组织开展渔业安全生产交互检查，深入排查渔业安全隐患。渔政、港监、船检部门要共同参与、紧密配合，港口、海上检查同步开展，切实加大监督检查和执法力度，要做到“全覆盖、零容忍、严执法、重实效”，确保渔业行政主管部门监管责任和渔船企业、船东主体责任落实到位。要通过开展行业安全大检查，进一步强化渔船安全监管刚性措施，对大检查发现的问题，必须一一整改到位，对隐患整改责任不落实、欺上瞒下不整改的，要倒查企业、地方政府及相关部门责任人的责任。

对大检查的情况，届时还将根据相关主要指标进行测评，并公布评分排名结果，检查督查结束后还要举行经验交流汇报会。这些活动我都要争取参加。

三、必须夯实渔业安全生产基础，进一步做好日常管理工作

（一）加强宣传教育，严控涉外事件发生

要按照我部前期部署要求，继续做好渔业船员涉外培训工作，提高涉外渔业从业人员的法律意识和责任意识。要求渔民在协定水域作业期间和他国港口避险期间严格遵守相关法律法规，服从指挥，努力减少涉外事件和涉外渔业纠纷的发生。加强与外事、边防、海警等部门的协调配合，做好涉外渔业案件的应急处置及善后处理工作。

（二）加强应急值守，做好抢险救援

要进一步加强与气象、海洋等部门的联系，密切关注天气和海浪变化情况，及时向渔民通报预警信息，督促渔民落实防范措施。要严格执行渔业24小时应急值班和领导带班制度，发现事故险情立即启动应急响应，按规定按程序及时准确报送我部渔业渔政管理局，不得拖延或瞒漏报。渔政部门要做好应急救援准备，随时处于待命状态，事故发生后及时做好或配合做好遇险渔船救助、渔船自救互救工作，最大限度地减少渔民生命财产损失。

（三）采取有力措施，提高防灾抗灾能力

要着力改善和维护渔港公共设施，因地制宜设定临时性锚地和避风设施，提高渔港安全保障能力。建设和维护渔业安全通信设施，加强渔业通讯网络建设，尽快实现海上作业渔船AIS系统应装全装，提高防灾减灾通讯保障能力。要着力组织开展警示性渔业安全生产宣传教育培训及实操性防灾应急演练，提高渔民群众的防灾意识和自救能力。要着力推进渔业保险，充分发挥渔业互助保险在渔业安全生产和渔区社会稳定等方面的作用，扩大渔业政策性保险的范围和覆盖面，鼓励引导商业性保险进入渔业，提高灾后重建和恢复生产能力，做好突发事故快速理赔，妥善处理善后事宜。

（四）认真开展“安全生产月”活动

根据近期渔业安全生产面临的严峻形势，各地要结合“安全生产月”活动，进一步强化渔业安全生产宣传教育，切实落实本次全国渔业安全生产工作视频会议精神。一是要利用各种报刊、电视等传统媒体和网络、手机微信等新媒体，通过多种形式，向广大渔民群众宣传安全生产知识，推动安全生产责任意识树立、安全理念普及和安全素质提升。二是要认真开展安全生产事故警示教育活动。重点结合近期发生的重大渔业安全生产事故，通过观看宣传教育片、警示教育展和举行会议讨论等形式，提高船东、船主和广大渔民群众的安全生产意识，督促船东船主落实安全生产主体责任。三是强化渔业安全生产技能培训。通过开展安全生产应急预案演练以及渔业从业人员安全技能培训等活动，切实提高渔民群众的防灾意识和自救能力。

同志们，安全生产，责任重于泰山，渔业安全生产一刻都不能放松！希望大家以对党和人民高度负责的态度，迅速行动起来，切实落实中央领导的重要批示精神，狠抓落实，再接再厉，再上发条，再拧螺丝，绷紧渔业安全生产这根弦，把安全工作抓紧抓实抓细，坚决采取有效措施，遏制渔业安全事故多发态势，促进全国渔业安全生产形势稳定好转。

农业部副部长于康震在全国渔业信息化工作现场会上的讲话

（2016年6月3日）

今天召开的全国渔业信息化工作现场会，在我的

印象中是农业部第一次以渔业信息化为主题召开的全国性会议。本次会议的召开有两个鲜明的时代背景，一是在“四化同步”战略框架下，中央和农业部突出强调要加快信息化建设，二是当前我国渔业已经进入到转型升级，建设现代渔业的历史新阶段。召开这次会议，既是中央战略部署在农业行业的落实会，也是研究部署渔业转型升级发展的推动会。刚才，广东、浙江、山东、四川、江苏5个省厅（局）和部局的同志，利用信息化的技术手段，汇报展示了当前渔业信息化建设和应用所取得的成果，让大家足不出户就有了一种身临其境的感觉。从内容到形式都很有新意，是个别开生面的现场观摩和体验。今天演示的成果还不全面，我们的成果远远不止这些。可以说，今天的会议，既是工作会，也是现场会，更是展示会。这个会议再次说明农业现代化渔业要率先，渔业现代化渔业信息化要先行。

下面，我讲四点意见。

一、总结成绩，深刻理解推进渔业信息化的重要意义

在农业各产业当中，渔业的信息化起步相对较早。由于渔业产业的特殊性，长期以来，我部和各地渔业部门十分重视渔业信息化工作。20世纪80年代，沿海各省为加强海上渔船管理，相继成立了各级渔业无线电管理机构。部分单位还成立了信息中心，是渔业信息化机构的前身和先驱。1999年，我部开始启动建立中国渔政管理指挥系统，实现了渔船管理从中央到县级在同一平台办理业务，从建造申请到最终发证全过程在线办公。2006年启动了南沙渔船船位监测系统建设，之后各地掀起了渔业信息系统建设的高潮。经过多年的探索实践，渔业信息化工作取得了较为显著的成绩。通过刚才的展示汇报，我们已经看到了渔业信息化建设和发展的代表性成果，这些展示，既代表了各自的省份，也是代表全行业。广东省的大平台、浙江省的大数据、山东省的水下监控和水产品电商、四川省的智能养殖、江苏省的远程诊断，部局统筹的“大渔情”。除此之外，各省还有很多渔业信息化建设的好经验、好做法，由于时间原因来不及在会上展示。包括刚才展示的省份，所展示的内容也可能不是他们的全部，而是有所侧重。比如，湖南省成立专门的信息化管理机构，打造了数字渔业信息平台，一张电子地图看遍全省水产养殖；辽宁省的兴城多宝鱼二维码，给活鱼发“身份证”，不光可以查看生产信息，连运输车的车牌号码和司机姓名都记录在案；青海的三文鱼通过电商渠道，从龙洋峡出水到广州消费者的餐桌，全程不超过24小时，而从国外进口大概需要一周的时间，竞争优势一下就显现出来了，既打开了销路，又创立了品牌。还有很多例子不胜枚举。

总的来看，当前渔业信息化建设既有利用信息技术提高管理效率、提升管理水平的成果，也有借力智能信息技术推动水产养殖的应用，有促进市场营销的水产品电子商务，还有监测渔业生产、经营运行及管理调度的“大渔情”。可以说，几乎涵盖了渔业行业的各个产业和各个领域，信息化已经在渔业发展中落地、生根、发芽并且发展壮大。这些年，渔业信息化建设的工作是实实在在的，成效也是实实在在的，并且有创新、有亮点。在这里，我要对大家努力工作取得的成果表示祝贺，向战斗在渔业信息化战线的同志们和支持渔业信息化建设的各有关部门，一并表示感谢。

渔业信息化能取得今天这样的成绩，原因是多方面的，最根本的是产业发展需求导向在发挥作用，这也是渔业行业特点所决定的。去年来调研时，广东的文斌同志曾介绍一个经历，值得深思。2013年的“蝴蝶”台风期间，广东有5条渔船在西沙作业时遇险，88人落水，引起中央领导的高度关注。可事到临头干着急没手段，当时船在哪、人在哪说不清，最终只救起了26个人，有60多条生命被大海吞没，教训非常惨痛。这件事深深地触动了广东省各级领导下决心利用信息化手段加强安全生产，开展信息系统建设。正由于我们存在这样的短板，我们急需加以解决，所以才引发了信息化的需求，也就是坚持需求导向、问题导向，才取得今天的成果。这种情况，可能沿海的省都有很多例子。不夸张地说，渔业信息化成果的取得，是用渔民兄弟的人身安全和基层渔业干部的政治生命换来的啊！

“十三五”时期，是国家信息化建设的加速期，国家从来没有像现在这样重视信息化，也是实现渔业转型升级发展的关键期。信息化就像是开向未来的高速列车，搭上这列高铁，就会直接引发我们渔业转型升级。搭不上，就要落伍、甚至被淘汰。因此，在“十三五”这一时期，加快推进渔业信息化建设，不光是落实中央的战略部署，也是我国渔业产业发展到今天的一种必然要求，加快推进渔业信息化建设意义重大。

（一）加快推进渔业信息化是转型升级的迫切要求。当前，我国渔业已经到了转型升级的发展阶段，渔业信息化是渔业转型升级的重要标志。今年年初，我部召开了全国渔业渔政工作会，韩长赋部长亲自出席并做重要讲话。韩部长把握渔业发展大势，提出了渔业转型升级“四转变、四调优”的总体要求。实现“四

转变、四调优”，只做好常规工作是远远不够的，必须要创新工作理念、工作方式和工作手段。这就迫切要求我们必须要学会运用信息化的思维理念、通过信息化技术手段，创新渔业生产、经营、管理和服务，有力推动渔业供给侧结构性改革，早日实现渔业转型升级。可以说，当前推进渔业信息化建设的迫切性，已经表现为不是为了领先，而是防止落后、不要掉队；不是要不要做，而是必须做好，怎么做才能做得更好。

（二）加快推进渔业信息化是补齐短板和破解难题的有效手段。资源环境和质量安全是当前我国渔业发展的突出短板。渔业产业是对资源环境高度依赖的产业，水产品质量安全监管近年来取得了巨大进步，但监测结果仍不尽如人意。生产安全及“船、港、人”的有效管理是渔业工作的老大难问题，这不光是中国，在全世界都如此。这些年我们在这些方面下的功夫不可谓不大，但实际效果并不十分理想，矛盾和问题依然存在，有的还十分突出。怎么办？这些问题和短板，通过现代信息技术和手段，才能很好地解决问题，我想这是我们唯一的出路，非常现实的选择。近些年，各地为渔船配备北斗和防碰撞终端设备，建设船位监控信息系统，为渔业安全生产形势好转起到了重要作用，但现在看还不够，必须升级，提高针对性和有效性；山东省搞的海洋牧场水下监测，让我们渔业部门抓资源环境修复的工作成效可以一目了然；在养殖生产中，四川省通过引入物联网技术，可以更好地实现生产过程的智能化控制和科学化管理，进而提高质量安全保障水平；江苏省提出的“四位一体”水产品质量可追溯体系，合力打造了“互联网＋可追溯水产品”。可以想象，如果没有信息化，我们还将在低效率、低水平上徘徊不前。通过信息化技术手段，就让我们的工作由以往力所不及变成现在的力所能及、事半功倍，以前想不到办不到的事情，现在通过信息手段轻松实现。信息化的运用方面，我们的问题是想不到而不是做不到，只要想得到，现代信息技术就能将你的想法加以实现，这就是解放思想。

（三）加快推进渔业信息化是共享富渔的有利抓手。让广大渔民共享渔业发展的成果是现代渔业建设的重要目标。信息化可以打破地域和时间上的局限性，越来越成为拉近政府部门和渔民群众距离的有效手段。大力推进渔业信息化，有利于帮助渔民脱贫致富，通过信息化手段提高生产效率、降低生产成本，拓展经营渠道，电商就是最典型的例子，有效满足渔民多样化需求，帮助困难渔民脱贫、脱贫渔民致富；有利于提升渔民综合素质，让渔民有更多的渠道了解最新的市场资讯、政策法规以及科学技术，更加便捷地接受培训和技术辅导，提高生产经营水平；有利于促进新农村建设，通过渔业信息服务体系的建设，促进现代资讯在传统渔区中的传播，让渔民充分享受信息化建设的成果。

二、认清形势，牢牢把握渔业信息化的发展机遇

从外部形势和内部条件分析看，尽管还存在一定的问题和困难，但可以肯定地说，“十三五”时期，是渔业信息化建设难得的战略机遇期。我想，从两个方面来看。

（一）从外部环境看，国家明确的信息化发展战略部署和不断进步的信息技术，为渔业信息化建设提供了良好环境。党的十八大报告提出了 2020 年全面建成小康社会的宏伟目标和“四化同步”的战略部署，信息化上升为国家战略。习近平总书记强调“没有信息化，就没有现代化”。李克强总理指出：“互联网＋”对提升产业乃至国家综合竞争力将发挥关键作用。国家已先后出台了推进“互联网＋”行动、促进大数据发展等重要文件和政策措施，在国家层面对信息化建设进行了全面部署。农业部党组高度重视农业信息化，明确提出用信息化手段推进现代农业建设的要求，农业部等八部委已联合发布《“互联网”＋现代农业三年行动实施方案》，并即将印发《全国农业农村信息化发展“十三五”规划》。国家和农业部关于信息化建设的一系列部署，在不同层面上为渔业信息化建设指明了方向。

同时，快速发展的现代信息技术为渔业信息化提供了重要支撑。信息技术发展日新月异，以物联网、云计算、大数据、移动互联等为代表的第一代现代信息技术迅猛发展，新一代国家信息基础设施正在加快建设，农村地区宽带网络基础条件不断优化，信息技术更加成熟，信息应用成本不断降低，渔业发展信息化的基础条件将大大改善，而且还将不断改善。同时，渔业信息技术融合创新步伐不断加快，涌现了很多好的典型和模式，为今后加快推进渔业信息化建设积累了宝贵经验。

（二）从内部条件看，良好的产业基础为渔业信息化建设提供了有力保障。相比农业其他行业，渔业在推进信息化发展中，具有一些独特的优势。一是渔业的比较效益高。我们知道增加一套智能生产装备，成本是比较高的，没有一定的规模和效益水平是负担不起的。这也是现在物联网在农业生产中还不是特别普及的主要原因。而渔业在这方面显然是具有比较优势的，生产者更有能力承担信息化的附加成本。二是经营主体素质相对较高。改革开放初期，我国就率先放

开水产品市场，经过近30年市场化经营，渔业经营主体中专业大户、合作社、企业等比重较高，渔民使用现代信息技术的意识和接受能力相对较强。三是技术成果转化较快。由于渔业行业的特点，一些其他行业成熟信息技术和发展模式更易于在渔业领域转化应用。比如，我国的北斗卫星开始民用后，渔船很快成为其一代产品的大客户，应用转化甚至比商船还快。此外，我们的船位监控系统也是借鉴交通海事部门的经验建设起来的，少走了很多弯路。四是扶持政策落地。我部与财政部已联合出台调整国内渔业油价补贴的政策，其中，渔业信息化发展扶持专项得到落实，仅中央专项转移支付资金，就达到了5年10个亿的规模，这在农业产业中是政策最直接、力度最大的。

渔业信息化建设虽然已经取得了长足进展，发展的环境和条件更加有利，但与国家信息化发展的总体要求和渔业转型升级的迫切需求相比，仍存在较大差距。如缺少统一规划设计，整体水平还不高，不同地区、不同领域发展不平衡，复合型人才缺乏，系统建设不统筹、不联通现象仍较为普遍，也就是我们说的信息孤岛，信息化的优势就发挥不出来，信息化投入长效机制还没有建立，等等。这其中有普遍性问题，也有行业性的问题，都需要我们高度重视，认真研究解决，抓住发展机遇，树立“农业现代化渔业要率先，渔业现代化渔业信息化要先行”的决心和信心。

三、理清思路、明确“十三五”工作重点

我认为，加快渔业信息化建设，有四点是需要明确的。首先是树立围绕中心，服务大局的意识。“十三五”现代渔业建设的中心任务就是转方式、调结构，推动渔业转型升级。包括信息化工作在内的渔业的各项工作，都必须要围绕这一中心来展开。其次是注重实效，以需求和问题为导向。始终立足渔业转型升级的实际需要，注重解决实际问题。渔业信息化建设坚决不搞“花架子”，“不以硬件论英雄”，所以在前面的演示中，我们没有要求谁的设备更为先进，要比就比谁更能解决实际问题。三是秉持创新驱动，协调发展的理念。要创新的不仅是技术，更重要的是工作的理念、方式和机制。要突出强调信息化与传统工作、传统产业的融合，不能两张皮，没有脱离渔业工作和产业基础而单独存在的渔业信息化。四是坚持统一规划、分类指导的原则。要在统一规划指导下，区别公益性和经营性，分类指导推进。公共管理领域信息化以政府或部门为主导推进，生产经营领域信息化，则充分发挥生产经营主体的积极性和创造性，政府在规划、标准等方面予以引导。多运用市场机制，让市场来配置资源，政府只是在规划和标准方面加以引导和规范。

“十三五”期间推进渔业信息化的重点任务，概括起来主要是做好以下三个层面的工作：

（一）首先是做好顶层设计层面的工作。部局已经在研究出台一个加快推进渔业信息化建设的指导意见，下午还要组织大家讨论，在充分吸收各方意见之后，要尽快印发，从“十三五”一开始，就要统一思想、统一部署。同时，要把渔业信息化的法律法规和标准体系建设提上日程。一个很直接的问题，国内捕捞渔船安全通信设备强制安装、强制开机的法律规定，到现在都还没有明确，怎么做到依法行政？远洋渔船定位监测系统的安装使用已经有明确规定，在项目审批时，一定要严格把关。全国上下都在搞渔业信息系统建设，技术标准五花八门，怎么做到互联互通、信息共享？信息化是一项新兴的、技术性较强的工作，新兴的工作，制度要先行；技术的工作，标准要先行，这都是顶层设计层面的重要内容。

（二）其次是具体推进层面的工作，也就是“互联网+”现代渔业行动。上个月，部里联合7部委共同印发了《“互联网+”现代农业三年行动实施方案》，落实到渔业，就是要实施好“互联网+”现代渔业行动，这也是我部2016年渔业渔政工作要点中的重要内容。主要包括3个方面：一是“互联网+”渔业渔政管理。以加快信息系统建设为重点，通过现代信息技术与管理的深度融合，提升渔业渔政管理的现代化手段。这次油补政策调整，为渔业信息化建设提供了难得机遇，我们一定要抓住机遇，坚持开放合作、共建共享的原则，集中力量、省部共建、协力推进，以建成一个功能强大、互联互通、全国一体的渔业渔政管理综合平台为目标，实现省部之间、省际之间的系统联通、业务联通和信息联通。各省也要加快串联从省到县的系统建设，这样才能够真正建成一个覆盖全国的渔业渔政管理综合平台。二是“互联网+”渔业生产服务。可以说“互联网”+水产养殖，开启了智能养殖的新时代，接下来就是要解决以点带面、示范推广的问题了。“十三五”期间，要重点推广一批智慧渔业模式，创建一批信息化示范基地、示范单位，加快物联网、自动控制等现代信息技术在水产养殖中的应用。同时，着力加强技术推广、远程诊断、安全追溯系统建设，大力开展渔民信息化专业技能培训，主动提高渔业信息化服务渔民、服务社会的能力。三是“互联网+”渔业电子商务。电子商务的兴起，不仅是提供了一种新型的经营渠道，更为我们更好地了解市场需求，推动渔业供给侧结构性改革提供了路径。说渔业而不是水产品电子商务，就是要统筹推进水产品、生产资料和休闲渔业的电子商务

协同发展。要促进生产主体与电商平台对接,引导生产者按照电商产品的标准和特点,生产适销对路的产品,推动供给端的商品和服务创新,释放需求端的消费潜力。

(三)第三是大数据层面的工作。有人将大数据比喻为“21世纪的钻石矿”。上周刚刚召开的中国大数据产业峰会上,克强总理就指出,要深入挖掘大数据的“钻石矿”,并从融合工匠精神、发展共享经济,打破信息孤岛、强化信息安全这四个方面,对大数据改造传统产业的路径做了清晰描绘。前段时间,我部常务会刚审议通过了《全球农业数据调查分析系统建设方案》,提出在国家农业数据中心的总平台下,建设三大产业数据中心,其中就包括渔业数据中心。关于渔业数据中心建设和渔业大数据发展应用,我想突出强调两点:一是不断强化渔情监测工作。渔情信息是渔业信息化建设的基础,渔情数据是渔业大数据的重要内容。要充分利用先进的信息技术手段,创新信息采集方式方法,拓展数据采集渠道,强化渔情数据分析和应用,为渔业管理和生产提供更加有力的支撑。二是下大力气解决信息“碎片化”和“孤岛化”问题。要彻底摒弃“山头”的概念,真正建立起数据交换共享机制,把现有系统中的信息流动起来,新开发建设的系统要把开放共享作为首要原则,这样我们的数据才可以称其为大数据。

此外,在数据资源飞速积累,互联网应用日益普遍的当下,信息安全尤其是涉密信息的安全也是一个不容忽视的问题,这方面必须提高认识、加强重视,警钟长鸣。

四、多措并举,确保全面完成各项任务

从总体看,渔业信息化工作目前还处于打好基础、全面起航的阶段,还有很长的路要走。“十三五”期间,渔业信息化建设任务十分艰巨。各级渔业部门要采取有力措施,加强与有关部门的沟通协调,形成合力,确保各项任务圆满完成。

(一)加强组织领导。各级渔业渔政部门要从战略和全局高度来认识、支持和推动渔业信息化建设。以信息化为渔业现代化的突破口和切入点,切实把渔业信息化建设作为转方式调结构,实现减量增收、提质增效、绿色发展、富裕渔民的重要任务,纳入渔业渔政中心工作。要将信息化发展工作列入重要议事日程和考核内容,确定分管领导和责任单位及责任人,明确目标和任务,精心组织实施,确保认识到位、责任到位、措施到位、投入到位、考核到位。要建立健全工作机制,确保渔业信息化建设有效果、可持续。

(二)加大资金投入。各级渔业渔政管理部门要加强渔业信息化建设发展必需的资金保障,积极争取财政、发改、经信等有关部门的支持,把渔业信息化建设纳入地方信息化建设总体规划和财政投入范围,同时加强资金管理和监督,提升资金使用效率。要积极拓宽投融资渠道,将一切有利的资源要素都汇聚到渔业信息化建设上来,形成渔业信息化整体推进的态势。在充分发挥市场机制作用的前提下,加快探索和构建稳定、多元的渔业信息化建设投入机制,积极引导社会力量投资渔业信息化建设。加大信息化投资力度,推进公共基础设施和信息系统统建共享。

这里,我还要重点强调一下油补资金中的信息化建设项目,各省级渔业主管部门的一把手要亲自过问,负责信息化工作的分管领导和处室要狠抓落实,负责计财工作的领导和财务部门要做好资金监管,项目建设要注重实效,确保实事办好、确保资金安全。

(三)强化创新支撑。信息化建设离不开科学技术尤其是信息技术的支撑。渔业科研和推广部门,要把渔业信息技术的研究、转化和推广作为“十三五”时期的工作重点。要加强渔业信息化科研工作,在渔业科研工作中,把信息化作为一项独立的工作任务,并推动渔业信息化学科建设,加强重点技术领域的科学研究和技术攻关,提高综合集成创新能力,全面支撑渔业信息化工作的业务需求。要加快渔业信息化成果的转化应用,构建上下联动的产、学、研、用协调机制,加快先进、适用的信息技术在渔业领域的转化应用,这是核心,渔业信息技术核心在应用。要加快信息技术知识普及,加大业务培训力度,不断提高渔业系统干部职工和广大渔民运用信息化工具的能力和水平。

(四)壮大人才队伍。专业的工作就要有专业的人才,绝对不能忽视人才建设。各级渔业渔政管理部门要有意识地加强渔业信息化队伍建设。从现在开始,要在机构设置、人才培养、经费保障等方面给予倾斜,以培养复合型人才为目标,培养造就一支既熟悉渔业又了解信息化的专业人才队伍。要善于借智借力,鼓励信息化高科技企业、高等院校和科研院所积极参与渔业信息化建设,形成渔业信息化建设强大的合力。

同志们,没有信息化就没有现代化,信息化是渔业现代化的核心标志,是推进渔业供给侧结构性改革,加快渔业转方式调结构,促进渔业转型升级的强大推动力和有力的抓手。做好渔业信息化工作,责任重大、任务艰巨。让我们按照中央的统一部署,按照农业部党组的统一要求,齐心协力、统筹协调、努力开创渔业信息化发展新局面,为推动渔业改革发展和转型升级做出更大贡献!

农业部副部长于康震在全国休闲渔业现场会上的讲话

（2016 年 10 月 29 日）

今天召开的全国休闲渔业现场会，是今年农业部继全国渔业渔政工作会、渔业信息化会议和转方式、调结构现场会之后，召开的第 4 个动员部署渔业转型升级工作的重要会议。在我印象中，这也是农业部第一次以休闲渔业为主题召开的全国性会议。这个会议开得很及时，各方面反响都很好。本次会议的主题是：贯彻落实党中央、国务院决策部署，按照农业部党组推进渔业转方式、调结构的总体要求，总结"十二五"期间休闲渔业发展的经验，谋划推动"十三五"休闲渔业实现又好又快发展。

昨天，会议组织大家观摩了厦门市第九届休闲渔业博览会现场，考察了各地休闲渔业发展实践，亲身体验了休闲渔业丰富多彩的活动内容，感受了休闲渔业蓬勃发展的热烈氛围。刚才，福建省黄琪玉副省长介绍了福建省的经济和休闲渔业发展情况，福建、山东、北京、湖南渔业主管部门及厦门市小嶝渔村、吉林省查干湖等 6 个单位，从不同角度交流介绍了本地区休闲渔业发展的情况和经验。发言的单位从南到北，有沿海、有内陆，有政府部门，也有企业代表；介绍的内容也十分丰富，观赏鱼、垂钓、水乡渔村、渔业节庆文化等等，我和大家一样感觉耳目一新、深受启发。这 6 个单位的休闲渔业工作各有特点、各具特色，但共同的一点是，领导重视，措施到位，主动发力，不等不靠，紧密结合区域实际，走出了自己特色鲜明的休闲渔业发展之路。当然，在休闲渔业发展上，其他省份也有自己的特点和好经验、好做法，部渔业渔政管理局已经将各地的书面材料进行了汇编，供大家会后参阅交流。

下面，我讲三点意见。

一、充分认识发展休闲渔业的重要意义

休闲渔业，其实也不是什么新鲜事物了。钓鱼、赏鱼等休闲渔业行为自古有之。农耕文明之前，先有渔猎文化。很多考古证明，我们的原始先民就已经学会利用石头或动物骨骼制作鱼钩了。1 300 年前唐人李白的《梦游天姥吟留别》中说"闲来垂钓碧溪上，忽复乘舟梦日边"，900 年前宋人王安石"伊吕两衰翁，历遍穷通。一为钓叟一耕佣。若使当时身不遇，老了英雄。汤武偶相逢，风虎云龙，兴王只在谈笑中。直至如今千载后，谁与争功！"均提及商周时期姜太公钓鱼的故事，那是 3 000 多年前的事了。1 700 多年前魏人嵇康的"流磻平皋，垂纶长川。目送归鸿，手挥五弦。俯仰自得，游心太玄"，唐人柳宗元的"孤舟蓑笠翁，独钓寒江雪"，都是广泛流传的千古佳句，为人们描绘出了一幅幅与垂钓有关的绝美意境。古代文人雅士热衷钓鱼，寄情山水、陶冶情操，并用诗文表达了他们对钓鱼的喜爱。当然，也有人从另一个角度看待此事，明人孙承宗就说"画家不解渔家苦，好作寒江钓雪图"。我们今天只谈休闲渔业，人民群众的休闲渔业。

虽说休闲渔业早已有之，但作为一个产业，还是近年的事。在现代渔业产业体系中，休闲渔业一开始是作为渔业的一种衍生活动存在并逐步发展起来的。从"九五"渔业发展计划（那个时候还不叫规划）起，就把鼓励休闲娱乐型渔业发展作为产业结构调整的方向了，我们也可以把这一时期看作是现代休闲渔业发展的萌芽期。当然，在这一时期人们对休闲渔业的认识还不全面，很多人还会把它和"吃喝玩乐"相提并论，认为休闲渔业再怎么样，也不过是渔业的一个边角，最多算是个亮点。然而，经过一个时期的快速发展，到了"十二五"，休闲渔业已经作为现代渔业的五大产业之一，正式列入渔业发展规划，可以说是"登堂入室"了。在这一时期，休闲渔业的概念也在逐步清晰，普遍认为，休闲渔业就是以各种形式的渔业资源为载体，通过资源优化配置，与休闲娱乐、观赏旅游、生态建设、文化传承、科学普及以及餐饮美食等有机结合，向社会提供满足人们休闲需求的产品和服务，实现一二三次产业融合的一种新型渔业产业形态。可以说，休闲渔业是继乡镇企业之后农村产业的又一次异军突起，具有美好而光明的前景。

进入到"十三五"，我国经济社会及农业农村发展形势都在发生重大变化，渔业发展也到了转型升级的新阶段，转方式、调结构，供给侧结构性改革和一二三产融合发展，成为了现阶段渔业发展的主题词。在这样的大背景下，发展休闲渔业，比以往任何时候都更加具有重要意义。

（一）发展休闲渔业是推进现代渔业建设的重要内容。现代渔业强调遵循资源节约、环境友好和绿色发展、可持续发展理念。发展休闲渔业，推进渔业一二三产业融合发展，有助于在资源环境硬约束背景下加快转变渔业发展方式，推动生态文明建设和新农村建设进程。现代渔业强调的是渔业的多功能性和发展目标的多元化。发展休闲渔业，是对传统渔业功能的拓展，有助于在满足"吃"的需求之外，更好地满足城乡居民日益多样的文化、旅游、休闲、体验等消费需求。现代渔业强调实现经济、社会和生态效益共赢。发展

休闲渔业，有助于在经济发展新常态背景下，实现渔业与文化、科技、生态、旅游、教育等领域的有机融合，培育出新的消费热点和经济增长点，助推全面建成小康社会目标的实现。

（二）发展休闲渔业是加快渔业转方式调结构的重要抓手。转方式、调结构是当前渔业发展的主旋律，农业部的文件中提出了"两减两提三转"的目标。但向什么方向转，通过什么来调，转出来的劳动力怎么再就业，怎么再生产，调出来的产能资源如何再利用？这是一个现实的、必须回答的问题。我觉得回答这些问题的答案之一，就是休闲渔业。发展休闲渔业，建设美丽渔村，可以吸纳更多劳动力，有效地为捕捞转产、养殖转型提供出路，缓解过度捕捞、养殖给资源、环境和质量安全带来的压力。国内外休闲渔业的发展实践也都证明了这一点。以休闲海钓业为例，据美国休闲渔业协会（ASA）发布的报告显示，美国的捕捞产量中，休闲海钓产量只占2%，其余98%皆为传统的商业捕捞，但在产值上，休闲海钓却是传统捕捞的3倍。每获得1磅（0.45千克）的鱼，休闲渔业增加值超过150美元，而常规渔业还不到2美元；每获得10万磅的鱼，休闲垂钓就能创造210个就业岗位，而常规渔业仅4.5个。山东省前两年也开展了一些相关监测调查，结果显示，海钓产品本身的产值与通过海钓带动的消费比达到了1∶53，每开发出一个海钓场所，就能够促进渔民转产转业达27人以上。

（三）休闲渔业是推进渔业供给侧结构性改革的重要方向。国际经验表明，当一个国家或地区人均GDP超过5 000美元时，就会形成休闲度假的消费需求，休闲消费能力就会显著增强。2015年我国人均GDP已经超过8 000美元，国内旅游人数突破40亿人次，旅游收入过4万亿元人民币。这样一个庞大的市场，反映出来的其实是一个庞大的需求，就是品质生活、健康生活、多彩生活的需求。作为产业部门，需求变了供给就要跟着变，简单地说这就是供给侧改革。满足国人这些新的需求，我们渔业，尤其是休闲渔业应该大有作为、大有可为。但是我们现有的供给结构仍然是以产品生产为主，对比新需求，渔业供给侧的结构仍有较大的改革空间，改革的任务仍然十分艰巨。从近几年休闲渔业发展的情况看，已经对渔业的供给侧结构性改革有了很大的推动，渔船变成了垂钓船、养殖场变成了渔家乐、渔村变成了风景点，这都是可喜的变化。今后，要继续坚持把休闲渔业作为改革的重要方向和重点任务来加以推进，作为推动渔业工作的有力抓手，各地要牢牢抓住抓好。

（四）休闲渔业是渔民就业增收和产业扶贫的重要途径。"十三五"是国家扶贫战略的决胜冲刺期，渔业部门有责任也有义务积极参与精准扶贫工作，为全面建成小康社会做出应有贡献。渔业部门扶贫靠什么？在资源、环境和市场的三重约束下，仅仅靠捕捞和养殖？我看不现实，空间和效果可能都有限。必须要有新的思路，否则就会鱼越捕越小、越捕越少，渔民越捕越穷。现在看，发展休闲渔业为渔业扶贫工作提供了一条新路径。相对来说，贫困地区往往由于工业不发达，资源环境破坏的少，这种青山绿水正是现在旅游开发的热点资源。发展休闲渔业，不但可以丰富旅游开发项目，拉动贫困地区经济发展，还可以为当地贫困群众提供大量的就业机会。而且，这种就业岗位一般没有太多的技术要求，经过简单培训就能上岗工作了。休闲渔业作为产业扶贫新型业态，对于助推2020年如期实现国家扶贫战略目标，具有非常重要的意义。

同时，发展休闲渔业还对丰富广大群众的文化娱乐生活，普及科学知识，促进精神文明和生态文明建设具有重要意义。搞休闲渔业，生态环境必须美，污染大、环境差的地方那是搞不成休闲渔业的。真正的休闲垂钓者很注意资源和环境的保护，在春季繁殖季节他们不钓，钓具不带倒刺，钓鱼过程中把幼小的鱼、母鱼，甚至钓到的所有鱼最后又都会放回水域，对他们来讲，真正享受的是钓鱼的过程，是心灵的净化和人生境界、情感的升华。所以，休闲渔业活动有助于个人修身养性、陶冶情操和身心健康，在娱乐身心的同时，又保护了环境和资源，从而达到精神文明和生态文明建设双促进、双丰收的效果。

综上来看，休闲渔业是满足广大人民群众日益增长的文化休闲需求、顺应渔业发展方向、培育新的消费热点和经济增长点的一个新型产业。做好休闲渔业工作，是今后渔业部门应该做、而且是必须做好的一项重要工作。

二、紧紧把握休闲渔业的发展机遇

"十二五"以来，休闲渔业呈现出发展加快、内容丰富、产业融合、领域拓展的良好势头，具体表现为"五个提升"。一是规模提升。2015年全国休闲渔业主体达到3.8万家，接待人数超过1.2亿人次。其中，国家级休闲渔业示范基地已经有近500家。全国每年共举办有规模和影响的垂钓、渔业节庆、文化会展、水族赛事等休闲渔业活动250多个。二是效益提升。据调查，2015年全国休闲渔业产值超过500亿元，比2010年增长230%，年均增长近20%，是渔业各产业中发展速度最快的。休闲渔业在渔业经济总产值中的比重，由2010年的1.6%提高到2015年的3.2%，整整翻了1倍。三是品牌提升。农业部打造的全国休闲渔业示范基地，山东省的“渔夫垂钓”“渔业公园”，福建省的“水乡渔村”、吉林省查干湖冬捕、宁波象山开渔节，江苏、湖北、安徽等省的龙虾节，广西龟鳖节等等，一大批休闲渔业的公共品牌、企业品牌已经树立，并已具有较强的市场影响力。四是管理提升。农业部在2012年出台了《关于促进休闲渔业持续健康发展的指导意见》，很多省（市）或者单独制定，或者与旅游、海事、交通等部门协调配合，制定了休闲渔业相关领域的管理规章和相关标准，有的还出台了专门的休闲渔业发展规划。五是保障提升。各地在扶持休闲渔业发展方面出台了很多好政策。如：山东省把海洋牧场、增殖放流等产业政策与休闲渔业发展相结合；广东省、浙江省允许持证捕捞渔船从事休闲渔业的同时，继续享受油补政策；上海市将水产垂钓用地纳入设施农用地标准；陕西、湖南、重庆等地对休闲渔业在财政投入、税收优惠、金融扶持等方面出台了扶持政策。

在看到成绩的同时，我们也要看到当前休闲渔业发展还面临一系列的困难和问题。发展不均衡，沿海和内陆差距依然较大；基础设施条件落后，低水平的重复和盲目扩大规模现象较为普遍；休闲渔船、钓饵等关键环节的管理要求还不明确，法律法规建设亟待加强；休闲渔业产业范围不明、文化内涵挖掘不深，产业发展监测评价等基础性工作还不到位。此外，还有一点必需承认的是，我们对休闲渔业的快速发展和市场的热烈需求认识准备不足，产业管理落后于产业发展，表现出来的就是思路不明、办法不多。这就更需要我们认真分析当前国家经济社会和渔业发展的形势，统一思想、理清思路，把我国休闲渔业的发展带上一个新台阶。

总的来看，我国休闲渔业将在萌芽、起步之后，在“十三五”期间迎来快速发展的黄金期，发展环境是十分有利的，主要体现在以下三点：

（一）国家层面高度重视。“十三五”期间，我国经济仍将处于“三期叠加”阶段，新常态的特征更加明显，寻找和培育新的经济增长点和消费热点仍将是主要任务。中央先后印发一系列关于转变农业发展方式、推进农村一二三产业融合、促进旅游投资和消费的多个文件。今年中央的1号文件，专门提出要依托田园乡土资源，大力发展休闲旅游、创意农业，强调各地可采取多种方式扶持休闲农业发展，将休闲农业和乡村旅游项目建设用地纳入土地利用总体规划和年度计划。随后，农业部、国家旅游局等多个部委联合印发了关于积极促进休闲农业发展的通知和指导意见，在用地、用电、财税等方面做出了安排。10月9日，国务院常务会议通过《全国农业现代化规划（2016—2020）》，再次强调要推进农村一二三产业融合，发展创意休闲农业等新业态，多渠道促进农民增收。在资金上，今年财政部已经拿出12个亿在12个省份搞三产融合发展的试点项目。可以说这些文件的含金量都很高，说明国家的重视不是停留在导向、理念层面，是动了真格的。

（二）市场需求非常旺盛。旅游作为第三产业，收入弹性高，发展潜力大，目前已成为国内经济发展重要的增长点。有专家预计，未来20年，全国旅游休闲市场规模将超过80亿人次，呈爆发性增长态势，这给休闲渔业发展提供了巨大空间。青山绿水，水乡渔村既为城乡居民提供休闲度假的美好景观，也为休闲垂钓、品尝水产美味、体验渔文化提供了良好场所。仅钓鱼一项，据统计，2015年在各种社团组织正式注册的钓鱼会员就有9 500万，再加上没有注册的钓鱼爱好者，人数保守估计要数以亿计。此外，还有观赏鱼爱好者，在座许多家庭都有养过观赏鱼的经历吧，这个群体的数量那更是不得了。可以预见，随着我国经济社会的进一步发展和国家扶贫战略目标的实现，人们的生活追求将更加积极健康，喜欢亲近自然、融入自然，休闲生活方式将会从少数人的奢侈消费，发展成为大众化、经常性的生活方式。

（三）产业基础更加优化。随着中央推进城乡一体化发展战略和精准扶贫战略的陆续实施，农村水电路气房和通讯服务等基础设施都将得到极大改善，为发展休闲渔业提供了更为优越的外部环境条件。同时，经过三十多年的发展和积淀，我国渔业的生产规模、基础设施、管理力量、科技研发、转化推广、法律法规建设都有了长足的发展，为休闲渔业规范健康发展奠定了坚实的产业基础。特别是随着“十二五”期间休闲渔业激励措施带来的经济、社会、生态效益初步显现，以及国家渔业转方式调结构战略的持续推进，资本进入休闲渔业领域的积极性将大大提高；各级渔业部门在加强规划引导、实施规范管理、强化品牌培育、加大宣传推介、推动部门配合等方面的工作方法也将更加有效和娴熟，人才队伍成熟度和可借鉴的成功典型案例都将持续得到提高和改善。

总之，“十三五”期间是休闲渔业快速发展的黄金阶段，发展正当其时，虽然有挑战，但机遇更大。我们要抓住这个机遇，主动作为，着力将休闲渔业培育成为现代渔业的新兴支柱产业，让渔业强起来、渔民富起来、渔村美起来，进而让广大民众通过休闲渔业活动乐起来。

三、努力争取休闲渔业发展取得重大突破

做事先明理。做好当前休闲渔业发展工作，我认为有四点是需要明确的。首先是树立围绕中心、服务大局的意识。发展休闲渔业要紧紧围绕渔业转方式调结构和供给侧结构性改革等中心任务，为稳增长、惠民生和转型升级、建设现代渔业的大局服务。其次是要坚持需求导向。这既包括内在的产业转型发展、渔民就业增收的需求，也包括外在的城乡居民健康休闲生活的需求。只有坚持需求导向，休闲渔业发展的方向才不会偏差，才能更好地实现渔民增收、渔村美丽、生活健康、人民幸福的目标。三是秉持内融外联的发展理念。休闲渔业是一个“跨界”产业，现在我们已经普遍认识到休闲渔业的发展要和旅游、交通、体育等外部产业联动。但“外联”只是一个方面，还要强调“内融”，也就是要和渔业的其它产业融合发展。休闲渔业不是另起炉灶，而是立足传统产业创新融合，把资源优势进一步挖掘释放出来。融合得好，我们的养殖、捕捞、加工、增殖都可以成为休闲渔业的载体，反过来休闲渔业也可以让它们焕发新的光彩。山东省在这方面就有很多好的实践，在海洋牧场、渔港建设、海上养殖等项目建设中，就把休闲渔业作为其中的一项重要内容，统一规划统筹实施，在推动传统产业升级的同时，也带动了休闲渔业发展。四是突出强调以文化为核心。休闲渔业，提供的是一种人与自然亲密接触的途径，传递的是人、水、鱼和谐共处的理念，传承的是几千年的渔业文化。讲文化，不是为了好看搞包装。无论是垂钓、观赏还是体验，如果只是简单的钓了、玩了、吃了，没有灵魂在里面，那也只能是一时之快，只有以文化为内在核心的休闲渔业才是可持续的，才会保持长久的活力。因此，我们一方面要不断丰富拓展休闲渔业的活动内容，另一方面，我们更要注重对渔业文化的挖掘、传承和发扬。

“十三五”期间，休闲渔业发展要努力争取“六大突破”。

（一）在规范管理上求突破。休闲渔业要把安全发展、规范发展放在首位。在今年8月召开的转方式调结构现场会上，我曾问了一个问题，就是休闲渔业用船怎么管？谁来管？这是一个绕不开的问题，看着简单，其实不好回答。据我所知各省在休闲渔船管理上的想法就很不一致，但用排除法想一下，从事休闲渔业活动的船舶能交给谁管？都交给交通或旅游部门管？我看不现实，在这方面，渔业部门要有勇于担当的精神。部里将组织开展试点工作，鼓励各地先行先试，大家各尽所能、各显神通，只要是有利于发展、有利于管理，我看都是可以的。还有钓饵钓具管理的问题。钓饵钓具直接影响水域环境和质量安全，而目前钓饵钓具，尤其是钓饵，市场比较混乱，有害添加严重，加强规范管理势在必行。今年，行业协会出了一个标准，但还是推荐性的，约束力不够。部渔业渔政局下一步要牵头研究制定一个意见，加强钓饵钓具的管理。争取在“十三五”期间，以垂钓和休闲渔船管理为重点，能够在休闲渔业法律法规建设方面取得突破。

此外，还要加强产业发展运行监测等基础性工作。部局组织起草了一个《休闲渔业发展监测指标体系》，对休闲渔业的分类、范围、监测指标等提出了意见，这次也提交大会讨论了。今后说休闲渔业发展好不好，贡献大不大，就不能再是光嘴上说得热闹，而是要有指标、有数据。请大家多提意见，争取尽早印发。各省也可以根据实际，在此基础上丰富拓展，制订更适合本地情况的指标体系。

（二）在政策创设落实上求突破。韩长赋部长在年初部署渔业转型升级工作时，明确提出要优化渔业要素投入结构，统筹安排资金项目，推动各类生产要素流向休闲渔业等新兴产业。部里正在谋划出台更多的支持政策。各级渔业部门也要进一步贯彻落实韩部长讲话精神，将休闲渔业纳入渔业的规划和支持范围，统筹安排资金项目，切实加强对休闲渔业的扶持。一方面是用好现有的渔业产业扶持政策，在具备条件的海洋牧场、渔港等建设中，统筹考虑休闲渔业设施建设。比如，在这次油补政策调整中，各省要充分利用好油补退坡释放出来的资金，采用建设扶持、以奖代补、贷款贴息等多种形式，支持开展休闲渔业示范创建。另一方面，在政策创设上，要把眼光放长远，统筹兼顾，不仅要利当前，还要管长远。另外，各级渔业部门要主动与旅游、交通、体育、扶贫等部门协调配合，人家有的扶持政策，能联合的联合，能纳入的纳入，不求为我所有，但求为我所用，用好外部资源，解决好休闲渔业发展扶持薄弱、单一的问题。

（三）在一二三产融合上求突破。休闲渔业是渔业一二三产业融合发展的最佳结合点之一。要制定合理政策，引导和培训传统捕捞、养殖渔民转向从事休闲渔业，把过剩的不可持续的捕捞力量转出来，把不节约不绿色环保的养殖资源转过来，缓解渔业生产对生态环境和资源的压力。要强化休闲渔业生产经营场所的创意设计，以捕捞及生态养殖水域为景观，深刻挖掘渔业文化资源，推进渔业与文化、科技、生态、旅游、扶贫、科普、资讯的深度融合，通过融合发展融出新的经济增长点和消费热点，形成休闲渔业吃、住、行、游、教、购的综合发展格局。要积极发展垂钓、水族观赏、渔事体

验、科普教育等多种休闲业态，引导带动钓具、水族器材、饵料饲料、玻璃钢船等相关配套产业发展。要注重休闲渔业的信息化建设，渔业部门可以直接参与或引导休闲渔业企业与新媒体、IT产业对接，加快休闲渔业宣传推介平台建设，加快构建网络营销、预订等公共服务平台，增强线上线下联动营销能力。

（四）在品牌创建和推广上求突破。品牌建设对休闲渔业的发展至关重要。福建的"水乡渔村"、山东的"渔夫垂钓"等已享誉全国。要充分发挥政府、部门、企业和渔民各方的积极性、创造性，整合资源、互补优势，打造出一批管理规范、服务标准、带动力好、竞争力强的休闲渔业品牌。为此，"十三五"期间，我部将在继续推进休闲渔业基地建设的同时，组织实施休闲渔业品牌培育的"四个一"工程，即创建一百个最美渔村、一百个有影响力的赛事节庆活动；创建一千个全国精品休闲渔业示范基地；培训一千名休闲渔业带头人和管理人才，全面叫响休闲渔业品牌。在创建品牌的同时，还要通过传统媒体和互联网等新兴媒体，加大休闲渔业品牌宣传推介力度，扩大休闲渔业的影响力。

（五）在惠民增收上求突破。发展休闲渔业的重要目的是通过拓展和提升渔业功能来富裕渔民。在打通社会资本发展休闲渔业渠道的同时，更要注意建立休闲渔业企业与普通渔民之间的利益连结机制。鼓励引导社会资本通过"公司＋基地（农户）""公司＋合作社＋农户"等形式发展休闲渔业，引导渔民参与休闲渔业利益分配，不断提高渔民的资产性、工资性收益。鼓励渔民以水面（土地）、资金、渔船入股组建合作社或者企业，通过利益共享把休闲渔业发展成为带动渔民增收的创业创新平台、促进农村剩余劳动力就地就业的重要渠道。在这方面，不能是简单说说就完，要出实招、见实效。在各种扶持项目和示范创建中，要把带动渔民增收的效果作为重要考核指标，不能光富了企业，忘了渔民。此外，还要注重发挥休闲渔业在产业扶贫方面的积极作用，对资源禀赋有优势的贫困地区，优先支持发展休闲渔业，引导群众脱贫致富。

（六）在丰富社会功能上求突破。发展休闲渔业，必须统筹考虑资源和环境承载能力，决不能一哄而起、盲目无序发展。要加强休闲渔业经营主体的教育，在休闲渔业建设和经营过程中统筹规划，树立开发与保护并举、经营与文化并重的理念，实施以渔净水，加大渔村生态环境保护、物种保护和资源保护力度，展览展示渔业文化，实现经济效益、社会效益、生态效益协调发展。争取通过休闲渔业发展，进一步完善渔村水、电、路、气、通讯等基础设施，进一步挖掘、保护渔业民俗民风，传承和发扬渔业文化，实现休闲渔业加速发展、村容环境美化和渔业文化传承同步提升，积极推动美丽乡村和美丽中国建设进程。

同志们，渔业转方式调结构的目标已经确立，加快发展休闲渔业的任务已经明确。各级渔业主管部门和有关单位，都要切实把休闲渔业工作摆上更加重要的位置，各负其责，真抓实干。渔业行政主管部门要出思路、抓规划、给扶持，做好组织领导工作；科研机构要加强良种培育、用品研发、渔业文化研究等工作，做好休闲渔业发展的科技支撑和智力支持；推广单位要充分发挥体系作用，在休闲渔业相关技术和典型示范推广方面加大工作力度；船检机构要加强休闲渔船船型设计、安全设施配备、检验把关等方面的工作；相关行业协会要充分发挥自身优势，在休闲渔业活动培育等方面积极作为，要加快研究休闲渔业的保险问题，提高休闲渔业发展的风险保障水平。让我们以攻坚克难的决心，努力担当的魄力，把休闲渔业发展各项工作抓实、抓细、抓好，为推动渔业转型升级谱写新篇章！

谢谢大家！

农业部渔业渔政管理局局长张显良在全国渔业发展第十三个五年规划宣传贯彻培训活动上的讲话

（2016年12月27日）

在《全国渔业发展第十三个五年规划》（以下简称《规划》）即将发布实施之际，我局会同全国水产技术推广总站在这里举办系列规划宣传贯彻培训活动，目的是宣传规划，推进各类规划的贯彻与实施。下面，我就学习理解、贯彻落实《规划》，讲三点意见。

一、准确把握渔业发展形势

《规划》于2014年9月启动编制，历时两年多的时间完成。《规划》是"十三五"农业规划体系的重要组成部分，是指导"十三五"我国渔业发展的纲领性文件。学习、贯彻落实《规划》，加快实现渔业现代化，非常重要的一个方面，就是要准确把握渔业发展形势。总的来看，当前渔业发展的有利条件和积极因素不断增多，渔业发展的路子越来越宽，渔业发展的前景越来越好。

一是渔业成为战略产业。近年来，中央对现代渔业建设高度重视。习近平总书记、李克强总理、汪洋副总理等党和国家领导人对渔业发展都做出了重要指示，并提出了明确要求。国家“五位一体”、海洋强国、“一带一路”、京津冀协同发展、长江经济带等战略的实施，为现代渔业发展指明了方向。2013 年，国务院印发《关于促进海洋渔业持续健康发展的若干意见》，召开全国现代渔业建设工作电视电话会议，提出把现代渔业建设放在突出位置，使之走在农业现代化前列，努力建设现代化渔业强国。

二是渔业地位不断提升。今年 10 月，国务院印发《全国农业现代化规划（2016—2020）》，对“十三五”渔业发展提出了要求。渔业在大农业中的地位不断提升，我部韩长赋部长、于康震副部长多次出席渔业重大活动，对渔业渔政工作提出明确要求；今年上半年，我部出台了《关于加快推进渔业转方式调结构的指导意见》；近期，召开了全国农业工作会议，提出把渔业减量增收和资源养护作为 2017 年推进农业结构调整、推进绿色发展的五件大事之一。在财政部的大力支持下，2015 年渔业柴油补贴政策调整取得重大突破，是国家支持渔业发展资金量最大、涉及面最广、影响度最深的一项重要政策，为现代渔业发展提供了资金保障。

三是渔业的社会影响力越来越大。近年来，我们集中力量抓清理整治“绝户网”，打击涉渔“三无”船舶，抓水生生物资源养护，深入开展渔业增殖放流活动，加强海洋牧场建设，抓水产品质量安全，大力发展水产健康养殖，抓渔业生产安全，切实保障渔民生命财产安全，积极应对渔业涉外和突发事件，在社会上产生积极反响，既宣传了渔业，增强了信心，又打击了违法行为，宣扬了正能量。

同时，还要看到渔业发展存在的困难和问题。主要是渔业资源开发强度过大，生态环境受损严重，传统的发展方式不可持续；水产品供给大路货多，同质化竞争严重，渔业生产面临成本地板和价格天花板的双向挤压，渔民持续增收难度不断加大；一些水产品主要贸易地区和国家，实行贸易保护政策，国外水产品大量进入国内市场，我们的比较优势和竞争力受到影响。此外，渔业基础设施薄弱、渔业安全事故多发、渔政执法体制落后、涉外渔业风险加大等问题依然存在。

我们必须抓住机遇，迎接挑战，牢固树立创新、协调、绿色、开放、共享的发展理念，大力推进渔业供给侧结构性改革，加快转变渔业发展方式，坚持生态优先、坚持创新驱动、坚持“走出去”战略、坚持以人为本、坚持依法治渔，积极破解渔业发展问题和难题，不断提升渔业发展的质量效益和竞争力，走出一条产出高效、产品安全、资源节约、环境友好的中国特色渔业现代化发展道路。

二、准确把握渔业发展目标任务

（一）关于发展目标

《规划》提出了“十三五”渔业发展总体目标，明确到 2020 年渔业现代化水平迈上新台阶，渔业生态环境明显改善，捕捞强度得到有效控制，水产品质量安全水平稳步提升，渔业信息化、装备水平和组织化程度明显提高，渔业发展质量效益和竞争力显著增强，渔民生活达到全面小康水平，并将产业发展、绿色发展、质量效益、富裕渔民 4 大目标，按渔业经济、渔民收入、产品供给、资源养护和科技支撑分类细化成 19 项指标。这些目标和指标，需要各地的大力支持和积极配合，需要大家的共同努力，才能全面完成。各地要特别关注和重视以下三项指标，并采取有力措施，确保完成。

一是减量增收目标。《规划》提出，到 2020 年水产品产量控制在 6 600 万吨。2015 年水产品产量是 6 700万吨，到 2020 年需要压减 100 万吨。其中，近海捕捞产量从 1 300 多万吨压减到 1 000 万吨，内陆捕捞在 200 多万吨的基础上也要减少，远洋渔业基本保持稳定，水产养殖是有增有减。希望各级渔业部门按照农业部总体要求，结合本地实际，调减过度的捕捞能力，压减低效、污染养殖产能，调整产品结构，确保减量增收目标的实现。

二是绿色发展目标。绿色发展是现代渔业发展的前提条件。特别是《规划》提出到 2020 年全国海洋捕捞机动渔船数量、功率分别压减 2 万艘、150 万千瓦，并将 12 米以上海洋捕捞机动渔船数和功率作为限制性指标。中央财政对压减渔船每千瓦给予 5 000 元的补贴，地方也给予适当的配套。这些都是硬杠杠，请各级渔业部门配合我局抓好任务的分解细化和贯彻落实。

三是富裕渔民目标。规划提出渔民人均纯收入比 2010 年翻一番，现行标准下渔业贫困人口全面脱贫。这是我们对广大渔民的庄严承诺。请各地高度重视促进渔民增收和渔业产业扶贫工作，确保渔民收入稳定增长。今年年初，我部下发了加大渔业扶贫力度的指导意见，请各级渔业部门按照要求，在当地政府的统一领导下，做好渔业扶贫工作，坚持因地制宜，培育特色产业，提升渔业产业扶贫工作质量和水平。

（二）关于重点任务

《规划》提出了转型升级水产养殖业、调减控制捕捞业、推进一二三产业融合发展、大力养护水生生物资源、规范有序发展远洋渔业、提高渔业安全发展水平等六项重点任务。

一是水产养殖业方面，要在转型升级上下功夫。

养殖水域滩涂规划是渔业管理的基本制度，是水产养殖业发展的布局依据，也是推进产业转型升级的重要抓手。各地要高度重视，科学开展本地水域滩涂养殖容量评价，形成本区域养殖水域滩涂开发利用和保护的总体思路，稳定基本养殖面积，保障渔民合法权益。要抓好结构调整主攻方向，稳定池塘养殖，调减重点湖泊、水库过密的网箱养殖和近岸海域养殖网箱，同时，发展深水网箱，促进近海养殖生产力向外海转移，减轻近海网箱疏解的难度。大力发展绿色生态健康养殖，科学安排合理用药，大力推广使用配合饲料，减少养殖污染排放。各级渔业部门要充分利用现有的各种支持渠道，创新方式方法，不断推进标准化水产养殖池塘建设与改造，加强循环水养殖、稻渔综合种养、海洋牧场立体养殖、深水抗风浪网箱养殖等模式示范和推广应用。要不断优化养殖品种结构，加速培育与现代养殖模式相适应的高效能、高抗性、生态型品种，以品种创新带动产业转型升级。

二是捕捞业方面，要在控制捕捞强度上下功夫。减少近海捕捞产量、控制海洋捕捞机动渔船数量，是渔业可持续发展的现实要求，也是一项重大的政治任务。各级渔业部门对此务必要有清醒的认识，要制订时间表和实施方案，将数量指标分解到市县，落实到镇、到村、到船。据了解，今年部分省海洋捕捞产量出现较大幅度增长，请相关省渔业部门详细了解原因，提出解决方案和应对措施。各省渔业部门要充分利用渔业柴油补贴制度改革的有利时期，研究提出一系列可行的措施，切实把渔船减下来，把近海捕捞强度降下来。要严格渔政执法，严厉打击“绝户网”、涉渔“三无”船舶和电毒炸等各类非法捕捞行为。同时，还要积极推进长江流域捕捞渔民“退捕上岸”，逐步压减内陆捕捞强度。

三是产业融合方面，要在拓展功能上下功夫。这项工作一直是我们的短板。下一步，要重点推进以下三件事。一是农渔结合。近年来，我们积极推进稻渔综合种养技术示范，今年又启动实施了稻渔综合种养工程，下一步，我们将继续加强稻渔综合种养的全面推广，把其打造为农牧渔结合、生态循环农业的典范。二是一二三产融合。以水产品加工业和渔业品牌创建带动渔业“接二连三”，以休闲渔业和旅游业带动渔业“跨二连三”，以互联网和人工智能技术带动农业“加二连三”，创新利益联结机制，推动科技、健康、人文等元素融入渔业，打造观光渔业、创意渔业、体验渔业等新业态，延长产业链，提升价值链。三是现代园区建设。今年的中央1号文件和全国农业工作会议强调要推进“五区一园”建设，现代渔业发展也要依托园区建设，实现集约化生产、规模化经营和社会化服务的有机统一。各地要积极参与国家级现代农业示范区、农业可持续发展试验区、特色农产品优势区和现代农业产业园建设，推进将渔业为主导产业的各类园区建设成为国家级农业示范园区。

四是资源养护方面，要在总量控制上下功夫。坚持生态优先，重点抓好三项工作。一是建立和实施海洋渔业资源总量管理制度。海洋渔业资源总量管理制度是生态文明体制改革的一项重要内容，是现代渔业建设的重要制度保障。通过实施总量管理制度，将渔业资源捕捞量控制在最大可持续产量的范围内，符合海洋渔业资源长期、稳定、可持续利用的科学规律，对控制海洋渔业资源开发利用强度，养护和合理利用海洋渔业资源，实现海洋渔业可持续发展，具有重要的现实意义和深远的历史意义。目前，正式文件已经报请国务院。文件印发后，请各省渔业部门遵照执行。二是发展以海洋牧场和净水渔业为代表的增殖渔业。目前，海洋牧场的生态效益、经济效益和社会效益已得到广泛认可，并成为继增殖放流后渔业生态文明建设的又一大品牌。下一步，我们将继续推进建设以人工鱼礁为载体、底播增殖为手段、增殖放流为补充的海洋牧场示范区，重点支持国家级海洋牧场示范区建设，计划于明年在山东召开海洋牧场现场会，以促进带动近海重要渔业水域区域性综合开发，为近海渔民减船转产谋划新路。同时，在内陆继续推广以密云水库、千岛湖、查干湖等为代表的净水渔业模式，结合网箱拆除，在主要湖泊水库转型发展大水面增殖业，打造生态净水渔业品牌。三是加强长江水生生物保护。按照习总书记长江不搞大开发共抓大保护的要求，继续加大长江水生生物保护力度，推动建立长江生物资源保护工作协调机制，为全国流域生态修复和综合治理探索有益经验。同时，实施中华鲟、江豚拯救行动计划，开展长江流域捕捞渔民转产转业工作，推进渔民“退捕上岸”，推动长江全面禁渔。加快划定长江重要渔业水域生态红线。

五是远洋渔业方面，在规范有序发展上下功夫。近年来，远洋渔业快速发展，远洋渔船数量大量增加。但在快速发展的同时，远洋渔业也存在不少隐患，主要是国际公海渔业管理日益严格，部分入渔国不断提高门槛，一些国家单方面撕毁协议，近期远洋渔业事件频发，西方媒体经常炒作，对发展远洋渔业造成不利影响。下一步，我们将组织有关方面研究主要沿海国家入渔风险，沿海各省也要配合我们开展专题调研，加强相关研究，做到未雨绸缪、心中有数。近期，有部分沿海省市提出要扩大远洋渔业规模。考虑到目前的形势，我们建议大家综合权衡利弊，把扶持重点放在现有远洋渔业企业的提质增效、节本增收、做大做强方面，为远洋渔业持续健康发展留下空间。同时，要继续推动渔业“走出去”，发挥我国水产养殖的技术优势，引导国内企业和资本，通过发展水产养殖、建设加工、储藏、补给、渔港等综合基地，开展渔业技术合作等方式，加强与相关国家的合作，推动国内过剩产能的输出。

六是渔业安全方面，要在提升保障能力上下功夫。“十三五”期间，重点抓好渔业安全生产、水产品质量安全和水产养殖生物安全等三大安全。一是渔业安全生产。既要加强软件能力建设，开展“平安渔业示范县”“文明渔港”创建和渔业安全生产大检查活动，加强渔业安全应急管理体系建设，又要加强硬件基础设施改造，支持海洋捕捞渔船标准化改造，加强渔船信息动态管理、电子标识系统和渔船产品检测能力建设，同时加大渔港升级改造和整治维护力度，推动形成覆盖沿海和内陆主要渔业水域的渔船安全避风体系。二是水产品质量安全。突出优质、安全、绿色为导向，加快建立健全水产品质量安全监管和追溯体系，加强投入品监管和风险评估监测，规范生产用药，严格控制药残超标，推行水产健康养殖和标准化生产，推进“三品一标”认证工作。深入开展健康养殖示范场、示范县创建活动。三是水产养殖生物安全。目前保守估计每年水生动物疫病对水产养殖业的损失超过500亿元，加强水生动物疫病防控迫在眉睫。鼓励有条件的地区开展水产苗种产地检疫试点，组织水生动物官方兽医资格确认，强化水生动物卫生监督执法。要加强疫病监测和风险评估，提升水生动物疫病检测水平。要加快无规定疫病苗种场建设，全方位开展水生动物疫病防控工作。今年，我们在水生动物疫病防控基础设施建设方面取得重大突破，动植物保护工程有望重新启动，“十三五”将对水生动物疫病监测体系和科研体系给予支持。

三、准确把握贯彻落实规划的工作要求

《规划》能否发挥作用关键在落实。各级渔业部门要相互配合、形成合力、共同推动《规划》的贯彻落实。近期，要重点做好以下几个方面工作。

一是要抓规划的贯彻落实。各地要按照国家规划的总体要求，制定本地区渔业发展规划，尚未发布的要抓紧发布。各级渔业部门要加大规划宣贯实施力度，逐级落实规划实施责任制，推进规划各项任务的及早落实。要加强对规划实施中重大问题的调研，科学设计渔业管理制度，探索建立规划实施后的评估机制，针对实施中的问题，提出改进措施，不断提高规划措施的科学性和可操作性。明年，我们将对各地贯彻落实规划情况进行督导，请各地及时总结好做法和好经验。

二是要抓各项重点工作的推进。韩部长明确要求“明年渔业是结构调整的一大重点，要力争在重点水域减量增收、海洋牧场、重点品种质量安全上取得突破性进展。同时长江重点水生生物保护、打击绝户网、三无船坚持不懈，举旗亮剑。”今年渔业转方式调结构和现代渔业建设总体开局良好，明年各级渔业部门还要围绕韩部长的指示精神，早谋划、早部署，工作推进更深入更有力，力争成效更显著。

三是要抓支持保障手段的落实。今年渔业柴油补贴改革中央和地方资金全部得到落实，这对于保障现代渔业发展具有十分重要意义。专项转移支付资金主要支持渔船报废拆解、渔船更新改造、人工鱼礁建设、渔港航标等公共基础设施建设、深水抗风浪网箱、海洋渔船通导与安全装备建设等六个方面，目前这些资金已下达各省。请各地渔业部门按照工作部署要求，切实做好项目组织实施工作，确保不出问题。一般性转移支付资金，由地方统筹考虑安排，请各级渔业部门围绕关键环节和短板，加强与财政等部门的沟通与协调，重点支持符合国家政策和地方发展需要的方向，加快构建有利于现代渔业发展的政策扶持体系。对于此次培训活动上介绍的渔港、种业、防疫和数字渔业工程建设项目，请各地按照项目申报指南要求，积极组织申报，并抓好在建项目实施工作，切实加强项目监管，确保项目资金使用效率。

四是要抓金融投入方式的创新。近期，我部和国家发改委联合印发《关于推进农业领域政府和社会资本合作的指导意见》，将种子工程、现代渔港、农产品质量安全检测及追溯体系、动植物保护等农业基础设施建设和公共服务作为社会资本参与现代农业建设的重点支持领域和范围。下一步，我们将会同政策性银行等金融机构，开展渔业领域PPP和专项建设基金的相关研究和产品研发，请各级渔业部门积极开展相关工作，总结经验和做法，共同促进多元化、多渠道渔业投融资格局的形成。同时，请各级渔业部门继续加强养殖业、捕捞业、休闲渔业等方面保险制度研究，创新金融产品和担保方式，加强信贷支持。

五是要抓法制保障。加强《渔业法》及配套法规规章的制修订，加大渔业执法监管、水域滩涂保护、生态红线、渔业资源和珍稀特有物种保护、渔船渔港管理、远洋渔业管理、水产品质量安全、生产安全、生物安全等方面法制保障力度，明确违法界限，提高处罚性法律条文的可操作性，增强法律震慑力。积极参与国际渔业条约、协定和标准规则的制修订，建立健全适应国

际渔业管理规则的远洋渔业管理制度，提升远洋渔业管理水平。

同志们，“十三五”渔业现代化建设的大幕已经开启，一分部署，九分落实。各级渔业部门要高度重视《规划》贯彻实施工作，把其作为渔业系统贯彻落实中央决策部署，推进渔业提质增效、减量增收、绿色发展、富裕渔民的重要举措，努力开创渔业发展的新局面，为农业现代化建设作出新的贡献。

2016 年渔业大事记

1 月

6 日　农业部办公厅印发《关于加大渔业扶贫力度 打赢贫困渔民脱贫攻坚战的通知》,对进一步加大渔业扶贫工作力度,加快推进贫困地区渔业发展作出全面部署。

13～14 日　农业部渔业渔政管理局局长赵兴武带队赴四川省调研渔业工作,先后来到通威集团、西部水产科技园、稻田养鱼综合种养基地考察。

22 日　农业部副部长于康震到农业部渔业渔政管理局局慰问困难职工,并向困难职工发放慰问金,局领导班子成员陪同。

25 日　刘新中被任命为农业部渔业渔政管理局副局长。

26～27 日　中国水产科学研究院 2016 年度工作会议在北京召开。会议全面总结全院 2015 年和"十二五"工作,明确"十三五"发展思路,并部署 2016 年重点工作。农业部副部长张桃林出席会议并讲话,农业部渔业渔政管理局副局长李书民参加会议。

26～28 日　农业部渔业渔政管理局副局长刘新中带队赴浙江省开展渔业安全生产督查并调研。

29 日　农业部办公厅印发《关于加强涉外渔业教育培训工作的通知》,要求各地认真组织开展涉外渔业教育培训,防范和减少涉外渔业事件发生。

1 月 29 日至 2 月 1 日　农业部渔业渔政管理局副局长李书民率工作组深入广州市、湛江市等冰冻灾害受灾一线,调研指导渔业救灾工作。1 月下旬以来,我国南方各省受超强寒潮影响,广东等地遭受持续低温、雨雪、冰冻灾害,渔业生产损失严重。

2 月

3 日　农业部副部长于康震走访中国远洋渔业协会,看望慰问协会秘书处全体工作人员,并代表农业部向我国远洋渔业工作人员,特别是生产一线的远洋船员和管理人员表示衷心的感谢并致以新春的祝福。农业部渔业渔政管理局副局长崔利锋陪同。

17～19 日　农业部渔业渔政管理局局长赵兴武带队赴湖南洞庭湖区开展水产养殖生产及污染防治情况调研,调研组对湖区矮围网围整治、大水面投饵养殖和周边池塘养殖情况进行了了解,与当地渔业部门、养殖企业和养殖渔民进行了座谈,进一步明确洞庭湖"两减"基本思路和总体要求。

25 日　农业部办公厅印发《关于做好 2016 年海洋伏季休渔工作的通知》,要求沿海各级渔业部门认真贯彻执行国家海洋伏季休渔的有关规定。

26 日　农业部召开全国渔业安全生产工作视频会议,总结 2015 年渔业安全生产工作,分析当前面临的形势和问题,部署"十三五"时期渔业安全生产总体谋划和 2016 年重点任务。农业部副部长于康震、国家安全监管总局监察专员王力争出席会议并讲话。农业部渔业渔政管理局局长赵兴武主持会议,局领导班子成员参会。

29 日　农业部渔业渔政管理局副局长刘新中带领调研组赴福建省连江县调研违规渔具清理整治及减船转产工作。

3 月

1 日　根据汪洋副总理的批示精神,农业部向国务院报送了《农业部关于长江渔民生计问题有关情况的报告》。

2 日　农业部印发《关于开展 2016 年全国水产健康养殖示范创建活动的通知》,计划创建农业部渔业健康养殖示范县 10 个以上,创建农业部水产健康养殖示范场 500 个以上。

3 日　农业部印发《2016 年国家水生动物疫病监测计划的通知》,将在全国 25 个省(自治区、直辖市)开展鲤春病毒血症、白斑综合征等 8 种水生动物疫病的专项监测。

8～11 日　农业部渔业渔政管理局副局长刘新中

率领由农业部、国家安全监管总局、交通运输部组成的工作组,前往山东省、浙江省督查调研渔业安全生产、渔港渔船安全措施落实及商船渔船事故防控工作情况。

15～18日　中俄渔业合作混合委员会第25次会议在深圳举行,以农业部渔业渔政管理局局长赵兴武为团长的中方代表团和以俄联邦渔业署副署长里瓦西里·索科洛夫为团长的俄方代表团出席了会议。双方对2015年中俄边境水域渔业合作情况、海洋捕捞合作、实施中俄政府间打击非法水产品贸易协定、边境水域水生生物资源养护与管理等问题进行了深入讨论,并签署了会谈纪要。

23日　农业部办公厅印发《关于开展养殖河鲀鱼源基地备案工作的通知》,加强河鲀养殖生产管理。

28日　农业部办公厅印发《关于组织开展2016年度渔业文明执法窗口单位创建活动的通知》,决定继续组织开展渔业文明执法窗口单位创建活动。

29～30日　全国渔业渔政工作会议在北京召开,农业部部长韩长赋出席会议并做主题报告,专门部署推进渔业转方式、调结构和转型升级发展工作,会议还就《农业部关于加快推进渔业转方式调结构的指导意见》、渔业法修订草案、渔业"十三五"规划、长江珍稀濒危物种抢救性保护等进行了专题讨论。农业部副部长于康震主持了29日全体大会,并于30日总结会上做讲话。农业部渔业渔政管理局领导班子成员参加会议。

4月

6日　国家农业科技创新联盟渔业联盟对接座谈会在北京召开,农业部渔业渔政管理局副局长李书民出席并讲话。

11日　农业部经商中国海警局印发了《关于做好南沙生产渔船管理和船位动态监控互联互通有关事项的通知》,明确互联互通信息的范围和实现方式,加快实现南沙渔船生产管理和中国海警舰船船位动态监控的互联互通,确保相关信息及时传递和沟通,减少涉外事件发生。

13日　"海洋捕捞限额制度"专题研讨会在浙江省台州市召开。

13日　财政部、交通运输部、农业部、国家林业局4部委联合发布《关于调整农村客运、出租车、远洋渔业、林业等行业油补政策的通知》。其中将远洋渔业油价补贴并入现有中央财政船舶报废拆解和船型标准化补贴,对国际渔业资源开发利用和渔船更新改造等能力建设给予支持。

13～14日　中美渔业对话第一次会议在浙江省宁波市召开,双方就国内渔业管理、国际及区域渔业组织合作、打击IUU捕鱼、水产养殖科学与管理以及水产品贸易等方面共同关心的问题进行了讨论。

18日　全国水产技术推广工作会议在北京召开,会议全面总结了"十二五"水产技术推广工作所取得的成绩,研究部署"十三五"期间的重点工作。农业部副部长于康震、农业部渔业渔政管理局局长赵兴武出席会议。

22日　农业部渔业渔政管理局和中国海警局司令部在北京签署《渔业船舶海上事故调查处理合作备忘录》。明确将跨省渔业船舶间的海上安全事故、渔业船舶与外籍渔业船舶间的海上安全事故、事故当事人和有关人员涉嫌违法犯罪的海上事故案件,由中国海警调查处理。

22日　农业部办公厅印发《关于做好2016年汛期和伏季休渔期间渔业安全生产工作的通知》。

26日　农业部印发《关于继续深入开展"绝户网"等违规渔具清理整治的通知》,部署继续深入开展"绝户网"等违规渔具清理整治工作。

26日　农业部批复原则同意浙江省政府开展国家海洋渔业可持续发展试点创建。

5月

4日　农业部印发《关于加快推进渔业转方式调结构的指导意见》,对转变渔业发展方式、调整优化产业结构、推动渔业转型升级进行全面部署。

5日　《全国渔业发展第十三个五年规划》(以下简称"规划")论证会在北京组织召开。农业部渔业渔政管理局副局长李书民出席论证会。

6日　为推进稻渔综合种养工作,农业部渔业渔政管理局印发了《关于做好2016年稻田综合种养技术示范县创建工作的通知》,对2016年稻渔综合种养示范县创建工作进行了部署。

9～14日　2016农牧渔业大县局长轮训班第8期渔业大县局长班在北京举办。农业部副部长于康震于13日在培训班上作了题为《用发展新理念 引领农业现代化》主题报告。农业部渔业渔政管理局副局长崔利锋、局长赵兴武先后到班授课。

12日　农业部渔业船舶检验局在浙江省舟山市召开全国渔船大气污染排放调查工作研讨会,正式启动渔船大气污染排放调查研究工作。

16日　2016年南海伏季休渔期正式开始,标志实施此项制度已进入第18个年头。

17日　洞庭湖区畜禽水产养殖污染治理试点工作会

议在湖南省岳阳市召开，会议分析洞庭湖区畜禽水产养殖污染面临的形势，部署养殖污染治理试点工作。农业部副部长于康震出席会议并讲话。农业部渔业渔政管理局副局长李书民参加会议。

18 日 农业部办公厅与国家宗教事务局办公室联合印发《关于进一步规范宗教界水生生物放生（增殖放流）活动的通知》，就规范宗教界水生生物放生（增殖放流）活动问题提出具体要求，做出相关规定。

20 日 农业部联合国家安监总局、交通运输部和中国海警局紧急召开全国渔业安全生产工作视频会议，部署下一阶段加强渔业安全生产的各项工作。

20 日 中国－阿根廷渔业分委会第八次会议在阿根廷首都布宜诺斯艾利斯召开。农业部渔业渔政管理局局长赵兴武和阿根廷农牧渔业部副国务秘书理查德·奈格来共同主持会议。

23 日 中国－秘鲁双边渔业会谈在秘鲁首都利马举行，会议由农业部渔业渔政管理局局长赵兴武和秘鲁产业部副部长卡洛斯先生共同主持。

25～27 日 “全球水产养殖论坛”在厦门召开。农业部渔业渔政管理局副局长刘新中出席会议。

6 月

3 日 农业部在广州召开首次全国渔业信息化现场会，全面总结渔业信息化建设成效，研究部署加快推进渔业信息化建设，推动渔业转型升级发展各项工作。农业部副部长于康震出席会议并讲话。农业部渔业渔政管理局局长赵兴武、副局长刘新中参加会议。

3 日 2016 年海峡（福州）渔业周·中国（福州）国际渔业博览会在福州市举办。有 33 个国家和地区 500 多家企业和协会参会参展，展品达 2 000 多种。

6 日 由农业部组织倡导的同步增殖放流活动在全国各地热烈举行。全国 31 个省（自治区、直辖市）300 多个放流点同步开展增殖放流活动，共增殖放流各类水生生物苗种超过 20 亿尾。农业部副部长于康震、江苏省人民政府副省长徐鸣出席在江苏省南通市设立的主会场活动并致辞，农业部渔业渔政管理局副局长崔利锋陪同参加活动。

6 日 中国渔业协会第四次全国会员代表大会在江苏海安召开，农业部渔业渔政管理局局长赵兴武当选为会长。

7～8 日 农业部副部长于康震到江苏扬中市、盱眙县、泗洪县等地调研，对江苏渔业转方式调结构、促进渔业转型升级有关情况做深入细致了解。农业部渔业渔政管理局局长赵兴武、副局长崔利锋陪同调研。

8 日 农业部办公厅、国家安全监管总局办公厅联合印发《关于继续组织开展文明渔港创建活动的通知》，决定继续组织开展“文明渔港”创建活动。

13 日 为有效应对朝韩敏感水域非法渔船作业事件，农业部渔业渔政管理局副局长刘新中率领工作组赴辽宁省丹东市开展现场督导。

22 日 农业部渔业渔政管理局局长赵兴武出席在四川省成都市举办的 2016 年中国智能设施渔业创新发展论坛并做演讲。

22～24 日 农业部渔业渔政管理局副局长刘新中一行赴四川省调研。

27 日 农业部办公厅印发《渔业行政执法人员执法资格考试大纲》，填补了我国渔业行政执法资格考试工作的空白。

28 日 全国水产品质量安全监管工作会议在广西南宁召开，会议总结 2015 年全国水产品质量安全监管工作情况，部署 2016 年重点工作，农业部渔业渔政管理局局长赵兴武出席会议并讲话，副局长李书民参加会议。

29 日 农业部渔业渔政管理局召开全体干部大会，宣布张显良就任农业部渔业渔政管理局局长，农业部副部长于康震、人事司司长毕美家出席会议。

7 月

2 日 青岛海洋科学与技术国家实验室和中国水产科学研究院在青岛签署战略合作协议并举办深蓝渔业工程装备技术研讨会。

5 日 农业部和河北省人民政府在白洋淀联合举办水生生物增殖放流活动，农业部副部长于康震、河北省副省长沈小平出席活动。

7～8 日 农业部在北京召开远洋暨周边渔业工作座谈会，会议研究加强规范管理、促进产业有序发展，提升企业实力、提高应急处置能力和《远洋渔业管理规定》修订等问题。农业部副部长于康震出席会议并讲话，农业部渔业渔政管理局副局长崔利锋、刘新中参加会议。

8 日 针对近期长江中下游地区及江淮、西南东部等地出现入汛以来最强降雨过程，给部分地区造成严重洪涝灾害，水产养殖损失惨重情况，农业部紧急印发《水产养殖灾后恢复生产技术措施要点》，指导各地灾后复产。

20 日 农业部办公厅印发了《远洋渔业油价补贴政策调整实施方案的通知》，调整有关补助范围、条件和标准。

21 日 农业部渔业渔政管理局印发《关于进一步抓好汛期渔业安全生产工作落实的紧急通知》，就进一步加强汛期渔业安全生产工作,确保渔民生命财产安全,抓好灾后渔业生产恢复进行部署。

22 日 全国沿海清理整治违规渔具工作推进会在浙江省台州市召开。会议总结一年来全国沿海省(自治区、直辖市)开展违规渔具清理整治行动取得的成绩和效果,分析当前形势和存在的问题,研究部署下一阶段沿海各地清理整治工作的重点、目标和举措。农业部渔业渔政管理局副局长刘新中出席会议并讲话。

25 日 由农业部、甘肃省、青海省、四川省共同举办的黄河青海、四川、甘肃段渔业行政联合执法及交叉督查活动启动仪式在兰州黄河清水平台举行。农业部渔业渔政管理局副局长刘新中参加启动仪式。

28 日 农业部渔业渔政管理局在内蒙古海拉尔市组织开展全国渔业安全与应急管理业务培训,副局长刘新中出席并讲话。

8 月

1 日 最高人民法院出台《最高人民法院关于审理发生在我国管辖海域相关案件若干问题的规定(一)》和《最高人民法院关于审理发生在我国管辖海域相关案件若干问题的规定(二)》(简称涉海司法解释),填补了我国涉海司法解释的空白,为加强渔政执法、清理取缔涉渔"三无"船舶等工作提供了有力的司法依据。

1 日 中央电视台《焦点访谈》节目专题解读涉海司法解释。

1 日 农业部渔业渔政管理局 2016 年第 9 次局常务会审议通过了《渔业渔政管理局内部控制规程》(第 1 版),并发布实施。

5 日 农业部在天津市滨海新区中心渔港码头举行"环渤海违规渔具整治专项执法行动"启动仪式,并决定自 8 月 5 日至 9 月 5 日组织开展为期一个月的"环渤海违规渔具整治专项执法行动"。农业部渔业渔政管理局副局长刘新中主持启动仪式,局长张显良出席会议并讲话。

6 ~8 日 农业部渔业渔政管理局局长张显良带队赴江苏省调研渔业抗灾复产和转方式调结构情况。调研组听取了省渔业部门和基层渔业部门、渔业企业有关情况的汇报,实地考察了水产种业创新、渔业受灾抗灾复产、生态养殖和池塘工业化生态养殖等情况。

11 日 农业部办公厅印发了《远洋渔业油价补贴政策调整实施方案的通知》,调整有关补助范围、条件和标准。

17 日 中国水产流通与加工协会大菱鲆分会在青岛召开成立大会,农业部渔业渔政管理局副局长李书民出席会议。

24 日 农业部属渔业系统联席会议在北京召开,农业部副部长于康震出席会议并讲话。农业部渔业渔政管理局、长江办和部属渔业单位班子成员,渔业社团单位主要负责人参加会议。

29 日 全国渔业转方式调结构工作现场会在江苏省海安县召开,会议通过组织现场观摩、交流研讨,总结各地推动渔业转方式调结构的经验和做法,分析当前渔业渔政发展形势,安排部署下一阶段渔业转方式调结构重点工作。农业部副部长于康震出席会议并讲话,农业部渔业渔政管理局局长张显良主持会议。

30 日 农业部副部长于康震在江苏省昆山市调研水产养殖疫病防控工作,农业部渔业渔政管理局局长张显良陪同调研。

9 月

7 日 农业部办公厅、国家食品药品监督管理总局办公厅联合下发《关于有条件放开养殖红鳍东方鲀和养殖暗纹东方鲀加工经营的通知》,对养殖河鲀加工经营进行规范,促进河鲀养殖产业持续健康发展。

7 ~11 日 农业部渔业渔政管理局副局长李书民出席国家产地水产品监督抽查结果会商会,并调研新疆渔业转方式调结构情况。

19 日 农业部渔业渔政管理局组织沿海 11 个省(自治区、直辖市)渔政执法机关和中国海警局等相关单位就周边渔业管理机制问题进行了集中调研,研究海上渔业行政执法部门的职责分工、禁渔区线外执法权限和渔政管理体制等问题,达成签订中国渔政和中国海警海上执法协作框架协议的意向。

20 日 遵照习近平总书记、汪洋副总理的批示要求,农业部向中央领导呈报了《农业部关于促进我国远洋渔业规范有序发展的报告》。

20 日 农业部组织开展"2016 全国渔业安全生产大检查"集中汇报交流活动。副部长于康震出席活动,听取农业部渔业渔政管理局和各检查组工作汇报,分析当前面临的形势和问题,部署下一阶段渔业安全生产重点工作。会议由农业部渔业渔政管理局局长张显良主持。

20 日 农业部渔业渔政管理局召集外交部条法司、山东省海洋与渔业厅、黄海水产研究所、上海海洋大学等单位,对柬埔寨籍运输船非法转载南极犬牙鱼货物案件进行集中研究,确定了下一步工作措施。

20 日 农业部渔业渔政管理局副局长李书民赴江苏省南通市现场调研通威如东"渔光电一体化"模式验收情况。

23 日 农业部长江流域渔政监督管理办公室发布《关

于组织开展长江流域鲟鱼捕捞鉴定工作的紧急通知》,要求沿江相关机构加强对外来鲟鱼的捕捞,并充分动员全社会的保护力量参与该项工作。

23 日　国家大黄鱼产业科技创新联盟成立大会在浙江宁波成立,农业部渔业渔政管理局副局长李书民参加成立大会。

25 日　中国农业部部长韩长赋与伊朗农业圣战部部长霍加迪在德黑兰共同主持召开了中伊农业联合委员会第二次会议,双方签署了《中华人民共和国农业部与伊朗伊斯兰共和国农业圣战部关于渔业合作谅解备忘录》。同日,中国农业部渔业渔政管理局局长张显良与伊朗农业圣战部渔业局局长撒勒赫举行了会谈,双方签署了渔业合作意向书。

25 日　农业部会同江西省、湖南省人民政府在鄱阳湖、洞庭湖同步召开现场动员部署会,宣布为期 3 个月的清理整治“绝户网”和非法捕捞联合执法行动正式启动实施,农业部副部长于康震、江西省副省长尹建业等有关领导参加了两地动员部署。农业部渔业渔政管理局副局长李书民参加活动。

29 日　农业部机关党委印发《关于调整渔业机关党委及其下属党组织设置的通知》,决定撤消渔业机关党委,原渔业机关党委各单位分别成立相应党组织。

30 日　大连天正等 12 家单位的 16 个养殖河鲀鱼源基地被确定为第一批养殖河鲀鱼源基地。

10 月

9 日　农业部办公厅印发《关于组织开展渔业行政执法人员清理工作的通知》和《关于进一步加强渔业行政执法船舶注册登记工作的通知》。

10 日　农业部渔业渔政管理局局长张显良带队赴山东省日照市就海洋牧场建设和休闲渔业情况进行调研,山东省海洋与渔业厅厅长王守信陪同调研。

11 日　农业部渔业渔政管理局与国家海洋局预报减灾司座谈会在北京召开,农业部渔业渔政管理局副局长刘新中参加会议。

12 ~13 日　印度尼西亚主办的“建立打击非法捕鱼及相关犯罪活动区域性公约第二次会议”在印度尼西亚日惹举行,农业部渔业渔政管理局副局长刘新中率团参加会议。

13 日　西藏重点水域渔业资源与环境调查论证会举行,农业部渔业渔政管理局副局长李书民参加会议。

18 日　中国稻田综合种养产业技术创新战略联盟成立大会在杭州召开。

18 日　为推动渔港建设的专业化和规范化管理,农业部办公厅印发《关于成立渔港建设专家库的通知》。

23 日　农业部副部长于康震实地检查了江苏省南京市江宁区渔政监督大队创建“渔业文明执法窗口单位”工作进展情况,农业部渔业渔政管理局副局长刘新中参加活动。

23 日　全国渔业行政执法人员执法资格统一考试首场试点考试在江苏省南京市举行,农业部副部长于康震在考前专程看望考生,农业部渔业渔政管理局副局长刘新中参加活动。

26 日　农业部科教司、渔业渔政管理局、船检局、水科院等司局和单位在浙江省宁波市牵头召开国家渔业装备科技创新联盟成立大会。农业部渔业渔政管理局局长张显良参加成立大会并讲话。

28 日　农业部科教司、渔业渔政管理局、上海海洋大学、中国科学院海洋研究所等司局和单位在辽宁省盘锦市牵头召开中国河蟹产业技术创新联盟成立大会。农业部渔业渔政管理局副局长李书民参加联盟成立仪式并讲话。

28 日　丁晓明被任命为农业部渔业渔政管理局副巡视员。

28 日　“2016 中国休闲渔业高峰论坛”(CLFF)在厦门举行,农业部渔业渔政管理局副局长刘新中出席论坛并发表讲话。来自全国渔业行政主管领导、负责人,行业专家学者、企业代表等500 多人参加论坛。

29 日　农业部在厦门市召开全国首届休闲渔业现场会,全面总结休闲渔业发展经验,研究部署“十三五”休闲渔业发展工作。副部长于康震出席并讲话,会议由农业部渔业渔政管理局局长张显良主持。

10 月 31 日至 11 月 1 日　“国内渔业油价补贴政策调整培训班”在北京举办,农业部渔业渔政管理局副局长李书民参加培训活动并作总结讲话。

11 月

2 日　第 21 届中国国际渔业博览会在青岛召开,农业部副部长于康震出席博览会,并召开中外渔业对话会,与加拿大农业食品部部长麦考利、爱尔兰驻华大使康宝乐、冰岛驻华大使司迪方,以及部分国外展团代表,共同就中国渔业发展和开展渔业国际合作进行了深入交流。农业部渔业渔政管理局局长张显良参加渔博会和相关活动。

4 日　根据农业部直属机关党委关于调整渔业机关党委及下属党组织设置的通知精神,渔业机关党委召开最后一次会议,研究部署撤销渔业机关党委后各单位党组织建立及其他相关善后事宜。

5 日　农业部在天津、吉林、广东、海南 4 个试点省(直辖市)组织开展了渔业行政执法资格统一考试,这是继在江苏首次开考后的全国第二次渔业行政执法资格统一考试。

5～8 日 第十四届中国国际农产品交易会在云南昆明召开，农业部渔业渔政管理局副局长刘新中参加交易会。

7 日 全国兽医工作座谈会暨全国动物疫病防控和卫生监督工作会在广西召开，农业部渔业渔政管理局局长张显良出席会议。

6～17 日 第 71 届联合国大会可持续渔业决议首轮磋商会议在美国举行，农业部渔业渔政管理局副局长李书民参加会议。

9 日 农业部渔业渔政管理局副局长刘新中参加农业部工作组赴菲律宾对接中菲农业合作。

14 日 农业遥感应用工作领导小组会议在北京召开，农业部渔业渔政管理局局长张显良参加会议。

17 日 全国海洋渔船通导与安全装备建设项目推进工作调研会在山东召开。农业部渔业渔政管理局副局长刘新中参加会议。

18 日 农业部和上海市人民政府在长江口共同举办"拯救国宝中华鲟 共促长江大保护"增殖放流活动，农业部部长韩长赋、上海市市长杨雄出席活动并讲话，活动仪式由农业部副部长于康震主持，农业部渔业渔政管理局局长张显良参加活动。

24 日 中日渔业联合委员会第十七次会议在厦门召开。以农业部渔业渔政管理局局长张显良为团长的中方代表团和以日本农林水产省水产厅次长长谷成人为团长的日方代表团参加了会议。此前，双方举行两次筹备会议，以农业部渔业渔政管理局副局长李书民为团长的中方代表团与日本农林水产省水产厅资源管理部部长浅川京子为团长的日方代表团就有关事项进行磋商。双方达成一致意见。

25 日 全国水产技术推广总站和中国水产学会召开合署办公干部职工大会，农业部副部长于康震出席会议，农业部党组成员、人事司司长毕美家主持会议并宣读《农业部关于全国水产技术推广总站与中国水产学会合署办公的决定》。农业部渔业渔政管理局副局长李书民、全国水产技术推广总站站长肖放、中国水产学会秘书长司徒建通分别作了表态发言。

25 日 "十三五"远洋渔业发展工作会座谈会在青岛召开，农业部渔业渔政管理局局长张显良出席会议并讲话，副局长刘新中主持会议。

28 日 农业部印发《关于公布 2016 年度渔业文明执法窗口单位的通知》，决定授予北京市昌平区渔政监督管理站等 23 个单位"2016 年度渔业文明执法窗口单位"荣誉称号。

28 日 据中国海警指挥中心通报，上午 10 时许，位黄岩岛避风的我国海南籍"琼琼海渔 09289"船在潟湖内救起 2 名外籍落水渔民。经初步分析为菲律宾人。中国海警指挥中心已将相关信息通告菲律宾海岸警卫队。

28 日至 12 月 3 日 农业部渔业渔政管理局副局长刘新中带队赴珠海、香港、澳门开展流动渔船渔民管理调研。

30 日 农业部公布第十批国家级水产种质资源保护区，国家级水产种质资源保护区总数达到 523 个，使我国的水产种质资源保护区网络覆盖范围更加广泛，保护类型更加齐全。

12 月

1 日 农业部渔业渔政管理局局长张显良主持召开全体干部会议，传达学习习近平总书记和李克强总理对"11·24"特别重大坍塌事故重要指示批示、全国安全生产电视电话会议以及农业部安委会 2016 年第二次全体(扩大)会议精神，对农业部渔业渔政管理局机关安全工作和全国渔业安全生产工作进行部署。

1 日 国家濒危物种进出口管理办公室、农业部渔业渔政管理局和国家工商总局市场司联合在广州举办"加利福尼亚湾石首鱼履约执法培训研讨会"。农业部渔业渔政管理局副巡视员丁晓明参加会议。

1 日 农业部办公厅印发《远洋渔业国家观察员管理实施细则》，促进远洋渔业国家观察员工作规范化、制度化、程序化发展。

2 日 农业部办公厅印发《关于加强 2017 年元旦春节期间及冬季渔业安全生产工作的通知》，针对冬季海冰、寒潮等灾害性天气多发，海上航运繁忙，渔业水上作业环境复杂，渔船安全事故高发情况，部署加强冬季渔业安全生产管理工作。

3 日 "十三五"渔业科技发展规划论证会在青岛举行。农业部渔业渔政管理局局长张显良出席会议。

5 日 水产原良种审定委员会会议在湖南召开，农业部渔业渔政管理局副巡视员丁晓明参加。

5 日 农业部副部长于康震在福州专题调研福建省远洋渔业，出席了福建远洋渔业企业座谈会，就远洋渔业发展发表讲话。

6 日 全国渔政工作座谈会在福建福州召开，研究部署"十三五"全国渔政工作。农业部副部长于康震出席会议并讲话，强调要强化渔政执法，打好五大攻坚战；提高执法效能，突出三个完善；强化队伍建设，抓好四个着力。农业部渔业渔政管理局局长张显良、副局长刘新中参加会议。

6～9 日　湖南举行水产健康养殖示范县验收，农业部渔业渔政管理局副巡视员丁晓明参加会议。

7～8 日　首届京津冀渔业协同发展联席会议在北京召开，三地渔业主管部门正式签署《京津冀渔业协同发展合作框架协议》。

8 日　农业部渔业渔政管理局副局长刘新中参加在北京举办的海洋渔业限额捕捞研讨会，与国内外专家学者就海洋渔业资源养护、海洋捕捞限额管理等问题展开讨论。

8 日　2016 年全国水生动物疫病监测工作总结会在陕西召开，农业部渔业渔政管理局副局长李书民参加会议。

8 日　农业部公布第二批共 22 个国家级海洋牧场示范区，至此，国家级海洋牧场示范区总数达到 42 个。

9 日　农业部渔业渔政管理局召开"两节"（元旦、春节）前水产品质量安全监管工作研讨会，副局长李书民参加会议。

10 日　全国渔港监督工作现场会在海南召开，农业部渔业渔政管理局副局长刘新中参加会议。

12 日　农业部办公厅印发《关于做好 2016 年国内渔业油价补贴政策调整专项转移支付项目实施工作的通知》。

15 日　加强海洋渔船管控暨《渔业捕捞许可管理规定》修订座谈会在广东省广州市召开，农业部渔业渔政管理局副局长刘新中参加会议。

15 日　农业部召开座谈会，研究"十三五"期间进一步加强海洋渔船管控的主要思路和政策措施，并对《渔业捕捞许可管理规定》进行研讨。

16 日　为进一步加强对北部湾海域（以三娘湾至大风口一带水域为核心）中华白海豚种群和栖息环境的保护，农业部与环境保护部联合致函广西壮族自治区人民政府，要求其抓紧推动在该海域建立中华白海豚自然保护区。

21 日　农业部于康震在北京会见了塞拉利昂渔业与海洋资源部部长副部长伊丽莎白·曼斯女士。双方就建立中塞渔业合作机制、深化中塞渔业合作、共同打击 IUU 捕捞活动等内容进行了磋商并达成了共识。

21 日　农业部渔业渔政管理局召开渔业政策咨询会，邀请十余名院士、专家以及部属渔业单位负责同志就贯彻落实中央经济工作会议、中央农村工作会议和全国农业工作会议精神，分析渔业发展面临的环境、形势、需要解决的突出问题，谋划 2017 年以及今后一个时期渔业渔政工作进行座谈。

22 日　国家刺参产业科技创新联盟在大连召开成立大会。

22 日　农业部印发《养殖水域滩涂规划编制工作规范》和《养殖水域滩涂规划编制大纲》，要求各级渔业主管部门科学规划，合理布局水产养殖，划定禁止养殖区、限制养殖区和养殖区，保护水域滩涂生态环境，设定发展底线，稳定基本养殖面积，保障渔民合法权益。确保在 2018 年底前全面完成规划编制工作。

23 日　根据农业信息化建设总体要求和渔业转型升级发展实际需要，为加快推进渔业信息化建设，农业部印发《农业部关于加快推进渔业信息化建设的意见》。

27 日　《全国渔业发展第十三个五年规划》贯彻落实座谈会在江西省召开，农业部渔业渔政管理局局长张显良参加座谈会。

29 日　中韩渔业联合委员会第十六届年会在北京召开。以农业部渔业渔政管理局局长张显良为团长的中方代表团与韩国代表团举行会谈。双方就 2017 年度两国专属经济区管理水域对方国渔船入渔安排及维护海上作业秩序等重要问题达成协议，签署了会议纪要。

31 日　农业部印发《全国渔业发展第十三个五年规划》，提出到 2020 年全国水产品总产量 6 600 万吨，国内海洋捕捞产量控制在 1 000 万吨以内。

（农业部渔业渔政管理局）

索　引

说　明

一、本索引采用分析索引方法，按汉语拼音顺序排列，同音字按声调排列。

二、“法律法规文献”“渔业经济统计”“领导讲话”栏目中的具体内容未作索引。“各地渔业”栏目中的条目按正文排列，不参与排序。

三、索引词条后的数字表示内容所在的正文页码。

图书在版编目(CIP)数据

中国渔业年鉴. 2017 / 农业部渔业渔政管理局主编
. --北京:中国农业出版社,2017. 11
ISBN 978-7-109-23519-9

Ⅰ. ①中… Ⅱ. ①农… Ⅲ. ①渔业经济-中国-2017-年鉴 Ⅳ. ①F326. 4-54

中国版本图书馆 CIP 数据核字(2017)第 276939 号

中国农业出版社出版
(北京市朝阳区农展馆北路 2 号)
(邮政编码 100125)
责任编辑:徐晖 贾彬
文字编辑:耿增强

北京通州皇家印刷厂印刷 新华书店北京发行所发行
2017 年 11 月第 1 版 2017 年 11 月北京第 1 次印刷

ISBN 978-7-109-23519-9

开本:787mm×1092mm 1/16 印张:19. 75 插页:34
字数:700 千字
定价:300. 00 元

“今日中国渔业”彩版专栏

目　录

大连市渔政监督管理局

2016年，在农业部渔业渔政管理局和市海洋与渔业局的正确领导下，大连市渔政监督管理局认真学习贯彻党的十八大和十八届三中、四中、五中、六中全会精神及习总书记系列重要讲话精神，紧紧围绕全市工作大局，突出“两学一做”学习教育、伏季休渔管理、“三无”渔船清理等重点工作，圆满完成了上级赋予的各项工作任务。

突出党建各项工作，重点做好“两学一做”学习教育。坚持党委中心组学习制度，全年组织专题学习15次，有效提高了班子成员的政治理论素养。加强基层党建工作，加大对党支部书记特别是新任职同志的教育引导力度，有效发挥他们在党建工作中的引领模范作用。

重点抓好“两学一做”学习教育，制定出台实施方案，党员参与率达100%。组织党委中心组和全体党员干部，认真学习领会党的十八届六中全会精神，坚决维护以习近平同志为核心的党中央权威，牢固树立政治意识、大局意识、核心意识、看齐意识。先后两次组织召开党委班子专题民主生活会，围绕中央巡视组反馈意见中涉及我局的问题和意见建议以及深刻汲取辽宁拉票贿选案的沉痛教训，局党委联系班子和个人实际，进行深刻剖析、对照检查，切实查摆问题、解决问题。组织全体党员开展“亮身份、践承诺、转作风、做表率”主题活动，党员佩戴党徽、亮明身份，在服务窗口设置“党员示范岗”和“服务示范窗口”，公开承诺服务标准和文明用语。

严格渔业生产监管，重点做好“三无”渔船清理整顿。圆满完成2016年伏季休渔管理工作，休渔形势创下历年最好。实行“政府领导，属地为主，渔业部门具体负责，公安海警边防等有关部门密切配合、齐抓共管”的管理机制。严格海上巡航检查，将9艘执法船分成三个组，分片负责所辖渤海、黄海海域，定期进行轮换，在天气条件允许的情况下，全部在海上巡航和锚泊，进一步增强了管理实效。伏季休渔期间，全市共出动检查人员近1.9万人次，出动执法船艇1 540航次，航程6.2万海里，出动执法车辆2 430台次，行程18万多千米，登临检查渔船8 500余艘次，查处违规渔船913艘，收缴罚款784万元。强化思想宣传教育，严密筑牢渔民不越界捕捞的思想防线，对全市3 000余艘29.4千瓦以上渔船进行了摸底排查，加强重点区域和重要节点的渔船监管，坚决制止非法越界捕捞事件的发生。积极组织好各类巡航和专项执法行动，累计出动执法人员15 200多人次，航时3 347小时，航程40 000余海里。

重点做好“三无”渔船和违禁渔具的清理工作。统一调度全市渔政执法船艇，对海上作业、航行、停泊的“三无”渔船和进行捕捞作业的禁用渔具，一经查获，依法没收。全年共拆解涉渔“三无”船舶154艘，没收违禁渔具2万余件。

强化便民服务保障，重点做好无线传输系统建设。完成2014年度渔业油价补贴工作，市本级为404艘渔船发放补贴4 277万元。规范开展2015年度渔业油价补贴发放工作，组织油补信息系统操作培训班，对全市32名油补具体工作人员进行了系统操作培训。不断完善证件办理程序，全年共受理办理各类证件近500本。积极参与各类渔船遇险搜救工作，全年累计航程3 624海里，搜救范围达10 729平方海里。

重点做好海上执法无线传输系统建设，初步定在通水沟、北海、小平岛及大李家四个岛礁渔港上，利用现有基站安装通信基站设备，并在执法船上安装无线传输船载设备，在执法艇上配备便携式热成像夜视仪，为海上执法及救援工作提供硬件保障。积极推进办公楼综合信息化建设，初步方案已经完成，为实现信息化执法管理打下坚实基础。

召开基层渔政所长会议布置休渔管理工作

安排部署休渔管理工作

伏季休渔期间渔政执法船队海上执法检查

集中销毁涉渔“三无”船舶

开展海洋增殖放流活动

中国渔政21105号执行巡航任务

江西省渔业局

渔业大丰收

草鱼疫病防疫

现代化标准养殖基地

宁都良种繁殖场

永修苗种繁殖场

发展养殖 种业先行

"发展养殖，种业先行"是种养殖业一条亘古不变的法则，没有现代种业就没有现代渔业。为此，我省始终将水产苗种生产管理作为渔业重点工作，常抓不懈。

出台规章 我省出台了《江西省水产种苗管理条例》（1998年8月24日颁布），是全国第一个通过地方人大立法的水产种苗管理地方性法规，首次明确了水产苗种生产实行分级管理制，并且配套制定了一系列管理细则，如：《江西省省级水产原良种场资格验收及管理办法》《江西省水产苗种场考核测评实施细则》《江西省主要养殖鱼类人工繁殖技术规程》《规模化苗种繁殖场改扩建建设规范》等。全省申领水产种苗生产许可证的苗种场共有166家，其中，国有水产苗种场40家，占24%；集体水产苗种场5家，占3%；私营水产苗种生产企业 121家，占73%。

提升种质 为确保种质优良，从20世纪90年代初期开始至今，我省一直坚持对全省水产苗种繁殖场的亲本进行定期更换，明确规定：凡是从水产原良种场购买亲鱼或后备亲鱼的，按计划由省渔业行政主管部门补贴50%的调种经费。具体办法是：省渔业行政主管部门根据苗种生产单位的要求，下达调种计划，开具原良种亲本调拨单，由调种单位凭调拨单交纳50%的调种经费后，集中时间统一调运原良种亲本。原良种补贴制度的实施不仅提高了全省水产养殖良种的覆盖率，而且使国家级和省级水产原、良种场真正发挥出保种、育种和推广良种的职能。自2010年以来，更新水产亲本50万余千克，2016年全省水产良种覆盖率达71%。

强化建设 自2008年以来，全省利用现代农业生产发展渔业项目资金，累计投入中央资金1.025亿元，通过统一标准、统一设计，10年时间，全省共改扩建规模化、标准化苗种繁殖场75家。目前已建有国家级水产原良种场4家，现代渔业种业示范场4家，省级水产原良种场50家，并且涌现出宁都鑫鸿水产有限责任公司、南昌神龙渔业发展有限公司、上高鑫信渔业专业合作社等一批年销售苗种超10亿尾以上的专业化、规模化、标准化苗种繁殖场。此外，繁殖品种不断多样化，除常规"7大家鱼"外，一大批具有地方特色的养殖品种也已成功进行了规模化繁殖，如花䱻、光唇鱼、泥鳅、娃娃鱼、棘胸蛙、胭脂鱼等。2016年，全省苗种繁殖量达365亿尾，其中特种水产苗种达146亿尾，占苗种繁殖量的40%。

健全体系 全省已基本形成了一个以国家级和省级水产原良种场为龙头、以各设区市重点苗种扩繁场为骨干，以集体和个人苗种繁殖场（点）为补充的水产苗种繁育体系。近年来，选育并推广了一批具有地方特色的优良养殖品种。如婺源荷包红鲤、兴国红鲤、万安玻璃红鲤和彭泽鲫、萍乡红鲫、赣昌鲤鲫等。兴国红鲤等品种已作为我国水产遗传育种的重要材料，彭泽鲫远销全国29个省（自治区、直辖市）。通过不断选育和开发具有地方特色的优良养殖品种，对全省水产养殖业的稳定发展发挥了十分重要的作用，并且使我省水产养殖品种不断推陈出新、水产养殖业充满活力。

东港市海洋与渔业局

局党委书记、局长　张旭

休渔检查

检查渔船

安全宣传

海蜇品种选育

东港市地处中国海岸线最北端，南濒黄海，东依鸭绿江，海岸线126千米，海域面积3 500平方千米，10米等深线以内浅海7万余公顷，滩涂2.4万公顷，港湾0.8万公顷，淡水养殖面积0.7万余公顷。盛产梭子蟹、大黄蚬子、杂色蛤、中国对虾、海蜇等140多种水产品，是辽宁省重要的渔业生产基地之一。

东港市海洋与渔业局是东港市主管海洋综合管理与渔业工作的行政部门。下辖东港市渔政管理处、中国海监东港市大队、东港市水产技术推广站、东港市水产苗种管理站、东港市水产养殖开发中心、东港市人工鱼礁管理处等10家事业单位。2016年，水产品总产量实现32.8万吨，比上年增长4.2%；渔业经济总产值达到83.7亿元，比上年增长7%；渔业经济增加值实现48.3亿元，增长7%。

海洋综合管理得到强化　海域动态监视监测管理系统全面运行，实现与上级海洋部门“一个网”、“一张图”。开展了“海盾”“碧海”“海岛保护”等专项行动，制止违法用海行为2起，处置侵权违法行为1起，驱离非法滞留公共捕捞区看护船只5艘。獐岛海岸线整治与修复项目(一期)已竣工，大鹿岛海岸线整治与修复工程（一期）2017年可全部竣工。

渔业经济平稳发展　贝类产量达17.9万吨，初步形成了一批布局合理，具有东港特色的贝类养殖基地。人工鱼礁影响海域面积1333公顷，生态恢复效果明显。2016年，东港市被农业部确定为“国家海洋牧场示范县”。獐岛旅游度假村、长山镇海边渔家、东港市红旗淡水鱼孵化养殖场被评为国家级休闲渔业示范基地。

渔业执法效果显著　严厉打击涉渔违规作业船只，制止欲出港作业渔船200余艘次，实施扣港100余艘，处罚105艘，罚款137万元。伏季休渔期间，堵截出港渔船近百艘。核查出并销毁涉渔“三无”船舶21艘。没有发生因越界捕捞而引发的重特大涉外事件。入韩渔船日常管理服务工作实现零差错。开展水产苗种和水产品专项执法检查32次，检查企业700余家次，未发现违法违规行为。

上海市渔政监督管理处

2016年，上海市渔政监督管理处（后简称“上海市渔政处”）坚持问题导向，规范执法行为，以“建设生态文明，养护生物资源，打击非法捕捞”为主线，稳中有进地落实各项渔政工作，得到了社会各界的充分肯定。

2016年，上海市渔政处以全面开展清理取缔涉渔“三无”船舶专项行动为重点，指挥全市渔政系统，调集全市渔政力量，严格按照“属地管辖、全面排查、水路并举、长效管理”的基本思路，以海洋伏季休渔期、长江禁渔期、内陆水域禁渔期的渔政管理为抓手，组织协调公安、海警、海事、海监等多家执法单位多次开展联合执法行动，依法查处非法捕捞案件612起，罚没款575 040元，没收渔获物3 782.935千克，清理、取缔、没收非法渔具8 801件（只），取缔船（含艇、筏或其他漂浮物）404艘（只），向司法机关移交涉渔刑事案件5件，涉案人数9人，全面挤压各类“三无”船舶的水上活动空间，社会震慑效果明显。

2016年，上海市渔政处积极履行社会责任，落实水域生态保护职能，累计放流各类水生生物苗种8 586.08万尾（只），累计设置常规渔业资源监测点37个，以制度化、规范化建设为保障，为生态文明发展助力。

黄浦江水域巡航检查

水生生物增殖放流

长江水域执法检查

山西省水利厅渔业局

山西省水利厅领导考察
山西省娘子关渔业有限公司

渔业资源增殖放流

2016年，山西渔业系统广大干部职工认真贯彻执行党和国家的渔业发展战略部署，以确保水产品安全有效供给和渔业增效、渔民增收为首要任务，转变渔业经济发展方式，深化产业结构调整，开展资源环境保护，加强水产品质量安全管理，加大科技工作力度，提高行业管理水平，渔业工作取得了新成效。全省渔业经济总产值8.17亿元，水产品总产量5.23万吨，渔民人均纯收入8 253元。

2017年，山西渔业系统将全面贯彻落实农业部、省水利厅一系列会议精神，立足特色资源禀赋，以推进渔业转型升级为目标，以提高发展质量和效益为核心，以改革创新为动力，以特色、品牌发展为主线，落实“创新、协调、绿色、开放、共享”五大发展理念，大力推进渔业供给侧结构性改革，加快转变渔业发展方式，大力推进渔业生态文明建设，着力建设现代渔业产业体系，培育发展新型业态，提高产品质量，加快渔业产业化发展，加强科技工作，提高生产技术和装备水平，形成生态环境良好、技术装备先进、一二三产业融合、数量质量效益并重的现代渔业发展新格局。年度实现全省水产品总产量平稳增长，渔业经济总产值增幅达到2.5%以上，渔民人均纯收入增幅达到5%以上，产地水产品质量安全监督抽查合格率保持98%以上，渔船事故发生率为零。

水产苗种质量安全检查

喜获丰收

临猗甲鱼养殖场

昔阳县水磨头鱼乡

湖北省水产局

2016年全省渔业发展成绩显著，实现“十三五”良好开局。

全年工作目标圆满完成 2016年的暴雨洪涝灾害导致全省渔业损失惨重，面对严重灾情，全省各级渔业部门多措并举科学抗灾，累计投入复产资金30多亿元，补投鱼种3.17万吨、鱼苗87.5亿尾，修复渔业机械52 118台套、生产用房10 340座，组织2 400多名技术专家指导抗灾复产，夺取了“灾情98+”“损失98-”的全面胜利，实现了大灾之年抗灾夺丰收保增收的目标。2016年，全省淡水水产品总产量470.8万吨（2015年全省淡水产品总量455.89万吨），同比增长3.28%，渔民人均纯收入达到17 299元（2015年全省渔民人均纯收入15 515元），同比增长11%。

渔业结构调整成效显著 特色品种养殖面积新增3.67万公顷，同比增长8.87%。大力推进“一鱼一产业”，小龙虾、河蟹、鳝鳅三个“百亿元”产业发展势头强劲，小龙虾养殖、加工、流通、餐饮综合产值达到723.33亿元，同比增长20%。加工休闲渔业不断发展，新增2家国家级龙头企业，全省水产品加工业产值389.17亿元，同比增长12.8%，全省水产品电子商务交易额超过13.4亿元，休闲渔业总产值90.5亿元。

水产品质量安全水平高位运行 新创建水产健康养殖示范场部级51家，省级82家；京山县通过农业部渔业健康养殖示范县验收。全面推进标准化生产，争取1 500万元中央渔业标准化健康养殖专项资金，支持24个县区开展标准化生产；全省精养池塘标准化改造近3万公顷。新增无公害企业36家、产品81个；部省水产品抽检综合合格率99.3%，其中产地抽检合格率连续6年保持100%，一直领先全国。

稻渔综合种养发展迅猛 全省新增稻渔综合种养面积5.3万公顷，总面积超过25万公顷；成立了全国首个小龙虾产业技术研究院并落户省小龙虾良种选育繁育中心；争取到中央财政9 000万元稻渔综合种养基地建设项目；全省从事稻渔综合种养的合作社达1 051个、百亩以上种养大户4 637户。

渔业生态文明建设深入推进 印发《湖北省水产局关于加强渔业生态文明建设的指导意见》，推动全省渔业转方式、促转型。全面推进湖库拆围和水产养殖污染综合整治工作，全省已拆除各类围栏、围网和网箱养殖5.16万公顷，取缔珍珠养殖893公顷，查处投肥养殖30多起。全省开展增殖放流活动100余场次，放流鱼苗鱼种13亿尾。共查获违禁捕捞渔船477艘、取缔违规渔具3 133部、查处电捕鱼器501台（套）、行政处罚460人、刑事处罚134人，连续15年实现禁渔期“三无”目标。

渔民民生得到切实保障 产业精准扶贫工作扎实开展，以船为家渔民上岸安居工程稳步推进。渔业燃油补助政策有效落实，完成全省燃油补贴动态数据库建设。大力开展“平安渔业”创建，各地渔船年度检验率和隐患排查率保持100%，渔船质量安全达到100%，全省渔业水上安全继续保持零安全责任事故。继我省潜江、通山开展小龙虾养殖保险试点后，仙桃、武汉东西湖区渔业政策性保险取得进展。

增殖放流

送科技下乡

小龙虾车间

渔业船舶水上应急救援演练

万亩虾稻共作基地

兴化市水产局

渔业养殖 兴化特色在“农”，优势在“水”，以水域为主的非耕地10万公顷，养殖水体分河沟、湖荡大水面、池塘及生态共作四大类型，现有水产养殖重要产区。与上海海洋大学、中国水科院淡水渔业中心建立战略协作关系，成立了国家河蟹产业技术创新战略联盟、中国河蟹互联网产业联盟，红膏公司、九寿堂公司分别建立江苏省渔业企业第一家国家级博士后工作站和科技创新实践基地（省级博士后工作站）。2016年，全市水产品总产量达到30 300万千克，连续27年位居全省内陆渔业县级之首；渔业经济总产值165.5亿元，同比增长7.9%。中国河蟹产业峰会暨中国河蟹互联网产业联盟成立成为泰州农业年度十件大事之一，《中国·兴化河蟹价格指数的编制》获得第四届江苏省海洋与渔业科技创新奖三等奖，兴化市水产局荣获江苏省现代渔业建设先进集体和全国农业先进集体。

渔业捕捞 2016年全市共有专业渔民6 386户，总人口21 464人，长期从事捕捞生产的渔民4 498户，在外县市捕捞的渔民1 065户，2016年全市捕捞总产量为1 257.1万千克。全市共有27条市级主干河道，2016年市委、市政府制定下发《关于进一步加强市级主干河道管理规范渔业捕捞行为的实施意见》和《关于逐年终止市级主干河道发包规范渔业捕捞行为的通知》，成立市级主干河道渔业管理领导小组，明确开放捕捞河道范围、实施步骤、责任主体、分步时间、考核验收和长效管理各项制度要求，到2020年开放全部市级主干河道。按照河道开放时间节点，2016年共下发《停止发包通知书》15份，联合有关部门成立验收组逐乡镇逐段进行考核验收，开放2016年度到期河道64段，拆除各类定置渔具50处。

渔业生态安全 改渔业资源增殖集中放流为分散放流，增加投放鱼种的数量，改春季放流为冬季春季同步放流。2016年1月、4月、12月3次在9个河段共放流苗种24 135.5千克。共出动渔政船45航次、渔政车310辆次，参加执法人员1 120人次，查获电鱼案件61起，没收非法电捕鱼工具58台（套），清理违规定置渔具35处，参加养殖执法101起，调处渔业生产纠纷17起。全年共开展安全执法检查25次，冬季安全宣传4次，出动执法艇29航次，出动执法人员145人次。

渔业产业经营 全市水产专业合作社499个、家庭小渔场321个，全年水产品加工5 200万千克。继续发挥中国兴化河蟹价格指数的“风向标”服务作用，2016年河蟹价格指数上线发布为期3个月，收集批发市场价格数据2 988条，发布信息15 687条，促进兴化河蟹市场保持稳定，市场交易价格比去年增长明显，全市河蟹市场交易总量超过11 000万千克。支持水产品现代冷链物流体系平台建设,组织2家企业参加2016年第十四届（昆明）国际农产品展销会。全市水产养殖企业和销售商1 000户引入淘宝、京东等网上交易平台，永丰朋缘电子商务、建锋电子商务河蟹网上交易均突破2 000万元，全国最大电子商务平台“中国蟹库网”全年网上交易销售额超过5亿元。举办2016年中国河蟹产业峰会，成立中国河蟹互联网产业联盟。沙沟成为泰州首批10个特色小镇建设，兴化市政府与福中集团签署共同打造安丰“河蟹特色小镇”的战略合作协议。

惠渔政策 进一步规范机动渔船油价补贴工作各项要求，坚持严格把关油补申报材料，加强市级审核和油补发放监管，层层落实责任，认真接受群众监督。严格按照规定程序统一进行申报、审核、公示、发放2014、2015年度机动渔船共计10 270艘，累计核发油补3 901万元。核实确认申报对象渔民身份、渔船情况和登记情况，明确3类以船为家渔民身份确认条件，联合住建局赴有关乡镇进行专项督查工作的准确性、透明性，对符合条件的渔民进行相关媒体公示，3 726户申报对象符合确认条件。

农业部渔业渔政管理局调研中国蟹库网

上海海洋大学校领导来兴产学研对接

2016中国河蟹产业峰会在江苏兴化举行

2016年亚洲国家陆基水产养殖技术培训班学员来兴化考察参观

福州市海洋与渔业局

2016渔业周·金奖产品·金奖企业 颁奖仪式

6·6八闽放鱼日

海洋经济总量位列全省前茅 福州市成功申报“十三五”期间海洋经济创新发展示范城市。2016年全市海洋经济总产值预计3 425亿元，同比增长17%；海洋经济增加值预计1 375亿元，同比增长17%，占全市GDP22.7%，占全省31%。

海洋综合管理扎实推进 全市共确权项目用海69宗，确权面积1 616.05公顷，征收海域使用金2.31亿元。完成编制福州市海岛保护和利用规划、近岸海域环境保护规划和“十三五”福州市海洋经济发展规划。

现代渔业经济稳步增长 全市水产品总量和渔业产值居全省第一。2016年全市水产品总量238.48万吨，同比增长4.5%，占全省31%；全市渔业产品产值预计489.86亿元，同比增长4.5%，占全省39%，占全市农林牧渔业总产值的57%。全市渔业经济总产值1 068.4亿元，同比增长8.3%，占全省41%。

远洋渔业综合实力居全国地级市前列 全市远洋渔业产量17.52万吨，产值17.68亿元，分别占全省60%和69%。全市外派远洋渔船361艘，在东盟、非洲国家建成5个境外远洋渔业综合基地，4个境外水产养殖基地。

水产加工提速发展 全市水产品加工总量155.24万吨，总产值287.66亿元，分别占全省44%、34%。鱼糜制品、藻类、对虾、烤鳗、鲍鱼、海参等“六大水产加工品”均占全省2/3以上份额。

交流合作日趋深入 与日本长崎市、澳大利亚霍巴特市等地建立了渔业合作关系。2016年海峡（福州）渔业周·中国（福州）国际渔业博览会面积达5.8万平方米，吸引来自33个国家和地区的500多家协会和企业参展，现场签约额达169.23亿元。

黄琪玉副省长调研福州金鱼

全球渔业交流合作会议

中国海洋美食之都授牌仪式

中国海带之都授牌仪式

西安市渔政监督管理站

农业部渔业渔政管理局时任局长赵兴武检查西安渔政工作

西安市渔政监督管理站于2004年9月经市编办批准成立，正处级建制，具有渔政监督管理及渔业行政执法职责，核定编制20名，为参照公务员法管理单位，被农业部授予“全国渔业文明执法窗口单位”称号。

依据相关法律法规授权及行政主管部门委托，西安市渔政监督管理站主要承担渔业法律法规的执行监督和渔业违法案件查处、渔业生产秩序维护和渔事纠纷调解、渔业资源保护增殖和水生野生动物保护救护、渔业水域生态环境保护和渔业水域污染事故查处、水产品质量安全监督管理、渔需物资监管等职能。

近年来，依据《中华人民共和国渔业法》等法律法规，西安市渔政监督管理站在认真履行水生野生动物保护救护和渔业资源养护等职责的同时，结合西安市实际，依法拓展职能，在涉水工程水域生态环境保护、水产品质量安全监管方面走在全省前列。根据西安市水务局的统一部署，组织全市10个区县渔政部门建立了市、区（县）两级水产品质量安全监管体系，在每个区县均设立了“水产品质量安全监测室”；督促10个涉渔区县渔政站将辖区内的重点水产养殖和从事休闲渔业的单位和个体纳入监管范围，100%签订目标责任书；建立了水产地水产品安全监管网络化管理，努力创建以“关口朝前，进出安全”为主要特点的水产品质量安全监管新模式。2007—2016年，农业部抽检西安市自产水产品连续10年合格率达100%。

西安市渔政监督管理站主办的渭河鱼类增殖放流活动

地址：陕西省西安市凤锦路58号　邮编：710018
站长：孙　定　电话：029-62645868

新疆维吾尔族自治区水产局

6·6全国放鱼日新疆分会场

水生野生动物保护宣传

新疆伊犁河三文鱼养殖车间

新疆伊犁河三文鱼养殖基地

渔政执法

第二次中央新疆工作座谈会以来渔业发展取得的主要成就

第二次新疆工作座谈会以来，新疆渔业发展进入前所未有的历史机遇期，各级财政渔业投入逐年提高，水产品质量、渔业生产、渔业项目“三大安全”水平不断提升，基础设施建设进一步完善，渔业法制化管理进程进一步加快，特色渔业资源养护及开发力度不断加大，特色经济鱼类产业集群逐步形成，新疆特色经济鱼类产品品牌初步创建。

渔业综合生产能力显著增强，渔业经济迈上新台阶 三年来，我区水产品产量从14.3万吨上升到16.2万吨，增长了1.9万吨，增长了13.3%，渔业经济总产值29亿元，较2014年增加5亿元，增长20.8%，渔民纯收入从13 700元提高到16 600万元，增长了21.1%，水产品人均占有量从6.3千克提高到7千克，地产水产品质量安全抽检合格率达98%以上，有效保障了人民群众的餐桌安全，水产品继续保持稳步出口，养殖产量占水产品总产量的比重达到93%，现代渔业产业体系初步形成。

渔业经济结构不断优化 一是养殖品种进一步丰富。名特优新水产品比例逐年加大，鲑鳟鱼类、加州鲈、河鲈、河蟹等优质品种占水产品总量的48%；二是培育了以土著经济鱼类开发的热点。江鳕、丁鲅、额河银鲫等人工繁殖技术取得突破，白斑狗鱼、梭鲈、河鲈等苗种向全国推广；三是水产养殖科技含量进一步提高。设施渔业等节水型养殖得到发展（“十二五”期间，我区伊犁州直、阿尔泰地区、伊犁和建设管理局等投入资金数亿元建成现代化设施渔业基地多家，创历史之最）；四是天然水域渔业资源开发利用效益逐步提升。冷水渔业发展呈较快增长态势，赛里木湖的高白鲑、凹目白鲑等有机品牌享誉区内外，并向全国推广；五是以垂钓、旅游、餐饮、观光为主的休闲渔业日渐成为新的渔业经济增长点，效益显著。共有7家单位荣获“全国休闲渔业示范基地”称号；六是水利渔业呈现强劲增长态势。各级水管部门水利综合经营意识进一步增强，额尔齐斯河建设管理局建成国内最先进的设施渔业车间并投入运行，阿克苏河流域管理局、希尼尔水库管理处、下板地水库建设管理局等单位均安排专项资金开展冷水鱼养殖；七是渔业一二三产业融合发展步伐进一步加快。水产加工业不断发展，渔业产业化发展水平显著提升；八是区内外龙头企业斥资参与新疆特色渔业资源开发力度逐年增加。2015年，浙江省又一龙头企业在我区落户并投入资金达9 000余万元；九是疆内外市场进一步拓展。设立区内外外销平台105个，池沼公鱼等产品继续保持稳步出口。

水产品质量安全管理工作不断加强 依法开展养殖业专项执法行动、水产品质量安全宣传周活动，出动执法人员2 700人次，发放宣传材料累计3.8万份。检查养殖单位1 600余户，查处违法案件372起。养殖主产区共计106个产地、277个产品通过无公害认定。共有66人获得了无公害农产品检查员证书，176人获得无公害农产品内检员证书；累计创建农业部水产健康养殖示范县一个,示范场168个，全国休闲渔业示范基地7个，实施池塘标准化改造超过4 700公顷，占池塘养殖总面积的50%。

渔政监管和渔业资源养护水平不断提升 各级渔业行政主管部门强化渔政执法队伍建设，渔政人员业务素质及执法水平不断提高，积极做好执法培训，做到执法人员培训全覆盖。依法实施禁渔期、禁渔区制度，开展全疆范围渔业执法联检49次，对额尔齐斯河、伊犁河、博斯腾湖、乌伦古湖等重要水域进行执法检查。贯彻实施《中国水生生物资源养护行动纲要》，依法强化渔业资源增殖保护工作，开展不同层次增殖放流活动212次，放流水生生物苗种近5亿尾，投入资金近亿元；依靠自治区科研力量开展国家Ⅰ级保护水生野生动物——扁吻鱼人工繁殖取得成功，连续5年共向原栖息水域克孜尔水库投放鱼苗98.5万尾。累计建立国家级水产种质资源保护区12个，配备执法快艇 17 艘，执法车6辆。积极参与涉渔水利工程环境影响评价，为渔业资源保护、土著鱼类增殖站建设等争取渔业环保资金3亿元。贯彻《中华人民共和国水污染防治法》，天然水域禁养区、限养区划定工作初步完成。

渔业船舶管理工作有序开展 2014年起，我区开展了“三证合一”试点改革，实现了我区渔业船舶证书的统一核发及信息化统计管理。全区纳入机动渔船管理的机动渔船数量为910艘，船舶检验率达98%，获得渔船油价补助资金1 868万元，油价补助在“十二五”末实现了系统信息化录入管理。全区持证上岗验船人员41名，专业技术力量不断壮大；渔船渔民实现了全部持证上岗；开展渔业互保工作，全区渔民累计投保20.4万元，因伤获得理赔11.5万元。

渔业科研推广工作收效显著 三年来，共承担国家级、自治区级渔业科技项目30余项，投入科技经费2 000余万元，获自治区科技进步二等奖、三等奖各1项，农业部农牧渔业丰收奖1项，中国水产科学研究院科技进步三等奖1项。取得新型实用专利、发明专利、参与修订地方标准等10余项。成立了我区渔业领域首个“博士后科研工作站”，组建了“新疆土著鱼类繁育工程技术研究中心”“农业部西北地区渔业资源环境科学野外观测站”等多层次研发平台。

渔业基础设施建设规模不断壮大，项目管理更加规范 三年来，农业部和自治区财政累计安排各类渔业资金1.68亿元，共承建农业部基本建设项目10余项。不断完善水产局在农业信息系统中项目数据库的管理工作；进一步强化渔业专项资金的监管，严格执行可研报告及其资金预算的分类、汇总、筛选和审核论证程序，加强渔业发展专项资金的使用、项目实施及发挥项目建成效益方面的检查监管工作；强化专项资金绩效评价和监督检查，逐步实现了从偏重争取和分配资金向实行项目全过程监管的转变。

东阿县水产局

证书

证书编号：201702005

2017中国国际现代渔业暨渔业科技博览会

2017 CHINA INTERNATIONAL MODERN FISHERY & FISHERY SCIENCE AND TECHNOLOGY EXPOSITION

金奖

获奖单位：聊城市东阿县水产局

获奖项目：东阿黄河鲤鱼

中国渔业协会

二〇一七年六月十八日

博览会金奖

东阿县水产局是全县渔业行政主管部门，负责做好全县渔业发展规划起草、渔业技术推广、渔民培训、渔民合作组织管理、水产品质量安全以及渔业法律法规监管执行等工作。近年来，东阿县水产局认真贯彻县委、县政府和上级业务主管部门指示精神，秉承“求实、创新、兴渔”理念，充分发挥沿黄资源优势，紧紧围绕“黄河鲤鱼”发展主线，夯实良种基础、创建地域品牌、创新精品生产、拓宽市场营销等环节并举发力，全县品牌渔业质量有效提升，呈现出品牌独特、效益丰厚的良好态势。截止到2016年年底，全县水产总面积稳定在4 347公顷，其中水产养殖面积达到3 147公顷（主养黄河鲤鱼1 867公顷）、藕1 133公顷、苇67公顷，渔业总产值达到9.39亿元。2013年，东阿县被国家授予“中国黄河鲤鱼之乡”“东阿黄河鲤鱼”先后被认定为“中国农产品地理标志保护产品”“中国地理标志证明商标”“中国水产业明星水产品”“博览会金奖”和“可持续利用资源老字号品牌奖”，备受市场青睐，品牌渔业价值凸显。

随着东阿现代渔业的发展，涌现出一大批水产养殖专业合作社和渔业企业，成为全县水产发展的龙头。东阿县绣青水产养殖专业合作社先后获“农业部水产健康养殖示范场”、省级现代渔业示范园区、“东阿黄河鲤省级良种场”“山东省农民合作社省级示范社”“首批渔民专业合作社省级示范社”和“山东省专精特新中小企业”称号。注册“阿黄”“洛神湖”2个水产品商标。“东阿黄河鲤鱼”生产技术专利,已有两项发明专利被国家知识产权局正式受理和一项实用新型专利授权。合作社下属锦绣明天水产发展有限公司在齐鲁股权交易中心已挂牌上市，已形成“东阿黄河鲤鱼”生产、加工、销售一条龙的产业发展模式。东阿县华龙渔业养殖专业合作社被认定为“山东省农民合作社省级示范社”“山东省水产健康养殖示范场”“聊城市休闲渔业示范基地”，并注册了“三堂黄河滩”水产品商标。东阿县阿锦水产养殖专业合作社养殖经营的以“东阿锦鲤”为主的观赏鱼，建有“阿锦清溪锦鲤园”规模已达到年产精品鱼3万多尾、鱼苗1 000万余尾。东阿县绿洲黄河鳖生态养殖场主养的“东阿黄河鳖”申报的中国地理标志证明商标颁证在即。“东阿锦鲤”“东阿黄河鳖”已成为东阿县重要的特色渔业产业品种，发展潜力巨大。

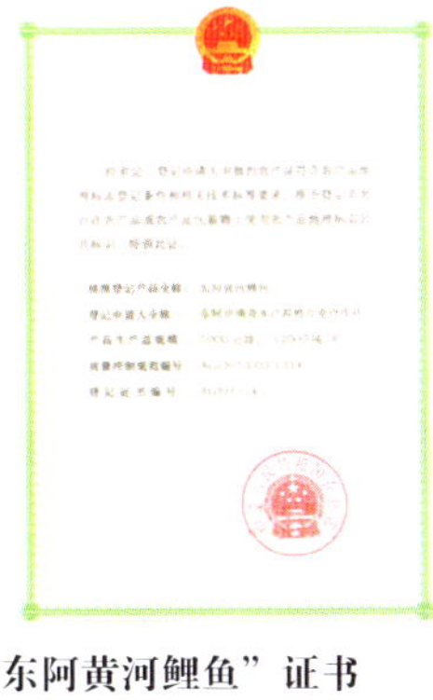
地理标志保护产品“东阿黄河鲤鱼”证书

明星水产品

专利证书

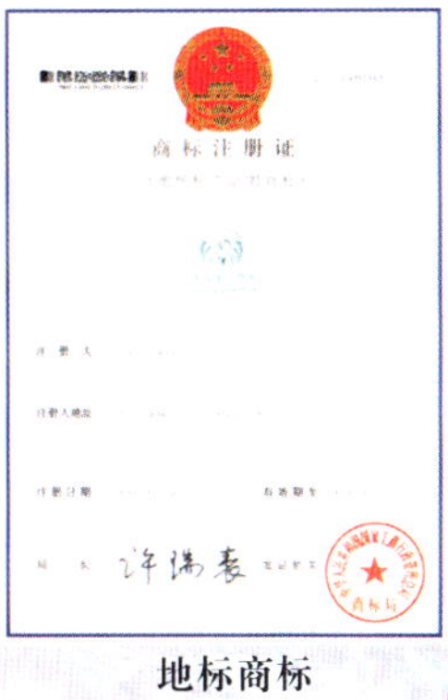

地标商标

余干县水产局

2016年是“十三五”规划开局之年，余干县水产局在上级渔业主管部门的大力支持下，紧紧围绕县委、县政府的工作思路，牢固树立创新、协调、绿色、开放、共享五大发展新理念，突出渔业转型升级主线，坚持转方式、调结构，提质量、促加工，活流通、稳增长，渔业产业持续健康发展。

一是稳增长 全县水产养殖面积2.75万公顷，水产品总产量15.37万吨、增长2.96%，其中特种水产品总产量7.08万吨、增长5.65%，渔业经济总产值28.1亿元、增长8.2%。

二是调结构 在稳定发展大宗水产品的同时，大力扶持特色水产养殖。全县初步形成了黄鳝、小龙虾、黄颡鱼、鳜鱼、泥鳅、乌鱼等6种名特优特种水产，特色水产养殖规模达到1.1万公顷，并已集群发展有5个专业乡镇、13个专业村，带动农户4 000余户，户均增收13 000余元。

三是夯基础 成功申报并得到批复5个现代农业生产发展资金水产项目、改造面积117公顷、总资金700万元，其中争取中央财政补助投入资金350万元。目前，全县标准化鱼池达2 667公顷，池成方、渠成网、路相通、树成荫。

四是强培训 积极开展送渔业科技下乡活动，举办培训班18次（期），培训人员1 000余人，赠送渔业技术资料6 000余份、渔药物资2 000余千克，科技兴渔蔚然成风。

五是严执法 扎实开展了电力捕鱼集中整治活动，常态化监管了渔业用药、渔用饲料等，深入开展了渔药、渔用饲料及添加剂监督检查，规范了养殖行为，确保了水产养殖环节中的质量安全。近5年，农业部和省市农业部门对我县水产品的质量抽测，合格率100%，确保了餐桌上的安全。

六是优服务 坚持严标准、严程序、严公示、严监督，全面落实惠渔惠民政策，规范有序发放了2014年度养殖渔业燃油补助资金，没有发生一起违规套取现象，没有发生一例信访举报。服务全县中心工作，完成老渔场棚户区改造棚改工作任务85户，签订协议和拆除房屋完成率均100%，为渔场职工创建美丽新家园翻开崭新一页；服务基层、渔民和贫困户，扎实开展了精准扶贫、“两学一做”、集中整治不正之风和微腐败，并荣获全县“两学一做”暨集中整治不正之风和微腐败知识竞赛集体一等奖。

开展渔业执法活动

实施标准化渔池改造

大湖捕鱼、售鱼场景

江南水产落户食品产业园

山东省海洋与渔业监督监察总队

山东省海洋与渔业监督监察总队是2011年整合成立的副厅级单位，下辖5个正处级直属支队，依法承担渔政管理、海洋监察、渔港监督、渔船检验、渔业安全监督管理工作。

近年来，山东省海洋与渔业监督监察总队紧紧围绕全国渔政管理工作大局和省委、省政府的工作部署，牢固树立创新、协调、绿色、开放、共享发展理念，统筹全省海洋与渔业执法力量和资源，不断提升渔业管理体系和管理能力的现代化水平。

加强渔船管控和渔政管理，加强源头管控、落实层级责任、强化联合执法、严格督查考核、建立长效机制，对海洋渔船实施严管严控，清理取缔海洋涉渔“三无”船舶及“绝户网”等违规渔具，加强海洋伏季休渔管理，养护海洋渔业资源。

严格海洋监察执法，开展“蓝剑”海洋生态执法专项行动，常态化开展“护航蓝区建设”和交叉执法专项督查行动，推进海监执法示范建设活动，推动海监执法工作的拓展深入。

规范渔港管理工作，推进渔港经济区建设试点工作，实施渔港认定，规范渔港管理，推进“依港管船”和渔船组织化管理。

推进船检体制改革试点，引进第三方为渔船检验提供技术支撑，将海洋平台纳入检验试点范围，继续开展“三类基地”创建，做好标准化渔船推广工作。

加强渔业安全监管，深入开展“港规范·船可控·人平安”行动，认真做好渔业安全生产大排查快整治严执法集中行动，抓好应急值守和突发事件应急处置工作。

提升执法能力建设，做好渔船通导与安全装备及渔港动态管理系统建设工作，建设近海海域雷达监控系统。加强党建和精神文明建设工作，深入开展“两学一做”学习教育，严格落实“两个责任”，打造忠诚、干净、担当的海洋与渔业执法队伍。

渔政人员对渔民进行安全教育

江苏省太湖渔业管理委员会办公室

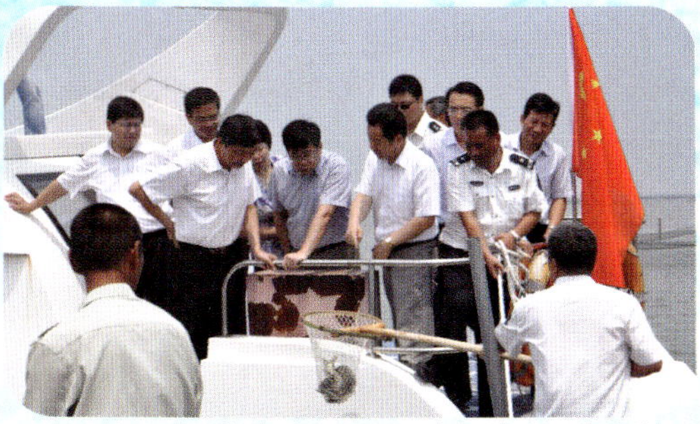

时任江苏省省委常委、副省长徐鸣视察太湖以渔控藻工程项目

唐启升院士调研太湖以渔控藻工程项目

太湖以渔控藻工程项目鸟瞰图

太湖以渔控藻工程项目指示图

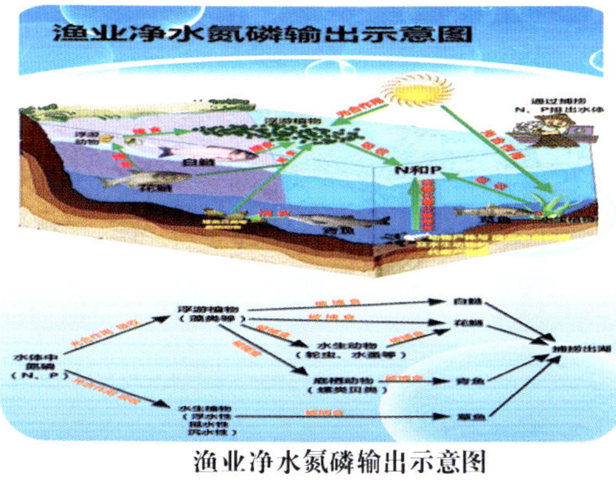

渔业净水氮磷输出示意图

生态控蓝藻　科学治太湖
推动太湖渔业生态文明建设可持续发展

烟波浩淼的太湖，是镶嵌在江南大地上的一颗璀璨明珠，也是沿湖流域的百姓赖以生存和发展的“母亲湖”。近年来，太湖的水环境治理和水生态保护也成为社会各界关注的热点问题。为了让太湖碧波美景展现在江南大地，太湖流域各地和省有关部门坚持不懈铁腕治污、综合施策。

江苏省太湖渔业管理委员会办公室（下称“太湖渔管办”）作为太湖渔业管理部门，从实际出发探索出“以渔控藻、以渔净水”生态治理模式。即利用鲢鳙鱼滤食性的生物特性，摄食控制藻类的过快繁殖生长，降低湖体藻密度。科研证实，自然环境下鲢鳙等滤食性鱼类每生长1千克需滤食消化50~80千克藻类，再通过鱼类的生物转化功能，把藻类物质转化成人类可以食用的鱼肉蛋白，最后以捕捞形式将固定在鱼体内的N、P元素从湖体内分离出来，从而降低湖体内的TN、TP，切断藻类分裂繁殖营养链，最终达到降低藻类暴发频率直至消除藻类暴发的目的。

2014年，经江苏省发展和改革委员会、江苏省财政厅、江苏省太湖水污染防治办公室批准立项，江苏省海洋与渔业局主管、由太湖渔管办承担实施的“太湖以渔控藻工程项目”正式启动，3年来，项目总投入5 700万元，分别在藻密度较高的梅梁湾、月亮湾、乌龟山水域，建设2 133公顷围栏，在竺山湖水域投入1 000只网箱设施，大规模放养滤食性鱼类鲢鳙鱼约896吨，并开展了多品种、多规格、不同比例的成鱼网箱抑藻试验。3年来，累计培养抑藻苗种1.49万吨，消化藻类约119.44万吨，固定氮430.45吨、磷99.39吨、碳1 772.49吨。水质检测结果也表明，控藻区的总氮、总磷、叶绿素a等主要营养因子指标比对照区均有不同程度下降。每年12月底，将网箱、围栏内的鲢鳙鱼放入大太湖，利用其滤食性，对湖体主要营养物质进行二次控制，次年9月太湖开捕后，通过捕捞方式将鲢鳙鱼固定的氮、磷等主要营养物质移出水体。经捕捞产量统计，3年来测定捕捞鲢鳙鱼约5.33万吨，移出氮1 332吨、磷 160吨、碳6 400吨。项目实施过程中，太湖“以渔控藻”生态治理水环境项目主要呈现出五大优势：一是资金使用效率提高。二是抑藻效果提高，鱼类抑藻时间延长。三是生态效益提高，生物多样性保护效果突出。四是经济效益提高、渔业产量提高、渔民收入增加。五是社会效益提高，鱼多价降、市民得益、社会稳定。

治理太湖任重道远，太湖渔管办将继续探索生态控蓝藻，科学治太湖的新途径、新方法，奋力推动太湖渔业生态文明建设可持续发展。

秦州珍稀水生野生动物自然保护区管理局

2014年甘肃秦州大鲵省级自然保护区增殖放流活动在花园河举行

2015年甘肃秦州珍稀水生野生动物国家级自然保护区增殖放流活动

保护区领导在花园河巡护检查

大鲵交接仪式（平凉）

保护区基本情况

甘肃秦州珍稀水生野生动物国家级自然保护区原名为“甘肃秦州大鲵省级自然保护区”，于2010年7月6日经甘肃省人民政府批准建立。2014年12月5日，秦州珍稀水生野生动物国家级自然保护区获国务院正式批复，成为甘肃省第二个国家级水生动物自然保护区。

主要保护对象 大鲵、秦岭细鳞鲑及其栖息环境。

保护区的范围 包括大鲵片区和秦岭细鳞鲑片区两部分，总面积3 010公顷。其中：大鲵片区位于秦州区娘娘坝镇境内的白家河流域，属于长江水系，范围包括望天河、北峪河、庙川河、花园河、响潭河和螃蟹河，面积1 372公顷。秦岭细鳞鲑片区位于秦州区藉口镇、关子镇及杨家寺乡境内的藉河流域，属于黄河水系，范围包括金家河和潘家河，面积1 638公顷。

自然资源 一是生物资源。2011—2012年保护区管理局与中国水产科学研究院长江水产研究所联合实地调查结果为：保护区内有木本植物83科221属672种；藻类共有5门54属；鸟类14目33科161种；动物6目19科57个种和亚种；两栖爬行类动物4目8科17种；鱼类28种,隶属于3目5科24属，以鲤形目的鱼类为主；底栖生物有38个分类单元。二是水资源。保护区内水资源比较丰富，白家河发源于甘肃省天水市秦州区娘娘坝镇大山坝，境内主流长度76千米，流域面积541.37公顷。藉河发源于秦州区和甘谷县交界处的龙台山景东梁东麓，主流长78千米，境内流域面积1 066.29公顷。

机构设置 2011年5月,秦州区机构编制委员会批复设立了秦州大鲵自然保护区管理局，属财政全额拨款事业单位，正科级建制，编制10人。2016年8月18日，秦州区编办批准将“秦州大鲵自然保护区管理局”更名为“秦州珍稀水生野生动物自然保护区管理局”，核定1名副县级领导，编制11人。

保护区管理工作

增殖放流 自保护区建立以来，连续5年累计增殖放流幼体大鲵10 482尾。通过增殖放流，改善了生物的种群结构，同时也维护了区域内生物的多样性。

基础设施 建成保护总站1处，基层保护救治监测站2处，大型钢构宣传塔2座；安装天然石界碑8座，永久性界桩及警示牌60个；8条河流功能区内设立了48个花岗岩界桩，采购救护车1辆，仪器设备47台套。使保护区基础设施建设有了长足发展。

专项执法检查 保护区管理局严格按照《中华人民共和国自然保护区条例》《中华人民共和国野生动物保护法》等法律法规，不断加强保护区内的专项执法检查和巡护管理工作，依法、有效地的实现了对保护区内物种和环境资源的管理和保护。

2014年3月，保护区管理局与公安等部门联合开展专项执法检查，查处了两起非法购买、运输国家二级保护动物大鲵案，对非法运输的7尾大鲵予以没收。

2015年7月27日，对毒死花园河大鲵的天水市秦州区娘娘坝镇村民许某某和夏某某因构成非法猎捕、杀害珍贵、濒危野生动物罪分别判处了有期徒刑两年。

2012年以来，保护区管理局累计接收单位或社会民众捐赠的大鲵8尾。成功救治大鲵15尾。累计巡护555次，资源监测83次。

科普宣传 委托天水电视台录制了反映保护区各项工作的宣传片，并连续播出10期。加强保护区相关法律法规的宣传，携同渔政、环保、水务、国土、林业等相关部门，以举办科普宣传月、布设展板、悬挂横幅、发放宣传资料等宣传教育活动136场次。

利用微信、手机短息等新型媒体和固定宣传塔、宣传牌、宣传版面增强向社会公众宣传，努力营造润物无声，潜移默化的教育引导作用。共制作设立宣传牌122块，大型宣传喷绘条幅4条，墙面喷绘宣传点8处，制作门型展架46个，宣传横幅65条，印制《秦州大鲵》工作宣传册1.5万多册。印制三折宣传彩页5万份，宣传单7万份。通过宣传教育，提高了群众对水生野生动物的保护意识，营造了“知法、懂法、护法”的良好法治氛围。

科研成果 2012—2013年，保护区管理局与中国水产科学研究院长江水产研究所联合调查，摸清了保护区内资源状况。编制完成了保护区《综合考察报告》《总体规划》和《图谱集》。2012年，保护区技术人员与甘肃省渔业技术推广总站联合攻关，突破了大鲵在海拔1 650米、秦岭细鳞鲑在1 800米以上人工繁殖的难关。

荣誉 自2011年以来，保护区管理局分别荣获甘肃省农牧厅全省渔业工作先进单位、市渔业工作先进单位、市畜牧兽医工作先进单位等荣誉称号，“高海拔地区大鲵人工繁殖试验示范”项目荣获2015年度市级科技进步奖。荣获水野分会2015年度优秀会员单位称号。

在往增殖放流点的途中

孵化出的大鲵幼苗

宣传月宣传活动现场

海南省海洋与渔业科学院

科研人员在中沙漫步暗沙科研基地投放水产苗种

海南省海洋与渔业科学院是隶属于海南省海洋与渔业厅的事业单位。全院现有在职职工156人，其中高级职称46人，中级职称33人；博士（含博士后）10人，硕士57人，本科42人。内设综合处、科研管理和信息处2个副处级行政机构；海洋工程研究所、海洋生态研究所、海水渔业研究所、淡水渔业研究所4个副处级科研机构。下设海南渔业科技术服务有限公司和海南振海海洋开发研究院有限公司两个院属企业。

开展海洋生态调查

主要工作职责有：海南涉海产业、海洋与渔业经济发展战略研究和制订总体规划；研究海洋与渔业资源调查和开发技术，进行环境监测、海洋资源及海洋环境保护、管理和可持续利用研究，典型海洋生态系统监测调查与评估；研究海洋物理、海洋地质、海洋工程、海洋遥感等技术基础研究和应用；对海岸带、海岛和海洋开发利用进行调查、规划、评估、设计、施工和技术咨询；从事海、淡水养殖技术、水产品加工和质量安全管理技术、水产良种引进、保种和育种技术、水产养殖病害防治技术等研究。此外还将承担海洋与渔业的科学技术普及工作。

实施深水网箱养殖项目

全院紧紧围绕建设海洋经济强省的产业发展战略，坚持自主创新，取得了较好的成绩。获得国家科学技术进步奖二等奖1项、全国农牧渔业丰收奖一等奖和二等奖各1项、海洋创新成果奖二等奖3项、海洋科学技术奖二等奖2项、省科技进步奖一等奖1项、省科技进步奖三等奖2项、省科技成果转化奖一等奖4项。还荣获“全国农业先进单位”“全国星火科技先进集体”“十一五国家科技计划执行优秀团队”“十一五国家星火计划执行优秀团队”等荣誉。

2016年，全院发表科技论文55篇，被授权实用新型专利、发明专利共9项，参与编写专著3本。编制的《海南省海洋主体功能区规划》获得2016年海南省优秀工程咨询成果奖一等奖。国家罗非鱼产业技术体系海口综合试验站被授予优秀综合试验站。省重大科技项目“三沙海域深水网箱养殖关键技术研究与示范”为三沙网箱养殖解决了网箱装备、养殖品种筛选、长途运输、补给等几个关键技术问题。

海南省海洋与渔业服务中心

地址：海南省海口市美兰区灵山镇白驹大道12号
邮编：571126
电话：0898-66728238　　传真 :0898-66517570
网址：http://www.hnhky.cn

方斑东风螺育苗池

规划成果图片

中国水产科学研究院黄海水产研究所

“高碘高产海带新品种的培育”等7项成果获1978年全国科学大会奖

“对虾工厂化全人工育苗技术”1985年获国家科技进步一等奖

“鳀鱼资源、渔场调查及鳀鱼变水层脱网捕捞技术研究”1992年获国家科技进步一等奖

“对虾人工配合饲料的研究”1987年获国家科技进步二等奖

现任（第七任）所长：金显仕研究员、海洋渔业资源与生态学家

中国水产科学研究院黄海水产研究所前身为“农林部中央水产实验所”，1946年8月筹建于上海，1947年1月正式建立，1949年9月迁往青岛。依隶属关系变迁，先后有多个称谓，如“中华人民共和国水产部海洋水产研究所”“国家水产总局黄海水产研究所”等，1982年改为现称。

经过70年的发展，全所现有6个职能部门、2个支撑部门、10个研究室共18个内设机构，拥有2艘调查船（“北斗”号、“黄海星”号）和3个实验基地，设有博士后科研工作站。作为青岛海洋科学与技术国家实验室五家常务理事单位之一，以我所为依托单位建设海洋渔业科学与食物产出过程功能实验室、世界动物卫生组织参考实验室、中韩渔业联合研究中心等多个国际科研平台以及农业部海洋渔业可持续发展重点实验室、国家水产品质量监督检验中心等30多个省部级重点实验室、工程技术中心挂靠。

截止到2016年年底，在职职工409人，其中中国工程院院士2人，高级专业技术人员157人，有3人被授予国家级有突出贡献专家，6人入选国家“百千万人才工程”，62人享受国务院政府特殊津贴，3人获中华农业英才奖，1人获山东省科学技术最高奖，6人被聘为山东省泰山学者特聘专家（含青年专家1人），17人获农业部或山东省有突出贡献中青年专家，12人被聘为中国水产科学研究院首席科学家，2人获青岛市科学技术最高奖，1人获青岛市科学技术功勋奖，13人获青岛市专业技术拔尖人才称号。多个团队获优秀创新团队表彰：全国专业技术人才先进集体1个，山东省优秀创新团队2个，中华农业科技奖优秀创新团队3个，全国农业科研杰出人才及其创新团队8个；2个重大项目研究团队被评为“973计划”优秀团队、“十一五”国家科技计划执行优秀团队。现有博士生导师20人，硕士生导师82人。

建所70年来，紧紧围绕“海洋生物资源开发与可持续利用研究”这一中心任务，在海洋生物资源与环境、捕捞技术、海水增养殖、水产品加工与质量安全等领域先后承担并完成了1 300余项国家和省部级的研究课题，取得了300多项国家和省部级重大科研成果，获得国家及省部级奖励200多项，其中国家级奖励43项（以第一完成单位获得国家科技进步一等奖2项、二等奖5项，国家技术发明二等奖3项）。在国内外专业期刊发表学术论文5 000多篇，出版专著百余部，编辑出版学术期刊《渔业科学进展》。

近十几年来，黄海水产研究所按照国家经济建设和科技创新的需要，及时调整学科，广揽人才，在渔业资源与生态系统、海水养殖生态与技术、养殖生物疾病控制与分子病理学、种质资源与工程育种、海洋生物资源与酶工程、渔业环境与生物修复、水产品质量与安全、鱼类养殖与设施渔业、食品工程与营养、水产生物技术与基因组等十大领域开展了许多创新性的研究，取得了可喜的成绩，为我国海洋渔业科学事业的发展和渔业经济建设做出了重要的贡献。

“渤海渔业增养殖技术研究”1997年获国家科技进步二等奖

“大菱鲆的引种和苗种生产技术的研究”2001年获国家科技进步二等奖

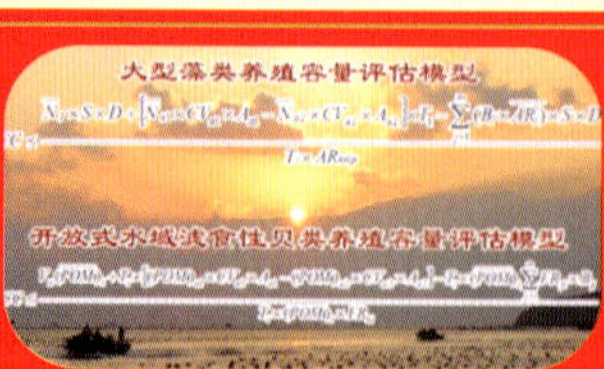

“海湾系统养殖容量与规模化健康养殖技术”2005年获国家科技进步二等奖

“海洋生物资源补充调查及资源评价”2006年获国家科技进步二等奖

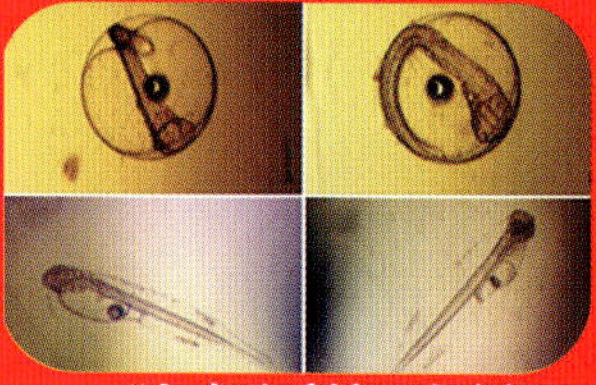

“鱼类种质低温冷冻保存技术的建立与应用”2006年获国家技术发明二等奖

“中国对虾‘黄海1号’新品种及其健康养殖技术体系”2007年获国家技术发明二等奖

“半滑舌鳎苗种规模化繁育及健康养殖技术开发与应用”2010年获国家科技进步二等奖

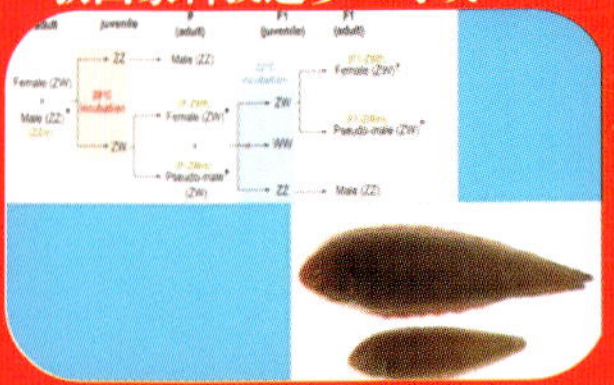

“海水鲆鲽鱼类基因资源发掘及种质创制技术建立与应用”2014年获国家技术发明二等奖

七十载上下求索，七十载春华秋实

2017年，黄海水产研究所迎来了70年华诞，为感怀70年发展历程，共谋新世纪百年大计。2017年2月18日，黄海水产研究所隆重举行渔业科学研究七十周年主题活动，以学术论坛和海洋渔业技术转移论坛的形式，庆祝我国第一个国立渔业和海洋科研机构近一个世纪的俯首耕耘，春华秋实。农业部渔业渔政管理局局长张显良，中国渔业协会会长赵兴武，全国水产技术推广总站站长、中国水产学会秘书长肖放，山东省海洋与渔业厅厅长王守信，山东省科学技术厅党组成员、青岛国家海洋科学研究中心主任李乃胜，中国水产科学研究院院长崔利锋，青岛市海洋与渔业局局长于成璞，青岛市科学与技术协会主席胡辛，青岛市科学技术局副巡视员高杰等领导出席了主题活动开幕式。

发展战略篇中，黄海水产研究所唐启升院士、青岛海洋科学与技术国家实验室吴立新院士、中国科学院水生生物研究所桂建芳院士、中国海洋大学麦康森院士分别作了题为“水产养殖可持续发展与中国渔业的未来”“透明海洋与深蓝渔业”“水产生态养殖和养殖模式的发展”“鱼类对饲料蛋白质利用效率的研究进展”的主旨报告，系统介绍了海洋渔业科学与技术领域的发展概况与发展趋势。

学术论坛分为四部分：
发展战略篇；
携手同行篇；
辉煌历史篇；
继往开来篇。

携手同行篇中，中国科学院海洋研究所孙松研究员、黄海水产研究所孔杰研究员、大连海洋大学宋林生研究员、渔业机械仪器研究所徐皓研究员、东海水产研究所王鲁民研究员、南海水产研究所李来好研究员分别就渔业资源、水产育种、水产病害防控、水产养殖设施与模式、水产品加工等领域的前沿与热点问题作了专题报告。

辉煌历史篇中，黄海水产研究所邓景耀、王清印、葛相安、李晓川、马绍赛等5位老领导深情回顾了黄海水产研究所70年发展的光辉历程，详细讲述了相关学科的发展历史与文化传承。

继往开来篇中，黄海水产研究所10个研究室的10名青年科技人员围绕海洋渔业科技相关研究领域的热点科学问题汇报了最新研究进展。

党的十八大以来，习近平总书记提出了“中国梦”的重要思想和执政理念，即“实现中华民族伟大复兴，就是中华民族近代以来最伟大梦想”，并表示这个梦“一定能实现”。目前，我国正处于实现“五位一体”总体布局、“四个全面”战略布局和伟大“中国梦”的关键时期。振兴海洋，建设海洋强国，已成为造福国家、实现民族复兴的战略决策。对于有着70年光荣传统的黄海所来说，将以重于泰山的使命感，只争朝夕的紧迫感，逆水行舟的危机感，更加扎实地把党中央、农业部、水科院的各项决策部署落到实处；按照“创新、协调、绿色、开放、共享”的五大发展理念，以更加超前的创新思维、更加进取的改革思维、更加开放的合作思维，大力实施“创新兴所、人才强所”发展战略，与时俱进，开拓进取，撸起袖子加油干，把黄海所建设成为“国内一流、国际知名”的创新型研究所，为我国海洋渔业科学事业的发展和现代渔业建设做出新的更大的贡献，以优异成绩迎接党的十九大的召开！

黄海所第四任所长邓景耀（左二）、第五任所长唐启升（左三）、第六任所长王清印（右一）、第七任所长金显仕（左一）合影

中国水产科学研究院黑龙江水产研究所

冷水鱼联盟第四次理事会暨产业技术研讨会

国际冷水鱼培训班

西藏渔业调查

支援新疆冷水鱼产业

成果推广

黑龙江水产研究所（以下简称“黑龙江所”）建于1950年，隶属农业部中国水产科学研究院，以黑龙江流域及北方地区渔业为研究对象，前身“哈尔滨水产试验场”，是我国建立最早的淡水渔业综合性科研机构。目前黑龙江所在职科技活动人员124人，正高级20人，副高级 33 人。

黑龙江所担负我国黑龙江流域及北方地区科技兴渔、培养高层次水产人才、国内外渔业科技交流合作等任务，建所60多年，在几代黑龙江所水产人的努力下，黑龙江所发展成为“以大宗淡水鱼类研究为优势、以冷水性鱼类研究为特色”的淡水水产研究机构。目前所内设有养殖、遗传育种与生物技术、资源、环境4个研究室，开展“水产养殖技术”“水产生物技术”“水产遗传育种”“渔业资源保护与利用”“渔业生态环境与水产品质量安全”五大学科15个专业方向的研究。

依托黑龙江所建设有国家地方联合工程实验室1个（国家发改委批），国家级试点产业技术创新联盟1个（科技部批），农业部批复重点实验室、科学观测实验站等6个；黑龙江省重点开放实验室、工程技术中心等3个；中国水产科学研究院重点实验室、功能实验室等11个；同时在哈尔滨市呼兰区、牡丹江市宁安渤海镇、北京市房山区、辽宁宽甸、天津等地建有实验场站及中试基地。

大宗淡水鱼类研究　利用分子生物技术与遗传育种相结合，先后推出松浦鲤、松浦镜鲤、易捕鲤等优良品种（品系）8个，占全国淡水鱼类养殖良种的26%，为我国淡水水产养殖提供了坚实的种质和技术保障。因在鲤育种领域取得的突出成就，2015年获得国家科技进步二等奖。

冷水性鱼类研究　最早开展鲟鱼人工养殖及繁育研究，先后突破了鲟鱼“人工驯化及繁育技术、活体取卵技术”等一系列制约产业发展的瓶颈技术，带动了我国鲟鱼养殖产业的迅猛发展，使我国一跃成为世界第一鲟鱼养殖大国。2009年，获得国家科技进步二等奖；我国第一个开展虹鳟养殖繁育技术研究的机构，培育的“渤海虹鳟、金鳟”优质苗种辐射全国主要冷水鱼养殖区，突破了虹鳟三倍体规模化制种技术，有望打破欧美渔业发达国家的垄断；另外，黑龙江所突破了引进品种山女鳟、白斑红点鲑，土著品种细鳞鲑、哲罗鲑、亚东鲑、狗鱼等的保种、养殖及繁育技术，并在全国范围内进行苗种和养殖技术的推广。

盐碱水域综合利用　开展黑龙江流域盐碱水域综合调查；从乌兹别克斯坦引进的大鳞鲃、咸海卡拉白鱼已实现规模化制种，并在全国范围内示范推广，深受养殖户喜爱；完成土著种品种滩头雅罗鱼、瓦氏雅罗鱼的人工驯养及繁殖技术研究，筛选出适于我国盐碱水域养殖的耐盐碱鱼类新品系2个。

渔业资源保护与利用　多年来开展黑龙江流域及边境水域渔业资源调查、濒危鱼类栖息地调查与保护、渔业资源修护技术研究，为我国渔业资源保护与可持续发展、维护我国边境渔业权益作突出贡献。

渔业环境与水产品质量安全　开展渔业环境调查与保护研究；承担捕捞及养殖水产品质量监督检查、抽样调查任务，为舌尖上的安全保驾护航。

累计获得各级各类科技成果奖励70余项，其中“鲟鱼繁育及养殖产业化技术与应用”“鲤优良品种选育技术与产业化”获得国家科技进步二等奖，省部级奖励33项，包括黑龙江省科技进步奖、黑龙江省省长特别奖、中华农业科技奖、范蠡奖等奖项。仅“十二五”期间，发表学术论文560篇［其中SCI（含EI）收录109篇］，出版专著9部，获得授权专利200余项（其中发明专利58项），软件著作权5项。

2009、2015年国家科技进步二等奖

大杂交”鲟龙1号“

中国水产科学研究院珠江水产研究所

我们努力，天下有鱼

全雄杂交鳢新品种培育与推广项目科研合作签约仪式

罗非鱼“粤闽1号”

中国水产科学研究院珠江水产研究所是国家根据流域布局在珠江流域及其相关水系中设置的国家级渔业综合科研机构，位于广州市西塱花地河畔，主要开展渔业资源养护与生态环境保护、种子工程与健康养殖、质量安全与标准化等科学研究，形成渔业资源保护与利用、生态环境保护、水产种质资源与遗传育种、水产养殖与营养、水产病害与免疫、水产品质量安全等优势学科，以及城市渔业、水生实验动物等特色研究领域。现有农业部热带亚热带水产资源利用与养殖重点实验室、农业部渔业药物创制重点实验室等18个省部级挂靠科研机构。

2016年，在国家公益性行业（农业）科研专项、科技支撑计划及广东省海洋渔业科技推广专项等资助下，以及与企业产学研紧密合作下，我所多个科研项目取得重要进展：

推进全雄杂交鳢育种研究 深入开展乌鳢和斑鳢基因组学研究，确定了鳢性别决定方式，筛选获得与鳢性别相关SNP标记，经过大群体验证，这些标记性别鉴定准确率均达到85%以上，为超雄斑鳢鉴定和全雄乌斑杂交鳢培育解决了关键技术。与南海百容水产良种有限公司签定全雄杂交鳢良种培育产学研合作协议，利用性别标记确定基因型为雄性、表型为雌性的伪雌亲鱼，通过繁殖获得鱼苗。

罗非鱼选育工作取得重要进展 通过挖掘与生长、性别分化和抗病相关的分子标记，开发了筛选超雄罗非鱼的方法，应用杂交技术获得罗非鱼“粤闽1号”。在广东、福建、广西、海南和云南等省（自治区）中试结果表明，该品种具有雄性率高、生长快、出肉率高等特点。

建立粤西北渔牧综合养殖技术体系 针对粤西粤北地区畜禽养殖业集中、池塘养殖资源利用率较低、山地闲置资源多等特点，应用现代生态理念，构建了“牧业（猪）→种植业（皇竹草）→水产业（草鱼）”三相生产系统结合的绿色生态循环模式。分别在韶关市乳源县和阳江市阳春市建立示范点，经济效益提高30%，水产养殖排出的氨氮等主要污染物指标下降55%左右、减少配合饲料投放量60%、山地种草产出率比种桉树效益增加5倍。

牧业养殖 有机肥无害化处理 发酵液种草 选别销售 机械定点捕捞 机械切草喂鱼

中国水产科学研究院渔业机械仪器研究所

Fishery Machinery and Instrument Research Institute, Chinese Academy of Fishery Sciences

中国水产科学研究院渔业机械仪器研究所创建于1963年，隶属农业部，是中国水产科学研究院下属的专业研究所。主要从事渔业装备与工程及相关学科的应用技术研究和技术成果推广，是我国在渔业装备应用基础和集成创新方面开展综合研究与科技攻关的国家级研究机构。

发展定位

- ◆ 国家渔业装备科学研究中心

重点研究领域

- 循环水养殖工程
- 池塘生态工程
- 海洋渔业装备
- 水产品加工机械
- 渔业船舶工程
- 渔业数字化装备

科研平台

- ★ 农业部渔业船舶与装备研究中心
- ★ 农业部渔业装备与工程技术重点实验室
- ★ 农业部渔业船舶检验局审图中心（上海）
- ★ 国家水产品加工装备研发分中心（上海）
- ★ 国家渔业机械仪器质量监督检验中心
- ★ 农业部环保机械设备及船用产品质量监督检验测试中心
- ★ 农业部农业机械试验鉴定总站海洋捕捞与养殖机械专业站

地址：上海市杨浦区赤峰路63号 网址：http://www.fmiri.ac.cn 电话：021-65977260 传真：021-65976741

中国水产科学研究院渔业工程研究所

2016年，我所在农业部和中国水产科学研究院党组的正确领导下，深入贯彻落实党的十八大精神和习近平总书记系列重要讲话精神，认真学习贯彻中央农村工作会议、全国农业工作会议、全国渔业工作会议和全国科教会议精神，深入贯彻落实院中长期发展规划，按照院党组提出的“抓机遇，重产出，育人才，促发展”的总体工作思路，紧紧围绕2016年渔工所绩效管理任务目标，稳步推进各项工作的发展，较圆满地完成了2016年的各项工作任务。2016年主要业务活动如下：

加强科研基础工作、不断提升科研水平

夯实学科发展基础工作 为提高学科建设水平、增强核心技术竞争力、促进全所学科建设跨越式发展，2016年完成了我所学术委员会的换届工作；为进一步明确我所到2020年的学科发展战略、发展思路、目标任务和工作重点，各业务部门集中学习《渔业工程研究所学科发展规划》和《渔业工程研究所中长期发展规划》；结合我所资源条件和学科规划的布局，完成了2016年基本业务费项目申报课题评审工作，确定了8项立项课题。

强化科研项目管理工作 2016年，我所继续加强科研项目库平台建设，在研课题项目共9项,其中农业行业专项1项（滚动）、行业标准2项、国家基础平台项目1项（延续），院基本科研业务费科研项目4项（2项已结题、2项在研）。完成了1项目专利申报。新增储备课题项目8项。

推进科技成果管理工作 为进一步推进我所科研工作的开展，加强在研科研项目和资金的管理，继续推动《渔业工程研究所科研管理办法奖惩细则》的落实工作；为提高我所科技成果质量，2016年强化学术不端检测系统的应用，实现了论文学术不端行为的预防和治理双重功效，对学术不端行为形成了天然的科技屏蔽作用。

发挥技术优势，做好行业支撑工作

承担的“中国渔政管理指挥系统”技术支撑工作在强化渔业信息技术与渔业政务管理业务融合方面取得突破，支撑能力显著提升。截至目前，涉及渔船超50万艘次；进行业务咨询7 000余人次。

协助行业主管部门编制完成农业部和国家发改委共同推动的渔港经济区（中心渔港、一级渔港）《全国沿海渔港建设规划2016—2020年》建设规划；完成《全国渔港升级改造和整治维护规划2016—2020年》规划；承担了全国渔港申请列入规划项目五项基础指标的分类汇总统计工作；绘制完成了沿海九省（自治区、直辖市）全国沿海渔港布局图；完成了广西沿海现代渔港建设总体规划（2016—2025年）的编制和评审工作；完成了《长江办淮河流域渔政基地建设项目可研报告》及《长江办淮河流域渔政基地建设项目初步设计》；完成了《长江办泸州渔政基地建设项目可研报告》。

2016年召开评审会12次，完成了农业部计划司和农业部渔业渔政管理局等委托的渔政船、自然保护区等建设项目评审80余个，其中渔政船艇73项的可行性研究报告，初步设计3项，信息化平台建设方案2项，为农业部行业主管部门科学决策提供了有力的技术支撑。

年初，按照农业部下达的《农产品质量安全监管项目绩效评价》任务要求和安排并结合已完成工作，整理汇编《农产品质量安全监管项目绩效评价报告》并报送农业部审核。积极准备2016年度农产品质量安全监管专项经费项目的相关工作。

我所承担农业部下达的“国家级水产种质资源保护区建设内容和规模适应性分析”以及“水生野生动物自然保护区已有建设内容和规模适应性评价和优化分析”工作，目前已经形成河流型种质保护区和水野保护区建设内容与规模适应性分析相关材料。

渔港工程

渔业信息工程

生态养殖工程

中国水产科学研究院淡水渔业研究中心

中心主任：徐跑

中国水产科学研究院淡水渔业研究中心成立于1978年，隶属农业部，是农业部淡水渔业与种质资源利用学科群建设依托单位，及国家大宗淡水鱼、特色淡水鱼两个产业技术体系研发中心。

现有在职职工200余人，其中高级研究人员63人，博士及硕士生导师36人，全国农业科研杰出人才及其团队3个，中国水产科学研究院首席科学家4人，国家现代农业产业技术体系首席科学家2人、岗位科学家10人。2016年，共承担科技项目298项，合同经费2.13亿元；发表学术论文182篇（SCI84篇）、出版专著4部；获国家专利授权36项（发明专利21项）；科技奖励成果8项，其中“长江刀鲚全人工繁养技术的创建与应用”获江苏省科学技术奖一等奖，“团头鲂循环水健康高效养殖关键技术研究与集成示范”获范蠡科学技术奖一等奖；培育水产养殖新品种“中华绒螯蟹诺亚1号”；“淮河流域渔业资源管理办公室”在中心挂牌成立。

作为“联合国粮农组织（FAO）水产养殖及内陆渔业研究培训参考中心”，2016年共承担国家技术援外培训项目11项，为40个国家培训了300名高级渔业技术和管理人才。中心与南京农业大学共同创办的“南京农业大学无锡渔业学院”，现拥有水产学博士学位授权一级学科点、水产养殖学和水生生物学2个博士、硕士学位授权点和1个水产养殖学博士后科研流动站。

重点学科领域

- 水产养殖基础生物学和生物技术
- 种质资源保存和遗传育种
- 内陆水域渔业资源养护
- 渔业水域生态环境监测与保护
- 渔业重大病害灾变预警与控制
- 水产养殖容量和健康养殖
- 水产动物营养与饲料
- 渔业经济信息技术

长江江豚迁地保护

淮河流域渔业资源管理办公室挂牌成立

红河哈尼梯田“稻渔共作”产业扶贫

地址：江苏省无锡市山水东路9号；电话：0510-85551424；http://www.ffrc.cn

陕西陇县秦岭细鳞鲑国家级自然保护区管理处

2017年，在县委、县政府的正确领导下，在各级业务部门的支持指导下，陕西陇县秦岭细鳞鲑国家级自然保护区按照“全面保护自然环境，积极开展科学研究，大力发展生物资源，为国家和人民造福”的国家级自然保护区建设方针。进一步加大秦岭细鳞鲑等水生野生动物资源及生态环境保护力度、强化科普宣传、积极开展秦岭细鳞鲑驯养繁殖、大力发展渔业生产，有效地保护了秦岭细鳞鲑等水生野生动物资源和生态环境，提升了干部群众保护秦岭细鳞鲑及生态环境意识，促进了渔业生产健康发展。主要做了以下工作：

秦岭细鳞鲑资源及生态环境保护 一是建立林业检查站、辖区警务室、保护站、管护员、监控等多种保护体系，多途径、全方位加强保护工作。二是坚持日常巡护和节假日巡查相结合，防止破坏秦岭细鳞鲑资源及生态环境行为发生。三是与公安、环保部门开展联合执法行动，严厉打击破坏秦岭细鳞鲑资源及生态环境违法行为。通过多种途径，有效保护了秦岭细鳞鲑资源及生态环境。

秦岭细鳞鲑资源保护科普宣传 在全国水生野生动物保护分会、省渔业局及单位网站发表宣传稿件69篇次；举办了全国水生野生动物科普宣传月陇县启动仪式，县政府、固关镇、环保局、水利局等单位领导及固关镇民族小学50多名师生参加。当天下午，邀请县上著名书法家及退休老干部，举办了“关爱水生动物，共建和谐家园”主题笔会，收到了较好的宣传效果；在温水镇水眼村学校举办了宣传活动，为小学生发放了文具、书包、海豚汽球、关爱水生动物拼图版等宣传品；我处张文芳同志获2015年水生野生动物保护海昌科普奖，秦岭细鳞鲑科普宣传工作取得的成绩，得到了各级部门的肯定和社会各界认可。

渔业生产及水产品质量安全监管工作 一是加强渔业技术指导，宣传水产规范养殖、鱼病防治等业务知识30场次，接受群众渔业养殖信息咨询4次；二是全县渔业生产态势良好，实现水产品捕捞量118吨，产值362万元；三是对各水产养殖户下发了水产品监管、水产品检测及汛期渔业安全通知，开展了渔业生产安全大检查。四是配合市水产站抽检水产品3次，抽检样品15个，合格率100%。同时，开展水产品快速检测，检测样品10个，合格率100%。通过强有力措施，促进了全县渔业生产快速发展，保证了水产品质量安全。

秦岭细鳞鲑驯养繁殖 一是投资10多万元，新修水源1处，蓄水池1座，孵化室80多平方米，安装管道120米，刺丝围墙260米，大门1座，完善了秦岭细鳞鲑驯养繁殖设施。二是继续与中国水产科学研究院长江水产研究所、陕西省水产研究所等科研单位及陇县天成特种水产养殖场协作，总结近年秦岭细鳞鲑驯养繁殖经验，攻坚克难，攻克幼苗孵化及开口料等技术难关，成功孵化出秦岭细鳞鲑幼苗50 000余尾，为近年孵化秦岭细鳞鲑幼苗数量最多的年份。三是2016年7月27~28日，在陇县蒲峪河殿沟河湾、双岔河、关山沟、小黑沟成功放流秦岭细鳞鲑幼苗30 000余尾，为国内首次大规模秦岭细鳞鲑增殖放流活动。通过增殖放流活动，增加了千河上游流域秦岭细鳞鲑资源种群数量，改善了水域生态环境，使部分河段秦岭细鳞鲑资源量衰退的情况得到恢复，提升了社会各界关注支持保护秦岭细鳞鲑资源及生态环境保护意识，对推进陇县生态文明建设具有十分重要的意义。

考察交流

集体巡查

增殖放流

宣传活动

广东省渔业种质保护中心

国家科技进步二等奖证书

广东省渔业种质保护中心是广东省海洋与渔业厅直属的事业单位，位于广州市南沙区东涌镇大稳村，占地38.7公顷。该中心对国家级广东罗非鱼良种场进行直接管理，具有全国现代渔业种业示范场、农业部水产健康养殖示范场、全球水产联盟最佳水产养殖规范BAP认证、出境水生动物（种用/食用）检验检疫注册登记场等资质，同时又是国家罗非鱼产业技术体系广州综合试验站的技术依托单位。该中心现有实验室800平方米，包括基因工程实验室、食用鱼类研究室、观赏水生动物研究室、珍稀水生动物研究室、种质分析室、水质分析室、鱼病室、罗非鱼研究室等；拥有高分辨率的生物显微镜、解剖镜（均配备数码相机及电脑）、倒置显微镜、显微操作系统、细胞培养箱、紫外分光光度计、高速离心机、PCR仪、电泳仪、凝胶成像系统、超低温冰箱水质分析仪、细菌鉴定仪、超净工作台、全自动细菌发酵罐、全自动水质监测和养殖控制系统等研究仪器设备。具有良好的生产设施，包括标准化建设鱼塘58口，水面23公顷，越冬池4 500平方米，育苗池8 000平方米，检疫隔离养殖池 3 000平方米，工厂化育苗车间3 000平方米，可常年开展苗种繁殖研究和生产。

近年来取得的主要成果及荣誉：国家科技进步二等奖1项、省部级科技进步一等奖3项、省级农业技术推广二等奖1项、申请国家发明专利6件、获得授权专利3件，注册了“广特超”罗非鱼商标；获“全国十大罗非鱼苗种供应基地”“消费者信赖品牌”“最具影响力品牌”等荣誉称号。

提供产品品种：大量生产供应各种淡水名优鱼类种苗，主要品种有“广特超”牌罗非鱼、宝石鲈、巴沙鱼、台湾泥鳅、澳洲淡水龙虾等；此外还提供大量子二代娃娃鱼商品鱼。

BAP认证证书

“十大罗非鱼苗种供应基地”牌匾

广特超罗非鱼

网箱育苗池

中国渔船渔机渔具行业协会

2016年，中国渔船渔机渔具行业协会（简称协会）贯彻农业部渔业渔政管理局“转方式、调结构”的工作要求，落实农业部渔业船舶检验局渔船检验改革的总体部署，坚持政策导向，服务行业发展，努力为会员办实事、办好事，较好地完成了年度工作任务。

召开秘书长工作会，明确年度工作重点 元月上旬于福建漳州召开了秘书长（扩大）工作会。会议交流了2015年各地方协会的主要工作；部署了2016年协会中心工作；就如何扩大北斗在渔船上的应用进行了研讨。会议要求用改革的理念和思路统领协会的各项工作，紧密围绕部局的工作要点，扎实工作，开创协会工作的新局面。

召开船舶建造监理工作研讨会，研讨建造监理规范 为了推进船舶建造监理工作，加强规范管理，2016年4月于江西召开了船舶建造监理工作研讨会。会议交流了推行船舶建造监理制以来的做法和经验；重点交流了玻璃钢渔船建造监理的流程、节点、体会；研讨了《船舶建造监理规范》；部署了今后一段时间监理工作的重点及要求。

召开第九届渔网具专业工作会 为落实农业部渔业渔政管理局“转方式、调结构”的工作部署，提升渔网具制造业的技术装备水平，2016年9月于张家港召开了第九届全国渔网具专业工作会。会议邀请行业专家对贯彻农业部“两个通告”精神进行了解读；部分生产企业发布了最新的技术创新成果；现场观摩展示了新技术新装备。

配合船检改革，研究制定第三方检验机构管理办法 受农业部船检局委托，协会承担了“注册验船师事务所评价标准体系研究”项目。在充分调研论证的基础上，组织业内专业人士编写了“注册验船师事务所评价管理办法”，几经讨论修改，目前该管理办法已报农业部船检局。该办法的实行将有效促进渔业船舶检管分离的改革。

贯彻标准化改革，力推行业团体标准化工作 为顺应国家关于标准化改革的要求，推进渔船渔机渔具行业团体标准化工作，协会制定了渔船渔机渔具行业协会团体标准化管理办法，提出了团体标准化的总体工作思路和相关要求，并利用相关会议和协会简报进行宣传贯彻和解读，扩大了团体标准在行业的影响。

成立社会组织联盟，顺应协会脱钩之需 2016年是协会与挂靠单位（农业部船检局）脱钩的关键之年，为了整合全国范围内渔船渔机渔具行业社会组织的相关资源，实现抱团取暖，适应协会脱钩后购买服务的需要，协会发起成立了全国渔船渔机渔具行业社会组织联盟，9月协会在张家港召开了联盟成立大会。

开展职业技能鉴定，组织编写培训教材，夯实玻璃钢渔船产业技术基础 为规范行业管理，协会加大了玻璃钢渔船行业的职业技能鉴定工作力度，先后在大连、山东、广西等省（自治区）开展了四批次糊制工职业技能鉴定，150人取得国家职业资格证书。受农业部船检局委托，组织工程技术人员编写了《玻璃钢渔船设计建造检验》培训教材，以夯实玻璃钢渔船产业的技术基础。

会同商务部、农业部开展紫菜行业出口情况调研 为扩大我国紫菜业的对外出口，解决制约我国紫菜出口的瓶颈问题，2016年8月协会参加了农业部、商务部联合组织的紫菜行业出口情况调查。通过调查，了解了当前紫菜业出口的基本情况，制约紫菜业出口的问题所在，提出了解决问题的对策，扩大了协会在紫菜行业的影响。

召开年会 2016年12月，协会在云南召开了年会暨理事会。会议通过了理事会工作报告，讨论通过了章程修改报告，完成了调整、增补第六届理事会副理事长人选、新申请入会会员等有关议案。大会总结了2016年工作，重点阐述了协会在力推科技创新、促进行业发展；争取政策扶持、助力产业升级；搭建展示交流平台、优化企业形象；完善监理机制、夯实工作基础；跟进协会脱钩，完善顶层设计；转变工作思路、扩展社会服务；制定工作方案、推进团体标准等七大方面，对提升渔业装备水平现代化发挥了正能量。

2017年协会工作将紧密围绕人才培养，开展职称评定；实施推进联盟工作，发挥各项事务所的作用；开展船舶建造监理师培训、落实监督举报机制、组织修订团体标准；召开第十届渔网具专业委员会、召开第三届休闲渔船专业委员会等方面展开。

江苏省渔业互助保险协会

互助共济　服务渔业　探索建立江苏特色的渔业风险保障机制

江苏是海洋渔业大省，海岸线长954千米、海域面积3.75万平方千米、内陆水面173万余公顷，养殖面积80万公顷。拥有海洋渔船5 000多艘、内陆渔船6万多艘。渔业是高投入、高效益、高风险的行业。特别是海洋捕捞业和养殖业，受海况、天气等因素影响较大，极易遭受自然灾害，往往给渔民生命财产造成重大损失，迫切需要建立相应的风险保障体系，增强渔民抵御灾害的能力。

2008年12月18日，在省委、省政府的大力关心和支持下，江苏省渔业互助保险协会在南京成立，时任省委常委、副省长黄莉新和农业部总经济师杨坚为协会成立揭牌。

江苏省渔业互助保险协会成立9年来，业务规模快速发展，风险保障水平逐年提升，形成了具有江苏特色的“政府主导、渔民互助、财政扶持、协会运作”的渔业风险保障机制。保费收入由成立之初的不足2 000万元增加到2016年的1.45亿元。海洋渔民的人均保额由原来的2万~3万元，上升到60多万元。9年来，累计承保渔民94.84万人次、渔船5.16万艘次，提供风险保障1 687亿元。共为553名死亡（失踪）渔民、4 334名伤残渔民、705艘沉没和受损渔船支付经济赔偿金22 520万元，使遭受损失的渔民能及时恢复生产生活。渔业互保真正起到了渔区社会“稳定器”、产业发展“助推器”的作用。江苏渔业保险的服务领域不断拓展，在渔业安全生产，渔民培训教育，渔船安全设备装备配备，小额贷款，通融理赔，扶贫济困等方面做了大量工作。

2016年，全省渔业互保事业保持了稳中有进、进中向好的发展态势，渔业风险保障能力再创新高。为全省11.05万名渔民和4 831艘渔船提供风险保障315亿元，保费收入和风险保障能力均创历史新高。救灾解难功能进一步显现，全年处理理赔案件880起，为93名死亡失踪渔民、699名伤残渔民和102艘沉没或受损渔船，支付经济补偿金5 187.69万元。2016版渔船、渔民互助保险条款正式实施，渔民的保障程度进一步提高，省级财政对投保渔民保费补贴的单人保额上限由60万元提升到80万元，同时保障范围进一步扩大，在不增加渔民保费支出的前提下，对因意外事故受伤住院的渔民给予一定的住院医疗补助。水产养殖保险试点稳步推进，试点承保了小龙虾、罗氏沼虾和条斑紫菜2 300多公顷，保费收入373.9万元，提供风险保障5 089万元，为遭受灾害的352公顷小龙虾、12.3公顷罗氏沼虾和1 189公顷紫菜提供赔偿金487.39万元。水产养殖互助保险试点引起了社会的广泛关注。

省渔业互助保险协会自成立以来，走出了一条具有江苏特色的渔业风险保障之路，渔业互助保险已经成为我省渔业灾害补偿机制中不可或缺的重要组成部分，得到社会认可、渔民欢迎。

成立大会

全省渔业互助保险工作会议

东台理赔

荣成市渔业协会

唐厚运会长到会员单位检查工作

2016年8月13日由荣成市渔业协会主办的“2016中国（荣成）海带产业发展论坛”在荣成市成功举办

2012年9月4日，唐厚运会长与韩国水产联合会参访团成员在渔业协会办公楼前合影留念

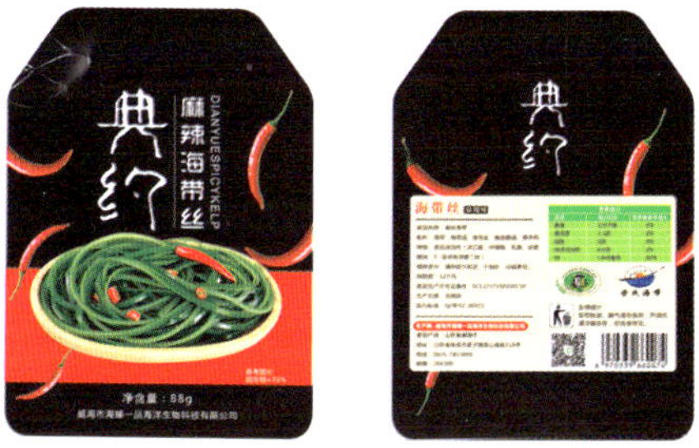

“荣成海带”商标使用案例

荣成市渔业协会成立于1998年，是由荣成市重点渔业企业自愿发起成立的一个民间组织。办会宗旨是：按照科学发展观的要求，最大限度整合渔业资源，加强行业自律，维护渔业经济发展秩序。目前，协会为第六届。协会拥有独立办公场所，建筑面积2 500平方米。注册资本50万元，资产总额580万元。

规范海上鲜销业　1999年，针对荣成至日本海上鲜销业运营秩序混乱、效益流失严重的情况，协会在日本设立了办事机构，全权代理鲜销业务，大幅降低鱼货代理费、船舶代理费，返还消费税退税，年为荣成销鲜业增加利润3 000多万元。2002年发生了日本商人伪造代理合同、企图垄断代理权的恶性事件，协会在日本历时6年艰难诉讼，最终打赢跨国官司，避免了8 000万日元的经济损失，维护了民族尊严。

壮大海带产业　协会成立初期，荣成海带80%用于化工原料，且被拖欠1.5亿元欠款，协会采取“债权转股权”“债权置换经营权”等方式收回了海带欠款，并建议山东省海洋与渔业厅成立了山东省海藻产业协会，通过制定海带质量标准、海带指导价格、收购许可制度等，理顺了海带养殖与化工的产销关系。2005年协会争取了山东省海藻用盐优惠政策，累计节约生产成本4亿元。目前全市海带养殖面积1万公顷，折合淡干总产量20万吨，占全省的70%，全国的44%，盐渍生产线200多条，带动8万人实现了勤劳致富。

培育荣成渔业品牌　在协会的争取下，“荣成海带”“荣成裙带”注册为国家地理标志证明商标，“荣成海带”认定为中国驰名商标、山东省著名商标；“荣成裙带”“荣成海参”“荣成鲍鱼”“荣成海胆”认定为“农业部地理标志产品”。同时被评为“全国海带加工示范基地”“山东省地理标志商标运用示范单位”“中国海带之都”等称号。

深化技术创新　荣成市建有国家级海带加工技术研发中心。率先在全国推行海带节能减排型育苗及深海高效生态养殖模式，广泛运用低温组织重组、速发鲜焙等新技术、新工艺，由传统海带制品向海藻生物肥、特殊医学用途配方食品、岩藻聚糖流酸脂、化妆品、功能保健品等领域拓展，实现了精深加工增值。目前荣成海带的食用比例已达到75%，科技进步贡献率达到65%。“荣成海带”畅销全国各地及日本、韩国、美国以及我国台湾等国家或地区。

荣成市渔业协会先后获得“全国先进民间组织”“山东省先进社会组织”等荣誉等号。会长唐厚运先生是七、八、九三届全国人大代表、全国劳动模范、中华人民共和国成立60周年三农模范人物。热忱欢迎社会各界人士共同开创荣成渔业更加辉煌的明天！

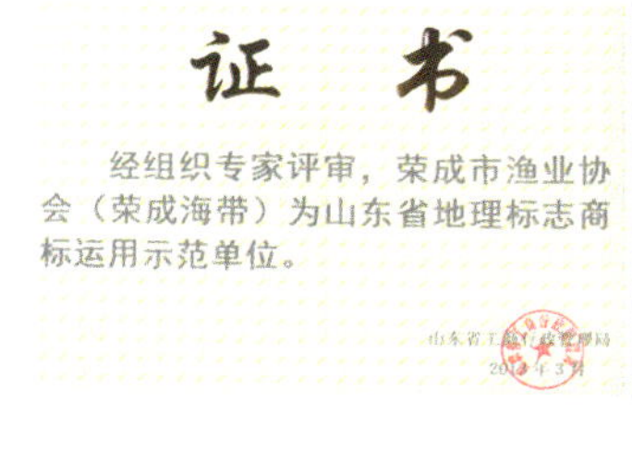

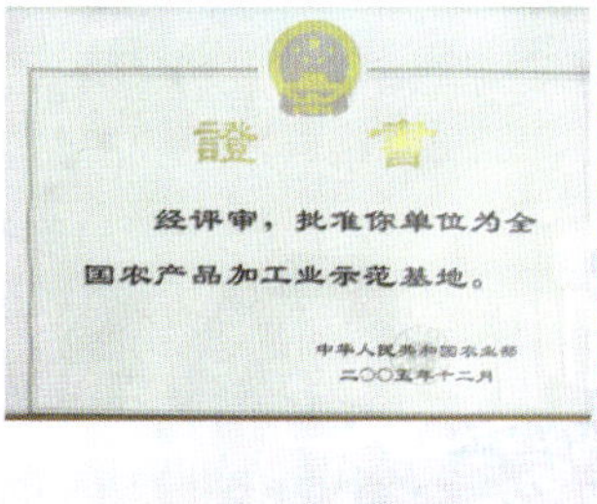

广东省渔业互保协会

渔业属于高投入、高风险的行业。个体渔民往往难以承受因自然灾害和意外事故所造成的经济损失，严重阻碍了渔业生产的发展，也给社会带来不稳定因素。为适应广东渔业生产的实际，1993年广东省在全国率先成立了渔业互助保险组织，开展渔业互助保险工作。

广东省渔业互保协会是由广东省海洋与渔业厅主管、经广东省民政厅批准成立的非营利性、公益性社会组织。主要职能是：在广东省海洋与渔业厅的领导下，组织广大渔民、船东参加互助保险，共同承担会员因遭受意外事故和自然灾害带来的损失的经济补偿，并受省政府委托开展政策性渔业保险工作。目前，我协会在全省各地开设了100个分支机构，遍布省内各大渔港，为渔民群众提供全天候的渔业互助保险服务，已成为广东省渔业保险的市场主体。实践证明，渔民、船东参加互助保险是渔业安全生产的重要组成部分，是化解渔业生产风险行之有效的途径之一。2012年12月至2014年12月，受广东省政府委托，在广东省海洋与渔业厅的领导下，我协会开展了政策性渔业保险试点工作，惠及渔民22余万人次、渔船16 000余艘次。

我协会工作成绩突出，曾先后获得“全省先进民间组织”“全国先进民间组织”“广东省海洋与渔业安全生产管理先进单位”等称号。

我协会自有办公室落成揭牌

我协会承接政策性渔业保险试点工作

渔民群众踊跃参加渔业互助保险

荣获广东省海洋与渔业安全生产管理先进单位称号

深圳市渔业服务与水产技术推广总站

深圳市渔业服务与水产技术推广总站是深圳市经济贸易和信息化委员会直属正处级事业单位。2016年，该站在市经贸信息委指导下，推进以水生生物防疫检疫、渔业资源增殖保护、渔业生态管理、水产技术推广、渔业信息培训、渔港公共设施管理和服务为主的职能建设，较好地实现渔业服务与水产技术推广业务上新台阶。

2016年，该站开展了15个水生动物检验检疫CMA认证项目的疫病监测工作，其中对虾白斑综合症（WSSW）和传染性皮下造血组织坏死病毒（IHHNV）检测项目被纳入国家重点疫病监测计划，锦鲤疱疹病毒（KHV）、WSSW和IHHNV等3个项目通过了农业部组织的能力测试，蛙病毒病（BIV）项目通过了农业部和国家认监委联合举办的能力测试。开展了“益生菌”在凡纳滨对虾健康养殖中的试验示范和“大鹏湾蕨藻标准化养殖技术示范与推广”。

开展东西冲人工鱼礁项目，杨梅坑人工鱼礁区和东西冲人工珊瑚区日常管理，开展休渔期大亚湾、大鹏湾区渔业资源调查，负责蛇口渔港、盐田渔港公共设施维护及渔民渔船避风工作，全年无安全事故。

2016年，组织海上增殖放流158万尾鱼苗、1 446万尾虾苗（其中社会捐赠鱼苗38万尾、虾苗966万尾）。全年举办了5次水产养殖质量安全等渔业技能培训班，培训渔民585人次，科技下乡15次，发放各类技术资料6 120份，开展了水产品质量安全宣传月活动。

宣传活动

科研检测

培训渔民，科技下乡

蛇口渔港

盐田渔港

国家级天津市换新水产良种场

育种创新60年，推广良种遍神州

领导来场视察

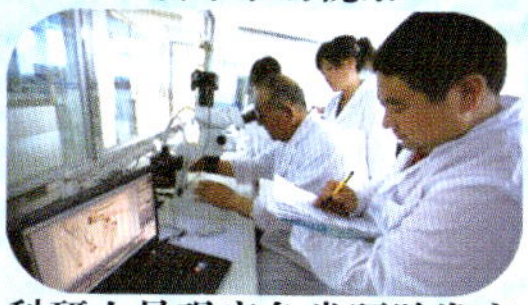
科研人员观察鱼类胚胎发育

新品种津新鲤2号（超级鲤）

国家级天津市换新水产良种场始建于1957年，是集淡水鱼类良种育、繁、推一体化的大型种业企业，农业部全国现代渔业种业示范场、水产健康养殖示范场，产品通过农业部无公害农产品产地认证。农业部天津鲤鲫鱼遗传育种中心和天津市淡水鱼类遗传育种企业重点实验室等5大科研平台建在场内，全场占地近58公顷，职工68人，有育种科研人员和繁育技术人员两大团队。现年生产淡水鱼类13~15个品种的优质苗种42亿尾以上，推广到全国30个省份。

换新场多年来致力于淡水鱼类良种选育和新品种、新技术创新，育成：黄金鲫、津鲢、津新鲤2号（超级鲤）、芦台鲂鲌、津新乌鲫、红白长尾鲫、蓝花长尾鲫等10个国审新品种。长期推广的优良品种主要有：黄金鲫、津新鲫、彭泽鲫、津新乌鲫、津新鲤2号、框鳞镜鲤、芦台鲂鲌等，还生产销售名特珍稀鱼类：中华胭脂鱼、大鳞鲃、青鱼、丁鲅、花䱻；观赏鱼：红白长尾鲫、蓝花长尾鲫、日本锦鲤等苗种。

换新场优良苗种生产已形成了一套先进成熟的苗种产业化生产技术体系，实现工厂化育苗、批量化生产。其中有10项新技术获国家实用新型发明专利；获得省部级科技进步二等奖1项，三等奖7项。黄金鲫获天津市首届优质农产品金农奖。编辑出版了《淡水鱼类远缘杂交种染色体图谱》《淡水鱼类远缘杂交实验报告》《淡水养殖鱼类种质资源库》和《淡水鱼类杂交种胚胎发育图谱》《金万昆论文集》等5部专著。

红白长尾鲫

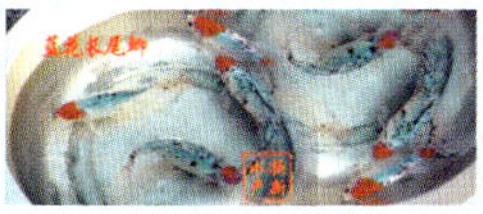
蓝花长尾鲫

中华胭脂鱼

青鱼

大鳞鲃

黄金鲫

津新鲫

津新乌鲫

芦台鲂鲌

框鳞镜鲤

河北省海洋与水产科学研究院

河北省海洋与水产科学研究院始建于1953年，已有65年的发展历史，是河北省唯一从事海洋与水产科学研究的公益性科研单位。承担全省渔业资源调查与评价，渔业水域污染事故调查与损害评估，新品种引进与良种选育，重大水产养殖病害监测、预警、防治及减灾技术的研究，开展海洋与渔业产物中活性物质的开发及综合利用等技术研究。拥有河北省海洋生物资源与环境重点实验室和河北省海洋渔业生态环境监测站。

现有职工60人（在编40人，聘用20人）。自1981年国家实施科技奖励以来，我院共取得国家级科技成果奖10项，省、部级奖60余项，国家发明专利23项。其中：国家科技进步一等奖1项，二等奖4项，发明二等奖1项，四等奖3项；自然科学三等奖1项。一些成果填补了国家空白，属国际领先水平，如“河豚毒素（TTX）提取方法”，其产率比日本高1倍以上，生物效价高10%，纯度达到98%以上，是神经生物学和生理学研究上不可替代的工具药，并应用于晚期癌症镇痛和戒毒领域，其应用开发前景极为广阔；一些成果产生了数亿元的社会效益，如“中国对虾、红鳍东方鲀、牙鲆、河蟹、海湾扇贝等品种的人工繁殖及养殖技术”带动了全国部分省市水产业的规模化、产业化；海洋渔业资源调查为渔业管理部门制定渔业法规、繁殖保护规定提供了可靠的数据及理论依据，为渔业生产单位及个人提供了渔场预报。

河北省海洋与水产科学研究院为河北省海洋与水产事业的发展做出了突出贡献。

福建省水产技术推广总站

开展八闽放鱼日活动

福建省水产技术推广总站成立于1990年5月，加挂“福建省水生动物疫病预防控制中心”牌子，是省海洋与渔业厅下属正处级全额拨款事业单位，核定编制35名。现有在编人员22名，其中高级职称14人（正高4人），中级职称5人,初级职称1人。现设有办公室、疫病防控科、推广与体系建设科、质量安全指导科、苗种科和培训科等6个科室，设有特有工种职业技能鉴定站。

近年来，省水产技术推广总站稳步推进水产技术推广体系改革与建设，加强渔业关键技术的示范和推广，深化水产养殖病害测报和防治，启动水生生物疫病防控体系建设，强化技术培训与职业技能鉴定，拓展公共信息服务、水生动物资源养护和水产品质量安全监管技术领域，不断提升水产技术推广体系公共服务能力，有效促进渔业科技创新和产业转型升级。

地址：福州市鼓楼区西洪路555号
邮编：350002
电话：0591-87878911
传真：0591-87821459
邮箱：s19905@126.com

开展水产科技周活动

开展坛紫菜苗种技术指导

福建省渔业技术服务与生产管理云平台

疫控中心

重庆市水产科学研究所

重庆市水产科学研究所位于重庆市江北区红石路6号，成立于1984年，正县级事业单位。2013年6月，经重庆市编办批准加挂了重庆农垦农产品质量安全检验检测站牌子，实行两块牌子一套班子运行模式。是全国渔业生态环境监测网成员单位、全国农业科学野外观测实验站建设单位。

创新科研模式，助推科研发展 我所紧紧围绕应用型、市场和单位发展需要，立足应用型科研，开展了“大鳍鳠规模化繁、养殖关键技术及中试研究”“长江鲟种质资源保护”“铜鱼人工繁殖初步研究”“泉水鱼移养驯化及繁殖生物学研究”“光唇鱼养殖技术支撑”等长江土著经济鱼类开发、保护和利用等研究工作。

大胆创新探索，拓宽业务工作 目前针对重庆市及周边地区进行名优苗种推广、养殖技术服务、渔业资源环境调查和农产品质量检验检测方面工作。2016年，开展了三峡库区抱龙河、小江、梅溪河的渔业资源调查和监测工作、三峡水库消落对产黏性卵鱼类产卵孵化的影响、制定了多项淡水鱼生产和质量标准。承担重庆市渔业资源环境监测和渔业污染事故调查鉴定工作。

重庆农垦农产品质量安全检验检测站质监站通过“双认证” 即获得了重庆市农产品质量安全检测机构考核合格证书和重庆市质量技术监督局颁发的资质认定计量认证证书。2016年对外开展农产品、水产品质量检测1 000余个，覆盖了重庆市主要水产品市场。

2017年1月22日，香港渔民互助社举行庆祝成立七十周年暨第五十执行委员会就职典礼志庆。当晚出席主礼嘉宾包括时任行政长官梁振英、中央人民政府驻香港特别行政区联络办公室新界工作部部长刘林、香港立法会(渔农界)议员何俊贤、香港立法会议员陈恒斌及郭伟强、香港特别行政区渔农自然护理署署长梁肇辉博士等。香港渔民互助社第五十届执行委员会成员如下：

会　长：林根苏	副　会　长：张志荣　陈十五　彭华根
主　席：杨上进	常务副主席：张少强
副主席：张火有　黄祥发　郭秀英	
秘书长：彭兆基	副秘书长：张少峰　彭华根
财　务：梁冠华　郑富炜	总　　务：郭全水　梁木全
宣　教：黄光泉　张石松	青　　年：郑有福　张伟强
妇　女：黄火金　梁观好	联　　络：吴长带　梁树根
发　展：郑少华　郑伟文	康　　乐：黄容根　张志平

香港渔民团体联会

香港渔民团体联会由全港110多个渔民团体所组成，1998年成立至今已19周年，宗旨为爱国爱港、团结渔民、维护渔业界权益，推动业界持续发展。

今年是香港回归祖国20周年重大纪念日子，同时迎来国家主席习近平访港及新一届香港特别行政区政府成立的重要时刻，香港社会各界纷纷举办不同形式的庆祝活动共庆盛典，为此，本会联同新界各界庆委会举办两项渔民大型贺回归活动，分别为“鼓舞香港庆回归”及“渔港旗扬家国情2017”。

“鼓舞香港庆回归”为香港流动渔民重点庆祝回归活动，在7月1日上午8时，在装有10米高香港特色大花牌的领航船带领下，100艘渔船由青洲浩浩荡荡出发，途经维多利亚港、香港会议展览中心、北角、尖沙咀钟楼等多个地方及地标，最后返回青洲作终点，进行巡游活动及特色表演，引来维港两岸市民驻足观赏。

“渔港旗扬家国情2017”升旗礼活动于6月28日上午在长洲避风塘内举行。此次升旗礼由香港青少年军总会首次派出升旗队担任升旗手，是全港唯一采用中式军操之青少年制服团队，升旗手在中华人民共和国国歌声中同时升起中华人民共和国国旗和香港特区区旗，多艘渔船同时挂上国旗和区旗，形成一片红海，以庆祝香港回归20周年。同时有舞狮助庆及二十四节令鼓表演等，令典礼生色不少。中央人民政府驻香港特别行政区联络办公室新界工作部部长刘林其后作简短讲话，表示香港渔农界朋友团结起来，爱国爱港，继续支持香港特区政府依法施政。

“鼓舞香港庆回归”活动

“渔港旗扬家国情2017”升旗礼活动

中国水产舟山海洋渔业公司

2016年，面对世界经济不景气、地区局势复杂多变的环境，公司上下在中国农业发展集团的正确领导和地方各级党委、政府的大力支持下，积极适应新常态，齐心协力、团结奋斗，稳增长、盘存量、去库存、降成本、补短板、防风险，发挥产业链优势，化解各种不利因素，较好完成了主要指标和目标任务。全年共捕获海水鱼19 800余吨，其中北太平洋渔场产量14 250吨；水产制品12 600余吨，增幅26.94%，全年营业收入15.4亿元，增长12.51%；利税总额近4 000万元。

2016年公司荣获“省质量管理小组活动优秀企业”“市专利示范企业”称号，“明珠”品牌荣获中国海鲜十大品牌，“明珠”休闲水产品再次荣获长江三角洲名优食品荣誉。

重大技改项目　为规避单个渔场资源周期性变化产生的风险，消除生产渔船老化的安全隐患，公司继续加大渔业船舶的更新改造力度，投入8 000余万元资金，建造完成舟渔905、舟渔906等6艘新型南北太平洋渔场兼作的鱿钓渔船。2016年7月24日，6艘新船开赴北太平洋渔场，正式投入生产，单船平均产量高于船队平均值，取得了首航生产的开门红。在北太平洋渔场生产结束后稍作修整，6艘船又奔赴东南太平洋渔场生产。

管理创新　为使“十三五”有个良好开局，实现跨跃式发展，新年伊始公司上下积极响应市委的号召，全面开展了“树标杆、补短板、求突破、走前列”专项活动。各单位以问题为导向，创新管理模式，破解生产经营发展中的难题和瓶颈问题，取得了较好的成果。

为提升北太平洋渔场生产总体效益，防范经营风险，针对北太平洋渔场船多、管理难度大及单船产量参差不齐等问题，在船队首次推行“网格化”管理模式。通过优化组合，成立5个网格化管理小组，以高产船带动低产船。“网格”内部，相互帮助，协作共进；“网格”之间，实行资源和信息共享下的对标竞赛，营造了创先争优的良好氛围。通过网格小组优化管理，北太船队单船均衡生产的问题得到有效改善，最高单船产量达530吨，高出上年最高单船产量193吨；平均单船产量达432吨，比渔场平均单产高出30余吨，取得了较好的管理成效。同时，以北太船队按照“风险共担、利益共享”的原则，继续推进职务船员参股，调动了职务船员参与管理的积极性和主动性，船队吨鱼成本较上年大幅下降。

产学研结合　公司坚持产学研结合，继续推进浙江省重大科技计划项目“海产品冷冻冰晶控制技术集成及产业化”研究和产业化示范工程建设；与浙江海洋大学联合申报“海洋功能型饲料添加剂研发及产业链协同创新示范”、浙江省公益技术应用研究“鱼糜凝胶劣化控制关键技术研究与示范”等科技项目；国家级科技项目“海水产品深冷物流关键技术研发”于同年5月完成项目验收、结题等工作。同时，公司加大知识产权保护力度，2016年共申报发明专利、实用新型专利等14项，“鱿鱼冷冻鱼糜的制造方法”获国家专利。

转型发展　公司加快转型发展项目的实施，促进公司主、副业的分离，创新经营管理模式。为充分发挥舟渔幼儿园省二级幼儿园的作用，实现转型升级，让公司员工和周边群众的下一代享受更优质的教育服务资源，本着“优势互补、平等互惠”的原则，在政府各部门的支持下，通过招商引资，2016年4月与杭州西湖教育培训集团签订合作协议，开创新的办园模式。这是公司国有企业和民营资本的再次联姻，机制创新又迈出了新的一步。

捷胜海洋装备股份有限公司

JESSN MARINE EQUIPMENT CO.,LTD

企业介绍 COMPANY PROFILE

捷胜海洋专业从事海洋装备系列产品的研发、生产、销售和服务，产业主要涉及渔业捕捞装备、海洋科考装备、海事海工装备、玻璃钢船舶技术与装备，是海洋装备领域的高新技术企业。

本着“合作共赢”的经营理念，公司与国内海洋产业相关的科研院所建立了良好的产学研合作关系，与国内外知名的海洋装备制造品牌商缔结战略联盟，通过不断承担国家各类科研项目，极大地提升了自主研发能力。

作为专业的海洋装备制造商，捷胜在不断提高自己研发与制造能力的同时，更加注重产品品质的控制，公司通过中国船级社的ISO9001质量体系认证，产品获得DNV · GL、ABS、LR、NK、RINA、KR、CCS、ZC、ZY等全球各船级社的产品认证证书。

秉承“技术先行、质量保证、服务保障、品牌推动”的价值理念，捷胜以科技创新和国际化视野，提升品牌竞争力，助推中国海洋装备的稳步发展。

地址：宁波市北仑区天台山路206号
电话：0086 – 574 – 8611 8611
邮箱：webmaster@jessn.com

大型金枪鱼围网成套装备 Large Tuna Purse Seine equipments

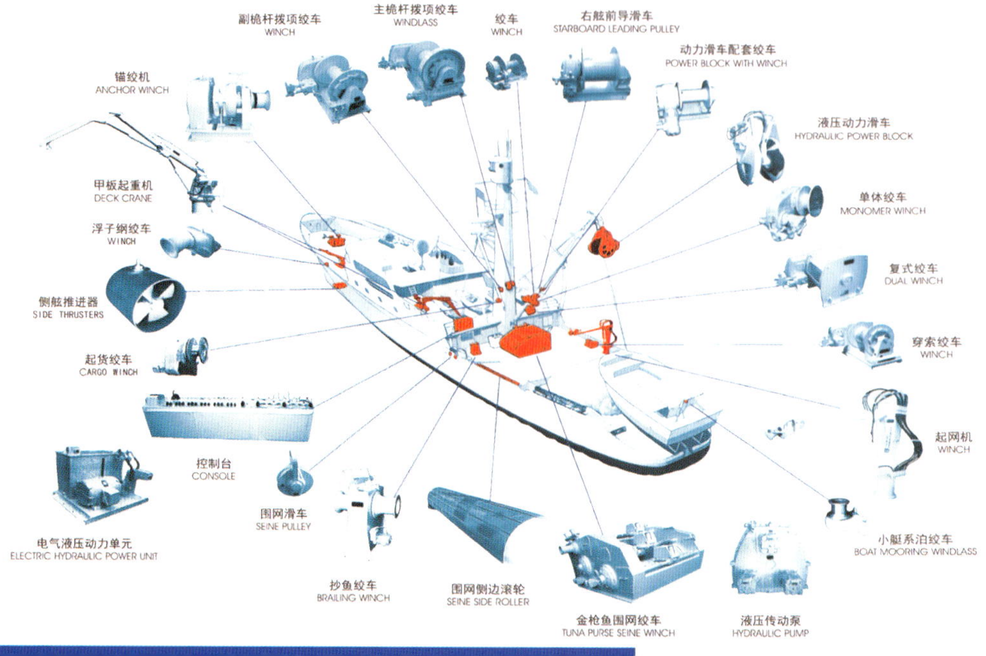

ZICHAI 淄博柴油机总公司

· Zibo Diesel Engine Parent Company ·

LNG柴油双燃料发动机

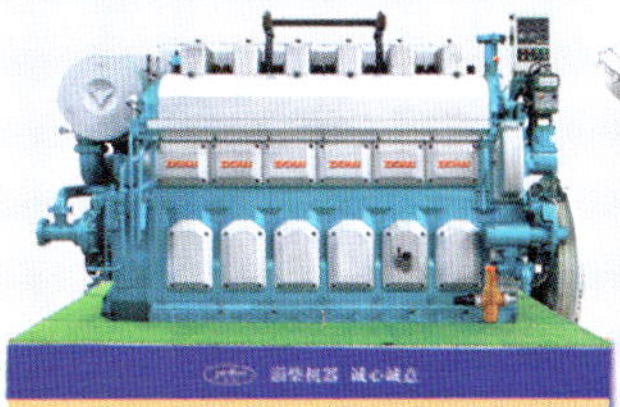
ZC200柴油机及发电机组

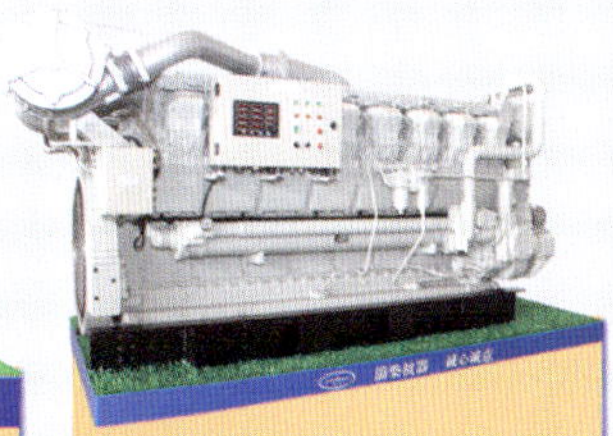
V170柴油机及发电机组

ZC270柴油机及发电机组

淄博柴油机总公司是中国农业发展集团有限公司的全资子公司，大功率中速柴油机专业化制造企业，已有近50年的生产历史。企业总部设在淄博高新区淄柴柴工业园，下有青岛淄柴博洋柴油机股份有限公司、淄博淄柴新能源有限公司、淄柴机器有限公司和南通淄柴船舶机械公司4家子公司。

淄博柴油机总公司于2015年底搬迁至位入淄博高新区占地超过33公顷新的淄柴工业园区。园区拥有国内先进水平的柴油机装配、试车车间，现代化的数控加工中心和大型进口加工设备，具备年产10 000台套以上，总功率600万千瓦以上能力。主导产品为Z6150、Z170、V170、200、210、L250、270、300、N330九大系列“淄柴”牌船用柴油机，以及以此为原动力机的柴油、重油、燃气、生物质气体机、瓦斯气机组和乏风热氧化装置，产品品种达300多个，功率范围覆盖150~4 800千瓦。在同类国产柴油机中率先按国际标准通过了氮氧化物排放检测并符合solas公约安全要求，多种产品被评为“国家级新产品”、授予国家科技进步奖。

产品广泛用于渔轮、客货轮交通运输、内河航运、港口拖轮、工程船舶、执法船、军船、船用发电机组、陆用发电机组、各类电站及泵站机组等。“淄柴”产品及销售服务网点覆盖全国30多个省、自治区、直辖市，同时远销东南亚、南美、非洲、朝鲜、西亚等十几个国家和地区。

企业先后获得“中国机械500强”“中央企业先进集体”“全国质量效益型先进企业”“中国内燃机行业排头兵企业”等多项荣誉称号，“淄柴”商标被评为中国驰名商标。同时通过国家认定企业技术中心认定，建立多个国家级、省级重点实验室。淄柴先后牵头成立了山东省生物质气化发电装备产业技术创新战略联盟、淄博市先进装备制造产业技术创新联盟等，并当选理事长单位。

地址：山东省淄博市高新区裕民路118号

电话：400 633 0977

网址：www.zichai.com

舟山国家远洋基地集团普陀渔业有限公司

董事长：吴布伟

公司成立于1995年7月，座落于著名的沈家门渔港，具有独立法人资格的远洋渔业企业，法人代表吴布伟，公司注册资金3 000万元，具备农业部核发的远洋渔业资格证书和原外经贸部批准的进出口经营权。公司所属舟山国家远洋渔业基地，由原普陀区政府直属企业舟山市普陀远洋渔业总公司于2016年3月改制而来。下设综合管理部、远洋捕捞部、计划财务部、市场销售部、后勤保障部、会计核算中心。主要经营范围为远洋渔业捕捞、水产品运输、养殖、收购、加工、销售、劳务技术协作、助渔、导航设备、通讯设备、电子设备、渔用原材料、渔业机械设备、配件销售、船舶买卖及租赁、货物及技术进出口业务，对远洋渔业相关产业投资等业务。

公司成立以来，先后开拓了印尼、西非、东非、朝鲜远洋合作项目，北太平洋、东南太平洋、西南大西洋鱿钓项目以及摩洛哥等国的劳务协作项目，承建了西北太平洋秋刀鱼、东太平洋赤道渔场等探捕项目。同时，在江西、湖南、江浙等内陆地区举办北太鱿鱼推介活动，大力拓展舟山鱿鱼国内市场销售渠道。

2016年，公司积极开展舟山远洋渔业经营体制创新研究工作，重点实施现代化远洋捕捞船队整合项目，积极开拓乌拉圭、安哥拉等国海外渔业基地合作项目，并首创全国公海渔场流动服务基地——“普远801”远洋生产指挥船。至年底，公司船队规模达30艘，其中北太鱿钓渔船4艘，北太及东南太平洋专业鱿钓渔船16艘，西南大西洋及东南太平洋渔船5艘，秋刀鱼船2艘，冷藏运输船3艘。公司远洋渔业捕捞总产量12 471吨，总产值1.13亿元，公司所有渔船自捕水产品按规定及时通关，全部运回国内。

公司秉承“管理与服务、创新与示范，团结与合作”核心发展理念，以转型升级和转变生产发展方式为主线，以科学发展观统领企业发展全局，利用舟山国家远洋渔业基地的综合资源优势，努力打造舟山国家远洋渔业基地现代化船队综合管理服务平台，通过“统一融资并购、自主租赁经营、统分结合管理”的模式，整合群众性个体远洋渔船进入平台，实行统一财务管理、统一补给保障等有效措施，促进远洋渔船规范有序管理和服务。

至今，公司被中国远洋渔业协会评为会员单位和鱿钓工作组副组长单位，被浙江省远洋渔业协会评为副会长单位，被区政府评为区级农业龙头企业。公司董事长吴布伟荣获中国渔业协会2008年度“当代中国渔业企业领军人物”奖项。

地址：浙江省舟山市普陀区沈家门街道东海西路9号海洋渔业大楼9楼（316100）　电话：0580-3014972　传真：0580-3019587

备航时应急演练

远洋捕捞船队

全国首创海上流动基地——普远801生产指挥船

远洋渔业安全生产会议

江苏水仙实业有限公司

2016年11月昆明参展

野生中华鳖

江苏水仙实业有限公司是江苏省农业产业化优秀龙头企业，江苏省农业科技型企业，主要从事中华绒螯蟹、中华鳖和大宗淡水水产品的苗种繁育、养殖、加工及水产新品种、新技术、新模式的研发与示范推广，核心生产基地353公顷，河蟹养殖基地267公顷，通过“三大合作”形式合作的生产基地1 300多公顷，员工248人，其中科技人员56人，拥有水产养殖、加工等企业8家，农民专业合作组织5个，企业资信等级为AAA级。公司注册资本2 257.7万元，账面固定资产7 000万元。公司位于宝应湖畔，养殖环境优良，道路交通、桥梁、涵闸、水电设施、进排水体系十分健全。公司与中国水产科学研究院淡水渔业研究中心、水利部中国科学院水工程生态研究所、江苏省淡水水产研究所、上海海洋大学、南京农业大学、南京师范大学、苏州大学等科研院校进行长期的科研、试验示范合作。“宝应湖”牌中华绒螯蟹、中华鳖、黄颡鱼、克氏原螯虾被认定为“江苏名牌产品”和“江苏名牌农产品”。“宝应湖”牌中华绒螯蟹连续三届被别评为“中国十大名蟹”，中华鳖连续四届被评为“中国名鳖”。“宝应湖”牌中华绒螯蟹三次荣获全国“丰收杯”“金蟹”奖，多次在中国国际农产品交易会获得“金奖”。公司连续8年被全国食品安全年会评为“全国食品安全示范单位”。公司通过ISO9001质量管理体系认证、ISO14001环境管理体系认证和ISO22000食品安全管理体系认证。

2015年8月，公司投资成立江苏宝应湖电子商务有限公司，旨在通过互联网向消费者提供“宝应湖”牌优质水产品、农产品。宝应湖电商坚持“原产地直供、本地化运营、全流程管控”三大原则，始终将“食品安全”放在首位。“放心农产品、生态宝应湖”已成为每一位购买过宝应湖产品的销售者的共识。宝应湖电商将成为江苏乃至全国最具活力、最具成长性、最具客户美誉度的水产品电商销售企业之一。

2016年11月，公司牵手CCTV央视网商城，“宝应湖”品牌成为CCTV央视网商城优选品牌，凭借CCTV央视网商城的国家级媒体优势和资源整合能力，以全媒体传播格局形成“新优产品发布+用户互动体验”的核心模式，这次牵手必将提升“宝应湖”品牌知名度、提高“宝应湖”品牌价值、扩大“宝应湖”品牌系列产品的销售。

大闸蟹

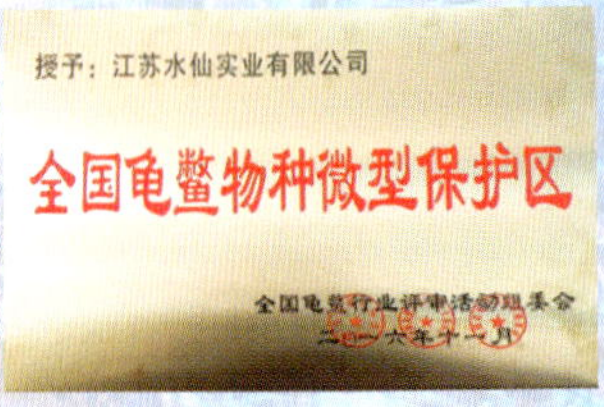

青岛中泰远洋渔业有限公司

鲁黄远渔105号船

鲁黄远渔106号船

鲁黄远渔115号、116号船

青岛中泰远洋渔业有限公司成立于2012年9月13日，类型为有限责任公司（自然人投资或控股），批准部门为青岛市工商行政管理局黄岛分局，注册地址为青岛经济技术开发区千佛山路8号内8号楼，注册资本为5 200万元，经营范围：许可经营项目：凭农业部远洋渔业企业资格证书从事远洋渔业活动。一般经营项目：鲜活水产品加工与销售；货物进出口。公司设船务部、机务部、财务部、销售部、外贸部、综合部6个部门，现有职工160余人，资产总额5.3亿元，主要产品为秋刀鱼和鱿鱼，经营方式为自捕自销。

2012年10月取得农业部下发的8艘渔船渔业船网工具指标批准书，2012年11月取得中华人民共和国渔政局下发的8艘渔船渔业船舶船名核准书，2012年9月与黄海造船有限公司签订了HC8356型77.8米远洋秋刀鱼渔船建造合同，山东省发展和改革委员会于2012年12月25日下发鲁发改农经【2012】1609号2艘渔船建设方案的批复，青岛市发展和改革委员会于2013年12月下发青发改农经【2013】599号6艘渔船建设方案的批复。分别于2013年9月10日、9月29日取得农业部下发的远洋渔业项目审批通知（农渔远审【2013】162号、农渔远审【2013】176号、农渔远审【2014】117号），批准“鲁黄远渔105、106、107、108、115、116”渔船赴北太平洋、西南大西洋公海海域从事秋刀鱼和鱿鱼捕捞。

2014年3月26日，取得农业部下发的远洋渔业企业资格证书（编号：2014-220）。

我公司拟建造8艘大型专业远洋秋刀鱼渔船，每艘船长77.8米、主机功率2 100千瓦、辅机功率2 520千瓦、总吨位1 900吨。项目总投资45 280万元，单船建造成本5 660万元，其中：渔船主体3 568万元、渔捞设备1 642万元、通导设备360万元、加工设备90万元。

“鲁黄远渔105、106”船于2012年12月开始建造，已于2013年9月完工；“鲁黄远渔107、108”船于2013年1月开始建造，已于2013年10月完工；“鲁黄远渔115、116”船于2013年4月开始建造，已于2014年6月完工；截止到2014年8月“鲁黄远渔117、118”已经下水，拟于2014年12月完工。

我公司的秋刀鱼和鱿鱼产品不仅在国内享誉美名，而且面向国外进行大量出口贸易，远销至多个国家。秋刀鱼和鱿鱼产品含有丰富的蛋白质、脂肪酸、氨基酸等营养元素和其他微量元素。

秋刀鱼是颌针鱼目竹刀鱼科秋刀鱼科的唯一一种。本鱼分布于北太平洋区，包括日本海、阿拉斯加、白令海、加利福尼亚州、墨西哥等海域。

鱿鱼是生活在海洋中的软体动物，主要渔场在中国海南北部湾、福建南部、台湾、广东、河北渤海湾和广西近海，以及菲律宾、越南和泰国近海。

我公司目前主要任务是监督船舶制造厂生产合格的渔船及设备工具，提高海上生产作业水平，待全部渔船投产后，预计年捕捞量达到20 000吨以上，年产值将达2亿多元。为了解决远洋作业渔获产品的回运问题，改善企业水产品加工原料紧张局面，提升企业海产品加工能力和经营效益，公司计划建造3艘3 130总吨渔业辅助船。建造水产品加工厂和仓库，提高产品的附加值，给企业带来更高的经济效益。届时我公司将成为集捕捞、仓储、加工、贸易于一体的全功能性企业，形成一条完整的产业链，为青岛地区的渔业发展做出应有的贡献。

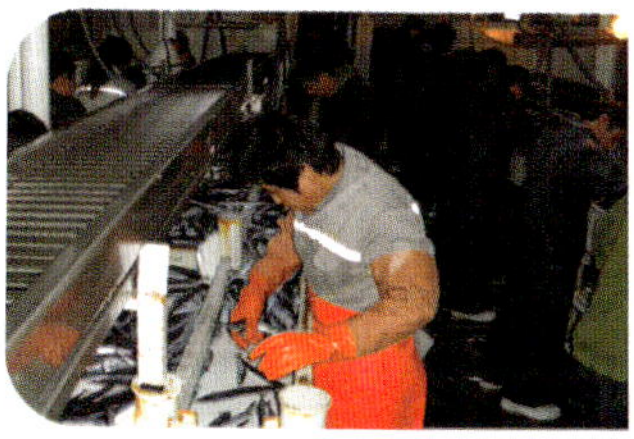
秋刀鱼加工

船头

甲板

船尾

江苏兴利生物工程技术有限公司

净水渔业实验

江苏兴利生物工程技术有限公司座落在无锡马山（国家）生命科学园内，是集优质净水鱼类的研究推广、移植增殖、养殖捕捞、加工销售、出口创汇为一体的专业性公司。团队专业结构合理，技术力量雄厚，人员配备齐全，既拥有研究净水渔业技术的顶级专家，又拥有经验丰富的市场开拓成功人士。

公司在江苏太湖、黑龙江大庆有专门的鲢鳙鱼净水渔业技术研究基地，在全国拥有逾13万公顷合作移植增殖养殖净水鱼类的水面，取得了显著的经济效益和社会效益。技术支撑单位中国水产科学研究院淡水渔业研究中心长期从事净水渔业和水生态修复技术的研究和开发，技术水平居国际领先地位，多次获得部省级嘉奖。

地址：江苏省无锡市滨湖区马山梅梁西路88号B-32
邮箱：xlsw168@126.com
电话：0510-85991008

射阳县朱平水产苗种有限公司

射阳县朱平水产苗种有限公司始建于2004年，注册资本1 000万元，专业从事“长江1号，长江2号”河蟹良种土池生态育苗，梭鱼人工繁殖，南美白对虾标粗生产的专业水产苗种基地；现有河蟹土池生态育苗107公顷（其中有苗池53公顷，配套轮虫饵料池53公顷），钢架大棚育苗面积6.7公顷，蟹苗淡化池160个，淡化水体6 000立方米，年可培育良种蟹苗3.2万多千克，梭鱼苗2 000万尾，南美白对虾苗3亿尾，年产值1 300多万元。

公司与江苏省淡水水产研究所、盐城工学院建立了稳固的技术合作伙伴关系，是江苏省淡水水产研究所“长江系列”河蟹良种唯一授权生产单位；盐城工学院实习基地。多年来，公司秉承“质量至上、信誉第一”的准则，生产的蟹苗品质优，市场信誉高，客户资源不断，生产规模不断壮大，已成为本地区重点苗种基地，2014年，被认定为市级水产良种繁育基地，2016年申报省级水产良种场正在待批中。

2016年，计划培育“长江2号”良种蟹苗3万多千克，梭鱼苗2 000万尾。

公司热忱欢迎各届领导、同仁莅临指导！

联系人：朱平　电话：13921863988

常州星火照明有限公司

SPARKZOO

地址：江苏常州武进礼嘉礼坂路马家沟36号

电话：0519-86051703 13585350458

邮箱：sales@czsparklighting.com　网址：www.czsparklighting.com

星火 LIFELINE

全光谱补钙太阳灯

常州星火照明有限公司是一家致力于研发、制造、销售爬虫一系列产品的工厂。如：给予乌龟等爬虫补钙的太阳灯，让这些本属于大自然的动物，在室内依然可以沐浴着阳光，快乐健康地成长。

本公司专注于国内外爬虫领域研究多年，公司所生产的产品销往欧洲，美国，加拿大，韩国，日本 等多个国家和地区，我公司会一如既往地以“产品品质至上，顾客满意至上”作为永远的追求。

公司价 值 观：创新　专业　沟通　用心

公司使　　命：让我们的生活更加丰富多彩

公司精神属性：创造回归自然

公司愿　　景：追求全体员工物质与精神两方面幸福的同时，成为推动行业发展并不断创新的企业

北京海洋馆

白令海峡

中华鲟水下秀

海豚明星表演精彩绝伦

饲养员与鲨鱼

美人鱼与白鲸亲密接触

北京海洋馆坐落于北京动物园长河北岸，占地12万平方米，建筑面积4.2万平方米，是世界内陆最大水族馆之一。北京海洋馆于1999年3月建成开放，是北京市向国庆50周年献礼的67项重点工程之一；2001年，北京海洋馆被评定为首批国家4A级旅游企业；2004年被中国海洋学会确定为全国海洋科普教育基地；2014年被北京市旅游委评为“北京市旅游标准化示范单位”。2016年游客接待量达236万人；自开馆至2016年底，北京海洋馆累计接待游客约28.72万人次，赢得了中外游客的赞誉。

北京海洋馆拥有世界先进的水生物生命支持系统，使用人工配制海水，总水量达2万吨。馆内建有“雨林奇观”“鲨鱼小镇”“白令海峡”“海底环游”“国宝中华鲟馆”“鲸豚湾”“海洋剧院”等七大主题展区。北京海洋馆是中国科学技术学会、国家海洋局、团中央等多家政府机构授予的海洋科普教育基地和青少年科普教育基地，开展了大量社会公益宣传活动，也是中国科学院水生生物研究所、中国水产科学研究院等多家科研机构进行水生生物人工驯养、繁育研究的基地和宣传平台。

中华鲟被称为“水中大熊猫”，它在长江中孕育、大海里成长，距今已有1.4亿年的历史。2005年，数十尾中华鲟首次入驻北京海洋馆；2015年，野生中华鲟“后福”运抵北京海洋馆进行康复疗养，这是近20年来发现个体最大的野生中华鲟。

2016年以“甲壳西游记”为主题的虾蟹展在北京海洋馆隆重开幕，近百种珍稀虾蟹齐齐亮相，打造600平方米特色海洋景观，推出特色展缸多角度展现海洋生物的不同姿态，以飨游客。

2017年3月将对水母展区进行全面升级改造，全新水母浪漫艺术展将于2017年6月8日推出，届时将为您带来更佳的游玩体验！

北京海洋馆还拥有一支实力雄厚的海洋动物表演团队，这里有美丽的白鲸、热情的海豚、憨态可掬的海狮……在内陆城市北京，您将听到大海的歌声，感受大海的魅力。

北京海洋馆作为国内知名企业，以“陶怡大众、教益学生、维系生态”为企业宗旨，以“关爱海洋动物，保护地球家园”为企业口号，致力于动物保护与科普宣传。北京海洋馆永远超乎你的想象！

上海水产集团有限公司

水产集团渔轮在南极捕捞磷虾

金枪鱼回国

水产集团渔轮捕获竹荚鱼场景

上海水产集团有限公司（以下简称“上水集团”），前身为上海市水产局，1992年撤局整建制改组为企业集团，是上海市唯一一家开发利用国际渔业资源，以远洋渔业生产及水产品精深加工为主营业务的国有跨国经营集团公司。下辖38家全资和控股、参股企业，2家事业单位以及15个集团本部内设机构，从业人员约5000人，其中，外籍员工1 500人。集团注册资本15亿元，总资产52.82亿元，年综合销售额80亿元。除了主业远洋渔业外，上水集团还拥有水产品市场、水产品贸易和销售、水产养殖、船舶修造等业务，包括了2家销售公司、2家资产管理平台、2家保障管理企业、1家综合水产品交易市场、修造船厂、养殖公司、船员劳务公司、水产物资站以及上海科技管理学校等十余家企事业单位。

上海水产集团1985年走出国门发展远洋渔业，至今已有32年。目前，集团拥有大型金枪鱼（鲣鱼）围网船、大型拖网加工船、金枪鱼延绳钓船、大型鱿鱼钓船、中小型拖网渔轮和各类辅助船等79艘，船舶总吨位8.45万吨，年捕捞能力20万吨左右。集团远洋渔业船队规模、捕捞能力和收入仅次于央企中国农业发展集团，但船队的可持续发展能力和运营效率占有优势。集团下属企业分别是中国远洋渔业协会大型围网和拖网加工工作组组长单位，全国大型鱿鱼钓和金枪鱼延绳钓工作组副组长单位，也是最早开发南极磷虾资源的国有骨干企业，连续6年进行了农业部指导下的探捕项目，为国家海洋战略在这一领域积极当好开路先锋。集团多年来坚定不移地“走出去”，截止到2016年年末，集团在境外12个国家和地区建立了18家合资合作公司，实施海外项目22个。“上海水产”（“Shanghai Fisheries”）已成为一家全球布局、跨国经营、利用世界资源打造的在国际渔业领域享有声誉的中国远洋渔业跨国企业。

近年，上水集团积极参与国家“一带一路”和海洋强国战略，坚定不移地“走出去”，继续大力推进海外并购，加快获取世界远洋渔业资源份额，扩大国际渔业话语权。继成功收购阿根廷阿特玛渔业公司、摩洛哥希斯内罗海产有限公司及阿根廷正一渔业有限公司等国际渔业及加工企业后，去年又成功收购西班牙ALBO公司100%股权，进一步提高了跨国经营比例，为远洋捕捞增产、主营业务增收、资源份额增长，注入了新的能量，并逐步形成了以远洋渔业捕捞为核心、海内外加工销售为支撑的外向型经营格局，海外投资和经营规模居国内远洋渔业企业前列，获得过上海市政府颁发的“走出去”贡献奖和“走出去”企业领头羊光荣称号，是上海市跨国经营20强企业之一。

在通过海外并购，加速产业外扩进程的同时，上水集团大力提高产品回国比例，积极推进产业链建设，让政策性红利最大限度地回馈社会。

大型金枪鱼围网船金汇8号船

大型拖网加工船开顺轮

大型鱿鱼钓渔轮

金枪鱼延绳钓船

苏州市南环桥市场发展股份有限公司

苏州市南环桥农副产品批发市场（简称南环桥市场）成立于1997年，现位于苏州市吴中区东方大道1688号，占地26.7公顷，总投资6.16亿元，是集蔬菜、鲜肉、水产、家禽、豆制品、南北干货等交易为一体的综合性农产品批发市场，承担苏州城区80%的农副产品市场供应，是苏州市民最大的“菜篮子”。

目前，南环桥市场蔬菜日交易量2 700吨、水产品600吨、家禽30 000羽、鲜肉相当于生猪2 200头，分别占苏州市民消费量的90%、90%、70%和60%。2016年，南环桥市场全年实现交易量235.08万吨、比上年增长6.79%，实现交易额241.11亿元，比上年增长8.70%，在全国同类市场中排名前十。

南环桥市场拥有现代化交易大棚17万平方米，设蔬菜、鲜肉、水产品、豆制品、水果、干货、家禽、冷冻批发经营8个功能区；信息中心、检测中心、监控中心、结算中心、商务办公大楼、废弃物无公害处理、冷链设施，以及集加工、储存、配送为一体的冷链配送物流中心等配套一应俱全。市场交易实行“一卡通”电子化交易结算。监控中心与警组联网，全场监控点417个，基本实现了市场监控全覆盖；配送中心除了供应学校、宾馆等团膳外，在全国首创建立了平价农产品社区配送店，以“预约订购、定量包装、净菜配送、社区直供”的模式直供平价农副产品进小区，品种达250多个，其中蔬菜零售价格低于物价部门公布价格的20%以上。“食为天”电商平台积极开展“线上订购、线下配送”业务，方便消费者订购。截止到2016年年底，已建成63家平价农产品社区配送店。

南环桥市场先后被授予中国农产品批发百强市场、农业部定点市场、商务部“双百市场”建设单位、中国农产品最具影响力品牌、苏州市政府“菜篮子”重点工程等荣誉称号。市场将继续以“海纳百川蔬果、心系万家餐桌”为企业使命，努力争创国家一流绿色市场和农产品现代物流园，竭诚欢迎社会各界惠顾。

董事长、总经理：孟新鹤　　**地址：苏州市东方大道1688号**　　**邮编：215124**
电话：0512—67262038/67414509　　**传真：0512—67417501**
网址：www.nhqnm.com　　**Email:webmaster@nhqnm.com**

南环办公楼

蔬菜交易夜景

市场场景

市场场景

沈阳市金山水产养殖公司

法定代表人、总经理：赵维城

辽中县金山水产现代农业园区

沈阳市金山水产养殖公司是一家具有独立法人资格的，集名优苗种繁育、成鱼养殖、淡水鱼养殖技术研究与开发、饲料加工、产品销售为一体的股份制企业，现有资产总值4 880万元，获“全国休闲渔业示范基地”称号。2014年10月“‘辽中’鲫鱼”荣获第十二届中国国际农产品交易会参展产品“金奖”。

公司由金山淡水鱼养殖公司、金山苗种繁育场、金山淡水鱼销售公司、真诚饲料公司、唯诚水产研究所等5个子公司组成。

公司占地面积400公顷，其中精养鱼池200公顷。年产优质无公害淡水鱼5 000吨，其中出口韩国3 000吨；年产名优品种苗种3亿尾。公司被列入省级现代农业园区、省级现代农业示范基地、省级农业产业化重点龙头企业，是农业部批准建设的国家级德国镜鲤良种场和国家级水产健康养殖示范区、省级斑点叉尾鮰良种场。公司是在国家质量监督检验检疫总局备案的中国出口韩国水产动物注册场，辽宁省出入境检验检疫局扶持出口食品农产品重点企业，沈阳市农产品加工重点龙头企业。

联 系 人：赵戬
联系电话：13386886848
地　　址：辽宁沈阳市辽中县冷子卜镇金山卜村　　**邮编：110202**
办公电话：024-87981479　**传真：024-87981698**　　**E-MAIL：zj95828@163.com**

加州鲈鱼

德国镜鲤

丁鲹鱼